***ACCESO GRATIS** a la Lectura en la Nube*

Para visualizar el libro electrónico en la nube de lectura envíe junto a su nombre y apellidos una fotografía del código de barras situado en la contraportada del libro y otra del ticket de compra a la dirección:

ebooktirant@tirant.com

En un máximo de 72 horas laborales le enviaremos el código de acceso con sus instrucciones.

EL PACTO DE SOCIOS EN LAS *STARTUP*

EL PACTO DE SOCIOS EN LAS *STARTUP*

VICENTE GIMENO BEVIÁ

tirant lo blanch
Valencia, 2024

Esta obra tiene su origen en el II Premio Nacional de Derecho de Sociedades "Dr. Antonio Pérez de la Cruz", del que el autor fue ganador.

COLECCIÓN DERECHO DE SOCIEDADES
Director:
JUAN IGNACIO PEINADO GRACIA
Catedrático de Derecho mercantil de la Universidad de Málaga,
Of Counsel en J&A Garrigues.

EDITA: TIRANT LO BLANCH
C/ Artes Gráficas, 14 - 46010 - Valencia
TELFS.: 96/361 00 48 - 50
FAX: 96/369 41 51
Email: tlb@tirant.com
www.tirant.com
Librería virtual: www.tirant.es
DEPÓSITO LEGAL: V-4595-2023
ISBN: 978-84-1056-244-8
MAQUETA: Innovatext

A Paloma

ÍNDICE

Capítulo III
EL SOCIO INVERSOR

PARTE SEGUNDA
EL PACTO DE SOCIOS

Capítulo IV
PACTOS DE ORGANIZACIÓN

Capítulo V
PACTOS DE RELACIÓN

Capítulo VI
PACTOS DE ATRIBUCIÓN

Capítulo VII

EL "ENFORCEMENT" DEL PACTO DE SOCIOS

ABREVIATURAS

ABA	American Bar Association
ADR	Alternative Dispute Resolution
ALCM	Anteproyecto de Ley del Código Mercantil
AP	Audiencia Provincial
BA	Business Angel
CBLR	Columbia Business Law Review
CC	Código Civil español
Ccom	Código de Comercio español
CE	Comisión Europea
CNMC	Comisión Nacional de los Mercados y la Competencia
CP	Código Penal
D&O	Directors and officers
Del. Ch.	Delaware Court of Chancery
DRAE	Diccionario de la Real Academia de la Lengua Española
EBITDA	Earnings Before Interest, Taxes, Depreciation, and Amortization
ECR	Entidades de Capital Riesgo
ECR-pyme	Entidades de Capital Riesgo-pyme
EICC	Entidades de Inversión Colectiva de tipo Cerrado
ENISA	Empresa Nacional de Innovación S.A.
EUIPO	Oficina de Propiedad Intelectual de la Unión Europea
FCR	Fondo de Capital Riesgo
FCRE	Fondos de Capital Riesgo Europeos
FESE	Fondos de Emprendimiento Social Europeos
FFF	Family, friends & fools
FILPE	Fondos de Inversión a Largo Plazo Europeos
GFIA	Gestores de Fondos de Inversión Alternativos
IP	Intellectual Property
IVA	Impuesto de Valor Añadido

LBO	Leveraged Buyouts
LC	Real Decreto Legislativo 1/2020, de 5 de mayo, por el que se aprueba el texto refundido de la Ley Concursal
LCD	Ley de Competencia Desleal
LCR	Ley 22/2014, de 12 de noviembre, por la que se regulan las entidades de capital-riesgo, otras entidades de inversión colectiva de tipo cerrado y las sociedades gestoras de entidades de inversión colectiva de tipo cerrado, y por la que se modifica la Ley 35/2003, de 4 de noviembre, de Instituciones de Inversión Colectiva
LDC	Ley de Defensa de la Competencia
LEC	Ley de Enjuiciamiento Civil
LFFE	Ley 5/2015, de 5 de abril, de fomento de la financiación empresarial
LFEEE	Ley 28/2022, de 21 de diciembre, de Fomento del Ecosistema de las Empresas Emergentes
LM	Ley de Marcas
LMV	Real Decreto Legislativo 4/2015, de 23 de octubre, por el que se aprueba el texto refundido de la Ley del Mercado de Valores
LMVSI	Ley 6/2023, de 17 de marzo, de los Mercados de Valores y de los Servicios de Inversión
LP	Ley de Patentes
LP	Liquidation Preference
LPI	Ley de Propiedad Intelectual
LSC	Ley de Sociedades de Capital
M&A	Mergers and Acquisitions
MAC	Material adverse changes
MLR	Michigan Law Review
N.C.L. Rev.	North Carolina Law Review
NYLJ	New York Law Journal
OEPM	Oficina Española de Patentes y Marcas
OPA	Oferta pública de adquisición
OPV	Oferta pública de venta
PYMES	Pequeñas y medianas empresas
R&W	Representations and warranties
RdM	Revista de Derecho Mercantil

RDGRN	Resolución de la Dirección General de los Registros y del Notariado
RDGSJFP	Resolución de la Dirección General de Seguridad Jurídica y Fe Pública
RdS	Revista de Derecho de Sociedades
RdBB	Revista de Derecho Bancario y Bursátil
RRM	Reglamento del Registro Mercantil
SA	Sociedad Anónima
SAP	Sentencia de la Audiencia Provincial
SAN	Sentencia de la Audiencia Nacional
SCR	Sociedades de Capital Riesgo
SGEIC	Sociedades Gestoras de Entidades de Inversión de tipo Cerrado
SGIIC	Sociedades Gestoras de Instituciones de Inversión Colectiva
STS	Sentencia del Tribunal Supremo
SEC	Security Exchange Commision
SGSA	Supply of Goods and Services Act 1982 (UK)
SL	Sociedad de Responsabilidad Limitada
SOCIMI	Sociedades Anónimas Cotizadas de Inversión Inmobiliaria
TFUE	Tratado de Funcionamiento de la Unión Europea
TJUE	Tribunal de Justicia de la Unión Europea
TS	Tribunal Supremo
TSJ	Tribunal Superior de Justicia
UCC	Uniform Commercial Code (EEUU)

PRÓLOGO

Si hay alguna obra que no necesite ser prologada, es esta, sin duda. Recibió el Premio Nacional de Derecho de Sociedades "Dr. Antonio Pérez de la Cruz" en el V Congreso Nacional de Derecho de Sociedades celebrado en el año 2022. Como es sabido, el Congreso Nacional de Derecho de Sociedades es el evento de mayor relieve que se organiza en nuestro país en materia societaria. El único que ha sabido aunar las experiencias de Notarios, Registradores, Académicos, Abogados y Jueces con el fin de enriquecer el acervo jurídico en torno a este trascendental sector del Derecho Mercantil y, en consecuencia, al conjunto de la sociedad española en la medida en que nuestro tejido económico-social gira en torno a las formas sociales.

Este encomiable objetivo no habría podido ser conseguido sin la dirección del Dr. Juan Ignacio Peinado Gracia, catedrático de Derecho Mercantil de la Universidad de Málaga y *of counsel* en el Departamento de Derecho mercantil de Garrigues, entre otros muchos más méritos que es imposible ahora reproducir. Junto a él, es imprescindible citar a la codirectora del Congreso, la Dra. M.ª Belén González Fernández, cuya excelente trayectoria académica la hace merecedora de los mayores reconocimientos científicos y administrativos. Y al equipo de profesoras y profesores de la Universidad de Málaga que colaboran con ellos. Me consta que todos trabajan desde el primer día que acaba un Congreso para preparar el del año siguiente.

Con este premio el Congreso Nacional de Derecho de Sociedades pretende estimular la creación de trabajos científicos de calidad en materia de Derecho de Sociedades. Lleva el nombre del académico y abogado, Dr. Antonio Pérez de la Cruz, malagueño que se caracterizó siempre por la finura, belleza e inteligencia de sus escritos jurídicos.

Tengo el honor de pertenecer al Comité Científico del Congreso desde su creación y, por ende, he podido disfrutar de la calidad de las aportaciones que han sido valoradas para concurrir al premio. El proceso de selección es extremadamente impoluto. Se arbitra a través de comisiones y niveles que los miembros del Comité desconocemos, como, asimismo, desconocemos al autor de la aportación. El proceso de selección cuenta, además, con "salvaguardas", de forma que nunca se envían aportaciones a personas que puedan tener algún tipo de relación con el evaluado, ya sea de amistad o de otra índole.

Me veo en la obligación de exponer estas cuestiones porque el autor de la monografía premiada es persona muy querida para mí.

I

Son dos, en efecto, los motivos que justifican la gran satisfacción que siento al escribir unas palabras sobre esta obra, *"El pacto de socios en las startups"*. La particular relación de afecto que me une a su autor, el profesor Vicente Gimeno Beviá, doctor en Derecho y profesor de Derecho Mercantil de la Universidad de Alicante, y la innegable calidad del estudio. El lector tiene en sus manos un trabajo de madurez académica que refleja los vastos conocimientos jurídicos adquiridos por el autor tras sus años de investigación en el ámbito del Derecho Mercantil. Es esta una obra de excelente calidad, que, como he indicado, mereció en su día el Premio Nacional de Derecho de Sociedades "Dr. Antonio Pérez de la Cruz" en el V Congreso Nacional de Derecho de Sociedades celebrado en el año 2022.

La monografía versa sobre el complejo y muy novedoso tema de los pactos de socios en las *startups*. Sin duda, un estudio de las características enunciadas no habría podido culminarse sin que el autor hubiera dedicado largos años a su formación en Derecho Mercantil y sin que hubiera adquirido una extensa experiencia investigadora previa. En este contexto, el libro que presenta no hace más que ratificar su ejemplar vocación y trayectoria académica; así como las aptitudes científicas y la notable capacidad de trabajo, demostradas ya en su obra anterior.

La labor científica del doctor Gimeno Beviá no puede ser más completa. Hizo en su momento una apuesta valiente al no restringir los ámbitos en que quería desarrollar sus trabajos de investigación y al elegir cumulativamente sectores tradicionalmente centrales en el contexto del Derecho Mercantil, junto a otros complejos y comprometidos, académica y prácticamente, y a otros más novedosos y, por ello, desprovistos de pautas seguras de disciplina. Destacan a ese respecto sus sucesivas aportaciones sobre el Derecho de Seguros o el Derecho de la Propiedad Intelectual con estudios como "El seguro en el alojamiento colaborativo. Especial referencia al fenómeno Airbnb", publicado en la *Revista Española de Seguros* n.º170 en el año 2017, "El contrato de seguro en el transporte colaborativo y de plataforma", incluido en *El transporte como motor del desarrollo socioeconómico* (Dirs.) Petit Lavall y Puetz, Marcial Pons, Madrid, 2018 págs. 777-794; "El derecho de autor y los derechos fundamentales", incluido en la *La dimensión Constitucional de la Propiedad Intelectual* (Dirs) Gallego Sánchez y Gil Celedonio, Tirant lo Blanch,

Valencia, 2023; la "Responsabilidad Social Empresarial y signos distintivos de calidad", incluido en *La Responsabilidad Social en las Administraciones Públicas.* Beltrán Castellanos (dir.) Aranzadi, Cizur Menor, 2022; "Jamón, jamón. La especialidad tradicional garantizada o la indicación geográfica protegida como esquemas de calidad para la tutela del jamón serrano", incluido en *Retos en el sector agroalimentario: regulación, competencia y propiedad industrial* (Dirs.) Palau Ramírez y Martí Miravalls, Tirant lo Blanch, Valencia, 2022; "Controls in the wine sector in Spain". incluido en *Administrative Controls in the Wine Sector* (Dir). T. Georgeopoulos, Mare & Martin Publishers, 2021; "El derecho de marcas frente a la promoción de productos y servicios en internet", incluido en el *Derecho de la Contratación Electrónica y Comercio Electrónico en la Unión Europea y en España* (Dirs.) Castelló Pastor, Guerrero Pérez y Martínez Pérez, Tirant lo Blanch, Valencia, 2021; *"Los vinos de pago: marco jurídico y conflicto entre denominación de origen y marcas registradas"* publicado en la *Revista de Derecho Mercantil* n.º 315 en el año 2020; *"La nulidad de la marca nacional"* publicado en *La Ley Mercantil* n.º 58, del año 2019 o los *"Los riesgos de las impresoras 3D sobre la propiedad industrial e intelectual"*, publicado en esa misma revista en el n.º25, del año 2016, entre otros.

Pero es al ámbito del Derecho de sociedades y del Derecho de la contratación mercantil al que ha dedicado más atención. Ejemplo de ello es la monografía sobre *"Las condiciones en el contrato de compraventa de empresa"*,publicada por la editorial Aranzadi en 2016, que recibió el Premio extraordinario de tesis doctoral otorgado por la Universidad de Alicante en el año 2018.

O los estudios relativos a "Los pactos de organización en los acuerdos sociales de las startup", incluido en *Los acuerdos sociales.* (Dir) Belén Gonzalez. Tirant lo Blanch, Valencia, 2023; al "El sistema de retribución e incentivos en las empresas emergentes", publicado en la *Revista de Derecho del Mercado de Valores,* n.º31 en el 2022; al "Análisis del marco jurídico de las startup tras el Proyecto de Ley de fomento del ecosistema de las empresas emergentes", publicado en el *Anuario de Capital Riesgo* del año 2021; a "Las causas contractuales de separación y exclusión del socio en las startups. La "buena" y la "mala" salida", incluido en *El derecho de separación y la exclusión de socios en las sociedades de capital* (Dir) Belén Gonzalez. Tirant lo Blanch, Valencia, 2021; a "El régimen jurídico del socio fundador en las start-ups", incluido en el Derecho de Sociedades. Los Derechos del Socio (Dirs.) Belén González y Amanda Cohen, Tirant lo Blanch, Valencia, 2020; a la "La incidencia de la tecnología blockchain en los procesos de adquisición de empresas", publicado en la *Revista de Derecho del Mercado de Valores* n.º 26, del año 2020; a "Los programas de «compliance» como manifestación del deber de diligencia de los administradores", publicado en la *Revista de Derecho de Sociedades* n.º55 en el año 2019; a "El complemento a la convocatoria de la junta general y la doctrina de los actos propios", publicado en la *Revista de Derecho de Sociedades* n.º50 del año 2017; a "Los acuerdos de exclusividad en los procesos de adquisición de empresas", publicado en la *Revista de Derecho Mercantil* n.º 304 en el año 2017; a "La tutela de inversores y consumidores frente a la contratación de productos financieros complejos", incluido en *Halcones y palomas: corrupción y delincuencia económica* (Dirs.) Eduardo Demetrio y Nicolás González-Cuéllar, Castillo de Luna, Alburquerque, 2015, a "Los «data room» en los procesos «due diligence» en fusiones y adquisiciones de empresa", incluido en *FODERTICS 4.0: estudios sobre nuevas tecnologías y justicia* (Coord.) Federico Bueno, 2015 o al "Derecho de separación <<ad nutum>> y prestaciones accesorias", publicado en la *Revista de Derecho de Sociedades* n.º42 del año 2014.

Temas todos ellos tratados con planteamientos de innegable oportunidad y sólidos fundamentos e incluidos en publicaciones de reconocido prestigio.

El notable esfuerzo exegético y constructivo llevado a cabo en estos trabajos ha permitido a Vicente Gimeno Beviá acometer en esta oportunidad una tarea más ambiciosa, con un interés teórico y práctico y una actualidad indiscutibles, como es la de desentrañar el régimen jurídico al que deben someterse los pactos de socios en las *startups* en el ordenamiento español, analizando su estructura y ofreciendo soluciones a las cuestiones de régimen que más preocupan en la actualidad a los operadores económicos. Todo ello precedido de una singular labor de selección, que le ha permitido encontrar un amparo conceptual y, por tanto, una disciplina normativa, cuestiones ambas especialmente dificultosas considerando no solo que las singulares circunstancias de tales compañías desbordan notablemente el régimen legal básico previsto en la Ley de Sociedades de Capital, lo que conlleva, necesariamente, que, al amparo de la autonomía de la voluntad, sus socios adopten normas complementarias que atiendan de manera adecuada a la tutela de sus intereses, de forma similar a lo que acontece en la empresa familiar con los protocolos familiares. Además, como particularidad propia de las *startups*, las cláusulas que forman parte del pacto de socios no responden a la protección de las posiciones entre socios mayoritarios y minoritarios como relación clásica —y dominante— en el estudio de nuestro Derecho de Sociedades, sino en la división, en un sentido fáctico, entre fundadores e inversores.

Se trata de una obra seriamente construida que suministra la información relevante sobre un instituto especialmente complejo, inserto en un sector normativo particularmente difuso, tratado en nuestra doctrina y jurisprudencia de manera muy escueta y huérfano de una adecuada regulación jurídico-privada. Sus páginas traslucen el gran esfuerzo material e intelectual que me consta ha hecho el autor para acometer una tarea de tal envergadura, a la vez que demuestran el dominio que ha conseguido de las técnicas de investigación jurídica tras sus años de formación científica en la Universidad de Alicante.

II

La gran trascendencia económica que rodea a las *startups* no ha venido acompañada en nuestro ordenamiento de unas pautas normativas seguras. La única mención que se hace a ellas, calificándolas como *"empresas emergentes"*, se encuentra en la Ley 28/2022, de 21 de diciembre, de fomento del ecosistema de las empresas emergentes. Esta norma, sin embargo, se limita a exigir ciertos condicionamientos específicos para que las sociedades de responsabilidad limitada puedan acceder a la calificación de empresa emergente y a otorgarlas, en consecuencia, determinados beneficios fiscales y sociales en el contexto de un régimen especial al que no puede augurársele más éxito que el que tuvieron las sociedades limitadas de formación sucesiva, o la sociedad limitada Nueva Empresa, derogadas, afortunadamente por la Ley 18/2022 de 28 de septiembre de creación y crecimiento de empresas.

No obstante, la estricta definición de empresa emergente que acoge la Ley 28/2022, de 21 de diciembre, de fomento del ecosistema de las empresas emergentes, expulsa a gran parte de las *startups* del régimen que prevé, de modo que todas ellas se mantienen en el ámbito de la atipicidad legal.

De otro lado, la atipicidad legal de este tipo de operaciones no ha venido acompañada de una adecuada tipicidad social. La amplia difusión de las mismas en el contexto interno se ha producido de la mano de firmas que se han limitado a traducir los términos y la reglamentación utilizados en la práctica anglosajona, sin cuidar la adaptación al Derecho continental, ni, en particular, al Derecho español, lo que ha generado no pocos conflictos, ante el hecho, no infrecuente, de que la regulación inserta en el clausulado no pudiera hacerse efectiva de modo coactivo por falta de cobertura legal. De otro lado, la jurisprudencia es más que escasa, debido a que los conflictos de esta índole no suelen dilucidarse en el contexto judicial, de modo que no hay un cuerpo de doctrina legal que pueda servir de apoyo al intérprete. Finalmente, la doctrina científica española ha sido parca en la atención prestada a estas figuras. Hay ciertamente contribuciones de índole divulgativa que tratan todos los aspectos de la operación, incluidas las implicaciones laborales y fiscales. Hay otras relacionadas con el capital-riesgo como vehículo fundamental para la financiación de estas compañías, pero que son pocas las contribuciones que analicen las *startups* bajo la perspectiva del Derecho de sociedades, sin que pueda decirse que, en su mayoría, traten las cuestiones con el rigor constructivo que un tema como este merece.

Las anteriores consideraciones generales avalan el evidente interés y la importancia de esta monografía.

Con el objetivo fundamental de efectuar una caracterización segura que explique el régimen jurídico aplicable, la obra se divide en dos partes y siete capítulos. La primera parte de la monografía está centrada en la caracterización de la *startup* y de sus socios.

Ordenando los materiales legales, el capítulo primero define y diferencia la *startup* y la empresa emergente. Debido a la confusión en que incurre la Ley 28/2022, de 21 de diciembre, de fomento del ecosistema de las empresas emergentes, el autor demuestra que no se trata de conceptos sinónimos. Por el contrario, con sólidos argumentos, demuestra que la *startup* es una figura más amplia que la de empresa emergente, reservando este último calificativo solo para aquellas sociedades que obtengan y conserven la certificación que concede ENISA con base en la citada norma.

Los dos capítulos siguientes tienen por objeto definir y mostrar la disciplina normativa de las dos clases de socios que constituyen el pilar de estas formas empresariales. El capítulo segundo se dedica al socio fundador. Alude, en primer término, a la contraposición entre la noción económica o empresarial y jurídica, con expresa mención a la responsabilidad que asume con motivo del proceso fundacional. Para desentrañar posteriormente las ventajas que la Ley de Sociedades de Capital reserva para los fundadores de las sociedades anónimas, la viabilidad de su posible extensión a toda *startup* con forma de sociedad de capital y si es oportuno el recurso a tal facultad para la recompensa de los fundadores. Finalmente, menciona las especialidades del pacto de fundadores como acuerdo inicial que reúne los intereses de los fundadores y disciplina una actuación uniforme, como bloque, en el acuerdo que, posteriormente, tendrá lugar con los inversores, el pacto de socios.

El capítulo tercero alude al socio inversor, que define propiamente como aquel que suministra la financiación del proyecto empresarial. Analizando, a continuación, las distintas tipologías de esta clase de socios, conforme a las categorías difundidas en el ámbito del capital riesgo, según se trate del denominado capital formal o informal. Analiza, al respecto del capital formal, las entidades de capital riesgo, las entidades de inversión colectiva de tipo cerrado, las sociedades gestoras y determinados fondos europeos con impacto en las *startups*. Muy original es el criterio que utiliza, en otro orden de cosas, cuando estudia el capital riesgo informal. Diferencia los diversos actores en atención al orden cronológico de su participación en la compañía, comenzando con la aportación más próxima de los denominados "tres FFF", por sus siglas en inglés "*family, friends and fools*" ("familiares, amigos y tontos"). Menciona, después, a los "*business angels*" o ángeles inversores, a las aceleradoras e incubadoras que aportan, además de fondos, contactos y su experiencia profesional, para finalizar con las plataformas de financiación participativa —"*crowdfunding*"—.

En la descripción del sistema, el autor no ha escatimado esfuerzos en su labor de documentación, analizando de forma pormenorizada no sólo los heterogéneos textos normativos que confluyen en la disciplina del mismo, sino, sobre todo, múltiples cláusulas extraídas de la práctica interna y externa.

En razón de los materiales seleccionados, de los razonamientos utilizados, de la solidez de las conclusiones obtenidas y de la claridad de las mismas, este apartado de la obra adquiere un indudable valor, que Vicente Gimeno Beviá ha podido conseguir gracias a su acabado conocimiento de las lenguas foráneas, fruto, a su vez, de las múltiples estancias de las que ha disfrutado en Universidades de reconocido prestigio. No se trata, empero, de un simple ejercicio de erudición. Estos capítulos constituyen el punto de partida para desentrañar el significado y régimen jurídico de la parte central de la obra, esto es, el pacto entre estos dos tipos de socios, que se aborda en la segunda parte de la obra.

La segunda parte del estudio constituye sin duda una novedosa aportación de gran relieve a la que auguro una difusión segura entre quienes quieran profundizar en el estudio de la estructura de este tipo de operaciones. Con extremo rigor en los planteamientos, una cuidada selección de las fuentes y una exposición clara y razonada, se aborda en ella la construcción *ex novo* de la disciplina que rige los distintos tipos de pactos, partiendo, como no podía ser de otra forma, de un cuidado estudio en torno a la naturaleza jurídica de las cláusulas como pactos parasociales.

El capítulo cuarto trata, en efecto, de los pactos de organización, esto es, aquellos que disciplinan el funcionamiento de los órganos sociales y las decisiones que allí puedan adoptarse. Se estudia el sistema de designación del consejo de administración, así como la convocatoria de los órganos sociales y el régimen de adopción de acuerdos, aspectos todos plagados de particularidades derivadas en su mayoría de la necesidad de modular los derechos de socio con el objeto de que los inversores reequilibren su posición en el capital social por medio de cláusulas específicamente diseñadas a tal efecto, que se analizan en la obra de manera pormenorizada. Se hace referencia, por ejemplo, a la desviación de la regla de proporcionalidad, al establecimiento de mayorías reforzadas, derechos de veto, mecanismos de desempate o sindicaciones de voto.

El capítulo quinto se ocupa de los pactos de relación, en cuyo marco se analizan los vínculos entre socios y la configuración de los derechos y obligaciones que asumen recíprocamente en el contexto societario interno. Dada la máxima relevancia que adquiere para el éxito del negocio su permanencia en la sociedad, destacan en ese ámbito las cláusulas destinadas a retener a los socios fundadores, en particular mediante sistemas retributivos específicos, como el de consolidación de acciones o participaciones *"vesting"*, el de opciones sobre acciones y participaciones —*"stock options"*— y o el de las denominadas acciones "fantasma" —*"phantom shares"*— como fórmula retributiva del componente variable. Sin descuidar la coordinación con las normas imperativas que rigen la retribución de los administradores. Contiene, además, este capítulo un estudio de los mecanismos anti-dilución, imprescindibles en este tipo de organizaciones en la medida en que están destinadas a incorporar nuevos socios, normalmente mediante las llamadas rondas de financiación. Finalmente, aborda la particular regulación de los mecanismos de salida, denominación que el autor utiliza, reconociendo su extracción anglosajona, para aludir a diversos institutos que en el Derecho continental gozan de una denominación y disciplina propia, como pueden ser los supuestos de transmisión de acciones o participaciones o los de separación y exclusión de socios, lo que obliga a una labor de clasificación y asimilación de cada uno de los supuestos a las instituciones previstas en nuestra normativa societaria. Aunque no siempre resulte una tarea fácil, sobre todo cuando ha de emprender el análisis de pactos que tienen menos fácil encaje en ellas, como pueden ser las denominadas cláusulas de buena y mala salida —*"good leaver" & "bad leaver"*— o el conocido como derecho de liquidación preferente. Termina el capítulo con una muy interesante digresión acerca de las modificaciones que se hacen necesarias en caso de que la compañía decida negociar sus acciones o participaciones en mercados secundarios organizados.

El capítulo sexto versa sobre los pactos de atribución, aquellos por los que los socios procuran determinadas ventajas a la sociedad. La prestación de servicios a favor de la sociedad, las cláusulas de no competencia o de exclusividad o la transferencia de derechos de propiedad intelectual son un buen ejemplo de esta clase de pactos cuando se trata de los socios fundadores. Igual que lo son los compromisos de financiación, que regulan las aportaciones complementarias en caso de falta temporal de liquidez, en caso de socios inversores. Por último, dado el esencial dinamismo propio de las *startups* y la consiguiente entrada de nuevos socios, se explica el procedimiento de adhesión al pacto de socios de modo que se compatibilicen las exigencias de los futuros inversores con los derechos que hubieran adquirido los anteriores.

El capítulo séptimo pone fin a la obra adentrándose en el régimen jurídico del incumplimiento de estos pactos. Se estudian allí las diversas acciones; así como las diferentes consecuencias anudadas al ejercicio de cada una de ellas y la eventual eficacia societaria de ciertas cláusulas a través de su posible inclusión —parcial— en los estatutos sociales, la previsión de una prestación accesoria consistente en el cumplimiento del pacto de socios o la oponibilidad de los pactos omnilaterales.

III

El lector puede tener la seguridad de que este libro ofrece una idónea selección de temas, utiliza una metodología correcta, se sirve de un utillaje conceptual que el autor domina a la perfección, adopta una sistemática acertada y sus conclusiones están bien fundamentadas en un análisis exhaustivo de los textos y bibliografía relevantes. Lo que pone de manifiesto el indudable valor de esta obra en la que se combinan acertadamente los planteamientos de índole dogmática con las exigencias de la práctica, ofreciendo soluciones razonadas sobre todos los temas considerados, con fundamento en la experiencia propia y en la comparada. Todo ello desde una perspectiva crítica, pero constructiva, en la que al tratamiento del Derecho español, se añade la experiencia comparada, más que justificada aquí, según indiqué antes, dada la exigüidad de las aportaciones doctrinales en la materia y la escasa jurisprudencia recaída sobre este tipo de operaciones.

El autor ha sido consciente de que estaba realizando un trabajo universitario, lo que, rectamente entendido, significa extremar el rigor conceptual y la valoración crítica de la materia para ofrecer criterios razonados de interpretaciones admisibles y respuestas claras a los problemas que la práctica plantea. A estas alturas de la evolución nadie puede dudar que sin una fundamentada construcción dogmática es imposible ofrecer soluciones eficientes para los operadores económicos. El resultado ha sido, a mi juicio, plenamente satisfactorio. Es esta una publicación de mérito, importante y bien ultimada, como no podía ser de otra forma, dada la curiosidad científica de su autor, la solidez de su formación y el afán de autoexigencia que ha demostrado durante sus años de docencia e investigación en la Universidad de Alicante. Tras haber disfrutado de la lectura de la obra no puedo por menos que felicitar a mi querido amigo Vicente Gimeno Beviá por su trabajo y augurar a la publicación el éxito que sin duda merece.

Esperanza Gallego Sánchez
Catedrática de Derecho Mercantil
Vocal Permanente de la Comisión General de Codificación,
sección segunda, mercantil.

NOTA PRELIMINAR

El origen del presente trabajo está vinculado al Premio Nacional de Derecho de Sociedades "Dr. Antonio Pérez de la Cruz" en su segunda edición, concedido por la Universidad de Málaga en febrero de 2022. Esta monografía es el resultado, valga la redundancia, de parte del "premio" del Premio, consistente en la publicación de un libro relacionado con la temática de la comunicación galardonada, que llevó por título "los pactos de organización en los acuerdos sociales de las *startup*".

Sirvan estas líneas como muestra de gratitud, especialmente, a los directores del Congreso, el profesor Juan Ignacio Peinado y la profesora María Belén González, así como a los miembros de los Comités Científico y Organizador. Igualmente, debe hacerse extensiva a la Editorial Tirant lo Blanch por su amabilidad en la edición y publicación de esta obra.

El agradecimiento no sería completo sin la mención a mi maestra, la profesora Esperanza Gallego, por su generosidad, apoyo y magisterio durante estos años. Y también a mis compañeros y amigos del área de Derecho mercantil de la Universidad de Alicante, con quienes tengo un "pacto de socios" en el sentido más noble de la expresión.

En Alicante, octubre de 2023.

Vicente Gimeno Beviá

INTRODUCCIÓN

Como consecuencia de la aparición de las nuevas tecnologías y el interés comercial que suscita la innovación digital, las *startup*[1] están cada vez más presentes y han adquirido un mayor protagonismo entre nosotros. Aunque su origen se encuentra en Estados Unidos, la globalización de los mercados y el hecho de que la repetibilidad y la escalabilidad sean características inherentes a todas ellas facilitó su expansión a otros países y con ello, también, el deseo de las economías avanzadas de que sus empresarios no pierdan la oportunidad que ofrece tan rentable modelo de negocio. Frente al emprendimiento tradicional, la *startup* es un agente dinamizador de la economía, generador de riqueza, que crea puestos de trabajo de mayor calidad, atrae inversión extranjera, promueve una competencia basada en la innovación y tiene un impacto positivo en el progreso de la sociedad en la medida en que sus productos o servicios tienden a la resolución de problemas o cubren necesidades insatisfechas.

En Europa, la crisis derivada del Covid-19 ha evidenciado la relevancia de tales compañías en la recuperación económica y en la aceleración hacia un modelo productivo más sostenible basado en la transformación ecológica y digital. Para lograrlo, la Unión Europea ha puesto en marcha una serie de iniciativas —por ejemplo, *"startup nations standard"* o *"startup Europe"*—tendentes al desarrollo de un entorno favorable —en la jerga, ecosistema— a la creación de *startups* y a su crecimiento para que puedan convertirse en *scaleups*[2].

Y España no ha sido ajena a estas políticas que sitúan a las empresas innovadoras y de base tecnológica en una posición central para la recuperación y modernización de las economías nacionales. De hecho, a través del Plan de Recuperación, Transformación y Resiliencia como vía de canalización de los fondos europeos recibidos tras la Covid-19 se impulsó la Estrategia España Nación

1 Aunque están admitidas las voces "start-up" y "start up", en el presente trabajo se hará referencia al vocablo de la manera que aparece en el texto. Dicho término es el más habitual tanto en el ámbito jurídico como económico y así consta en el manual de estilo de la *Associated Press* y lo utilizan prestigiosos diarios especializados como *The Wall Street Journal* o *The Economist*.

2 El concepto habitual de *scaleup*, es el que ofrece el manual de Eurostat y la Organización para la Cooperación y el Desarrollo Económicos (OCDE), que hace referencia a aquellas compañías que han crecido en los tres últimos ejercicios a un ritmo anual superior al 20% en facturación o en número de empleados. Véase "Eurostat-OECD Manual on Business Demography Statistics", 2007 pág. 8 disponible en https://www.oecd.org/sdd/business-stats/eurostat-oecdmanualonbusinessdemographystatistics.htm

Emprendedora de la que derivaron medidas de diversa índole que, con mayor o menor fortuna, han tenido por objeto la protección de las pymes, en general, y la promoción y desarrollo de las *startup*, en particular. Actualmente, la madurez del ecosistema emprendedor español queda fuera de toda discusión. Según estadísticas recientes, España ocupa el sexto lugar en Europa y el decimosexto a nivel mundial en cuanto a la inversión que recaudaron las *startup* en 2022[3] y en total el conjunto de ellas alcanzó un valor de 93.000 millones de euros[4].

En virtud de lo anterior y habida cuenta de que el crecimiento de las *startup* es tan exponencial como su modelo de negocio[5] no cabe duda de la justificación del presente trabajo desde un punto de vista económico.

Sin embargo, pese a la importancia del tema, resulta llamativa la escasa repercusión que ha tenido la *startup* en la literatura jurídica y, en especial, desde el Derecho mercantil como rama dedicada al estudio del empresario, su estatuto y la actividad que desarrolla en el mercado. Más allá de los trabajos de investigación sobre el capital-riesgo como vehículo fundamental en la financiación de estas compañías[6], lo cierto es que son pocas las contribuciones que analicen las *startup* bajo la perspectiva del Derecho de sociedades[7]. Y ello no

3 Según el artículo de El País "La pelea legal en la financiación de startups", 2022 disponible en https://cincodias.elpais.com/cincodias/2023/09/15/legal/1694777555_965894.html

4 Indica tal valoración el diario El Economista en su artículo "Las startups españolas valen ya 93000 millones con cuatro nuevos unicornios: Factorial, Fever, Domestika y TravelPerk", 2023 disponible en https://www.eleconomista.es/capital-riesgo/noticias/12235103/04/23/las-startups-espanolas-valen-ya-93000-millones-con-cuatro-nuevos-unicornios-factorial-fever-domestika-y-travelperk.html

5 En 2022 el ecosistema *startup* español elevó su valor cuatro veces más que hace cinco años. Así lo refleja El Periódico en su artículo "El ecosistema de 'startups' español eleva su valor hasta los 93.000 millones, cuatro veces más que hace cinco años", 2023 disponible en https://www.elperiodico.com/es/economia/20230419/ecosistema-startups-espanol-eleva-93-86178442 que muestra, también, el récord de grandes rondas de financiación.

6 Debe destacarse, la labor del Instituto de Capital Riesgo (INCARI) en el estudio y difusión del del capital riesgo. En particular, a través de la Revista Española de Capital Riesgo y el Anuario de Capital Riesgo con numerosos artículos doctrinales sobre la materia. En cuanto a monografías, sin afán de exhaustividad, véanse las obras de RECONDO PORRÚA, R., *Estructura y dinámica del mercado de capital riesgo,* Valencia, 2023; MARTÍNEZ-ECHEVARRÍA Y GARCÍA DE DUEÑAS, A. Y ÁLVAREZ ROYO-VILLANOVA, S., *El Capital-riesgo: su operativa*, Cizur Menor, Aranzadi,2012; VVAA *Capital Riesgo (Private Equity) Aspectos Regulatorios, Mercantiles, Financieros, Fiscales y Laborales* (Dirs.) Álvarez Arjona y Erláiz Cotelo. Cizur Menor, 2006.

7 Debe saludarse la reciente monografía de VÁZQUEZ LEPINETTE, T., *Aspectos contractuales de las startups*, Valencia, Tirant lo Blanch, 2023. También, el artículo de los abogados SOLANS CHAMORRO, L., "Contratos entre socios y *startups*. Aspectos prácticos", *Actualidad Jurídica Uría Menéndez*, 52, 2019 y DE ULLOA LAPETRA, G., "El pacto de socios y las startups" en, Cazorla González-Serrano (Coord.) Cizur Menor, Aranzadi, 2018, págs. 265-321. Con anterioridad, destaca las aproximaciones a que tuvieron lugar con motivo del estudio de las em-

puede sostenerse por la falta de interés científico de la materia toda vez que el régimen jurídico de la *startup* por el protagonismo del Derecho convencional y la necesaria adaptación de modelos de contratación anglosajones plantea numerosas cuestiones interesantes. Sin afán de exhaustividad, la caracterización de los socios de dichas compañías, la valoración de la idea de negocio y su reflejo en el capital social, la adaptación de cláusulas foráneas a nuestro Derecho continental y su posible inscripción en el Registro Mercantil o los mecanismos contractuales de separación y exclusión son solo algunos ejemplos de la variedad de temas novedosos vinculados al "Derecho de *startups*"[8].

El presente trabajo centra su objeto en el pacto de socios como clave de bóveda de la arquitectura contractual que tiene lugar en toda *startup*. Las singulares circunstancias de tales compañías desbordan notablemente el régimen legal básico previsto en la Ley de Sociedades de Capital, lo que conlleva, necesariamente, con base en la autonomía de la voluntad, que sus socios adopten normas complementarias que atiendan de manera adecuada a la tutela de sus intereses, de forma similar a lo que acontece en la empresa familiar con los protocolos familiares. Además, como particularidad propia de las *startup*, las cláusulas que forman parte del pacto de socios no responden a la protección de las posiciones entre socios mayoritarios y minoritarios como relación clásica —y dominante— en el estudio de nuestro Derecho de Sociedades, sino en la división, en un sentido fáctico, entre fundadores e inversores.

Con respecto a la estructura aquí seguida el trabajo queda dividido en dos partes y siete capítulos. La primera parte de la monografía está centrada en la caracterización de la *startup* y de sus socios.

El capítulo primero, para una mayor comprensión de la obra, define y diferencia la *startup* y la empresa emergente. Comienza, por un lado, con el concepto de *startup* y sus notas definitorias y, por otro, por la reciente novedad de la reforma,

presas de base tecnológica (EBTs) universitarias. Entre otros trabajos, a modo de ejemplo, OLAVARRIA IGLESIA, J., "Las empresas de base tecnológica universitarias (EBTs): su marco jurídico universitario" en *Libro homenaje al profesor Ubaldo Nieto De Alba* (Dir.) Nieto Carol, vol II Valencia, 2020 págs. 457-529 y FERNÁNDEZ PÉREZ, N., "El acuerdo de socios en las empresas de base tecnológica: pactos sociales y parasociales" *Régimen jurídico de la transferencia de resultados de investigación: De la Ley Orgánica de Universidades a la Ley de la Ciencia, la Tecnología y la Innovación* (coord.) Vargas Vasserot, Madrid, Wolters Kluwer, 2012 págs. 655-682

8 Nótese que Igual que ocurre con el "Derecho de la moda" o el "Derecho digital", no existe un "Derecho de *startups*" como tal, más allá del recurso a dicha expresión a efectos de marketing. El Derecho, como ciencia normativa, interviene en el fenómeno de las *startups*, principalmente, desde el Derecho mercantil, laboral y tributario. Ello no obstante, en la literatura extranjera hay ejemplos que aluden al Derecho de *startup*, como el trabajo de SCHNEDLER, J., *Startup Recht*, Heidelberg, O´Reily, 2020 o AAVV, *Startup Law* (ed.) Andhov, Reino Unido,Elgar 2020.

hace referencia a la definición de empresa emergente en la Ley 28/2022, de 21 de diciembre, de fomento del ecosistema de las empresas emergentes (en adelante, LFEEE). Este trabajo, para que no haya lugar a confusión, prescinde del uso de ambas voces como sinónimos, considera la *startup* como una noción más amplia y reserva el término "empresa emergente" a aquellas sociedades que obtengan y conserven la certificación que concede ENISA con base en la citada norma.

El segundo de los capítulos, relativo al socio fundador parte de la contraposición de su noción económica o empresarial y jurídica, con expresa mención a la responsabilidad que asume con motivo del proceso fundacional. En el anverso de la moneda, también analiza las ventajas que la Ley de Sociedades de Capital reserva para los fundadores de las sociedades anónimas, la viabilidad de su posible extensión a toda *startup* con forma de sociedad de capital y si es oportuno el recurso a tal facultad para la recompensa de los fundadores. Finalmente, menciona las especialidades del pacto de fundadores como acuerdo inicial que reúne los intereses de los fundadores y disciplina una actuación uniforme, como bloque, en el acuerdo que, posteriormente, tendrá lugar con los inversores, el pacto de socios.

El capítulo tercero, de forma lógica, alude al socio inversor como aquel encargado, principalmente, de la financiación del proyecto empresarial. Tras la distinción habitual de capital riesgo en relación con su carácter formal e informal, procede al detalle de cada uno de dichos tipos de *private equity*. Por lo que al capital formal hace referencia, desgrana las entidades de capital riesgo, las entidades de inversión colectiva de tipo cerrado, las sociedades gestoras y determinados fondos europeos con impacto en las *startup*. En cuanto al capital riesgo informal, diferencia los diversos actores en atención al orden cronológico de su participación en la compañía: comienza con la aportación más próxima de "familiares, amigos y tontos" —también conocido como las "tres efes FFF" por la traducción literal del inglés de *"family, friends and fools"*, sigue la caracterización de los *"business angels"* o ángeles inversores y de las aceleradoras e incubadoras que aportan, además de fondos, contactos y su experiencia profesional y termina con las plataformas de financiación participativa —*"crowdfunding"*— como forma innovadora de capitalización de la *startup* que surge, precisamente, también, al hilo del desarrollo tecnológico.

La segunda parte del trabajo, dividida en cuatro capítulos, es la que da nombre al título de la monografía: el pacto de socios. Una vez caracterizados los fundadores e inversores resulta imprescindible la referencia al pacto de socios como documento que regulará las relaciones entre ambos. Tras la definición y la referencia a la naturaleza jurídica del pacto de socios como pacto parasocial señala el sistema de clasificación utilizado para el estudio de cada una de las cláusulas que lo conforman. En este sentido, de conformidad con la práctica más extendida en la doctrina científica, divide el clausulado en la terna habitual, pactos de organización, pactos de relación y pactos de atribución que, a su vez, dan título a los capítulos tercero, cuarto y quinto, respectivamente.

El capítulo cuarto, dedicado a los pactos de organización, alude a las cláusulas que reglamentan el funcionamiento de los órganos sociales y las decisiones que allí puedan adoptarse. Tras la mención del sistema de designación del consejo de administración donde los socios reproducen el acuerdo alcanzado contractualmente, la obra avanza en las particularidades propias de la adopción de acuerdos en tales compañías que comprende una modulación de los derechos de socio de modo que el socio inversor reequilibre su posición en el capital social por medio de cláusulas específicamente diseñadas a tal efecto. Así, se hace referencia a la desviación de la regla de proporcionalidad, el establecimiento de mayorías reforzadas, derechos de veto, mecanismos de desempate o la sindicación del voto. Igualmente, también son objeto de estudio las modificaciones al régimen legal de la convocatoria de los órganos sociales en las que está presente la incidencia de los avances tecnológicos para su desarrollo.

El capítulo quinto, "pactos de relación", está centrado en las relaciones de los socios dentro de la sociedad y en la modulación de los derechos y obligaciones que asumen recíprocamente. Toda vez que la permanencia del equipo fundador se torna fundamental para el éxito del negocio, regulan las cláusulas que velan por su dedicación en la *startup* mediante una política retributiva de "palo y zanahoria" que penaliza la salida temprana y premia su continuidad. Para lograrlo prevén un sistema de consolidación de acciones o participaciones *"vesting"* que se proyecta, igualmente, sobre las opciones sobre acciones y participaciones —*"stock options"*— y las acciones "fantasma" —*"phantom shares"*— como fórmula retributiva del componente variable que reciben los trabajadores de la *startup*. Además, se analiza su coordinación con las normas imperativas que rigen la retribución de los administradores. Junto a ello, se exponen los mecanismos anti-dilución tendentes a la protección de la posición de los socios en el capital social por el riesgo de que su influencia política y sus derechos económicos disminuyan con la entrada de nuevos socios en posteriores ampliaciones —rondas de financiación—. Finalmente, aborda la particular regulación de los mecanismos de salida. Dicha palabra, por influencia anglosajona, engloba tanto los supuestos de transmisión como los de separación, exclusión y liquidación, voluntaria e involuntaria lo que obliga a una labor de clasificación y asimilación de cada uno de los supuestos a las instituciones previstas en nuestra normativa societaria. Las restricciones a la libre transmisión, los pactos de venta conjunta, las cláusulas antibloqueo, son previsiones habituales en los acuerdos de socios que pueden advertirse en otro tipo de empresas. Sin embargo, no puede decirse lo mismo de las cláusulas de buena y mala salida —*"good leaver" & "bad leaver"*—, que reciben una atención especial por su absoluta novedad y su compleja relación y con la separación y exclusión de socio. Lo mismo es predicable con respecto al derecho de liquidación preferente que tiene un difícil encaje en sede estatutaria y un significado, por una traducción mimética del inglés, que no cohonesta bien con el concepto de liquidación previsto en la Ley de Sociedades de Capital. Termina el capítulo con uno de los desenlaces satisfactorios que caben en el ciclo de vida de la *startup* como es el estudio de la salida a bolsa de tales compañías, con mención de los cambios necesarios para ello.

El capítulo sexto atiende a los pactos de atribución, que son aquellos por los que los firmantes procuran determinadas ventajas a la sociedad. Como condición necesaria para la rúbrica por los inversores del pacto de socios, los fundadores asumen una serie de obligaciones contractuales adicionales a las que les corresponde como socio, sin perjuicio de su posible determinación, también, como prestaciones accesorias. Así, la prestación de servicios a favor de la sociedad, las cláusulas de no competencia o de exclusividad o la transferencia de derechos de propiedad intelectual son una muestra de pactos de atribución habituales en este tipo de compañías. Con respecto al inversor, también se aborda el compromiso de financiación que regula aportaciones complementarias en caso de falta temporal de liquidez. Por último, en consonancia con el dinamismo propio de las *startup* y la entrada de nuevos socios, se explica el procedimiento de adhesión al pacto de socios de modo que compatibilicen las exigencias de los futuros inversores con los derechos que hubieran adquirido los anteriores.

El capítulo séptimo, como último de la presente monografía, cierra el estudio del pacto de socios con las consecuencias derivadas de su incumplimiento. Comienza con la exposición de las diversas acciones para la protección del interés contractual de los acreedores que están expresamente previstas en el Código Civil y continúa con otras que, con base en la autonomía de la voluntad, favorecen el cumplimiento del pacto de socios por su finalidad disuasoria, amén de su función indemnizatoria, como son las cláusulas penales o las opciones de compra y venta a precio punitivo. Posteriormente, analiza la eficacia societaria del pacto de socios a través de su posible inscripción —parcial— en los estatutos sociales, la previsión de una prestación accesoria consistente en el cumplimiento del pacto de socios y termina con una de las cuestiones más debatidas actualmente por la doctrina mercantilista como es la oponibilidad de los pactos omnilaterales que, aunque es de plena aplicación al caso, trasciende el ámbito de las *startup*.

PARTE PRIMERA
LA *STARTUP* Y SUS SOCIOS

Capítulo I

DE LA STARTUP A LA EMPRESA EMERGENTE

I. DEFINICIÓN DE *STARTUP*

1. Antecedentes

La palabra *startup* en el sentido empleado actualmente emerge en la década de los setenta en los Estados Unidos[9]. Aunque antes de aquella época haya alguna manifestación de dicha voz[10], es difícil que el significado atribuido hoy en día pueda remontarse mucho más de cincuenta o sesenta años toda vez que la tecnología es un elemento central de su definición. Con anterioridad, como categoría más amplia, predominaba el término emprendimiento —procedente del galicismo *"entrepreneur"*[11]— si bien las notas restantes que acompañaban al estudio de tal actividad y las teorías económicas alrededor de dicho fenómeno siguen, en su mayoría, vigentes[12].

---

9 Parece que hay cierto consenso en la atribución de la noción moderna de *startup* a un artículo de la la revista Forbes el 15 de agosto de 1976. Véase, SKALA, A., *Digital Startups in Transistion Economies,* Suiza, Springer, 2019 pág. 14; NGUYEN-DUC, A., MÜNCH, J., PRIKLANDNICKI, R., WANG, X. Y ABRAHAMSSON, P., *Fundamentals of software startups,* Suiza, Springer, 2020 pág. 7; BANSAL, R., *Your First Startup,* India, BFC Publications 2021, pág. 41

10 Así, por ejemplo, en la década de 1950 en relación con compañías en el ámbito de la electrónica como Shockley Semiconductor Laboratory o Fairchild Semiconductor. Sobre ello, SPRAGUE, J., *Revitalizing US Electronics,* Stoneham, Butterworth-Heinemann,1993 pág. 20 y ss.

11 Está aceptado que las primeras definiciones de emprendedor son las de los economistas Richard Cantillón y a Jean-Baptiste Say. Con más detalle, VENUVINOD, P. K., *Techonology, Innovation and Entrepreneurship,* createspace independent publishing platform, 2011 pág. 5 y ss; También, RAJAN, N., *Startup vs Business,* India, 2018 pág. 108. En cuanto a la definición del término *"entrepreneur"*, SAY, J. B., *A Treatise on Political Economy,* Philadelphia, 1880 disponible en https://socialsciences.mcmaster.ca/econ/ugcm/3ll3/say/treatise.pdf pág. 128, admite la dificultad de traducirlo al inglés y lo define de la siguiente forma: "el maestro fabricante en la manufactura, el agricultor en la agricultura y el comerciante en el comercio; y, en general. la persona que asume la responsabilidad, el riesgo y ventura, ya sea con capital propio o prestado".

12 En la literatura económica, destacan la teoría schumpeteriana del emprendimiento. Vid. SCHUMPETER, J. A., *The theory of economic development,* New Brunswick, 1934. En España, sobre la influencia de las contribuciones del autor en el concepto actual del término *startup,* véase la obra de VÁZQUEZ LEPINETTE, T., *Aspectos contractuales de las startups*, Valencia, Tirant lo Blanch, 2023 págs. 38 y 40; Señala que el concepto actual emprendedor se remonta

La noción moderna surge de forma paralela a la expresión "Silicon Valley", acuñado para referirse al espacio físico situado en la zona sur de la Bahía de San Francisco, donde comienzan a agruparse tales compañías y beneficiarse de las sinergias que permite la proximidad[13]. Con ello se crea en Estados Unidos un entorno social, cultural y económico que potencia el desarrollo de este tipo de empresas y que reúne las notas de otro concepto cada vez más popular en el lenguaje de las *startup* como es el de "ecosistema", un marco favorable para la creación de riqueza a través del citado modelo de negocio. Y si entre los años setenta a los noventa las *startup* estaban ligadas, precisamente, a la electrónica[14], la emergencia de la tercera revolución industrial y el tránsito de lo analógico a lo digital con hitos clave como el desarrollo de internet centró el elemento objetivo de la *startup* en el sector tecnológico, en el sentido que tiene actualmente, dentro de la sociedad de la información[15].

2. Concepto y caracteres de la startup

Por lo que a su concepto hace referencia, las definiciones clásicas que sirven de punto de partida para el estudio de las *startup,* han sido dictadas por autores que proceden, precisamente, de la citad área geográfica. En este sentido, es común su consideración como "una organización empresarial de carácter temporal diseñada para buscar un modelo de negocio repetible y escalable"[16].

a dicha teoría del economista austriaco, VICENT CHULIÀ, F. *Introducción al Derecho Mercantil,* Valencia, Tirant lo Blanch, 2022 pág. 317. En relación con el concepto amplio de emprendimiento que alcanza al sector del ferrocarril, JENKS, L. H., "Railroads as an Economic Force in American Development" *The Journal of Economic History* Vol. 4 N.º 1, 1994 págs. 1-20

13 O´REGAN, G., Introduction to the history of computing, Suiza, Springer, 2016 pág. 79 señala que el origen del nombre "Silicon Valley" en los medios se remonta a 1971, concretamente en el semanario *Electronic News* en el que el periodista Don Hoefler redactó una serie de trabajos bajo el título *"Silicon Valley in the USA"*.

14 Nótese que el silicio es el material principal de los productos semiconductores.

15 Como indican DI RESTA, R., FORREST, B., y VINYARD, R,. *The hardware startup,* Estados Unidos, O´Riley, 2015 Pág. 289 la tercera revolución industrial comprende el potencial de internet en conjunción con las modernas tecnologías de producción.

16 BLANK, S. "What´s a Startup? First Principles" disponible en https://steveblank.com/2010/01/25/whats-a-startup-first-principles/ Dicho autor, conocido como fundador de varias *startup* y profesor de Stanford es conocido por su metodología del desarrollo de clientes —"customer development" y es considerado uno de los artífices de la metodología Lean Startup que, desde el punto de vista empresarial, supuso un antes y un después en el lanzamiento de nuevos negocios. Sobre dicho método ver BLANK, S. "Why the Lean Start-Up Changes Everything" *Harvard Business Review,* May 2013 disponible en https://hbr.org/2013/05/why-the-lean-start-up-changes-everything. WISE, S. y FELD, B., *Startup Opportunities,* New Jersey, Wiley, 2015 pág. 4 señalan que es la mejor definición del término y elogian al autor considerándolo como el "zar del desarrollo de clientes".

O también como "una institución humana diseñada para crear un nuevo producto o servicio bajo condiciones de incertidumbre extrema"[17].

De las definiciones anteriores puede extraerse varias notas caracterizadoras de toda *startup*: organización, temporalidad, repetibilidad, escalabilidad e incertidumbre. La primera de ellas alude al elemento subjetivo de la *startup* y puede contraponerse al antecedente remoto del propio concepto, el emprendimiento. Mientras que en el emprendimiento como categoría más amplia predomina la figura del emprendedor como individuo, la *startup* presume una organización proyectada sobre medios materiales y humanos necesarios para el desarrollo de la actividad empresarial[18]. La segunda, el carácter temporal, pues la *startup*, en consonancia con su traducción al castellano —"arranque", "empresa emergente"— tiene un horizonte finito y pierde su condición ora porque fracasa, ora porque evolucionan a estructuras mayores y más estables[19]. En tercer lugar, un modelo de negocio repetible y escalable, orientado a un crecimiento exponencial que implica un aumento muy significativo de los ingresos en comparación con los gastos[20]. El objetivo es que el producto o servicio que ofrezca la *startup* sea replicable en mercados más grandes y aumente potencialmente el número de clientes[21]. Por último,

17 RIES, E., *The Lean Startup* New York, Crown Currency, 2011 pág. 27 Influenciado por la metodología de desarrollo de clientes de Steve Blank, este empresario estadounidense, asesor de compañías de capital riesgo publicó el método Lean Startup, basado en un modelo de gestión de origen japonés —"Lean manufacturing"— que podría traducirse como producción "sin grasa" en el sentido de que evita los gastos innecesarios y utiliza los recursos estrictamente necesarios para el crecimiento empresarial. Se trata de un *bestseller* internacional con más de un millón de copias vendidas y ha sido traducido a treinta idiomas.

18 Las definiciones anteriores están próximas al concepto económico de empresa. Vid. GALLEGO SÁNCHEZ, E. y FERNÁNDEZ PÉREZ, N. *Derecho mercantil. Primera parte,* Valencia, Tirant lo Blanch, 2023 págs. 51-52. Igualmente, en relación con la organización como nota caracterizadora, el artículo 3.1 de la LFEEE reserva la calificación de empresa emergente a "toda persona jurídica". Ello difiere de otras fórmulas anteriores, de escaso éxito, que reconocían el emprendimiento en la persona física como el art. 3 de la Ley 14/2013, de 27 de septiembre, de apoyo a los emprendedores y su internacionalización.

19 PRIDE, J., *Unicorn Tears. Why startups fail and how to avoid it,* Australia, Wiley, 2018 pág. 17; Alude, también a su existencia efímera, VÁZQUEZ LEPINETTE, T., *Aspectos contractuales... Op. Cit.* pág. 29

20 Como señala SINGH, J., *The startup playbook*, India, 2023 pág. 7 el objetivo es que la *startup* alcance economías de escala de modo que reduzca costes y aumente la eficiencia, lo que se hace evidente en el caso de compañías tecnológicas que optimizan las operaciones.

21 De forma muy gráfica, ROSE, D. S., *The startup checklist. 25 steps to a Scalable, High-Growth Busness,* New Jersey, Wiley, 2016 pág. 23 señala como ejemplo de escalabilidad el libro electrónico de Amazon —*Kindle*–— pues, después del gasto llevado a cabo por la compañía para la creación del producto hasta la primera venta, la cantidad por cada venta adicional del libro electrónico es beneficio en casi su totalidad. Mientras que la expansión de un negocio

estrechamente relacionado con lo anterior, la incertidumbre como elemento inherente a toda *startup*, es superior a la de los negocios tradicionales por la ausencia de referencias o experiencias comparables[22]. En este sentido, factores tales como la novedad del producto, si tendrán un número suficiente de clientes para que la inversión sea rentable o el tiempo hasta la irrupción en el mercado de empresas competidoras, evidencian la asunción de un riesgo elevado por quienes invierten en este tipo de compañías. La incertidumbre, por tanto, deriva del propio modelo de la *startup*, consistente en la búsqueda, la prueba y la validación de un producto o servicio que responde a una necesidad no cubierta en el mercado[23]. En aras a una cierta predictibilidad son de aplicación métodos de desarrollo empresarial como *Lean Startup* basado en la verificación de hipótesis —"*hypothesis driven*"— o un aprendizaje validado a partir del testeo de un producto mínimo viable (MVP) el cual contiene los elementos estrictamente necesarios para que refuten las diferentes hipótesis, de modo que decidan si continúan con ello, si realizan modificaciones sobre el prototipo y cambian la idea de negocio o si abandonan el proyecto empresarial[24].

En cualquier caso, pese al recurso a metodologías de trabajo que reduzcan la incertidumbre, lo cierto es que el riesgo es elevado y pocas compañías superan la fase inicial o, de forma gráfica —con base en la jerga empresarial— escapan al "valle de la muerte" —"*death valley*"—[25]. Dicha circunstancia está

basado en la apertura de barberías, la segunda de ellas tendrá prácticamente el mismo coste que la primera.

22 VENUVINOD, P. K., *Techonology, Innovation... Op. Cit.* pág. 265 contrapone la realidad de las *startup* con otros modelos en los que existen mayores certezas como las franquicias, donde el franquiciador tiene respuestas para la mayoría de cuestiones de potenciales franquiciados.

23 WISE, S. y FELD, B., *Startup Opportunities... Op. Cit.* pág. 4

24 ESENMANN, T., RIES, E. y DILLARD, S., "Hypothesis-Driven Entrepreneurship: The Lean Startup" (March 9, 2012). Harvard Business School Entrepreneurial Management Case No. 812-095, Available at SSRN: https://ssrn.com/abstract=2037237 Indica, en España, tal forma de gestión específica y explica sus notas básicas VÁZQUEZ LEPINETTE, T., *Aspectos contractuales... Op. Cit.* pág. 29

25 MORO-VISCONTI, R., *Augmented Corporate Valuation. From Digital Networking to ESG Compliance,* Suiza, Springer, 2022 pág. 318 define el "Valle de la muerte" como aquella fase en la que la startup que arranca con el capital inicial entra en una fase en la que ha agotado los recursos, no tiene fondos y aún no ha llegado a una fase que le permita obtener ingresos. Véase la noticia del diario El País "Emprender y no morir en el intento: por qué el 90% de las empresas que se crean en España no llega a los tres años", 2023 disponible en https://elpais.com/economia/negocios/2023-01-28/emprender-y-no-morir-en-el-intento-por-que-el-90-de-las-empresas-que-se-crean-en-espana-no-llegan-a-los-tres-anos.htmlTambién, el artículo de CEPYME NEWS "4 estadísticas que explican el fracaso de una startup (y lo que puedes aprender de ellas)" 2023, disponible en https://cepymenews.es/estadisticas-fraca-

estrechamente relacionada con otra característica que diferencia a las *startup* de otras empresas: la financiación[26]. La poca certidumbre que ofrecen estas compañías —proyectado, básicamente, sobre ideas no contrastadas— dificulta la obtención de préstamos por entidades bancarias, de modo que los fondos necesarios para el desarrollo del negocio dependen, principalmente, de un sector específico como es el capital riesgo[27]. Además, como los propios fundadores son conscientes de que emprenden un negocio incierto, con pocas probabilidades de éxito, es normal que eviten la financiación con cargo a deuda y opten por la entrada de terceros en el capital para la captación de recursos —socios inversores—. Mientras que en las primeras fases del ciclo de vida de la *startup*, en etapas tempranas, predomina la inversión del capital riesgo informal —familiares, amigos e inversores próximos geográficamente—, cuando el negocio alcanza cierta madurez, tiene lugar la capitalización por medio de entidades de capital riesgo formal o inversores institucionales y a través de sistemas multilaterales de negociación o mercados regulados.

Por último, entre los elementos centrales del concepto de *startup*, aunque no consta de forma expresa en las definiciones anteriores, debe señalarse la innovación como factor diferencial. Concretamente, la innovación es predicable sobre los productos o servicios que ofrece la compañía o con base en el modelo de negocio[28]. Y habida cuenta de las circunstancias actuales del mercado, la innovación en mayor o menor medida está inexorablemente vinculada con avances científicos y tecnológicos, especialmente, por número de *startups*, relacionados con la tecnología de la información (IT)[29]. De hecho,

so-startup/ señala que alrededor del 90% de las empresas incipientes están condenadas al fracaso.

26 Alude, también, a la forma de financiación como una característica de tales compañías VÁZQUEZ LEPINETTE, T., *Aspectos contractuales... Op. Cit.* pág. 41

27 METRIK, A. y YASUDA, A., *Venture Capital & The Finance of Innovation*, New Jersey, John Wiley & Sons2021 pág. 7 señalan que el origen de la industria del capital riesgo está relacionado con las empresas de semiconductores y crece, en paralelo, al desarrollo del sector tecnológico. El primer fondo institucional en EEUU data de 1946 cuando Karl Compton (presidente del MIT), Georges F. Doriot (Profesor de Harvard Business School) y otros empresarios americanos crearon la American Research and Development (ARD) que financiaba un rápido crecimiento a compañías emergentes de la manufactura y sectores tecnológicos.

28 Como afirma ANDHOV, A. "Introduction and importance of Start-Ups" *Start-up Law* (Ed.) Andhov, Reino Unido, Elgar, 2020, pág. 14 John Stuart Mill identificaba a los "capitalistas" como una de las tres clases productivas que proveen capital y se encargan de la dirección y superintendencia, Schumpeter comenzó a utilizar el término "emprendedor" y actualmente la palabra *"startup"* comprende todos esos rasgos y representa la clase innovadora de este siglo.

29 Menciona la base tecnológica, VÁZQUEZ LEPINETTE, T., *Aspectos contractuales... Op. Cit.* pág. 29. También, alude al empleo de la tecnología como nota caracterizadora, SOLANS CHAMORRO, L., "Contratos entre socios y *startups*. Aspectos prácticos", *Actualidad Jurídica*

así lo reconocen las últimas definiciones doctrinales[30], los diccionarios[31] o, incluso, los legisladores cuando redactan normas tendentes a la promoción de ecosistemas nacionales[32] —o, en caso de la UE, comunitario[33]— que impulsen la creación de *startups*[34].

Con base en los elementos definitorios mencionados, por *startup* puede entenderse aquella organización de nueva creación con una proyección de rápido crecimiento y riesgo empresarial elevado que tiene por objeto el de-

Uría Menéndez, 52, 2019, pág. 36. E, igualmente, destaca su importancia DE ULLOA LAPETRA, G., "El pacto de socios..." *Op. Cit.* pág. 266

30 A modo de ejemplo, señalan DE LUCAS ANCILLO, A., GAVRILA GAVRILA, S. y CAÑERO SERRANO, J., "Emerging technologies in Financing Startups" *Financing startups. Understanding Strategic Risks, Funding Sources, and the Impact of Emerging Technologies* (Eds.) Lassala y Ribeiro-Navarrete, Suiza, Springer, 2022, pág. 99 que, a diferencia de otras empresas, las *startup* no afrontan procesos de digitalización porque se considera que lo digital es predicable desde su creación —"ya nacen digitales"—. LÖHER, J., "Motive del Zusammenarbeit zwischen etabliertem Mittelstand und Startups"*Corporate-Startup-Partnerschaften. Innovation durch Kollaboration* (Hrsg.) Weber und Elz, Alemania, Springer, 2022 pág. 11 las circunscribe a industrias prometedoras como las TIC, la biotecnología o las energías renovables. También, TECH, R. P. G., *Financing High-Tech Startups. Using Productive Signaling to Efficently Overcome the Liability of Complexity,* Suiza, Springer, 2018 pág. 11 desarrollan un modelo de negocio altamente innovativo o tecnológico.

31 El Diccionario Panhispánico del español jurídico lo define como "empresa de reciente creación y de base tecnológica" y el *Oxford Learner´s Dictionary* como "una compañía que comienza a operar, especialmente una empresa de internet".

32 La exposición de motivos de la LFEEE alude a la creación y crecimiento "de empresas innovadoras, basadas en el conocimiento, de base digital y rápido crecimiento, conocidas como empresas emergentes o *startups"*. También, en Italia, el art. 25.2 del Decreto-legge del 18 ottobre 2012 señala como uno de los requisitos para calificar como *startup innovativa* que tengan como objeto social exclusivo o predominante el desarrollo, la producción y comercialización de productos o servicios innovador con alto valor tecnológico.

33 El manifiesto de la Unión Europea para la potenciación de las *startups —Startup Nations Standard*— alude a la necesidad de aprovechar las oportunidades que ofrece la tecnología e incide en la necesidad de facilitar el retorno del "talento tecnológico" que emigró a terceros países. Documento disponible en: https://startupnationsstandard.eu/

34 En línea con anterior, cada vez es más frecuente la referencia a la expresión "empresa de base tecnológica" en detrimento del término "empresa de base científica" para referirse a aquellas *startup* en las que existe colaboración público-privada como las que nacen o crecen en los parques científicos universitarios. A modo de ejemplo, en la literatura española, OLAVARRIA IGLESIA, J., "Las empresas de base tecnológica universitarias (EBTs): su marco jurídico universitario" en *Libro homenaje al profesor Ubaldo Nieto De Alba* (Dir.) Nieto Carol, vol II Valencia, Tirant lo Blanch, 2020 pág. 467; FELIU REY, J., "Los pactos parasociales en las empresas de base tecnológica académicas" *La Ley Mercantil,* n.º1, 2014 págs. 85-100. También, NAVARRO FAURE, A., "La transferencia de la investigación y el emprendimiento: la fiscalidad de las "startups" y las empresas de base tecnológica" *La fiscalidad del emprendimiento* (Dir.) Varona Alabern, Cizur Menor, Aranzadi, 2018 págs. 441 y ss.

sarrollo de un producto, servicio o modelo de negocio innovador, repetible y escalable asociado a la tecnología.

Tales compañías, cada vez más presentes en nuestro país, en la mayoría de los casos, son sociedades de responsabilidad limitada[35]. El término *startup* no es ni más ni menos que un barbarismo que hace referencia a aquella organización que reúne, desde un prisma fáctico, las características anteriormente mencionadas. Ello, sin embargo, no impide que dentro de la amplitud de la *startup* como concepto o, si se prefiere, como categoría tenga cabida otro, muy estricto, introducido recientemente por el legislador español, como es el de "empresa emergente" en el sentido expresado por el artículo 3.1 LFEE. Por consiguiente, mientras que cualquier persona jurídica que obtenga la calificación de empresa emergente tiene la consideración de *startup*, no toda *startup* puede denominarse como empresa emergente en los términos de la citada norma sino solo aquellas que cumplan sus rigurosos requisitos —alguno de ellos poco comprensibles[36]— y, voluntariamente, soliciten su certificación como tal, para lo que será necesario que superen un procedimiento ante la Empresa Nacional de Innovación (ENISA).

Desde un punto de vista jurídico la *startup* no constituye un tipo societario propio pero, en relación con la empresa emergente, debe matizarse que la citada norma sí prevé un subtipo de sociedad de responsabilidad limitada[37]. En este sentido, de forma similar a lo que aconteció con la sociedad limitada de

35 Vid. GIMENO BEVIÁ, V., "Las causas contractuales de separación y exclusión del socio en las startups. La "buena" y la "mala" salida" *El derecho de separación y la exclusión de socios en la sociedades de* capital (Dir.) González Fernández, Tirant lo Blanch, Valencia, 2021 pág. 308. En este sentido, también, CARRASCO PERERA, A., "La start-up en el tráfico mercantil". *Start-Ups, emprendimiento, economía social y colaborativa. Un nuevo modelo de relaciones laborales* López Cumbre, L. (dir.), Cizur Menor, Aranzadi, 2018 consultado en www.proview.thomsonreuters.com afirma que "La denominación de start-up no es más que una identificación mediática de un tipo de emergencia empresarial difusamente caracterizada por unos rasgos fácticos determinados, que tampoco pueden configurarse conformadores de un tipo societario o comercial".

36 A modo de ejemplo, como queda de manifiesto en GIMENO BEVIÁ, V., "Análisis del marco jurídico de las startup tras el Proyecto de Ley de fomento del ecosistema de las empresas emergentes" *Anuario de Capital Riesgo* 2021, pág. 160, a diferencia de lo que ocurre en la legislación de empresas emergen-tes de otros países, la norma española, de forma poco comprensible, niega dicha condición a sociedades que son objeto de transformación, sin que pueda advertirse qué inconveniente genera la adopción de un tipo social distinto si la sociedad conserva su personalidad jurídica.

37 VÁZQUEZ LEPINETTE, T., *Aspectos contractuales... Op. Cit.* pág. 81 quien señala la formulación poco técnica de la norma.

formación sucesiva (SLFS), o la sociedad limitada Nueva Empresa (SLNE)[38], los artículos 10 a 13 LFEE contienen un régimen especial aplicable a las empresas emergentes que sean sociedades de responsabilidad limitada. Ello no obstante, expertos en la materia aventuran a dicho subtipo social un éxito similar a los otros dos citados[39].

En virtud de lo anterior, a modo de recapitulación y en consonancia con el sistema seguido en esta obra, no parece adecuado la referencia indistinta entre el término *"startup"* y *"empresa emergente"*. Aunque con anterioridad a la LFEEE, de fomento del ecosistema de las empresas emergentes, parecía razonable su intercambio —en la medida en que la expresión española, desde una perspectiva lingüística, es una traducción acertada[40]—, desde su entrada en vigor quizás sea más apropiado que la referencia a la *"startup"* identifique a aquellas empresas que, en un sentido amplio, reúnan las citadas notas caracterizadoras y la expresión "empresa emergente" quede reducida al concepto estricto regulado en la LFEEE.

II. LA EMPRESA EMERGENTE EN LA LEY 28/2022, DE 21 DE DICIEMBRE, DE FOMENTO DEL ECOSISTEMA DE LAS EMPRESAS EMERGENTES

1. Introducción

Con la finalidad de que España no se quede atrás en comparación con otros países de nuestro entorno, el Plan de Recuperación, Transformación y Resiliencia, creado para el desarrollo de los fondos europeos de recuperación *Next Generation EU,* comprende diez políticas palanca directamente encami-

---

38 Con escaso éxito, fueron derogadas por la Ley 18/2022, de 28 de septiembre, de creación y crecimiento de empresas.

39 Entre otros, el abogado David Miranda que señalaba, de forma irónica, de las SLNE que "se dice que existen, pero nadie las ha visto" considera que la situación será similar para la "Sociedad Limitada Empresa Emergente (SLEE)". ÁLVAREZ ROYO-VILLANOVA, S. "La Ley 28/2022, de 21 de diciembre, de fomento del ecosistema de las empresas emergentes y el derecho de sociedades" *Revista de Derecho de Sociedades*, n.º67, 2023 pág. 237 pronostica que serán pocas las empresas que soliciten su calificación como emergentes. Recomienda abstenerse de solicitar dicha calificación ALFARO ÁGUILA-REAL, J., "La Ley *Pinta y Colorea* y los pactos parasociales: no se les ocurra convertir su compañía en una empresa emergente", 2022 disponible en https://derechomercantilespana.blogspot.com/

40 Como señalaba en 2011 la Fundación del Español Urgente (FUNDEU), asesorada por la Real Academia Española, "es más apropiado referirse a este tipo de empresas como *emergentes* y evitar la voz inglesa *start-up"*. Disponible en https://www.fundeu.es/recomendacion/una-start-up-es-una-empresa-emergente-835/

nadas a la mejora de la economía tras la crisis del covid-19. La quinta de ellas tiene por objeto "la modernización y digitalización del tejido industrial y de la pyme, recuperación del turismo e impulso a una España nación emprendedora". Como concreción de tal misión, recientemente han sido publicadas tres leyes que afectan, entre otros, al marco normativo mercantil. En primer lugar, por orden cronológico, la Ley 16/2022, de 5 de septiembre, de reforma del texto refundido de la Ley Concursal, que pretende la modernización del marco concursal, la búsqueda de soluciones negociadas mediante planes de reestructuración y establece un procedimiento concursal especial para las microempresas, entre otras novedades. En segundo lugar, la Ley 28/2022, de 28 de septiembre de creación y crecimiento de empresas, especialmente previsto para el fomento y desarrollo del emprendimiento en España que contiene una serie de medidas enfocadas a las pymes[41]. Y, en tercer lugar, por lo que aquí interesa, la LFEEE que, con una finalidad más específica, circunscribe su objeto a aquellas empresas que tengan la condición de empresas emergentes.

La Ley 28/2022, de 21 de diciembre, de fomento del ecosistema de las empresas emergente (en adelante, LFEEE) responde también al compromiso suscrito por España en el marco de la Unión Europea de adherirse al estándar europeo nación emprendedora —*EU Startup Nations Standard of Excellence*— que contiene una lista de mejores prácticas para la promoción y desarrollo de las empresas emergentes en el mercado común[42].

41 Destaca la supresión del límite de tres mil euros para la constitución de sociedades de responsabilidad limitada que podrán crearse desde un euro de capital social, un nuevo régimen jurídico para las plataformas de financiación participativa —*crowdfunding*— y una serie de reformas que impulsan y mejoran el capital riesgo en España como el reconocimiento de los Fondos de Inversión a Largo plazo Europeos, los fondos de deuda, o la flexibilización para las ECR-Pyme de que las empresas objeto de actividad tengan un máximo de cuatrocientos noventa y nueve trabajadores en lugar de los doscientos cincuenta empleados.

42 Dicho programa comprende una serie de políticas que deben implementarse por los países firmantes y que pueden dividirse en ocho categorías: en primer lugar, un procedimiento más rápido y sencillo para la creación de tales empresas; en segundo, medidas tendentes a la atracción y retención del talento; en tercero, en relación con las *stock options*, un tratamiento fiscal más favorable y la posible restricción del derecho de voto; en cuarto, la innovación en la regulación mediante la supresión de determinados trámites y el establecimiento de *sandboxes* regulatorios; en quinto, las políticas públicas de apoyo económico y contratación con las *startups*; en sexto lugar, el acceso a la financiación mediante la adopción de medidas que favorezcan una mayor inversión y el número de inversores de *private equity* así como incentivos fiscales para los *business angels*; en séptimo lugar, el fomento de las startup que tengan en cuenta la inclusión social, la diversidad y la protección de los valores democráticos, y por último, la promoción de la digitalización y las relaciones digitales entre estas empresas y las administraciones públicas en cuestiones tales como la creación de dichas

El texto que consta de veintiséis artículos divididos en siete títulos lleva a cabo reformas en el ámbito mercantil, en el civil, laboral, pero, sobre todo fiscal[43]. En este sentido, el Proyecto de Ley contiene un conjunto de incentivos fiscales, como la reducción del tipo del impuesto de sociedades del actual 25% al 15%[44], el aplazamiento del pago de las deudas tributarias durante los dos primeros años de actividad, la elevación del importe de la exención anual de 12000 a 50000 euros en el caso de entrega de acciones o participaciones a los empleados de la empresa emergente o, como demandaba el sector del capital riesgo, la tributación del *"carried interest"*. Igualmente, en la búsqueda por la atracción y retención del talento se advierte una serie de modificaciones en materia migratoria que facilitan la entrada y residencia de profesionales e inversores e, incluso, también regula el visado para el teletrabajo de empleadores o trabajadores extranjeros conocidos, comúnmente, como "nómadas digitales".

Con la implementación de tales medidas, en línea con el compromiso adquirido mediante la firma del estándar europeo de nación emprendedora, el marco normativo español se equipara con el de varios países de nuestro entorno que en los últimos años han llevado a cabo acciones similares. Este es el caso, por ejemplo, de Alemania que, con la reciente aprobación de la *Fondsstandortgesetz,* modificó su normativa del impuesto sobre la renta para favorecer la contratación de personal cualificado[45]. También de Francia que, por medio, principalmente, de la *Loi PACTE*[46] y de sucesivas reformas en la *Loi de finances* ofrece una serie de ventajas a las empresas innovadoras de ámbito mercantil, fiscal y de cotizaciones a la seguridad social[47]. O de Italia que desde

empresas, el pago de tasas o el concurso en convocatorias públicas. Más información en https://startupnationsstandard.eu/

43 Se muestra muy crítico con la norma el profesor Vicent Chulià en el prólogo de VÁZQUEZ LEPINETTE, T., *Aspectos contractuales... Op. Cit* pág. 17 para quien su aprobación ha supuesto "mucho ruido y pocas nueces" y pág. 20 califica su contenido como "esencialmente programático y fiscal".

44 Ello, no obstante, parte del sector considera insuficiente dicha medida habida cuenta de que en los primeros años las empresas emergentes no generan beneficios.

45 Dicha norma modifica el § 19 de la Ley del Impuesto Sobre la Renta —*Einkommensteuergesetz* (EStG)—

46 Dicho acrónimo hace referencia a *le plan d'action pour la croissance et la transformation des entreprises (PACTE)*. Por medio de esta norma se incentiva la obtención de fondos en las primeras fases —*early stage*— y contempla l una forma de retribución específica para los trabajadores y directivos que, con particularidades, recuerda al sistema de opciones sobre acciones —*les bons de souscription de parts de créateur d'entreprise(BSPCE)*—

47 El modelo francés, de los más ambiciosos de nuestro entorno, surge en 2004 y ha sido reformado sucesivamente, con una última reforma en 2022. Dicha norma afecta al estatuto de joven empresa innovadora (JEI) —en francés, *jeune Enterprise innovative (JEI)*— que recuerda

hace más de una década cuenta con una normativa para las empresas emergentes —*"startup innovativa"*— cuyo contenido ha servido de referencia para la redacción de la norma española —véanse, en este sentido, los requisitos para la consideración de empresa emergente—[48].

Con anterioridad a la presente norma, puede citarse otras de escaso éxito como la discutida Ley 14/2011, de 1 de junio, de la Ciencia, la Tecnología y la Innovación[49] introdujeron, con una finalidad similar, un concepto próximo, de más amplios contornos, de "joven empresa innovadora" que comprende ventajas de índole fiscal y de seguridad social para aquellas empresas con una antigüedad inferior a seis años dedicada al desarrollo de productos, servicios o procesos tecnológicos, verificado por el Ministerio de Ciencia e Innovación, siempre que realice unos gastos en investigación, desarrollo e innovación tecnológica que representen al menos el quince por ciento de los gastos de la empresa durante los dos ejercicios anteriores[50]. También, la Ley 14/2013, de 27 de septiembre, de apoyo a los emprendedores y su internacionalización, cuenta con una definición expresa de emprendedor y de la actividad emprendedora[51].

En cualquier caso, la definición de empresa emergente contenida en la LFEEE debe entenderse solo a los efectos de que ciertas sociedades puedan beneficiarse de las ventajas contenidas en su texto, toda vez que sus notas características están determinadas en atención a criterios económicos y políticos. Debe insistirse en que, si bien toda empresa emergente entra dentro

al español de "joven empresa emprendedora" pero supera, notablemente, su contenido y, a diferencia del modelo español, ha sido objeto de una mayor atención. Más información sobre la regulación francesa en https://www.economie.gouv.fr/loi-finances-2020-mesures-fortes-start-ups-salaries#

48 Tras el *Decreto-legge 18 ottobre 2012* son varias las normas que afectan no solo a las *startup* sino también a las pequeñas y medianas empresas innovadoras —*PMI innovative*— que han alcanzado un cierto nivel de crecimiento y ya están establecidas. Más información en https://www.mise.gov.it/index.php/it/impresa/competitivita-e-nuove-imprese/start-up-innovative

49 El problema principal de dicha norma fue la tardanza en el desarrollo de su contenido por medio de un Estatuto específico. De hecho, actualmente, son entidades como AENOR quienes, por medio de sus expertos, conceden la certificación de joven empresa innovadora.

50 Dicho concepto, aunque menos ambicioso, es similar al previsto en la normativa francesa —vid. supra—.

51 Una crítica acertada de dicha norma en RONCERO SÁNCHEZ, A. Y PEINADO GRACIA, J. I., "Otro ejemplo de Derecho inútil: el emprendedor de responsabilidad limitada" en *La Ley Mercantil* no 22, febrero 2016 disponible en https://www.smarteca.es/ quienes afirman de forma muy gráfica como resumen del alcance de la norma que "para ese viaje no hacían falta alforjas".

de la categoría de *startup*, no toda *startup* cabe en los estrechos márgenes que prevé la norma para la obtención de la certificación como empresa emergente. A modo de ejemplo, criterios como la territorialidad de la plantilla o la condena a alguno de los socios de determinados tipos delictivos implican la no consideración o la perdida de la condición de empresa emergente a los efectos de la ley y tales circunstancias son irrelevantes en cualquier definición de *startup* en la literatura especializada[52].

2. Concepto y caracteres de la empresa emergente

Por lo que al concepto de empresa emergente hace referencia, el artículo 3 LFEEE que regula su ámbito de aplicación, las define como toda persona jurídica que reúna las siguientes características: i) que sea de nueva creación o no haya trascurrido más de cinco años desde su inscripción en el Registro Mercantil, o de Cooperativas competente, o siete en caso de compañías biotecnológicas, energéticas, industriales u otros sectores estratégicos que desarrollen tecnología propia diseñada íntegramente en España[53]; ii) que no sean resultado de una modificación estructural o concentración económica[54];

52 Vid. *supra*.

53 Aunque la duración es similar a otros casos de Derecho comparado —ad. ex. Italia—, para gran parte del sector es un lapso temporal escaso habida cuenta de la posible falta de beneficios durante esos años. En este sentido, véanse los comentario de profesionales y expertos del sector en el artículo "Ley de Startups: una norma necesaria pero que esconde al diablo en los detalles" *El Español*, 2021 disponible en https://www.elespanol.com/invertia/disruptores-innovadores/politica-digital/espana/20210711/ley-startups-norma-necesaria-esconde-diablo-detalles/595191411_0.html En un sentido similar, la asociación Barcelona Global propuso la extensión del plazo de consideración de empresa emergente a diez años. https://www.barcelonaglobal.org/es/eventos-noticias/noticias/barcelona-global-impulsa-seis-bloques-de-enmiendas-al-proyecto-de-ley-de-startups/ Por consiguiente, hubiera sido conveniente, bien la ampliación del plazo o bien la previsión de una norma que extendiera determinadas ventajas de índole fiscal a otras empresas que superan dichos umbrales de antigüedad. Sobre esta cuestión son interesantes las propuestas que realizó la Asociación Española de Bioempresas (ASEBIO) cuando la norma estaba en fase de anteproyecto. Disponible en https://asebio.com/propuesta-anteproyecto

54 Tampoco termina de entenderse dicha condición que, con una redacción manifiestamente mejorable, señala, textualmente "No haber surgido de una operación de fusión, escisión o transformación. Los términos concentración o segregación se consideran incluidos en las anteriores operaciones". A diferencia de lo que ocurre en la legislación de otros países, la norma española, de forma poco comprensible, niega dicha condición a sociedades que son objeto de transformación, sin que pueda advertirse qué inconveniente genera la adopción de un tipo social distinto si la sociedad conserva su personalidad jurídica. En la medida en que la compañía mantiene su identidad —aun tras el cambio de forma— el criterio de la novedad a efectos del umbral temporal permitido para las empresas emergentes no plantea

iii) que tengan su sede social, domicilio social o establecimiento permanente en España; iv) que el 60% de su plantilla tenga contrato laboral en España[55]; v) que sea una empresa innovadora en el sentido previsto en el artículo 4 que establece los criterios sobre el grado de innovación del proyecto emprendedor y sobre la escalabilidad del modelo de negocio necesarios para una evaluación favorable; vi) que no distribuya dividendos ni lo haya hecho en el pasado —retornos en el caso de cooperativas—; vii) que no coticen en un mercado regulado y viii) que, en el caso de que forme parte de un grupo de empresas, las demás compañías del grupo cumplan con los requisitos anteriores.

Junto a tales condiciones, aunque no están en el catálogo del citado artículo, debe incluirse: ix) la prevista en el art. 3.3 que exige, literalmente, que "aquellas empresas emergentes fundadas o dirigidas por sí o por persona interpuesta"[56], estén al corriente de sus obligaciones tributarias, con la segu-

problema alguno. Puede que dicho motivo sea el que subyace en las demás modificaciones estructurales o, incluso, en otras operaciones de concentración económica y en la *mens legislatoris* esté la idea de que los beneficiarios de la norma no prolonguen su aplicación más allá de lo previsto por medio de determinadas restructuraciones. Ello, además, puede inferirse del supuesto comprendido en el art. 3.1h) que, en caso de grupo de empresas vincula la aplicación de las ventajas a que todas ellas cumplan con los requisitos previstos en la norma. Sin embargo, en lugar de negarles la extensión del estatuto de empresa emergente, quizás hubiera sido más apropiado mantenerla por el plazo que quedara pendiente hasta los cinco o siete años —según el objeto social— desde la fecha de inscripción en el Registro Mercantil de la sociedad más antigua, máxime, habida cuenta de la importancia de alguna de estas operaciones para el crecimiento empresarial de las pequeñas y medianas empresas y su habitualidad en el ámbito de las *startup,* no necesariamente en la fase de salida o *exit.* Pero, además, el presente supuesto entra en una evidente contradicción con lo establecido en el artículo 6 c) que señala la adquisición por otra empresa que no tenga la condición de empresa emergente como circunstancia determinante para la pérdida de las ventajas establecidas en la norma. Resulta incongruente que, por un lado, el artículo 6 a) establezca que el incumplimiento de cualquiera de los requisitos del artículo 3 —que incluye las concentraciones— implica el fin de aplicación de los beneficios de la norma pero, por otro, *a contrario sensu,* permita la adquisición de la empresa emergente si el adquirente ostenta, también, tal condición. Véase, en detalle el análisis de tales requisitos y su relación con el Derecho comparado en GIMENO BEVIÁ, V., "Análisis del marco jurídico de las startup..." *Op. Cit.* págs. 160-162 donde comentaba la necesaria revisión de tales extremos del anteproyecto de cara a la versión definitiva de la LFEEE —si bien, tal sugerencia no ha tenido éxito alguno—.

55 En el caso de cooperativas se computarán dentro de la plantilla, a los solos efectos del citado porcentaje, los socios trabajadores y los socios de trabajo, cuya relación sea de naturaleza societaria.

56 Es difícilmente comprensible cómo una empresa emergente puede fundarse o dirigirse por sí misma.

ridad social y no tengan una sentencia firme condenatoria por determinados tipos delictivos[57].

Y también deben sumarse tres supuestos de los previstos en el artículo 6 que lleva por título "fin de aplicación de los beneficios y especialidades de esta ley" que comprende determinados casos que implican la pérdida de las ventajas previstas en la norma, pero con el mismo fundamento, impiden el acceso a las mismas. Concretamente: x) que el volumen de negocio anual de la compañía no supere los diez millones de euros[58]; xi) que la actividad de la sociedad no sea sostenible desde una perspectiva medioambiental en los términos del Reglamento (UE) 2020/852 del Parlamento Europeo y del Consejo de 18 de junio de 2020 relativo al establecimiento de un marco para facilitar las inversiones sostenibles y por el que se modifica el Reglamento (UE) 2019/2088 y xii) que en el capital social no haya socios que sean titulares, directa o indirectamente de una participación de al menos el cinco por ciento del capital o administradores que hayan sido condenados por sentencia firme por los tipos delictivos incluidos en el artículo 3.3[59].

El artículo 3.2, por su parte, simplemente establece dos definiciones: en el primer párrafo el significado de empresa de base tecnológica[60] y en el segundo señala cuándo una empresa emergente puede considerarse como innovadora[61] y alude a unas notas caracterizadoras que recuerdan al concepto amplio de *startup*. En relación con tales definiciones, no termina de entenderse la sistemática de la norma que interrumpe el listado de requisitos necesarios del concepto de empresa emergente del artículo 3.1 —que debe completarse

57 En este punto, era preferible la delimitación subjetiva del anteproyecto que circunscribía la consecuencia jurídica a los promotores y administradores de la empresa. En el caso de los socios, quizás hubiera sido más adecuada la referencia a aquellos que tengan una participación significativa.

58 Debe saludarse la modificación con respecto a lo previsto en el Anteproyecto que contenía un umbral significativamente bajo, de cinco millones de euros. Vid. GIMENO BEVIÁ, V., "Análisis del marco jurídico de las startup..." *Op. Cit.* págs. 162-163

59 Quizás hubiera sido recomendable una redacción única en el artículo 3.3 que comprendiera, también, el del 6.3. LFEEE.

60 "A los efectos de este artículo, se entiende por empresa de base tecnológica aquella cuya actividad requiere la generación o un uso intensivo de conocimiento científico-técnico y tecnologías para la generación de nuevos productos, procesos o servicios y para la canalización de las iniciativas de investigación, desarrollo e innovación y la transferencia de sus resultados".

61 "Se considerará que una empresa emergente es innovadora cuando su finalidad sea resolver un problema o mejorar una situación existente mediante el desarrollo de productos, servicios o procesos nuevos o mejorados sustancialmente en comparación con el estado de la técnica y que lleve implícito un riesgo de fracaso tecnológico, industrial o en el propio modelo de negocio".

con los requisitos del artículo 3.3— para la inclusión de dos definiciones inocuas a los efectos de la norma. De hecho, el cumplimiento de los requisitos de las definiciones del 3.2. "empresa de base tecnológica" y "empresa emergente innovadora" no garantiza la obtención de una calificación positiva y no genera más que confusión pues, como ha quedado de manifiesto, el concepto legal de empresa emergente requiere, como señala el art. 3.1 de la reunión simultánea de todas las condiciones[62].

Además de dichos requisitos, la sociedad que pretenda beneficiarse de la condición de empresa emergente debe someterse a una doble acreditación: en primer lugar, con base en el artículo 4 de la norma, es necesario que demuestre que su proyecto es innovador y su modelo de negocio es escalable. En segundo lugar, es necesario que la sociedad acredite el cumplimiento de las demás condiciones previstas en la norma para la calificación como empresa emergente.

En cuanto a lo primero, el art. 4 LFEEE señala los criterios mínimos para el análisis sobre el grado de innovación del proyecto emprendedor y sobre la escalabilidad del modelo de negocio que, a su vez, son desarrollados —y algunos, innecesariamente, repetidos— por la Orden PCM/825/2023, de 20 de julio, por la que se regulan los criterios y el procedimiento de certificación de empresas emergentes que dan acceso a los beneficios y especialidades reconocidas en la LFEEE. En este sentido, el art. 4.3 LFEEE establece determinados parámetros para la valoración por la entidad certificadora que son desarrollados por la citada orden ministerial.

Por lo que respecta a los criterios de evaluación del carácter de emprendimiento innovador, el art. 4.3 de la citada orden ministerial dispone que se entenderá cumplido el requisito si el solicitante cumple al menos una de las siguientes condiciones: a) Los gastos en investigación, desarrollo e innovación tecnológica representen, al menos, un 15 por ciento respecto de los gastos totales de la empresa durante los dos ejercicios anteriores, o, en el ejer-

62 En puridad alude a las del 3.1, pero debe añadirse las del 3.3, las del art. 4 y las del art. 6 LFEE. El art. además, completa el listado con la remisión a la orden ministerial conjunta, el Ministerio de Asuntos Económicos y Transformación Digital, el Ministerio de Industria, Comercio y Turismo y el Ministerio de Ciencia e Innovación, que fue publicada más de seis meses después de la publicación de la LFEE. Concretamente, la Orden PCM/825/2023, de 20 de julio, por la que se regulan los criterios y el procedimiento de certificación de empresas emergentes que dan acceso a los beneficios y especialidades reconocidas en la LFEEE. De hecho, así se desprende del art. 2.1 de la citada orden ministerial cuando señala que "Se entenderá por empresa emergente, a los efectos de esta orden, a toda persona jurídica que reúna simultáneamente las condiciones previstas en el artículo 3 de la Ley 28/2022, de 21 de diciembre, que no esté incursa en ninguno de los supuestos recogidos en el artículo 6 de dicha ley, y que sea debidamente certificada, en los términos que recogen la Ley 28/2022, de 21 de diciembre, y esta orden".

cicio anterior cuando se trate de empresas de menos de dos años; b) Que la empresa solicitante haya sido beneficiaria de inversión, financiación o ayuda públicas para el desarrollo de proyectos de I+D+i o de emprendimiento innovador en los últimos tres años sin haber sufrido revocación por incorrecta o insuficiente ejecución de la actividad financiada; c) Que la empresa disponga de un informe motivado emitido por el Ministerio de Ciencia e Innovación, respecto a su alto grado de innovación; d) Que la empresa acredite disfrutar de bonificaciones en la cotización a la Seguridad Social por tener contratado personal investigador; e) Que la empresa disponga de un Sello Pyme Innovadora concedido por el Ministerio de Ciencia e Innovación; f) Que la empresa disponga de Certificación de Joven Empresa Innovadora emitida por AENOR (EA0043) o de Certificación de Pequeña o microempresa Innovadora emitida por AENOR (EA0047) o Certificación conforme a la norma UNE 166.002-Sistemas de gestión de la I+D+i. La falta de cumplimiento de los requisitos anteriores no implica, necesariamente, que la sociedad no sea innovadora a los efectos de la norma pues el artículo 4.4, de forma subsidiaria, conmina a la entidad certificadora a que evalúe el carácter de emprendimiento innovador a la luz de los siguientes aspectos: a)La presencia de innovación tecnológica, ya sea en desarrollo o explotación, y que pueda estar protegida por derechos de propiedad industrial (quedan excluidos marcas y nombres comerciales) u otros derechos como software o *know-how* protegidos, todos ellos relacionados con el modelo de negocio de la empresa solicitante[63]; b) La presencia de innovación en productos, procesos, servicios y/o modelos de negocio.

En relación con los criterios de evaluación del carácter de emprendimiento escalable, el artículo 5 de la orden ministerial reitera —y, en algunos casos, detalla algo más— los previstos el art. 4.3 LFEEE: a) grado de atractivo del mercado; b) fase de la vida de la empresa; c) modelo de negocio; d) competencia; e) equipo; f) contratos con proveedores, suministradores y contratos de alquiler; g) clientes. Como novedad, no será necesario tal proceso de evaluación si el solicitante hubiera firmado una o varias pólizas de crédito con la Empresa Nacional de Innovación SME, S.A (ENISA) en los últimos tres años, siempre que alguna de ellas esté vigente y no existan incidencias sobre la misma. Como ejemplo de la deficiente técnica legislativa, se advierte una descoordinación entre la ley y la orden ministerial que desarrolla los criterios de certificación toda vez que la primera contiene un criterio negativo —criticado por la doctrina— que no está presente en la segunda y que consiste en la posible denegación de la acredita-

63 Se podrá solicitar la emisión de un informe potestativo a la Oficina Española de Patentes y Marcas (OEPM) para la evaluación de este aspecto.

ción cuando el modelo de negocio presente dudas razonables de potenciales riesgos reputacionales, regulatorios, éticos o especulativos[64].

En segundo lugar, además del carácter innovador, es necesario que la sociedad demuestre el cumplimiento de las demás condiciones previstas en la norma para la calificación como empresa emergente. Dicha labor de acreditación corresponderá a ENISA, la Empresa Nacional de Innovación SME, S.A., dependiente de la Dirección General de Industria y de la Pequeña y Mediana Empresa, integrada, a su vez, en el Ministerio de Industria, Comercio y Turismo[65].

De conformidad con lo previsto en el art.4.2 LFEE y los arts. 6 y 7 de la Orden PCM/825/2023, el procedimiento de evaluación llevado a cabo por ENISA se efectuará en un plazo no superior a tres meses desde la fecha de entrada de la solicitud[66] que deberá presentarse por medio del registro electrónico habilitado en el portal web de dicha entidad[67] con la documentación pertinente[68]. Transcurrido dicho plazo sin notificación de la resolución expresa, la solicitud se entiende estimada por silencio administrativo positivo. En cualquier caso, con base en lo dispuesto en el art. 9.3 de la Orden PCM/825/2023, el interesado puede acogerse a las ventajas de la norma desde la fecha de la certificación.

Ello no obstante, el estricto concepto de empresa emergente, los costes de entrada y la burocratización son circunstancias que valorarán los solicitantes si quieren beneficiarse de los incentivos fiscales como atractivo fundamental de la norma. En cuanto a las medidas mercantiles previstas para la sociedad de responsabilidad limitada que califique como empresa emergente, son acertadas tanto la creación de una autocartera de participaciones con fines retributivos[69]

64 Se comparte aquí las dudas de VÁZQUEZ LEPINETTE, T., *Aspectos contractuales... Op. Cit.* pág. 80 sobre el significado de tales riesgos en las empresas emergentes.

65 Como ejemplos de terceros países, la acreditación de la idea innovadora en Portugal corresponde a la *Agência para a Competitividade e Inovação* (IAPMEI). Se muestra crítico con la competencia de ENISA en el procedimiento de certificación, ARRUÑADA, B., "Comentario al proyecto de ley de startups", *Apuntes Fedea,* 2022/01 pág. 7.

66 Siempre que contara con toda la información requerida.

67 El registro electrónico habilitado en el portal web de ENISA (https://www.enisa.es/)

68 Art. 7.2 Orden PCM/825/2023: a) Documentación acreditativa de la empresa solicitante. b)Número de identificación fiscal. c) Escritura pública de constitución. d) Cuentas anuales cerradas del último ejercicio. e) Certificado de estar al corriente de pagos con Hacienda. f) Certificado de estar al corriente de pagos con la Seguridad Social. g) Declaración responsable del cumplimiento de requisitos de los artículos 3 y 6 de la Ley 28/2022, de 21 de diciembre. h) Plan de negocio.

69 Para más detalle véase el epígrafe dedicado a las *stock options* y el relativo a la retribución como administradores en el capítulo IV de la presente obra.

como la modificación del régimen general de la disolución por pérdidas[70]. Si acaso, no termina de entenderse por qué la primera de ellas no se extiende a toda sociedad limitada[71] y la segunda a las demás sociedades de capital pues si el riesgo de fracaso es más elevado en las empresas emergentes que en las tradicionales y hay tensiones de tesorería en los primeros años en cualquier negocio, quizás sería recomendable la previsión de dicha moratoria en la Ley de Sociedades de Capital[72]. No puede decirse lo mismo de la medida prevista en el art. 11.2 LFEEE que declara expresamente la posible inscripción y la publicidad registral de los pactos de socios que no sean contrarios a la ley y la posible inscripción de cláusulas estatutarias que contengan una prestación accesoria consistente en la suscripción del pacto de socios siempre que su contenido esté identificado "de forma que lo puedan conocer no solo los socios que lo hayan suscrito sino también los futuros socios". Y ello porque resulta redundante y no añade nada nuevo la primera frase que alude a la posible inscripción de los pactos cuyas cláusulas no se opongan a la ley. Y lo mismo cabe en relación con la segunda que alude a la prestación accesoria del cumplimiento del pacto, que ya admitió la RDGSJFP de 26 de junio de 2018[73].

Según el Gobierno de España, una vez abierto el procedimiento de certificación de empresa emergente en julio de 2023, estiman que al menos recibirán diez mil solicitudes de acreditación como empresa emergente[74]. Con fecha de 6 de septiembre de 2023 ENISA declaró la certificación de un centenar de ellas[75].

70 En este sentido, el artículo 13 LFEEE señala lo siguiente: "Las empresas emergentes no incurrirán en causa de disolución por pérdidas que dejen reducido el patrimonio neto a una cantidad inferior a la mitad del capital social, siempre que no sea procedente solicitar la declaración de concurso, hasta que no hayan transcurrido tres años desde su constitución". Un interesante análisis de la relación de la norma y el Derecho concursal en VÁZQUEZ LEPINETTE, T., *Aspectos contractuales... Op. Cit.* págs. 155-158.

71 También critica lo absurdo del trato diferenciado sobre tal cuestión entre anónimas y limitadas ALFARO ÁGUILA-REAL, J. "La Ley *Pinta y Colorea...*" *Op. Cit.* consultado en https://derechomercantilespana.blogspot.com/

72 De forma similar, ÁLVAREZ ROYO-VILLANOVA, S. "La Ley 28/2022, de 21 de diciembre..." *Op. Cit.* pág. 37

73 Una crítica más detallada de la inutilidad de la norma en el epígrafe dedicado al cumplimiento del pacto de socios como prestación accesoria (capítulo VI)

74 Véase la nota de prensa publicada por el Ministerio de Industria, Comercio y Turismo disponible en el siguiente enlace https://www.mincotur.gob.es/es-es/gabineteprensa/notasprensa/2023/documents/20230721%20np%20certificaci%C3%B3n%20startup.pdf En Italia, a finales de 2022 constaban 14708 compañías inscritas como "startup innovative". Sobre ello, consúltese el siguiente enlace: https://www.ilsole24ore.com/art/startup-innovative-record-italia-sono-14708-AEkqpZSC

75 Más información en la siguiente nota de prensa de ENISA https://www.enisa.es/es/sala-de-prensa/notas-prensa/el-ministro-de-industria-comercio-y-turismo-anuncia-que-un-centenar-de-start-ups-ya-han-sido-acredi-423

Capítulo II

EL SOCIO FUNDADOR

I. CARACTERIZACIÓN

La expresión "socio fundador" desde un punto de vista estrictamente etimológico alude al sujeto que "establece o crea" una sociedad[76]. Si tal locución es analizada en un sentido coloquial el socio fundador haría referencia a aquella persona que ha creado una empresa, entendida en su dimensión objetiva como organización formada por un conjunto de elementos dedicada a la producción de bienes u oferta de servicios en el mercado. Sin embargo, la anteposición y unión de la palabra "socio" con el adjetivo "fundador" revela que la persona, en un sentido jurídico, ha constituido, previamente, una sociedad para el ejercicio de la actividad empresarial. Dicho matiz es relevante pues, aunque es indiscutible la posibilidad de que alguien constituya una sociedad unipersonal[77], la referencia habitual al socio fundador no solo tiene lugar en alusión a su labor de creación, emprendimiento o que ha llevado a cabo una idea de negocio, sino también como distinción frente a aquellos otros socios incorporados a la sociedad con posterioridad que no ostentan tal condición.

Esta diferenciación entre unos y otros miembros de la compañía es frecuente en la literatura económica dedicada a la empresa donde en el concepto del socio fundador tienen una importancia capital las notas relativas a la creación o a la fundación como actividad intelectual de mérito que implica la realización o puesta en práctica de una idea de negocio[78].

Por el contrario, en el ámbito jurídico tales notas no son, en absoluto, las predominantes. La relevancia del concepto de fundador en la legislación societaria está circunscrita no tanto a su reconocimiento como artífice de la existencia de la empresa cuanto a la responsabilidad jurídica que asume con

---

76 Así explica el DRAE la cuarta acepción de la palabra "fundar" del latín *fundare*.

77 En cuyo caso es frecuente en el lenguaje común la alusión al concepto "propietario" o "dueño" de la empresa como término intercambiable.

78 A modo de ejemplo, CARLOCK, R. S. y WARD, J. L., *La excelencia en la empresa familiar: El proceso de planificación para la empresa y la familia,* Barcelona, Deusto, 2010 pág. 26; CASILLAS, J. C, DÍAZ, C., RUS, S., y VÁZQUEZ, A., *Empresa familiar, conceptos, casos y soluciones* Madrid, Paraninfo, 2014 pág. 232 CORONA, J., *Manual de la empresa familiar,* Barcelona, Deusto, 2005 pág. 58; MARTÍNEZ ECHEZÁRRAGA, J., *Empresas familiares. Retos al destino,* Buenos Aires, Granica, 2010, pág. 36

motivo de la fundación[79]. De hecho, en la Ley de Sociedades de Capital, como norma de referencia, las menciones al socio fundador aparecen, en su mayoría, vinculadas a la responsabilidad que asume como gestor del proceso fundacional[80]. Como excepción y únicamente para el caso de las sociedades anónimas —no todas[81]—, el artículo 27 de la citada norma prevé la posibilidad de que los fundadores puedan reservarse en los estatutos derechos de contenido económico, si bien limitados tanto cuantitativa como temporalmente.

Ello no obstante, existen supuestos puntuales en los que en el término fundador conviven ambas notas o, incluso, predomina la relativa a la idea de negocio. Tal es el caso de los textos dedicados a la empresa familiar donde, con independencia del tipo social elegido para el ejercicio de la actividad empresarial —en su mayoría SL—[82], la referencia al fundador lo es principalmente como creador o socio originario de una compañía en la que el vínculo familiar es fundamental en la gestión de la sociedad o en la entrada o salida de los socios[83]. Ocurre, por ejemplo, en el caso relativo a la transmisión de acciones o participaciones entre la primera generación y la segunda donde es habitual la referencia al "fundador" en lugar de socio de control o mayoritario como transmitente de las cuotas de socio a sus descendientes. Tal terminología es igualmente utilizada cuando la cuestión es objeto de análisis desde el Derecho civil por lo que a la sucesión hace referencia[84] o desde el Derecho fiscal con respecto a la planificación tributaria de la operación para que resul-

79 Por todos, ENCISO ALONSO-MUÑUMER, M., *La responsabilidad de los fundadores como gestores del proceso fundacional*, Cizur Menor, Aranzadi, 2005 págs. 33 y ss.

80 En estos términos GÓMEZ MENDOZA, M., "Fundador (concepto y ventajas particulares)" en *Diccionario de Derecho de Sociedades*, (Dir.) Alonso-Ledesma, Madrid, Iustel, 2006 pág. 629

81 Dispone el art. 152. 1.c) del Real Decreto Legislativo 4/2015, de 23 de octubre, por el que se aprueba el texto refundido de la Ley del Mercado de Valores como uno de los requisitos generales para que las empresas de inversión obtengan la autorización, lo siguiente: *"Cuando se trate de una entidad de nueva creación, constituirse por el procedimiento de fundación simultánea y no reservar ventajas o remuneraciones especiales de clase alguna a sus fundadores".*

82 Y ello porque, como afirma VEIGA COPO, A., "Sociedades de familia en el derecho comparado" (AAVV) en *Empresas de familia: estrategias de éxito y permanencia: cómo acrecentar y cuidar el patrimonio*, Bogotá, Editorial Universidad del Rosario, 2010pág. 18 es el instrumento idóneo para encajar lo que es la sociedad familiar en nuestro ordenamiento, tanto por su carácter cerrado como por la importancia del carácter *intuitu personae*.

83 Como afirma ALFARO ÁGUILA-REAL, J., "Empresas familiares" en https://derechomercantilespana.blogspot.com/2011/09/las-empresas-familiares.html, 2011 "una empresa familiar no es más que una empresa gestionada por su fundador en la que éste no ha vendido la participación de control, sino que la ha transmitido a sus hijos"

84 A modo de ejemplo, CREMADES GARCÍA, P., *Sucesión mortis causa de la empresa familiar. La alternativa de los pactos sucesorios*, Madrid, Dykinson, 2014 pág. 141 y ss.

te lo más adecuada posible a los intereses de las partes —sucesión, donación o compraventa—[85].

Pero, sin embargo, desde el punto de vista del Derecho mercantil donde es verdaderamente reseñable el uso del término fundador, especialmente por el paralelismo existente con el objeto de este trabajo es, sin duda alguna, cuando está presente en los protocolos familiares[86]. Ello porque en dichos protocolos[87] los firmantes construyen, con base en la autonomía de su voluntad, un régimen jurídico con derechos y obligaciones complementarias a las previstas en la Ley de Sociedades de Capital[88]. En cierta medida, mediante pactos parasociales y cláusulas estatutarias[89], los socios reconocen el valor que tiene la fundación en su acepción fáctica, al margen de las restringidas ventajas que permite la LSC únicamente para las sociedades anónimas. En este sentido, conceden al fundador un estatus que trasciende el legalmente previsto, que le otorga una posición cualificada como socio que va más allá de la correlación existente con respecto a su efectiva aportación al capital social. A modo de ejemplo, por su condición de fundador, es común la reserva de la gestión de la sociedad para sí o sus causahabientes, o la previsión de un número determinado de miembros en el consejo de administración, el establecimiento de derechos de adquisición preferente, opciones de compra o venta —*"call"* y *"put"*, respectivamente—, cláusulas tendentes al control de un número determinado de votos, etc. Igualmente, aunque su contenido es

---

85 Ver CALBACHO LOSADA, F., et. al. *Guía jurídica sobre la empresa familiar. Vías jurídicas de prevención y gestión del conflicto en las sociedades familiares.* Cizur Menor, Aranzadi, 2016 consultado en www.proview.thomsonreuters.com también, sobre el término "fundador" en la fiscalidad, DE ECHAGÜE, J. A., *Fiscalidad de la empresa y del empresario,* Madrid, EOI, 2003, pág. 88

86 Más información sobre los protocolos familiares en FERNÁNDEZ DEL POZO, L., *El protocolo familiar empresa familiar y publicidad registral,* Cizur Menor, Aranzadi, 2008; APARICIO GONZÁLEZ, M. L., "Pactos parasociales y protocolos familiares" en *Adquisiciones de Empresas* (Dirs.) Álvarez Arjona y Carrasco Perera, Cizur Menor, 2013 pág. 625-630; EGEA FERNÁNDEZ, J., "Protocolo familiar y pactos sucesorios" en *Indret: Revista para el Análisis del Derecho,* n.º3, 2007 pág. 1-36 disponible en http://www.indret.com/pdf/455_es.pdf

87 El art. 2.1 del Real Decreto 171/2007, de 9 de febrero, por el que se regula la publicidad de los protocolos familiares, define dichos protocolos como *"aquel conjunto de pactos suscritos por los socios entre sí o con terceros con los que guardan vínculos familiares que afectan una sociedad no cotizada, en la que tengan un interés común en orden a lograr un modelo de comunicación y consenso en la toma de decisiones para regular las relaciones entre familia, propiedad y empresa que afectan a la entidad".*

88 Una muestra del contenido habitual de los protocolos familiares en CALAVIA MOLINERO, J. M., "sociedad holding familiar: protocolo familiar y estatutos sociales", 2010 págs. 2-5 disponible en www.icab.cat

89 Sobre la posibilidad de que el cumplimiento del protocolo familiar se configure como una prestación accesoria, en un sentido afirmativo, ver la RDGSJFP de 26 de junio de 2018.

simbólico, resulta muy significativa la cláusula "de gratitud" que agradece al fundador de la empresa familiar precisamente en su acepción de creador del negocio y le reconoce por su trayectoria en la compañía[90].

Otra de las excepciones, por lo que aquí interesa, en las que la referencia al socio fundador trasciende notablemente del significado atribuido *ex lege*, es aquella que tiene lugar en el ámbito de las *startups*. Igual que ocurre la empresa familiar, no existe una tipología societaria propia, sino que su denominación viene determinada por elementos fácticos[91]. En este caso, el término fundador supera los contornos propios de la Ley de Sociedades de Capital y alude, principalmente, a la autoría intelectual de un modelo de negocio potencialmente rentable que requiere de capital, de una inversión externa, para llevarlo a cabo. De hecho, a diferencia de la empresa familiar donde el término fundador es posible que termine por diluirse con el paso de las diferentes generaciones, en las *startups* por la vinculación de la idea con su autor, normalmente vinculada al sector digital o tecnológico, y la "*expertise*" que tiene para su desarrollo, es esencial la continuidad de los fundadores en la sociedad tanto en su dimensión interna —gestión—, como externa —representación—. Precisamente, por el valor que otorga la presencia del fundador a la compañía, son comunes las previsiones estatutarias o, en su caso, parasociales, que velan por su continuidad o permanencia en la sociedad, como, a modo de ejemplo, las cláusulas "*lock-up*" o "*vesting*" que son objeto de estudio en el presente trabajo[92].

Por todo lo expuesto, parece claro que la figura del socio fundador, en no pocas ocasiones, como es el caso de las *startup*, tiene una importancia de hecho muy superior a la reconocida en nuestra legislación o, en puridad, en la

90 Se alude a la cláusula de gratitud como cláusula de cierre del protocolo familiar, en la "Guía para la pequeña y mediana empresa familiar" del Ministerio de Industria, Turismo y Comercio, 2008 pág. 60. Disponible en http://www.ipyme.org/publicaciones/empresafamiliar.pdf

91 Con la excepción, no obstante, mencionada anteriormente, de las empresas emergentes constituidas como sociedades limitadas en el marco de la LFEEE. Más allá de tal subtipo de SL de reciente creación, se comparte aquí la posición de CARRASCO PERERA, A. "La start-up en el tráfico mercantil" en *Start-Ups, emprendimiento, economía social y colaborativa. Un nuevo modelo de relaciones laborales* (Dir.) López Cumbre, L. Cizur Menor, 2018 consultado en www.proview.thomsonreuters.com "La denominación de start-up no es más que una identificación mediática de un tipo de emergencia empresarial difusamente caracterizada por unos rasgos fácticos determinados, que tampoco pueden configurarse conformadores de un tipo societario o comercial".

92 Tal y como afirma GUERRERO, C., "Como redactar una cláusula lock-up en un pacto de socios" en www.emprenderalia.com "el objetivo de los inversores es que los socios fundadores y trabajadores clave (keyman) permanezcan en el capital y en por ende en la sociedad, ya que son éstos quien realmente "conocen" la startup y podrán crear las innovaciones necesarias para hacerla crecer"

normativa societaria, especialmente focalizada en el sistema de obligaciones y de responsabilidad frente a los acreedores y socios[93]. Y dicha incidencia fundamental que tiene el fundador en la sociedad es la que determina la creación de un régimen jurídico, con base en la autonomía de su voluntad, que discipline su estatuto —con derechos y obligaciones que aumentan notablemente los previstos en la Ley de Sociedades de Capital— y la relación con los socios que no ostentan tal condición. En consecuencia, en el ámbito de estas compañías, el concepto de fundador no queda circunscrito al alcance estricto del derecho positivo, de modo que es necesario, de un lado, el estudio del régimen legalmente establecido y, de otro, el análisis de las diversas cláusulas de derecho convencional que completan sus derechos y deberes.

1. El socio fundador en el Derecho de sociedades

Pese a las diversas acepciones del término fundador, la jurídica, de la que nacen una serie de obligaciones y, en algunos casos, derechos, tiene un alcance muy restringido. En puridad, socio fundador u originario es aquella persona tanto física como jurídica que por sí misma o mediante representante concurre al otorgamiento de la escritura de constitución de la sociedad y suscribe/asume la totalidad de las acciones o participaciones, respectivamente, en función del tipo social elegido —sociedad anónima o de responsabilidad limitada—.

Por consiguiente, en el concepto de fundador de Derecho societario es irrelevante la autoría intelectual de la idea de negocio que pretenda desarrollarse a través de la sociedad constituida[94], de modo que es posible —aunque poco probable— la disociación de las dos nociones señaladas de fundador en dos sujetos diferentes[95]. Lo que verdaderamente determina la adquisición de dicho estatus es el cumplimiento de los dos citados requisitos formales —concurrencia al acto de otorgamiento de escritura y asunción de las cuotas de socio—.

93 En estos términos, por todos, URÍA, R., *Derecho mercantil*, Madrid, Marcial Pons, 1996 pág. 240

94 En este sentido SACRISTÁN REPRESA, M., "Concepto y número mínimo de fundadores. La sociedad unipersonal" en *Derecho de sociedades anónimas. I La fundación* Alonso Ureba, Duque Domínguez, Esteban Velasco, García Villaverde y Sánchez Calero (Dirs.) Madrid, Civitas, 1991 pág. 465 cuando señala, expresamente, que "el otorgamiento de la escritura fundacional y la suscripción de acciones, a que se refiere, permite considerar irrelevante que el fundador haya desplegado una actividad distinta a la que en esas notas se contempla".

95 Como afirma GÓMEZ MENDOZA, M. "Fundador..." *Op. Cit.* pág. 629 "se puede ser fundador sin intervenir en la actividad creadora de la sociedad ni en el proceso constitutivo hasta el otorgamiento de la escritura. Y, por otro lado, se puede no ser fundador y haber promovido la constitución de la sociedad"

1.1. El socio fundador persona física

La fundación de una sociedad de capital puede llevarla a cabo tanto una persona física como jurídica. En el caso de las personas naturales es requisito necesario para la validez del acto que quien concurra tenga capacidad jurídica plena, esto es, mayoría de edad y libre disposición de los bienes. De hecho, la pérdida sobrevenida de dicha capacidad en todos los socios fundadores[96] está configurada como una causa de nulidad de la sociedad según el art. 56.1 b) LSC[97]. También es posible que los menores de edad o personas con discapacidad adquieran la condición de socio fundador, si bien, tanto para la constitución de la sociedad como para el ejercicio de sus derechos es necesario que concurran por medio de sus representantes legales e, incluso, en determinadas circunstancias requerirán de autorización judicial[98]. Si los menores estuvieran emancipados no existe inconveniente alguno en que participen del acto de constitución, pero necesitarán el consentimiento de sus progenitores y, a falta de ambos, de su defensor judicial si pretenden la suscripción de acciones mediante aportaciones no dinerarias que consistan, de conformidad con lo previsto en el art. 247 CC en bienes inmuebles y establecimientos mercantiles[99] o industriales u objetos de extraordinario valor. Y en el caso de personas con discapacidad, el curador necesitará de autorización judicial para las citadas aportaciones no dinerarias con base en el art. 287 CC.

96 Sobre la necesidad de que concurra en todos los socios fundadores se pronuncia la STS de 26 marzo 2009

97 El art. 213-26.1 del Anteproyecto de Ley de Código Mercantil de 2014 sustituye tal previsión por la siguiente "*Por la modificación judicial de la capacidad de todos los socios fundadores*". Critica el nuevo tenor GARCÍA-CRUCES, A., "Disposiciones generales sobre las sociedades mercantiles" en *Hacia un nuevo código mercantil* (Dir.)Bercovitz Rodríguez-Cano, Cizur Menor, 2014 consultado en www.proview.thomsonreuters.com
cuando señala que "si se entendiera, como parece sugerir el tenor literal de la norma, su carácter sobrevenido— vendría no solo a alterarse el significado originario de todo defecto invalidante sino, también, dando lugar a resultados de difícil justificación (ad ex. modificación judicial sobrevenida de la capacidad del socio único)".

98 Así ocurre, por ejemplo, como señala el art. 166.1 CC en los casos en los que pretendan la aportación de bienes inmuebles, establecimientos mercantil u objetos de extraordinario valor. Con más detalle, ver ROJO,A., "La escritura de constitución (art. 21)" en ROJO-BELTRÁN (Dirs.) *Comentario de la Ley de Sociedades de Capital* vol. I, Madrid, Aranzadi, 2011 pág. 335.

99 Con respecto al *share deal* o venta de un paquete de control, aunque no se prevea expresamente, podría equipararse, mediante una interpretación finalista, a un objeto de extraordinario valor o, lo que parece más acertado, a una transmisión del establecimiento mercantil de forma indirecta. La restricción debiera alcanzar, por tanto, a la venta de empresa con independencia de como hubieran proyectado la operación. En este sentido, afirman DÍEZ-PICAZO, L. y GULLÓN, A., *Sistema de Derecho Civil* vol.I. Madrid, Civitas, 2005. pág 233 "que la enajenación de alguno o algunos elementos que comprometan la existencia o sustancia económica de la explotación debe de estar sujeta a la restricción".

Además de la constitución, los menores emancipados tienen capacidad suficiente para el cargo de administrador de las sociedades de capital, no así para las de personas. Con respecto a estas últimas, el artículo 13.3 del Código de Comercio —en adelante, Ccom— prohíbe tener cargo o intervención directa administrativa o económica en compañías mercantiles a quienes *"por Leyes o disposiciones especiales no puedan comerciar"*. Por tanto, si el artículo 4Ccom niega que tengan capacidad legal para ejercer la actividad comercial las personas que no tienen una libre disponibilidad de sus bienes, debería entenderse excluida, en consecuencia, la posibilidad de que el menor emancipado intervenga administrativa o económicamente en la sociedad.

No ocurre lo mismo, para las sociedades de capital, lo cual tiene cierta trascendencia en el ámbito de las *startup*, donde los menores de edad emancipados sí están habilitados para la intervención en el órgano de administración de conformidad con lo previsto en el art. 213 LSC[100]. Aunque tal regla es la común en la mayoría de países de nuestro entorno, existen excepciones notables donde los adolescentes tienen condiciones más favorables para la creación y la administración de una compañía. Este es el caso, por ejemplo, del Reino Unido en donde cabe la constitución de una *limited liability corporation* por mayores de dieciséis años de conformidad con lo previsto en la sección 157 de la *Companies Act 2006*[101].

Además de la capacidad jurídica, es preciso que el fundador no incurra en ninguna prohibición legal. En el ámbito de las sociedades de capital, esto no plantea grandes inconvenientes toda vez que dichas limitaciones no afectan a la persona en su condición de socio sino que conciernen a los administradores tal y como prevén expresamente tanto el art. 213 LSC comolos arts. 13 y 14 del Código de Comercio. Ello no obstante, aunque la incompatibilidad legal haga referencia al cargo de administrador, las normas que contienen el estatuto jurídico de los funcionarios al servicio de la administración pública o de los jueces y magistrados sí condicionan la participación en el capital de

100 A modo de ejemplo, véanse en el siguiente enlace varios casos de menores de edad que participan en compañías de base tecnológica, https://elpais.com/elpais/2014/09/09/eps/1410258121_636755.html

101 Concretamente, señala el 157.1 que una persona no podrá inscribirse como administrador de una compañía hasta que no alcance la edad de dieciséis años (*"A person may not be appointed a director of a company unless he has attained the age of 16 years."*) Precisamente la reducción de la edad mínima ha motivado la constitución por menores de edad españoles de sociedades en el Reino Unido. Sirva como ejemplo el siguiente artículo: "Montar una empresa con 17 años, misión imposible en España"
Disponible en http://www.libremercado.com/2013-06-09/montar-una-empresa-con-17-anos-mision-imposible-en-espana-1276492335/

las sociedades mercantiles —y, por ende, la posibilidad de que actúen como socios fundadores durante el cargo e, incluso, durante un tiempo posterior—. Así, por ejemplo, los artículos 14 y 15 de la Ley 3/2015, de 30 de marzo, reguladora del ejercicio del alto cargo de la Administración General del Estado limitan en determinados casos la tenencia de acciones o participaciones[102] así como el ejercicio de actividades privadas con posterioridad al cese. E, igualmente, aunque la redacción de la incompatibilidad no es muy clara, algo similar ocurre en el caso de acciones o participaciones significativas que tuvieran jueces y magistrados en sociedades mercantiles[103]. Además, en ambos supuestos, aun cuando las acciones o participaciones que ostenten tales personas cuantitativa o cualitativamente no fueran relevantes conforme a los parámetros previstos en las leyes especiales, deberá valorarse en atención a las circunstancias la extensión de la prohibición si llevan aparejadas prestaciones accesorias remuneradas[104] en la medida en que, en su estatuto, están limitadas las retribuciones[105].

En el caso de que una persona física hubiera sido declarada en concurso de acreedores, la posibilidad de que funde una sociedad estaría limitada en mayor o menor medida en función de la intervención o suspensión de sus facultades: en el primer supuesto, sería necesaria la autorización tanto del ad-

102 Los casos previstos están relacionados con el conflicto de interés público-privado que pueda darse por la participación de la mercantil en contratos celebrados con administraciones públicas o en el supuesto de que tenga una cuota significativa en sociedades anónimas con más de 600.000€ de capital, sin que se entienda muy bien por qué la prohibición solo se circunscribe a las sociedades anónimas. Sin embargo, como afirma GALLEGO SÁNCHEZ, E., "Prohibiciones (art. 213) en ROJO-BELTRÁN (Dirs.) *Comentario de la Ley de Sociedades de Capital* vol. I, Madrid, Aranzadi2011 pág. 1513 las prohibiciones se destinan, principalmente, a sociedades de capital privado.

103 Dispone el art. 389.8 y 9 de la Ley Orgánica 6/1985, de 1 de julio, del Poder Judicial.que señalan la incompatibilidad de sus funciones con "*el ejercicio de toda actividad mercantil, por sí o por otro y con las funciones de Director, Gerente, Administrador, Consejero, socio colectivo o cualquier otra que implique intervención directa, administrativa o económica en sociedades o empresas mercantiles, públicas o privadas, de cualquier género.*" Como muestra de la difícil apreciación de la incompatibilidad, ver la STS de 27 de noviembre de 2013 que declara la incompatibilidad del cargo de magistrado con la condición de socio al 50%, junto con su cónyuge de una sociedad mercantil cuyo objeto social era el ejercicio de la abogacía.

104 Sobre la remuneración de las prestaciones accesorias, ver ALFARO ÁGUILA-REAL, J. "Lecciones: las prestaciones accesorias" en *Almacén del Derecho*, 2015 disponible en http://almacendederecho.org

105 A modo de ejemplo, es compatible la obtención de retribuciones fruto de la docencia o investigación jurídica ex. art. 389.5 LOPJ pero no en otros casos. En el caso de altos cargos, el art. 13.2 c) de la Ley 3/2015, de 30 de marzo, reguladora del ejercicio del alto cargo de la Administración General del Estado limita notablemente las posibles retribuciones que pueden percibirse mientras desempeña la función pública.

ministrador concursal como del juez; en el segundo, sería competencia de la administración concursal la decisión sobre la realización de dicho acto, si bien también requeriría de la autorización judicial[106]. Finalizado el concurso, si le hubieran inhabilitado tras la calificación del concurso culpable, el sujeto tendrá prohibida la administración de una sociedad y el ejercicio de la actividad empresarial según el art. 13.2 CCom[107], así como la gestión de patrimonio ajeno entre dos y quince años conforme a lo previsto en el art. 455.2.2.° del Real Decreto Legislativo 1/2020, de 5 de mayo, por el que se aprueba el texto refundido de la Ley Concursal[108]. Con respecto a la posibilidad de que constituya una compañía mercantil o, más ampliamente, que ostente la condición de socio, la doctrina interpreta la reforma efectuada por la Disposición Final 2.ª LC sobre el citado art. 13.2 CCom en el sentido de negarle al inhabilitado dicha posibilidad. Y ello porque consideran que con la "intervención económica" a la que alude el precepto la intención del legislador es que la restricción afecte a la participación indirecta en la sociedad de modo que el inhabilitado no salve la prohibición que pesa sobre el empresario individual con la constitución de una sociedad o la adquisición derivativa de la condición de socio. E, incluso, a mayor abundamiento, también abogan por la necesaria transmisión de la participación de cualquier sociedad si fuera miembro con anterioridad a la inhabilitación o, en su defecto, la exclusión como socio[109]. Dicha interpretación, sin embargo, resulta criticable en el caso de las sociedades de capital —no tanto en las colectivas[110]— por la equiparación del concepto de "inter-

106 Por todos, ver ROJO,A., "La escritura de constitución..." *Op. Cit.* pág. 339

107 Un comentario crítico a los problemas que plantea el citado art. 13.2 Ccom con respecto a la inhabilitación concursal, ver FERNÁNDEZ PÉREZ, N., "La inhabilitación de las personas afectadas por la calificación en los supuestos de concurso de sociedades mercantiles" en (AAVV) *Gobierno Corporativo y crisis empresariales. II seminario Harvard-Complutense de Derecho mercantil*, Madrid, 2006 págs. 481-485

108 Sobre la extensión de la inhabilitación, en relación con la norma anterior, aunque con el mismo fundamento GARCÍA VICENTE, J. R. "Inhabilitación" en BELTRÁN-GARCÍA-CRUCES (Dirs.) *Enclicopedia de Derecho Concursal*, Cizur Menor, Aranzadi, 2012 consultado en www.proview.thomsonreuters.com sostiene que por la afección a la libertad de empresa y al derecho al trabajo es una sanción que debe estar suficientemente justificada y ser proporcionada.

109 En este sentido, BELTRÁN, E. y MARTÍNEZ-FLÓREZ, A., "Reforma del Código de Comercio" en ROJO-BELTRÁN (Dirs.) *Comentario de la Ley Concursal*, Cizur Menor, 2004 consultado en www.proview.thomsonreuters.com. señalan lo siguiente: "el inhabilitado no podrá adquirir la condición de socio de ninguna sociedad; la compra de una participación en una sociedad por un sujeto inhabilitado será nula (por ser realizado el negocio en contra de una prohibición *ex* art. 6-3.° CC), y si una persona ya fuese socio cuando sea inhabilitado, deberá ser excluido de la sociedad o transmitir su participación."

110 En el caso de las sociedades colectivas la prohibición vendría por la condición de socio/administrador que ostenta el miembro de la compañía con base en el principio de autoorga-

vención económica" que señala el precepto con la tenencia de acciones o participaciones sin ningún tipo de matización. A diferencia de otras normas que lo señalan expresamente[111], sería adecuada una interpretación más laxa que asimile la intervención económica con una participación significativa, pero no con la mera posesión de acciones o participaciones[112]. Y ello porque, en tal supuesto, la influencia en la administración por parte del inhabilitado o la participación indirecta en el tráfico es prácticamente inexistente —piénsese, incluso, en el caso de acciones sin voto—, y no pondría en riesgo uno de los fines propios de la inhabilitación como es la seguridad del tráfico y la protección de los terceros. Además de que ello supondría una restricción excesiva de los derechos del inhabilitado quien, en última instancia, vería limitadas sus posibilidades de ahorro[113]. Por consiguiente, siempre que no tuviera una intervención económica que pusiera en riesgo los fines protegidos por la norma, parece admisible que un inhabilitado, originaria o derivativamente, forme parte de una compañía mercantil.

En el caso de que pretendan la constitución de una sociedad laboral es necesario que concurran, al menos, dos socios fundadores (art. 1.2 b) de la Ley 44/2015, de 14 de octubre, de Sociedades Laborales y Participadas).

1.2. El socio fundador persona jurídica

Pese a la naturaleza física que comúnmente, desde un sentido fáctico, es atribuida al socio fundador, también es posible que adquiera tal condición una persona jurídica —art. 21 LSC—. Mientras tenga personalidad jurídica propia o, lo que es lo mismo, sea una sociedad externa, será posible la constitución de una sociedad de capital al margen de que el fundador tenga naturaleza civil o mercantil. Y ello con independencia de que la sociedad que actúa como socio originario todavía esté en formación o tenga la consideración de irregular e, incluso, si está en fase de liquidación o inmersa en un procedimiento concursal[114].

---

nicismo, si bien, podría salvarse dicha prohibición si el socio quedara excluido de las labores de administración.

111 Por ejemplo, la citada Ley 3/2015, de 30 de marzo, reguladora del ejercicio del alto cargo de la Administración General del Estado.

112 Además de que tampoco sería fácil en la práctica el control por parte de notarios y registradores de qué titulares de acciones o participaciones están inhabilitados.

113 Así, por ejemplo, cabe plantearse si podría recibir unas acciones o participaciones en herencia o invertir en mercados secundarios de valores.

114 Sobre la posibilidad de que las sociedades constituyan otras, ver ROJO,A., "La escritura de constitución..." *Op. Cit.* pág. 337; Aunque no descarta tal posibilidad, pone de manifiesto su

Ello no obstante, existen excepciones donde ora por su naturaleza, ora por la limitación de su objeto social, la persona jurídica que actúe como fundadora, solo estará habilitada para la constitución de sociedades con un concreto objeto social. Así ocurre, por ejemplo, con las asociaciones de consumidores que, en virtud de lo previsto en el art. 28 del Real Decreto Legislativo 1/2007, de 16 de noviembre, por el que se aprueba el texto refundido de la Ley General para la Defensa de los Consumidores y Usuarios y otras leyes complementarias, solo participarán de aquellas sociedades que reúnan determinados requisitos alineados con sus intereses de tutela de los consumidores[115]. También puede advertirse tal situación en el caso de las sociedades de garantía recíproca en la medida en que el art. 2 de la Ley 1/1994, de 11 de marzo, sobre el Régimen Jurídico de las Sociedades de Garantía Recíproca, limita su actividad a la financiación de pequeñas y medianas empresas[116]. Igualmente, en el ámbito deportivo, la posibilidad de constituirse como sociedades anónimas deportivas está restringida a determinadas personas jurídicas. Dicho tipo social especial está previsto para la conversión de clubes o equipos profesionales en sociedades anónimas deportivas —SAD— de conformidad con lo previsto en la Ley 10/1990, de 15 de octubre, del Deporte, las disposiciones transitorias del Real Decreto 1084/1991, de 5 de julio, y en el Real Decreto 1251/1999, de 16 julio que regula el régimen jurídico de las Sociedades Anónimas Deportivas. Además, si una persona física o jurídica ostenta un cinco por ciento o más de una SAD, le está prohibido, de conformidad con lo previsto en el art. 23 de la citada Ley del Deporte, la adquisición de cualquier valor de otra sociedad que participe en la misma competición o pertenezca a la misma modalidad deportiva.

complejidad en la práctica, ZUBIRI DE SALINAS, M., *El representante del socio en las sociedades de capital*, Cizur Menor, Aranzadi, 2015 consultado en www.proview.thomsonreuters.com

115 Concretamente, dispone el citado artículo 28.1LDCU lo siguiente: *"1. Las asociaciones de consumidores podrán participar en sociedades mercantiles siempre que éstas reúnan los siguientes requisitos:a) Tengan como objeto social exclusivo el desarrollo de actividades instrumentales concretamente delimitadas que sirvan a los fines de información, formación y defensa de los consumidores y usuarios. b) Su capital social corresponda íntegramente a asociaciones de consumidores que reúnan los requisitos exigidos por la legislación que les resulte de aplicación y cuyos beneficios sólo se repartan entre las asociaciones de consumidores que participen en el capital social".*

116 En este sentido, el art. 1 de la LSGR dispone que solo serán socios de dicha sociedad quienes tengan la condición de PYMES (menos de doscientos cincuenta trabajadores) y el art. 2 señala que el objeto social está destinado a garantizar las operaciones de sus socios. De una interpretación *a sensu contrario* del anterior razonamiento, puede deducirse que no tienen legitimación para participar en la constitución de grandes empresas.

Dichas limitaciones, sin embargo, no plantean problemas prácticos porque no tienen incidencia alguna en el ámbito de las *startups*.

II. EL REPRESENTANTE DEL SOCIO FUNDADOR

Del mismo modo que el socio, durante la vida de la sociedad, es posible que ejercite sus derechos en junta general por medio de representante, también puede darse el caso de que el socio fundador mantenga su condición aun cuando no concurrió personalmente al acto fundacional. Y ello porque el art. 21 LSC permite que al otorgamiento de la escritura pública de constitución concurran los socios fundadores por sí o por medio de representantes.

Sobre las posibles clases de representación, en tan concreto acto tienen cabida los tres supuestos previstos: la representación legal, la voluntaria y la orgánica.

Con respecto a la primera, el hecho de que el socio quede sustituido por un representante en el momento de la fundación de la sociedad es algo necesario en aquellos casos en los que el representado fuera menor de edad o una persona que no tuviera capacidad para ello.

En atención a la segunda, no existe inconveniente en que el socio —que no quiera o no pueda— mande a un representante para que le supla en el ejercicio de las acciones necesarias.

Por lo que a la tercera hace referencia, la representación orgánica tendrá lugar cuando quien concurra al acto fundacional sea una persona jurídica, en cuya caso, será el administrador quien realice los actos inherentes al proceso fundacional. Si bien, nada obsta para que la sociedad otorgue un poder a un tercero ajeno al órgano de administración para que le sustituya en tan concreto acto.

En cualquiera de los tres supuestos, el notario realizará, previamente, un juicio sobre la suficiencia de las facultades del representante mediante la comprobación del poder que reconoce la sustitución del mandante por el mandatario[117].

---

117 Como afirma ROJO,A., "La escritura de constitución..." *Op. Cit.* pág. 340, "El fedatario deberá hacer constar en el título que autoriza que se ha llevado a cabo ese juicio de suficiencia; que tal juicio está referido al acto o negocio jurídico documentado; y que se han acreditado al notario dichas facultades mediante la exhibición de documentación auténtica, con expresión en la propia escritura de constitución cuyo otorgamiento autoriza de los datos identificativos del documento del que nace la representación".

Una vez acreditado, el representante realizará los actos necesarios para la constitución de la sociedad dentro de los límites previstos en el mandato. Concretamente, será preciso que exprese su voluntad para la constitución de un determinado tipo de sociedad, que manifieste su compromiso para la aportación de los bienes y derechos que integren el capital social —en el caso de que se trate de una sociedad anónima y existan dividendos pasivos— y que aporte a la sociedad, en el acto, la parte que le corresponda. Igualmente, asumirá el contenido de los estatutos que los intervinientes hubieran acordado y de manera conjunta concretarán la composición del órgano de administración, siempre, obviamente, dentro de los límites previstos en el mandato con base en las instrucciones que le hubiera trasladado su representado. También es posible que el poder del representante incluya la realización de los trámites posteriores a la escritura de constitución como son la inscripción en el Registro Mercantil y el pago de las cantidades oportunas que conllevan tales trámites que, aunque los arts. 31 y 32 LSC atribuyen a los socios fundadores y a los administradores, nada impide que puedan delegarse en el representante.

En el caso de que la sociedad no llegue a constituirse, el representante no tendrá responsabilidad si la causa fuera imputable a un tercero —ad. ex. falta de consentimiento de alguno de los concurrentes—; de modo que sí responderá cuando fuera debido a una actitud omisiva por su parte o contraria al estándar de conducta que le es propio[118].

III. LA RESPONSABILIDAD DEL SOCIO FUNDADOR

Al socio fundador u originario, a diferencia de quienes suscriben acciones o asumen participaciones de forma sobrevenida, le son de aplicación una serie de artículos que comprenden —en su mayoría— obligaciones y que están íntimamente ligadas con el acto fundacional al que concurren por sí o por medio de representantes[119].

118 ZUBIRI DE SALINAS, M *El representante del socio... op cit.* consultado en www.proview.thomsonreuters.com sostiene que la conducta exigible será la del buen padre de familia, salvo en el caso de que el representante tuviera la condición de profesional en cuyo caso será de aplicación su *lex artis*.

119 Como afirma QUIJANO GONZÁEZ, J., "Responsabilidades derivadas del proceso fundacional" en *Derecho de sociedades anónimas. I La fundación* Alonso Ureba, Duque Domínguez, Esteban Velasco, García Villaverde y Sánchez Calero (Dirs.) Madrid, Civitas, 1991 págs. 415 y 416 "tales circunstancias se relacionan, sin duda, con la presencia de un conjunto de intereses que, en esa fase fundacional, se encuentran en una especial situación de riesgo en la medida en que aparecen como expectativas de posiciones jurídicas aún no totalmente con-

El hecho de que en el estatuto jurídico de tales socios existan normas que les sancionen por los daños causados durante la fundación de la sociedad tiene una doble finalidad: de un lado, de garantía frente a los *stakeholders* y la propia sociedad que, acreditados los presupuestos de la responsabilidad civil —daño, incumplimiento y nexo causal— podrán dirigirse a los fundadores para el resarcimiento del perjuicio causado[120]; de otro —pero estrechamente vinculada—, una finalidad preventiva en tanto que conmina a los socios fundadores a que actúen de conformidad con lo previsto en el art. 30 LSC durante el proceso fundacional. Y ello porque, dicho precepto, igual que el artículo 18 de la derogada Ley de Sociedades Anónimas[121], contiene una obligación legal de resultado[122], por lo que cualquier desvío de la conducta deducible de su tenor que genere un daño será responsabilidad —objetiva— de los socios fundadores[123].

La condición de fundador, además, no decae con la transmisión de sus cuotas y, por ende, tampoco termina la responsabilidad derivada de la fundación por el hecho de que abandonen la sociedad[124]. Igualmente, conforme a la finalidad de garantía frente a los socios, los terceros o la propia sociedad, el régimen de responsabilidad de los fundadores previsto en el art. 30.1 LSC es solidaria, de modo que cabe la interposición de una acción tanto conjunta como individual ante cualquiera de ellos y por la totalidad de la deuda[125]. Todo ello, obviamente, sin perjuicio del derecho de repetición que asiste al fundador que hubiera abonado las cantidades requeridas.

1. Responsabilidad del fundador vinculada al acto fundacional

Con respecto a los supuestos legales que generan responsabilidad, el artículo 30 LSC es el que define las obligaciones principales que competen a los

---

solidadas, cuyo contenido puede verse afectado por la actividad fundadora de otras personas sin que puedan utilizar todavía mecanismos de protección que presuponen una sociedad ya en funcionamiento".

120 ENCISO ALONSO-MUÑUMER, M., *La responsabilidad de los fundadores...Op. Cit.* Pág. 386

121 Real Decreto Legislativo 1564/1989, de 22 de diciembre, por el que se aprueba el texto refundido de la Ley de Sociedades Anónimas.

122 Véase, CABANAS TREJO, R. y BONARDELL LEZCANO, R., "Responsabilidad de los fundadores (artículo 18)" en Arroyo e Irujo (Dirs.) *Comentario a la Ley de Sociedades Anónimas*, Madrid, 2001, pág. 220

123 Así, QUIJANO GONZÁLEZ, J., "Responsabilidades derivadas..." *Op. Cit.* pág. 421

124 En este sentido, ARANGUREN URRIZA, F. J., "Comentario al artículo 30 LSC" en Prendes Carril, Martínez-Echevarría y García-Dueñas y Cabanas Trejo (Dirs.) *Tratado de Sociedades de Capital,* Cizur Menor, 2017. Consultado en www.proview.thomsonreuters.com

125 SÁNCHEZ PACHÓN, L. A., "Responsabilidad de los fundadores (art. 30)" en ROJO-BELTRÁN (Dirs.) *Comentario de la Ley de Sociedades de Capital* vol. I, Madrid, Aranzadi, 2011 pág. 407

socios fundadores en relación con el acto de constitución. Ello, sin embargo, no agota sus obligaciones pues existen otros preceptos que, directa o indirectamente, completan el régimen aplicable de quienes ostentan tal condición.

En primer lugar, establece el artículo 30 LSC la obligación de los fundadores de que incluyan en la escritura las menciones legalmente exigidas. Sobre tal particular no cabe espacio discrecional alguno, por lo que los fundadores solo evitarán acciones de responsabilidad si cumplen fehacientemente con los mandatos establecidos en la Ley de Sociedades de Capital con respecto al contenido mínimo que para la constitución de una sociedad de capital es necesario que consten en el documento público. Concretamente, es preciso que faciliten la información requerida en el artículo 22LSC —en consonancia con los arts. 114RRM y 175RRM y, relativa a la identidad de los socios, la elección del tipo social, las aportaciones de cada uno de ellos, la identidad de los que ocupen el órgano de administración, el modo de configuración de dicho órgano si prevén varias alternativas en el caso de sociedades de responsabilidad limitada o, la cuantía —al menos aproximada— de los gastos de constitución de la sociedad hasta su inscripción si se trata de una sociedad anónima. También contempla el citado precepto la necesidad de que la escritura de constitución incorpore los estatutos sociales, si bien, por lo que a su contenido hace referencia, es el artículo 23 LSC el que señala las menciones que, como mínimo, deben preverse en el texto, tales como la denominación de la sociedad, su objeto social, su domicilio, la cuantía del capital social con referencia al número de acciones o participaciones en que se divida, su valor nominal y los derechos que les correspondan, el modo de organización de la administración de la sociedad y el modo de deliberación o adopción de acuerdos en los órganos colegiados.

A diferencia de lo previsto en los artículos 24, 25 y 26 LSC donde ante la falta de pronunciamiento expreso sobre algunas cuestiones[126] la propia Ley integra tal ausencia, en el caso de omisión sobre los artículos anteriores el registrador extenderá una calificación negativa e impedirá la inscripción, de modo que los fundadores, conforme al artículo 30 LSC, responderán por el perjuicio temporal y económico derivado de la nueva redacción[127].

En segundo lugar, aunque de forma similar a lo anterior, los fundadores también responderán de cuantas inexactitudes comprenda la escritura de

126 Concretamente, y de manera respectiva, el inicio de las operaciones, la duración de la sociedad o la finalización del ejercicio social.

127 ARANGUREN URRIZA, F. J., "Comentario al artículo 30 LSC" *Op. Cit.* Consultado en www.proview.thomsonreuters.com

constitución. En este sentido, de la misma manera que la omisión exige una nueva redacción, la rectificación de aquellos datos imprecisos o incorrectos desde la escritura original hasta la debida exactitud de su contenido es posible que conlleve un menoscabo económico que perjudique a los socios, a la sociedad o a terceros y sea generadora de responsabilidad en los socios fundadores. Y, como mínimo, comprenderá las cantidades correspondientes a los gastos derivados de la rectificación —notaría y registro mercantil—[128]. Además, la inexactitud, en tanto en cuanto requiera de una posterior corrección, generará responsabilidad en los fundadores con independencia de que la mención que deba rectificarse forme parte del contenido mínimo que señalan los artículos 22 y 23 LSC[129] o sea fruto de la autonomía de su voluntad.

En tercer lugar, dispone el artículo 30 LSC que los fundadores responderán de *"la adecuada inversión de los fondos destinados al pago de los gastos de constitución"*. En su virtud, les corresponde el abono de las cantidades debidas para que cumplan los elementos negociales y no negociales de la fundación, concretamente —y a pesar de que el citado precepto no los señale expresamente—, los impuestos y el pago a notarios y registradores. Tal obligación, además, guarda relación con la facultad que el artículo 31 LSC les concede como legitimados junto a los administradores para la presentación de las escrituras correspondientes —la del Registro Mercantil y, en su caso, las que deben presentarse en el de la Propiedad y de Bienes Muebles— y el pago de los impuestos necesarios. También es posible que tales gastos comprendan el pago de asesoramiento jurídico si no tienen conocimientos suficientes para la realización de aquellos actos y contratos necesarios —ad. ex. redacción de los estatutos—[130].

Ello no obstante, pese a que el tenor del artículo, con la inclusión del adjetivo "destinado", parece que presupone la existencia de unos fondos reservados o bloqueados expresamente para tan concreto fin, lo cierto es que los fundadores tienen libertad para el pago de tales cantidades tanto con las aportaciones iniciales como con lo que hubiera obtenido de la sociedad en el ejercicio de la actividad empresarial antes de la inscripción. La responsabilidad nace, en este punto, por el hecho de que los fundadores no cumplan

---

128 En este sentido, URÍA, R., MENÉNDEZ, A. y GARCÍA DE ENTERRÍA, J., "La sociedad anónima: fundación" en Uría-Menéndez (Dirs.) *Curso de Derecho mercantil* vol I. Madrid, Civitas, 1999 pág. 785

129 Ver SÁNCHEZ PACHÓN, L. A., "Responsabilidad de los fundadores (art. 30)" *Op. Cit.* pág. 408

130 En el caso de que sí tuvieran conocimientos jurídicos para la realización de tales actos, dichos gastos, a priori, no serían necesarios, por lo que, salvo prueba en contrario, no debería incluirse en las cantidades de constitución.

el mandato relativo a la consecución del proceso fundacional por la falta de pago, pero no por el hecho de que dispongan de las sumas aportadas para un fin distinto al abono de los gastos de constitución —piénsese en el aprovechamiento de una oportunidad de negocio durante dicho proceso—, de modo que, siempre y cuando liquiden tales cantidades, en consonancia con su obligación de resultado, es indiferente que los fondos procedan de las aportaciones iniciales o sean fruto de la actividad empresarial[131]. Es más, en el caso de las sociedades de responsabilidad limitada, la reforma del art. 62 LSC[132] exonera a los fundadores de la acreditación ante Notario de las aportaciones dinerarias lo que implica la implica la sustitución del justificante bancario o del ingreso de dinero en la entidad financiera por la asunción de una responsabilidad solidaria frente a la sociedad y los acreedores por la realidad de las mismas. Tal modificación, si bien es cierto que puede que recorte los trámites de constitución de la sociedad —al menos reduce el relativo a dicha tarea—, no lo es menos que incide negativamente en las garantías que el capital ofrece por la falta de certeza de la realidad de las aportaciones.

Además de la responsabilidad prevista en el artículo 30 LSC, pero en relación con su contenido, los fundadores, tal y como señala el artículo 32.1 LSC, responden por el incumplimiento del deber relativo a la presentación de la escritura en el Registro Mercantil cuando exista una demora superior a dos meses desde la fecha del otorgamiento de la escritura. En este caso donde el negocio fundacional consta en documento público, pero todavía falta su inscripción registral o, lo que es lo mismo, la sociedad está en formación, son necesarias, sin embargo, ciertas precisiones en atención a la responsabilidad de los fundadores en tanto en cuanto es compartida con los administradores sociales a tenor de lo previsto en el citado precepto. En este sentido, el deber recae, en primer lugar, sobre los miembros del órgano de administración en atención a la función de representación que ostentan y al deber fiduciario de diligencia previsto en el art. 225 LSC[133]. El deber de los fundadores, aunque exigible con los administradores por

131 Véase CABANAS TREJO, R. y BONARDELL LEZCANO, R. "Responsabilidad de los fundadores..." *Op. Cit.* págs. 218-219; También, ENCISO ALONSO-MUÑUMER, M., *La responsabilidad de los fundadores...Op. Cit.* Pág.360

132 Llevada a cabo por la Ley 11/2018, de 28 de diciembre, por la que se modifica el Código de Comercio, el texto refundido de la Ley de Sociedades de Capital aprobado por el Real Decreto Legislativo 1/2010, de 2 de julio, y la Ley 22/2015, de 20 de julio, de Auditoría de Cuentas, en materia de información no financiera y diversidad.

133 SÁEZ LACAVE, M. I., "Deber legal de presentación a inscripción (art. 32)" en ROJO-BELTRÁN (Dirs.) *Comentario de la Ley de Sociedades de Capital* vol. I, Madrid, Aranzadi, 2011

lo que a la responsabilidad hace referencia, sería, por tanto, secundario, pues en consonancia con su condición de garantes del proceso fundacional solo cabría una conducta activa por su parte ante la omisión de los administradores de aquellos actos necesarios para la inscripción de la sociedad en el Registro Mercantil[134]. De hecho, la finalidad del citado art. 32.1 LSC no es únicamente la previsión de una responsabilidad solidaria entre ambos sujetos —fundadores y administradores— que contribuya a la función de garantía frente a los perjudicados por la frustración del proceso fundacional, sino que, precisamente, lo que pretende es que exista un medio alternativo para la perfección de la sociedad en el caso de que los administradores inobservaran sus deberes. Así, mediante la legitimación a los socios fundadores para la realización de un acto que normalmente sería competencia orgánica y exclusiva de la administración, el precepto establece una fórmula alternativa, menos gravosa para la sociedad que el requerimiento a los administradores, con el coste que conlleva, para que cumplan con su cometido[135]. Todo ello, naturalmente, sin perjuicio de las pertinentes acciones de responsabilidad frente a los administradores por el incumplimiento de sus deberes o las acciones de repetición interpuestas por los fundadores cuando hubieran respondido por el daño derivado de la falta de inscripción.

2. Responsabilidad del fundador en la sociedad en formación

Con respecto a los actos y contratos derivados de la sociedad en formación y precisamente por el hecho de que la compañía todavía no ha culminado el proceso de constitución, es posible que el socio fundador responda en tres ocasiones adicionales: en primer lugar, conforme al art. 36 LSC, si hubiera realizado actos o celebrado contratos en nombre de la sociedad con anterioridad a la inscripción. Aunque es cierto que tal posibilidad es remota en tanto en cuanto la sociedad en dicha fase ya evidencia una estructura corporativa y las facultades de representación corresponden al órgano de

---

pág. 418 se refiere a los administradores como los obligados "naturales" para la inscripción de la sociedad.

134 MARQUÉS MOSQUERA, C., "Comentario al artículo 32 LSC" en Prendes Carril, Martínez-Echevarría y García-Dueñas y Cabanas Trejo (Dirs.) *Tratado de Sociedades de Capital,* Cizur Menor, Aranzadi,2017. Consultado en www.proview.thomsonreuters.com señala el carácter secundario de la obligación por los fundadores.

135 En este sentido, SÁEZ LACAVE, M. I., "Deber legal de presentación a inscripción (art. 32)" *Op. Cit.* pág. 418 señala que "siempre será más eficaz que lo haga el socio, facultado por la ley para ello, que tener que condenar a los administradores a que lo hagan".

administración, no lo es menos que por la actividad del fundador durante el proceso de constitución puede que exista confusión entre sus funciones y las del administrador de derecho, de modo que su condición de "actuante"[136] resulte equiparable a la administración de hecho, por la que respondería en los mismos términos que los inscritos en el cargo.

En segundo, tal y como expresa el artículo 37.2 LSC, aplicable a las sociedades anónimas, de manera similar a lo que preveía el derogado artículo 15.2 LSA, con anterioridad a la inscripción, los socios responderán, de forma subsidiaria con respecto a la sociedad, de la realización o cumplimiento de determinados actos y contratos[137] no solo con lo que hubieran aportado, sino con los dividendos pasivos que serán exigibles por los acreedores con independencia de los plazos previstos en la escritura o, en su defecto, legalmente, puesto que, como el citado artículo señala, su responsabilidad se extiende *"hasta el límite de lo que se hubieran comprometido a aportar"*.

En tercer lugar, los socios responderán por la diferencia existente entre la cifra del capital social que conste en los estatutos y el patrimonio real al tiempo de la inscripción de la sociedad. Mediante tal previsión, contenida en el art. 38.3 LSC, el legislador prevé una segunda revisión, tras la efectuada por el notario, del principio de integridad[138] del capital social y traslada a los socios la obligación de que aporten la diferencia, si bien el cálculo de la cantidad tendrá lugar en el momento de la solicitud de la inscripción ex. art. 55 RRM[139]. Además, desde un plano estrictamente teórico[140], si el Registrador Mercantil advirtiese una

136 Utilizan el término "actuante", SÁEZ LACAVE, M. I., "Responsabilidad de quienes hubieran actuado (art. 36)" en ROJO-BELTRÁN (Dirs.) *Comentario de la Ley de Sociedades de Capital* vol. I, Madrid, Aranzadi, 2011 pág. 434 y MARQUÉS MOSQUERA, C., "Comentario al artículo 36 LSC" en Prendes Carril, Martínez-Echevarría y García-Dueñas y Cabanas Trejo (Dirs.) *Tratado de Sociedades de Capital,* Cizur Menor, Aranzadi,2017. Consultado en www.proview.thomsonreuters.com

137 Concretamente, según el art. 37.1 LSC responderán *"Por los actos y contratos indispensables para la inscripción de la sociedad, por los realizados por los administradores dentro de las facultades que les confiere la escritura para la fase anterior a la inscripción y por los estipulados en virtud de mandato específico por las personas a tal fin designadas por todos los socios..."*

138 GARCÍA DE ENTERRÍA, J. e IGLESIAS PRADA, J. L. "La fundación de las sociedades de capital" en Menéndez-Rojo (Dirs.) *Lecciones de Derecho Mercantil* vol. I, 2014 disponible en www.proview.thomsonreuters.com Sobre la importancia del principio de integridad y realidad de capital social, la SAP de Pontevedra, sección 1.ª, 97/2012 de 7 de marzo.

139 SÁEZ LACAVE, M. I., "Responsabilidad de la sociedad inscrita (art. 38)" en ROJO-BELTRÁN (Dirs.) *Comentario de la Ley de Sociedades de Capital* vol. I, Madrid, Aranzadi, 2011 pág. 450

140 Ello no obstante, en la práctica resulta difícil porque es el notario quien solicita la certificación bancaria que acredita las aportaciones de los socios y quien tiene competencia para ello, de modo que la labor del Registrador Mercantil está vinculada a comprobar el plazo de la certificación. Sobre ello, aunque parece que el plazo de validez del depósito es de dos meses desde

falta de equivalencia entre el patrimonio y la cifra del capital social, la inscripción debería denegarse[141], de la misma forma que no inscribiría un aumento que no reúna los requisitos formales[142]. En cualquier caso, como la norma vela por el mantenimiento del principio de integridad del capital social la diferencia pueden suplirla los socios tanto con el pago de las cantidades complementarias como a través de un acuerdo de reducción del capital social que disminuya su cifra y la haga coincidente con el valor del patrimonio[143].

Ello no obstante, quien es competente en la reclamación a los socios de las cantidades es el administrador de la sociedad, toda vez que es la mercantil quien ostenta un derecho de crédito equivalente a las aportaciones complementarias que abonará cada uno de los socios en concepto de responsabilidad diferencial pero en proporción a su correspondiente participación en el capital social[144]. Los terceros, por el contrario, carecen de acción directa frente a los socios aunque podrán dirigirse contra la sociedad e, igualmente, contra los administradores mediante la interposición de una acción social conforme a lo previsto en el art. 240 LSC en el caso de que no reclamen a los socios tales cantidades[145].

3. Responsabilidad del fundador por la realidad y valoración de las aportaciones

Una vez inscrita la sociedad, además de la citada responsabilidad diferencial, los fundadores responderán solidariamente frente a la sociedad y frente

su obtención hasta la fecha de la escritura de constitución conforme señala el artículo 189.1 RRM, la DGRN ha matizado el contenido del artículo en su resolución de 12 de diciembre de 2013, donde señala que lo relevante no es tanto la fecha de depósito como la de certificación, de modo que basta con que se aporte una certificación que acredite la existencia de los fondos en el plazo de dos meses con respecto a la escritura con independencia de que el depósito hubiera sido constituido en una fecha anterior. Comentan dicha resolución DELGADO, M. L. y ALFARO ÁGUILA-REAL, J., "Prueba del desembolso de aportaciones dinerarias a una sociedad limitada", 2013 en https://derechomercantilespana.blogspot.com/

141 En este sentido, GALLEGO SÁNCHEZ, E. y FERNÁNDEZ PÉREZ, N., *Derecho mercantil. Parte primera*, Valencia, Tirant lo Blanch, 2019 pág. 350

142 Conforme a lo dispuesto en los arts. 295 y ss. del capitulo II del Título VIII de la LSC.

143 SÁEZ LACAVE, M. I., "Responsabilidad de la sociedad inscrita (art. 38)" *Op. Cit.* pág. 450; MARQUÉS MOSQUERA, C., "Comentario al artículo 38 LSC" en Prendes Carril, Martínez-Echevarría y García-Dueñas y Cabanas Trejo (Dirs.) *Tratado de Sociedades de Capital,* Cizur Menor, Aranzadi,2017 Consultado en www.proview.thomsonreuters.com

144 Así lo expresan CABANAS TREJO, R. y BONARDELL LEZCANO, R. "Sociedad en formación (artículo 15)" *Op. Cit.* págs. 176-177

145 MARQUÉS MOSQUERA, C., "Comentario al artículo 38 LSC" *Op. Cit.* Consultado en www.proview.thomsonreuters.com

a los acreedores sociales de la realidad de las aportaciones no dinerarias y del valor que les hubieran asignado en las escrituras[146]. A ello hacen referencia los artículos 73 LSC y 77 LSC para las sociedades de responsabilidad limitada y sociedades anónimas, respectivamente[147].

En este sentido, el primero de los preceptos señalados traslada las consecuencias derivadas de una aportación irreal o sobrevalorada tanto inicialmente a los socios fundadores —e, incluso, fundadores ocultos— como de forma sobrevenida al conjunto de ellos junto con los administradores cuando las aportaciones tuvieran como base un aumento de capital social. Así, con independencia de que el fundador hubiera realizado una aportación *in natura* correctamente valorada o, incluso, dineraria, responderá solidariamente junto a sus pares cuando alguno de ellos no hubiese contribuido al capital social o lo hubiera hecho por un valor inferior al reflejado en la escritura de constitución[148]. La finalidad de tamaña extensión de responsabilidad es doble: por un lado, desde una perspectiva externa, una función de garantía frente a la sociedad y los terceros por el perjuicio que ocasione la falta de correspondencia entre el valor del bien y el fijado en la escritura —de hecho la responsabilidad queda circunscrita a tal diferencia—; de otro, en el ámbito interno, porque como la norma, a diferencia de lo previsto para las sociedades anónimas, no impone la intervención del experto independiente para la tasación del bien

146 Con respecto a las dinerarias, en el caso de las sociedades de responsabilidad limitada para una mayor celeridad en su constitución el art. 15 de la Ley 14/2013, de 27 septiembre de apoyo a los emprendedores y su internacionalización, permite incluso que los fundadores no justifiquen la realidad de las aportaciones ante el notario si manifiestan en la escritura que responderán solidariamente frente a la sociedad y frente a los acreedores sociales de la realidad de las mismas. Lo mismo prevé el art. 232-3 del Anteproyecto de Ley de Código Mercantil.

147 Como afirma LAGOS RODRIGUEZ B., *Responsabilidad por aportaciones no dinerarias en la sociedad limitada* Cizur Menor, Aranzadi, 2017 consultado en www.proview.thomsonreuters.com "ello obedece a que el otorgamiento de la escritura de constitución de la sociedad de responsabilidad limitada se ha de realizar por todos los socios fundadores presumiendo que éstos debieran ser conocedores de la falta de realidad de la aportación no dineraria o de la sobrevaloración de ésta".

148 Sin perjuicio de la acción de regreso frente a los demás codeudores. Al respecto, ver LA CASA, R., "La responsabilidad por las aportaciones no dinerarias (art. 73)" en ROJO-BELTRÁN (Dirs.) *Comentario de la Ley de Sociedades de Capital*, Madrid, Aranzadi, 2011 vol.I pág. 674 Como señala DE CARRIÓN GARCÍA DE PARADA, P., "Comentario al art. 73 LCS" en Prendes Carril, Martínez-Echevarría y García-Dueñas y Cabanas Trejo (Dirs.) *Tratado de Sociedades de Capital,* Cizur Menor, Aranzadi, 2017. Consultado en www.proview.thomsonreuters.com "no se contempla la posibilidad de que alguno de los fundadores pueda haberse opuesto a la valoración dada para no tener que responder de una sobrevaloración".

aportado[149], traslada el coste de una valoración irreal o excesiva, de manera solidaria, a los socios fundadores. Por consiguiente, les conmina a que actúen diligentemente y sean los primeros garantes del principio de realidad del capital social para que la cifra expresada en tal concepto en los estatutos guarde relación con el valor de las aportaciones[150]. En cualquier caso, tal y como dispone el art. 76 LSC, dicha responsabilidad decae para los socios si someten su aportación a la previa valoración por un experto independiente en los términos previstos para las sociedades anónimas (art. 67 LSC y 338 RRM)[151] o si su aportación *in natura* pueda realizarse mediante informe sustitutivo habida cuenta de su naturaleza o circunstancias temporales determinadas conforme a lo previsto en los artículos 69 y 70 LSC[152].

El segundo de los preceptos, destinado a los socios fundadores de las sociedades anónimas, presenta algunas diferencias con respecto al ya citado para las sociedades de responsabilidad limitada. El artículo 77 LSC, cuyo contenido es manifiestamente mejorable, declara la responsabilidad de los socios fundadores tanto por la realidad como por la valoración de las aportaciones durante el proceso fundacional y extiende idénticos efectos para el caso de los fundadores ocultos. La falta de exhaustividad del texto, no obstante, plantea ciertas dudas en torno a cuestiones relevantes vinculadas a la responsabilidad por las aportaciones no dinerarias. Así, ante la falta de pronunciamien-

149 Es lógico que prevea un medio de aportaciones no dinerarias más eficiente para sociedades generalmente más pequeñas y con un capital social mínimo mucho más exiguo. En caso contrario, la relación entre el valor del bien y el informe resultaría desproporcionada e, incluso, podría darse la situación de que la aportación tuviera hasta un coste menor que el pago al experto independiente. Sobre el tema, la RDGRN de 21 de junio de 2012 dispone lo siguiente: "La mayor simplicidad del régimen jurídico de las sociedades de responsabilidad limitada frente al de las anónimas ha llevado al legislador a prescindir para aquéllas de la necesidad de acudir al más riguroso a la par que costoso sistema de la valoración de las aportaciones no dinerarias por un experto independiente como garantía de la realidad del capital social, a cambio de un especial régimen de responsabilidad a cargo del círculo de personas más directamente relacionadas con el acuerdo y negocio de aportación, entre las que incluye a quienes adquieran alguna participación desembolsada mediante aportación no dineraria y a los adquirentes de dichas participaciones".

150 En este sentido, GARCÍA DE ENTERRÍA, J. e IGLESIAS PRADA, J. L. "La fundación de las sociedades de capital" *Op. Cit.*

151 Como señala la RDGRN de 23 de noviembre de 2013 Las cautelas legalmente previstas respecto de las aportaciones no dinerarias están especialmente encaminadas a conjurar el peligro que siempre encierran éstas de traducir en cifra de capital prestaciones ficticias o valoradas con exceso".

152 En este sentido, PEÑAS MOYANO, M. J., "La valoración de las aportaciones no dinerarias en la sociedad anónima (art. 70)" en en ROJO-BELTRÁN (Dirs.) *Comentario de la Ley de Sociedades de Capital*, Madrid, Aranzadi, 2011 vol.I pág. 651

to expreso y a diferencia de lo previsto en el régimen de responsabilidad en las sociedades limitadas, cabe preguntarse si la responsabilidad del fundador puede extenderse, igual que ocurre en las limitadas, por las aportaciones no dinerarias en el caso de aumento del capital social. Sobre tal particular, ante la ausencia de mención explícita, la respuesta parece negativa en tanto en cuanto, el fundador carece de competencia —e, incluso, puede que haya perdido su condición de socio[153]— ya que es el administrador quien, con base en lo previsto en el art. 300 LSC, queda encargado de la elaboración y puesta a disposición entre los socios de un informe detallado de las aportaciones proyectadas y sus características principales, tales como su valoración, los aportantes o el número y valor nominal de las acciones.

Igualmente, con respecto a la responsabilidad de la valoración de aportaciones no dinerarias en el momento de constitución de la sociedad por los fundadores, ha sido objeto de discusión las consecuencias derivadas de un perjuicio ocasionado con motivo de una valoración económica superior a la que correspondería realmente[154]. Y ello porque no queda claro si la responsabilidad pudiera extenderse a los socios fundadores en la medida en que no existe una previsión expresa —a diferencia de lo que acontece según el art. 76 LSC para las sociedades limitadas— que les exonere ante dicha circunstancia, sin perjuicio de que interpongan una acción de responsabilidad y repitan contra el experto independiente[155]. Dicha tesis que contiene un modelo de responsabilidad objetiva, sin embargo, no resulta acertada, no solo por el injustificado agravio comparativo existente con respecto al otro tipo principal

153 En cualquier caso la responsabilidad anudada a su consideración como fundador decae por la prescripción de la acción pero no, como se ha dicho, por la pérdida de la condición de socio. Al respecto, ver DE CARRIÓN GARCÍA DE PARADA, P. "Comentario al art. 73 LCS" *Op. Cit*.

154 Como señala el art. 67.3 LSC, la valoración de los socios no podrá ser superior a la realizada por el experto. Cuestión distinta era la prevista en la derogada Ley de Anónimas que, a falta de mención expresa y con base en lo previsto en el art. 133.2 RRM permitía la inscripción de valoraciones superiores en la escritura siempre que no superasen el 20% del valor otorgado por el experto. Para más información sobre el incomprensible régimen anterior de valoración, ver BONARDELL LENZANO R. y CABANAS TREJO, R., "Aportaciones no dinerarias. informe pericial (artículo 38)" en Arroyo e Irujo (Dirs.) *Comentario a la Ley de Sociedades Anónimas*, Madrid, Tecnos, 2001, pág. 413

155 Como afirma QUIJANO GONZÁLEZ, J., "Responsabilidades derivadas..." *Op. Cit.* pág. 422 con respecto a la intervención de expertos independientes y demás sujetos en el proceso fundacional, "la concurrencia en la causación del perjuicio no elimina, por lo dicho, la responsabilidad de fundadores o promotores frente a perjudicados, con carácter general. Otra cosa es la acumulación de responsabilidades (legales, profesionales, respectivamente) o la posibilidad de resarcimiento entre unos y otros".

de sociedad de capital[156], sino porque la responsabilidad por un hecho ajeno como es la sobrevaloración del bien no encuentra su origen en una delegación de funciones —en cuyo caso, podría abordarse como culpa *in eligendo* o *in vigilando* o desde el estándar de diligencia si además el socio fuera administrador— sino en el cumplimiento de un mandato legal. De modo que el traslado del daño al socio fundador que ha obrado de buena fe[157] y ha sido totalmente respetuoso con el procedimiento legalmente establecido y que, por una cuestión de azar, le designan un experto independiente que sobrevalora la aportación es, sin género de duda, una consecuencia jurídica excesiva[158]. Además de que, en este caso, tampoco está justificada la anteposición de la función de garantía del capital social, toda vez que el perjudicado, como ocurre en la sociedad de responsabilidad limitada, podrá dirigirse con base en el art. 68 LSC contra el experto en cuestión quien, por razón de su actividad no es infrecuente que tenga suscrito un seguro de responsabilidad civil que cubra la negligencia profesional —obligatorio en el caso de los auditores—[159].

Sobre tal controversia generada en atención a los efectos del art. 77LSC, el Anteproyecto de Ley de Código Mercantil, en su artículo 233-11 ofrece

156 Por todos, LA CASA, R. "La responsabilidad por las aportaciones no dinerarias (art. 77)" *en* ROJO-BELTRÁN (Dirs.) *Comentario de la Ley de Sociedades de Capital,* Madrid, Aranzadi, 2011 vol.I. págs.691-696 quien critica muy acertadamente la defectuosa redacción del precepto y considera aplicable la extensión del régimen de las limitadas a las anónimas. Tras un exhaustivo análisis de las diferencias que generan ambos preceptos, opta también, acertadamente, por el mismo criterio LAGOS RODRIGUEZ, B. *La responsabilidad...* Op. Cit. quien alude también a la resolución de la falta de armonización por el ALCM.

157 Como sostiene LA CASA, R., "La responsabilidad por las aportaciones..." *Op. Cit.* pág 696 obviamente, sí que serían responsables los fundadores en casos como "la facilitación de antecedentes incorrectos de cara a la valoración; confabulación fraudulenta para alcanzar una valoración excesiva"

158 Defiende también tal interpretación DE CARRIÓN GARCÍA DE PARADA, P. "Comentario al art. 77 LCS" *Op. Cit.* aunque resalta que el contenido de la norma es el que es, sin que exista causa aparente que justifique tal distinción.
Lo mismo es predicable con respecto a las aportaciones no dinerarias que, de conformidad con el art. 69 LSC no requiera de valoración por experto independiente en tanto en cuanto hay otros medios para el conocimiento de valor de mercado —como es el caso de acciones admitidas en un mercado secundario oficial— y siempre que el administrador o, en este caso, el fundador realice el informe sustitutivo como garantía frente a terceros o accionistas. Sobre ello, ver PEÑAS MOYANO, M. J., "La valoración de las aportaciones ..." *Op. Cit.* pág. 650

159 IGLESIAS HURTADO, S. y VALENZUELA PÁRRAGA M.J., "Comentario al art. 68 LSC" en Prendes Carril, Martínez-Echevarría y García-Dueñas y Cabanas Trejo (Dirs.) *Tratado de Sociedades de Capital,* Cizur Menor, 2017. Consultado en www.proview.thomsonreuters.com cuestionan si el régimen de responsabilidad aplicable a los expertos sería el de los auditores por la similitud de las funciones. Sin embargo, ante la falta de pronunciamiento expreso, consideran aplicable directamente el régimen general del Código Civil.

una solución satisfactoria en tanto en cuanto unifica para ambos tipos de sociedades —de hecho, lo prevé como disposiciones comunes de las sociedades de capital— los efectos derivados de la valoración de la aportación no dineraria por experto independiente. Concretamente, señala, con acierto, el citado precepto que *"los socios fundadores responderán solidariamente frente a la sociedad, los demás socios y los terceros de la realidad de las aportaciones sociales y de la valoración de las no dinerarias, salvo que hubieran sido valoradas por experto independiente nombrado por el registrador mercantil del domicilio social"*.

IV. VENTAJAS DEL SOCIO FUNDADOR

1. Las ventajas del fundador en la sociedad anónima

Si bien es cierto que los socios fundadores por su participación en el acto de constitución de la sociedad soportan un régimen de responsabilidad específico, no lo es menos que, en el anverso de la moneda, si así lo desean, tendrán derecho a una serie de ventajas que *a priori* no alcanzarán a los socios que adquieran tal condición de manera sobrevenida.

Ello no obstante, aunque el régimen jurídico aplicable a los socios fundadores de las *startups* en materia de responsabilidad no difiera sustancialmente de aquellas compañías que no tienen tal consideración —más allá de ciertas previsiones contractuales que velen por la retención del talento u obligaciones de no competencia—, por lo que a los derechos hace referencia, la compensación al fundador de una *startup* —o, incluso, de una empresa familiar—, rara vez tiene lugar por medio de las llamadas "ventajas a los fundadores" previstas en el artículo 27LSC y en el artículo 128 RRM.

Resulta llamativo, sin embargo, que la previsión expresa de dichas ventajas únicamente sea aplicable a las sociedades anónimas no cotizadas pues no existe una justificación lógica para que los dos tipos de sociedades cerradas tengan un tratamiento diferente en atención a las ventajas del socio fundador.

Aunque es cierto que sólo gozarán de dichas ventajas quienes concurran al acto fundacional y, por extensión, sean garantes de tal proceso, el motivo de fondo que subyace a la reserva estatutaria de determinadas ventajas prevista expresamente para las sociedades anónimas está anudado a la iniciativa empresarial o actividad creadora que llevan a cabo por medio de la sociedad o, lo que es lo mismo, recompensa la labor del fundador en el sentido fáctico, anteriormente comentado.[160] Así lo ha puesto de manifiesto la doctrina tanto en el análisis del art. 11 de la extinta LSA[161] como en los comentarios al art. 27 de la LSC[162].

De hecho, el origen histórico de tales ventajas a los fundadores o promotores tiene como base la remuneración de cien personas que realizaron estudios técnicos para la construcción del Canal de Suez y que, posteriormente, recibieron cien partes de fundador de la *Compagnie Universelle du Canal Maritime du Suez* que llevaban aparejado una participación directa en los beneficios de la compañía[163]. Por consiguiente, la reserva de ventajas especiales está vinculada a la idea creadora o a los esfuerzos o actividades previas tendentes a la fundación de la sociedad[164].

Sin embargo, si es la actividad creadora el motivo de fondo que justifica las ventajas del socio fundador, tampoco termina de entenderse que la reserva estatutaria de unos beneficios solo esté prevista en la Ley de Sociedades de

160 URÍA, R., MENÉNDEZ, A. y GARCÍA DE ENTERRÍA, J. "La sociedad anónima: fundación" *Op. Cit.* pág. 786 afirman que "estas remuneraciones se justifican, ordinariamente, como retribución de la idea creadora y de los servicios prestados a la sociedad en la fase preparatoria de la misma". En profundidad, OTERO LASTRES, J.M., "Las ventajas particulares en la fundación de la Sociedad Anónima" en *RdM* n.º147-148, 1978 págs.7 a 9

161 En este sentido, MORRAL SOLDEVILA, R., "Ventajas de los fundadores (artículo 11)" en Arroyo e Irujo (Dirs.) *Comentario a la Ley de Sociedades Anónimas*, Madrid, Tecnos, 2001, pág. 142

162 GARCÍA DE ENTERRÍA, J. e IGLESIAS PRADA, J.L. "La fundación de las sociedades de capital" *Op. Cit.* sostienen que el art. 27 LSC prevé que "como compensación por su idea creadora y los servicios prestados a la sociedad en la fase de constitución, los fundadores se reserven determinadas ventajas particulares". ARANGUREN URRIZA, F. J. "Comentario al artículo 30 LSC" en Prendes Carril... *Op. Cit.* consultado en www.proview.thomsonreuters.com señala que "el origen histórico de las ventajas y su utilidad es recompensar a las personas de las que ha partido la iniciativa empresarial o que han contribuido activamente a desarrollar el proyecto en el que se inscribe la creación de la empresa". En el mismo sentido, MACHADO, J., "Ventajas de los fundadores de las sociedades anónimas (27 LSC)" en ROJO-BELTRÁN (Dirs.) *Comentario de la Ley de Sociedades de Capital* vol. I, Madrid, Aranzadi, 2011 pág. 382

163 Por todos OTERO LASTRES, J.M., "Las ventajas particulares en la fundación..." *Op Cit.* pág. 9que introdujo el caso en la doctrina española y que señala, además que tales partes de fundador carecían de valor nominal y de derecho de voto. Puede consultarse el documento de los actos constitutivos de dicha compañía (Actes constitutifs de la Compagnie universelle du canal de Suez) en el siguiente enlace https://books.google.es/books?id=l-b1IAAAAMAAJ&pg=PA131&dq=Compagnie+Universelle+du+Canal+Maritime+de+Suez+-fondateur&hl=es&sa=X&ved=0ahUKEwjZnpPZ28LgAhWRsRQKHaP0ByoQ6AEIKTAA#-v=onepage&q=Compagnie%20Universelle%20du%20Canal%20Maritime%20de%20Suez%20fondateur&f=false

164 En este sentido y justificando su licitud GÓMEZ MENDOZA, M., "Derechos especiales de fundadores y promotores" en Alonso Ureba (Coord.) *Derecho de sociedades anónimas (en homenaje al profesor José Girón Tena)* vol. I Madrid, 1991 pág. 802

Capital para las sociedades anónimas. En el mismo sentido en atención a la inscripción en los estatutos, el Reglamento del Registro Mercantil en su artículo 128, igualmente, prevé tal posibilidad expresamente solo para las sociedades anónimas[165].

Aunque los motivos de tal discriminación entre unas y otras sociedades no están claros, probablemente deban interpretarse a la luz de un contexto histórico muy diferente al actual. Como es sabido, la incorporación de las sociedades de responsabilidad limitada a nuestro Derecho positivo tuvo lugar de forma muy tardía[166], a mitad del siglo pasado, concretamente por medio de la Ley 17 julio 1953 de Sociedades de Responsabilidad Limitada que finalmente atendió la necesidad de muchísimas personas que tenían que servirse de las deficientes fórmulas que ofrecía el Código de Comercio y adecuarlas, en la medida de lo posible, a sus intereses por medio de pactos que no contraviniesen las normas imperativas.

La sociedad de responsabilidad limitada, por tanto, daba respuesta a quienes pretendían el ejercicio de una actividad empresarial por medio de una sociedad flexible, en muchos casos familiar, de carácter preeminentemente cerrado y con "un volumen económico más modesto y de menor número de socios que las de forma anónima"[167].

La previsión expresa de una serie de ventajas para los fundadores no era una preocupación para el legislador de aquel momento. Aunque inicialmente sí estuvieron contempladas en el Anteproyecto de la Ley de Sociedades de Responsabilidad Limitada de 1953 de manera idéntica a lo establecido en el artículo 11 de la Ley de Sociedades Anónimas de 1951[168], en la redacción final fue suprimida cualquier referencia a la posible reserva estatutaria de ventajas para los socios originarios. La falta de una actividad inventiva o una creación intelectual en las sociedades de la época que mereciera especial recompensa junto a la permanencia y estabilidad en la figura del socio —a

165 Art. 128 RRM *"En caso de que se establezcan derechos especiales en favor de los fundadores o de los promotores de la sociedad, los estatutos detallarán su régimen, con expresión de si se encuentran o no incorporados a títulos nominativos, así como las limitaciones a la libre transmisibilidad de los mismos que pudieran establecerse".*

166 Como afirman GALLEGO SÁNCHEZ, E. y FERNÁNDEZ PÉREZ, N. *Derecho mercantil.. Op. Cit.* pág. 334 la sociedad limitada fue una creación del legislador alemán en 1982.

167 En estos términos, la EM de la Ley de 17 de julio de 1953, de Sociedades de Responsabilidad Limitada.

168 Por todos, DOMÍNGUEZ GARCÍA, M. A., "La fundación de la sociedad de responsabilidad limitada: escritura y estatutos" en Rodriguez Artigas, García Villaverde, Fernández de la Gándara, Alonso Ureba, Velasco San Pedro y Esteban Velasco (Coords.) *Derecho de sociedades de responsabilidad limitada* vol. I, Madrid, McGraw Hill, 1996 pág. 170

diferencia de las compañías anónimas donde la posición es tendencialmente intercambiable— y la posible retribución del fundador por otras vías —piénsese en la empresa familiar, con el nombramiento en órganos de dirección o a través de las prestaciones accesorias—, fueron circunstancias que restaban importancia a la hipotética previsión de ventajas para las sociedades limitadas en la citada norma.

Ello no obstante, la regulación prevista en el art. 27 LSC no solo contempla las ventajas de los fundadores, sino que hace expresa referencia a sus límites. Concretamente, prevé que tales ventajas lo sean únicamente de contenido económico, con una cuantía total que no exceda *"del diez por ciento de los beneficios netos obtenidos según balance, una vez deducida la cuota destinada a la reserva legal y por un período máximo de diez años"*. Igualmente, señala el citado artículo que, en vía estatutaria, por un lado, los socios incorporarán un sistema para la liquidación de las cantidades correspondientes ante la extinción anticipada de tales derechos económicos y, por otro, si así lo desean, cabe la restricción a la transmisibilidad de los títulos nominativos que incorporen estos derechos.

2. Las ventajas del fundador en la sociedad limitada

La falta de previsión expresa sobre la posibilidad de que las sociedades de responsabilidad limitada reserven estatutariamente ventajas para los socios fundadores no implica que los socios no puedan hacerlo.

En este sentido, y a pesar de que parte de la doctrina negaba tal opción[169], sí que cabe la incorporación de ventajas en los estatutos con base en la autonomía de la voluntad prevista en el artículo 28 LSC. A falta de pronunciamiento expreso en contrario, habida cuenta de la flexibilidad como elemento tipológico de las limitadas, sería un contrasentido que tal facultad permitida para las anónimas como sociedades con una regulación más rígida —de hecho, el artículo citado señala los límites a tales ventajas—, no pudiera extenderse a una sociedad cuyos socios tienen a priori un marco de autonomía organizativa notablemente más amplio. Es más, el hecho de que dicho artículo no llegara a incorporarse a la Ley 2/1995, de 23 de marzo, de Sociedades de Responsabilidad Limitada, pese a su previsión en el art. 15 del Anteproyecto con idénticos términos, no implica que los socios de la limitada no tengan tal derecho, sino

169 Así, DOMÍNGUEZ GARCÍA, M. A., "La fundación de la sociedad..." *Op. Cit.* pág. 170 sitúa tales ventajas en las SL en la esfera extrasocial.

que, por el contrario, no están sujetos a las limitaciones de los socios de la sociedad anónima en cuanto a su contenido.

De este modo, el establecimiento de ventajas de los fundadores de una *startup* tendrá unos límites diferentes en función del tipo social elegido. Así, en el supuesto de que opten los fundadores por una sociedad anónima, respetarán las limitaciones temporales y cuantitativas previstas en el art. 27 LSC, mientras que si prefieren una sociedad de responsabilidad limitada —forma habitual de la mayoría de *startups*— no encontrarán más límite que los principios configuradores del tipo.

Ciertamente no termina de entenderse que, desde mitad del siglo pasado con la publicación de las leyes que regirían los dos tipos principales de sociedades de capital, la regulación relativa a las ventajas de los socios fundadores no haya sufrido alteración alguna si se repara en dos cuestiones de cierta trascendencia: de un lado, el cambio en el objeto social de muchas sociedades de responsabilidad limitada en las que sí predomina la citada "idea creadora" por encima, incluso, actualmente, de las sociedades anónimas, como es el caso de las *startups;* de otro, la pretendida homogeneización normativa de la mano de la polivalencia funcional en el que se inspira el movimiento codificador actual.

Con respecto a la primera de las cuestiones, la justificación para la previsión expresa de las ventajas a los socios originarios de las anónimas era, como señalaba la mejor doctrina, la recompensa a la labor del fundador en un sentido fáctico o, lo que es lo mismo, por su iniciativa empresarial[170]. De modo que resulta incoherente el mantenimiento de un precepto que regula la compensación de la actividad creadora para un tipo social que no es el habitualmente utilizado para las *startup* —en su mayoría, SL—.

En atención a la segunda, es cuestionable que ni en la reforma de la Ley 2/1995, de 23 de marzo, de Sociedades de Responsabilidad Limitada —si bien, como se ha apuntado, estuvo en el art. 15 del Anteproyecto—, ni posteriormente, con la vigente Ley de Sociedades de Capital, el legislador haya unificado la regulación de las ventajas a los fundadores en ambos tipos de sociedades de capital cerradas. Y tampoco el Anteproyecto de Ley de Código Mercantil ha corregido tal disfunción, sino que, por el contrario, en su art. 233-3, con alguna

170 URÍA, R., MENÉNDEZ, A. y GARCÍA DE ENTERRÍA, J. "La sociedad anónima..." *Op. Cit.* pág. 786 afirman que "estas remuneraciones se justifican, ordinariamente, como retribución de la idea creadora y de los servicios prestados a la sociedad en la fase preparatoria de la misma".

leve modificación de su contenido, mantiene las ventajas a los fundadores en las disposiciones propias de las sociedades anónimas.

Ello no obstante, la causa más probable de esta deficiente regulación de las ventajas de los fundadores en la actualidad, así como de *lege ferenda* la falta de una propuesta satisfactoria en el ALCM, responda al escaso éxito que ha tenido dicha opción en la práctica[171]. De hecho, la previsión del art. 27 LSC para las sociedades anónimas apenas ha tenido reflejo en la jurisprudencia ni en las resoluciones de la DGRN[172].

La posible remuneración de la labor intelectual por otras vías más ventajosas, así como los inconvenientes que presentan desde un punto de vista fiscal, son motivos que determinan que ni en las *startup* ni en otras compañías donde predomina dicha posición—empresa familiar— los fundadores hayan optado por los llamadas "bonos" o "cédulas" para la compensación de su esfuerzo. Concretamente, la opción más habitual para la retribución del fundador es a través de la condición que generalmente ostentan de administradores de la sociedad, con base en lo previsto en el art. 217 LSC y siguientes[173].

VI. EL PACTO DE SOCIOS FUNDADORES —*"COFOUNDER AGREEMENT"*—

El pacto de socios fundadores es una de las manifestaciones más reseñables que tiene el derecho convencional que se superpone al régimen legal en el ámbito de las *startups*. Debido a sus particulares circunstancias y al valor que, en un sentido fáctico, tiene la fundación, los socios de tales compañías requieren de un marco jurídico muy diferente del modelo preestablecido, por defecto, en la Ley de Sociedades de Capital.

De la misma manera que los socios fundadores firman un acuerdo con los socios inversores que establece la relación entre ambos y la protección de sus respectivos intereses en la *startup*, es posible que los propios socios fundadores con anterioridad incluso a la constitución de la sociedad suscriban un acuerdo exclusivamente entre ellos. Sin embargo, también puede darse el caso de que

171 En este sentido, MORRAL SOLDEVILA, R. "Comentario al art.11 Ventajas..." *Op. Cit.* pág.156 quien afirma que tal forma de retribución "únicamente vive en la letra de la ley". Y, con anterioridad, por todos, PÉREZ DE LA CRUZ, A., "La fundación cualificada (ventajas de los fundadores o promotores y aportaciones "in natura")" en (AAVV) *La Reforma del Derecho Español de Sociedades de Capital,* Madrid, 1987 pág. 157 quien señala la falta de arraigo de dicho artículo en nuestra práctica.

172 Como uno de los escasos ejemplos, sirva la SAP de Vizcaya, sección 4.ª, 256/2009 de 3 de abril.

173 En este sentido, DE ULLOA LAPETRA, G., "El pacto de socios..." *Op. Cit.* pág. 284

los socios fundadores prescindan de tal acuerdo e incorporen las cláusulas que regulen su participación de manera simultánea o posterior a la constitución de la sociedad por medio del pacto de socios —*"shareholders agreement"*—[174].

Así, mediante un pacto de fundadores —*"cofounder agreement"*— dos o más personas que participan del inicio del proyecto y que comienzan a organizarse para su desarrollo, fijan las normas que regularán su relación como miembros originarios —o, en términos más comunes, emprendedores— y los derechos y obligaciones que les corresponde a cada uno de ellos.

Desde un punto de vista interno los firmantes organizan su rol o la participación de cada uno de ellos en la compañía, dejan constancia de la aportación que, en un sentido amplio, llevarán a cabo y el valor que, correspondientemente, le asignan.

En este sentido, en la medida en que el presente contrato tiene lugar en la esfera parasocial, tanto la aportación como su valoración quedan al margen de las rígidas normas de la Ley de Sociedades de Capital, por lo que tendrán en consideración, para dicho cálculo, circunstancias tales como la dedicación plena o parcial de cada uno de los miembros en la *startup*, el nivel de vinculación con la idea originaria, la experiencia o capacidad que tengan para su desarrollo, el sacrificio que personalmente asume cada uno para la participación en el proyecto[175], etc.

Ello no obstante, el reflejo de la importancia de cada uno de los socios fundadores también encontrará su correlato en el capital social aunque las circunstancias anteriormente citadas no sean, en su mayoría, susceptibles de integrarlo. Mediante la previsión de una cifra baja, coincidente en muchos casos con la mínima legalmente establecida no resulta difícil que cada cual con sus aportaciones *stricto sensu* —ex. art. 58 LSC— asuma un número de participaciones que, con base en la función organizativa del capital social[176],

---

174 Se muestra contrario, por lo general, a los acuerdos entre socios fundadores en la fase inicial ROBERTS, R., *Acceleration* Estados Unidos, Lioncrest, 2019 p. 720 porque muchas de sus cláusulas pueden incluirse directamente en los contratos de compraventa de acciones o participaciones del fundador.

175 En este sentido, un modelo de pacto de socios de la University of Pennsylvania Law School's Entrepreneurship Legal Clinic applying Pennsylvania law disponible en https://www.law.upenn.edu/clinic/entrepreneurship/startupkit/founders-agreement.pdf pág. 5 señala que los que sacrificaron su puesto de trabajo estable a menudo son compensados más por su riesgo que aquellos que carecían de empleo cuando la *start up* comenzó a desarrollarse.

176 Como señalan GALLEGO SÁNCHEZ, E. y FERNÁNDEZ PÉREZ, N., *Derecho mercantil. Parte primera Op. Cit.* pág. 408 dicha función "constituye la unidad de medida de todo aquello que es cuantificable en las relaciones internas.

traslade a la esfera social la entidad de la condición de socio dibujada en la esfera parasocial. A modo de ejemplo, si los firmantes consideran que tiene más valor la idea sobre la que girará el negocio y la *"expertise"* de uno de ellos que determinados bienes o, incluso, dinero, desembolsado por otro, permitirán que el primer aportante asuma más participaciones o suscriba más acciones que el segundo. Ello no plantea problemas porque, en primer lugar, la cuantía del desembolso es perfectamente asumible por cualquiera de ellos y, en segundo, las aportaciones del que, por su naturaleza, resultan aptas para el capital social, irán destinadas a la constitución de reservas o a libre disposición de la sociedad.

Por tanto, en el pacto de socios señalarán, de un lado, en el ámbito de las obligaciones lo que cada socio aporta tanto en un sentido amplio como estricto y, de otro, los derechos que les corresponden también en ambos sentidos. En un sentido estricto no resulta complicada la determinación de derechos y obligaciones de cada uno pues depende de su desembolso al capital social —salvo la previsión de prestaciones accesorias o alguna alteración estatutaria de su contenido dentro de los límites legales—.

En un sentido amplio, sin embargo, no ocurre lo mismo pues su alcance variará en función de lo que prevean las partes contractualmente.

Por lo que a las obligaciones hace referencia, el valor de determinadas aportaciones, habida cuenta de sus particulares características, solo puede concebirse si quedan vinculadas a la sociedad. Y, en la medida en que muchas de ellas son personalísimas, será necesario, como garantía de una correcta ejecución, que el socio asuma un compromiso de permanencia u otros de exclusividad y no competencia. Además, especificarán si la aportación la realizan a título de propiedad o de uso, lo cual cobra gran relevancia en el ámbito de la transferencia de activos intangibles. A modo de ejemplo, si las patentes o cualquier título sobre creaciones industriales que pertenezcan a uno o varios socios lo aportan a la sociedad mediante un contrato de transmisión o de licencia[177].

Con respecto a los derechos, su amplitud también dependerá de lo previsto en el pacto de socios de manera que si asume obligaciones más allá de las legalmente establecidas también pretenderán una contraprestación en consonancia. Concretamente, la dedicación que lleva a cabo el socio en la sociedad queda retribuida por medio de un contrato laboral o de prestación de sus

177 Como apunta ROBERTS, R., *Acceleration* Op. Cit. pág. 743 en la medida en que la finalidad de las *startup* es la atracción de inversores, los firmantes pretenderán que sea la compañía quien disponga de la IP porque ello resultará fundamental para que terceros inviertan en ella.

servicios profesionales que contempla generalmente un porcentaje fijo y otro variable en función de los beneficios obtenidos. Para ello, en el propio pacto, los firmantes dejan constancia de su obligación para que, en un plazo prudencial desde la constitución de la sociedad, suscriban con ella tales contratos que prevean su dedicación y sus salarios. En cualquier caso, es habitual que los fundadores durante la fase inicial renuncien al cobro de tales cantidades si la compañía todavía no ha experimentado ganancias[178].

Igualmente, en relación con tales circunstancias, también preverán la distribución de funciones en la compañía, esto es, quién ocupará el cargo de administrador o, si es un consejo de administración la posición de ejecutivo, etc. En el caso de que los fundadores ocupen dichos cargos el sistema de retribución, obviamente, deberá pactarse de conformidad con lo previsto en los arts. 217 y siguientes de la Ley de Sociedades de Capital. La designación de funciones vendrá predeterminada, por lo general, en función de sus habilidades por lo que especificarán en el contrato, una vez constituida la compañía, quien será el responsable del desarrollo de la tecnología — en inglés, *"chief technology officer"*— quien atiende a las cuestiones económicas o de financiación —*"chief financial officer"*—, a quien le corresponde las labores de marketing o publicitarias, etc.

A la luz de las citadas cuestiones queda claro que la mayoría de las cláusulas del pacto están diseñadas para una correcta ejecución del proyecto, lo que requiere que la *startup* tenga cierta estabilidad y permanezcan en ella aquellos socios con capacidad para llevarlo a cabo.

Para ello, además de las obligaciones de permanencia o la previsión contractual de la dedicación de cada uno de sus miembros, el *"cofounder agreement"* establece un sistema de incentivos para que los intereses particulares de los firmantes —la obtención de beneficios— estén alineados con el interés que, con respecto a ellos, tiene la compañía y que está vinculado a la idea de estabilidad o permanencia en atención a su condición de personal estratégico —*"key employees"*—.

El sistema premia, por un lado, la continuidad de los firmantes en la sociedad con retribuciones que aumentan en función de los años o meses que pasen y, por otro, en el anverso de la moneda, penaliza las salidas del socio que resulten contrarias a los intereses de la compañía.

178 Así consta, por ejemplo, en el modelo de contrato entre socios fundadores para la aceleradora "Lazarus" pág. 11 disponible en http://www.vicentemunoz.com/wp-content/uploads/Pacto-de-socios-fundadores-modelo-Lazarus.docx

Con respecto a lo primero, son habitual en estos pactos o, con posterioridad, en los *"shareholders' agreement"*, la previsión de un sistema de consolidación de acciones o participaciones, generalmente no superior a cuatro años, por el que el socio reciba las participaciones o acciones asumidas o suscritas de forma paulatina y con ello los derechos que llevan aparejadas. Así, mediante las llamadas cláusulas de *"vesting"*, se favorece un escenario en virtud del cual, a mayor permanencia mayor será el beneficio que perciban los firmantes[179].

En atención a lo segundo, el contrato prevé las consecuencias derivadas de la salida del socio, con el establecimiento de determinadas penalizaciones en función de las circunstancias en las cuales tenga lugar la terminación de la relación contractual. Tales previsiones, conocidas en la práctica como *"leaver clauses"* distingue entre las salidas de buena fe e involuntarias —*"good leaver"* que en relación con el Derecho societario estaría más próximo a las causas de separación, de aquellas que tienen lugar de mala fe o con incumplimiento de las obligaciones contraídas —*"bad leaver"*— que presenta cierta similitud al régimen legal de la exclusión[180]. La diferencia entre una u otra calificación de la salida tendrá efectos relevantes en relación con cuestiones tales como la posible permanencia como trabajador pese a la terminación del vínculo social o el precio que recibirá por la venta de las acciones o participaciones a favor de la sociedad en el ejercicio de una opción de compra reservada para tales supuestos[181].

Por último, pero sin ánimo de exhaustividad, lo normal es que los pactos de socios prevean una de las cláusulas más típica de los pactos parasociales, como es la relativa a la transmisión de las acciones/participaciones. De forma similar a lo que ocurre en los protocolos familiares donde los miembros del grupo tienen un derecho de preferencia, es habitual que los firmantes reglamenten la venta de sus cuotas de socio por medio de derechos de adquisición preferente.

Las citadas cláusulas son solo algunos ejemplos de las previsiones más comunes en tales pactos, si bien, en función de las circunstancias de cada caso,

---

179 Las cláusulas de *"vesting"* son analizadas con mayor profundidad en otra parte de la obra.

180 A modo de ejemplo, mientras que el art. 350 LSC prevé la exclusión por incumplimiento de las prestaciones accesorias, el contrato de socios fundadores es común que establezca como *"bad leaver"* el incumplimiento de las obligaciones de hacer y de no hacer que asume el socio firmante, tales como la exclusividad, confidencialidad o dedicación de un número determinado de horas en la compañía.

181 Véase las cláusulas de salida de los socios o *"leaver clauses"*, con mayor detalle en el capítulo dedicado a los pactos de relación.

es posible que su redacción o la de otras cláusulas no mencionadas —ad. ex. incorporación de nuevos socios, destino de los beneficios...— tenga lugar con posterioridad, en el momento de constitución de la propia sociedad y alineen su contenido, en la medida de lo posible, con el que dispongan en sede estatutaria.

El pacto de socios fundadores, como sociedad interna, además de las relaciones entre los socios y la función de cada uno de ellos en la *startup,* también regula su actuación *ad extra* para que, de manera coordinada y homogénea, defiendan los intereses que les unen en sus relaciones con la sociedad y entre la sociedad y terceros.

Para ello, es posible que el contrato prevea la creación de una junta de socios fundadores en la que los miembros fijen una posición compartida ante la celebración de las reuniones que tengan lugar en los órganos sociales. De este modo, con carácter previo a una junta general de socios o a una reunión del consejo de administración, los socios fundadores decidirán por mayoría la conducta que con posterioridad defenderán conjuntamente. Otra posibilidad más flexible a la constitución de una junta de socios fundadores y la previsión de unas normas sobre funcionamiento y composición es el condicionamiento de determinadas decisiones expresamente previstas a la aprobación de la mayoría de los fundadores. De este modo, tendrán libertad de voto en algunas cuestiones, pero en otras, de mayor relevancia —modificaciones estructurales, venta de activos, modificaciones estatutarias, etc.— supeditan su voto en los órganos sociales a la decisión mayoritaria previamente adoptada. E, igualmente, cabe la posibilidad de que la vinculación del socio a dicha posición común solo tenga lugar si el voto favorable es reforzado[182].

Por lo que al cálculo de la mayoría hace referencia, también será necesario que especifiquen el valor del voto asignado a cada fundador, esto es, si todos tienen el mismo número en tanto en cuanto comparten la misma condición o si, por el contrario, en consonancia con el voto en la junta general, dependerá de la aportación al capital de cada uno de ellos. Además, el pacto contendrá los mecanismos para el desbloqueo de aquellas votaciones que terminen empatadas, donde lo habitual es la concesión de un voto de calidad a uno de los fundadores. Tal voto cualificado, en el caso de que se reúnan en junta de fundadores, suele concederse a su presidente.

---

182 Sirva como ejemplo de cláusula que prevé la creación de la junta de fundadores y la vinculación del voto del socio a lo previsto en la junta en determinadas circunstancias, el previsto en el de contrato entre socios fundadores para la aceleradora "Lazarus", pág. 7.

En la medida en que en las *startups* las controversias entre los socios no son tanto en su condición de mayoritario/minoritario como fundadores e inversores, es normal que los primeros pretendan una defensa conjunta del interés que les llevó a la creación de la sociedad. Y contractualmente, en el pacto de socios, limitan de manera voluntaria su libertad de voto en la junta general de la sociedad[183] en función de la decisión mayoritaria previamente acordada por los fundadores.

Ello no obstante, igual que ocurre en los sindicatos de voto, la naturaleza del pacto por el que consienten la homogeneidad en la toma de decisiones es plenamente parasocial ex. art. 29 LSC. Para su realización basta que los socios voten conjuntamente en el sentido previamente acordado por la mayoría o, incluso, la delegación del voto en un representante de la junta de socios para que resulte más difícil el incumplimiento del fundador discrepante con la posición adoptada.

En cualquier caso, como desincentivo para el incumplimiento de la obligación de hacer contractualmente asumida, el propio pacto de socios regulará las consecuencias jurídicas aplicables por la infracción de tal conducta. En este sentido, caben múltiples formas para la sanción del socio incumplidor, como, por ejemplo, el pago de una concreta cantidad como penalización o, incluso, la obligación de venta de las acciones/participaciones al resto de socios fundadores en unas condiciones predeterminadas favorables para los adquirentes —por ejemplo, por el valor nominal y no por el precio de mercado—. La contravención de la unidad del derecho de voto supone una trasgresión de la confianza mutua existente entre los firmantes y por ello cobra sentido que los restantes fundadores contemplen la salida del fundador mediante la compra forzosa como una causa de "*bad leaver*"[184].

El pacto de socios no se agota entre los firmantes, sino que, cobra relevancia frente a terceros que, de manera sobrevenida, pretendan la adquisición de acciones o participaciones originarias de la sociedad o, lo que es lo mismo, adquieran las cuotas de los socios fundadores.

En la medida en que, en un sentido fáctico, existen dos tipos de socios, los fundadores y los inversores, para la protección del interés de los primeros es

183 Con dichas palabras hacen referencia a la obligación que nace del sindicato de socios u accionistas IGLESIAS PRADA, J. L y GARCÍA DE ENTERRÍA, J., "Los órganos de las sociedades de capital" en Menéndez-Rojo (Dirs.) *Lecciones de Derecho Mercantil* Cizur Menor, Aranzadi, vol. I, 2014 consultado en www.proview.thomsonreuters.com

184 Así consta en el citado modelo de pacto de socios de la *startup* "Lazarus" pág. 15 disponible en http://www.vicentemunoz.com/wp-content/uploads/Pacto-de-socios-fundadores-modelo-Lazarus.docx

fundamental que quien reciba sus acciones o participaciones asuma las obligaciones contractuales que adquirió el transmitente con la suscripción del *"founder´s agreement"*.

En caso contrario, si las acciones o participaciones las transmiten incondicionalmente, sin la vinculación del contrato de compraventa a la ratificación del pacto de socios, existe el riesgo de que disminuya la influencia de los socios fundadores en la junta general de la sociedad y, con ello, la protección común u homogénea de sus intereses.

Además, la ratificación del pacto de socios fundadores no solo vendrá motivada por el mantenimiento de la unidad en el ejercicio del citado derecho político, sino también por otras cuestiones no menos importantes como el conjunto de obligaciones de conducta —de hacer y de no hacer— que asume el firmante o la asunción de determinadas condiciones en materia económica. Con respecto a lo primero, si sustituye a alguno de los fundadores en el ejercicio de funciones clave en la compañía —por ejemplo, como responsable de desarrollo de la tecnología—, su aportación a la sociedad cobra sentido —y tiene valor— si asume los citados compromisos de dedicación, confidencialidad, permanencia, etc. Y, en atención a lo segundo, pero en cierta medida relacionado, si el resto de sus iguales ha consentido la falta de retribución como socio durante un determinado periodo como incentivo de su permanencia en la compañía —*"cliffs"* y la consolidación paulatina de sus cuotas de socio —*"vesting"*—, es lógico que el nuevo socio adquiera sus derechos de la misma manera.

Ello no obstante, tanto la posible limitación en la transmisibilidad de las acciones o participaciones como el conjunto de derechos u obligaciones que correspondan al firmante con la adhesión al presente pacto, dependerá también de quien ocupe la posición del "tercero" adquirente. En este sentido, además de las posibles restricciones en sede estatutaria o el régimen de transmisión que establezcan en pactos parasociales posteriores con los socios inversores, es común la distinción entre las transmisiones de las cuotas de fundador voluntarias o libres y las que necesariamente requerirán de un previo ofrecimiento al resto de fundadores para que ejerciten, si lo desean, su derecho de adquisición preferente.

Por consiguiente, si la transmisión, por ejemplo, es entre un socio fundador y una sociedad plenamente participada por él, no tiene sentido que las acciones o participaciones nuevamente queden sujetas a otro periodo de *"vesting"* ni que el resto de fundadores tengan un derecho de adquisición preferente o la posibilidad de veto sobre tal acuerdo. En dicho escenario, bastará que la sociedad adquirente suscriba el pacto de fundadores y que permanezca el transmitente como socio único. Para ello será suficiente con el sometimiento de la compraventa a una condición resolutoria o la previsión de un derecho de retracto a favor de los fundadores en cuya virtud recuperen las acciones o participaciones del grupo ante la entrada posterior de cualquier tercero ajeno en la sociedad adquirente que, indirectamente, ponga en riesgo el interés común.

En el ámbito de las transmisiones libres también es reseñable la diferencia existente con el régimen subsidiario de la LSC en relación con las participaciones adquiridas por familiares (art. 107.1). Aunque, en última instancia, todo dependerá de cada caso particular, el vínculo que une a los fundadores no está basado, a diferencia de la empresa familiar, en el parentesco, sino en su aportación en sentido amplio a la sociedad —experiencia profesional, dedicación, etc—. Por consiguiente, habida cuenta del rol de los fundadores en el desarrollo de la compañía, no tiene mucho sentido el reemplazo del socio en las acciones/participaciones del fundador con base únicamente en la consanguinidad. De este modo, es posible que prime el derecho de adquisición preferente del resto de fundadores sobre las cuotas de su consocio por delante, incluso, de los familiares porque ello está más alineado con el mantenimiento de la posición común reconocida en el presente pacto[185]. Ello no obstante, la cuestión variará en función de los intereses de los firmantes, pues también cabe, de un lado, la transmisión libre de las acciones/participaciones a familiares[186] y, de otro, la retención del transmitente en la *startup* a través de un contrato de naturaleza laboral o mercantil que le vincule como "*key employee*".

Lo mismo también es predicable con respecto al cónyuge del socio fundador cuando estuvieran casados en régimen de gananciales y su cuota en la sociedad no formara parte de su patrimonio privativo. En este sentido y como precaución ante escenarios futuros no deseados que permitan la interferencia de un tercero ajeno —en este caso, el cónyuge de la comunidad

185 El pacto de socios de la *startup* "Lazarus" pág. 17 disponible en http://www.vicentemunoz.com/wp-content/uploads/Pacto-de-socios-fundadores-modelo-Lazarus.docx no solo no prevé la libre transmisión entre familiares, sino que va más allá y prohíbe expresamente su contratación en la empresa hasta el segundo grado de consanguinidad.

186 A modo de ejemplo, el modelo de pacto de socios de la University of Pennsylvania Law School's Entrepreneurship Legal Clinic applying Pennsylvania law pág.10 disponible en https://www.law.upenn.edu/clinic/entrepreneurship/startupkit/founders-agreement.pdf Sirva también como ejemplo, el siguiente "*founder´s agreement*" disponible en www.law2000.co.il/build/sites/meirfuchs/docs/Founders%2520Agreement%2520eng..doc+&cd=1&hl=es&ct=clnk&gl=es

"post-ganancial"[187]—, es posible que entre las cláusulas del pacto establezcan mecanismos *ex ante* y *ex post* de defensa de los intereses comunes de los fundadores. Como ejemplo de los primeros, cabe la posibilidad de que el propio pacto prevea que los socios que adopten las medidas necesarias para que la titularidad de las acciones/participaciones y el ejercicio de sus derechos inherentes no quede afectado por la relación matrimonial[188]. Son más habituales, sin embargo, los segundos, esto es, cláusulas restrictivas a la libre transmisibilidad en caso de que, bien por fallecimiento del fundador, bien por la liquidación del régimen de gananciales el cónyuge recibiera[189] todas o parte de sus acciones o participaciones[190]. Para ello, fijarán en los estatutos de la sociedad un derecho de adquisición preferente o tanteo que permita a los beneficiarios de tal derecho — generalmente los socios y/o la propia sociedad—[191] la posibilidad de adquirirlas. Aunque la previsión de dicha restricción en el presente documento resultaría inoponible en tales casos frente al cónyuge del socio, son comunes las cláusulas que obligan a los firmantes del pacto a la incorporación, en la medida de lo posible, de su contenido en los estatutos que finalmente redacten. Todo ello, como ha quedado de manifiesto, con la finalidad de protegerse frente a la entrada de terceros ajenos que pongan en riesgo la idea inicial de los fundadores.

187 En tales términos, ALFARO ÁGUILA-REAL, J., "Más sobre el ejercicio de derechos de socio por parte del cónyuge del socio casado en régimen de gananciales" 2014 disponible en https://derechomercantilespana.blogspot.com analiza la Resolución de la DGRN de 25 de julio de 2014

188 Algunos pactos incluso recomiendan el régimen de separación de bienes, si bien, como mera recomendación. En caso de que se mantuviera el de régimen de gananciales basta con la incorporación de una adjudicación preferencial contractual a favor del fundador. A través de dicha adjudicación, el fundador en la liquidación recibirá las acciones/participaciones con preferencia a otros bienes de modo que el cónyuge carecerá de derechos sobre aquellas. Para ello, es necesario que a la liquidación haya bienes suficientes que compensen la asignación reservada al socio fundador. Aunque tal derecho está previsto en el art. 1406.2 CC parece más oportuno una regulación más detallada convencionalmente. Sobre ello, ver CUCURRUL POBLET, T., *El protocolo familiar mortis causa*, Madrid, Dykinson, 2015 pág. 176

189 Resulta muy esclarecedora y útil la diferenciación entre adjudicación y transmisión que realiza en su tesis doctoral MUÑOZ DELGADO, C., *Copropiedad de participaciones sociales y acciones. La comunidad hereditaria y la sociedad legal de gananciales,* Valencia, Tirant lo Blanch, 2018 págs. 318-319

190 Como ejemplo de dicha cláusula, ver MARROQUÍN MOCHALES, F. y DE DIEGO MISIEGO, I., "Cláusula estatutaria sobre restricciones a la transmisibilidad de participaciones sociales" en *RdS* n.º26, 2006 pág. 379 en la que consideran como transmisión de participaciones, además de su propiedad "la adjudicación de participaciones sociales a favor del cónyuge de la persona que figure como socio, a consecuencia de la liquidación de su sociedad conyugal, convenida o acordada judicialmente".

191 GALLEGO SÁNCHEZ, E. y FERNÁNDEZ PÉREZ, N. *Derecho mercantil...Op. Cit.* pág. 433

Lo anterior, por el contrario, no es aplicable con respecto a las acciones o participaciones que tengan como base un aumento de capital social y su finalidad sea la captación de fondos para el desarrollo o el aumento de escala de la compañía. En dicho escenario, donde las acciones o participaciones las adquiere el socio inversor cuya motivación principal es la máxima rentabilidad económica de su aportación, las partes suscribirán otro pacto de socios con motivo de la ronda de inversión que proteja los particulares intereses de tales socios capitalistas.

Capítulo III

EL SOCIO INVERSOR

I. CARACTERIZACIÓN

Si el socio fundador hace referencia en un sentido económico al creador de un negocio y, en un sentido jurídico, a quien ha constituido la sociedad, en relación con el socio inversor también cabe una doble definición.

Desde el punto de vista económico, socio inversor es aquel que facilita los recursos económicos para que los fundadores lleven a cabo el proyecto empresarial. Aunque es posible que su aportación comprenda elementos accesorios —asesoramiento, contactos...—, como se deduce de su denominación, la financiación por medio de la compra de acciones o participaciones —generalmente, con prima de emisión— es la principal nota caracterizadora de tales sujetos.

Con base en la distinción implícita de la Ley de Sociedades de Capital, el socio inversor tendría la condición de socio sobrevenido, en contraposición con el socio originario que concurre al acto de constitución de la sociedad. Por consiguiente, el socio inversor entra en la sociedad con posterioridad a los fundadores con motivo de las sucesivas ampliaciones de capital o por la adquisición de acciones o participaciones.

II. INVERSORES DE CAPITAL RIESGO

Dentro de la categoría de socio inversor cobra especial relevancia, por su incidencia en la financiación de las *startups*, el inversor de capital riesgo.

La expresión capital-riesgo, procedente del Derecho anglosajón, es una traducción literal del *"venture capital"*, que resulta algo desafortunada en la medida en que no comparten el mismo significado. En este sentido, tanto en España como en Europa la noción del capital-riesgo tiene unos contornos más amplios, coincidente con el fenómeno del *"private equity"* que es la categoría en la que debe incardinarse el *"venture capital"* como un tipo específico de inversión[192].

---

192 Afirman BARCOZY, S. y WILKINSON, T., *Incentivising Angels A Comparative Framework of Tax Incentives for Start-Up Investors*, Singapore, Springer, 2019 pág. 3 que se trata de un subtipo de inversion de private equity. En el mismo sentido, COOKE, D. J,. *Private equity:*

Así, mientras que nuestra referencia al capital-riesgo comprende la aportación de un capital que sirve a la financiación de una sociedad no cotizada, expuesto al riesgo de pérdida —no garantizado— con una expectativa de retorno en un plazo limitado[193], el alcance del *"venture capital"* en los países de *Common Law* es mucho más reducido y atendería, en puridad, a la inversión "en compañías innovadoras en una fase temprana de desarrollo para la financiación de sus actividades comerciales"[194].

En España, no obstante, pese a la discordancia semántica, también es común el recurso a tales anglicismos, no tanto en su relación género-especie, como al momento en que tiene lugar su intervención[195]. El *"venture capital"* cubriría una inversión moderada en los primeros estadios de desarrollo de una empresa innovadora, de base tecnológica, que, como su propio nombre indica, es la más venturosa o arriesgada, pero tiene un alto potencial de crecimiento[196]. Por el contrario, el *"private equity"* quedaría vinculado, por lo general, a elevadas inversiones de capital, pero también con apalancamiento, en empresas más consolidadas —por tanto, con un nivel inferior de riesgo—, no necesariamente tecnológicas.

Law and Practice, London, Sweet & Maxwell, 2018 pág. 1 para quien el "venture capital" es una subcategoría que comprende la inversión desde el arranque de la compañía hasta su expansión.

193 La exposición de motivos de la Ley 22/2014, de 12 de noviembre, establece la siguiente definición de capital-riesgo como actividad: "*El capital-riesgo se define como aquellas estrategias de inversión que canalizan financiación de forma directa o indirecta a empresas, maximizan el valor de la empresa generando gestión y asesoramiento profesional, y desinvierten en la misma con el objetivo de aportar elevadas plusvalías para los inversores*". Para RECONDO PORRÚA, R., *Esquemas de iniciación al Capital Riesgo*, Valencia, Tirant lo Blanch, 2016 pág. 8 el capital riesgo, como actividad empresarial "alude de forma general, a las inversiones empresariales llevadas a cabo por una determinada categoría de inversores, con carácter temporal, y con el fin de lucrarse con las plusvalías de la desinversión". En el mismo sentido, BARTHEL, D. y ALFÉREZ, A., "El mercado del capital riesgo y *private equity* en España" *Capital Riesgo (Private Equity) Aspectos Regulatorios, Mercantiles, Financieros, Fiscales y Laborales* (Dirs.) Álvarez Arjona y Erláiz Cotelo. Cizur Menor, Aranzadi, 2006 pág. 108 que lo definen como "toda aportación de carácter financiero y temporal en el capital de empresas no cotizadas"

194 En estos términos lo define el Departamento de Industria, Innovación y Ciencia del Gobierno de Australia. Disponible en https://www.industry.gov.au/funding-and-incentives/business-and-startups/venture-capital

195 Así, RECONDO PORRÚA, R., *Esquemas de iniciación... Op. Cit.* Pág. 10; VINAGERAS P., "La protección jurídica de las *start-ups"* 2013 disponible en https://www.garrigues.com/sites/default/files/docs/La_proteccion_juridica_de_las_startups._P._Vinageras_0.pdf

196 Como señala COOKE, D. J. *Private equity: Law.. Op. Cit.* Pág. 5 la inversión en las fases iniciales de una *start-up* puede que conlleve ganancias muy significativas, sin embargo, el riesgo de fallo es superior.

En cualquier caso, con independencia de su acepción amplia o estricta, desde sus orígenes el capital-riesgo[197] ha sido definido no tanto como una operación aislada, sino como una compleja actividad que forma parte de un proceso en el que se advierten determinadas etapas y en la que los inversores, habida cuenta de su profesionalidad, aportan un valor añadido a la compañía *target* y participan activamente en su funcionamiento hasta la desinversión[198].

Pero además de la apreciación objetiva, el capital riesgo, como concepto polisémico, presenta una dimensión subjetiva que alcanza a los sujetos que invierten en los términos citados. En este sentido, puede distinguirse entre dos grupos de inversores de capital riesgo: el capital riesgo formal y el informal[199].

El primer grupo estaría formado por entidades dedicadas en exclusiva a las operaciones de capital-riesgo, gestionadas por profesionales del sector y sometidas a una regulación específica y a supervisión administrativa en la medida en que invierten el capital aportado por sus socios o partícipes[200]. En el anverso de la moneda, cuentan con un régimen fiscal más favorable[201].

El segundo grupo comprendería aquellos particulares, inversores privados, que destinan parte de sus recursos a la financiación de las *startup*, sin someter-

197 En cuanto a sus orígenes, BARTLETT, J. W., *Venture capital law, business strategies, and investment planning* New York, Wiley, 1988 pág. 1 señala que aunque hubo operaciones anteriores, el comienzo de la era del capital riesgo al finalizar la segunda guerra mundial, en 1946. No obstante, en un sentido amplio y con un tono informal, cita en la pág. 4 eventos históricos que podrían considerarse como inversiones de *venture-capital* como el descubrimiento de América en el que la Reina Isabel actuaría como socia inversora. LEVIN, J. S., *Structuring Venture Capital, Private Equity, and Entrepreneurial Transactions*New York, Wolters Kluwer, 2003 pág. 106 señala también como casos históricos similares, la inversión de Marcus Licinius Crasus, el hombre más rico en la Roma de Julio Cesar, en diversos negocios como la primera empresa privada dedicada a la extinción de incendios.

198 Señalan BARTHEL, D. y ALFÉREZ, A. "El mercado del capital riesgo..." *Op. Cit.* Pág. 38 como particularidades de este proceso, además de los citados, el periodo de inversión largo, entre unos tres y siete años, el escaso reparto de dividendos y la obtención de ingresos que se materializan, por medio de diversas fórmulas, con su salida.

199 BARCOZY, S. y WILKINSON, T. *Incentivising Angels... Op. Cit.* pág. 3

200 En consonancia con su carácter formal, SECO BENEDICTO, M., *Capital riesgo y financiación de pymes,* EOI, 2008 pág. 15 destaca también la tendencia al asociacionismo de tales entidades que realizan estadísticas y señalan la evolución del sector.

201 Así, MARTÍNEZ-ECHEVARRÍA GARCÍA DUEÑAS, A., "Las Sociedades Gestoras de Entidades de Capital-Riesgo: su ámbito operativo y sus funciones" *El Capital Riesgo: Su Operativa* (Dir.) Martínez-Echevarría Dueñas. Cizur Menor, Aranzadi, 2012. Sobre el régimen fiscal de las ECR, ver GUERREIRO, L., "el marco fiscal del capital-riesgo español"en *Anuario de Capital Riesgo,* Madrid, 2015 págs. 51 y ss.

se a la regulación propia de las instituciones de inversión colectiva. Es un grupo heterogéneo que comprende una pluralidad de actores con notables diferencias entre sí. De este modo, el inversor informal engloba tanto a personas presumiblemente inexpertas como los familiares o amigos de quien inicia el proyecto emprendedor —*"family, friends & fools"*—, como a los llamados "ángeles inversores" —más común, en su versión anglosajona, *"business angels"*— que sí son profesionales que invierten sus propios fondos —cuantitativamente inferiores, por lo general, que los que aporta el CR formal— en empresas innovadoras, mayoritariamente de su región, a las que, además, prestan asesoramiento activo. Igualmente, de forma similar a los *business angels* —en cierta medida, los reemplazan[202]—, dentro del capital riesgo informal, en los últimos años ha aumentado notablemente la presencia de incubadoras y aceleradoras de *start-ups,* que son organizaciones que invierten un capital semilla en ellas e impulsan su desarrollo en las primeras fases con asesoramiento continuo —*"mentoring"*— e, incluso, les proporcionan, en ocasiones, el espacio físico para que lleven a cabo el proyecto[203].

Otro ejemplo de capital riesgo informal, también relativamente reciente, son las plataformas de inversión participativa o *"equity crowdfunding"*[204]. Tales plataformas canalizan una pluralidad de aportaciones de pequeños inversores para la financiación de proyectos empresariales que requieren de capital para su desarrollo. Pero, a diferencia del *"crowdfunding"* tradicional, la finalidad no es tanto el apoyo a un determinado proyecto para la obtención del producto —*"reward-crowdfunding"*—, como la inversión en una compañía —emergente o no[205]— de la que el aportante adquiere la condición de socio y pretende, como es lógico, su participación en los beneficios. Ello es posible gracias plataformas *online* que sirven de punto de encuentro entre los pro-

202 En este sentido, ROBERTS, R. *Acceleration... Op. Cit.* Pág. 1760 afirma que tales entidades sustituyen, en cierta medida, la labor tanto de los familiares y amigos como de los ángeles inversores.

203 Sirva como ejemplo, en España, la compañía Lanzadera SLU o SeedRocket.

204 Un análisis de tales plataformas en MARTÍNEZ-ECHEVARRÍA GARCÍA DUEÑAS, A. y DEL CASTILLO IONOV, R., "Las plataformas de financiación participativa como operadores de capital-riesgo informal. Problemas causados por la información asimétrica en el análisis de riesgos y retribución del equipo gestor" en *Anuario de Capital Riesgo*, Madrid, 2017 págs. 279 y ss.

205 También es posible que estas plataformas sirvan a la financiación de empresas consolidadas. Sirva de ejemplo la ronda de *"equity crowdfunding"* realizada por una compañía cervecera fundada en 2006, con unos beneficios, el ejercicio anterior al *crowdfunding* de un millón de euros, y que buscaba financiación para ampliar su planta de producción y con ello, el negocio. Disponible en https://www.webcapitalriesgo.com/dougalls-cierra-la-mayor-ronda-de-equity-crowdfunding-en-espana-de-e12m-a-traves-de-fellow-funders/

motores del proyecto que buscan financiación y una pluralidad de inversores —*"crowd"*— que de otro modo tendrían más dificultades para la participación en sociedades no cotizadas. A diferencia de los demás ejemplos de capital riesgo informal, el *"equity crowdfunding"* en tanto en cuanto está destinado a pequeños inversores particulares no necesariamente profesionales, es una actividad regulada por la Ley 5/2015, de 5 de abril, de fomento de la financiación empresarial, que establece el régimen jurídico aplicable a las plataformas de financiación participativa.

La inversión por el capital riesgo formal o informal, no es una cuestión alternativa, sino que ambos inversores son, en muchos casos, perfectamente complementarios y necesarios. En este sentido, mientras el capital-riesgo informal resulta fundamental en la financiación de las fases más iniciales, como la fase semilla —*"seed stage"*— o de arranque —*"startup stage"*—[206], el inversor formal está más presente en fases posteriores, como la de capital desarrollo o expansión —*"growth capital"*—.

De hecho, uno de los problemas principales que afrontan las *startup* es el aumento de rango, esto es, la escala de una fase temprana a la fase de desarrollo, y ello tanto por la escasez de recursos propios en dicho momento como por la falta de inversores. Tal circunstancia, conocida como *"equity gap"* comprende, por lo general, cantidades que oscilan entre el medio y el millón de euros, cifras que resultan muy elevadas para el capital riesgo informal[207] y, al mismo tiempo, son muy bajas para las entidades de capital riesgo[208] cuyas inversiones habitualmente superan los tres millones. Precisamente, que las *startup* salven tal obstáculo y obtengan la financiación necesaria para su desarrollo es uno de los objetivos principales de los poderes públicos,

206 LARS, A., *Venture Capital in German and U.S Difference and the Influence of Culture* Hamburg, Diplom 2009 pág. 8 señala que también es posible que en dicha fase tenga lugar la primera ronda de financiación en la que participe un inversor formal.

207 Según MASON, M., "Informal Sources of Venture Finance", 2006 pág. 14 disponible en https://strathprints.strath.ac.uk/15925/1/Informal_Sources_of_Venture_Finance.doc. los *"business angels"*, por sí mismos o en redes, invierten, por lo general, hasta 100.000 libras y, ocasionalmente, hasta 200.000.

208 Señala COOKE, D. J. *Private equity: Law.. Op. Cit.* pág. 5 que las entidades de capital riesgo tienen, principalmente, dos problemas con respecto a tales inversiones: en primer lugar, que las empresas *target* a menudo carecen de los recursos financieros o de gestión para soportar cambios adversos en el comercio; en segundo, por los costes de transacción asociados a inversiones inferiores a dichas cantidades. En tales operaciones, el coste de los asesores profesionales a menudo representará más del 10 por ciento de los fondos de inversión recaudados.

habida cuenta del evidente impacto positivo que tienen en la economía[209]. Para ello, por un lado, llevan a cabo determinadas iniciativas tanto a nivel europeo —por ejemplo, el programa COSME[210]— como nacional —entre otros, FOND-ICOpyme[211]— mediante la asignación de recursos públicos[212]; y, por otro, con mayor o menor fortuna, a través de una legislación que sirva a un marco jurídico favorable para que el capital privado invierta en dicho rango donde las compañías encuentran mayores problemas para financiarse —a tal fin sirven, *a priori*, los fondos europeos FESE y FCRE o, en España, las ECR-Pymes—.

En el presente trabajo, de forma coherente con el orden cronológico de inversión, se hará, en primer lugar, referencia al capital riesgo informal y, en segundo lugar, a las entidades de capital riesgo formal.

1. El capital riesgo informal

El capital riesgo informal, como su propio nombre indica, puede definirse por contraposición con el capital riesgo formal, como aquel no sujeto a los estrictos requisitos de dichas entidades[213] y que, por tanto, gozan de una mayor libertad contractual.

Comprende una categoría amplia de inversores muy variados: personas físicas o jurídicas, esporádicos o profesionales, con aportaciones reducidas o significativas, exclusivamente de capital o con elementos accesorios (instalaciones, asesoramiento, redes de contactos...), entre otros criterios. Ello

209 Sobre la intervención pública en la financiación de startups, ver DE LOS RÍOS SASTRE, S., RODRÍGUEZ GARCÍA, I. y SÁENZ-DÍEZ ROJAS, R., "El sector de capital riesgo europeo y la intervención pública: introducción a las iniciativas estatales en España" en *Anuario de Capital Riesgo*, 2015 págs. 163-178

210 El programa COSME (*"Competitiveness of Enterprises and Small and Medium-sized Enterprises"*) tiene un presupuesto de más de 1.300 millones de euros que facilitan el acceso a préstamos y financiación de capital para PYMES donde se han identificado*"equity gaps"*. Más información en https://ec.europa.eu/growth/access-to-finance/cosme-financial-instruments_en

211 Este fondo tiene por objeto la financiación de las pymes españolas que, superadas las primeras fases de implantación, estén en fase de crecimiento. Más información disponible en https://www.ico.es/web/ico/fond-ico-pyme

212 No siempre a través de la inversión en la sociedad, sino también mediante la concesión de préstamos, asistencia profesional, etc. En este sentido, ver BARCOZY, S. y WILKINSON, T. *Incentivising Angels... Op. Cit.* pág. 4

213 Sin afán de exhaustividad, no están sujetos a supervisión por la CNMV, no hay mayor regulación de conflicto de interés que la propia de la normativa del tipo social elegido (ad. ex. art. 229 LSC), tampoco hay obligación de diversificación de las inversiones...

no obstante, en la práctica, suelen agruparse en cuatro tipos de actores. En primer lugar, por proximidad o vínculo con los fundadores, el grupo de "familiares, amigos y tontos" —traducción literal de la expresión anglosajona—. En segundo, los ángeles inversores —*"business angels"*— que, como profesionales, tienen mayores conocimientos del ecosistema emprendedor. En tercero, las aceleradoras e incubadoras, como organizaciones destinadas al crecimiento de las *startup*. Y, en cuarto lugar, las plataformas de financiación en masa o *crowdfunding* que, por su vocación para la captación de recursos de múltiples individuos a través de internet, sí están sometidas a una regulación específica.

Según un informe, el capital riesgo informal en España en 2021 alcanzó su máximo histórico con doscientos treinta y siete millones de euros invertidos en *startups*[214].

1.1. Familia, amigos y tontos —"Family, friends and fools"—

Los primeros inversores que asisten al emprendedor en la fase inicial mediante la aportación del primer capital o "capital semilla", tanto por afinidad como por cercanía son sus familiares y amigos[215]. Conocidos en el *argot*, por influencia anglosajona, como las "tres efes" —*"Family, Friends & Fools"*— dichos sujetos representan el capital más informal de todos pues el motivo de fondo que subyace principalmente a la inversión en estos casos no es la profesionalidad del inversor o la rentabilidad de la operación, sino los vínculos emocionales que les unen al fundador de la *"startup"* para que tenga un mínimo capital con el que comience su negocio. Ello no obstante, precisamente por la relación existente entre los fundadores e inversores, hay quienes consideran que el recurso a tal forma de financiación debe valorarse en último término, cuando no exista más alternativa, debido a que, en ocasiones es posible que lleve aparejado un elevado coste personal[216].

214 Así consta en el informe "El Capital Riesgo Informal en España 2022" de Webcapitalriesgo, que señala la inversión de tal cantidad en cuatrocientos setenta y nueve operaciones. Informe disponible en https://www.webcapitalriesgo.com/download/el-capital-riesgo-informal-en-espana-2022/

215 En este sentido, ARUNDALE, K., *Raising Venture Capital Finance in Europe: A Practical Guide for Business Owners, Entrepreneurships and Investors*, London, Kogan Page 2007 pág. 120 Pág. 297 DE SCHRIJVER, S., "Belgium" *Global Venture Capital Transactions: A Practical Approach* (VVAA), The Netherlands, Kluwer Law, 2004 pág. 58

216 ARUNDALE, K., *Raising Venture Capital... Op. Cit.* Pág. 120 afirma que no es la opción ideal por el coste personal que conlleva si las cosas van mal. A modo de ejemplo, de forma muy gráfica, VOZIKIS, G. S., MESCON, T. S., FELDMAN, H. D. y LIGUORI, E. W., *Entrepreneurship:*

Tal inversión que acompaña a los fondos aportados por el propio emprendedor, aunque cuantitativamente no sea muy elevada —por lo general no superan los veinticinco mil euros—, resulta fundamental para la proyección de la idea de negocio. En este sentido, en la medida en que el negocio está todavía en una fase embrionaria, muy pocos inversores profesionales accederían a la financiación de una operación con un nivel de riesgo tan alto. Por ello, la finalidad principal de la inversión de los "tres efes" consiste en la elaboración de un modelo inicial del producto o servicio para que pueda presentarlo a inversores cualificados[217] —"*business angels*"—, de modo que tengan una base de información suficiente para que decidan si el negocio es escalable y el riesgo que conlleva, asumible[218].

En cualquier caso, dentro de esta clase de inversión es cada vez más relevante el recurso a la tercera de las posibilidades. Bajo el término de "*fools*" o "*foolhardy*"[219], cuya traducción equivaldría a imprudente, o en un sentido más coloquial, "pardillo", se hace referencia a un tercer inversor no profesional que, a diferencia del vínculo familiar o afectivo que tendrían los familiares o amigos —lo que, *a priori,* les exculparía de una inversión tan arriesgada— aportan capital porque creen en la viabilidad del negocio. Y ello es posible gracias a las recientes plataformas de "*equity crowdfunding*" que permiten a los emprendedores la captación de recursos de pequeños inversores sin experiencia, si su proyecto es capaz de convencerlos[220]. Precisamente, por los

Venture Initiation, Management and Development, New York, Routledge, 2014 pág. 181 lo califican como una "*no-win situation*" y no precisamente cuando las cosas van mal, sino al contrario, porque si las cosas van bien el retorno de la inversión puede que nunca les parezca suficiente, y los familiares y amigos empiecen sus conversaciones con el fundador con la "remember when I.... declaration".

217 LARS, A. *Venture Capital...Op. Cit.* pág. 7 afirma que el capital inicial sirve para tratar de demostrar la viabilidad de la idea.

218 SECO BENEDICTO, M. *Capital riesgo...Op. Cit.* Pág. 18 afirma que a medida que va avanzando hacia etapas de menor riesgo, van apareciendo los inversores profesionales —informales y formales-

219 Así, DE CASTRO, O., JUSTO, J. y MAYDEU OLIVARES, R., *La naturaleza del proceso emprendedor en España en el contexto internacional* Bilbao, Fundación BBVA, 2008 pág. 170

220 Los definen, VOZIKIS, G. S., MESCON, T. S., FELDMAN, H. D. y LIGUORI, E. W., *Entrepreneurship: Venture Initiation ... Op. Cit.* Pág. 181de modo contrario a los emprendedores, como "*contrapreneurs*", "*fools*" que invierten por motivaciones equivocadas, principalmente movidos por la codicia o avaricia pues consideran que pueden hacerse ricos rápidamente. También sobre la relación entre los "*fools*" y las plataformas de "*crowdfunding*" el artículo de la revista Forbes "Jump Into Crowdfunding? Don't Be A Greater Fool", 2013 disponible en https://www.forbes.com/sites/groupthink/2013/10/14/jump-into-crowdfunding-dont-be-a-greater-fool/#19573c474b91

riesgos presentes en tal escenario, dicha forma de financiación está regulada, entre otras motivaciones, por la debida protección del inversor.

1.2. Los ángeles inversores —"business angels"—

El segundo tipo de inversores del capital riesgo informal, tras las 3F, son los ángeles inversores, más conocidos por su denominación en lengua inglesa, como "*Business Angels*". Su importancia en el sector del capital riesgo anglosajón ha sido tal que, en el pasado, la expresión "capital ángel" era utilizada indistintamente con *"informal venture capital"*, como sinónimos, para referirse al mismo fenómeno, aunque paulatinamente derivó en la connotación actual, [221] que no es otra sino una clase más, aunque cuantitativa y cualitativamente fundamental[222], del capital riesgo informal.

El concepto de "*business angel*" comprende a aquellos inversores privados que dedican parte de su patrimonio a la financiación de *startups*, principalmente mediante la compra de acciones/participaciones, en una fase temprana de desarrollo —y por ende, también con un riesgo elevado—, a las que prestan, además asesoramiento, habida cuenta de su experiencia empresarial previa[223].

En consonancia con su carácter informal y a diferencia de las ECR, no están sujetos a una regulación específica pero, por los beneficios que conlleva su actividad de financiación al I+D español, la Ley 14/2013 de Apoyo a los Emprendedores y su Internacionalización, establece incentivos fiscales a tales inversiones. Y con el mismo fundamento, la Disposición Final tercera de la LFEEE, modificó la Ley 35/2006, de 28 de noviembre, del Impuesto sobre la Renta de las Personas Físicas y de modificación parcial de las leyes de los

---

221 LARS, A. *Venture Capital...Op. Cit.* pág. 3, quien, además, se refiere a dichos inversores como *"business angels"*, *"angel capital"* y *"angel investors"*

222 Según LANDSTROM H y.MASON C. M., *Handbook of Research on Business Angels* Reino Unido, Elgar, 2016 págs. 46-47 varios estudios sugieren que los ángeles inversores son la fuente de financiación externa de las *start-ups*. Sus inversiones completan el hueco en el que no invierten las entidades de capital riesgo y son responsables de la financiación de las empresas en sus fases iniciales.

223 La *European Business Angels Association* (EBAN) define a los ángeles inversores como "personas con un elevado patrimonio que invierten su propio dinero y ofrecen su experiencia empresarial o gestora en compañías no cotizadas con un gran potencial de desarrollo". Dispoible en http://www.eban.org/wp-content/uploads/2018/11/EBAN-Activity-Report-June-2017-June-2018.pdf pág. 77

Impuestos sobre Sociedades, sobre la Renta de no Residentes y sobre el Patrimonio que mejora la deducción fiscal de los ángeles inversores.

La bondad presupuesta en el término —ángel—, está vinculada a sus orígenes cuando, a principios del siglo pasado en Broadway, varios aficionados realizaron una inversión de alto riesgo y aportaron su capital ante la posibilidad de que dejaran de interpretarse determinadas obras de teatro[224]. Aunque es cierto que actualmente las inversiones de los ángeles no son tan vocacionales, no lo es menos que su participación en proyectos empresariales es valorada muy positivamente por los fundadores en comparación con la financiación prestada por otros inversores, porque además del capital, tiene un valor añadido basado en el conocimiento y la experiencia en el sector, por lo que hay quien considera dicha aportación como "capital inteligente"[225]. En este sentido, un perfil común de *"business angel"* es el de una persona que, como inversor o alto directivo ha tenido éxito en proyectos anteriores[226] y tiene interés en la participación de negocios similares por motivos que no quedan circunscritos, únicamente, a lo económico[227], sino que comprenden también su voluntad de implicarse en el plan de desarrollo con la aportación de su red de contactos o la realización de labores de asesoramiento o *"mentoring"*. Precisamente por ello, es habitual que formen parte del consejo de administración de la sociedad en la que invierten[228].

La aportación de su propio capital —y no el ajeno, con la responsabilidad que ello conlleva— junto al hecho de que conocen el sector en el que invierten, son los dos factores principales que determinan que los ángeles inversores tengan

224 LANDSTROM H y.MASON C. M. *Handbook of Research... Op. Cit.* pág. 2; VERONA MARTEL, M. C., GARCÍA CARDONA, M. y DÉNIZ MAYOR, J. J., "¿Son los business angels la solución a los problemas de financiación de las empresas en las primeras etapas de su vida?" *Criterio Libre, 11* 2018, pág. 175 remontan su origen a 1938 cuando Frederick Terman, profesor de la Univesidad de Stanford prestó quinientos dólares a dos de sus antiguos estudiantes, Bill Hewlett y Fred Packard para que comenzaran su negocio que, con el tiempo, se ha convertido en una de las compañías informáticas más famosas a nivel mundial.

225 Así, MARTÍNEZ GARCÍA, P. y GARCÍA ORTEGA, J. G. *Business Angels* La Coruña, 2010 pág. 38 señalan que su *know how* es la principal diferencia con los demás financiadores.

226 Según afirma SECO BENEDICTO, M. *Capital riesgo...Op. Cit.* Pág. la mayoría son hombres en torno a los cincuenta años y que han desarrollado funciones de dirección en otras empresas.

227 SCHMIDT, D., *Entrepreneur's choice between Venture Capitalist and Business Angel for Start-Up Financing* Hamburg, Anchor Academic Publishing, 2014 pág. 6 señala que les motiva involucrarse en empresas arriesgadas en las que presten su asesoramiento activo y su red de contactos.

228 COOKE, D. J., *Private equity: Law.. Op. Cit.* Pág. 5

una mayor tolerancia al riesgo que otros financiadores[229]. Por tanto, son fundamentales para el desarrollo de los proyectos en las fases tempranas —"*early-stage*"[230]—, y que la compañía supere el conocido como "valle de la muerte" —"*death valley*"—, esto es, el momento en que tiene un flujo de caja negativo, como algo frecuente en la mayoría de ellas[231].

Su participación es, sin duda, la fuente de financiación más importante para las empresas emergentes en sus primeras fases de desarrollo, con mucha diferencia con respecto al capital riesgo formal[232].

En cuanto a las cantidades que individualmente aportan, el rango general de dichos inversores comprende entre los 25.000 y los 250.000 €[233] y según datos recientes, en España, la inversión media fue de 37.600€[234]. La franja más común de inversión, de la que participan el 33% de inversores es la que oscila entre 25.000 y 50.000€. Y por su voluntad de implicarse personalmente en los proyectos, es común también que dichas inversiones tengan un alcance geográfico próximo a la ubicación del ángel inversor[235], si bien a través

229 Como señala McKASKILL, T. *An Introduction to Angel Investing* Australia, 2009 pág.6 estos inversores, por lo general invierten en uno o tres proyectos al año, lo que supone un 30% de los proyectos que valoran, frente al 1% del capital riesgo formal.Según el autor, el hecho de que tales cifras sean mayores se justifica porque las inversiones son económicamente más bajas, menos complejas y porque no tienen que justificar la inversión a nadie en la medida en que invierten su propio patrimonio.

230 SCHEELA, W., ISIDRO, E. JITTRAPANUN, I. y THI THU TRANG, N., "Formal and informal venture capital investing in emerging economies in Southeast Asia" *Asia Pacific Journal of Management* vol 32, 2015 pág. 600; LARS, A. *Venture Capital...Op. Cit.* pág.8

231 BURNS, P., *Entrepreneurship and Small Business: Start-up. Growth and Maturity* London, Bloomsbury Academic, 2011 pág. 223

232 SCHMIDT, D., *Entrepreneur's choice ...Op. Cit.* pág. 6 afirma que la inversion anual es cercana a los 30 billones de dólares. VOZIKIS, G. S., MESCON, T. S., FELDMAN, H. D. y LIGUORI, E. W., *Entrepreneurship: Venture Initiation...Op. Cit.* pág. 192

233 En este sentido, JESCH, T. A., *Private-Equity-Beteiligungen: wirtschaftliche, rechtliche und steuerliche Rahmenbedingungen aus Investorensicht* Berlin, Springer, 2004 pág. 29; BURNS, P. *Entrepreneurship and Small Business...Op. Cit,* pág. 271 afirma que el rango oscila entre 10.000 y 250.000 libras; Según el informe de la web El Capital Riesgo "El Capital Riesgo Informal en España 2019" disponible en https://www.webcapitalriesgo.com/download/el-capital-riesgo-informal-en-espana-2019/ el 54% de las inversions de capital riesgo informal no superaron los 100.000€.

234 Datos del informe de la Asociación Española de Business Angels (AEBAN)de 2019. Disponible en https://www.aeban.es/web/informes-aeban/

235 SECO BENEDICTO, M. *Capital riesgo...Op. Cit.* Pág. 91; SCHMIDT, D. *Entrepreneur's choice ... Op. Cit,.* pág. 6; JESCH, T. A. *Private-Equity-Beteiligungen... Op. Cit.* pág. 29 va más allá y circunscribe la inversión a un radio cercano a los cien kilómetros. BURNS, P. *Entrepreneurship and Small... Op. Cit.* pág. 271 lo cifra en cien millas.

de las redes y las plataformas emergentes de financiación, dicho rasgo ya no es tan definitorio de esta clase de inversores.

Ello no obstante, para que la *startup* supere el *"equity gap"* y encuentre financiación suficiente no basta, por lo general, con un solo inversor de capital riesgo informal, sino que es necesaria la coinversión de varios de ellos[236]. Y, a su vez, habida cuenta del riesgo existente, hay una tendencia cada vez mayor a la diversificación de las inversiones de tipo ángel con tickets no muy elevados —la mayoría, inferiores a los 25.000€[237]—.

La canalización de la inversión colectiva tiene lugar a través de las redes de ángeles inversores —conocidas como *"business angels network"* o, por su acrónimo, *"BAN"*— que sirven de punto de encuentro entre ellos y los emprendedores. En España, en línea con las políticas europeas, cada vez es más común la cooperación entre ángeles inversores, a través de la creación de redes que aumentan la oferta de proyectos y facilitan los acuerdos de inversión[238]. Y, a su vez, desde 2008 una gran parte de tales redes son miembros de la Asociación de redes de Business Angels de España (AEBAN), presente en la mayoría de las Comunidades Autónomas y que, igualmente, forma parte de la red europea de ángeles inversores (EBAN)[239], que cuenta con más de doscientos asociados[240].

Además de como espacio común, dichas redes —y asociaciones de redes—, en la medida en que tienen una cierta estructura o actúan de forma sindicada, ofrecen servicios de asesoramiento y formación, organizan actividades que sirven a la difusión del capital riesgo informal y buscan la obtención de ayudas públicas para el propio fortalecimiento y profesionalización de la red[241].

---

236 ROBERTS, R. *Acceleration... Op. Cit.* Pág. 1758cifra la posible inversión en un millón de dólares si tiene lugar en grupo.

237 Según el informe señalado en la nota superior, el 48% de los tickets eran inferiores a dicha cantidad.

238 MARTÍNEZ GARCÍA, P. y GARCÍA ORTEGA, J. G. *Business Angels ... Op. Cit.* Pág. 47 afirman que cada vez es más infrecuente que los ángeles inversores realicen sus inversiones al margen de una red.

239 En Estados Unidos y Canadá, la Angel Capital Association (ACA) cuenta con 275 redes de ángeles y más de 14.000 ángeles inversores. Más información en https://www.angelcapitalassociation.org/

240 Según datos de la propia organización en 2018. Disponibles en http://www.eban.org/wp-content/uploads/2018/11/EBAN-Activity-Report-June-2017-June-2018.pdf

241 En estos términos se expresa el Programa de Impulso a las Redes de Business Angels del Ministerio de Industria, Comercio y Turismo. Disponible en http://www.ipyme.org/es-ES/Financiacion/RedesBusinessAngels/Paginas/ImpulsoRedesBusinessAngels.aspx

1.3. *Aceleradoras e incubadoras*

Aunque los inversores citados capitalizan buena parte de la inversión en la primera etapa, desde hace aproximadamente diez años es cada vez más frecuente que los socios fundadores busquen la participación de un novedoso tipo de inversor que, además de un capital inicial, ofrecen una estructura específicamente diseñada para su desarrollo.

Dichos socios, a diferencia de los anteriormente señalados, son personas jurídicas que están orientadas a la selección de negocios en una fase inicial o temprana de crecimiento y que son potencialmente escalables. Por influencia del modelo anglosajón, tales instituciones proceden, por lo general, bien de la voluntad de uno o varios *business angels* de dedicarse a la inversión de una manera estable a través de una sociedad de capital específicamente prevista para tal fin[242], o bien por el interés de grandes compañías en la diversificación de su negocio y la dedicación de parte de sus recursos a la inversión en proyectos innovadores por medio de una "aceleradora corporativa"[243]. Igualmente, habida cuenta del impacto positivo que tienen las *startups* tanto para el empleo como la economía de las regiones en las que se localizan, también es posible que la entidad que incentive el emprendimiento tenga fondos públicos. Dichas iniciativas son comunes desde los gobiernos autonómicos[244] y desde las universidades[245].

Tales entidades son conocidas como "incubadoras" o "aceleradoras" y pueden definirse como sociedades, en su mayoría con ánimo de lucro, dedicadas a la selección y desarrollo de proyectos empresariales de terceros, generalmente —pero no solo— tecnológicos, mediante la aportación de recursos económicos así como de otros servicios técnicos complementarios como formación, asesoramiento, cesión de instalaciones y medio materiales o búsqueda de financiación entre sus redes de contactos.

Aunque en ocasiones utilicen dichos términos como sinónimos, existen ciertas diferencias entre ellas. En este sentido, mientras que las incubadoras están

242 Sirva a modo de ejemplo, una de las aceleradoras de mayor éxito en nuestro país, Conector Startups Accelerator, S.L que ha impulsado negocios como "wallapop" o "glovoo".

243 Como muestra de aceleradoras corporativas, puede citarse "Wayra", impulsada por Telefónica en 2011 o Caser Aceleradora en 2015.

244 En este sentido, véase el programa Minerva en el que participa la Junta de Andalucía junto con Vodafone. Más información en https://www.programaminerva.es/

245 Por ejemplo, El proyecto en el que participa la Universidad de Alicante y Telefónica, denominado "Alicante Open Future". Más información en https://www.openfuture.org/hubs/el-atico. También, en Madrid, la fundación Parque Científico. Disponible en https://fpcm.es/

destinadas a sociedades o, incluso, empresarios individuales, que todavía no han puesto en práctica su idea innovadora, las aceleradoras tienen por objeto el desarrollo de un proyecto más avanzado con la finalidad de que aumente su escala ya que invierten en un producto viable mínimo —*minimum viable product (MVP)*—[246]. Por consiguiente, su diferencia principal consiste en que ambas entidades participan en estadios diferentes de madurez del negocio.

Otra diferencia relevante entre ambas es la relativa al tiempo que dedican para el desarrollo del negocio. Las aceleradoras, como su propio nombre indica, tienen unos plazos mucho más cortos que las incubadoras para el desarrollo del proyecto, ya que de forma intensiva, en un periodo aproximado de varias semanas a tres o cuatro meses[247], mediante programas de duración y contenido específico, pretenden que el modelo de negocio esté listo para que sea rentable en el mercado. Por el contrario, las incubadoras tienen plazos más largos, incluso superiores al año[248], pues comienzan prácticamente desde cero, hasta que el modelo de negocio está listo para presentarlo a los inversores.

También varía la forma en que la compañía recibe la formación o el *mentoring*. Mientras en las incubadoras, por el estado tan inicial en el que reciben el proyecto, es común que lo supervisen en sus instalaciones —en muchos casos cuentan con "viveros de empresas", que son espacios dedicados expresamente al desarrollo de tales negocios—, las aceleradoras también ofrecen su asesoramiento a distancia, de forma *online* y con reuniones programadas.

E, igualmente, aunque existen excepciones, presenta diferencias la financiación aportada por unas y otras. En las aceleradoras predomina la inversión directa en la compañía de cantidades que oscilan entre los diez mil y los cincuenta mil euros, a cambio de un porcentaje minoritario de acciones o participaciones —si bien, también es posible que recurran a préstamos convertibles—. Las aportaciones de las incubadoras, sin embargo, son más variables e, incluso, es posible que no comprendan financiación alguna y se limiten únicamente a los servicios citados. En el caso de que prevean fondos,

---

246 Como señala, gráficamente, FORREST, C., "Accelerators vs. incubators: What startups need to know" 2018, disponible en https://www.techrepublic.com/article/accelerators-vs-incubators-what-startups-need-to-know/ "Si un aceleradora es un invernadero para que las plantas jóvenes obtengan las condiciones óptimas para crecer, una incubadora combina semillas de calidad con el mejor suelo para la germinación y el crecimiento". Para más información sobre la teoría del *mínimum product viable (MVP)* se recomienda la lectura del método de RIES, E. The *Lean Startup*, New York, 2011.

247 ROBERTS, R. *Acceleration... Op. Cit.* Pág.1769 hace referencia a programas de doce semanas.

248 En este sentido, BARCOZY, S. y WILKINSON, T. *Incentivising Angels... Op. Cit.* pág. 54

normalmente inferiores a los anteriores, es común que no reciban acciones o participaciones como contraprestación —*equity free seed capital*— y en el supuesto de que las suscriban o asuman, por lo general es por porcentajes inferiores al de las aceleradoras —un 5% frente al 10%—.

En cuanto al modo de selección de las compañías *target,* aunque es relativamente sencilla la presentación de proyectos a través de sus páginas web, los procesos son altamente competitivos, con un número limitado de inversiones por cada programa. Una vez seleccionados, las entidades financian su iniciación o desarrollo, según el caso, les prestan el asesoramiento debido mediante sus programas de tutorización y les ayudan en la búsqueda de capital, para lo cual organizan, finalizada su formación, un encuentro con posibles inversores de capital riesgo tanto formal como informal —*demo day*— que pone fin al programa. Ello no obstante, la terminación del programa no implica que finalice la relación entre la aceleradora y la compañía, pues es posible que la primera retenga parte de su capital o se reserve derechos de adquisición preferente en rondas de financiación posteriores[249].

1.4. Plataformas de financiación participativa —"Equity Crowdfunding"—

Otra forma de inversión estrechamente ligada a las *startup* es la que tiene lugar a través de las plataformas de financiación participativa o de *crowdfunding*. Aunque en su origen remoto la nota diferencial de dicho contrato frente a otras fuentes de financiación era la participación masiva de inverso-

249 A modo de ejemplo, las bases del programa de aceleración de la firma de abogados Cuatrecasas, prevé un derecho de suscripción preferente en los siguientes términos: "Los proyectos seleccionados, en el momento de la firma del contrato que regulará su participación en el programa, concederán a favor de Cuatrecasas el derecho a participar en las rondas de financiación del proyecto que se celebren durante el programa de aceleración y durante los tres años siguientes a la finalización de la participación del proyecto en el programa Cuatrecasas Acelera. Cuatrecasas podrá suscribir participaciones o acciones del proyecto en dichas rondas de financiación con carácter preferente a otros inversores hasta alcanzar un porcentaje máximo de participación en el proyecto del 10% del capital social. Cuatrecasas podrá ejercitar este derecho de suscripción preferente en las mismas condiciones económicas y con los mismos derechos que los inversores que lideren cada una de las rondas de financiación, sin gozar de ninguna tasa de descuento ni bonificación. En el supuesto de que este derecho entrara en colisión con los derechos de adquisición preferente otorgados por el proyecto seleccionado a otros inversores que hubieran invertido en una ronda de financiación previa al programa de aceleración, Cuatrecasas se compromete a revisar este derecho para que pueda ser compatible con los derechos de adquisición ya otorgados a otros inversores" Más información en https://acelera.cuatrecasas.com/wp-content/uploads/2018/06/Bases-Convocatoria-2018-III-Ed-ESP-final0506.pdf

res o donantes[250], la expansión del *crowdfunding* y su éxito actual no puede entenderse sin los avances tecnológicos y la economía de plataformas[251]. En este sentido, de forma paralela al crecimiento de las *startup* e, incluso, como palanca de impulso de tales compañías, el *crowdfunding* ha permitido la capitalización de múltiples proyectos, especialmente de pequeñas y medianas empresas innovadoras que, por las últimas crisis económicas, encontraban serias dificultades para la captación de recursos a través de los canales tradicionales[252]. En cierta medida, si la *startup* tiene por objeto la respuesta a una necesidad no cubierta en el mercado, las plataformas de *crowdfunding* han surgido, en no pocas ocasiones, como solución a los problemas de financiación de las *startup*[253]. Concretamente, son especialmente útiles en el lapso que media entre la inversión subjetiva y territorialmente más próxima —las tres "efes" o ángeles inversores de la región— y la propia de los inversores de capital riesgo formal, esto es, en la fase semilla o *seed*. Además, el elevado nivel de incertidumbre del proyecto lo soporta mejor una pluralidad de inversores que diversifican sus aportaciones, cuantitativamente menores, que los operadores tradicionales que invierten cantidades mayores, pero en estadios de menor riesgo o en compañías más consolidadas[254].

250 Señalan ZHANG, Y., et. al. *Financing from masses, Crowdfunding in China,* Singapore, Springer, 2018 pág. 2 como uno de los primeros casos conocidos de *crowdfunding,* a comienzos del siglo XVIII la petición del poeta inglés Alexander Pope que pedía a cada suscriptor dos Guineas (antigua moneda inglesa) para completar la traducción de las obras de Homero y a cambio se comprometía a reflejar la identidad de los donantes en los agradecimientos. Finalmente consiguió la participación de más de quinientas personas y recaudó cuatro mil Guineas para tal fin.

251 Sobre el valor esencial de internet en el significado actual del crowdfunding, MORENO SERRANO, E., "Configuración jurídica del Crowdfunding como forma alternativa de financiación" *Crowdfunding: Aspectos legales* (Coords.) Moreno Serrano y Cazorla González-Serrano, Cizur Menor, Aranzadi, 2016 consultado en https://proview.thomsonreuters.com/ Apuntan GONZÁLEZ CABRERA, I. y FONTICIELLA HERNÁNDEZ, B., "Crowdfunding y la protección del inversor no acreditado"*La Ley Mercantil* n.º49, 2018 consultado en www.smarteca.es pág. 2/18 también, como factor de índole social, la tendencia a la creación de comunidades virtuales.

252 Como uno de los ejemplos más recurrentes de compañías que acudieron a esta vía de financiación, sirva el caso de Glovo que recaudó más de 450.000 en 2018 Más info en https://www.upbizor.com/inversion-privada/crowdfunding-espana

253 Hace referencia a la importancia de tales plataformas para superar el *gap* de financiación DE LAS HERAS BALLEL, T., "Las plataformas de financiación participativa (*crowdfunding*) en el Proyecto de Ley de Fomento de la Financiación Empresarial: Concepto y funciones" *Revista de Derecho del Mercado de Valores,* n.º15, 2014 consultado en www.smarteca.es pág. 2/18. También, FLORES SEGURA, M., "La protección de los inversores en las operaciones de crowdlending" *Revista CEF Legal,* n.º202, 2019 pág. 10

254 En este sentido, NOVAL PATO, J., "Principios básicos de la regulación del *equity crowdfunding" RdM* n.º310, 2018 pág. 166

Por lo que a su concepto hace referencia, el *crowdfunding* puede definirse como una operación de financiación por una multitud de personas —literalmente, "masa"[255]— que, a través de una plataforma de intermediación que opera en internet, aportan su capital para la materialización de un determinado proyecto en el que tienen un interés particular. Por consiguiente, en todo *crowdfunding* puede advertirse una terna de sujetos intervinientes: el destinatario de los fondos que tiene un proyecto necesitado de financiación, los individuos que realizan sus aportaciones para el crecimiento de dicho proyecto y la plataforma informática que sirve de punto de encuentro entre ellos.

Además, en función del concreto tipo de financiación participativa existen otras notas caracterizadoras que determinan el régimen legalmente aplicable. En este sentido, puede distinguirse dos categorías en función de si tienen o no una finalidad lucrativa.

En cuanto a los que carecen de *animus lucrandi*, puede señalarse el *crowdfunding* de donación, en la que los financiadores lo hacen de forma altruista, sin contraprestación alguna y el *crowdfunding* de recompensa —*"reward crowdfunding"* donde la participación económica sí encuentra un retorno en forma de bien o servicio —por ejemplo, una entrada para un concierto del grupo de música cuyo último álbum ha sido editado gracias a la colaboración de sus fans—[256].

Con respecto a la financiación participativa con fines lucrativos, es posible la celebración de un crowdfunding de préstamo o *"crowdlending"* que difiere de los anteriores en la medida en que la financiación tiene lugar con cargo a deuda de modo que el destinatario de los fondos queda obligado a la obligación del principal con intereses[257], por lo que, en puridad, no tendría la consideración de socio inversor. Y, por lo que aquí interesa, el *crowdfunding* de inversión o *"equity crowdfunding"* que tiene por objeto la participación en el capital social de la compañía *target,* por lo general una *startup* que, en su condición de promotor del proyecto, ofrece parte de sus acciones o participaciones —rondas de financiación— a los inversores a través de una plataforma digital con la expectativa de que obtendrán un retorno económico superior a

255 Sirva, también, el concepto de "multifinanciación" que aporta en uno de los primeros trabajos sobre la materia GIMENO RIBES, M., "Aproximación a la naturaleza jurídica del Crowdfunding" *RdM,* n.º310, 2014 pág. 454

256 Menciona tal ejemplo ÁLVAREZ ROYO-VILLANOVA, S., "El equity crowdfunding o financiación en masa de inversión: importancia, problemas y opciones en su regulación" *Cuadernos de Derecho y Comercio,* n.º61, 2014 pág. 18

257 Aunque también existen préstamos P2P en los que los financiadores mediante crédito renuncian al cobro de intereses (*social lending*).

su aportación ya sea mediante beneficios o especialmente en la fase de *exit* con la venta de sus cuotas por un precio superior al de adquisición[258].

Tanto la financiación participativa de crédito como la de inversión quedan sujetos a lo previsto en el Reglamento (UE) 2020/1503 del Parlamento Europeo y del Consejo, de 7 de octubre de 2020, relativo a los proveedores europeos de servicios de financiación participativa para empresas, y por el que se modifican el Reglamento (UE) 2017/1129 y la Directiva (UE) 2019/1937 y a lo dispuesto en la Ley 5/2015, de 27 de abril, de fomento de la financiación empresarial, recientemente modificada por la Ley 18/2022, de 28 de septiembre, de creación y crecimiento de empresas, que adapta este mecanismo de financiación a lo previsto en el marco jurídico comunitario.

La financiación participativa permite la inversión de particulares en *startups* sin la necesaria intervención de las entidades de capital riesgo formal que, por lo general, no están enfocadas a pequeños inversores y normalmente postergan su entrada en el capital social cuando el proyecto está más consolidado. Por consiguiente, se trata de una forma de desintermediación financiera, con menores costes de transacción[259]. Aunque la regulación no es tan intensa como la que afecta a las entidades de capital riesgo, no es una actividad desregulada y pese a que es innegable la asunción de un nivel de riesgo elevado, existen ciertas normas de control e información tendentes a la protección de los inversores[260].

En relación con las plataformas de financiación, tras la reforma operada por la Ley "crea y crece", la mayor parte de su régimen jurídico queda, por remisión, comprendido en el citado Reglamento (UE) 2020/1503. Ello no obstante, por las dificultades de los proveedores de tales servicios de financiación participativa para la adaptación de su actividad a lo dispuesto en la norma europea, existe un periodo transitorio, en principio hasta noviembre de 2023, en el que conviven dos tipos de plataformas de financiación participativa: las no armonizadas y las armonizadas.

258 PÉREZ MUÑOZ, A. F., "Crowdfunding en Europa; entre la fragmentación y la unidad de mercado" *Revista de Derecho del Mercado de Valores,* n.º22, 2018 consultado en www.smarteca.es pág. 7/25

259 RODRÍGUEZ MARTÍNEZ, I., "El servicio de mediación electrónica de las plataformas de financiación participativas" *RdBB* n.º149, 2018 pág.222. También, ÁLVAREZ ROYO-VILLANOVA, S., "El equity crowdfunding..." *Op. Cit.* pág. 24

260 Recuerda el riesgo de fraude en las inversiones a través de *crowdfunding* por la ausencia de una entidad de control y la dependencia de la autenticidad de la oferta a la labor de las plataformas GALACHO ABOLAFIO, A., "Crowdfunding y shadow banking: plataformas de financiación participativa (PFPS) y la protección de los inversores" *RdBB* n.º145, 2017 págs. 184 y ss.

Las primeras, tienen su objeto limitado a la financiación de consumidores en el sentido del artículo 2.1 de la Ley 16/2011, de 24 de junio[261], de contratos de crédito al consumo o de ofertas de financiación participativa intermediadas con un importe superior a los cinco millones de euros y tienen vedada la prestación de servicios de forma transfronteriza, cuestión sobre la que, además, informarán a sus clientes tal y como señala el artículo 55 LFFE que establece su régimen jurídico[262].

Las segundas, por el contrario, son las que cuentan con un "pasaporte europeo" y están habilitadas para la financiación de proyectos transfronterizos. Para ello, es preciso que tengan una autorización de algún Estado miembro de la Unión Europea o, en el caso de España, que soliciten la autorización a la CNMV tal y como señala el art. 47 LFFE[263]. Igualmente, para una mayor transparencia y publicidad de tales plataformas, es obligatoria su inscripción en el registro correspondiente de la CNMV en el que, según dispone el art. 48 LFFE, constarán los datos actualizados de la denominación social, dirección de dominio de Internet y domicilio social de la plataforma de financiación participativa, así como la identidad de los administradores y una relación de los socios con participación significativa. En cualquier caso, en aras a la tutela de los inversores, la normativa distingue entre su condición de experimentado o no experimentado y prevé sistemas de información y control en atención a sus conocimientos y a la cuantía de su participación[264] así como la elaboración de completas fichas con los datos fundamentales de la inversión. Además, regula también la conducta del órgano de dirección de los provee-

261 Según la citada norma "se entenderá por consumidor la persona física que, en las relaciones contractuales reguladas por esta Ley, actúa con fines que están al margen de su actividad comercial o profesional".

262 Analiza el régimen de las plataformas de financiación no participativas tras la reforma operada por la Ley 18/2022, PALÁ LAGUNA, R., "Nuevo régimen para las plataformas de financiación participativas no armonizadas" Octubre, 2022 disponible en https://www.ga-p.com/publicaciones/nuevo-regimen-para-las-plataformas-de-financiacion-participativas-no-armonizadas/

263 Puede consultarse las plataformas de financiación participativa en https://www.cnmv.es/portal/Consultas/Plataforma/Financiacion-Participativa-Listado.aspx

264 A modo de ejemplo, el art. 21.7 del Reglamento (UE) 2020/1503 en el caso de que un inversor no experimentado acepte una oferta de financiación participativa superior a mil euros o al cinco por ciento de su riqueza, el proveedor garantizará que dicho inversor reciba una advertencia de riesgo, le manifieste su consentimiento expreso y le demuestre que entiende la inversión y sus riesgos. El art. 21 señala que las plataformas de financiación evaluarán los conocimientos de los inversores y el art. 22 prevé un periodo de reflexión precontractual.

dores con el fin de que lleven a cabo una gestión eficaz, prudente, diligente y que evite situaciones de conflicto de interés[265].

En caso de incumplimiento de las obligaciones o de las prohibiciones previstas en el Reglamento Europeo, el art. 54 LFFE contiene un elenco de sanciones en función de su gravedad que son aplicables tanto a las plataformas de financiación participativa armonizadas como a las no armonizadas.

En cuanto a los negocios jurídicos presentes en la actividad de las plataformas de financiación participativa, puede advertirse una relación triangular[266]. En primer lugar, la *startup* en búsqueda de financiación, en su condición de promotor celebra un contrato con la plataforma para que ofrezca a terceros la posibilidad de unirse a su proyecto. La plataforma analizará si la compañía cumple con los requisitos para la oferta de sus acciones o participaciones a través de internet[267] y en caso afirmativo suscribirán un contrato atípico, próximo al de mediación[268], que permitirá que ofrezca información sobre su proyecto a potenciales inversores. En segundo, tendrá lugar una oferta de suscripción de acciones o de asunción de participaciones a través de la plataforma a quien le corresponderá la presentación de la información con la debida trasparencia —ficha de datos fundamentales de la inversión, identificación de las comunicaciones publicitarias, etc.[269]—. Una vez aceptada la oferta por los usuarios de la plataforma, en tercer lugar, formalizarán electrónicamente el contrato de inversión con el promotor que comprenderá la suscripción de acciones o la asunción de participaciones, así como el pacto de socios[270]. Ello

265 Arts. 4, 5 y 8 del Reglamento (UE) 2020/1503. Como otras novedades introducidas en la normativa aplicable, son destacables, entre otras, el servicio de gestión individualizada de carteras de préstamos, la posible proposición de proyectos a los inversores en atención a los niveles de riesgo seleccionados o la agrupación de inversores a través de diversos mecanismos como, por ejemplo, la constitución de una sociedad de responsabilidad limitada.

266 Alude a la relación triangular GIMENO RIBES, M., "Aproximación a la naturaleza jurídica..." *Op. Cit.* pág. 455

267 Comprobará, entre otras cuestiones, la ausencia de antecedentes penales, que no está establecido en un país sospechoso a la luz de la normativa contra el blanqueo de capitales...

268 En este sentido GARCÍA PITA LASTRES, J. L., *Plataformas de financiación participativa y financial crowdfunding,* Valencia, Tirant lo Blanch, 2016 pág. 65 lo denomina contrato de mediación o corretaje "de financiación participativa en plataforma". También, CUENA CASAS, M., "La contratación de plataformas intermediarias en línea" *Cuadernos de Derecho Trasnacional* vol. 12, n.º2, 2020 pág. 328. RODRÍGUEZ MARTÍNEZ, I., "El servicio de mediación electrónica..." *Op. Cit.* págs.242-243

269 Vid. arts. 52 LFPP y arts. 23 y 27 del Reglamento (UE) 2020/1503.

270 Sobre la relevancia del pacto de socios para la protección del inversor que adquiere la condición de socio a través de las plataformas de financiación participativa, véase el trabajo de GONZÁLEZ CABRERA, I., "La relevancia de los pactos parasociales en el equity crowd-

no obstante, la materialización de la inversión admite, a su vez, varias opciones: la inversión directa, de modo que cada participante adquiera la condición de socio, la indirecta, que tiene lugar a través de la intervención de un representante legal, o una combinación de ambas que, tras una oferta de venta, permita la inversión directa solo a quienes superen una determinada cantidad[271]. La inversión indirecta, supone una modalidad eficiente de inversión en tanto que es un representante legal especializado quien ejercita los derechos de la "masa" —como el *nominee* de la plataforma *Crowdcube*[272]—. Dicha posibilidad, recuerda a la novedad legislativa que ha supuesto la nueva redacción del art. 56 LFPP modificado por la Ley "Crea y Crece" que prevé expresamente la posibilidad de que las citadas plataformas agrupen a los inversores a través de diversos mecanismos como una sociedad de responsabilidad limitada cuya única actividad consista en la tenencia de las participaciones.

Por consiguiente, a través de tales plataformas de *crowdfunding* es posible la inversión en *startups* independientemente de su condición de anónimas o sociedades de responsabilidad limitada. Ello tiene especial trascendencia en el caso de las segundas toda vez que tienen vedada la captación de recursos en mercados regulados y sistemas multilaterales de negociación. Gracias a la ubicuidad propia de internet, la financiación a través de plataformas participativas atenúa la territorialidad como criterio para la inversión de las *startup* y acentúa otros parámetros como la afinidad con el objeto social o el compromiso de la compañía con los estándares ASG (ambientales, sociales o de gobernanza)[273].

funding" *Derecho de Sociedades: los derechos del socio* (Dirs.) González Fernandez y Cohen Benchetrit, Valencia, Tirant lo Blanch, 2020 págs. 1181-1202

271 FONTICIELLA HERNÁNDEZ, B., "Aproximación a la figura del *nominee* y los derechos del socio. Un acercamiento a esta nueva forma de inversión en el *crowdfunding* desde la perspectiva de la primera PFP que la prevé" *Derecho de Sociedades: los derechos del socio* (Dirs.) González Fernandez y Cohen Benchetrit, Valencia, Tirant lo Blanch, 2020 pág. 1207

272 Más información en https://help.crowdcube.com/hc/es-es/articles/4979663966108--Qu%C3%A9-es-un-nominee-

273 En cierta medida, resulta llamativa la presente fórmula de inversión, propiciada por la economía de plataformas, si se repara en los rasgos tipológicos de la sociedad de responsabilidad limitada y la querencia tradicional a inversores afines o de proximidad en atención a su carácter tendencialmente cerrado. Sin embargo, habida cuenta de la flexibilidad propia del tipo no existe problema alguno y es evidente la necesidad de adecuarse a las nuevas formas de relación tanto sociales como comerciales donde la financiación a través del *crowdfunding* es una manifestación más de ello. Debe citarse aquí la opinión de VÁZQUEZ LEPINETTE, T., *Aspectos contractuales... Op. Cit.* pág. 67 quien alude al paralelismo con el Derecho italiano y considera que con el presente modelo de financiación participativa "Parece que se esté creando un nuevo tipo social (la sociedad de responsabilidad limitada "abierta")

2. El capital riesgo formal

La norma que establece las condiciones para la consideración de un inversor como entidad de capital riesgo es la Ley 22/2014, de 12 de noviembre, por la que se regulan las entidades de capital-riesgo, otras entidades de inversión colectiva de tipo cerrado y las sociedades gestoras de entidades de inversión colectiva de tipo cerrado, y por la que se modifica la Ley 35/2003, de 4 de noviembre, de Instituciones de Inversión Colectiva —en adelante, LCR—. Por su intermedio nuestro país actualizó la legislación nacional del capital riesgo en consonancia con las exigencias propias de la Unión Europea pues su contenido es resultado de la trasposición de las normas comunitarias en la materia —principalmente, la Directiva GFIA—[274]. Y, con el mismo fundamento, ha sido modificada, recientemente, por la Ley 18/2022, de 28 de septiembre, de creación y crecimiento de empresas.

La necesidad de un marco jurídico del capital riesgo adecuado a la realidad actual resulta fundamental habida cuenta de la importancia que tiene en el desarrollo del tejido empresarial español en general y en el fomento del sector industrial basado en I+D en particular. En este sentido, el capital riesgo sirve como una fuente idónea de financiación de la actividad emprendedora que resulta más atractiva que la bancaria, especialmente por lo que a la pequeña y mediana empresa hace referencia[275]. Las dificultades existentes para la obtención de crédito bancario —si bien en los últimos años ha aumentado el flujo de crédito—, las garantías exigidas o los intereses que lleva aparejado, son algunos de factores por los que los fundadores de compañías emergentes prefieren otras opciones alternativas a las entidades de crédito[276]. Además, el escaso patrimonio, el elevado nivel de riesgo o la asimetría informativa existente, al menos en este momento ini-

274 la Directiva 2011/61/UE del Parlamento Europeo y del Consejo, de 8 de junio de 2011, relativa a los gestores de fondos de inversión alternativos y por la que se modifican las Directivas 2003/41/CE y 2009/65/CE y los Reglamentos (CE) n ° 1060/2009 y (UE) n ° 1095/2010

275 En este sentido, tal y como afirma SERRANO ACITORES, A., «Leveraged buyouts»: el sistema contractual de las adquisiciones apalancadas de empresas por operadores de capital riesgo, Cizur Menor, Aranzadi, 2013 consultado en https://proview.thomsonreuters.com/ "el capital riesgo puede definirse, con carácter general, como una actividad financiera consistente en proporcionar recursos a medio y largo plazo, pero sin vocación de permanencia ilimitada, a empresas que tienen dificultad para acceder a otras fuentes de financiación, como el mercado de valores o el crédito bancario".

276 Como señalan en el blog de Startup Explore, "Por qué las startups pasan de pedir un crédito al banco... y cinco casos en los que quizá deberían hacerlo" 2016 disponible en https://startupxplore.com/ al frente de las start-ups tecnológicas se encuentra una generación "menos bancarizada que la anterior".

cial, prácticamente imposibilitan la obtención de recursos a través de los mercados de capitales[277] —no así en una etapa posterior, donde la *startup* esté más consolidada y cumpla los requisitos de cotización en mercados—.

Precisamente, la citada LCR, a diferencia de su antecedente legislativo, la derogada Ley 25/2005, de 24 de noviembre, tiene entre uno de sus objetivos que las pequeñas y medianas empresas tengan más facilidades de financiarse a través de la inversión que ofrece el sector de capital riesgo[278]. Prueba de ello, es la creación de un novedoso tipo de entidad de capital riesgo, las entidades de capital-riesgo-pyme (en adelante, ECR-pyme) previstas para que aumente la inversión en tales compañías en una etapa inicial y a las que la ley reserva, para incentivarla, un régimen jurídico más flexible. Otra nota característica que sirve a la consecución de dicho fin es el carácter profesional del inversor. Concretamente, por la vinculación de la inversión con el crecimiento de la *startup,* la aportación de la ECR no solo queda circunscrita al patrimonio aportado, sino también al asesoramiento empresarial de la compañía *target*, lo cual cobra especial relevancia en las pymes, en las que es más evidente la falta de experiencia de los fundadores en actividades gestoras o su desconocimiento del mercado —pues tienen un perfil más técnico—.

El nivel de crecimiento de España en comparación con otros países de la Unión Europea junto a las citadas reformas legislativas llevadas a cabo ha propiciado que el mercado español sea una plaza atractiva para la inversión de capital riesgo[279]. Y aunque, obviamente, es cierto que el destino de tales inversiones no queda únicamente circunscrito a las sociedades que aquí son

277 En este sentido, ver DE LOS RÍOS SASTRE, S., RODRÍGUEZ GARCÍA, I. y SÁENZ-DÍEZ ROJAS, R., "Emprendedores y capital riesgo en España: el caso de Fond-ICO Global" en *Icade. Revista cuatrimestral de las Facultades de Derecho y Ciencias Económicas y Empresariales* n.º 94, 2015 pág. 35

278 Sobre tal particular, la EM de la citada norma, señala lo siguiente: "A pesar del notable desarrollo del capital-riesgo en los últimos años, es preciso revisar su régimen para, por un lado, fomentar una mayor captación de fondos y la consiguiente financiación de un mayor número de empresas; y por otro, intentar reorientarlo hacia la financiación de las empresas de pequeño y mediano tamaño en sus primeras etapas de desarrollo y expansión". Como señalan AMANTEGUI, J., AZZOUZI, S. Y GARCÍA, T., "Ley 22/2014: el nuevo marco normativo del capital riesgo español" en *Anuario de Capital Riesgo* (AAVV), Madrid, Instituto de Capital Riesgo,2014 pág. 69 el marco jurídico anterior estaba "más centrado en empresas ya consolidadas que en pequeñas y medianas empresas".

279 Desde el año 2015 el capital riesgo mejora en cada ejercicio las cifras del anterior Según datos de WebCapitalRiesgo en 2022 la inversión de *private equity* & *venture capital* alcanzó el récord histórico, con 9238 millones de euros. Más información en https://www.webcapitalriesgo.com/en-2022-la-inversion-de-private-equity-venture-capital-alcanzo-9-238me-record-historico/

objeto de estudio —es habitual en sectores tradicionales como el inmobiliario—, no lo es menos que en el ámbito de las *startup* tiene una incidencia cada vez mayor. En este sentido, son varias las estadísticas que evidencian la relación existente entre los inversores de capital riesgo y las *startup*. A modo de ejemplo, en 2022 el 88% de las inversiones totales que tuvieron lugar en compañías privadas fue, precisamente, a *startups*[280].

Y no solo la inversión privada, también la financiación pública ha aumentado considerablemente. En este sentido, los préstamos participativos de ENISA o, recientemente, el FOND-ICO, son las manifestaciones más significativas de la implicación del Estado en la inversión en *startup* nacionales.

2.1. Las Entidades de Capital Riesgo

Las entidades de capital riesgo están reguladas en la citada Ley 22/2014, de 12 de noviembre y bajo tal denominación existen diversos operadores con la naturaleza, bien de sociedad, bien de fondo.

Ello no obstante, con independencia de las particularidades que presenten tales formas jurídicas, cabe una definición común de entidad de capital riesgo a partir de lo previsto en los artículos 3 y 9 de la LCR que comprende, respectivamente, su dimensión subjetiva y objetiva. En su virtud, son entidades de inversión colectiva de tipo cerrado, que han obtenido capital de inversores mediante una actividad comercial y cuya finalidad es el reparto de ganancias entre ellos a partir de la compra de acciones o participaciones en sociedades no cotizadas que no tengan naturaleza inmobiliaria ni financiera —si bien, existen ciertas excepciones[281]— para venderlas en un plazo limitado. Además, como actividades complementarias, el art. 10 LCR permite, por un lado, que realicen labores de asesoramiento en las empresas *target* —lo cual evidencia la nota de la profesionalidad de las ECR— y, por otro, dentro de ciertos límites, que concedan préstamos participativos u otras formas de financiación.

El cumplimiento de tales requisitos, así como la inscripción en el registro administrativo de la Comisión Nacional del Mercado de Valores conlleva, con base en el art. 13 LCR, el deber de uso de la denominación respectiva o abreviatura relativa a la entidad elegida de inversión colectiva de tipo cerrado. La

280 Más información sobre la inversión de capital riesgo en 2022 en https://www.elblogsalmon.com/indicadores-y-estadisticas/asi-ha-sido-inversion-capital-riesgo-espana-2022

281 Concretamente, sobre la inversión en empresas con activo inmobiliario y cotizadas, véanse las excepciones previstas en el art. 9.2 LCR.

referencia a dicha denominación en su versión normal o en su acrónimo les corresponde de manera exclusiva y excluyente.

2.1.1. Régimen de inversiones

Por lo que a su actividad o al régimen de inversiones hace referencia, la LCR contiene en la sección segunda y tercera, de manera detallada, para las ECR y las ECR-Pyme, respectivamente, los coeficientes y las limitaciones de los recursos destinados a las posibles inversiones. Así, distingue entre un coeficiente obligatorio de inversión y otro de libre disposición, fija las condiciones para la participación en otras ECR, prevé la diversificación de las inversiones en varias compañías, establece límites en caso de que el destino sean otras empresas de un mismo grupo y señala los supuestos en los que está permitido su incumplimiento.

En cuanto al coeficiente obligatorio de inversión, la LCR ha establecido un régimen más flexible que la Ley 25/2005 especialmente con relación a los préstamos participativos[282]. Aunque mantiene la referencia al 60% de su activo computable, el art. 13 LCR permite la concesión ilimitada de tales instrumentos de deuda si su rentabilidad queda vinculada a los "beneficios o pérdidas de la empresa de modo que sea nula si la empresa no obtiene beneficios", lo cual es una medida positiva para la financiación de las PYMES[283]. Igualmente, el presente coeficiente contempla la inversión directa en el capital de empresas no financieras en mercados de valores nacionales, comunitarios o de terceros países especializados en PYMES si la operación cumple determinados requisitos[284]. En el caso de no cumplirlos, la participación podrá computarse dentro del coeficiente obligatorio de inversión durante un plazo máximo de tres años[285] y superado dicho período deberá incluirse en el coeficiente de libre disposición. Si, por el contrario, la inversión tiene por objeto la adquisición de participaciones en empresas que coticen en un mercado diferente a los previstos en el citado art. 13.4 LCR será necesario para su cómputo en el coeficiente obligatorio, de conformidad con lo previsto en el art. 19 LCR, que la ECR o la entidad gestora

282 Sobre la flexibilización del coeficiente de inversión, AMANTEGUI, J., AZZOUZI, S. Y GARCÍA, T., "Ley 22/2014: el nuevo marco normativo..." *Op. Cit.* pág. 74

283 Además del porcentaje del 30% que ya existía en la normativa anterior para los préstamos participativos comunes.

284 Véase el art. 13.4 c) LCR en relación con la aptitud de los mercados en los que tenga lugar la inversión

285 Como señala el art. 13.5 LCR "*contados desde la fecha en que se hubiera producido la admisión a cotización de esta última*".

obtenga la exclusión de la cotización de la empresa participada dentro del plazo de doce meses desde la toma de participación, si bien es posible que si lo solicitan y las circunstancias así lo aconsejan[286], la CNMV amplíe el plazo para que tenga lugar la exclusión. Además, el art. 14 LCR establece la posibilidad de que la entidad compute en el coeficiente obligatorio sus inversiones —hasta el 100% de su activo[287]— en otras entidades de capital riesgo sin más limitaciones que las generales para operaciones en entidades extranjeras en materia de blanqueo de capitales y doble imposición[288] así como el respeto a los coeficientes de diversificación previstos en el artículo 16 LCR.

El coeficiente de libre disposición, a *sensu contrario*, es aquel no sujeto al obligatorio de inversión. Sin embargo, pese a su denominación, la disposición no es libre en tanto que el art. 15 LCR regula las concretas formas en que puede materializarse la operación. Por consiguiente, aunque comprenda cuantitativamente hasta un 40% de la inversión total, el destino será, necesariamente, alguno de los previstos en su contenido[289].

En cualquier caso, tanto en uno u otro coeficiente de inversión —obligatorio o de libre disposición—, con independencia de las ventajas de la diversificación de las operaciones —minimización del riesgo, mayor estabilidad en la cartera de inversiones, etc.—, el art. 16 LCR señala los porcentajes máximos invertibles en una misma empresa, en varias de un mismo grupo o en compañías perte-

286 Dispone el art. 19 LCR que para la ampliación del plazo, atenderá a *"dificultades técnicas o de demanda del mercado que hagan económicamente inviable la exclusión"*.

287 La Ley 25/2005, de 24 de noviembre, reguladora de las entidades de capital-riesgo y sus sociedades gestoras únicamente permitía un 20% máximo de su activo computable. Otra novedad relevante con respecto a dicha norma es la definición que el actual art. 18 LCR contiene del "activo computable" que comprende "el resultado de sumar el importe de patrimonio neto, los préstamos participativos recibidos y las plusvalías latentes netas de efecto impositivo, con los ajustes que se prevean de conformidad con lo previsto en el apartado 2." Dicho apartado alude a posteriores ajustes del Ministerio de Economía y la CNMV.

288 Véase el art. 14.2 LCR"

289 Señala el art. 15 LCR que podrá destinarse en los siguientes activos: *"a) Valores de renta fija negociados en mercados regulados o en mercados secundarios organizados. b) Participaciones en el capital de empresas que no se encuentren dentro del ámbito de actividad principal de conformidad con el artículo 9, incluidas participaciones en instituciones de inversión colectiva y ECR que no cumplan lo dispuesto en el artículo 14 y en EICC. c) Efectivo. En aquellos casos en los que estatutaria o reglamentariamente se prevean reembolsos periódicos, formará parte del coeficiente de liquidez, junto con los demás activos especialmente líquidos que determine el Ministro de Economía y Competitividad, o, con su delegación expresa, la Comisión Nacional del Mercado de Valores. d) Préstamos participativos. e) Financiación de cualquier tipo a empresas participadas que formen parte de su objeto social principal tal y como se define en el artículo 9.1. f) En el caso de SCR autogestionadas, hasta el 20 por ciento de su capital social, en elementos de inmovilizado necesarios para el desarrollo de su actividad."*

necientes al grupo de la entidad de capital riesgo inversora o el de su sociedad gestora[290]. En este último supuesto, la finalidad no es tanto la diversificación de las inversiones en atención al riesgo que conlleva como la limitación de operaciones intragrupo para la tutela de los inversores de una ECR ante un posible conflicto de interés entre el de la entidad, que debe perseguirse en exclusiva, y el particular de sus gestores[291].

La superación de los límites porcentuales vinculantes —el coeficiente obligatorio, el previsto en el de libre disposición para las SCR autogestionadas y el coeficiente de diversificación— no implica, necesariamente, una sanción a la entidad incumplidora. Y ello porque la LCR permite su incumplimiento temporal con base en el coste de búsqueda de determinados proyectos[292], esto es, que por las dificultades propias de una modificación de la estrategia de inversión para adecuarla a los coeficientes anteriormente señalados la ley actual, con mayor flexibilidad que la Ley25/2005, de manera acertada, tolera el incumplimiento provisional en determinados supuestos.

En primer lugar, con respecto a los coeficientes de inversión, según el art. 17.1 LCR está permitido que las ECR no mantengan el mínimo del 60% de su activo computable —el obligatorio— dentro de los tres primeros años desde su inscripción en el registro de la Comisión Nacional del Mercado de Valores e, igualmente, en los dos años siguientes a una desinversión que implique un incumplimiento del coeficiente siempre que no existiera un incumplimiento previo. Tampoco penaliza el incumplimiento en el caso de ampliación de capital con aportación de nuevos recursos a una SCR o FCR dentro de los tres años siguientes a la modificación si tales entidades hubieran respetado el coeficiente con anterioridad al citado aumento del capital social[293]. En cuanto al coeficiente de libre disposición, el art. 17.2 LCR permite que las SCR autogestionadas tengan más del 20% de su capital social en elementos de

290 Dispone el art. 16 LCR lo siguiente: "*1. Las ECR no podrán invertir más del 25 por ciento de su activo computable en el momento de la inversión en una misma empresa, ni más del 35 por ciento en empresas pertenecientes al mismo grupo de sociedades, entendiéndose por tal el definido en el artículo 42 del Código de Comercio.2. Las ECR podrán invertir hasta el 25 por ciento de su activo computable en empresas pertenecientes a su grupo o al de su sociedad gestora (...)*"

291 Sobre ello, ver MENÉNDEZ MENÉNDEZ, G., "Conflictos de interés en el sector del capital riesgo en España y en el Reino Unido" *Revista Española de Capital Riesgo*, 2010 págs. 43 y ss.

292 Sobre ello, LARA GONZÁLEZ, R., "Aspectos societarios de la actividad de capital riesgo" en *Revista Jurídica de Navarra* n.º33, 2002 pág. 95

293 Para el cálculo del límite temporal, dispone el art. 17.1.2.º b) que "*este límite temporal podrá calcularse para las SCR desde la fecha de desembolso del capital correspondiente a la ampliación siempre que el desembolso se produzca dentro de los 6 meses posteriores a la ampliación de capital*".

inmovilizado necesarios para su actividad cuando hubiera tenido lugar una reducción de su capital social, si bien, tal incumplimiento será tolerable hasta el plazo de tres años desde dicha disminución.

En segundo lugar, en atención al coeficiente de diversificación, el art. 17.3LCR permite que las ECR superen los umbrales previstos durante los tres primeros años desde la fecha de inicio de operaciones que figura en el Reglamento de las ECR y, si no constara plazo, a partir de la inscripción en el registro de la CNMV. En el caso de que hubiera una devolución de aportaciones, el cómputo de tales porcentajes será calculado con base en el patrimonio neto existente inmediatamente anterior a dichas devoluciones.

Ello no obstante, tampoco la trasgresión de los incumplimientos temporales tolerados implica, necesariamente, una sanción a la entidad de capital riesgo. En este sentido, el art. 17.4 LCR prevé cierta flexibilidad en el cumplimiento de los límites fijados en los apartados anteriores mediante la valoración que la CNMV haga de cada caso concreto. Así, a solicitud de las SCR o de la sociedad gestora, de manera excepcional y en atención a las circunstancias del mercado, es posible que la CNMV exima a la entidad del cumplimiento de los citados porcentajes o que amplíe los plazos para que ajusten sus inversiones cuantitativa y cualitativamente a los márgenes previstos en la norma.

2.1.2. Clases

2.1.1.1. Las Sociedades de Capital Riesgo (SCR)

Dentro de las entidades de capital riesgo, la citada Ley 22/2014 prevé en sus artículos 26 a 29 el régimen jurídico de las sociedades de capital riesgo.

Por lo que a su caracterización hace referencia, el artículo 26 LCR incide en la forma como característica fundamental de tales entidades. Acertadamente, a diferencia de la normativa anterior, no comienza su definición con base en el objeto, en tanto en cuanto es común a las ECR, sino que resalta la diferencia fundamental entre las dos entidades principales —sociedades y fondos—, cual es la naturaleza de sociedad anónima que necesariamente revestirán las sociedades de capital riesgo. Mientras mantengan dicho tipo social estarán habilitadas para la realización de las actividades previstas en los arts. 9 y 10 para las entidades de capital riesgo, bien por sí mismas, bien por sociedades gestoras de entidades de inversión de tipo cerrado (SGEIC).

El régimen jurídico aplicable estará, por tanto, determinado principalmente por dos normas: en primer lugar, la Ley 22/2004 de Capital Riesgo y, en segundo, en todo lo no previsto por ella, por Real Decreto Legislativo 1/2010, de 2 de julio, por el que se aprueba el texto refundido de la Ley de Sociedades de Capital.

El carácter especial de la sociedad de capital riesgo con respecto a otras sociedades anónimas encuentra su fundamento en la actividad que desarrollan. Aunque es cierto que no es un objeto excluyente que impida a otros empresarios su realización[294], la condición de sociedad anónima especial viene determinada por su exclusividad, toda vez que el objeto social que conste en los estatutos tendrá como límites lo previsto en los artículos 9 y 10 LCR. Y pese a que el tenor del art. 26 LCR parece que otorgue una facultad o habilitación para el ejercicio de dicha actividad —pues literalmente afirma que las SCR "podrán realizar las actividades..."—, el art. 10.2 LCR elimina cualquier tipo de duda en cuanto al contenido del objeto social en la medida en que dispone que *"no podrán desarrollar actividades no amparadas en esta Ley"*[295].

El capital social es uno de los extremos afectados por la regulación especial preferentemente aplicable a tales sociedades que presenta notables diferencias con respecto a lo previsto en la LSC tanto en la cuantía como en las reglas relativas al desembolso. Mantenida la cantidad prácticamente invariable desde el inicio de la regulación de las sociedades de capital riesgo, es necesario que suscriban un capital social mínimo de 1.200.000€ desembolsado inicialmente, al menos, en un 25% y los desembolsos pendientes en un plazo máximo de doce meses desde el registro en la CNMV[296]. En cuanto a la naturaleza de los bienes aportados, la actual LCR es más flexible que su antecedente normativo. En su virtud, es válida la aportación al capital social realizada en efectivo, en activos aptos para la inversión de las ECR, conforme a los artículos 13 y 14 —esto es, participaciones, acciones u otros valores y préstamos participativos de otras sociedades u otras ECRs— o en bie-

294 A diferencia de lo que ocurre en otros sectores regulados como el bancario donde sí existe una reserva a favor de tales entidades, como señala el profesor JUSTE MENCÍA, J., "Los vehículos de inversión y sus sociedades gestoras" *Capital Riesgo (Private Equity) Aspectos Regulatorios, Mercantiles, Financieros, Fiscales y Laborales* (Dirs.) Álvarez Arjona y Erláiz Cotelo. Cizur Menor, 2006 pág. 106

295 Lo mismo acontecía con la norma anterior. Sobre ello, ver RODRÍGUEZ MARTÍNEZ, I., "Las Sociedades de Capital-Riesgo y su operativa" *El Capital Riesgo: Su Operativa* (Dir.) Martínez-Echevarría Dueñas. Cizur Menor, Aranzadi, 2012 consultado en https://proview.thomsonreuters.com

296 Tanto el desembolso inicial como el plazo de los desembolsos pendientes han sido reformados recientemente por la modificación que Ley "Crea y Crece" llevó a cabo sobre el art, 26.3 LCR. Con anterioridad el desembolso mínimo era del 50% y el plazo máximo de los pendientes de tres años.

nes que integren su inmovilizado. La citada flexibilidad es evidente porque, a diferencia de lo que acontecía anteriormente, ya no limita la aportación de inmovilizado a un 20% de su capital social, por lo que los socios podrán integrarlo, independientemente de su valor, con alguna de las tres opciones previstas en el art. 26.3 LCR. Ello no obstante, el artículo mantiene una redacción algo confusa que ya fue advertida por la doctrina científica[297] y, que quizás por una traslación poco acertada de la versión anterior, hace que el tenor actual incurra en absurdas reiteraciones. Concretamente, no termina de entenderse que el párrafo segundo del art. 26.3 LCR señale que los desembolsos adicionales al capital mínimo o ampliaciones de capital realizadas con posterioridad podrán llevarse a cabo en efectivo, en inmovilizado o en los activos que señalan los arts. 13 y 14 LCR, pues no difiere en nada del régimen previsto para la suscripción del capital mínimo. Por ello, hubiera tenido más lógica una redacción conjunta de tales desembolsos previstos para las sociedades de capital riesgo. La valoración de dichas aportaciones se hará de conformidad con lo previsto en el art. 67 LSC que exige el informe de experto independiente para las aportaciones no dinerarias, si bien, en el caso de los activos previstos en los arts. 13 y 14 LCR ,tendrá que valorarse si cumplen los requisitos del art. 69 LSC que exceptúa, en determinados casos, tal obligación.

124 La valoración que, por el contrario, sí que tiene unas reglas propias para las SCR es la relativa al patrimonio y determinación del valor liquidativo de las acciones. En virtud de lo previsto en el art. 27 LCR el valor del patrimonio de tales sociedades es el resultado de restarle las cuentas acreedoras al conjunto de sus activos[298] y el valor de cada acción podrá obtenerse mediante la división del patrimonio neto atribuido a cada serie por el número de acciones en circulación de cada una de ellas.

Otra diferencia con respecto a las sociedades anónimas comunes es la relativa a la representación, pues contempla únicamente que las acciones estén documentadas mediante títulos nominativos o mediante anotaciones en cuenta —lo más habitual—. El fundamento del carácter nominativo no

297 Una crítica acertada a la redacción del art. 28.2 de la derogada ley 25/2005 en profesor JUSTE MENCÍA, J., "Los vehículos de inversión..." *Op. Cit.* Págs. 109-110 quien pone de manifiesto la discordancia entre el desembolso inicial y los posteriores. También RODRÍGUEZ MARTÍNEZ, I., "Las Sociedades de Capital-Riesgo..." *Op. Cit.* consultado en https://proview.thomsonreuters.com/

298 El valor de valor de la suma de sus activos reales y de las cuentas acreedoras se hará "conforme a los criterios que determinen el Ministro de Economía y Competitividad o, con su habilitación expresa, la Comisión Nacional del Mercado de Valores".

es otro sino el control sobre la titularidad de los accionistas, especialmente por lo que a las participaciones significativas hace referencia[299] —a modo de ejemplo, el art. 45 LCR requiere información sobre aquellos para que la CNMV autorice a la sociedad el comienzo de la actividad—. Como es lógico, tal dualidad en la representación desaparecerá en el momento en que la sociedad de capital riesgo pretenda la admisión a cotización de sus valores en el BME MTF Equity[300], en cuyo caso es obligatoria la representación contable según prevé el art. 15 del Reglamento de funcionamiento de dicho mercado[301].

En cuanto al contenido de las acciones, el art. 26.5 LCR permite la creación de acciones con distintos derechos siempre que quede constancia en los estatutos del contenido del privilegio y de las condiciones para el acceso a dicho trato. Ello no obstante, si la intención del legislador era permitirle a los socios la creación de acciones de clases distintas no era necesario preverlo expresamente, pues es algo que ya contempla la LSC cuya aplicación es supletoria con respecto a la LCR e, igualmente, exige que tales derechos consten en los estatutos según lo previsto en los arts. 23.d) LSC y 122.1 RRM[302].

Como requisito adicional de las SCR frente a las sociedades anónimas comunes, el art. 26.6 LCR exige que los estatutos sociales prevean expresamente dos cuestiones claramente diferenciadas: de un lado, *"la política de inversiones de acuerdo con lo dispuesto en el art. 12"*; de otro, *"la posibilidad de delegar la gestión de las inversiones según lo previsto en el artículo 29"*.

Con respecto a lo primero, su incorporación en los estatutos incide de forma favorable en la tutela de los intereses de los socios pues les empodera frente a los administradores en tanto en cuanto será la junta general el órga-

299 Vid. RODRÍGUEZ MARTÍNEZ, I., "Las Sociedades de Capital-Riesgo..." *Op. Cit.* consultado en https://proview.thomsonreuters.com/

300 Actualmente no hay ninguna sociedad de capital-riesgo, pero sí un fondo de capital-riesgo, BBVA Capital Privado FCR. En el pasado, sin embargo, sí que hubo casos de SCR como fue INVERPYME SA, SCR, si bien fue excluida de cotización en 2016.

301 Reglamento de funcionamiento BME MTF Equity. Aprobado el 30 de julio de 2020

302 Lo mismo es predicable con respecto al la referencia a la igualdad de trato de los accionistas que parece inferirse en la frase *"las condiciones para el acceso a dicho trato estén adecuadamente reflejados en los estatutos de la sociedad"*. Y ello porque el art. 97 LSC ya reconoce el principio de igualdad de tratamiento entre los socios. Sobre la relatividad como nota característica del concepto de clase de acciones y la distinción entre igualdad absoluta y relativa, ver CAMPUZANO LAGUNILLO, A., "Las clases de acciones. Tipología y limitaciones" *Estudios Jurídicos sobre la Acción*. Veiga Copo (Dir.) Cizur Menor, Aranzadi, 2014, pág. 26. A mayor abundamiento, sobre la falta de necesidad del citado art. 26.5 LCR, el primer inciso del art. 26.6 LCR ya prevé —también innecesariamente— que los estatutos sociales recojan "...las especificaciones previstas en el Texto Refundido de la Ley de Sociedades de Capital, aprobado por el Real Decreto Legislativo 1/2010, de 2 de julio".

no competente para su modificación y delimita la actuación de los administradores quienes, ante operaciones realizadas al margen de las citadas políticas, tendrán mayores dificultades para exonerarse de responsabilidad en caso de sus acciones hubieran producido algún daño[303].

En atención a lo segundo, es posible que la junta general delegue, con mayor o menor alcance según considere, la gestión de sus inversiones. Aunque el art. 26.6 LCR no haga referencia expresa a tal facultad —si bien se infiere de su contenido—, el artículo 29 LCR detalla tal delegación[304] y prevé incluso que la decisión la tome el consejo de administración, a su vez, por voluntad de la junta general, para que sea dicho órgano quien elija la sociedad gestora de inversión de tipo cerrado —SGEIC— o sociedad gestora de institución de inversión colectiva —SGIIC— o, una entidad habilitada para prestar el servicio de inversión a que se refiere el artículo 63.1.d) de la Ley 24/1988, de 28 de julio, que desarrolle la política de inversiones. Como requisitos formales de tal delegación, es necesario que el acuerdo conste en escritura pública y sea posteriormente inscrito tanto en el Registro Mercantil como el en registro administrativo correspondiente. Precisamente, la fecha de este último registro es la que la norma toma en consideración para que resulte efectiva la designación de la entidad gestora.

Por consiguiente, a diferencia de lo que ocurre para los fondos de capital riesgo, las SCR tienen dos posibilidades con respecto a la toma de concretas decisiones dentro de la política de inversiones que hubieran fijado: bien que sea el órgano de administración de la entidad quien asuma directamente sus funciones —autogestión—; bien que deleguen contractualmente tal facultad a un tercero especializado que revista la forma de alguna de las tres opciones señaladas con anterioridad —gestión delegada—. En cualquier caso, la profesionalidad no es una circunstancia que determine la elección en uno u otro sentido pues está presente en ambas formas de gestión y es un requisito común para la obtención de la autorización pertinente para el ejercicio de la actividad ex art. 48.3 e) y f) LCR.

Producida la delegación de tales funciones en una de las tres opciones citadas-generalmente, una SGEIC— mediante un contrato que, por su con-

303 En este sentido, JUSTE MENCÍA, J., "Los vehículos de inversión..." *Op. Cit.* Pág. 108 quien además señala la incidencia de la determinación estatutaria de las políticas de inversión frente a terceros.

304 Aunque utiliza el término "delegación de activos" en lugar de la "delegación en las inversiones" previsto en el art. 26.6 LCR

tenido, recuerda al de comisión mercantil[305], los administradores no quedan eximidos del cumplimiento de sus funciones, pero tiene lugar una reconfiguración de su alcance pues, como señala el segundo párrafo del art. 29.1 LCR *"este acuerdo no eximirá a los órganos de administración de la sociedad de ninguna de las obligaciones y responsabilidades que la normativa vigente les impone"*. Habida cuenta de la relación contractual, la entidad gestora delegada responderá, de darse los presupuestos, del incumplimiento del contenido del acuerdo de gestión. Pero ello no implica una exoneración de responsabilidad de los administradores que, en su posición de garantes, serían responsables por culpa *in eligendo* e *in vigilando*[306]. Para que los administradores de la SCR no respondan por los daños causados por la entidad gestora será necesario la prueba sobre el cumplimiento de su deber de diligencia que deberá valorarse, como señala el art. 225 LSC *"teniendo en cuenta la naturaleza del cargo y las funciones atribuidas a cada unos de ellos"*. Sobre la culpa *in eligendo*, si la decisión sobre su contratación fue tomada con base a los presupuestos que exige la *"business judgment rule"*, —esto es, de buena fe, sin interés personal, razonablemente informado, tras un procedimiento de decisión adecuado y su naturaleza es estratégica o de negocio (como es la delegación de la política de inversiones)— los administradores no responderán por la elección de los delegados[307]. Más difícil será la prueba de la culpa *in vigilando*, si bien deberá atenderse a indicios tales como la colaboración y la comunicación fluida con los gestores o el control de sus operaciones, de modo que muestren que han tenido una conducta proactiva en su actividad supervisora.

Por último, en el caso de una modificación estructural de la SCR o en el supuesto de que el resultado pretendido con la operación societaria sea la creación de una SCR, el art. 28 LCR establece la obligación de notificarlo a la CNMV de conformidad con lo previsto en el art. 8 LCR que fija los requisitos necesarios para la constitución de una ECR. Igualmente, si la entidad objeto de reestructuración es una SCR autogestionada es necesario que los administradores comuniquen los cambios oportunos con respecto a las condiciones de autorización que fija el art. 52 LCR a efectos de su mantenimiento o, en caso de no cumplirlos, su revocación.

---

305 RODRÍGUEZ MARTÍNEZ, I., "Las Sociedades de Capital-Riesgo..." *Op. Cit.* consultado en https://proview.thomsonreuters.com/

306 JUSTE MENCÍA, J., "Los vehículos de inversión..." *Op. Cit.* Pág. 113

307 Sobre tal particular, si bien en cuanto a delegación en el ámbito de los programas de cumplimiento normativo, ver GIMENO BEVIÁ, V., "Los programas de *compliance* como manifestación del deber de diligencia de los administradores" en *RdS* n.º552, 2019 pág 270

2.1.1.2. Los Fondos de Capital Riesgo (FCR)

El segundo tipo de entidades de capital riesgo tras las citadas SCR, son los fondos de capital riesgo, cuyo régimen jurídico está previsto en los artículos 30 a 37 LCR[308].

Por lo que a su definición hace referencia, los FCR son patrimonios separados constituidos por los recursos de una pluralidad de inversores que, a diferencia de las SCR, carecen de personalidad jurídica y que confían su administración a una sociedad gestora de entidades de inversión de tipo cerrado. En su seno, por tanto, puede advertirse una diferenciación clara entre capital y gestión, en consonancia con lo previsto en el art. 30 LCR que atribuye a una sociedad gestora "las facultades de dominio sin ser propietaria del fondo". Con base en tal distinción puede advertirse los dos elementos subjetivos del fondo: de un lado, como propietarios del fondo, los partícipes que comprometen sus aportaciones —*commitment*— y, de otro, la sociedad gestora, encargada de la ejecución de la actividad principal y secundaria —arts. 9 y 10 LCR— de la entidad.

En relación con su régimen jurídico, a diferencia de lo que ocurre con las SCR y la supletoriedad de la LSC por su condición de sociedades anónimas especiales, en el caso de los fondos no resulta fácil su caracterización[309]. Debido a la falta de una regulación básica de tales vehículos de inversión, que deriva de la recepción en el sistema continental de entidades decididamente anglosajonas basadas en el esquema fiduciario[310], desde su incorporación a nuestro ordenamiento jurídico a mediados de los ochenta, la doctrina científica debatió acerca de su naturaleza[311], así como la normativa aplicable en

308 Según el listado de la CNMV, en 2023 hay inscritos 343 fondos de capital riesgo. Información disponible en https://www.cnmv.es/portal/Consultas/IndiceECR.aspx

309 Como afirma JUSTE MENCÍA, J., "Los vehículos de inversión..." *Op. Cit.* Pág. 115 "en los fondos pueden encontrarse elementos propios de la comunidad de bienes, de los negocios societarios, de una comisión a favor de la sociedad gestora, aunque muy cualificada por su contenido, sin que ninguna de las respuestas ensayadas se ajuste suficientemente a la definición recogida en la Ley".

310 Sobre la dimensión fiduciaria de los fondos de inversión, SÁNCHEZ ANDRÉS, A., "Para un catálogo de problemas mayores en materia de protección de los partícipes de un fondo de inversión" *La protección de los partícipes de los fondos de inversión* (AAVV) Madrid, KPMG/Moreno-Luque, 1997 págs. 17-18

311 Sobre tal cuestión el profesor RODRÍGUEZ ARTIGAS, F., "Instituciones de inversión colectiva (sociedades y fondos de inversión) en *RdBB* n.º35, 1989 págs. 565-566 manifestaba su sorpresa en el estudio de las instituciones de inversión colectiva de que la normativa utilizara el término "patrimonio" para la definición del fondo, pues, en palabras del profesor "ya puede considerarse mayoritaria la tesis que sostiene la naturaleza societaria del fondo".

caso de problemas interpretativos[312]. Ello no obstante, la discusión —que no es aquí objeto de estudio—, más teórica que práctica, ha perdido interés por la mejoría en la regulación del capital-riesgo desde la Ley 1/1999 de 5 de enero, reguladora de las Entidades de Capital riesgo y sus sociedades gestoras[313] y el desarrollo de figuras similares cuya normativa pueda aplicarse analógicamente.

Para la constitución del fondo, de conformidad con lo previsto en el art. 31 LCR, es necesario que los partícipes comprometan un patrimonio, como mínimo, de 1.650.000€ que podrá integrarse tanto en efectivo como en activos aptos para la inversión en las ECR —siempre que lo prevea en su reglamento[314]—, lo cual supone una medida favorable al fomento de tales fondos toda vez que la norma anterior únicamente permitía la aportación de efectivo. Posteriormente, servirá al patrimonio de los FCR, además de las citadas aportaciones de los partícipes, los rendimientos correspondientes cuando no hayan sido distribuidos[315].

El reflejo de la contribución de cada uno de los fondistas al patrimonio del FCR tiene lugar mediante participaciones que, pese a su denominación, no son asimilables a las de la sociedad de responsabilidad limitada en tanto en cuanto, como señala expresamente el art. 31.4 LCR *"tendrán la condición de valores negociables y podrán representarse mediante certificados nominativos o mediante anotaciones en cuenta"*. La regla para el cálculo del valor de cada una de ellas consiste en la división del patrimonio por el número de participaciones en circulación. Sin embargo, la posible creación de participaciones con derechos económicos diversos, tal y como prevé la actual LCR —en términos similares a lo previsto para las SCR—, deberá tenerse en consideración para la determinación de su valor de acuerdo con los criterios

312 Vid. EMBID IRUJO, J.M., "Las sociedades y fondos de capital-riesgo" en *Revista de Derecho Bancario y Bursátil* n.°22, 1986 pág. 369 quien puso de manifiesto el problema de integración de las lagunas normativas que planteaba el citado RD-Ley de 1986 de medidas urgentes administrativas, financieras, fiscales y laborales.

313 En este sentido, ver LARA GONZÁLEZ, R., "Aspectos societarios..." *Op. Cit.* Pág. 83 y ss.

314 Concretamente, según el art. 31.2 LCR, cuando el reglamento *"prevea el procedimiento y las condiciones, incluido el procedimiento de valoración de los activos aportados, bajo las que se podrán realizar las aportaciones en especie"*.

315 como señala ERLÁIZ COTELO, I., "Las adquisiciones en el sector del capital riesgo" en *Adquisiciones de empresas.* Carrasco Perera y Álvarez Arjona (Dirs.) Cizur Menor, 2013 pág. 363 la aportación no siempre alcanza el compromiso inicial porque pueden obtenerse plusvalías con anterioridad al total desembolso, de modo que son tales cantidades las que posteriormente se invierten. De hecho, tal y como sostiene el autor, "la inversión media del fondista en el fondo suele ser inferior al *commitment* asumido por él."

que establezca el Ministro de Economía y Competitividad o, con su habilitación expresa, la CNMV.

Igual que ocurre con otras entidades similares[316], en los FCR existe una limitación de responsabilidad de suerte tal que los partícipes no responderán de las deudas del fondo más allá de lo que hubieran aportado. E, igualmente, tampoco servirá dicho patrimonio para la satisfacción ni de las deudas de los propios partícipes ni las que tuviera la sociedad gestora con sus propios acreedores.

Para la constitución del fondo, no obstante, no basta con la aportación del patrimonio en los términos anteriormente descritos, sino que es necesario el cumplimiento de determinados requisitos. En la medida en que el fondo es el resultado de un acuerdo de voluntades entre la sociedad gestora que propone su creación y los fondistas que la posibilitan mediante sus aportaciones, es necesario que documenten su recíproco interés en un contrato. El art. 32.2 LCR no exige escritura pública para la validez del negocio jurídico, en consonancia con lo dispuesto en el art. 8 b)LCR que señala la escritura pública y, con ello, la inscripción en el Registro Mercantil como una opción y no una obligación para los FCR y los fondos de inversión colectiva de tipo cerrado —FICC—, lo que no afecta sustancialmente en aras a la publicidad legal porque no pueden abstraerse de la inscripción en el registro de la CNMV.

En atención a su contenido, además del patrimonio al que ya se ha hecho referencia, es preciso que especifique la denominación del fondo que irá acompañada, ex. art. 11 LCR por la referencia "fondo de capital-riesgo" o su abreviatura. E, igualmente, es necesaria la identificación de la sociedad gestora y la indicación de su domicilio social. También constará el objeto, con expresa mención de las actividades principales y complementarias previstas, respectivamente, en los arts. 9 y 10 LCR. Y, por último, con un cierto paralelismo a los estatutos de las SCR, el legislador exige que los FCR cuenten con un reglamento de gestión del fondo.

Por lo que al reglamento de gestión de fondo hace referencia, el art. 33 LCR señala cuál es su contenido mínimo y los extremos sobre el funcionamiento del FCR que, imperativamente, deben preverse. La primera mención que exige dicho precepto es la relativa a la duración del fondo, en su caso. Habida cuenta de la temporalidad como nota inherente al capital-riesgo, la duración debe señalare expresamente, a diferencia de lo previsto para las so-

316 Así, por ejemplo, el art. 6 de la Ley 35/2003, de 4 de noviembre, de Instituciones de Inversión Colectiva.

ciedades de capital donde, en caso de que falte, se presume indefinida ex. art. 25 LSC. Por tanto, si pretenden que la duración del fondo sea indefinida es necesario que así lo especifiquen en el reglamento.

En segundo lugar, es preciso que señalen determinadas cuestiones relativas a las participaciones. Concretamente, su régimen de emisión y el sistema de reembolso a los partícipes, con expresa mención de su periodicidad, el número de reembolsos garantizados y, en el caso de que lo hubieran previsto, la forma de preavisarlos. Además, por motivos estratégicos en las inversiones, dispositivamente, para la estabilidad del patrimonio del fondo, es posible que establezcan prohibiciones temporales tanto de suscripción como de reembolsos. En relación con dichas acciones, el art. 33.d) LCR dispone que el reglamento de uso señale la periodicidad en la que la sociedad gestora calcule el valor liquidativo de las participaciones, si bien, en comparación con otras entidades de inversión, la LCR no prevé un plazo máximo dentro del cual deba producirse tal valoración[317]. Igualmente, el reglamento contendrá el sistema y la forma de distribución de resultados entre los partícipes ex. art. 33 f) LCR. De forma algo reiterativa el art. 33 l) dispone que el reglamento comprenda también la "política de distribución de resultados", lo cual, aunque quizás haga referencia a la preferencia en el reparto entre participaciones privilegiadas y las demás, podría subsumirse en el mandato contenido en la letra f) del citado artículo.

En tercer lugar, incorporará las reglas básicas para la administración, dirección y representación del fondo. Como ha quedado de manifiesto, mientras que para las SCR la autogestión o la gestión delegada es una mera opción, las funciones gestoras en los FCR corresponde a las sociedades gestoras según el art. 30 LCR. En cuanto al tipo de sociedad gestora habilitada a tal efecto, el art. 35 LCR señala que las funciones de dirección y administración solo pueden asumirlas las sociedades gestoras de inversión colectiva —SGEIC— o, de tipo abierto, las sociedades gestoras de instituciones de inversión colectiva —SGIIC—, si bien, en este último supuesto,

317 A modo de ejemplo, para los fondos de inversión inmobiliaria, el art. 38.2 de Ley 35/2003, de 4 de noviembre, de Instituciones de Inversión Colectiva señala que *"el valor liquidativo deberá ser fijado, al menos, mensualmente"*. En el caso de fondos de inversión colectiva de carácter financiero las SGIIC tienen que calcularlo diariamente ex. art. 78.1 Real Decreto 1082/2012, de 13 de julio, por el que se aprueba el Reglamento de desarrollo de la Ley 35/2003, de 4 de noviembre, de instituciones de inversión colectiva, con la excepción prevista en el art. 78.3 que amplía el plazo a quince días de darse determinados requisitos.

siempre que cumpla con los requisitos previstos en la LCR[318]. La concreta actividad que realicen estará orientada a la materialización de las inversiones seleccionadas de conformidad con la política prevista en el reglamento según el art. 33 k) LCR en relación con el art. 12 LCR que fija el comité de inversiones, formado por representantes de los partícipes y de la gestora. La contraprestación por la labor que realizan debe, también, especificarse en el reglamento de gestión donde señalarán si, por ejemplo, optan por una retribución fija más un porcentaje de las plusvalías tras la desinversión[319] o por una comisión variable en función de los resultados. Sobre la eficacia de los actos que realice el fondo a través de su sociedad gestora, el art. 35.2LCR niega cualquier impugnación a los fondistas por defecto en las facultades de gestión y administración en aras de la protección de los terceros de buena fe y la seguridad del tráfico. Todo ello, obviamente, sin perjuicio de las acciones de responsabilidad que correspondan con base en la relación fiduciaria por el incumplimiento de sus obligaciones como gestores. También, si así lo consideran los fondistas, es posible la sustitución voluntaria de la sociedad gestora de darse los supuestos y los mecanismos necesarios para ello fijados en el reglamento de gestión.

En cuarto lugar, el reglamento de gestión, ante la ausencia de una norma supletoria, es preciso que especifique, por un lado, los requisitos necesarios para la modificación del contrato de constitución y del reglamento de gestión y, por otro, los supuestos y mecanismos necesarios para la fusión, disolución y liquidación del fondo. La primera obligación, contenida en el art. 33. g) LCR, con una redacción algo confusa[320], parece referirse a las normas relativas al funcionamiento del fondo, contenidas en el propio reglamento —por ejemplo, política de inversiones o forma de distribución de resultados— y en el contrato de su constitución en lo que a la denominación y al objeto hace referencia[321]. La segunda de ellas alude a la fusión del

318 Art. 47 LCR: "*1. Las ECR y EICC también podrán ser gestionadas por SGIIC conforme a la Ley 35/2003, de 4 de noviembre, de Instituciones de Inversión Colectiva. 2. Las SGIIC se regirán, en lo relativo a la gestión de ECR o EICC, por las previsiones de esta Ley para las SGEIC. 3. Las SGIIC que pretendan gestionar ECR o EICC deberán presentar en la Comisión Nacional del Mercado de Valores la siguiente documentación: a) Solicitud de autorización de modificación de sus estatutos sociales. b) Memoria descriptiva que contenga la información a que se refiere el artículo 45.3 en relación con todas las ECR o EICC que pretende gestionar y en la que se acredite el cumplimiento de los requisitos del artículo 48.*"

319 Apunta tal fórmula de retribución ERLÁIZ COTELO, I., "Las adquisiciones..." *Op. Cit.* Pág. 362

320 Al margen de cuestiones formales como la coma que sigue a la palabra constitución, hubiera sido deseable que especificara los extremos del contrato que resultan modificables.

321 Así, JUSTE MENCÍA, J., "Los vehículos de inversión..." *Op. Cit.* Págs. 117-118

fondo como única modificación estructural prevista para tales entidades, así como la disolución y liquidación, si bien los supuestos y mecanismos que contenga el reglamento de gestión debe realizarse de conformidad con lo previsto en los artículos 36 y 37 LCR, respectivamente.

2.1.1.3. Las Entidades de Capital Riesgo-Pyme

Debido a las dificultades que tienen las empresas para la captación de recursos, especialmente en las etapas tempranas de su desarrollo, la Ley 22/2014 ha creado una entidad de capital riesgo específica, la entidad de capital-riesgo pyme (ECR-Pyme) que facilita su financiación directa. A diferencia de lo previsto en la norma anterior, entre ECR sometidas a régimen común y las ECR simplificadas, la distinción entre las ECR y la ECR-Pyme está basada, principalmente, en el régimen de inversiones, específico para las segundas —arts. 20 a 25 LCR— y que pretende la consecución del objetivo anteriormente mencionado, la inversión en las fases iniciales de las empresas de modestas dimensiones. Además, precisamente por la profesionalidad y especialización de la ECR-Pyme y la presumible falta de experiencia o conocimientos de mercado de la compañía emergente, cobra más relevancia, si cabe, la labor de asesoramiento.

En su condición de entidad de capital riesgo, es posible que adopte la forma jurídica tanto de FCR como de SCR a cuya denominación acompañará la referencia a la pyme —así, FCR-Pyme y SCR-Pyme, respectivamente—. Como especialidad —quizás orientado al objetivo último de estas entidades—, para la constitución de una SCR-Pyme el legislador ha rebajado el capital mínimo a 900.000€ —en las SCR comunes es de 1.200.000€— pero mantiene las mismas normas en atención al desembolso inicial o a la representación de las acciones.

Por lo que al coeficiente obligatorio de inversión hace referencia, el art. 21 LCR regula tanto los instrumentos financieros que provean la financiación como las particulares características de la sociedad *target*.

Con respecto a lo primero, las ECR-Pyme mantendrán, al menos, el 75% de su activo computable en los siguientes instrumentos: acciones u otros valores o instrumentos financieros que den derecho a su suscripción o su adquisición y participaciones en el capital; préstamos participativos; instrumentos financieros híbridos cuando su rentabilidad quede ligada a los resultados de la empresa y la recuperación del principal en caso de concurso no esté plenamente asegurada; instrumentos de deuda con o sin garantía de empresas en las que la ECR-Pyme ya tenga una participación a través de alguno de los instrumentos anteriores; acciones o participaciones en otras ECR-Pyme constituidas con arreglo a la presente ley. No cabe, tampoco, la inversión en una única entidad o grupo de sociedades pues, como señala el art. 23 LCR está limitada a un 40% en ambos casos.

En atención a lo segundo, serán aptas para la inversión de las ECR-Pymes aquellas sociedades no cotizadas que no tengan la condición de institución de inversión colectiva ni sean entidades financieras o inmobiliarias, con menos de 499 empleados cuyo activo anual o su volumen negocios no supere, respectivamente, en el momento de la inversión los 43 y los 50 millones de euros, siempre que no se trate de una institución de inversión colectiva ni de empresas financieras o de naturaleza inmobiliaria[322]. En cuanto a su domicilio social, es necesario que esté fijado en un Estado miembro de la UE o un tercer país considerado cooperante en el Grupo de Acción Financiera Internacional sobre el Blanqueo de Capitales y haya firmado con España un convenio para evitar la doble imposición con cláusula de intercambio de información o un acuerdo de intercambio de información en materia tributaria[323].

El coeficiente de libre disposición, que comprende el 25% restante del activo computable, podrá destinarse a la compra de valores de renta fija negociados en mercados regulados o en mercado secundarios organizados, en participaciones de entidades diferentes a las previstas en el coeficiente obligatorio —IIC, ECR comunes y EICC, inclusive—, en efectivo[324], en financiación a las empresas que formen parte de su objeto social de conformidad con lo previsto en el art. 9 LCR y en el caso de SCR-Pyme autogestionada hasta el 20% de su capital social en elementos de inmovilizado necesarios para el desarrollo de su actividad.

Ello no obstante, el art. 24 LCR, por remisión al art. 17 LCR, permite los incumplimientos temporales de tales coeficientes por las mismas razones anteriormente expuestas.

Además de las citadas limitaciones cuantitativas y cualitativas de ambos coeficientes, el art. 25 LCR reserva la facultad al Ministro de Economía y

322 Para facilitar la inversión en pymes, la Ley 18/2022, de 28 de septiembre, de creación y crecimiento de empresas, flexibilizó el requisito de los empleados ampliándolo hasta, prácticamente, el doble: de 250 a 499.

323 Este requisito territorial supone una diferencia con respecto a las ECR de régimen común que sí contempla, dentro de ciertos límites, la inversión fuera de tales mercados.

324 Según el art. 22.c) LCR *"En aquellos casos en los que estatutaria o reglamentariamente se prevean reembolsos periódicos formará parte del coeficiente de liquidez, junto con los demás activos especialmente líquidos que precise el Ministro de Economía y Competitividad, o, con su delegación expresa, la Comisión Nacional del Mercado de Valores"*

Competitividad y, con su habilitación expresa, a la CNMV para que establezcan limitaciones adicionales a la inversión, fijen un coeficiente mínimo, determinen los conceptos contables del activo computable o establezcan límites a la financiación ajena que reciban las ECR-Pyme. E, igualmente, condiciona la inversión en titulizaciones a aquellos casos en los que su originador retenga, como mínimo, el 5% y siempre con respeto a los límites a las posiciones de titulización previstos en el Reglamento Delegado (UE) n.º 231/2013, de la Comisión de 19 de diciembre de 2012, por el que se complementa la Directiva 2011/61/ GFIA.

2.2. Las Entidades de Inversión Colectiva de tipo Cerrado (EICC)

En cumplimiento del mandato contenido en la Directiva 2011/61/ GFIA, la norma reguladora del capital-riesgo vigente en nuestro país, extiende su aplicación, como se infiere de su título, a las entidades de inversión colectiva de tipo cerrado (EICC). La finalidad de su incorporación a la presente Ley no es otra sino el sometimiento a un cierto control y supervisión por la CNMV de entidades que, con una política definida de inversiones, adquieren todo tipo de activos financieros o no financieros pero cuyos socios no tienen liquidez inmediata, a diferencia de las IIC de tipo abierto[325]. Por consiguiente, con la entrada en vigor de la Ley 22/2014, determinadas sociedades mercantiles tuvieron que transformarse, en consonancia con las exigencias de la normativa europea, en una entidad de inversión colectiva cerrada y someterse, si bien con ciertas especialidades, a lo previsto en ella y al control administrativo de su actividad —lo cual implica, obviamente, su registro previo en la CNMV—.

Concretamente, puede que adopten la forma tanto de sociedad de inversión colectiva de tipo cerrado (SIIC) o como fondos de inversión colectiva de tipo cerrado (FICC)[326]. Por lo que a su gestión hace referencia, es posible la constitución de una SIIC autogestionada, si bien, de conformidad con lo previsto en el artículo 4 LCR, lo habitual es que la gestión corresponda, en ambos casos, a una sociedad gestora que tendrá menores restricciones en la inversión que en el caso de las ECR. Ello puede inferirse de su definición, contenida en el art. 4 LCR, que entiende por tales entidades aquellas que "ca-

325 Como afirma CANTA DIAZ DE GUEREÑU, J., "Ley 22/2014, más sombras que luces para el Capital Riesgo Español" en *La Ley Mercantil* n.º8, 2014 pág. 2 "cualquier vehículo que obtenga capital de una serie de inversores, mediante una actividad de comercialización, para invertirlo con arreglo a una política de inversión definida, será EICC y, por tanto, su gestión estará sometida a la regulación de Ley

326 Actualmente, según la información que ofrece la CNMV, están registradas 24 SICC y 19 FICC.

reciendo de un objetivo comercial o industrial, obtienen capital de una serie de inversores, mediante una actividad de comercialización, para invertirlo en todo tipo de activos financieros o no financieros, con arreglo a una política de inversión definida".

Aunque, en puridad, las ECR, como señala su propia definición, sean entidades de inversión colectiva de tipo cerrado, la Ley 22/2014, les otorga una categoría especial y una regulación específica de modo que, a los efectos de lo previsto en ella, no se entenderán incluidas en el concepto de EICC[327] las entidades de capital-riesgo tal y como las define el art. 3 LCR ni ninguna de las entidades de conformidad con la Ley de Instituciones de Inversión Colectiva.

Por tanto, si bien es cierto que tienen en común con las ECR la simultaneidad de las desinversiones entre los inversores y partícipes y que lo que ellos perciban lo sea en atención a sus respectivos derechos, de acuerdo con las acciones o participaciones de su clase (art. 2 LCR), no lo es menos que presentan dos diferencias sustanciales: de un lado, la ausencia de un objetivo comercial o industrial y, de otro, la existencia de un régimen jurídico muy flexible que declara inaplicable a las EICC determinados requisitos imperativos para las ECR en relación con el capital mínimo, el objeto o las actividades complementarias. En este sentido, no son aplicables las reglas sobre el capital mínimo contenidas en los arts. 26.3 LCR y 31.1 LCR, para las sociedades y fondos de capital riesgo, respectivamente. Tampoco están limitados en su objeto ni en su actividad por lo previsto para las ECR, sino que, por el contrario, tienen una flexibilidad en sus inversiones que alcanza a todo tipo de activos financieros y no financieros, si bien, el art. 38.5 LCR limita su inversión en titulizaciones a aquellas cuyo originador retenga el menos el 5% y siempre que cumpla los límites a las posiciones de titulización previstos en el Reglamento Delegado (UE) n.º 231/2013 de la Comisión, de 19 de diciembre de 2012.

Debe destacarse, como novedad introducida por la Ley de creación y crecimiento de empresas, la regulación en el art. 4 bis LCR de las entidades de inversión colectiva de tipo cerrado de préstamos (EICCP). Dichas entidades tienen por objeto la inversión en facturas, préstamos, crédito y efectos comerciales de uso habitual en el tráfico mercantil por lo que, en puridad, aunque faciliten financiación, en la medida en que lo hacen a través de la concesión de crédito, no entrarían en la categoría de socios inversores.

---

327 FERNÁNDEZ ALÉN, J., "La Ley 22/2014..." *Op. Cit.* Pág. 349

2.3. *Las sociedades gestoras.*

2.3.1. Las Sociedades Gestoras de Entidades de Inversión de Tipo Cerrado (SGEIC)

Tanto las FCR de manera obligatoria como las SCR que así lo deseen, estarán gestionadas por sociedades gestoras de entidades de inversión de tipo cerrado —SGEIC—, cuyo régimen jurídico está previsto en los arts. 41-58 LCR. Por consiguiente, debe distinguirse, como especifica el título de la norma, entre las entidades de capital riesgo y las sociedades gestoras[328].

Por lo que a su concepto hace referencia, de conformidad con lo previsto en el art. 41 LCR, las SGEIC son sociedades anónimas o de responsabilidad limitada que tienen como objeto social la gestión de las inversiones de una o varias ECR y EICC, así como el control y gestión de sus riesgos[329]. En virtud de su naturaleza, le son de aplicación, en todo lo no previsto en la LCR, el régimen general de las sociedades anónimas o, en su caso, limitadas contenido en la LSC, así como, en su condición de gestores de patrimonios ajenos, por sus similitudes con las SGIIC, la Ley 35/2003, de 4 de noviembre, de Instituciones de Inversión Colectiva.

Para el ejercicio de su actividad es necesario que obtengan una autorización administrativa previa de la CNMV una vez acrediten el cumplimiento de los requisitos señalados en el art. 48 LCR, tanto de contenido patrimonial como sobre la idoneidad de la gestora y sus miembros. Y a diferencia de la flexibilidad existente con los incumplimientos temporales de las entidades, en el caso de las SGEIC no basta con el cumplimiento inicial de los requisitos, pues están sometidas a una constante revisión y supervisión de su autorización para el inicio de la actividad[330].

Con respecto a los requisitos relacionados con los aspectos patrimoniales, es necesario que las SGEIC cuenten con un capital social mínimo, íntegramente desembolsado, de 125.000€ y que sus acciones estén representadas

328 En este sentido, MARTÍNEZ-ECHEVARRÍA GARCÍA DUEÑAS, A., "Las Sociedades Gestoras..." *Op. Cit.* consultado en https://proview.thomsonreuters.com/

329 La posibilidad de que las sociedades gestoras sean sociedades de responsabilidad limitada ha sido, recientemente, introducida por la a Ley 18/2022, de 28 de septiembre, de creación y crecimiento de empresas, como ya ocurría con todos los tipos de Empresas de Servicios de Inversión.

330 Así, por ejemplo, el art. 51 LCR señala las potestades específicas de autorización de la CNMV; el art. 52 la necesaria comunicación de las modificaciones de las condiciones de autorización a la CNMV; o los arts. 53, 54 y 56 LCR, la revocación, caducidad y suspensión de la autorización, respectivamente. E, igualmente, los arts. 67 a 71 LCR establecen determinados requisitos de transparencia consistentes en concretas obligaciones de información a los inversores.

mediante títulos nominativos o anotaciones en cuenta. También, en aras a una adecuada cobertura de los riesgos derivados de su responsabilidad profesional y de modo similar a la alternativa en otros ámbitos entre suscripción de póliza o garantía equivalente, obliga a las SGEIC a que cuente con recursos propios para la reparación de los perjuicios causados en casos de negligencia[331] o que tengan un seguro de responsabilidad civil profesional[332].

En atención a los requisitos subjetivos y en consideración a la idoneidad que pretende la LCR que tengan los miembros de las SGEIC, tales gestoras están sometidas a una exigente regulación y supervisión, en consonancia con el control público existente ante actividades de intermediación financiera[333]. Sin ánimo de exhaustividad, entre otras cuestiones, les obliga a que cuenten con procedimientos de control interno, mecanismos de control de riesgos, medios de protección para la prevención del blanqueo de capitales[334], códigos de conducta interna, normas que rijan las transacciones personales de sus empleados u otras que velen porque las inversiones tengan lugar con arreglo al reglamento o los estatutos de la entidad que gestionen.

El consejo de administración, formado, como mínimo, por tres miembros, también está sometido a exigencias significativas en materia de honorabilidad[335] y diligencia. La primera de ellas, alcanza a todos sus integrantes —también a directores generales y asimilados— y la define como "una conducta personal, comercial y profesional que no arroje dudas sobre su capacidad para desempeñar una gestión sana y prudente de la entidad". Para su apreciación será necesario un análisis de la información disponible a la luz de los parámetros desarrollados reglamentariamente. Ante la falta de dicho desarrollo

331 El art. 11 del Reglamento delegado (UE) n.º 231/2013 de la Comisión, de 19 de diciembre de 2012 señala sin que pueda considerarse *numerus clausus,* posibles riesgos derivados de la profesión de la gestión de fondos de inversión alternativa —GFIA— como son, pérdida de documentos, actos, errores u omisiones que supongan un incumplimiento de obligaciones legales o reglamentarias, obligaciones de confidencialidad, etc.

332 Sobre las características mínimas del seguro, ver art. 15 del Reglamento delegado (UE) n.º 231/2013 de la Comisión, de 19 de diciembre de 2012.

333 Tal y como afirma en su breve análisis de la norma FERNÁNDEZ ALÉN, J., "La Ley 22/2014 de entidades de capital-riesgo, entidades de inversión colectiva de tipo cerrado y sus sociedades gestoras" en *Revista de Derecho Bancario y Bursátil* n.º136, 2014 págs. 346-347 "dado que toda actividad de intermediación financiera implica un riesgo para el ahorro de los inversores —particularmente acusado cuando se trata de entidades de inversión colectiva— el Estado debe ejercer un control público estricto sobre las entidades que realizan aquella."

334 Obligación que también prevé para las sociedades gestoras el art. 2 de la Ley 10/2010, de 28 de abril, de Prevención de Blanqueo de Capitales y de la Financiación del Terrorismo.

335 Quizás de forma algo excesiva, alude el precepto a la honorabilidad "comercial, empresarial o profesional".

y la ausencia de supuestos en los cuales debe entenderse que no concurre la citada honorabilidad —como sí hacía la Ley 5/2005—, parece que será la CNMV quien advierta, a la luz de tal definición, dicho atributo en los miembros de la gestora. La diligencia, por el contrario, es exigible a la mayoría y no a la totalidad de los miembros, si bien, es preciso que todos los consejeros delegados y los directores generales y asimilados tengan conocimientos adecuados y experiencia en materias financieras o de gestión empresarial. La ley presume tales características a quienes hayan desempeñado, al menos, durante tres años, funciones de alta administración, dirección, control o asesoramiento de entidades financieras o de las empresas comprendidas en el art. 7 LCR, o funciones de alta administración y gestión en otras entidades públicas o privadas. Además de los requisitos para los gestores, la LCR también exige para la concesión de la autorización que los socios con participaciones significativas resulten idóneos en aras a una "gestión sana y prudente de la sociedad gestora". Por último, es preciso que tanto la administración como el domicilio social de la gestora esté situado en España.

La actividad de las SGEIC también está sometida a una detallada regulación que puede, a su vez, clasificarse en atención a dos circunstancias: las específicas funciones que les corresponden y los principios que rigen su actuación.

Además de las propias de gestión y representación ya comentadas en los epígrafes relativos a las SCR y a los FCR —en este caso, de forma imperativa—, el artículo 42 LCR especifica determinadas funciones que pueden realizarlas "adicionalmente", si bien en el caso de los fondos no existe otra posibilidad. Ello resulta evidente con respecto a los actos que, integra en el concepto "administración de la entidad" —así, por ejemplo, la distribución de rendimientos o la llevanza del registro de partícipes—. Otras, que en sociedades anónimas de reducidas dimensiones podrían delegarse, son las que tendrían sentido dentro de tal término habida cuenta de los recursos técnicos y humanos de la propia sociedad gestora, de modo que no sea necesaria una externalización de ciertos servicios —por ejemplo, los servicios jurídicos y contables—. También prevé de forma expresa —a diferencia de su antecedente normativo—, como funciones adicionales, una actividad fundamental cual es la comercialización de la entidad de capital riesgo, que consiste en su promoción para la atracción de potenciales clientes que aporten sus recursos a la SCR o al FCR[336]. Como última de las funciones adicionales, el art. 42.4 c)

336 MARTÍNEZ-ECHEVARRÍA GARCÍA DUEÑAS, A., "Las Sociedades Gestoras..." *Op. Cit.* consultado en https://proview.thomsonreuters.com/
Señala la importancia de tal función y el escaso reflejo que tenía en la Ley 25/2005

LCR contiene, en puridad, dos funciones con poca relación entre ellas: en primer lugar, las actividades relacionadas con los activos de la entidad —gestión y administración de inmuebles— con el alcance que apunta el texto, esto es, "los servicios necesarios para cumplir con las obligaciones fiduciarias de los gestores"[337]; en segundo, labores de asesoramiento con respecto a estructuras de capital, estrategia industrial o servicios relacionados con fusiones o adquisiciones de empresas (aunque no lo diga expresamente, también debe entenderse aplicable al asesoramiento sobre las demás modificaciones estructurales previstas para las SCR) u otros servicios conexos con la gestión de la entidad y de las empresas y activos en los que ha invertido[338].

Junto a dichas funciones adicionales, en algunos casos de manera reiterada[339], el art. 43 LCR prevé determinados servicios que denomina "accesorios"[340], relativos a la gestión de carteras de inversión[341], asesoramiento en tal materia, custodia y administración de acciones y participaciones —según el tipo de ECR— y, en su caso, de fondos de capital riesgo europeo (FCRE) y fondos de emprendimiento social europeo (FESE), así como la recepción y transmisión de órdenes de sus clientes en relación con uno o varios instrumentos financieros.

En un sentido negativo, el art. 44 LCR establece las actividades prohibidas para las SGEIC. Para que puedan o no desarrollarlas, debe advertirse si concurren determinados requisitos pues por sí mismas no están prohibidas. Concretamente, les está vedada la realización en exclusiva de los servicios previstos en el art. 43 LCR; las labores de asesoramiento y transmisión-recepción de órdenes de clientes si no gestionan la cartera de inversión; las funciones adicionales del art. 42.4 LCR si no realiza las que, como mínimo, contendrá la autorización —las principales—; y, por último, la función de ges-

337 Si forma parte de sus deberes fiduciarios, no termina de entenderse su previsión expresa, pues si asumen la administración de los activos de la entidad, es algo que ya se deduce de la normativa aplicable.

338 Estas últimas actividades, no obstante, en virtud de lo previsto en el art. 42.5 LCR no podrá realizarlas ni las SCR autogestionadas ni las SICC, como tampoco las actividades previstas en el art. 43.1 LCR.

339 Así, por ejemplo, parece algo confusa la referencia a la gestión de carteras de inversión en el art. 42.3 LCR y 43.1 a) LCR.

340 Recientemente modificado por la Ley 6/2023, de 17 de marzo, de los Mercados de Valores y de los Servicios de Inversión que añade como servicio accesorio el "asesoramiento en materia de inversión".

341 El art. 43.1 a) LCR señala como límite, el siguiente *"En este caso la gestora no podrá invertir ni la totalidad, ni parte de la cartera del cliente en las entidades que gestione, salvo consentimiento general previo del cliente"*

ción de cartera si previamente no gestiona los riesgos y viceversa, de modo que las funciones del art. 42.3 LCR deben realizarse conjuntamente.

Debido al interés en la protección de la SCR delegante o de los partícipes del FCR, no es suficiente con la enumeración de las funciones que corresponden a la SGEIC, sino que también contiene el art. 59 LCR una serie de principios que regirán su actuación, en consonancia con los requisitos de honorabilidad y diligencia esperable de sus miembros. Así, señala la primacía en sus funciones gestoras del interés de los partícipes o accionistas, la obligación de que actúen honestamente y con la debida diligencia y que traten de forma paritaria a los inversores salvo que la normativa interna de la ECR prevea el trato privilegiado de algunas acciones o participaciones. Y también contiene, dicho precepto —art. 59.3 LCR—, el régimen de responsabilidad de las SGEIC frente a los partícipes o accionistas que alcanza a "todos los perjuicios que les causaren por el incumplimiento de las obligaciones a las que estuvieran sometidas conforme a esta Ley y en los reglamentos o estatutos de las ECR o EICC que gestionen". Con respecto a la normativa anterior, señala expresamente que responderán también de los incumplimientos de la normativa interna, pero mantiene el mismo error advertido, entonces, por la doctrina, pues tampoco diferencia entre las SCR y los FCR. Mientras que los fondistas están legitimados para exigirles responsabilidad por los daños causados, los accionistas de la SCR carecen de ella, pues tal facultad corresponde en exclusiva a la propia sociedad que, a través de sus administradores, celebró el contrato de delegación de facultades[342]. Todo ello, sin perjuicio de la acción de responsabilidad que interpongan los socios frente al órgano de administración ante el daño ocasionado por los delegados.

En aras, también, a la tutela de las relaciones subyacentes, la LCR establece una concreta regulación de los posibles conflictos de interés en la actuación de la sociedad gestora (art. 61 LCR), la separación funcional y jerárquica entre los encargados de la gestión de riesgo y los miembros de las unidades operativas (art. 62 LCR), la gestión de la liquidez (art. 63 LCR) o la valoración de los activos de las entidades gestionadas (art. 64 LCR).

Ello no obstante, la rigidez de estas normas contenidas en el Capítulo II no serán de aplicación a las SGEIC cuyos activos bajo gestión no superen determinados umbrales. Para ellas, el art. 72 prevé unos requisitos más flexibles o ajustados a sus concretas características. Así, por ejemplo, en la línea seguida

342 MARTÍNEZ-ECHEVARRÍA GARCÍA DUEÑAS, A., "Las Sociedades Gestoras..." *Op. Cit.* consultado en https://proview.thomsonreuters.com/ JUSTE MENCÍA, J., "Los vehículos de inversión..." *Op. Cit.* Pág. 124

por la Directiva GFIA que flexibiliza los requisitos en función del tamaño, solo requerirán de depositario —uno por entidad—, de conformidad a lo previsto en el art. 50 LCR, las entidades gestionadas cuyos activos no superen los 100 millones de euros con apalancamiento o los 500 sin él y sin derechos de reembolso en un periodo de cinco años desde la inversión inicial. Como excepción, no obstante, para la protección de los inversores no profesionales, el art. 72.5 LCR excluye la aplicación de dichos requisitos más flexibles y remite al régimen general a las SGEIC que comercialicen ECR diferentes a las ECR-Pymes cuando el destinatario no tenga la condición de inversor profesional.

En el anverso de la moneda, como retribución por las funciones que realizan y el régimen de responsabilidad que soportan, la SGEIC recibirá una contraprestación cuyo contenido dependerá de lo que contractualmente establezcan. El sistema retributivo contenido en el art. 60 LCR es bastante flexible y le es de aplicación lo previsto en la Ley 35/2003, de 4 de noviembre, de Instituciones de Inversión Colectiva y su normativa de desarrollo, cuyas normas no afectan tanto a su determinación como a la publicidad de las formas elegidas para su cálculo o los límites máximos de las comisiones[343].

Otra posibilidad, reconocida por vez primera en la Ley 25/2005, es la posible delegación en terceras entidades de las funciones que realiza una SGEIC. Así, el art. 65 LCR, con un tenor casi idéntico al art. 20 de la Directiva 2011/61/GFIA, prevé tal posibilidad sobre la base de tres parámetros: control administrativo, separación entre la gestión de riesgos y la operativa de la entidad y el mantenimiento de la responsabilidad de la delegante. Aunque ya no es necesaria la autorización previa, la delegación está sometida a la supervisión por parte de la CNMV que conocerá del contenido del contrato antes de que surta efecto y que exigirá de la delegada los mismos estándares de diligencia, honorabilidad e idénticos medios técnicos y humanos, que la delegante. También previene la regulación de la confusión entre las funciones relativas a la gestión de riesgos y la de carteras e, igualmente, ante la posible existencia de situaciones de conflicto de intereses. Por último, en consonancia con el alcance parcial de la delegación[344] y la prohibición expresa de

343 En el ámbito de las SGIIC, TAPIA HERMIDA, A., "La gestión y custodia de los Hedge Funds" *Régimen Jurídico y Económico de los <<Hedge Funds>>* Rico Arévalo (Dir.) Cizur Menor, Aranzadi, 2008 consultado en https://proview.thomsonreuters.com por las especialidades en cuanto a la regulación, cobra sentido la liberalización del régimen de comisiones de la sociedad y sus depositarios.

344 La actual redacción de la LCR evidencia, mejor que la norma anterior, el contenido parcial de la delegación que apuntaba MARTÍNEZ-ECHEVARRÍA GARCÍA DUEÑAS, A., "Las Sociedades Gestoras..." *Op. Cit.* consultado en https://proview.thomsonreuters.com/

que tal acuerdo vacíe de contenido las funciones de la delegante[345], el citado precepto mantiene la obligación de supervisión por parte de la SGEIC y el régimen de responsabilidad ante la ECR o la EICC y sus inversores que no se verá, en ningún caso, afectada por tal delegación. Con respeto a los citados presupuestos, el art. 66 LCR prevé también la subdelegación de funciones prácticamente en los mismos términos que la relación jurídica anterior —con alguna excepción como la imposible subdelegación en la entidad depositaria o sus delegados—.

Además de la delegación, es posible la sustitución de las SGEIC tanto por voluntad de la gestora como por la de la ECR gestionada e, incluso, forzosamente, con independencia de la intención de cualquiera de ellas. Para ello, según el art. 57 LCR es preciso, en los dos primeros casos, que en la solicitud acompañen la aceptación de la SGEIC que reemplazará a la anterior[346]. En caso de revocación, concurso o suspensión de una SGEIC que implique su sustitución deberá convocarse una junta general de accionistas en el plazo de tres meses —excepcionalmente, cuatro meses, si hubiera causa justificada— desde la resolución de la sustitución por la CNMV para la ratificación de la SGEIC sustituta o la designación de una nueva sociedad gestora. En caso de incumplimiento del plazo la sociedad causará baja en el registro de la CNMV[347].

2.3.2. Las Sociedades Gestoras de Instituciones de Inversión Colectiva (SGIIC)

Las SGIIC, de conformidad con lo previsto en el art. 40.1 de la Ley 35/2003, de 4 de noviembre, de Instituciones de Inversión Colectiva, son sociedades anónimas o limitadas[348] cuyo objeto social consiste en la gestión de las inversiones, el control y la gestión de riesgos, la administración, representación

345 En cuanto a la interpretación de cuándo una SGEIC está vacía de contenido, la CNMV considera que "para cada uno de los vehículos que gestione una SGEIC, no será posible que las tareas delegadas (en lo que se refiere a la función de gestión de carteras y la función de control y gestión de riesgos) excedan de manera sustancial a las que retiene la SGEIC". Disponible en https://www.cnmv.es/docportal/Legislacion/FAQ/QAsIIC.pdf

346 En cuanto a la legitimación para la presentación de la solicitud ante la CNMV, hubiera sido deseable, una redacción más precisa de los legitimados, pues, en el caso de las SCR la competencia la tiene la junta general, pero puede delegarla en el consejo de administración

347 El procedimiento de sustitución previsto en el art. 53 de la Ley de Instituciones de Inversión Colectiva ha sido modificado por la nueva LMVSI.

348 La posibilidad de que sean sociedades limitadas procede de la modificación llevada a cabo por la Ley Crea y Crece, si bien, de más de un centenar de sociedades gestoras de IIC que figuran en el listado de la CNMV, ninguna tiene la forma de limitada.

y gestión de suscripciones y reembolsos de los fondos y las sociedades de inversión[349]. En particular, es posible que reciban autorización para la gestión de carteras de inversiones —fondos de pensiones inclusive—, ECR, EICC, fondos de capital riesgo europeos (FCRE), fondos de emprendimiento social europeos (FESE) y fondos de inversión a largo plazo europeos (FILPE), y otros vehículos de inversión colectiva. Igual que ocurre con las ECR, tanto su denominación como su acrónimo son privativas de las entidades inscritas como tales en el registro de la CNMV.

La actividad de las SGEIC puede también realizarla, tal y como prevé el art. 47 LCR, las SGIIC, sociedades gestoras de inversión colectiva de tipo abierto, a las que les será de aplicación la ley 22/2014 en todo lo relativo a la gestión de ECR y EICC. Para ello, es necesario que presenten en su solicitud ante la CNMV la propuesta de modificación de sus estatutos sociales junto a una memoria descriptiva que contenga la información requerida por el art. 45.3 LCR en relación con la información de las entidades cuya gestión pretenda y en las que acredite el cumplimiento de los requisitos del art. 48 LCR, aplicable a las SGEIC, sobre los requisitos para la obtención de autorización. Debido a la similitud de requisitos que contenía la citada Directiva 2011/16/UE GFIA —en inglés, AIFMD— incorporada en nuestra actual LCR, con respecto a las exigencias propias a las gestoras de instituciones de inversión colectiva, ha sido común el cambio de SGEIC a SGIIC, para que, a través de la última, gestionen tanto los fondos de capital riesgo como los de inversión libre[350].

2.4. Otras entidades: Los Fondos de Capital Riesgo Europeos (FCRE), los Fondos de Emprendimiento Social Europeos (FESE) y los Fondos de Inversión a Largo Plazo Europeo (FILPE)

Otros posibles actores del capital-riesgo en España son los fondos de capital riesgo europeos (FCRE), los Fondos de emprendimiento social europeos (FESE) y los Fondos de Inversión a largo plazo europeo (FILPE). Por su intermedio, la Comisión Europea pretende que la inversión colectiva a través de fondos tenga un alcance territorial más amplio que el propio de las entidades nacionales, en consonancia con su interés por un mercado común competiti-

349 Para mayor concreción de las actividades que, mediando autorización, pueden realizar las SGIIC, véase el art. 40.2 LIIC.

350 A modo de ejemplo, Altmar Capital dio de baja su SGEIC para convertirla en una SGIIC. También fue el caso de Gala Capital o Arcano Capital, entre otros.

vo que aumente la oferta de los potenciales inversores[351]. Para ello, ha previsto una regulación comunitaria de dichos fondos, en los Reglamentos (UE) No 345/2013, (UE) n.º 346/2013, (UE) 2015/760 que establecen el régimen jurídico de los FCRE, los FESE y los FILPE[352] respectivamente, centradas dichas normas no tanto en los gestores como en los vehículos de inversión. Así, con la previsión de un marco normativo común aplicable en todo el territorio de la UE facilitan las inversiones en la totalidad de sus Estados Miembros[353]. La referencia a tales fondos en la normativa española, concretamente en los arts. 39, 40 y 40 bis LCR únicamente tiene por objeto, en consonancia con la europea, la reserva de la denominación correspondiente a quienes, cumplidos los requisitos, se inscriban como tales en la CNMV.

La distinción principal entre los FCRE y los FESE reside en el objeto de la inversión. En este sentido, mientras que la actividad de los FCRE está centrada en la financiación de las PYMES, la de los FESE gira en torno a la inversión en empresas sociales. La regulación sobre los gestores de tales fondos es prácticamente idéntica[354], con las salvedades propias en atención al objeto de cada

351 Como señala PÉREZ CARRILLO, E., "Fondos de Capital Riesgo Europeos y Fondos de Emprendimiento Social Europeos. Reformas recientes y perspectivas de próximas modificaciones de su régimen jurídico en la Unión Europea" en *Revista Española de Capital Riesgo*, n.º 5 2017, pág. 54 uno de los objetivos principales con la aprobación de los citados Reglamentos es la comercialización transfonteriza de dichos fondos.

352 En relación con los FILPE, no obstante, debe destacarse el Reglamento (UE) 2023/606 del Parlamento Europeo y del Consejo de 15 de marzo de 2023 por el que se modifica el Reglamento (UE) 2015/760 en lo que respecta a los requisitos relativos a las políticas de inversión y las condiciones de funcionamiento de los fondos de inversión a largo plazo europeos y al alcance de los activos aptos para inversión, los requisitos en materia de composición y diversificación de la cartera, y la toma en préstamo de efectivo y otras normas aplicables a los fondos. Dicha norma, pretende impulsar tales fondos que han tenido escaso éxito en los últimos años, con muy pocos FILPEs registrados. En nuestro país, el reconocimiento expreso de tales fondos en la LCR ha sido introducido, también, por la Ley "Crea y Crece". Sobre el impulso a los FILPE en el marco de la estrategia Europa 2020 vid. RECONDO PORRÚA, R., *Estructura y dinámica del mercado de capital riesgo,* Valencia,Tirant lo Blanch, 2023 págs.52-54

353 Tal y como consta en la exposición de motivos del Reglamento (UE) No 345/2013 "En ausencia de tal marco común, existe el riesgo de que los Estados miembros adopten medidas divergentes a escala nacional, lo cual repercutiría directa y negativamente en el buen funciona miento del mercado interior y lo obstaculizaría, pues los fondos que deseen ejercer su actividad en toda la Unión estarían sujetos a normas diferentes en los distintos Estados miembros"

354 Como señala RECONDO PURRUA, R. *Esquemas de iniciación... op. Cit.* pág. 58, el Reglamento 346/2013 sobre Fondos Europeos de Emprendimiento Social es un Reglamento "pareado" del 345/2013 sobre Fondos Europeos de Capital Riesgo. En el mismo sentido, PÉREZ CARRILLO, E., "Fondos de Capital Riesgo Europeos..." *Op. Cit.* Pág. 58 que califica el Reglamento de los FESE como "hermano" del de los FCRE.

uno de ellos —que gestionen carteras de fondos de emprendimiento social europeos o fondos de capital riesgo europeos, según el caso—. Es necesario, en ambos supuestos, que sus activos gestionados no superen los 500 millones de euros[355] —con alguna excepción—[356], estén establecidos en la Unión Europea y queden sujetas al requisito de registro ante las autoridades competentes de su Estado miembro de origen. Para la consideración del fondo como admisible y, por tanto, apto a la luz de la normativa comunitaria para el uso de su denominación reservada, es preciso que los FCRE y los FESE dediquen, como mínimo, un 70% del agregado de sus aportaciones de capital y del capital comprometido no exigible en activos que sean inversiones admisibles —en los términos del art. 3.1.e) del Reglamento 235/2013[357], 236/2013[358] res-

355 Por remisión, en ambos casos, al art. 3, apartado 2, letra b), de la Directiva 2011/61/UE, que, para la determinación del umbral requiere que los fondos *"no estén apalancados y no tengan derechos de reembolso que puedan ejercerse durante un período de cinco años después de la fecha de inversión inicial en cada FIA"*.

356 Si bien, existen excepciones en caso de que superen tal umbral que sí les permite el uso de la denominación. En este sentido, ver arts. 2.2 de ambos Reglamentos.

357 Dispone el citado artículo 3.1.e) del Reglamento 345/2013 sobre Fondos Europeos de Capital Riesgo que se entenderá por inversión admisible *"i) todo instrumento de capital o cuasi capital que: haya sido emitido por una empresa en cartera admisible y adquirido directamente por el fondo de capital riesgo admisible a dicha empresa, haya sido emitido por una empresa en cartera admisible a cambio de un valor participativo emitido por dicha empresa, o haya sido emitido por una empresa que posea una participación mayoritaria en una empresa en cartera admisible que sea su filial, y haya sido adquirido por el fondo de capital riesgo admisible a cambio de un instrumento de capital emitido por la empresa en cartera admisible. ii) préstamos garantizados o no garantizados concedidos por el fondo de capital riesgo admisible a una empresa en cartera admisible en la que el fondo de capital riesgo admisible ya tenga inversiones admisibles, siempre que para tales préstamos no se emplee más del 30 % del total agregado de las aportaciones de capital y del capi tal comprometido no exigido en el fondo de capital riesgo admisible, iii) acciones de una empresa en cartera admisible adquirida a accionistas existentes de dicha empresa, iv) participaciones o acciones de otro o de varios otros fondos de capital riesgo europeos admisibles, siempre y cuando estos fondos de capital riesgo europeos admisibles no hayan invertido más del 10 % del total agregado de sus aportaciones de capital y del capital comprometido no exigido en otros fondos de capital riesgo europeos admisibles;"*

358 En el caso de los FESE, además de la inversión en todo instrumento de capital o cuasi capital que resulta idéntica a los FCRE, el art. 3.1.e) del Reglamento 346/2013 sobre Fondos Europeos de Emprendimiento Social, señala que será una inversión admisible *"ii) un instrumento de deuda titulizada o no titulizada, emitido por una empresa en cartera admisible, participaciones o acciones de otro o de varios otros fondos de emprendimiento social europeos siempre y cuando estos fondos de emprendimiento social europeos no hayan invertido más del 10 % del total agregado de sus aportaciones de capital y del capital comprometido no exigido en otros fondos de emprendimiento social europeos admisibles, iv) préstamos garantizados y no garantizados concedidos por un fondo de emprendimiento social europeo a una empresa en cartera admisible, v) cualquier otro tipo de participación en una empresa en cartera admisible;"*

pectivamente—, que no utilicen más del 30% del total agregado de sus aportaciones de capital y del capital comprometido no exigido para la adquisición de activos distintos de las inversiones admisibles y que estén establecidos en un territorio de un Estado miembro. Sí que presentan diferencias notables, como es lógico, los concretos destinatarios de tales inversiones.

Con respecto a los FCRE, tienen la consideración de "empresas en cartera admisibles" aquellas sociedades no cotizadas que tengan una plantilla inferior a 250 trabajadores y cuyo volumen de negocio anual no supere los 50 millones de euros ni su balance anual sobrepase los 43 millones de euros. El Reglamento 345/2013 descarta, también, expresamente en esta categoría a entidades de crédito, empresas de inversión, compañías aseguradoras, sociedades financieras de cartera y sociedades mixtas de cartera. Como requisito territorial, exige la norma que los destinatarios estén establecidos en el territorio comunitario o en un tercer país admitido en atención a su cooperación en materia penal y tributaria.

Para los FESE, la inversión en "empresas en cartera admisibles", además de la no cotización como requisito inicial, es preciso que la destinataria de los fondos tenga como objetivo primordial la consecución de un impacto social positivo que pueda medirse de conformidad con su normativa interna y cuya actividad proporcione servicios a personas excluidas o en riesgo de exclusión social, emplee un método de producción de bienes o servicios orientado a tal fin o preste ayuda financiera a empresas sociales que realicen dicha actividad. El destino primordial de los beneficios, por tanto, no será su reparto entre los socios, sino la reinversión para el logro de su objeto social.

Por lo que a la comercialización de tales fondos hace referencia, los gestores realizarán dicha labor entre inversores considerados como profesionales y otros inversores, si destinan, como mínimo, 100.000 euros y manifiestan por escrito en un documento distinto del contrato relativo al compromiso de inversión, que son conscientes de los riesgos existentes[359].

Los FILPE, por el contrario, se diferencian en su vocación de largo plazo, esto es, que la financiación tenga carácter duradero. En cuanto al destino de su inversión, reglamentariamente están determinados los activos considerados "aptos" para dichos fondos que procederán de "empresas en cartera

359 Tales requisitos, no obstante, no serán de aplicación las inversiones realizadas por ejecutivos, directores o empleados que participen en la gestión de un gestor de fondos de emprendimiento social europeos admisibles en tanto en cuanto las inversiones se realicen en los fondos de emprendimiento social europeos admisibles o en los fondos de capital riesgo europeo que, respectivamente, gestionen.

admisibles". Por lo que a los activos hace referencia, cabe la inversión acciones o participaciones en el capital, préstamos subordinados, préstamos participativos u obligaciones convertibles, instrumentos de deuda, préstamos concedidos, siempre que tengan por objeto "empresas en cartera admisibles". También son "activos aptos" las acciones o participaciones de otros FILPE, FCRE y FESE siempre que dichos fondos no hayan invertido más de un 10% de su patrimonio en FILPE así como activos reales que adquiera el FILPE con un valor no inferior a diez millones de euros. En relación con el concepto de empresas en cartera admisibles, como límite a las inversiones, encuentran las empresas financieras que no superen los cinco años de existencia, empresas cotizadas que superen los mil quinientos millones de euros de capitalización bursátil y los proyectos que formen parte de jurisdicciones de alto riesgo. Igualmente, tienen un umbral mínimo de inversión en "activos aptos" del 70% de su patrimonio y no podrán apalancarse en más de un treinta por ciento.

En la práctica, no obstante, existe una diferencia muy significativa entre el número de fondos en atención a su condición de emprendimiento social europeo, capital riesgo europeo o de inversión a largo plazo europeo. Entre los primeros, quizás por las figuras alternativas existentes con fines similares, son dieciséis los fondos presentes en Europa[360], de los cuales nueve han sido constituidos en España -país que más FESE tiene, con diferencia—[361]. Por el contrario, la cifra es muy superior en relación con los fondos europeos de capital-riesgo, más de quinientos FCRE[362] de los cuales ciento doce han sido registrados en la CNMV[363]. La incidencia de los FCRE admite mejor comparación, por el objeto, con los FCR-Pyme, creados por la citada Ley 22/2014. De hecho, su éxito es consecuencia directa de una regulación más favorable con respecto a la alternativa nacional[364]. Mientras que ambas mantienen el mismo régimen fiscal, los FCRE tienen ventajas adicionales

360 Según datos de la UE, que, aunque relativos a los gestores de los fondos, señalan las entidades existentes. Datos disponibles en la base de datos de la Autoridad Europea de Valores y Mercados (ESMA) https://registers.esma.europa.eu/publication/searchRegister?core=esma_registers_eusef (consultado en agosto, 2023)

361 Información disponible en https://www.cnmv.es/Portal/Consultas/MostrarListados.aspx?id=22 (consultado en agosto, 2023)

362 Según datos de ESMA, hay quinientos sesenta y siete FCRE https://registers.esma.europa.eu/publication/searchRegister?core=esma_registers_funds (consultado en Agosto, 2023)

363 Listado disponible en https://www.cnmv.es/Portal/Consultas/MostrarListados.aspx?id=21&page=0 (consultado en agosto, 2023)

364 CANTA DIAZ DE GUEREÑU, J., "Ley 22/2014..." *Op. Cit.* Pág. 2 ya ponía de manifiesto las ventajas de los FCRE con respecto a las ECR-Pyme.

como el hecho de que no necesitan una entidad depositaria, tienen mayor flexibilidad en cuanto a los requisitos de la gestora, o que no encuentren limitaciones de grupo y diversificación de sus inversiones[365]. En cuanto a los FILPE, según datos de la ESMA, hay noventa y cinco fondos registrados de los cuales dos son españoles[366].

365 En este sentido, ver SÁNCHEZ MONJO, M., "FCRE: los fondos de inversión más eficientes para venture capital" 2019, disponible en https://www.elreferente.es/tecnologicos/fcre-opinion-33716

366 Información obtenida en https://www.esma.europa.eu/document/register-authorised-european-long-term-investment-funds-eltifs (consultado en agosto, 2023)

PARTE SEGUNDA
EL PACTO DE SOCIOS

INTRODUCCIÓN

Los socios fundadores e inversores, como ha quedado de manifiesto en los capítulos anteriores, presentan unas notas caracterizadoras diferentes. Su relación y la posición que tienen en la sociedad está en gran medida determinada por la aportación que realizan en un sentido amplio que, en el caso de los primeros, está basada, principalmente, en su capital intelectual y su dedicación al desarrollo del objeto social. Aunque algunos derechos sobre creaciones inmateriales son aptos como aportación al capital social[367], por el régimen de responsabilidad solidaria en la realidad de las aportaciones que rige en las sociedades limitadas, es habitual que los fundadores prescindan de ello y prevean una cifra baja integrada con otros bienes, materiales o dinerarios. En el caso de los segundos, los inversores, su aportación es la que dota de recursos a la *startup*, mayoritariamente dineraria pero que también comprende otras contribuciones de diversa naturaleza como el asesoramiento —*mentoring*— o la cesión de instalaciones y material específico[368]. Por consiguiente, de manera algo paradójica y aparentemente contradictoria con el principio plutocrático dominante en las sociedades de capital[369], aunque el socio inversor realiza la aportación económica más significativa —si bien parte de su inversión satisface la prima de emisión—, es el socio o grupo fundador

367 Vid. PÉREZ DE LA CRUZ, A., "Propiedad industrial e intelectual (II). Invenciones y creaciones técnicas. Creaciones intelectuales", *Curso de Derecho Mercantil vol. I,* Uría, R. y Menéndez, A. Civitas, Cizur Menor, 2006 p. 448

368 Vid. GIMENO BEVIÁ, V., "Las causas contractuales..." *Op. Cit.* pág. 311 En relación con la doctrina alemana sobre la aportación en la Gmbh, el capital intelectual, la dedicación necesaria para su desarrollo o el asesoramiento del socio inversor, tendrían cabida dentro del término más amplio de aportación o *Beitrag.* Otras aportaciones como los medios materiales necesarios, bienes muebles e inmuebles o la parte que satisface la prima de emisión sirven al patrimonio o la *Einlage.* Mientras que la aportación patrimonial ligada al capital social o *Stammkapital* corresponde principalmente a los socios fundadores que mantienen la mayoría de derechos de voto y el control de la sociedad. Sobre las diversas acepciones de la obligación de aportación, GALLEGO SÁNCHEZ, E. *Las participaciones sociales en la Sociedad de Responsabilidad Limitada,* McGraw Hill, Madrid, 1996 pp. 93 a 101. En relación al contrato de sociedad, por todos, PAZ-ARES, C., "Comentario al artículo 1681 del Código Civil" en *Comentario del Código Civil vol. II,* Ministerio de Justicia, Madrid, Ministerio de justicia, 1991 p. 1411 y ss.

369 En estos términos, de manera muy gráfica, se pronuncia el maestro OLIVENCIA, M., "Quórum y mayorías en las sociedades de capital. A propósito del artículo 11.bis.2 de la Ley de Arbitraje" *Liber Amicorum Juan Luis Iglesias,* García de Enterría, J. (Coord.), Cizur Menor, Aranzadi, 2014 consultado en https://proview.thomsonreuters.com/

quien, por lo general, ostenta la mayoría del capital social. La aceptación de tal posición por parte de los inversores es posible por dos motivos: de un lado, porque consideran que el negocio es escalable, con un importante margen de crecimiento y, por tanto, obtendrán una alta rentabilidad. De otro, por lo que aquí interesa, porque protegen su inversión mediante un instrumento esencial en toda *startup* como es el pacto de socios.

Por lo que a su definición hace referencia, el pacto de socios es aquel acuerdo parasocial que celebran fundadores e inversores en la *startup* por el que tutelan sus intereses mediante una reglamentación convencional que desborda de forma notable el régimen legal básico previsto en la Ley de Sociedades de Capital. Precisamente, por mor de tal acuerdo, los inversores consienten el desequilibrio existente entre su aportación económica y el reflejo en el capital social y los fundadores asumen una serie de obligaciones adicionales muy superiores a las que les corresponde en su condición de socios. Mientras que en otro tipo de sociedades cerradas con un modelo de negocio más convencional es posible que el marco jurídico aplicable no difiera sustancialmente de aquel que, por defecto, prevé la legislación societaria, en el ámbito de las *startup*, cobra especial relevancia el *ius dispositivum*. La regulación voluntaria de tales compañías, a mayor abundamiento, no responde a la protección de los intereses entre socios mayoritarios y minoritarios como relación habitual en el estudio de nuestro Derecho societario, sino en la división, en un sentido fáctico, entre emprendedores[370] —o en puridad, fundadores— e inversores[371]. Además, la importación de cláusulas de corte decididamente anglosajón, toda vez que la emergencia de tales compañías comienza en Estados Unidos, conlleva la confrontación de su contenido con nuestra normativa societaria lo que implica que gran parte de ellas, por la rigidez del modelo español, no encuentren cabida en sede estatutaria[372].

370 En un sentido jurídico el emprendedor está previsto en la Ley 14/2013 de apoyo a los emprendedores y su internacionalización, concretamente como "emprendedor de responsabilidad limitada", si bien su previsión como una figura para el ejercicio de la actividad empresarial no ha tenido apenas éxito. Una acertadísima crítica a tal medida en RONCERO SÁNCHEZ, A. Y PEINADO GRACIA, J. I., "Otro ejemplo de Derecho inútil..." Op. Cit. consultado en https://www.smarteca.es/

371 GIMENO BEVIÁ, V., "Las causas contractuales..." *Op. Cit.* pág. 309

372 Como señala GONZÁLEZ CABRERA, I. "La relevancia de los pactos parasociales en el *equity crowdfunding*" *Derecho de Sociedades: los derechos del socio* (Dirs.) González Fernandez y Cohen Benchetrit, Valencia, 2020 Pág. 1191 se utilizan "para flexibilizar la rigidez de la normativa socia, pues al fin y a la postre la vida de las sociedades, tal y como se configura en la LSC y en el RRM, resulta absolutamente tipificada y uniforme, cuando lo cierto es que la dinámica de cada una de las sociedades puede diferir atendiendo no al tipo, sino al fin social en sí mismo".

De lo anterior se deduce que la naturaleza jurídica del pacto de socios, como pacto parasocial, es contractual y está sujeto a los límites generales del Derecho privado ex. art. 1255 CC[373]. Son, por tanto, pactos autónomos que difieren del contrato de sociedad pero que mantienen una relación instrumental en tanto que existe una dependencia funcional entre ambos[374]. En la medida en que regula las relaciones entre los firmantes y contiene una pluralidad de derechos y obligaciones con vocación de permanencia —no se trata de un contrato sinalagmático—, tales pactos instituyen una sociedad interna de modo que la disciplina aplicable será la prevista para las sociedades civiles —arts. 1665 CC y ss.—[375].

En relación con los efectos del pacto de socios, ya sea por voluntad de los firmantes —por ejemplo, cuando prefieran mantenerlos reservados[376]— o por la imposibilidad de la inscripción en los estatutos, el hecho de que estén comprendidos en el ámbito parasocial implica que, como regla general, su contenido sea *res inter alios acta* para la sociedad, y los socios, en caso de incumplimiento, recurran a los remedios previstos en el Código Civil.

373 Las normas imperativas de la LSC no suponen un límite en sede parasocial. En este sentido, señala la conocida sentencia del Tribunal Supremo 300/2022 de 7 de abril señaló que tales pactos "no están constreñidos por los límites que a los acuerdos sociales y a los estatutos imponen las reglas societarias —de ahí gran parte de su utilidad— sino a los límites previstos en el artículo 1255 del Código Civil". En la doctrina, entre otros, mantiene la irrelevancia de la imperatividad tipológica PAZ-ARES, C., "La cuestión de validez de los pactos parasociales" *Revista Actualidad Jurídica Número 30, Homenaje al profesor D. Juan Luis Iglesias Prada / Extraordinario-2011* Disponible en https://www.uria.com/es/revista/32 pág. 254 O, recientemente, GAY QUINZÁ, I. y JIMÉNEZ MARTÍ, J., "Los pactos de socios y su oponibilidad" *Actualidad. Derecho mercantil* 2023, Valencia, Tirant lo Blanch, 2023 Pág. 93.

374 ALONSO LEDESMA, C., "Pactos parasociales" en *Diccionario de Derecho de sociedades*, (Dir) Alonso Ledesma, Madrid, Iustel, 2006 pág. 853

375 PERDICES HUETOS, A., "Lecciones: validez, eficacia y oponibilidad de los pactos parasociales en una cáscara de nuez" *Almacén del Derecho,* 2016 disponible en https://almacendederecho.org/lecciones-validez-eficacia-y-oponibilidad-de-los-pactos-parasociales-en-una-cascara-de-nuezALONSO LEDESMA, C., "Pactos parasociales"...*Op. Cit.* pág. 856; CERVERA MARTÍNEZ, M., "El ejercicio del derecho de voto con arreglo a pacto parasocial" *Derecho de sociedades. Los derechos del socio*, (Dirs.) González Fernández y Cohen Benchetrit, Valencia, Tirant lo Blanch, 2020 pág. 394; SERRA CALLEJO, J., "Validez y eficacia de los pactos parasociales: un enfoque sistemático" *Revista CEFLegal* n.º249. pág. 15

376 Como señalan MOCK, S., CSACH, K., Y HAVEL, B., "Shareholders agreement between Corporate and Contract Law" *International Handbook on Shareholders' Agreements* (eds.) Mock, Csach and Havel, Berlín, 2018 pág. 20 las tres ventajas principales de los pactos son la confidencialidad o ausencia de publicidad, la amplitud de remedios contractuales ante el incumplimiento y la posibilidad de modificar las relaciones entre algunos socios e, incluso, terceros que no tienen la condición de tales.

Ello no obstante, la referida autonomía entre el pacto de socios y el contrato de sociedad no implica, necesariamente, que ambos sean compartimentos estancos, impermeables ante el incumplimiento del otro. La separación entre lo contractual y lo societario o, más concretamente, entre lo parasocial y lo social debiera valorarse de forma distinta cuando existe una identidad subjetiva plena entre los firmantes del pacto y los socios de la sociedad, esto es, cuando el pacto de socios es omnilateral o universal. En tal situación, como queda de manifiesto con más detalle en otra parte del presente trabajo, lo más lógico es que la sociedad no pueda reputarse como un tercero ajeno pues si todos los socios lo han suscrito perdería la condición de reservado y, por tanto, sería perfectamente oponible con base en el art. 29 LSC. Sin embargo, a diferencia de lo que ocurre en otros países y en contra de la doctrina académica mayoritaria, la jurisprudencia reciente mantiene el principio de separación[377], si bien es cierto que la coincidencia entre todos los socios y firmantes del pacto parece presupuesto necesario —que no suficiente— para que prospere una acción de impugnación de acuerdos sociales con base en la lesión del interés social ex. art. 204.1 LSC[378].

Precisamente, habida cuenta de las dificultades existentes para la oponibilidad de los pactos parasociales omnilaterales y la imposibilidad cuando no exista coincidencia plena entre firmantes y socios, suele recomendarse la trasposición del contenido del pacto de socios a los estatutos en todo aquello que sea posible. A modo de ejemplo, cláusulas como la ampliación de mayorías para la aprobación de materias que consideran reservadas no plantea problema alguno si no alcanza la unanimidad y lo mismo es predicable con respecto a la previsión estatutaria de cláusulas de arrastre o acompañamiento[379].

377 En relación con la doctrina del Tribunal Supremo sobre pactos parasociales omnilaterales, véase la STS de 7 de abril de 2022. Como ejemplo de Derecho comparado que admite su oponibilidad, más allá del sistema anglosajón, véase el caso de Alemania. En nuestra doctrina, a favor de la oponibilidad de los pactos unilaterales, entre otros, PAZ-ARES, C., El enforcement de los pactos parasociales" *Actualidad Jurídica Uría & Menéndez* n.º5, 2003 pág. 21, NOVAL PATO, J., *Los pactos omnilaterales: su oponibilidad a la sociedad* Cizur Menor, Aranzadi, 2012 pág. 114; SAEZ LACAVE, M. I., "Los pactos parasociales de todos los socios en Derecho español: Una materia en manos de los jueces" *Indret: Revista para el Análisis del Derecho*, n.º3, 2009. pág. 9; Recientemente, ALONSO ESPINOSA, F. J., "El pacto parasocial como pacto social" *La Ley Mercantil n.º102*, 2023 consultado en https://www.smarteca.es/

378 En este sentido, véase la reciente sentencia del Juzgado de lo Mercantil de Barcelona, sección 12.ª, 22/2023 de 18 de abril.

379 Recomienda la trasposición, en la medida de lo posible, del contenido de los pactos en los estatutos SOLANS CHAMORRO, L., "Contratos entre socios..." *Op. Cit.* pág. 51; También DE ULLOA LAPETRA, G., "El pacto de socios..." *Op. Cit.* pág. 270

En cualquier caso, la aproximación a dichos pactos durante la vigencia de la *startup* y su relación con los estatutos sociales no puede llevarse a cabo de manera estática sino dinámica. En este sentido, la entrada de otros inversores en futuras rondas de financiación puede que derive en una novación del pacto de socios o, incluso, en la vigencia del pacto no para todos ellos. También es probable que tenga lugar una transformación del tipo social, principalmente, de sociedad de responsabilidad limitada a sociedad anónima si la compañía alcanza, desde un punto de vista económico, las últimas fases del ciclo de vida de una *startup*[380]. Y ello por las ventajas existentes en cuestiones como el régimen de autocartera, la asistencia financiera o, en el caso de que cumpla los requisitos, la posible captación de recursos en mercados como el *BME Growth*. No obstante lo anterior, más allá de las obligaciones propias de sociedades abiertas que cotizan en el mercado para las PYMES de BME —ad. ex. comunicación de pactos parasociales—, la necesaria adaptación de los pactos de socios por el cambio de tipo social y, lo que es más importante, su realineación con los estatutos, si se repara en el tratamiento diferenciado entre ambas sociedades de capital, son circunstancias que obligan a la revisión de su concreto contenido.

En la medida en que cada uno de los acuerdos que nutren los pactos de socios responde a una concreta motivación, para un estudio sistemático de ellos, parece oportuno agruparlos de conformidad con determinadas notas comunes. En este sentido, se sigue aquí la clasificación mayoritaria entre la

380 En este sentido, por influencia anglosajona y con traducciones literales de su fraseología, es común la referencia a cinco etapas. En primer lugar, la fase *pre-seed* y *seed* (semilla) donde la idea inicial debe materializarse en un producto mínimo viable. Para ello comienzan con recursos propios o financiación procedente de familiares y amigos (en inglés es habitual la referencia al acrónimo *FFF*, en alusión a *Friends, family and fools)* o capital riesgo informal como *Business Angels,* que permita llevar a cabo las primeras pruebas o validación en el mercado. En segundo lugar, la fase de *early stage* (fase temprana), en el que la *startup ya* obtiene ciertas métricas del producto y lo perfecciona con las experiencias de los primeros clientes y usuarios. En tercer lugar, la fase de crecimiento (*growth stage*) en la que la compañía tiene por objeto la escalabilidad sostenible y requiere de financiación para la contratación de más personal que trabaje en la rentabilidad de un producto ya validado. En cuarto lugar, la etapa de expansión en la que la *startup* plantea su apertura a otros mercados e, incluso, la elaboración de otros productos, para lo que celebra otras rondas con entidades de capital riesgo. Por último, la fase de salida (*exit)* donde, por lo general, tiene lugar la venta de la compañía o la desinversión de algunos socios a través de una oferta pública de venta en mercados de valores. Precisamente, entre la tercera y la cuarta fase, es el momento en el que puede plantearse la transformación de una sociedad de responsabilidad limitada en una sociedad anónima.

doctrina española que prevé su división en tres categorías: pactos de organización, pactos de relación y pactos de atribución[381].

Ello no obstante, la aproximación a las diversas previsiones que integran el pacto de socios no debe realizarse como si cada uno de los grupos fueran compartimentos estancos, toda vez que es posible que determinadas cláusulas se encuentren a caballo entre dos categorías, especialmente, por lo que a los pactos de relación y atribución hace referencia[382]. Tal es el caso, por ejemplo, de la incorporación del mecanismo *"pay to play"* en rondas de financiación que, si bien entra dentro de los pactos de relación porque afectan a la regulación contractual de la dilución entre fundadores e inversores, también participa de los pactos de atribución en la medida en que fuerza al socio a que realice nuevas aportaciones a la sociedad si quiere que su participación no quede diluida tras una ampliación de capital. Lo mismo es predicable con respecto a la adhesión al pacto de socios que puede configurarse como una restricción a la libre transmisión propia de los pactos de relación, pero que entra dentro de la categoría de los pactos de atribución por las obligaciones personales que asumen una vez suscrito el pacto —exclusividad, no competencia, etc.—.

381 La denominación de tales categorías corresponde al profesor PAZ-ARES, C., "El enforcement de los pactos..." *Op. Cit* pág. 19 que, como afirma, se inspiró en la que ofrece OPPO, G. *I contratti parasociali,,* Milán, 1942 págs. 7-13. Dicha clasificación y nomenclatura está presente, también, entre otros y sin afán de exhaustividad en ALONSO LEDESMA, C., "Pactos parasociales" *Op. Cit.* pág. 854; APARICIO GONZÁLEZ, M. L., "Pactos parasociales..." *Op. Cit.* pág. 613. MARTÍNEZ ROSADO, J., *Los pactos parasociales,* Madrid, Marcial Pons,2017 págs.48-49; NOVAL PATO, J., *Los pactos omnilaterales... Op. Cit.* pág.49; FELIU REY, J., *Los pactos parasociales en las sociedades de capital no cotizadas,* Madrid, Marcial Pons, 2012, pág. 176

382 Alude al frecuente solapamiento en diversas categorías PASTOR I VICENT, M., "Los pactos parasociales. Eficacia inter partes y frente a la sociedad" *Revista Jurídica de la Comunidad Valenciana,* n.º47 consultado en: https://www.tirantonline.com/ pág. 3/38

Capítulo IV

PACTOS DE ORGANIZACIÓN

I. CARACTERIZACIÓN

Los pactos de organización son aquellos que inciden directamente en los órganos de la sociedad. Por su intermedio, los firmantes reglamentan tanto el funcionamiento del órgano de administración y de la junta general de socios como las decisiones que allí puedan adoptarse[383]. En este sentido, a modo de ejemplo, es posible que prevea el número concreto de administradores que formen parte del consejo de administración y señale cuántos nombrará cada uno de los bloques —fundadores e inversores— o, incluso, quienes cobrarán como tales y todo ello con independencia de su posición en el capital social. También es probable que disciplinen el procedimiento de adopción de acuerdos sociales, que modulen el derecho de información, los quórums de constitución, los umbrales necesarios para la aprobación de asuntos que consideran de especial trascendencia o que incidan en el derecho de voto desde su potencia —ampliación o supresión— o desde su ejercicio —ad. ex. constitución de sindicatos—. En la medida de lo posible su contenido será trasladado a los estatutos sociales, si bien los límites de la legislación societaria impiden la inscripción de varias de las cláusulas presentes —a modo de ejemplo, sirva la prohibición de unanimidad del artículo 200.1 LSC—.

En la práctica forense, los pactos de organización son, sin género de duda, los que mayores problemas suscitan[384], especialmente por la contravención en la junta general de lo previamente acordado en un pacto de organización omnilateral[385].

383 OPPO, G. *I contratti parasociali... Op. Cit.* págs. 11-12 su vez establece una doble distinción entre aquellos pactos que tienen por objeto influir en la actuación de la sociedad predeterminando la conducta de los socios en los órganos sociales y otros que, directamente, reemplazan al socio mediante la previsión de un acuerdo de representación, por ejemplo, en favor del administrador. SERRA CALLEJO, J., "Validez y eficacia de los pactos parasociales: un enfoque sistemático" *Revista CEFLegal* n.º249, pág. 13 también califica dentro de los pactos de organización a determinados acuerdos como pactos "directivos" porque,de forma gráfica, fuerzan a la "nave social a tomar un cierto rumbo".

384 PAZ-ARES, C., "El enforcement de los pactos..." *Op. Cit.* pág. 20

385 Así, por ejemplo, sobre el nombramiento de miembros del consejo, la STS de 17 de noviembre de 2020 o las STS 1136/2008 de 10 de diciembre y de 5 de marzo de 2009 en relación con la compañía *Kurt Konrad*;

II. DESIGNACIÓN DEL CONSEJO DE ADMINISTRACIÓN

Una de las cláusulas más características dentro de los pactos de organización que disciplinan el funcionamiento de los órganos de la *startup* es la relativa a la configuración del consejo de administración.

Con base en tal pacto socios fundadores e inversores establecen, en primer lugar, el número de miembros que formarán el consejo de administración y, en segundo, cuántos, concretamente, serán designados por unos u otros.

Inicialmente el órgano de administración de tales compañías, en su mayoría sociedades de responsabilidad limitada, cuenta con un administrador único o dos miembros coincidentes con los socios fundadores que actúan de forma solidaria o mancomunada, pero con la apertura a la inversión externa, es normal la constitución de un consejo de administración[386].

Por consiguiente, a través de la presente cláusula los firmantes reproducen en el órgano de administración un concreto modelo cuya composición han determinado contractualmente, al margen de la normativa societaria en donde la capacidad de nombramiento está directamente vinculada con el derecho de voto. Ello es del todo punto lógico si se repara en que el socio inversor, pese a que es quien realiza la aportación económica más significativa —si bien parte de su inversión satisface la prima de emisión—, suscribe o asume un número de acciones o participaciones que porcentualmente le conceden una condición de socio minoritario en la junta general. De hecho, en muchos casos los porcentajes que normalmente adquiere el socio inversor en los primeros estadios de la *startup* tras una ampliación de capital difícilmente alcanzaría, en el caso de sociedad anónima, el umbral necesario para el nombramiento con base en el sistema de representación proporcional previsto en el artículo 243 LSC (fórmula de elección habitual en las *joint venture)*[387] y ello no tanto por la entidad de su participación en el capital social como por el número de miembros del propio consejo de administración que, por lo general, oscila entre tres y cinco miembros.

De este modo, en sede contractual, el socio inversor protege sus intereses mediante la designación parcial del consejo de administración. E, igualmente, se reserva la facultad de reemplazarlo tanto por causa voluntaria (renuncia

386 SOLANS CHAMORRO, L., "Contratos entre socios..." *Op. Cit.* pág. 39

387 En este sentido, SÁNCHEZ CALERO, F., *Los administradores en las sociedades de capital,* Cizur Menor, Aranzadi, 2007 consultado en https://proview.thomsonreuters.com/ expone detalladamente el recorrido y fundamento del sistema proporcional, vigente en nuestro país desde la LSA de 1951.

del propio administrador, pérdida de confianza del socio inversor) como involuntaria (fallecimiento, inhabilitación, etc.). Y salvo pacto en contrario ex. art. 212.2. LSC, con base en el principio de heteroorganicismo que rige en las sociedades de capital, no es necesario que el administrador tenga la condición de socio para el ejercicio del cargo.

Una vez suscrito el acuerdo, los socios firmantes del pacto —es frecuente su rúbrica como requisito *sine qua non* de entrada en la sociedad— trasladan en la junta general, mediante su voto, la decisión alcanzada contractualmente[388]. De hecho, tales pactos son habituales en múltiples ámbitos de la práctica mercantil como las empresas familiares, sociedades conjuntas o en las propias entidades de capital riesgo[389].

En la medida en que la *startup* está fuertemente vinculada a la figura del socio fundador que aporta el capital intelectual y se dedica al desarrollo de la idea innovadora, es común, igual que ocurre en las empresas familiares, que dicha persona ocupe el cargo de consejero delegado y represente al órgano de administración. El pacto de socios también comprenderá la designación del presidente del consejo y del secretario, cargo, este último, que normalmente ocupa el asesor jurídico de la compañía[390].

En cualquier caso, la presencia de uno o varios administradores designados por el inversor en el consejo de administración, además de una exigencia para la suscripción o asunción de acciones/participaciones, en la práctica se revela como una medida necesaria para la profesionalización del órgano y favorable a los intereses sociales en tanto en cuanto sus miembros aportan valor añadido. A modo de ejemplo, la participación de un ángel inversor o *business angel* está considerada, de forma gráfica, como "capital inteligente" y su presencia en el órgano de administración es valorada positivamente por los fundadores

388 GONZÁLEZ DE GREGORIO MOLINA, J. I., *La sindicación de acciones,* Valencia, Tirant lo Blanch, 2015 pág. 207 señala que dicho acuerdo forma parte del contenido típico de los sindicatos de voto.

389 Vid. PAZ-ARES, C., "Fundamento de la prohibición de los pactos de voto para el consejo" en *InDret* Revista para el análisis del Derecho, 2010 pág. 4; ALFARO ÁGUILA-REAL, J., "Pactos parasociales para el consejo de administración" en *Almacén del Derecho*, 2017 disponible en https://almacendederecho.org/pactos-parasociales-consejo-administracion;

390 DE ULLOA LAPETRA, G., "El pacto de socios..." *Op. Cit.* pág.269 Sobre las ventajas que implica la designación de un abogado como secretario del consejo, VICENT CHULIÀ, F., "El secretario del consejo como abogado externo" en *Estudios sobre órganos de las sociedades de capital. Liber Amicorum Fernando Rodríguez Artigas y Gaudencio Esteban Velasco.* (AAVV) vol. II, Cizur Menor, Aranzadi, 2019 pág. 196, con referencia a la doctrina norteamericana, señala su rol como ingeniero de costes de transacción, como representante y defensor del cliente y defensor de la ley.

habida cuenta de su conocimiento del mercado, sus éxitos en otros proyectos anteriores, su red de contactos y su experiencia en el ámbito de la gestión empresarial[391]. De forma similar, los *hedge funds* también participan activamente en la estrategia corporativa y, debido al interés común, orientan a los fundadores en la escalabilidad del modelo de negocio[392].

III. ADOPCIÓN DE ACUERDOS

Los acuerdos adoptados en los órganos colegiados de la *startup*, por lo general, están directamente vinculados con las normas previstas en el pacto de socios. En este sentido, es posible que su contenido establezca reglas que alteren las mayorías legalmente previstas en la Ley de Sociedades de Capital y concedan un derecho de veto al socio minoritario sobre determinadas cuestiones, fije mecanismos antibloqueo, aumente el alcance del derecho de información de los socios o prevea, en algunos casos, la sindicación del voto —ad. ex. junta de fundadores o *startups* que coticen en el BME Growth[393]—.

Con el mismo fundamento que permite al socio inversor la elección de un miembro del consejo, pactos de organización como los mencionados reequilibran su posición más allá del reflejo que tienen en el capital social[394]. De este modo mantiene la protección de su inversión y concilian su interés, al mismo tiempo, con los socios fundadores que conservan una posición dominante en la compañía. En función de las negociaciones entre fundadores e inversores la lista de asuntos que requiera el consentimiento de los segundos y, con ello, su capacidad de influencia en la *startup*, será más o menos significativa[395].

391 COOKE, D. J., *Private equity: Law.. Op. Cit.* Pág. 5

392 DE LOS RÍOS SASTRE, S., RODRÍGUEZ GARCÍA, I. y SÁENZ-DÍEZ ROJAS, R., "Emprendedores y capital riesgo..." *Op. Cit.* pág. 37 señalan que el capital riesgo mejora sustancialmente las prácticas de negocio y las políticas de gobierno corporativo.

393 Sirva, a modo de ejemplo, el pacto de accionistas de AB-Biotics que cotizó en el MAB hasta 2019 establecido con motivo de la compra de acciones por la farmacéutica Almirall en el que acordaban la sindicación del voto correspondiente a sus respectivas acciones. Publicado como "hecho relevante" disponible aquí https://www.ab-biotics.com/ftp/HR/ABB_HR061.pdf

394 Como señala ALONSO LEDESMA, C., "Pactos parasociales" en *Diccionario de Derecho de Sociedades.* Alonso Ledesma (Dir). Madrid, Iustel 2006 pág. 855 se produce un desplazamiento de la toma de decisiones de la sociedad hacia los suscriptores del pacto.

395 SOLANS CHAMORRO, L., "Contratos entre socios..." *Op. Cit.* pág. 40

La regulación *ex ante*, en sede contractual, de dichas reglas es positiva no solo en aras a la protección de los respectivos intereses, sino también desde un punto de vista económico, porque evita las posibles situaciones de bloqueo que paralizan el funcionamiento de la sociedad. Por la importancia del factor tiempo en estas compañías es fundamental el establecimiento de procesos ágiles en la toma de decisiones que afecten lo menos posible al normal desarrollo del objeto social y no dificulten la pretendida escalabilidad del negocio.

1. Derecho de información

El derecho de información del socio de la *startup,* inherente a su propia condición como tal ex. art. 93 LSC es uno de aquellos que, por imperativo, sin posibilidad de supresión o eliminación[396], tendrá en la sociedad por la mera suscripción o asunción de acciones o participaciones, respectivamente. Su fundamento responde, como puede fácilmente deducirse, de la necesidad del conocimiento de la información en el ámbito de la junta general, concretamente en relación con los asuntos comprendidos en el orden del día. En cualquier caso, pese a su evidente conexión con otros derechos como el de voto, su naturaleza no es instrumental sino que, tal y como señala la doctrina y jurisprudencia, tiene carácter autónomo, como evidencian las prescripciones relativas a las aclaraciones o entrega de información con posterioridad a la celebración de la junta[397].

Aunque hay notas comunes en cuanto a sus límites y excepciones en ambas sociedades de capital —así, por ejemplo, el abuso de derecho, o la cláusula de protección cuando la publicidad de la información perjudique el interés social—, el contenido mínimo legal del derecho de información del socio de la *startup* dependerá del tipo social elegido. En este sentido, cuanto más simple sea la sociedad, mayor será el contenido mínimo del derecho de información. Así, mientras en la sociedad limitada, habida cuenta de su carácter cerrado y su construcción con base en ciertos elementos de sociedades personalistas, el derecho de información tiene un alcance más amplio, en la sociedad anónima está notablemente más restringido tanto por la apertura del régimen de transmisibilidad de las acciones como por su previsión para un mayor número

396 Aunque como recuerda BENAVIDES VELASCO, P., "El derecho de información de los socios en las sociedades de capital" *Revista de Derecho Mercantil* n.°302, 2016 pág. 216 es posible la renuncia a su ejercicio en algunos casos

397 En este sentido, la STS de 19 de septiembre de 2013 señala que "es un derecho autónomo sin perjuicio de que pueda cumplir una finalidad instrumental del derecho de voto".

de socios[398]. A modo de ejemplo, como una de las manifestaciones del derecho de información en sentido amplio, la posibilidad de que los socios examinen los documentos que sirvan de soporte y de antecedentes a las cuentas anuales es un derecho que el art. 272.3 LSC únicamente reconoce a socios de la sociedad de responsabilidad limitada que alcancen el cinco por ciento del capital social.

Ello no obstante, la elección de un tipo social concreto —generalmente, la sociedad de responsabilidad limitada—, en muchos casos no es una cuestión definitiva, sino que en función del desarrollo del negocio y circunstancias como la apertura a otros mercados o la búsqueda de financiación determinarán la posible transformación a una sociedad anónima. O, incluso, sociedad anónima cuyos valores coticen en un mercado bursátil, como ocurre con el *BME Growth* que se ha convertido en una opción cada vez más atractiva para la obtención de liquidez y prueba de ello es el hecho de que, actualmente, cerca de un tercio del mercado alternativo son *startups* y lo mismo es predicable con respecto al inminente lanzamiento de *BME Scale*[399]. La transformación, como es lógico, implicará una modificación del alcance legal del contenido del derecho de información, así como del procedimiento o los plazos de su suministro —así ocurre, por ejemplo, con el plazo de siete días en las anónimas para la solicitud o aclaración de información ex. art. 197 LSC—.

También, en cierta conexión con lo anterior, la expansión a través de mercados oficiales tendrá implicaciones no tanto en el derecho de información como en la asunción de determinadas obligaciones en materia de publicidad informativa y transparencia en consonancia con lo dispuesto en los arts. 20 y 21 del Reglamento de Funcionamiento del BME MTF Equity de 7 de julio de 2023, aplicable al BME Growth y BME Scale y lo previsto en la Ley 6/2023, de 17 de marzo, de los Mercados de Valores y de los Servicios de Inversión. En este sentido, por lo que aquí interesa, tiene la consideración de información relevante en los términos del art. 227 LMV en relación con la Circular 3/2020 del BME MTF Equity y debe, por tanto, publicarse el contenido o las cláusulas del pacto parasocial que restrinjan la transmisibilidad de las acciones o que afecten al derecho de voto de los accionistas[400].

---

398 Vid. GALLEGO SÁNCHEZ, E. y FERNÁNDEZ PÉREZ, N., *Derecho mercantil... Op. Cit.* pág. 466 quienes destacan que un derecho de información más amplio entorpecería en extremo la gestión social por los administradores

399 Listado de las cotizadas en el BME Growth, disponible aquí: https://www.bmegrowth.es/esp/Listado.aspx

400 Sirva a modo de ejemplo la publicación como hecho relevante de parte del pacto de accionistas de la eléctrica Holaluz en 2019. Disponible en https://www.bolsasymercados.es/

Aunque la Ley de Sociedades de Capital establece un marco legal del derecho de información —en su mayoría[401]— inderogable, es habitual que los socios de la *startup*, amplíen su alcance a través de los estatutos o en el pacto de socios.

Es común que, con base en la autonomía de su voluntad, aumenten el contenido del derecho de información y obliguen a los administradores a la emisión de informes con plazos notablemente menores a los legalmente establecidos. Así, por ejemplo, es posible la emisión de informes mensuales y/o trimestrales que muestren la cuenta de pérdidas y ganancias, balances de situación, información sobre la ejecución del *business plan*, etc[402].

E, igualmente, cabe la posibilidad de que conminen al órgano de administración a la entrega de la información relacionada con la próxima junta general con mayor antelación a la prevista en los arts. 196 y 197 LSC. También cabe la creación de comisiones de seguimiento en la que reunidos presencialmente con cierta periodicidad detallen la marcha de la compañía[403] y resuelvan las dudas que planteen, especialmente, los socios que no tienen relación directa con la gestión de la sociedad.

En conexión con lo anterior, resulta llamativo que mientras en el Derecho societario la trasmisión de información comprende a los administradores y socios como sujetos activos y pasivos, respectivamente, en el ámbito de las *startups* la relación entre derechos y obligaciones con respecto a la información está basada desde la distinción entre fundadores —o emprendedores— e inversores. De este modo, en atención a la literalidad del pacto, la ampliación del alcance y contenido del derecho únicamente afecta al socio inversor quien, para la defensa de sus intereses y la fiscalización o el control de su inversión, exige un derecho a informarse más intenso que el legalmente establecido. Lo mismo también es predicable en el ámbito de las empresas de base tecnológica con intervención pública o las *spin-offs* en

mab/documentos/HechosRelev/2019/11/05456_HRelev_20191129_1.pdf

401 Como excepción, en relación al derecho que asiste al socio de la limitada con un 5% de participación en el capital social al examen de los documentos según el art. 272.3 LSC vid. ORTUÑO BAEZA, M., "La aprobación de cuentas (art. 272)" en ROJO-BELTRÁN (Dirs.), *Comentario de la Ley de Sociedades de Capital,* Madrid, Aranzadi, 2011, II págs. 2029-2030 quien señala su posible supresión en los estatutos.

402 DE ULLOA LAPETRA, G., "El pacto de socios..." *Op. Cit.* pág. 295 señala en un modelo de pacto como información con una periodicidad mensual, el envío de los balances de situación, cuentas de pérdidas y ganancias, estados de tesorería, información operativa, presupuestos mensualizados, evolución del negocio, etc.

403 SOLANS CHAMORRO, L., "Contratos entre socios..." *Op. Cit.* pág. 41

las que participan las universidades, donde es común la previsión de un derecho de información muy amplio si la institución de educación superior no tiene presencia en el órgano de administración[404], así como su participación en las comisiones de seguimiento[405].

En consonancia con el riesgo que genera la ampliación del derecho de información más allá de los mínimos legalmente establecidos, es frecuente que la cláusula que le sigue en el pacto de socios sea la relativa a la obligación de confidencialidad. De esta forma, el secreto que es una obligación legal de los administradores incardinada en su deber de lealtad, se extiende contractualmente a los socios firmantes, de manera que les estará prohibida la revelación o el uso de la información confidencial salvo en los casos expresamente previstos en el pacto —ad. ex. requerimiento judicial de conformidad con la legislación aplicable— y aun cuando pierdan la condición de socios. Por lo que al contenido de la información hace referencia, además de aquella relacionada con la idea tecnológica innovadora —que tendrá un acceso más o menos amplio, según el caso— protegible por un *NDA* o los diferentes derechos de propiedad intelectual, la cláusula alude a la información relacionada con el negocio, los estados financieros, los contratos celebrados por la sociedad, etc. que hayan recibido de la sociedad tanto verbalmente como por escrito. El incumplimiento del compromiso de confidencialidad en muchos casos tendrá la consideración de un *bad leaver* y obligará al incumplidor a la transmisión forzosa de sus acciones o participaciones.

Además del derecho de información y su contenido tanto imperativo como dispositivo, por la estrecha relación entre el conocimiento de la situación de la sociedad y la protección de su inversión, es frecuente que el socio inversor se informe no solo en su condición de tal sino a través del órgano de administración mediante la designación de uno o varios miembros del consejo para quienes la información más que una facultad será parte de un deber fiduciario, concretamente el de diligencia ex. art. 225 LSC. Así, mediante las reuniones —por lo general, mensuales— el socio inversor tendrá acceso a través del consejero dominical a la información que allí se trate e, igualmente, la capacidad de pregunta o solicitud de algún extremo adicional al Presidente

404 En este sentido, OLAVARRIA IGLESIA, J., "Las empresas de base tecnológica..." *Op. Cit.* pág. 524

405 Señala FERNÁNDEZ PÉREZ, N., "El acuerdo de socios..." *Op. Cit.* págs.273-274 la participación de las universidades en la comisión de seguimiento y el escaso interés en formar parte del órgano de administración habida cuenta del régimen de responsabilidad de los administradores sociales.

del consejo[406]. En síntesis, el socio de la *startup*, al menos en estadios previos a la búsqueda de financiación en los mercados —en cuyo caso tendrá que distinguirse entre los tipos de socio en un sentido económico—, tiene una información, por lo general, muy superior a la legalmente establecida y a la que corresponde a otras sociedades que optan por vías de financiación diferentes al *private equity*.

2. Derecho de voto

El voto es, sin duda, el derecho administrativo por excelencia que tiene el socio de una sociedad de capital[407]. Su fundamento reside en la titularidad del poder de decisión y del valor residual de la compañía[408], lo cual es plenamente lógico desde un prisma contractual pues si en su concepción amplia, la sociedad es la promoción en común de un fin común, el interés social no puede concebirse como una voluntad colectiva estática anudada al momento fundacional, sino que debe manifestarse, sucesivamente, en la junta general mientras perdure la sociedad. Con base en el principio de heteroorganicismo, es el medio previsto en el ámbito societario para que el socio participe en la junta general y con ello también controle la actuación del órgano de administración.

Se trata, por consiguiente, de un derecho personal —que no personalísimo[409]—, previsto en el art. 93 LSC como el principal de los de contenido político, que refleja la influencia del socio en la sociedad en tanto en cuanto, por regla general, está vinculado al capital suscrito.

406 Por todos PAZ-ARES, C., "Identidad y diferencia del consejero dominical" *Estudios sobre órganos de las sociedades de capital: liber amicorum, Fernando Rodríguez Artigas, Gaudencio Esteban Velasco.* (Coords.) Juste Mencía y Espín Gutiérrez. Vol II, Cizur Menor, Aranzadi, 2017pág. 96 quien, además de la legalidad del mandato desde un punto de vista jurídico señala las ventajas desde el prisma económico de contar con un consejero dominical con los recursos propios que en ocasiones tienen los accionistas significativos del capital riesgo a quienes, gráficamente, denomina "superconsejeros"

407 GARRIGUES, J., lo califica como el principal de los derechos de soberanía así como el derecho primordial de los accionistas en las legislaciones modernas.

408 RECALDE CASTELLS, A., "Asistencia, representación y voto (art. 190)" en *Comentario de la reforma del régimen de las sociedades de capital en materia De gobierno corporativo (Ley 31/2014)*. Juste Mencía, J. (Coord.) Pamplona, Aranzadi, 2015 consultado en https://proview.thomsonreuters.com

409 Así, VICENT CHULIÁ, F. *Introducción al Derecho mercantil,* Valencia, 2012 pág. 589 quien expone los diversos negocios jurídicos sobre el voto.

Ello no obstante, la proporcionalidad originaria en la relación entre acción/participación y voto en consonancia con el principio democrático de las sociedades de capital, encuentra excepciones tanto en las sociedades anónimas como en las de responsabilidad limitada. En este sentido, la alteración del voto —por limitación o ampliación— e, incluso, su supresión es una opción que contempla la Ley de Sociedades de Capital y cuya flexibilidad resulta también de utilidad en las *startup*, como queda evidenciado en diversas cláusulas del pacto de socios.

La voluntad del socio manifestada a través de su voto, junto con el de los socios restantes, si alcanza la mayoría necesaria, servirá para la constitución de la voluntad social, concretada en los diversos acuerdos que tengan lugar en la junta general. Pero, de la misma forma que, dentro de unos límites, cabe la alteración de la regla de proporcionalidad, también hay cierto margen de maniobra en los estatutos que permite la modulación del principio mayoritario. E, incluso, en las sociedades de responsabilidad limitada es posible, además de la mayoría reforzada, el voto favorable de un determinado número de socios ex. art. 200.1 LSC.

2.1. La desviación de la regla de proporcionalidad

Al margen de la suspensión temporal del derecho —la mora del accionista en las sociedades anónimas[410] y el ejercicio del derecho de voto sobre acciones o participaciones propias o de la sociedad dominante, ex. art. 142 LSC—, la alteración de la proporcionalidad existente entre el voto y el valor nominal, es una facultad de la que disponen los socios, dentro de los márgenes legalmente previstos, que varía en función del tipo social elegido.

Como prueba de la quiebra de proporcionalidad en ambas, el ejemplo más notorio es la emisión de acciones o creación de participaciones sin voto[411] donde los titulares, en compensación a la privación de su citado derecho político, tienen cierta preferencia en el reparto de dividendos y un trato privile-

410 Así ocurre en el caso de las sociedades anónimas como uno de los efectos anudados a la mora del accionista ex. art. 83 LSC.

411 Como señala URÍA, R., *Derecho mercantil,* Madrid, 1996 pág. 275 con el ejemplo paradigmático, las acciones sin voto "implican la ruptura con el dogma fundamental de la organización de poderes en el seno de la sociedad anónima tradicional de corte capitalista, regida democráticamente por la voluntad mayoritaria de los socios en régimen de igualdad de derechos".

giado en caso de reducción de capital por pérdidas y en la cuota de liquidación frente a los socios restantes[412].

Con base en los amplios márgenes que tiene la autonomía de la voluntad en las sociedades de responsabilidad limitada es normal en las *startup* que los socios opten por la desviación de la regla de la proporcionalidad en el derecho de voto mediante la previsión estatutaria de diversas cláusulas de entre las que destaca, en la práctica, el voto plural. Ello es posible porque el artículo 188.1 LSC consiente, expresamente, la ruptura de la proporcionalidad entre el valor nominal de las participaciones y el citado derecho político.

Así, el voto plural de los fundadores permite que, pese a la entrada de nuevos inversores en el capital social, retengan la mayoría de los votos en la junta general. E, incluso, con base en el tenor del art. 184.3 RRM la atribución de más de un derecho de voto es válida para todos o algunos acuerdos, con expresa mención del número concreto de votos que corresponden por participación. De hecho, aunque la creación de diversas clases de participaciones sea más habitual en relación con mecanismos anti-dilución o ejercicio del derecho de preferencia, nada impide que la desigualdad proceda de la potencia del voto. En este sentido, de manera muy gráfica, en la práctica anglosajona, es común que los fundadores tengan *supervoting equity* que multiplique, notablemente, el número de votos[413].

En relación con las sociedades anónimas, por el contrario, la derogación convencional de la regla de la proporcionalidad entre las acciones y el derecho de voto solo está admitida en dos supuestos, la limitación máxima del número de votos y la emisión de acciones sin voto. La concesión de votos plurales, sin embargo, no es una opción para las sociedades anónimas no cotizadas[414] de conformidad con lo previsto en el art. 96.2 LSC y en el art. 188.2

412 Arts. 99 a 103 LSC.

413 En este sentido, CARNLEY, W., *Corporate Finance: principles and practice,* Estados Unidos, Foundation Press, 2005 pág. 196. Dicha práctica, además de para *startups*, en la medida en que su legislación lo permite, también es un recurso adoptado por determinadas compañías cotizadas en Estados Unidos —por ejemplo, los fundadores de *Google* tienen diez votos por acción. Sobre la relación de las IPOs (*initial public offerings)* y la opción por la división en clases de acciones con derechos de voto múltiple para fundadores, véase PAPADOPOULOS, K., "Dual-Class Shares: Governance Risks and Company Performance" 2019, disponible en https://corpgov.law.harvard.edu/2019/06/28/dual-class-shares-governance-risks-and-company-performance/

414 En el caso de las sociedades cotizadas, como es sabido, la Ley 5/2021, de 12 de abril, por la que se modifica el texto refundido de la Ley de Sociedades de Capital, introdujo el artículo 527 ter que prevé, como excepción a lo señalado en los artículos 96.2 y 188.2, que los esta-

LSC —de manera un tanto reiterativa[415]— que prohíben cualquier inclusión en los estatutos que afecte a la citada proporcionalidad.

Resulta, cuanto menos, llamativo, que la excepcionalidad a la ruptura de la regla de la proporcionalidad en relación con el voto plural de sociedades anónimas únicamente exista en nuestro país para las sociedades abiertas que tengan sus acciones admitidas a negociación en un mercado oficial de valores. En este punto, quizás sería recomendable, de *lege ferenda,* una reforma similar a la que tuvo lugar en Italia mediante el *Decreto-legge 24 giugno 2014 —"Decreto competitività"—* que modificó el art. 2351 del *Codice Civile* y permite, desde entonces, la creación de acciones que atribuyan hasta un máximo de tres votos. Aunque es lógico que, a falta de pacto, el régimen legal parta de la base "una acción, un voto", en relación con las *startup*, los socios inversores están dispuestos a la cesión del control a favor de los fundadores porque confían en su capacidad de gestión y porque han establecido mecanismos contractuales para la protección de su inversión —ad. ex. prohibición de reparto de dividendos—[416]. Por ello, parece oportuna una reforma normativa, dentro de ciertos límites que, aunque no equipare, al menos aproxime la regulación sobre tal particular en las sociedades cerradas, lo que tendría un impacto especialmente positivo en relación con las *startup*.

Otra ruptura de la regla de proporcionalidad que podría incluirse en los estatutos de una sociedad de responsabilidad limitada al amparo del citado art. 188.1 LSC es la atribución de un voto de calidad en caso de empate a un determinado socio. Dicha posibilidad, concebida en la práctica como un mecanismo anti-bloqueo, implica un privilegio cualitativo generalmente atribuido al presidente de la junta general de una sociedad de responsabilidad limitada, no permitida en las juntas de accionistas.

2.2. Mayorías reforzadas

La autonomía de la voluntad de los socios también está presente en la alteración de las mayorías legalmente previstas para la adopción de acuerdos que afecten a determinadas materias denominadas, en la práctica, reservadas. El motivo por el cual los socios prescinden en algunos asuntos de los

---

tutos de la sociedad anónima cotizada modifiquen la proporción entre el valor nominal de la acción y el derecho de voto y permitan acciones con voto adicional doble por lealtad.

415 Resulta acertada, a efectos de sistemática, la redacción del ALCM que contiene tal prohibición en un solo artículo, el 233-16.3.

416 GANDÍA PÉREZ, E., "Acciones de voto plural y *loyalty shares*" *RdM* n.°300, 2016 pág. 97

porcentajes de la Ley de Sociedades de Capital está directamente relacionado con el reequilibrio de las posiciones de los bloques. De hecho, con el mismo fundamento por el que el socio inversor se reserva la elección de uno o varios miembros del consejo de administración aun cuando carece del porcentaje del capital social, también suple su posición minoritaria en la junta general con la ampliación de la mayoría necesaria para que su voto sea decisivo en cuestiones que considere de trascendencia. Así, mientras los socios fundadores mantienen el control en la gestión, los inversores protegen su aportación y hacen que su voto sea determinante para la toma de ciertas decisiones que, en función de la posición en las negociaciones, formarán un catálogo más o menos amplio de supuestos.

En puridad, el refuerzo en la junta general admite tres posibilidades que pueden adoptarse de manera cumulativa.

En primer lugar, en atención al cómputo del *quorum* de constitución, aunque no consta una referencia expresa para la sociedad de responsabilidad limitada, nada impide que los socios señalen un número determinado de ellos, presentes o representados, para la válida celebración de la junta. Del tenor del art. 198 LSC la doctrina ha considerado que se deduce una fijación indirecta del *quorum*[417] en la medida en que la referencia a la mayoría ordinaria de votos para la adopción de acuerdos, establecida en un tercio de los correspondientes a las participaciones en que se divida el capital social, ya implica, *per se,* la concurrencia de un mínimo de socios o, con más precisión, en consonancia con el régimen "plutocrático"[418] de participaciones —el mismo fundamento sirve para la mayoría legal reforzada del art. 199 LSC—. Por consiguiente, tal y como sucede en la práctica, será válido el refuerzo de los *quórums* de constitución tanto por referencia al capital presente como en atención a un criterio porcentual siempre que, como señala la RDGRN de 20 de septiembre de 2017 —quizás de manera algo redundante, pues el término "reforzado" ya lo evidencia— "no sustituyan, sino que completen las mayorías mínimas que la Ley establece referidas a las participaciones sociales en que se divida el capital social".

417 JUSTE MENCÍA, J., "Mayorías en la sociedad de responsabilidad limitada (art. 198)" en ROJO-BELTRÁN (Dirs.) *Comentario de la Ley de Sociedades de Capital* vol. I, Madrid, Aranzadi, 2011 pág. 1390

418 Así lo señala de forma muy gráfica OLIVENCIA, M., "Quórum y mayorías..." *Op. Cit.* consultado en https://proview.thomsonreuters.com/ cuando recuerda que la condición de socio "se mide más por lo que se aporta que por lo que se es".

Con respecto a las sociedades anónimas, los arts. 193 y 194LSC señalan los *quórums* necesarios para la válida constitución de la junta general, con unos umbrales más exigentes en el segundo de los preceptos toda vez que atiende a casos especiales[419]. A diferencia de lo previsto para las sociedades limitadas, en este caso, ambos artículos facultan expresamente la alteración estatutaria de los *quórums* de constitución, si bien en un único sentido, el de elevarlos por encima del legal y sin que quepa la posibilidad de que el capital señalado sea superior en segunda convocatoria en comparación con el establecido en la primera.

Como excepción, el establecimiento de *quórums* superiores no será válido en aquellos casos que restrinjan la adopción de acuerdos sobre los que tampoco cabe el refuerzo de las mayorías —por ejemplo, acción social de responsabilidad ex. art. 238 LSC—.

En el ámbito de las *startups,* sin embargo, no es muy frecuente en el pacto de socios la referencia al *quórum* de constitución. Ello es lógico si se repara en el hecho de que, por lo general, el tipo social elegido es el de la sociedad de responsabilidad limitada sobre la que, como se ha expuesto, no existe referencia expresa a dicha cuestión. Quizás en atención a la división entre fundadores e inversores, no tanto en la junta general como en el consejo de administración, pueda advertirse, en supuestos aislados, la necesaria representación de miembros de cada uno de los bloques, si bien serán casos residuales que deberán valorarse con las cautelas necesarias[420].

En segundo lugar, como una opción que, a diferencia de lo anterior, sí está presente en todo pacto de socios, cabe la elevación de las mayorías predispuestas para determinados acuerdos. En este sentido, los arts. 200 y 201 LSC aplicables, respectivamente, a la sociedad de responsabilidad limitada y a la

---

419 Concretamente, tras la reforma llevada a cabo por el RD Ley 15/2023, de 28 de junio, el art. 194.1 exige en primera convocatoria la concurrencia de accionistas presentes o representados que posean, al menos, el cincuenta por ciento del capital suscrito con derecho a voto para acordar válidamente el aumento o reducción del capital social, otras modificaciones estatutarias, emisión de obligaciones, supresión o limitación del derecho de adquisición preferente de nuevas acciones, transformación, modificación estructural.

420 No es lo mismo, ni tiene las mismas consecuencias, un comportamiento obstruccionista del administrador que el de los socos. Como señala la RDGRN de 7 de octubre de 2013 "el administrador, a diferencia de lo que ocurre con el socio respecto de las juntas generales, además del derecho, tiene la obligación de asistir a las reuniones del consejo. Por ello, la inasistencia injustificada a una reunión puede constituir una grave infracción de los deberes del administrador y es susceptible de generar la correspondiente responsabilidad (cfr. artículos 225 y 226 de la Ley de Sociedades de Capital); responsabilidad que sería exigible a través de la acción social o individual de responsabilidad (incluso por terceros perjudicados)".

anónima, permiten la modificación estatutaria de las mayorías legalmente exigidas para la adopción de determinados acuerdos incluidos como materias reservadas

Ello no obstante, de manera similar a lo señalado en los *quórums* de constitución, hay ciertas materias que no admiten el refuerzo de la mayoría. Así ocurre con la acción social de responsabilidad prevista en el art. 238 LSC o con el cese de los administradores en cuya virtud el artículo 223 LSC únicamente permite a las sociedades limitadas que amplíen la mayoría hasta un máximo de dos tercios de los votos correspondientes en que se divida el capital social[421].

Al margen de tasadas normas imperativas como las citadas, los socios están facultados para la elevación estatutaria de los votos favorables, opción que materializan en determinados casos que, en atención a sus intereses, consideran de trascendencia. Así ocurre, en primer lugar, en casos de afectación patrimonial o de la naturaleza de la propia persona jurídica. Por ejemplo, ante la disolución y liquidación de la sociedad en los supuestos en los que esté permitido el aumento de *quórums* y mayorías —por disponibilidad de la causa o mero acuerdo de la junta general— o en caso de modificaciones del capital social —si bien queda al margen de la mayoría reforzada, en consonancia con lo anterior, la reducción por pérdidas que sitúen a la sociedad en causa de disolución con base en el art. 363.1 LSC—. También en relación con operaciones que supongan una modificación estructural. Y en el mismo sentido, alteraciones patrimoniales significativas tales como operaciones sobre activos, solicitud de préstamos o celebración de negocios que superen un determinado importe —aunque para una mayor celeridad en la toma de decisiones es posible que exista una división de materias entre el consejo de administración y la junta general, de modo que la votación en esta última quede reservado a los casos de más importancia—.

421 El motivo no es otro sino el principio de amovilidad o libre revocabilidad del administrador por parte de la junta general pues cualquier cláusula que dificulte su remoción iría en detrimento del interés social (RDGRN 19 de julio de 1992). En cuanto a la salvedad prevista para la sociedad de responsabilidad limitada, GALLEGO SÁNCHEZ, E., "Cese de los administradores (art. 223)" en ROJO-BELTRÁN (Dirs.) *Comentario de la Ley de Sociedades de Capital* vol. I, Madrid, Aranzadi, 2011 pág. 1587 admite la elevación en porque "el carácter cerrado de la sociedad limitada, induce a tolerar una cierta estabilidad o permanencia del administrador en su cargo. No llega a constituir un obstáculo a la libre revocabilidad ya que el escaso número de socios de este tipo de sociedades permite conseguir las mayorías reforzados con mucho menos esfuerzo que en las sociedades abiertas".

En segundo lugar, también es común la previsión de mayoría reforzadas para la adopción de acuerdos que afecten a las cuotas y derechos de socio, lo que es plenamente lógico si se repara en que parte de los privilegios que tienen algunos encuentran su origen en la clase de acciones o participaciones. Por tanto, la alteración del *statu quo* previsto en el momento de la firma del pacto de socios ora por la creación, ora por la modificación de acciones o participaciones requerirá del beneplácito de ambos bloques. Tal será el caso, por ejemplo, de negociaciones sobre el derecho de preferencia en el supuesto de aumento de capital o, lo que es habitual en los pactos de socios, la liquidación preferente en caso de venta de la compañía, cláusula fundamental para la protección del socio inversor que recibirá un retorno cuyo cálculo ha sido pactado de antemano. Con un fundamento parecido, también es objeto de mayoría reforzada la previsión de planes de retribución por acciones —*stock options*—, la emisión de obligaciones convertibles, adquisición, transmisión, amortización o celebración de negocios sobre acciones o participaciones propias[422]. Igualmente, como un instrumento característico de las *startups,* sucede con la atribución de derechos económicos vinculados al valor de las participaciones sociales a determinados trabajadores aunque tales empleados no tengan la condición de socio —*phantom shares*—. La concreta materialización del derecho abstracto al dividendo también puede incluirse dentro del pacto de socios de manera que ninguno de los dos grupos decida unilateralmente sobre su distribución.

En tercer lugar, cabe el refuerzo de la mayoría para la adopción de determinadas decisiones estratégicas o de negocio. Si el acuerdo de inversión fue adoptado en relación con un concreto modelo de negocio o *business plan*, es coherente que el socio inversor tenga capacidad de decisión sobre desviaciones significativas. Y ello, no solo, desde el punto de vista societario, ante una modificación estatutaria por cambio de objeto social o un traslado de domicilio, sino también con respecto a algunos actos más propios de gestión —celebración de contratos de licencia de IP, apertura a otros mercados, constitución de *joint ventures*—. En tanto en cuanto tales actos son característicos del órgano de administración, el concreto catálogo de supuestos dependerá de la representación de las partes y la fijación de las normas del Consejo. En

422 Siempre, obviamente, que tales negocios estén permitidos. Recuérdese la prohibición absoluta de aceptación en prenda u otra forma de garantía de participaciones propias con base en el art. 143.1 LSC o la prohibición relativa que rige para las anónimas con respecto a sus propias acciones según el art. 149 LSC. O la prohibición de asistencia financiera prevista en el art. 143.2 LSC y 150 LSC para las sociedades de responsabilidad limitada y las anónimas, respectivamente.

cualquier caso, habida cuenta de la experiencia y conocimientos previos que en muchas ocasiones tiene el socio inversor —piénsese en un *business angel* o una entidad de capital riesgo— es normal que condicionen ciertas operaciones de riesgo a la obtención de su consentimiento, amén de aquellas que ya requerirán de mayorías reforzadas por el hecho de que superen determinadas cuantías.

En cuarto lugar, también tienen la consideración de materias reservadas aquellas que afecten a los miembros del órgano de administración. En este sentido, la elevación de la mayoría comprendería cuestiones tales como la composición del Consejo, el nombramiento y cese de consejeros, su remuneración, dispensa para que los administradores realicen otras actividades concurrentes o autorización para la realización de operaciones vinculadas —obviamente, dentro de los márgenes legalmente previstos ex. arts. 190 LSC y 230 LSC—, entre otras.

El mismo modelo de sujeción de determinados acuerdos a mayorías reforzadas es trasladable, también, al consejo de administración. Como se ha avanzado, en función de su concreta configuración y de las materias reservadas en la junta general, el pacto de socios fijará otras que serán objeto de aprobación, con los mismos requisitos, en el órgano de administración. Ello permite una mayor flexibilidad y rapidez en la toma de decisiones que resulta fundamental para el buen funcionamiento de la *startup*. Así ocurre con la celebración de determinadas operaciones que, cualitativamente, serían objeto de aprobación por los socios pero que quedan reservadas a los administradores porque no superan los umbrales cuantitativos. También en cuanto a la contratación de empleados clave, determinados negocios jurídicos sobre los activos inmateriales (IP&IT), decisiones que afecten a posibles sociedades filiales, etc. Y las que afecten a la propia distribución de funciones u organización del consejo de administración.[423]

Además de los *quórums* de constitución y la fijación de mayorías reservadas, es posible también, en tercer lugar, que el pacto de socios prevea que determinados acuerdos solo puedan adoptarse cuando así lo decida la mayoría de un concreto grupo de socios. En este sentido, al hilo de la habilitación prevista en el art. 200.2 LSC para las sociedades de responsabilidad limitada, cabe la inclusión en los estatutos de una cláusula que exija, junto a la mayoría

423 Sirva como ejemplo el modelo de pacto de DE ULLOA LAPETRA, G., "El pacto de socios..." *Op. Cit.* pág. 321 que, en las materias sujetas a mayoría reforzada en el consejo de administración señala, el otorgamiento de poderes, el nombramiento de un consejero delegado o la creación de comisiones ejecutivas.

legal o estatutariamente establecida, el voto favorable de un determinado número de socios. Ello resulta especialmente interesante en el ámbito de las *startups* para la tutela de ciertos socios ante posteriores ampliaciones de capital pues haría innecesario la asunción de nuevas participaciones como medio de protección ante la dilución de su presencia en el capital social. Así, mediante la condición de la adopción de un acuerdo al necesario consentimiento de "un determinado número de socios", puede supeditarse la aprobación al voto favorable de la mayoría de participaciones de una concreta clase. De modo que si, por ejemplo, en una ronda de financiación, los inversores adquieren las participaciones de una serie específica —ad. ex. serie B—[424], es posible que incluyan en los estatutos una cláusula que vincule el acuerdo al consentimiento mayoritario de tales participaciones. Con el mismo fundamento, el pacto de socios —si bien aquí en la esfera parasocial— prevé la extensión de dicha exigencia en el ámbito del consejo de administración, de manera que, aunque amplíen el número de consejeros, sea necesaria la aprobación del designado por determinados socios inversores[425].

En el caso de la junta general de las sociedades anónimas, por el contrario, no es admisible en sus estatutos una cláusula que exija para ciertos asuntos una mayoría viril o la conformidad de un determinado número de accionistas[426]. Por consiguiente, en el supuesto de transformación de la *startup* de sociedad limitada a anónima tal opción tendría únicamente cabida como acuerdo parasocial.

2.3. Derechos de veto y unanimidad

En relación con lo anterior, cabe plantearse si la dependencia del acuerdo a la aprobación por un porcentaje muy elevado del capital social o al beneplácito de "un determinado número de socios" implica, en algunos casos, una sustitución de la regla mayoritaria —principio configurador de las sociedades

---

424 Pese al término "serie", propio de las rondas de financiación, en puridad, la diferencia principal entre una y otra categoría de acciones o participaciones es en atención a los derechos que otorgan a los socios por lo que en el lenguaje del Derecho societario debe interpretarse con las cautelas necesarias en atención a la distinción entre "serie" y "clase" de acciones.

425 Como ejemplo el "hecho relevante" comunicado por Holaluz al MAB en 2019. Disponible en https://www.bolsasymercados.es/mab/documentos/HechosRelev/2019/11/05456_HRelev_20191129_1.pdf

426 DÍAZ MORENO, A., "Mayorías en la sociedad anónima" en *Comentario de la reforma del régimen de las sociedades de capital en materia de gobierno corporativo* (Coord.) Juste Mencía, Madrid, 2015 consultado en https://proview.thomsonreuters.com/

de capital— por la unanimidad en la adopción de acuerdos sociales. En este sentido, el art. 200.1 LSC señala, de forma expresa, que la unanimidad es el límite que tienen los socios a la autonomía de su voluntad en la ampliación de las mayorías estatutarias[427], prohibición igualmente extensible —con más fundamento si cabe— a las sociedades anónimas[428]. Como excepción, la Ley de Sociedades de Capital contiene supuestos tasados en los que es necesaria la unanimidad como, por ejemplo, la celebración de una junta universal de socios —art. 178.1 LSC—.

Ello no obstante, la inclusión de una cláusula estatutaria como las señaladas no entran *per se* en contradicción con la prohibición de la unanimidad. Que el acuerdo requiera del consentimiento de todos los socios en ocasiones será una consecuencia normal habida cuenta de la concreta composición del accionariado. Así ocurre, por ejemplo, si los estatutos de una sociedad de cuatro socios con una cuarta parte del capital social cada uno, prevén una mayoría de un 80% para la aprobación de una determinado acuerdo —ad. ex. la dispensa del administrador—[429]. O, incluso, en caso de mayorías legales, indisponibles, cuando sea necesario el consentimiento de un socio que ostente más de la mitad del capital social —piénsese en sociedades formadas por dos socios—[430].

Cuestión distinta sería la previsión de una cláusula que fije una mayoría muy elevada para la adopción de determinados acuerdos cuando el capital social está muy atomizado. En el caso de una *startup* que tras varia rondas de financiación cuenta con un gran número de socios o, incluso, cuyos valores estén admitidos a cotización, sería prácticamente imposible que el registrador mercantil inscribiera una cláusula que, por ejemplo, vincule la aprobación del acuerdo al voto favorable de un socio inversor muy minoritario. Como señala en diversas resoluciones la DGRN está vedado que las normas estatutarias alcancen incluso "los

427 Una acertada crítica a la limitación del art. 200 LSC en NOVAL PATO, J., *Los pactos omnilaterales... Op. Cit.* pág. 114

428 Aunque no lo señale expresamente, la extensión del artículo cobra más fundamento, si cabe, en las anónimas. Vid. JUSTE MENCÍA, J., "Mayorías en la sociedad anónima (art. 200) en ROJO-BELTRÁN (Dirs.) *Comentario de la Ley de Sociedades de Capital* vol. I, Madrid, Aranzadi, 2011 pág.1401

429 Sirva como ejemplo la RDGRN de 12 de febrero de 2018 que no consideró como infracción de la regla de unanimidad una previsión estatutaria que exigía una mayoría de más del 70% de los votos para una operación acordeón en una sociedad de tres socios, uno con el 40% y los otros dos con el 30% cada uno.

430 Por todos, DÍAZ MORENO, A., "Mayorías en la sociedad anónima" *Op. Cit.* consultado en https://proview.thomsonreuters.com/

aledaños de la unanimidad"[431], por lo que la incorporación de tales cláusulas en los estatutos tendrá que valorarse a la luz de las concretas circunstancias.

También cobra relevancia el lenguaje utilizado en la redacción de dichas cláusulas de cara a una posible inscripción registral. En este sentido, la dependencia de la aprobación de un acuerdo al voto favorable de un socio inversor que tiene una cuarta parte del capital social puede entenderse como un "sistema de control razonable concedido a la minoría"[432] sobre materias reservadas otorgado por los socios fundadores para que terceros entren en el capital social. Pero también puede interpretarse, con base en la terminología característica de las *startups*, procedente de la práctica anglosajona, como un "derecho de veto" —*veto right*—, expresión utilizada por la doctrina y la jurisprudencia para referirse al peligro potencial de la unanimidad[433].

En cualquier caso y al margen del *nomen*, la concesión de dicha facultad, entendida también como una reglamentación voluntaria de las partes que deciden que determinadas decisiones dependan del beneplácito del socio inversor[434] y su reflejo en el pacto de socios es, en no pocas ocasiones, *conditio sine que non* para la suscripción o asunción de las correspondientes acciones o participaciones. El hecho de que los socios, en definitiva, puedan incorporarlo a los estatutos dependerá de las circunstancias particulares del caso[435] —umbral de la mayoría, nivel de dificultad en la adopción de acuerdos, etc.—[436] y

431 Dicha expresión, presente en la RDGRN de 13 de enero de 2013 ha sido reiterada en otras resoluciones como la RDGRN de 7 de octubre de 2013 o la RDGRN de 24 de octubre de 2017. La última de las resoluciones admite la unanimidad no para la adopción del acuerdo sino para la asistencia de los socios a la junta general en primera convocatoria.

432 Así lo expresa la RDGRN de 24 de octubre de 2017

433 SÁNCHEZ CALERO, F., *La junta general en las sociedades de capital,* Cizur Menor, Aranzadi, 2007 consultado en https://proview.thomsonreuters.com/ señala que "la exigencia de la unanimidad no resulta apta para el funcionamiento ordinario de la junta general al confiar un derecho de veto a todo socio, de forma que se dificultaría la adopción de los acuerdos que están dentro de su competencia".

434 Resulta de interés, en este punto, el razonamiento de ALFARO ÁGUILA-REAL, J., "La prohibición de la unanimidad en la adopción de acuerdos sociales" en *Almacén del Derecho*, 2016 disponible en https://almacendederecho.org/la-aparente-prohibicion-la-exigencia-unanimidad-la-adopcion-acuerdos-sociales sobre el verdadero sentido de la prohibición del art. 200.1 LSC y su compatibilidad con el hecho de que los socios vinculen la eficacia de los acuerdos sociales a su propia autorización.

435 CAZORLA GONZÁLEZ-SERRANO, L. y NEIRA FERNÁNDEZ, P., "Pactos parasociales: una aproximación a su naturaleza y contenido básico" *Acuerdos y pactos parasociales:una visión práctica de su contenido* (Coord.) Cazorla González-Serrano, Cizur Menor, 2018 pág. 43

436 DÍAZ MORENO, A., "Mayorías en la sociedad anónima..." *Op. Cit.* consultado en https://proview.thomsonreuters.com/señala que, frente a las cláusulas lícitas, "diferente es el problema (que habrá de analizarse caso por caso en atención a las circunstancias concre-

de la consideración de la cláusula como un medio de protección de los minoritarios o, por el contrario, como una previsión inadmisible por incompatible con el principio mayoritario en tanto en cuanto impone la regla de la unanimidad.

2.4. Mecanismos antibloqueo

Otra de las cláusulas habituales en el pacto de socios es la que establece determinados sistemas de resolución de las situaciones de bloqueo societario. Su previsión es fundamental en tanto en cuanto, a falta de tales mecanismos, la solución que contempla la Ley de Sociedades de Capital es tan drástica como la disolución de la compañía y ello, al margen de su patrimonio y viabilidad, por lo que es un remedio manifiestamente ineficiente desde un punto de vista económico[437]. En este sentido, el art. 361.1 d) LSC, declara, expresamente, que la sociedad de capital deberá disolverse "por la paralización de los órganos sociales de modo que resulta imposible su funcionamiento", por lo que es muy recomendable que los socios fijen mecanismos de resolución *ex ante* que permitan la superación de los estados de parálisis tanto en la junta general como en el órgano de administración.

No cabe duda que en compañías normales la disolución por una causa como la presente es una solución costosa[438], pero tal problemática cobra especial relevancia en el ámbito de las *startup* donde es objeto de negociación la regulación de las cláusulas de salida —ad. ex. la cláusula de liquidación preferente, determinados supuestos de *good leaver*—. Particularmente, la disolución por bloqueo de los órganos tendría un coste elevadísimo para los socios inversores que participan en la compañía por la expectativa del retorno sobre

tas y a los principios generales de prohibición del fraude de Ley y del abuso del derecho) planteado por las cláusulas estatutarias que, sin imponer directamente la unanimidad (y tampoco indirectamente en razón del concreto reparto accionarial), fijan sin embargo mayorías muy elevadas que hacen prácticamente imposible o extremadamente difícil la adopción de acuerdos y atribuyen un verdadero «derecho de veto» a socios con participaciones mínimas"

437 Vid. FERNÁNDEZ DEL POZO, L., "Las cláusulas estatutarias de «arrastre» («Drag-Along») o de «venta conjunta» a tercero como remedio contractual de las situaciones de bloqueo societario" en *La Ley Mercantil n38*, 2017 consultado en www.smarteca.es

438 Como señala ACITORES SERRANO, A., "Mecanismos para solucionar un bloqueo societario en una sociedad de capital" en *Revista Lex Mercatoria n.°19* 2015 pág. 83 el valor separado de cada uno de los elementos del patrimonio por lo general es inferior al de una empresa en funcionamiento.

la inversión en un escenario futuro de liquidez —por ejemplo, ventas totales o parciales o salidas a bolsa—.

A pesar de que, por lo general, en estas sociedades hay un calculado equilibrio en la relación de mayorías en la junta general —donde los fundadores mantienen el control pero con la condición de determinados acuerdos al voto favorable de los inversores— y en la composición del consejo de administración, no es descartable que existan situaciones de bloqueo. La entrada de nuevos socios en posteriores rondas de financiación que diluyan la posición de los presentes o las divergencias dentro de los propios bloques es posible que genere empates en las votaciones que, a la postre, impliquen una paralización de los órganos sociales[439].

Las diversas provisiones antibloqueo, como es común en la práctica anglosajona —*deadlock provisions*— pueden redactarse de manera conjunta[440], si bien es recomendable su distinción entre las que afectan o no a la composición del accionariado. En consonancia con la tradicional clasificación aquí seguida tiene sentido una doble división: de un lado, los mecanismos propios de los pactos de organización que afectan a la adopción de acuerdos en los órganos sociales y que permiten el desempate; de otro, los característicos de los pactos de relación que superan la situación de bloqueo mediante la ejecución de una fórmula de transmisión prevista en el propio pacto y que son objeto de estudio en otra parte del presente trabajo.

Entre las previsiones que tienen por finalidad la ruptura del empate entre socios o administradores cabe, a su vez, otra doble clasificación en atención a su naturaleza auto o heterocompositiva.

Como mecanismos autocompositivos es posible que los socios pacten una cláusula que emplace a todos a reunirse, específicamente, para que alcancen un acuerdo sobre el asunto que causa el bloqueo —*meeting deadlock clause* o cláusula *gin tonic*—[441]. También, aunque es poco frecuente pues es más

439 Como señala ÁLVAREZ CAZENAVE, C. I., "Causas legales de disolución: estado de la jurisprudencia" *Derecho de sociedades. Revisando el derecho de sociedades de capital* (Dirs.) González Fernandez y Cohen Benchetrit, Valencia, Tirant lo Blanch 2018 pág. 1596 Ha de tratarse, por tanto, de una paralización permanente e insuperable, de forma que no puede reputarse causa de disolución una paralización transitoria y vencible que se pueda soportar sin grave quebranto para la sociedad.

440 Como ejemplo, CUNNINGHAM, J. y PROCTOR, V., "Drafting Limited Liability Company Operating Agreements" Nueva York, Wolters Kluwer, 2016 exhibit 26A-4

441 También es posible, aunque más infrecuente en el ámbito de las *startups* por la composición del accionariado, que pacten una cláusula que emplace, únicamente, a los representantes de más peso de cada una de las partes —piénsese, por ejemplo, en el caso de una *joint venture*.

habitual en casos de *joint venture*, si en la *startup* participaran sociedades filiales, podría pactarse una *escalation clause,* para que el conflicto traten de resolverlo los administradores de la sociedad matriz[442]. Junto a tales opciones puede preverse, además, una cláusula de mediación por la que un tercero asiste a las partes para que, en dichas reuniones, alcancen una solución de común acuerdo.

Al margen de tales casos que comprenden una negociación o búsqueda de cierto consenso, existen otros que contienen medidas de desempate en favor de uno u otro bloque. Así ocurre, por ejemplo, con la previsión que salva el empate con la consideración de mayoría al grupo que contara con más socios[443]. Aunque no es pacífica la doctrina de la DGRN sobre la admisibilidad de dicha cláusula en los estatutos —debe descartarse en el caso de anónimas—[444], puede que tampoco sea una solución óptima en las *startups* donde, en las primeras fases, igual que ocurre con las empresas familiares, la existencia de un número de socios reducido, puede que implique un doble empate, tanto de votos como de "cabezas".

Otra opción autocompositiva, más práctica, ante situaciones de bloqueo es la concesión de un voto dirimente a un miembro del órgano. En este punto, debe valorarse si el empate tiene lugar en el órgano de administración o en la junta general, el tipo social y el poseedor del voto de calidad.

En el órgano de administración la cláusula que concede un voto de calidad a un miembro del consejo no plantea problemas y es pacíficamente admitida su inclusión en los estatutos, tanto en sociedades anónimas como de res-

442 Véase, SERRANO ACITORES, A., "Mecanismos..." *Op. Cit.* pág. 84. En el ámbito de una *joint venture,* GLOVER, S. I. y WASSERMAN C. M., *Partenrships, Joint Ventures & Strategic Alliances* Nueva York, Law Journal, 2003 13-17

443 Así lo señala la STS de 5 de noviembre de 1990.

444 A favor, las clásicas RDGRN de 17 de julio y 5 de noviembre de 1956 que señalan que "sí podría admitirse la previsión estatutaria de una cláusula que apreciase, para caso de empate con eficacia decisoria, la mayoría relativa de socios en los grupos iguales de votos en que se haya escindido la Junta". En contra, la RDGRN de 26 de octubre de 2005 que considera que tal cláusula "no goza de amparo legal ni lo ha obtenido con posterioridad, y se presta a fraudes cual es la búsqueda de testaferros que figuren como socios al objeto de incrementar el número de éstos en uno de los dos grupos en que se divide la titularidad del capital social". Parece contraria a tal opción CUADRADO CENZUAL, J., "Modificaciones estatutarias que afectan al derecho de voto: inscribibilidad" *Derecho de Sociedades: los derechos del socio* (Dirs.) González Fernandez y Cohen Benchetrit, Valencia,Tirant lo Blanch, 2020 pág. 465

ponsabilidad limitada[445]con base en lo previsto en el art. 245 LSC[446]. Aunque para que sea más difícil la existencia de empates puede fijarse una composición impar del consejo, nada impide lo contrario, ni tampoco la concesión de un voto de calidad que lo ostentará, por lo general, el presidente del consejo o quien actúe como tal[447]. Precisamente, el art. 231-97 del Anteproyecto de Ley de Código Mercantil, por su utilidad, prevé que, salvo disposición estatutaria en contrario, el presidente tendrá voto de calidad en caso de empate.

No sucede lo mismo en la junta general, donde se advierte un régimen diferenciado en función del tipo social. De hecho, únicamente está admitido en la sociedad de responsabilidad limitada que, con base en lo establecido por el art. 188.1 LSC permite la quiebra de la regla de proporcionalidad. Es coherente que si la norma consiente el voto plural, también sea posible la previsión estatutaria de un voto de calidad al presidente de la junta, como señala la RDGRN de 13 de enero de 1984. Por el contrario, en relación con dicho fundamento, no tiene cabida en la junta general de las sociedades anónimas pues está expresamente prohibida tal alteración por el art. 96.2 LSC[448] y así lo ha entendido tanto la doctrina registral como jurisprudencial[449].

En la medida en que el voto de calidad del presidente es una opción que, en caso de empate, favorece claramente a un bloque —obviamente, a aquel al que pertenezca dicho sujeto—, otra posibilidad es la dependencia del desempate al voto de otro miembro, lo que es más común en el órgano de administración. Una opción utilizada en la práctica es el "reparto" de aquellas materias en las que el voto dirimente lo tendrá un consejero de cada uno de los bloques en función de una circunstancia contrastable —ad.ex. quien

445 Véase FERNÁNDEZ DEL POZO, L., "Un apunte sobre los posibles mecanismos societarios previstos en estatutos para «romper el empate» («tie-break provisions»)" en *La Ley Mercantil n35*, 2015 consultado en www.smarteca.es; ALFARO ÁGUILA-REAL, J., "Caracteres, regulación y funcionamiento del Consejo de Administración" en *Almacén Del Derecho,* 2019 disponible en https://almacendederecho.org/caracteres-regulacion-y-funcionamiento-del-consejo-de-administracion

446 SALELLES CLIMENT, J. R., "Organización y funcionamiento del consejo de administración (art. 245)" ROJO-BELTRÁN (Dirs.) en *Comentario de la Ley de Sociedades de Capital* vol. I, Madrid, 2011 pág. 1771 indica que dicha mención debe regularse estatutariamente junto con el régimen de mayorías.

447 GALLEGO SÁNCHEZ, E. "El consejo de administración (art. 242)" en ROJO-BELTRÁN (Dirs.) *Comentario de la Ley de Sociedades de Capital* vol. I, Madrid, Aranzadi, 2011 pág. 1741

448 En este sentido, CUADRADO CENZUAL, J., "Modificaciones estatutarias..." *Op. Cit.* pág. 465 hace referencia a la intocable proporcionalidad en las sociedades anónimas.

449 Así, la STS de 5 de noviembre de 1990.

tenga mayor edad—[450]. Sin embargo, como se ha señalado anteriormente, el calculado equilibrio de mayorías y de las materias sujetas al voto favorable del minoritario en el ámbito de las *startups*, hace difícil que las partes lleguen a una regulación tan detallada en caso de empate. También podría plantearse, aunque implique un incremento de la incertidumbre entre las partes, la atribución de un derecho de voto simple a un miembro no adscrito a ninguno de los bloques que tenga la consideración de independiente y que, mediante el ejercicio de su "voto-pivote" resuelva la contienda en atención a su experiencia y profesionalidad[451]. Esta facultad sería válida para el consejo de administración con la designación de un consejero independiente que, en las sociedades cerradas, salvo pacto estatutario en contra, tampoco es necesario que ostente participación alguna en el capital social con base en el principio de heteroorganicismo[452]. Y también sería posible en la junta general mediante la atribución por cada una de los bloques empatados en la votación de parte de sus acciones o participaciones a un tercero para que, con el mismo fundamento que en el caso del consejero independiente, rompiera la situación de bloqueo[453].

Con un fundamento similar a lo anterior, es posible que el pacto de socios prevea mecanismos heterocompositivos, esto es, que dejen la decisión en manos de un tercero imparcial[454] pero que, en este caso, no tenga la condición de socio. Cabe la designación por las partes de un arbitrador, persona física o jurídica, que integre la voluntad social con base en su *expertise* como sería, para las *startups,* consultoras o incluso, entidades de capital riesgo informal —por ejemplo, ángeles inversores o aceleradoras—. También, aunque

450 Véase, en este sentido, el art. 14 del Reglamento del Consejo de Administración de "PSA Financial Services Spain EFC SA" donde, en función de las materias, el desempate lo resolverá el voto dirimente del consejero de mayor edad del Banque PSA Finance SA o el de Santander Consumer Finance SA.

451 Por todos, FERNÁNDEZ DEL POZO, L., *La paralización de los órganos sociales en las sociedades de capital. Estudio de sus remedios societarios y una propuesta de reforma,* Madrid, Marcial Pons, 2018 pág. 89 quien, además de la denominación del voto, señala tal posibilidad y traza el paralelismo con el consejo de las sociedades cotizadas.

452 Favorables a tal remedio ante las situaciones de bloqueo COBO BERBERANA, C. y RODRÍGUEZ DE LA RÚA PUIG, C. "La sociedad inoperante" *Economist & Jurist n.º* 22, 2014 pág. 15

453 Véase FERNÁNDEZ DEL POZO, L., "Un apunte sobre los posibles mecanismos..." *Op. Cit.* consultado en www.smarteca.es quien señala las diversas fórmulas para la atribución del voto a un sujeto independiente y manifiesta su inclinación por la validez de este tipo de cláusulas.

454 DELGADO, L. M., "La política de resolución extrajudicial de conflictos en España" *Las medidas alternativas de resolución de conflictos (ADR) en las distintas esferas del ordenamiento jurídico* (Dir.) Chico de la Cámara, Valencia, Tirant lo Blanch, 2019 pág. 86

es una fórmula más costosa, es posible que las partes prevean el recurso a una corte de arbitraje previamente identificada en el pacto de socios —ad. ex. la de la Cámara de Comercio más próxima— para que, mediante laudo, rompa la situación de bloqueo.

Por el contrario, no resulta admisible en estatutos una cláusula que conceda a un árbitro o arbitrador la solución a un empate en el seno del consejo de administración como señaló la RDGRN de 27 de abril de 1989[455]. En este sentido, parece incompatible con las funciones de los administradores, la atribución a un tercero externo de una decisión indisponible, precisamente, por el cargo que ostentan y cuya delegación podría considerarse, en última instancia, contraria a las obligaciones básicas derivadas del deber de lealtad[456].

2.5. *Los sindicatos de voto*

Dentro de los pactos de organización, cobran especial trascendencia los relativos al ejercicio del derecho de voto pues son, sin lugar a dudas, los que mejor manifiestan su fin último que consiste en el control de la *startup*.

Mediante la sindicación del voto los firmantes adquieren el compromiso de que votarán en los órganos sociales de manera homogénea, en un mismo sentido que ha sido previamente acordado. Con ello consiguen una influencia estable en la sociedad, según el caso, de consolidación de la mayoría o de reunión de las minorías[457], lo que permite que cada uno de los diversos bloques conozca de antemano su capacidad en las votaciones.

455 Señala la citada resolución lo siguiente "Ha de tenerse en cuenta que los empates que se pretenden dirimir por vía arbitral se desenvuelven en el seno del proceso de formación de la voluntad social; los Consejeros al votar lo hacen en su calidad de miembros del órgano social; no actúan, al menos directamente, sus propios derechos e intereses, ni tratan de conciliar pretensiones jurídicas enfrentadas sino Que con sus posiciones contribuyen a definir una voluntad jurídicamente ajena; no hay en los empates, todavía, contienda o conflicto litigioso ni pretensiones merecedoras de tutela judicial y no procede, por tanto, la intervención de la jurisdicción ni, tampoco, la aplicación de la institución del arbitraje".

456 En este sentido, FERNÁNDEZ DEL POZO, L., "Un apunte sobre los posibles mecanismos..." *Op. Cit.* consultado en www.smarteca.es que señala la contradicción de tal opción con el art 228 d) LSC y la posibilidad de salvarlo mediante el nombramiento de administradores suplentes ante situaciones de bloqueo.

457 Distingue GALEOTE MUÑOZ, M. P., "Los sindicatos del voto" en *Estudios jurídicos en memoria del profesor Emilio Beltrán: liber amicorum* (Coord.) Rojo Fernández Río y Campuzano Laguillo, Vol.I Valencia, Tirant lo Blanch, 2015 pág. 266 entre "sindicatos de control" o "sindicatos de mando" en referencia a los que representan a la mayoría y los "sindicatos de defensa" en relación a los compuestos por el grupo minoritario.

En la medida en que en las *startup* las mayorías necesarias para algunas materias están calculadas en el pacto de socios y reflejadas en los estatutos en atención a la entidad de los dos bloques es fundamental la actuación conjunta de los miembros que componen el grupo de fundadores e inversores para la aprobación y/o, en su caso, rechazo del asunto planteado. Así, por ejemplo, la abstención o el voto divergente de algunos socios inversores haría inútil la elevación de la mayoría necesaria para el consenso requerido en materias reservadas, de modo que perderían el control —o, si es en sentido negativo, su derecho de veto— sobre decisiones que beneficien, exclusivamente, al grupo fundador —piénsese, en un acuerdo que mejore sus condiciones contractuales o les dispense, si son administradores, para ciertas actividades en las que exista conflicto de interés—.

Mientras que en las cláusulas anteriores fundadores e inversores negocian un marco jurídico común y alcanzan consensos sobre la organización y el funcionamiento de la sociedad, en el pacto de socios tras una ronda de financiación, a diferencia de pactos iniciales como el de fundadores, no está prevista, por lo general, la constitución de un sindicato de voto estable de todos sus firmantes, lo cual es lógico por la existencia de intereses divergentes entre ellos. Sí que existen acuerdos entre los firmantes del pacto de socios sobre el derecho de voto en materias concretas como la designación de los miembros del consejo de administración[458] pero, en la medida en que el concierto es puntual, tal acuerdo carece de la estabilidad y de la naturaleza asamblearia propia de un sindicato[459]. Por el contrario, sí es común que cada uno de los grupos sindique las acciones o participaciones de sus miembros y agrupen sus derechos de voto. E, igualmente, es posible que amplíen el sindicato ante la entrada de nuevos inversores.

En consecuencia, las votaciones en los órganos sociales son reflejo de las deliberaciones llevadas a cabo con anterioridad a su celebración, en reuniones que han tenido lugar al margen del ámbito societario. En este sentido, de la misma forma que en la empresa familiar los firmantes del protocolo adoptan una posición común para, de manera uniforme, defenderla en la junta general de socios o en consejo de administración, en las *startup* la decisión

458 Véase. APARICIO GONZÁLEZ, M. L., "Pactos parasociales..." *Op. Cit.* pág. 615. También, DE ULLOA LAPETRA, G., "El pacto de socios..." *Op. Cit.* pág. 290

459 Como señalan GARCÍA DE ENTERRÍA, J. e IGLESIAS PRADA, J. L., "Los órganos sociales de las sociedades de capital (Lección 22)" en Menéndez-Rojo (Dirs.) *Lecciones de Derecho Mercantil* vol. I, 2014 disponible en www.proview.thomsonreuters.com la finalidad del sindicato es la consolidación de mayorías como garantía de estabilidad o agrupación de minorías en defensa de sus intereses.

adoptada en dichos órganos ha sido objeto de discusión anterior. Ello implica que, en función de las mayorías establecidas y los votos que reúna el sindicato, los órganos de deliberación de la sociedad, en ocasiones, pierdan dicha condición y sirvan meramente a la ratificación de las decisiones previamente adoptadas en la asamblea del sindicato. Así, por ejemplo, si uno de los temas que conforman el orden del día requiere una mayoría simple alcanzable con los votos de los socios fundadores, la votación de la junta general tendrá el sentido de lo que ya han acordado en la junta de fundadores.

Por lo que a la naturaleza jurídica del sindicato hace referencia, el acuerdo es autónomo del contrato de sociedad. Es un pacto parasocial, un contrato que constituye una sociedad interna cuya eficacia alcanza únicamente a quienes lo suscriben. El hecho de que permanezcan al margen de la normativa societaria otorga una mayor flexibilidad a sus miembros que, si así lo desean, puede que, por ejemplo, exijan la unanimidad para la toma de decisiones[460]. En este sentido, la licitud y validez del pacto no encuentra más límites que los propios del contrato ex. art. 1261 y siguientes del Código Civil —por ejemplo, los pactos leoninos[461]— y otros específicos de Derecho societario. Concretamente, en relación con lo anterior, la obligación no alcanza al socio que deba abstenerse de la votación ante la existencia de un conflicto de interés de los tipificados en el art. 190 LSC[462].

Ello no obstante, es importante en este punto la distinción entre el sindicato de voto para su ejercicio en la junta general y el relativo al consejo de administración. Mientras que el primero de ellos no plantea problemas más allá de los términos citados, no puede decirse lo mismo de los pactos que afectan al voto en el órgano de gestión. Aunque sea posible su advertencia en pactos

460 VALMAÑA CABANES, A., *El régimen jurídico del protocolo* familiar, Granada, Comares, 2014, Pág. 155

461 Vid. PAZ-ARES, C., "El enforcement de los pactos..." *Op. Cit.* pág. 21; APARICIO GONZÁLEZ, M. L., "Pactos parasociales..." *Op. Cit.* pág. 612

462 Como señala RECALDE CASTELLS, A., "Asistencia, representación y voto..." *Op. Cit.* consultado en https://proview.thomsonreuters.comel deber de abstención debe interpretarse restrictivamente, de modo que pueda ejercitar su derecho salvo en los casos expresamente tipificados. Sirva de ejemplo la aclaración del documento informativo de incorporación al BME Growth (por aquel entonces, MAB-SOCIMI) de las acciones de Olimpo Real Estate Socimi SA de febrero de 2017 disponible en https://www.ores-socimi.com/files/es/DocumentoInformativoDeIncorporacionAlMAB.pdf
que señala, a efectos aclaratorios, que en el sindicato de accionistas "ningún accionista firmante quedará obligado a votar en el sentido determinado por el Sindicato si considera que dicho voto es contrario a la ley o a los estatutos o es perjudicial para los intereses de la Sociedad".

de accionistas[463], como señala la doctrina más autorizada[464], deben reputarse nulos en tanto que para el administrador el voto está configurado como un deber y no como un derecho —a diferencia del socio[465]— lo que implica su indisponibilidad y no por cuestiones de orden público[466] sino porque afecta a la relación contractual entre la sociedad y sus administradores[467]. Únicamente podría considerarse válido el sindicato en el caso de que fuera omnilateral y ello porque, en tal escenario, los administradores continúan como mandatarios de todos los socios[468].

Tampoco son válidos los pactos que impliquen la escisión del derecho de voto puesto que la cesión de la titularidad no es legalmente admisible en consonancia con la regla de la indivisibilidad de las participaciones[469] —cuestión distinta es la representación[470]—.

---

463 A modo de ejemplo, el citado pacto de accionistas de AB-Biotics, publicado como "hecho relevante", disponible aquí https://www.ab-biotics.com/ftp/HR/ABB_HR061.pdf

464 PAZ-ARES, C., "Fundamento de la prohibición..." *Op. Cit.* pág. 4; VICENT CHULIÁ, F., *Introducción...Op. Cit.* pág. 700; SÁNCHEZ CALERO, F., *Los administradores... Op. Cit.* consultado en https://proview.thomsonreuters.com/

465 Con ciertos matices relacionados con los casos de conflicto de interés (art. 190 LSC).

466 Vid. MENÉNDEZ MENÉNDEZ, A., "Los pactos de sindicación para el órgano administrativo de la sociedad anónima" en *Estudios de Derecho Mercantil en homenaje a Rodrigo Uría,* Madrid, Civitas, 1978 pág. 369; SÁNCHEZ CALERO, F., *Los administradores... Op. Cit.* consultado en https://proview.thomsonreuters.com/

467 Por todos, PAZ-ARES, C., "Fundamento de la prohibición ..." *Op. Cit.* pág. 14; también GONZÁLEZ DE GREGORIO MOLINA, J. I., *La sindicación... Op. Cit.* pág. 213 comparte la tesis que fundamenta la nulidad en el principio de relatividad de los contratos del profesor Paz-Ares.

468 Como señala PAZ-ARES, C., "Fundamento de la prohibición..." *Op. Cit.* pág. 14 "en el mandato colectivo, el mandatario o mandatarios sólo pueden ser revocados por todos (revocación colectiva) o recibir instrucciones de todos (instrucciones colectivas)"; También; ALFARO ÁGUILA-REAL, J. "Pactos parasociales..." *Op. Cit.* indica la admisibilidad del sindicato en el caso de pactos parasociales omnilaterales porque en tal caso no hay externalidad alguna, toda vez que todos los socios participan del mandato. FERNÁNDEZ DEL POZO, L., "Acerca de la licitud de los pactos parasociales para el Consejo. La mala regulación de la cuestión en el proyectado Código Mercantil" *La Ley mercantil* n.º3, 2014 consultado en www.smarteca.es critica la redacción de la reforma proyectada en tanto en cuanto no reconoce dicha posibilidad.

469 Así, la RDGRN de 9 de diciembre de 1997 señala "en el caso a resolver no hay cesión de titularidad aparente para el ejercicio de los derechos, sino cesión que se pretende real de parte de los derechos del accionista lo que, como queda dicho, no es ni legal ni estatutariamente admisible". VICENT CHULIÁ, F. *Introducción...Op. Cit.* pág. 700

470 Para una clara distinción entre escisión de derecho de voto y regulación de su ejercicio mediante el nombramiento de un representante, véase el análisis a la SAP de Barcelona, sección 15.ª, 394/2010 de 17 de noviembre de IRIBARREN BLANCO, M., "Casos: El marido desconfiado: Asignación mortis causa del ejercicio del voto en la junta a persona distinta del socio en una sociedad limitada" en *Almacén del Derecho,*2015 disponible en https://almacendederecho.org/caso-practico-el-marido-desconfiado-asignacion-mortis-causa-del-ejercicio-del-voto-en-la-junta-a-persona-distinta-del-socio-en-una-sociedad-limitada

A diferencia de otras cláusulas propias de los pactos de organización que pueden incorporarse a los estatutos, la naturaleza jurídica del sindicato y los acuerdos sobre el ejercicio del voto son plenamente parasociales lo que plantea problemas de gran trascendencia en la práctica forense, especialmente en el caso de pactos omnilaterales, donde la doctrina jurisprudencial, desafortunadamente, no parece alineada con la doctrina académica mayoritaria —*vid.* recientemente, la STS 613/2020, de 17 de noviembre—[471]. Por ello es común que los firmantes, además de las acciones legales ante el incumplimiento contractual[472], prevean cláusulas específicas que garanticen la eficacia del pacto y disuadan al socio a que emita un voto divergente. En este sentido, es posible la incorporación de una cláusula penal no solo por su función *ex ante*, sino porque facilita la reparación[473]. Pero en el ámbito de las *startups* como remedio característico, cabe la consideración de la ruptura de la disciplina de voto como un incumplimiento grave y, por tanto, como una causa de "mala salida" o *bad leaver* cuya consecuencia jurídica es la obligación de venta forzosa de sus acciones/participaciones a favor de la sociedad o de los socios restantes que, en su caso, ejerciten el derecho de preferencia que tengan reconocido por un precio inferior al de mercado —por lo general, el valor nominal—. Igualmente, con base en lo previsto en la resolución de la Dirección General de los Registros y del Notariado de 26 de junio de 2018 es posible que refuercen la eficacia del pacto mediante la previsión de su cumplimiento como prestación accesoria, de modo que la infracción facilite la exclusión del socio incumplidor.

En cualquier caso, ante la posibilidad de que el socio cambie el sentido de su voto puede que el pacto prevea, para una mayor eficacia, su entrega al sindicato para que ejercite el citado derecho a través de alguna de las diversas opciones existentes. Así, puede pactarse el apoderamiento del síndico o el presidente para que actúen como representantes formales de los socios[474], la transmisión fiduciaria[475], la copropiedad de las acciones o participaciones[476], la constitución

471 Vid. infra. Epígrafe "oponibilidad de los pactos de organización".

472 En este sentido, la acción de cumplimiento forzoso (art. 1096 CC), la acción de indemnización de daños y perjuicios (art. 1101 CC) la acción de remoción (art. 1098 CC) o la acción resolutoria (art. 1124 CC)

473 GALEOTE MUÑOZ, M. P., *Sindicatos de voto: el control de una sociedad conjunta*, Valencia, 2008 pág.220

474 GALLEGO SÁNCHEZ, E. y FERNÁNDEZ PÉREZ, N., *Derecho mercantil.. Op. Cit.* pág. 406

475 In extenso, véase GONZÁLEZ DE GREGORIO MOLINA, J. I., *La sindicación... Op. Cit.* págs. 107-112

476 Como señala GONZÁLEZ DE GREGORIO MOLINA, J. I., *La sindicación... Op. Cit.* pág. 115 dicha fórmula ofrece la ventaja de que evita los problemas societarios de la revocabilidad y

de un derecho real de goce como el usufructo donde el síndico tenga la condición de usufructuario, o de garantía como la prenda[477] por la que el socio transfiere el ejercicio del derecho al síndico como acreedor pignoraticio —si bien es necesario que así lo prevean los estatutos ex. art. 132 LSC—[478], o fórmulas más complejas y costosas como la constitución de una sociedad *holding* de las acciones o participaciones sindicadas[479].

Merece también atención, por influencia de la práctica anglosajona, la irrupción de la figura del *nominee* en el ámbito de las plataformas de *equity crowdfunding* y su proximidad con el sindicato de voto[480]. Por su intermedio, la plataforma constituye una sociedad con el capital de los inversores que tendrá la condición de socio inversor en una determinada compañía y que, en el caso de una *startup,* será quien suscriba el pacto de socios. Dicha sociedad será titular legal de las participaciones y el derecho de voto que lleven aparejadas lo ejercitará el *nominee* con base en la decisión mayoritaria del conjunto de inversores que opten por este modelo de inversión indirecta[481]. De forma paralela a la convocatoria de una junta general de la *startup*, el *nominee* convocará a los inversores para que voten sobre los puntos del orden del día —para la intensidad del voto se toma en consideración también la participación en la sociedad— e, igualmente, a través de dicha figura, recibirán los dividendos en caso de reparto o ejercitarán su derecho de preferencia[482].

de que el poder sea especial para cada junta, pues la propia figura exige del nombramiento de un representante para que actúe como tal de forma estable y duradera ("un poder con carácter general para toda reunión de la Junta de la sociedad").

477 Partidario de dicha fórmula, GUERRERO, C., "Eficacia práctica del sindicato de voto en una *startup*", 2013 disponible en http://carlosguerrero.es/2013/06/03/eficacia-practica-del-sindicato-de-voto-en-una-startup/ quien señala además que en la práctica suele incluirse una clásula penal.

478 VICENT CHULIÁ, F., *Introducción...Op. Cit.* pág. 701

479 Vid. GALEOTE MUÑOZ, M. P., *Sindicatos de voto...Op. Cit.* págs. 244-246.

480 FONTICIELLA HERNÁNDEZ, B., "Aproximación a la figura del *nominee* y los derechos del socio. Un acercamiento a esta nueva forma de inversión en el *crowdfunding* desde la perspectiva de la primera PFP que la prevé" *Derecho de Sociedades: los derechos del socio* (Dirs.) González Fernandez y Cohen Benchetrit, Valencia, 2020 pág. 1221

481 La plataforma *Crowdcube*, que ofrece este servicio en España, mantiene dos servicios de inversión para las compañías que quieran financiarse a través de ella: el indirecto, por la que el inversor vota junto a otros a través del *nominee* de *Crowdcube*, o el combinado, para la que se exige una inversión mínima y que implica que el inversor tenga la condición de socio en la compañías *target*. Más información sobre la figura del *nominee* y el sistema que ofrece la citada plataforma disponible en https://www.crowdcube.com/es/inversores

482 Ello no obstante, este sistema, que ofrece la citada plataforma PFP debidamente inscrita en el registro de la CNMV que presenta similitudes con el contrato de trust, además de inconvenientes fiscales, ha suscitado alguna crítica en la doctrina que debate su compatibilidad con la normativa reguladora de las plataformas participativas. En este sentido, FONTICIELLA

Por último, por lo que la publicidad de los pactos hace referencia, pese a su consideración como reservados, deben depositarse en el Registro Mercantil y publicarse como "hecho relevante" en el caso de que las acciones de la *startup* estén admitidas a cotización. Debe comunicarse su suscripción, prórroga o modificación tanto a la sociedad como a la entidad supervisora del mercado —por lo que aquí interesa, principalmente, el *BME Growth*— en atención al principio de transparencia informativa.

3. Especialidades en el ámbito de la convocatoria y celebración de la junta general y del consejo de administración

También es frecuente que el pacto de socios contenga previsiones en el ámbito de la reunión de los órganos colegiados de la *startup* que complemente o sustituya el régimen previsto en el Real Decreto Legislativo 1/2010, de 2 de julio, por el que se aprueba el texto refundido de la Ley de Sociedades de Capital. En este sentido, debe distinguirse el régimen legal para la junta general de socios y el correspondiente al órgano de administración.

Con respecto a la convocatoria de la junta general de socios, el pacto de socios hace uso de las facultades que concede el art. 173 LSC y prevé su modificación estatutaria dentro de los márgenes que permite la norma. En consonancia con la vocación tecnológica de las *startup*, la forma de la convocatoria de la junta suele realizarse a través de correo electrónico como "procedimiento de comunicación individual y escrita, que asegure la recepción del anuncio por todos los socios" que sustituye el legalmente previsto —con el consiguiente ahorro de costes que ello conlleva—, consistente en el anuncio a través de la página web en los términos del art. 11 bis LSC o, en su defecto, publicación en el BORME y en uno de los diarios de mayor circulación en la provincia donde esté situado el domicilio social.

Actualmente no existe debate acerca de la licitud de la convocatoria por medios digitales[483], aunque el citado precepto no haga mención expresa. En

HERNÁNDEZ, B., "Aproximación a la figura..." *Op. Cit.* págs. 1215 señala que las funciones del *nominee* implican el ofrecimiento de un servicio de inversión expresamente prohibido para las plataformas de financiación participativa e, igualmente, que su actividad contradice el principio de neutralidad y supera su labor intermediadora.

483 Lo mismo es predicable con respecto al complemento de la convocatoria por los socios. Vid. GIMENO BEVIÁ, V., "El complemento a la convocatoria de la junta general y la doctrina de los actos propios (Comentario a la STS de 24 de noviembre de 2016)" en *RdS* n.º50 págs. 295-323

este sentido, la doctrina registral ha admitido, en reiteradas ocasiones[484], la convocatoria de junta general por correo electrónico, lo cual es lógico en tanto que es la forma de comunicación personal predominante. Ello no obstante, para su validez requiere que el medio garantice la recepción del anuncio de la convocatoria, motivo por el que, junto al correo, es necesario que el procedimiento prevea un sistema que confirme el efectivo conocimiento por el destinatario[485].

Por consiguiente, no basta con el envío del correo electrónico a las direcciones que consten en el pacto de socios, ni aun cuando con posterioridad se incorporen al Libro Registro de Socios[486]. Para la válida convocatoria es necesario la implantación de un sistema de acuse de recibo, como los programas de firma electrónica generalmente utilizados en la práctica que confirman la lectura[487].

Precisamente, en relación con lo anterior y al hilo de la evolución de las nuevas tecnologías, cabe plantearse la posible convocatoria de la junta general a través de los sistemas de mensajería instantánea de los dispositivos móviles —por ejemplo, *Whatsapp* [488]. Aunque, por el momento, la doctrina administrativa no se ha pronunciado, parece que dichos sistemas sí serían

484 RDGRN de 19 de julio de 2019, RDGRN de 13 de enero de 2015 o la RDGRN de 28 de octubre de 2014

485 La RDGRN de 28 de octubre de 2014 citaba como medios que garanticen la recepción del anuncio, "la solicitud de confirmación de lectura, o determinados medios que permitan obtener prueba de la remisión y recepción de la comunicación mediante el uso de firma electrónica, etc."

486 Como excepción, la RDGRN de 13 de enero de 2015 consideró inscribibles los acuerdos adoptados en una junta convocada sin el citado requisito porque el socio que impugnó la convocatoria tuvo conocimiento fehaciente de los términos de la misma, como señaló en un burofax. Por ello, en la medida en que no hubo menoscabo en sus derechos de socio de cara a la celebración de la junta, la DGRN inscribió los acuerdos de dicha junta. Un análisis detallado de la resolución en CURTO POLO, M. «La convocatoria de la Junta General de las sociedades capitalistas mediante correo electrónico (Comentario a la Resolución de la Dirección General de Registros y del Notariado de 13 de enero de 2015 (RJ 2015, 2565))», en *RdM*, n.º 297, 2015 Págs. 537-553

487 RDGRN de 19 de julio de 2019.

488 Apuntaban ya la inminente irrupción del debate, PORFIRIO CARPIO, L. J., "Convocatoria de junta general de socios por correo electrónico: a propósito de dos recientes Resoluciones de la Dirección General de los Registros y del Notariado" 2015 disponible en http://www.adalteabogados.com/convocatoria-de-junta-general-de-socios-por-correo-electronico-a-proposito-de-dos-recientes-resoluciones-de-la-direccion-general-de-los-registros-y-del-notariado/; también BLANCO SÁNCHEZ, M. J., "Convocatoria de junta general y medios de comunicación electrónicos. Exigencia de denuncia previa de los defectos de forma para la impugnación de acuerdos" *Derecho de sociedades. Cuestiones sobre órganos sociales* (Dirs.) González Fernandez y Cohen Benchetrit, Valencia, Tirant lo Blanch, 2019 pág. 110

compatibles con los requisitos legales del art. 173.2 LSC[489]. Sin embargo, la dificultad probatoria y cuestiones de logística cuando la sociedad tiene un número elevado de socios, hace que tales sistemas tengan más sentido como medio complementario que sustitutivo de los anteriores con base en lo dispuesto en el art. 173.3 LSC.

Frente a tales medios de comunicación electrónica, en el caso de que la sociedad tenga un accionariado atomizado y gran actividad, puede que resulte más práctico que la sociedad haga uso de la facultad prevista en el art. 173.1 LSC tras su modificación por la Ley 1/2012, de 22 de junio, de simplificación de las obligaciones de información y documentación de fusiones y escisiones de sociedades de capital, que permite la convocatoria a través de la página web corporativa. Para su validez como medio en el que se inserten los anuncios es necesario que la página haya sido creada, inscrita y publicada en los términos del art. 11 bis LSC y cumpla con las funciones "intra y extra societarias mínimas que la Ley le atribuye en los actuales artículos 11 bis, 11 ter y 11 quáter LSC"[490]. Lo que es una opción para las sociedades no cotizadas se convierte en una obligación para las que tengan admitidas sus valores a cotización[491]. En el caso de que tengan presencia en el *BME Growth o BME Scale*, además de la página web, es necesario que comuniquen al mercado el anuncio de la convocatoria de conformidad con lo previsto en el artículo 17 de la Ley 6/2023, de 17 de marzo, de los Mercados de Valores y de los Servicios de Inversión, así como en la Circular 3/2020 de información a suministrar por las empresas incorporadas a negociación en el segmento correspondiente de BME MTF Equity.

Además de la convocatoria, también es posible la celebración de la junta general por medios telemáticos. Precisamente, con motivo de la pandemia

489 Así lo mantiene el notario JORQUERA GARCÍA, L., "La convocatoria de la junta de socios por medios electrónicos", 2020 disponible en https://www.notariosyregistradores.com/web/secciones/oficina-notarial/otros-temas/la-convocatoria-de-la-junta-de-socios-por-medios-electronicos/#_ftn3 que pese a que pone de manifiesto los posibles inconvenientes en la redacción de la cláusula estatutaria y a efectos de prueba se muestra partidario de su admisibilidad. En tal sentido, concluye que "igual que no se puede hacer una tortilla sin romper los huevos, no se puede avanzar en la digitalización de las comunicaciones societarias (en este caso de la convocatoria de la junta de socios) sin aceptar que las sociedades puedan imponer ese tipo de obligaciones a sus socios".

490 En estos términos se expresa la RDGRN de 10 de octubre de 2012. Más información sobre los requisitos para la creación y mantenimiento de la página web corporativa en ASENSI MERÁS, A., "La convocatoria de la junta general a través de la página web corporativa en las sociedades no cotizadas" *Derecho de Sociedades: los derechos del socio* (Dirs.) González Fernandez y Cohen Benchetrit, Valencia, 2020 págs. 654-663

491 Así lo dispone el art. 11 bis LSC.

derivada de la Covid-19, tuvo lugar la flexibilización de reuniones de los órganos sociales por dichos medios[492]. Actualmente, los artículos 182 y 182 bis LSC prevén, respectivamente, la asistencia a las juntas por medios telemáticos y la celebración de una junta exclusivamente telemática. Tal fórmula facilita notablemente la implicación de los socios en la sociedad e incentiva la inversión de terceros que no estén cerca del domicilio social que, gracias a la flexibilidad de este sistema, defenderán sus intereses en la junta general de forma síncrona y con un coste muy inferior al que soportarían si la reunión fuera presencial.

Para la validez de la junta es necesario, sin embargo, su previsión expresa en los estatutos y su regulación de modo tal que los socios tengan las mismas garantías que en el supuesto de una celebración física. Es preciso que el sistema facilite la correcta identificación de los socios, tengan posibilidad de interacción y la convocatoria exprese con claridad los plazos, formas y modos de ejercicio de sus derechos que permitan el ordenado desarrollo de la junta[493]. Por tanto, es válida la celebración de juntas generales a través las plataformas de videoconferencia habituales, si bien, para una mayor garantía de privacidad y seguridad así como para que sea más fácil el derecho de información e incluso el ejercicio de sus derechos con anterioridad o posterioridad a la junta —solicitudes o aclaraciones al órgano de administración—, especialmente ante la entrada de nuevos socios o un aumento significativo de su número, es recomendable la previsión de una intranet o área privada de los socios vinculada a la página web[494].

En relación con la convocatoria y celebración del consejo de administración la normativa es, si cabe, mucho más parca, pero su digitalización es perfectamente posible en consonancia con la amplia autonomía de la que gozan los administradores en la organización y funcionamiento del consejo de admi-

492 En este sentido, el artículo 40 Real Decreto-ley 8/2020, de 17 de marzo, de medidas urgentes extraordinarias para hacer frente al impacto económico y social del COVID-19, modificado por el Real Decreto-ley 11/2020, de 31 de marzo, flexibilizó el modo de celebración tanto del consejo de administración como de la junta general. Una revisión crítica de las medidas adoptadas durante la pandemia en PEINADO GRACIA, J. I., "Derecho de sociedades no analógico. Reflexiones sobre las medidas de excepción en materia de sociedades mercantiles" *La Ley Mercantil* n.º 69, 2020 consultado en www.smarteca.es

493 En estos términos la RDGRN de 26 de enero de 2018

494 ROJÍ, J. M., FERRERAS, P., DONADEU, G., FRAU, M., PRADA, J. y VALENTÍN, A., "El uso de medios tecnológicos en las sociedades de capital no cotizadas. Mecanismos prácticos para la continuidad de la vida societaria durante el estado de alarma", 2020 disponible en https://cms.law/es/esp/publication/covid-19-guia-sobre-el-uso-de-medios-tecnologicos-en-sociedades-no-cotizadas-y-mecanismos-practicos-para-la-continuidad-de-la-vida-societaria

nistración ex. art. 245 LSC. No hay inconveniente alguno en que convoquen la reunión por medio de correo electrónico o cualquier otra forma escrita, pero, de tratarse de una sociedad de responsabilidad limitada, la concreta elección debe contemplarse en los estatutos[495]. Y con el mismo fundamento que en el caso de la junta general —piénsese en un administrador designado por un socio inversor foráneo— tampoco existe problema en que la celebración de las reuniones de consejo tenga lugar en forma telemática, a través de videoconferencia, siempre que sea posible su identificación, interacción, constancia del voto y de la sesión, etc. E, incluso, como señala el art. 248 LSC para las sociedades anónimas, pero que, acertadamente, aun a falta de previsión, se ha extendido a las sociedades de responsabilidad limitada, cabe la adopción de un acuerdo alcanzado sin sesión con una votación emitida por correo electrónico, siempre que ninguno de los consejeros se oponga a dicho procedimiento[496].

495 La RDGRN de 30 de abril de 1999 señaló "la obligación de establecer en los Estatutos una disciplina mínima de su organización y funcionamiento que ha de alcanzar, en todo caso a las reglas de convocatoria y constitución, así como el modo de deliberar y adoptar acuerdos por mayoría".

496 SALELLES CLIMENT, J. R., "Adopción de acuerdos por el consejo de administración en la sociedad anónima (art. 248)" en ROJO-BELTRÁN (Dirs.) *Comentario de la Ley de Sociedades de Capital* vol. I, Madrid, Aranzadi, 2011 pág. 1793 En contra, VIERA GONZÁLEZ, A. J., "Las sociedades cerradas durante el estado de alarma" en *La Ley Mercantil* n.º 68, 2020 consultado en https://www.smarteca.es/ que señala que "no se puede hablar de una laguna «impensada», sino más bien de una laguna deliberada del legislador". Cabe plantearse, por su operatividad y utilidad especialmente en casos de pocos socios la licitud de una cláusula estatutaria que permita la extensión de la adopción de acuerdos sin sesión en la junta general. Pese a los argumentos en contra, basados en los principios configuradores, su falta de previsión expresa o el carácter deliberante de la junta general de socios, parece oportuno que, en consonancia con la inmediatez actual de las nuevas tecnologías y con base en la autonomía de la voluntad, pueda plantearse un debate sobre la revisión de tal prohibición, pues dicha posibilidad sería útil en el ámbito de las *startup*, especialmente en las primeras fases. A favor, PASCUAL MALDONADO, J., "La junta de socios por escrito y sin sesión" en *Almacén del Derecho*, 2020 disponible en https://almacendederecho.org/la-junta-de-socios-por-escrito-y-sin-sesion y JORQUERA GARCÍA, L., "Cláusula estatutaria para celebrar Juntas de socios por escrito y sin sesión" en *Diario la Ley* n.º 9398, 2019 consultado en https://diariolaley.laleynext.es/

Capítulo V
PACTOS DE RELACIÓN

I. CARACTERIZACIÓN

A diferencia de los pactos de organización donde el acuerdo incide en los órganos sociales, los pactos de relación, valga la redundancia, tienen por objeto que los socios regulen sus relaciones como tales dentro de la sociedad[497]. En este sentido, aunque tales cláusulas tengan un efecto reflejo positivo en la compañía[498], se caracterizan por su neutralidad frente a ella pues su finalidad consiste en la reglamentación entre los firmantes de derechos y obligaciones de modo adicional al que les corresponde en su condición de socios[499]. Así, por ejemplo, es posible que pacten un sistema de retribución habitual en las *startup* que vincula parte de la retribución al componente variable y a la permanencia en la compañía, establezcan mecanismos antidilución en favor del socio inversor, prevean derechos de adquisición preferente, obligaciones de compraventa de acciones/participaciones según las circunstancias y con un sistema de valoración específico, o regulen el procedimiento de liquidación de forma diferente al legalmente establecido, entre otros acuerdos. Debido a los angostos márgenes de la legislación societaria no todas las cláusulas tienen cabida en sede estatutaria. Si bien es recomendable la inscripción de la mayoría de ellas, no será posible cuando contravenga normas imperativas como, a modo de ejemplo, el límite temporal máximo por el que se prohíbe la transmisión de acciones o participaciones sin derecho de separación[500] o el derecho del socio separado o excluido a la obtención del valor razonable de las participaciones —extremo de capital importancia en las cláusulas de "buena" y "mala" salida—.

---

497 OPPO, G., *I contratti parasociali... Op. Cit.* págs. 7-9

498 La obligación de venta a valor nominal reduce el riesgo de descapitalización en comparación con el sistema legalmente previsto de separación o exclusión.

499 PAZ-ARES, C., "El enforcement de los pactos..." *Op. Cit.* pág. 20; MARTÍNEZ ROSADO, J., *Los pactos parasociales, Op. Cit.* pág. 48; LEÓN TOVAR, S. H., *Pactos de socios de la sociedad anónima,* Méjico, Tirant lo Blanch, 2017 pág. 72

500 En el caso de las sociedades de responsabilidad limitada está previsto, según el art 108.3 LSC en cinco años desde la constitución de la sociedad, o para las participaciones procedentes de una ampliación de capital, desde el otorgamiento de la escritura pública de su ejecución mientras que en las sociedades anónimas es de dos años con base en lo dispuesto en el art. 123 RRM.

II. COMPROMISO DE PERMANENCIA Y CLÁUSULA *"LOCK-UP"*

Una de las obligaciones más características que asumen los firmantes del pacto de socios es la relativa a la permanencia en la sociedad, compromiso que adquiere una dimensión especial en el ámbito de la *startup*. Aunque, en la mayoría de los casos, los afectados por la cláusula son los socios fundadores, también puede pactarse sobre otros socios que no tengan tal condición o se incorporen con posterioridad, pero cuya presencia aporte valor a la compañía —tanto, desde un punto de vista técnico, como, también, en el ámbito de gestión, como miembro del consejo de administración—, e incluso sobre socios inversores cuya permanencia otorgue estabilidad a la *startup* durante un tiempo determinado.

En los dos primeros supuestos la cláusula tiene por objeto la protección de los intereses del socio inversor en tanto que el éxito de la inversión está vinculado, en gran medida, a la dedicación del equipo emprendedor para el desarrollo de una idea innovadora sobre la que gira un modelo de negocio potencialmente escalable[501]. O también por el valor de la imagen del fundador, en ocasiones relacionada con la propiedad intelectual —inventor de una patente, creador de un programa de *software*— o por su condición de presidente o CEO en la compañía —piénsese, por ejemplo, en el valor de la presencia del fundador en una empresa familiar o en una sociedad con su nombre como denominación social subjetiva o nombre comercial—. La regulación de la permanencia es importante, también, en el caso de ofertas públicas de venta, pues la salida de tales socios es probable que afecte al valor de cotización[502].

La obligación de permanencia sobre tales sujetos tiene una doble incidencia: de un lado, en un plano subjetivo, en atención a su condición de personal clave o estratégico en la compañía; de otro, en la esfera societaria como titulares de acciones o participaciones de la sociedad.

Con respecto a lo primero, el compromiso de permanencia sirve como medio de retención del grupo fundador, pero resulta poco práctico si no le acompañan cláusulas complementarias tendentes a una dedicación activa en

---

501 GIMENO BEVIÁ, V., "El régimen jurídico del socio fundador en las start-ups" *Derecho de Sociedades: los derechos del socio* (Dirs.) González Fernandez y Cohen Benchetrit, Valencia, Tirant lo Blanch,2020 pág. 1280;

502 A modo de ejemplo, Mark Zuckerberg, CEO de Facebook y otros altos directivos se comprometieron a no vender ninguna de sus acciones durante un año después de la primera OPV —*initial public offering (IPO)*—. Más información en https://www.business-standard.com/article/international/zuckerberg-won-t-sell-stock-for-a-year-says-facebook-112090500154_1.html

el desarrollo del objeto social. Por ello, es común que el pacto de socios regule la prestación de sus servicios profesionales, esto es, si la dedicación es plena o parcial, un compromiso de exclusividad y no competencia o el deber de secreto y confidencialidad. En el supuesto de doble condición de socio/administrador, la inacción en sus funciones dentro del órgano de gestión[503], obviamente, supondría un incumplimiento flagrante de sus deberes fiduciarios —en particular, el de lealtad ex. art. 227 LSC—, pero a fin de que no renuncie al cargo, el pacto contiene el compromiso de permanencia en el consejo de administración.

En relación con lo segundo, cobra relevancia la cláusula *"lock up"* —en castellano "bloqueo"— que acompaña al compromiso de permanencia y hace referencia a la obligación que asume el socio de que no transmitirá sus acciones o participaciones a terceros —en ocasiones, también prevén expresamente la obligación de no gravarlas— durante la vigencia del pacto.

El objetivo de estas previsiones tendentes a que el socio permanezca en la sociedad y participe activamente en la consecución del fin común no es una cuestión ajena a la normativa de Derecho societario que permite, dentro de ciertas limitaciones, su regulación estatutaria.

En este sentido, sobre la dedicación, nada impide la previsión de las obligaciones relativas al desarrollo de una concreta actividad en la *startup* de manera exclusiva, sin competencia con la sociedad, como una prestación accesoria en los términos previstos en el art. 86.1 LSC. Además de las cláusulas penales que puedan pactarse, la incorporación de tales conductas a los estatutos como prestaciones accesorias permite que los socios restantes, si así lo desean, excluyan al socio incumplidor[504].

503 Cuestión distinta serían las funciones técnicas que podría articularse por medio de un contrato de prestación de servicios o de obra con los requisitos previstos en el art. 220 LSC, en cierta medida, mermado por la reforma del deber de lealtad a raíz de la Ley 31/2014 de 3 de diciembre, por la que se modifica la Ley de Sociedades de Capital para la mejora del gobierno corporativo. Sobre dicha cuestión y la problemática que plantea en atención a la retribución de los administradores, véase, entre otros, MARTÍN ARISTI, P., *Prestación de servicios o de obra del administrador y deber de lealtad (art. 220 LSC)*, Valencia, 2019 págs. 62 y ss.

504 Para las sociedades de responsabilidad limitada, lo establece así, expresamente, el art. 350 LSC. En el caso de anónimas, dicha sanción puede incluirse por los socios en los estatutos con base en el art. 351 LSC, que también permitiría la exclusión del socio en las sociedades de capital aún en caso de incumplimiento no voluntario. O caben otras opciones que lleven a efectos similares como la obligación de transmisión a la sociedad. Vid. PEÑAS MOYANO, M. J., "Modificación de la obligación de realizar prestaciones accesorias (art. 89)" en ROJO-BELTRÁN (Dirs.) *Comentario de la Ley de Sociedades de Capital* vol. I, Madrid, Aranzadi, 2011

En cuanto a la restricción temporal a la transmisión voluntaria de sus cuotas de socio[505], también es posible que la prohibición conste en los estatutos por un plazo máximo que difiere según el tipo social elegido. Para las sociedades de responsabilidad limitada el art. 108.4 LSC admite la validez de una cláusula estatutaria que impida la transmisión de participaciones por un plazo máximo de cinco años desde la constitución de la sociedad o, en caso de aumento de capital social, desde el otorgamiento de la escritura pública de su ejecución. En cuanto al otro tipo de sociedad de capital cerrada[506], la sociedad anónima no cotizada, también son inscribibles en el registro mercantil las cláusulas estatutarias que prohíban la transmisión voluntaria, si bien por un plazo no superior a dos años desde la fecha de constitución de la sociedad según lo previsto en el artículo 123.4 RRM[507]. La finalidad de la intransmisibilidad temporal de las participaciones y acciones sin posibilidad de derecho de separación no es otra sino el mantenimiento de la base social[508] para que la sociedad tenga una estabilidad suficiente tanto en el capital como en su composición que facilite el desarrollo del objeto social en la etapa inicial de la *startup* o en momentos de posterior expansión[509].

---

pág. 762 FERNÁNDEZ DE LA GÁNDARA, L., *Derecho de sociedades* vol II, Valencia, Tirant lo Blanch, 2010 pág. 1927

505 La cláusula de intransmisibilidad permanente está admitida en la sociedad de responsabilidad limitada siempre que lleve aparejada un derecho de separación "a voluntad" según el art. 108.3 LSC

506 Sobre la noción de sociedad de capital cerrada y la intercambiabilidad, en gran medida, de nuestras dos sociedades de capital básicas vid. GALLEGO SÁNCHEZ, E., "El derecho estatutario de salida del inversor en las sociedades de capital cerradas" *Estudios de Derecho mercantil. Liber amicorum profesor dr. Francisco Vicent Chuliá* (Dirs.) Cuñat Edo, Massaguer Fuentes, Alonso Espinosa y Gallego Sánchez, Valencia, 2013 Págs 301 y ss. En relación con las implicaciones por la opción entre una SA y SL como sociedad cerrada, VIERA GONZÁLEZ, A. J., *Las sociedades de capital cerradas. Un problema de relaciones entre los tipos SA y SRL*, Cizur Menor, Aranzadi, 2002

507 El Anteproyecto de Ley de Código Mercantil, en su artículo 233-20 incorpora, expresamente, la validez de tal cláusula para las sociedades anónimas. Si bien, quizás sería adecuado el debate en torno a si, a día de hoy, está justificada una diferencia tan significativa entre el plazo de *lock-up* en los dos tipos de sociedad de capital cerrada. Sobre el debate doctrinal que hubo en torno a la admisibilidad de tal cláusula en las sociedades anónimas y su fundamento, véase VILLANUEVA GARCÍA-POMAREDA, B., "Las restricciones a la libre transmisibilidad de las acciones y su relación con los principios configuradores de la sociedad anónima" en *RDBB* n.º131, 2013 págs. 53-56

508 En este sentido, PERDICES HUETOS, A., "Cláusulas estatutarias prohibidas (art. 108)" en ROJO-BELTRÁN (Dirs.) *Comentario de la Ley de Sociedades de Capital* vol. I, Madrid, Aranzadi, 2011 pág. 894

509 Como se ha comentado, son válidas desde la constitución de ambos tipos sociales pero, en el caso de limitadas, también desde el aumento de capital social con respecto a las nuevas participaciones.

Pese a las ventajas que ofrecen las cláusulas estatutarias frente a los pactos parasociales[510] es común que la regulación en el pacto de socios del compromiso de permanencia y el "bloqueo" temporal en la transmisión de acciones o participaciones no alcance a la esfera societaria. Y ello porque su redacción conforme a la voluntad de los firmantes, en ocasiones, no es compatible con la legislación vigente y, en otras, quizás por la rigidez de la norma, no resulta conveniente[511]. En este sentido, circunstancias tales como el hecho de que el inicio del cómputo del plazo esté vinculado, necesariamente, con la constitución de la sociedad o con ampliaciones de capital en limitadas y no con la entrada de socios tras la suscripción del pacto son motivos relevantes que justifican su ámbito parasocial. Además, el plazo de cinco años, aunque está alineado con la delimitación temporal de este tipo de cláusulas —oscila entre tres y cinco años— no es útil en caso de rondas de inversión toda vez que el cómputo con motivo de un aumento de capital social únicamente afecta a las participaciones procedentes de dicha ampliación, reservadas a los inversores, por lo que no serviría al objetivo de la retención de los socios fundadores. Más evidente resulta, incluso, en el caso de sociedades anónimas en las que el plazo es todavía mas exiguo —dos años—[512] y no cabe en caso de aumento de capital social por creación de nuevas acciones. A mayor abundamiento, en el caso de que la *startup* como sociedad anónima busque financiación en mercados regulados o sistemas multilaterales de negociación —como el *BME Growth*— su normativa específica impide, expresamente, el establecimiento de restricciones estatutarias[513] por lo que, en tal supuesto, no hay más posi-

510 Recuerda GALLEGO SÁNCHEZ, E., "El derecho estatutario..." *Op.Cit.* pág. 305 como principales ventajas, la vinculación a todos los socios y a la sociedad así como mayores posibilidades de *enforcement*.

511 Tal y como señala, al respecto, ÁVILA DE LA TORRE, A., "Transferencia de conocimiento (IV): La financiación de las empresas de base tecnológica" *Propiedad intelectual y transferencia de conocimiento en universidades y centros públicos de investigación* (dirs.) Carbajo Cascón y Curto Polo, Valencia, Tirant lo Blanch, 2018 pág. 636 "reconoce así así una previsión de máximos la legislación societaria que obliga a la búsqueda de soluciones parasociales".

512 Se muestra contraria a una aplicación automática del plazo en todo caso VILLANUEVA GARCÍA-POMAREDA, B., "Las restricciones a la libre transmisibilidad..." *Op. Cit.* consultado en www.proview.thomsonreuters.com para quien "no parece adecuado proporcionar una misma solución para todas las sociedades anónimas, por cuanto el plazo máximo previsto para las cláusulas estatutarias de dos años no tiene el mismo significado en una sociedad cuya duración es limitada, en diez, quince o veinte años y, mucho menos, si la sociedad tiene duración indefinida".

513 Así, el art. 15.2 del Reglamento del Mercado Alternativo Bursátil señala como valores negociables en el mercado "Las acciones y valores negociables equiparables a las acciones o que den derecho a adquirir acciones o valores equivalentes a las acciones, emitidas por sociedades anónimas, españolas y extranjeras, de reducida capitalización o en las que concurran ca-

bilidad para los socios que su previsión contractual, amén de la obligación de información tanto a la sociedad como al mercado[514].

Otra de las causas que justifican la vía parasocial está directamente relacionada con las consecuencias derivadas del incumplimiento de la obligación, en particular en relación con el precio de la salida del socio incumplidor. Aunque la previsión estatutaria garantiza la eficacia plena del "bloqueo", factores como las citadas limitaciones temporales y materiales, la vinculación de la permanencia del socio fundador en el capital social junto con la realización de determinadas obligaciones de *facere* en tal lapso o la rigidez existente en torno a la determinación del precio en caso de exclusión, inciden en que los socios opten por una regulación más ajustada con sus intereses en el marco de la autonomía de su voluntad[515]. Si el objetivo fuera la permanencia de inversores que no participan en la sociedad más allá de la implicación de su capital, tendría sentido, en el caso de que el plazo legal coincidiera, su previsión estatutaria. Pero en la medida en que, principalmente, recae sobre el equipo fundador porque, además, se les exige la vinculación de su trabajo o dedicación activa en la compañía, no bastaría con el veto a la transmisión, sino que tendría que regularse también la realización de dicha actividad. Y es en este punto donde se advierte que el coste de su incumplimiento para la *startup* es mayor en el régimen legal que en el parasocial. Aunque la dedicación del equi-

racterísticas que requieran un régimen singularizado de negociación y que tengan su capital social totalmente desembolsado y respecto de las que no haya restricción legal estatutaria alguna que impida la negociación y transmisibilidad de sus acciones"

514 En este sentido, véase la Circular 3/2020 del Segmento BME Growth. A modo de ejemplo, la publicación como hecho relevante de parte del pacto de accionistas de la eléctrica Holaluz en 2019. Disponible en https://www.bolsasymercados.es/mab/documentos/HechosRelev/2019/11/05456_HRelev_20191129_1.pdf que contiene un compromiso de permanencia de los accionistas por el que los accionistas fundadores se comprometen a "no disponer, enajenar o constituir ningún tipo de carga o gravamen durante un plazo de 24 meses a contar desde la fecha de incorporación de las acciones de Holaluz al MAB, sus acciones en Holaluz" y los accionistas financieros asumen el mismo compromiso pero con una duración de 18 meses. En un sentido similar, el pacto de accionistas de AB-Biotics que cotizó en el MAB hasta 2019 establecido con motivo de la compra de acciones por la farmacéutica Almirall en el que constaba el compromiso de los accionistas fundadores a no transmitir sus acciones durante los cinco años siguientes a la firma del contrato —salvo autorización de Almirall— y a permanecer en el consejo de administración de la compañía durante, al menos, dicho plazo. Publicado como "hecho relevante" disponible aquí https://www.ab-biotics.com/ftp/HR/ABB_HR061.pdf

515 Como señala ÁVILA DE LA TORRE, A., "Transferencia de conocimiento..." *Op. Cit.* pág. 635 este tipo de cláusulas "suele articularse, a pesar de su carácter estatutario, también bajo la forma de pacto parasocial, en un intento de evitar las limitaciones que impone la regulación societarias".

po fundador podría articularse como prestación accesoria, la exclusión del socio como consecuencia de su incumplimiento no impide que obtenga en su salida el valor razonable de sus acciones o participaciones[516], puesto que es un derecho individual, previsto en el artículo 353 LSC, con un contenido mínimo que no puede reducirse por medio de una cláusula estatutaria[517]. Por el contrario, la consideración del incumplimiento en el pacto de socios como un supuesto de "mala" salida —*bad leaver*— es más ventajosa para la *startup* y probablemente, también, más disuasoria de cualquier conducta contraria al contenido de la obligación. Y ello porque la sanción al socio incumplidor no se agota con su exclusión, sino que, además, en la medida en que están configuradas como transmisiones forzosas, la sociedad o los socios que ejerciten su derecho de preferencia se apropian del valor de las acciones o participaciones comprendido entre el nominal y el razonable o de mercado.

Junto a tales cláusulas que regulan de forma directa la permanencia del socio, existen otras que lo hacen de manera indirecta, mediante una recompensa progresiva a medida que permanece en la sociedad y cumple con sus funciones. Ello es posible es a través de las cláusulas de *vesting* que tiene por objeto la consolidación de acciones o participaciones por los socios que participen activamente en el desarrollo del objeto social. Concretamente, sus cuotas en la sociedad o, mejor dicho, los derechos sobre ellas están contractualmente restringidos de modo que la liberación o consolidación será paulatina en función del tiempo que permanezca en la sociedad. Así, aunque el primer año es posible que el firmante de la cláusula no afiance acción o participación alguna (*cliff period*), lo habitual es que entre tres y cinco años, de manera similar a la cláusula "lock-up", terminen las restricciones sobre ellas, de modo que, a mayor permanencia en la sociedad, mayor consolidación por parte del socio[518].

Aunque menos frecuente, además del socio fundador, es posible que la cláusula de bloqueo vincule también a los socios inversores[519]. En este caso,

516 En este sentido, afirma GALLEGO SÁNCHEZ, E., "El derecho estatutario..." *Op.Cit.* pág. 305 que "tanto la jurisprudencia como la doctrina mayoritarias, han venido vetando cualquier criterio que difiera del valor razonable de acciones o participaciones."

517 Sobre la modificación estatutaria de los derechos del socio, en particular los de la minoría, vid. JUSTE MENCÍA, J., *Los Derechos de Minoría en la Sociedad Anónima*, Aranzadi, Cizur Menor, 1995 pág. 180

518 GIMENO BEVIÁ, V., "El régimen jurídico del socio fundador..." *Op. Cit.* pág. 1280

519 Es, incluso, común que en el caso de que el socio inversor sea un fondo de inversión colectiva o un *private equity* acuerden un *lock-up* con sus inversores para que mantengan el dinero en el fondo durante un periodo determinado. Puede pactarse un *hard lock-up* que les impida la recuperación de la inversión mientras dure el plazo, o un *soft lock-up* que permita su retirada

la finalidad principal es la estabilidad en el capital social tanto en la fase inicial como en otras etapas de expansión con el fin de que no haya movimientos especulativos[520]. Precisamente, con tal intención se incluye en pactos de socios con anterioridad a la incorporación de las acciones al *BME Growth* o de oferta pública en otros mercados para una estabilización de los precios durante un determinado plazo[521].

III. RETRIBUCIÓN E INCENTIVOS

En el anverso de la moneda, junto a la obligación de permanencia y otras conexas que aumentan sobremanera las que *ex lege* corresponde al socio en su condición de tal —obligación de aportación y, en su caso, las previstas como prestaciones accesorias—, el pacto de socios también regula el sistema de retribución y el plan de incentivos del equipo fundador, de los directivos y demás empleados clave.

De forma similar a la doble dimensión laboral[522] y societaria equivalentes al compromiso de permanencia y cláusula de "bloqueo" citados en el epígrafe anterior, el sistema retributivo también está determinado en atención a tales circunstancias. En este sentido, es importante la distinción entre la remuneración vinculada a la gestión o la dedicación profesional parcial o total en la compañía y la retribución propia de su condición de socio.

Con respecto a lo primero, es más habitual su previsión en el pacto de fundadores donde los emprendedores establecen un sistema salarial basado, de un lado, en la valoración que ellos mismos atribuyen a su trabajo en la *startup* y, de otro, obviamente, a los resultados económicos, a expensas de que tengan un EBITDA positivo. Ello no obstante, especialmente en la fase "semilla", es común que al principio no cobren nada o, en su caso, salarios notablemente más bajos a los de mercado y a efectos de su mera subsistencia[523].

---

previo pago de una comisión.Véase MÄNTYSAARI, P., *The Law of Corporate Finance: General Principles and EU Law* vol. III Heidelberg, Springer, 2010 pág. 319

520 En este sentido, aunque en el ámbito de la empresa familiar CAMISÓN ZORNOZA, C. Y RÍOS NAVARRO, A., *El protocolo familiar: metodologías y recomendaciones para su desarrollo e implantación*, Valencia, 2016 pág. 158

521 En este sentido, RECONDO PORRÚA, R., Esquemas de iniciación... *Op. Cit.* pág. 36

522 O, en puridad, en muchos casos, contrato de prestación de servicios.

523 Como señala WASSERMAN, N., *The Founder's Dilemmas: Anticipating and Avoiding the Pitfalls That Can Sink,* Nueva Jersey, Princeton University Press, 2012 pág. 179 los socios de la *startup* Lynx aceptaron, voluntariamente, al principio no asignarse salario alguno con la intención de que todos los beneficios iniciales se reinviertieran en la compañía. LIPPER, A.

Posteriormente, en una fase más avanzada, si la compañía cumple objetivos y alcanza métricas positivas es lógico que el pacto de fundadores prevea un aumento proporcional o, incluso, en el supuesto de un pacto de socios tras una ronda de inversión que fundadores e inversores acuerden un cierto aumento salarial. Sin embargo, lo normal es que la asignación que reciban los fundadores siempre esté significativamente por debajo del valor de mercado, en torno a un 30% menos[524].

Ello es así por la incidencia de lo segundo, de la dimensión societaria, por la relevancia que tiene su participación en el capital social —el *equity component*— en el modelo retributivo de la *startup*.

Por el contrario, la ecuación varía en el caso de altos directivos o empleados clave. En la medida en que tales sujetos tienen menos porcentaje de capital que los socios fundadores o, directamente, no tienen la condición de socios, la cuantía de su retribución está más próxima al valor de mercado. Sin perjuicio de que vinculen también una parte de la retribución al *equity* mediante la atribución de opciones sobre acciones o participaciones —*stock options*— o la asignación de acciones "fantasma" —*phantom shares*—. De hecho, es precisamente a través de tales instrumentos, como la *startup* compensa el déficit salarial que asume el trabajador en relación con la retribución que, según el mercado, correspondería con base en su cualificación[525].

Desde un punto de vista estratégico, la previsión de un sistema retributivo híbrido salario/*equity* y flexible en atención a las concretas circunstancias del destinatario (participación más o menos intensa en el capital, retención de determinados profesionales, etc.), reduce notablemente los costes de agencia en la medida en que existe una triple alineación entre los intereses de los inversores, el del equipo fundador y los directivos o empleados clave contratados por la compañía. Su incorporación a un pacto de socios incentiva la im-

---

y RYAN, G., *Venture's Guide to Investing in Private Companies: A Financing Manual for the Entrepreneurial Investor*, Estados Unidos, Dow Jones-Irwin 1984 pág. 77 señalan la poca idoneidad de métodos habituales de retribución en otras compañías para la retribución de los fundadores en las *startups*.

524 Como señala GIL, S., "Planes de compensación para startups", 2018 disponible en https://medium.com/jme-venture-capital/planes-de-compensaci%C3%B3n-para-startups-df8e234a889b "Una startup debiera ofrecer salarios por debajo de mercado (al menos un 20% ó 30%) y compensar este menor salario con: instrumentos de capital (acciones, opciones sobre acciones, phantom shares, etc.) y con un entorno estimulante y lleno de oportunidades que permita el rápido desarrollo profesional."

525 Como ejemplo para el cláculo de una retribución adecuada a los trabajadores de una *startup* que equilibre el salario con el *equity*, véase POLAND, R. S. y BUCKI, L. A., *Founder's Pocket Guide: Stock Options and Equity Compensation,* Estados Unidos,1x1, 2018

plicación de sus beneficiarios quienes tendrán por objetivo la maximización del valor de la sociedad para que su vinculación a la parte variable de la retribución no solo compense, sino que supere su déficit salarial —especialmente en el caso de no propietarios, pues los fundadores, lógicamente, por su implicación, son más favorables a asumirlo[526]—. Igualmente, esta fórmula permite la incorporación de trabajadores en casos de problemas de liquidez, en los que la *startup* no puede ofrecerles una retribución acorde a las condiciones de mercado —*fair market value*—.

Precisamente, por la importancia de la liquidez y la necesaria capitalización de la compañía es común que el pacto de socios module el sistema retributivo por lo que al posible reparto de dividendos hace referencia. A diferencia de otras empresas tecnológicas consolidadas u otros modelos de negocios donde el socio pretende una participación periódica en los beneficios, en las *startup* tal reparto no es una política común. La reinversión de las ganancias en el propio crecimiento de la sociedad y la expectativa de que la rentabilidad de su aportación la obtendrán con la salida a bolsa o la venta de la compañía son motivos que determinan que, en la mayoría de ocasiones, pacten limitaciones al derecho del socio al dividendo.

También, en los pactos relativos a la retribución cobra especial relevancia la posible condición de administradores de la sociedad. En tal caso el sistema debe fijarse conforme al régimen jurídico legalmente previsto en el art. 217 LSC que señala la necesaria concreción estatutaria tanto en su dimensión cualitativa, en atención a la forma de remuneración, como cuantitativa, con el cálculo del importe máximo[527]. Y habida cuenta de la posible configuración del órgano de administración como un consejo deberá regularse la retribución de cada uno de ellos, en su condición de tales, pero según sus concretas funciones y responsabilidades[528].

526 A modo de ejemplo, el artículo "El éxito de una startup es inversamente proporcional al sueldo de los fundadores" publicado en https://www.elconfidencial.com/tecnologia/2012-01-11/el-exito-de-una-startup-es-inversamente-proporcional-al-sueldo-de-los-fundadores_772653/ muestra casos de los sueldos de los fundadores de *startups* españolas en los que, muchos de ellos, no cobraban nada los primeros años o, como mucho, sueldos de quinientos euros. Otra lectura sobre el salario de los fundadores, VELASCO, J. J., "Algunas reflexiones sobre el salario de los fundadores de una startup", 2018 disponible en https://www.kewlona.es/2018/11/salario-de-los-fundadores-startup/

527 GALLEGO SÁNCHEZ, E. y FERNÁNDEZ PÉREZ, N., *Derecho mercantil.. Op. Cit.* págs. 475-476

528 LEÓN SANZ, F. J., "Remuneración de los administradores" en *Comentario de la reforma del régimen de las sociedades de capital en materia de gobierno corporativo* (Coord.) Juste Mencía, Madrid, 2015 consultado en www.proview.thomsonreuters.com Sobre la dimensión subjetiva de la retribución, vid. GALLEGO SÁNCHEZ, E. "Remuneración de los administra-

1. Consolidación de acciones y participaciones —*"vesting"*—

Una de las cláusulas habituales tanto para los propios socios fundadores como para los socios inversores es el mecanismo de consolidación de participaciones o acciones, procedente de la práctica anglosajona y, en la mayoría de las ocasiones, identificado conforme a su denominación originaria como *"vesting"*. Aplicable también a la retribución variable en *equity* a trabajadores o directivos, tiene por objeto la retención de fundadores y personal clave para que permanezcan en la sociedad durante un determinado plazo y contribuyan a la maximización de su valor con el cumplimiento de las funciones que tiene asignadas cada uno de ellos.

En cuanto al momento de su previsión, el sistema de *vesting* puede fijarse desde el pacto de fundadores —*"cofounder agreement"*—, como medio de protección de la *startup* por el efecto disuasorio que genera sobre un abandono temprano del proyecto. En este caso es común que las acciones o participaciones vinculadas coincidan con las inicialmente asignadas en el propio pacto, de forma que si el socio se desvincula de la sociedad en el corto o en el medio plazo perderá la titularidad de todas o de parte de ellas en beneficio del resto de socios o de un tercero que le remplace en sus funciones y eviten así el *"dead equity"* o la existencia de un socio fundador significativo sin implicación alguna en el desarrollo del proyecto empresarial. Sin embargo, también puede preverse al margen de las participaciones inicialmente asumidas sobre un porcentaje menor de otras que permanecen en autocartera y son consolidables a medida que cumplen con determinados hitos y que tiene una finalidad más incentivadora y menos punitiva[529].

Pero también es posible que la existencia de dicho sistema o proceso de consolidación en el pacto de socios sea una exigencia de los inversores como forma de control de los fundadores y de alineación de sus intereses. Instrumentado en estos casos, por lo general, mediante una ampliación de capital, los socios fundadores adquirirán, paulatinamente, los derechos vinculados a las acciones o participaciones consolidables, mediante la liberación de las restricciones que llevan aparejadas[530]. En tanto que la finalidad de la citada cláusula es la recompensa a la fidelidad del socio o el incentivo a la permanencia,

dores (art. 217)" en ROJO-BELTRÁN (Dirs.) *Comentario de la Ley de Sociedades de Capital* vol. I, Madrid, Aranzadi, 2011 págs. 1552-1555

529 En este sentido, el modelo de contrato entre socios fundadores para la aceleradora "Lazarus" pág. 12 disponible en http://www.vicentemunoz.com/wp-content/uploads/Pacto-de-socios-fundadores-modelo-Lazarus.docx

530 ERLÁIZ COTELO, I., "Las adquisiciones..." *Op. Cit.* pág. 535 hace referencia a dicho sistema de ampliación de capital sin prima para los socios fundadores.

cuanto más tiempo pase, mayor será el porcentaje de acciones o participaciones consolidadas[531].

Con un fundamento similar, si bien con unos porcentajes notablemente menores, es posible que el pacto de socios prevea un plan de incentivos a directivos y empleados que también esté sujeto a un sistema de *vesting*. Concretamente, la retribución variable de su salario a través de un plan de opciones sobre acciones o participaciones —*stock options* o *ESOP*— mediante un "*option pool*", esto es, una reserva de ellas —entre un 10% y un 25 %— para tal fin. En este sentido, es posible que el pacto de socios prevea una autocartera[532] —con las restricciones legales existentes, especialmente en el caso de limitadas[533]— o, lo que es más común, la emisión de acciones o participaciones que implique una dilución del porcentaje de los socios que afectará a todos o alguno de ellos en función de lo pactado. Sobre tal particular, es probable que el inversor adquiera las acciones o participaciones con base en el capital "*fully diluted*" o, lo que es lo mismo, de modo que su porcentaje en la sociedad no quede disminuido por el "*option pool*" de los empleados, que diluirá, únicamente, de manera progresiva, el porcentaje de los fundadores. Sin embargo, en España, a diferencia de lo que ocurre en la práctica anglosajona, además de los problemas señalados desde el punto de vista societario, los costes operativos y, especialmente, razones de índole fiscal dificultan la adopción de este sistema retributivo. Por ello, es cada vez más común el recurso a las "*phantom shares*", como incentivo para los trabajadores de las *startups*.

531 Incluso en rondas de financiación posteriores es posible que el *venture capital* exija una suerte de *re-vesting* de las acciones o participaciones consolidadas. Sobre ello, BHARGAVA, R. y HERMAN, W., *The Startup Playbook: Founder-to-Founder Advice from Two Startup Veterans,* Nueva Jersey, 2-Speed Publishing 2020 pág. 187 afirman que en tales casos en los que se pida "volver a poner el contador a cero", debe evitarse una vuelta atrás que supere los seis meses o el año.

532 Sobre los fines de la autocartera, *in extenso*, véase VÁZQUEZ CUETO, J. C., *Régimen Juridico de la autocartera,* Madrid, Marcial Pons, 1995 págs. 127 y ss.

533 Sobre esta cuestión, la Ley 7/2003, de 1 de abril, de la sociedad limitada Nueva Empresa por la que se modifica la Ley 2/1995, de 23 de marzo, de Sociedades de Responsabilidad Limitada introdujo mejoras significativas con respecto a la adquisición y tenencia de participaciones propias que facilitaron la actividad de las empresas familiares tal y como señala GARRIDO DE PALMA, V., "La sociedad familiar. Etapas de su evolución y modificaciones estructurales" *Modificaciones estructurales y reestructuración empresarial* (Coord.) Garrido de Palma, Valencia, Tirant lo blanch, 2011 pág. 175. Con un sentido similar, sería positivo en el ámbito de las *startup* una reforma sobre el régimen de la autocartera que fuera más homogéneo entre las sociedades de capital cerrada toda vez que carece de sentido la distinción entre ambas y dificulta la retribución en la sociedad limitada mediante opciones sobre participaciones.

Por lo que a su concepto hace referencia, el *vesting* puede definirse como un acuerdo por el que el socio/trabajador acepta que la adquisición de los derechos vinculados a las acciones o participaciones que tenga asignadas estará condicionada al cumplimiento de determinados requisitos temporales y/o objetivos. Como criterio temporal, la consolidación será progresiva en consonancia con la permanencia en la sociedad durante determinados plazos. En relación con los objetivos, puede establecerse que alcance metas concretas en atención al puesto desempeñado para que tenga lugar la consolidación de las acciones o participaciones[534].

Su finalidad consiste en el fomento de la permanencia de los firmantes de modo que cuanto más tiempo esté en la sociedad, mayor será su porcentaje de acciones o participaciones liberadas, esto es, con plenos derechos políticos y económicos. En el caso de que el *vesting* afecte a los socios fundadores, tales sujetos reciben la propiedad de las acciones o participaciones desde el principio y, paulatinamente, reducen las restricciones hasta la plena disposición de todas ellas. Si los firmantes son los profesionales que pactan, como fórmula retributiva, *stock options,* el cumplimiento de determinados hitos les habilita a la compraventa, por tramos, de las acciones o participaciones que tuviera reservadas en el plan de incentivos. En ambos supuestos el precio es favorable a los intereses del firmante y está predeterminado, lo cual es importante pues durante el periodo de *vesting* lo normal es que la compañía aumente su valor y con ello el de mercado de las acciones o participaciones[535]. En el caso de las *phantom shares,* por su propia naturaleza, no es necesario el ejercicio de opción alguna, sino que, producido el evento liquidativo por el transcurso del tiempo y el cumplimiento de las condiciones establecidas, la compañía procederá al pago del importe correspondiente en concepto de incentivo.

En cuanto al plazo de terminación de restricciones sobre el porcentaje máximo o *vesting period*, aunque dependerá de las concretas circunstancias del caso y la fuerza negociadora de las partes, por la importación de la práctica estadounidense, lo habitual es que trascurra cuatro años hasta la total consolidación.

---

534 A modo de ejemplo, en función del cargo, la captación de un número determinado de clientes, el nivel de desarrollo del producto, volumen de ventas, posicionamiento web y redes sociales, búsqueda de financiadores, etc.

535 BOLTEN, R. y CAMPBELL, T., *Painting with numbers: Presenting Financials and Other Numbers So People Will Understand You* Estados Unidos, 2012 Pág. 236. Como señala ERLÁIZ COTELO, I., "Las adquisiciones..." *Op. Cit.* pág. 379 se emiten sin prima, "de forma que por un importe asumible, el gestor adquiere acciones de un valor superior".

Ello no obstante, la maduración o consolidación de participaciones no es progresiva ni constante desde el inicio pues, con una finalidad disuasoria, impide la adquisición de cualquier derecho, generalmente, durante el primer año. Tal previsión que impone un año de carencia, conocida como periodo "*cliff*", priva de cualquier disposición o, en su caso, impide el reconocimiento de cualquier derecho u opción hasta su finalización. Posteriormente, superado el primer año tiene lugar la consolidación paulatina de las acciones o participaciones por tramos, una vez advertido el cumplimiento de los plazos y/o objetivos señalados.

Así, a modo de ejemplo, es posible que transcurrido el *Cliff period* el profesional tenga la opción para la adquisición de un 25% de participaciones o que el socio adquiera los plenos derechos de las participaciones vinculadas al *vesting* que equivalgan a tal porcentaje. Y en la misma línea, cumplidos los hitos fijados de forma mensual, semestral o anual —quizás lo más común—, adquirirán los derechos u opciones de las pendientes, por ejemplo, mediante la suma de otro 25% por año de modo que, superado el plazo de permanencia de cuatro años, tenga la plena consolidación de todas ellas —"*time based vesting*"—. Otra opción es la previsión de una consolidación desigual, en beneficio de la propia *startup* y de los socios inversores, de modo que el porcentaje de acciones o participaciones consolidadas aumente conforme pase el tiempo y el *vesting* de cada tramo sea mayor que el anterior. Dicha práctica, conocida como "*Back-weighted vesting*" pretende que cuanto más tiempo permanezca en la sociedad mayor sea el porcentaje de *equity* que reciba y el incentivo de que alcance el último hito será, precisamente, la consolidación del mayor de los porcentajes.

También debe preverse los casos en los que tendrá lugar la aceleración del *vesting*, esto es, supuestos que determinen una reducción o terminación del plazo de consolidación de forma anticipada. Conocidos como "eventos desencadenantes" —"*trigger events*"—, debe distinguirse entre el "*single trigger*" y el "*double-trigger*".

El primero de ellos comprende los casos de aceleración por cambio de control en la compañía y su finalidad es la protección de los intereses del trabajador o socio vinculados al *vesting* ante la adquisición de la *startup* por un tercero de suerte tal que en el caso de venta o fusión, como un evento desencadenante, las acciones/participaciones restringidas o las opciones se consolidan automáticamente[536]. Este tipo de aceleración, no obstante, plantea

536 REDA, J. F., REIFLER, S. y STEVENS, M. J., *The Compensation Committee Handbook* Nueva Jersey, Wiley, 2014 Pág. 629

problemas desde el punto de vista del posible comprador en la medida en que eleva el coste de la permanencia de los empleados o profesionales clave de la compañía. La existencia de tal cláusula de aceleración lo normal es que implique una rebaja en el precio de la operación toda vez que, para la retención del talento, será necesario la previsión de un nuevo plan de incentivos.

El segundo requiere la sucesión de dos eventos —literalmente, la expresión significa "doble gatillo"—, de un lado, la venta de la compañía, fusión o el cambio de control como en el caso anterior, de otro, la terminación involuntaria sin causa de la relación con el profesional o empleado por voluntad del nuevo adquirente. Este sistema de aceleración, más común en la práctica del capital riesgo[537], presenta notables ventajas para la compañía y los potenciales compradores ya que la consolidación anticipada solo tendrá lugar si no hay interés en la permanencia del trabajador. Por tanto, concede una mayor flexibilidad en torno a la reestructuración del personal de la compañía porque le permite tanto la terminación sin justa causa de la relación con algunos empleados y el mantenimiento de otros cuya permanencia sí consideran importante, lo que es común, al menos, durante una fase de transición tras la operación de adquisición[538].

De la misma forma que puede terminarse el *vesting* que afecte al socio o al trabajador por la producción del citado evento desencadenante, también es posible que finalice el periodo de consolidación por un incumplimiento de sus obligaciones. En este sentido, en el caso de empleados, directivos o asesores de la sociedad que fueran beneficiarios de un plan de incentivos, el incumplimiento contractual implicará la extinción de los derechos que hubieran consolidado.

Además, con respecto a las acciones o participaciones adquiridas, puede pactarse una opción de compra a favor de determinados socios o de la propia sociedad cuyo precio variará en función de la causa de terminación. En los casos en los que el fin de la relación laboral sea involuntario o con ausencia dolo o mala fe del trabajador, la salida tendrá la consideración de "*good leaver*" y el precio de recompra será el fijado por las partes o, en su defecto, el que resulte de un sistema de cálculo que aproxime su valor al de mercado. Por el

537 Señala la preferencia del "*double-trigger*" especialmente en el sector tecnológico CHINGOS, T., *Paying for Performance: A Guide to Compensation Management,* Wiley, 2002 pág. 294

538 FELD, B. y MENDELSON, J., *Venture Deals,* Nueva Jersey, Wiley, 2016 Nueva York, 2002 pág. 60 señala la utilidad de dicha cláusula en interés del comprador por la importancia para el éxito de la operación que tiene el mantenimiento de parte del equipo de la compañía *target* al menos durante uno o dos años tras la venta.

contrario, la existencia de un despido procedente, una renuncia unilateral del profesional o un incumplimiento voluntario de sus obligaciones, equivaldrá a un *"bad leaver"* que lleva aparejado un precio punitivo hacia el trabajador y que, generalmente, se corresponde con el valor nominal de las acciones o participaciones.

En el caso de que el incumplidor sea un socio con acciones o participaciones vinculadas a una cláusula de *vesting* y, por tanto, con sus derechos restringidos, el modelo de salida es similar[539]. Advertido el incumplimiento, en función de su naturaleza voluntaria o involuntaria, podrá pactarse desde la no consolidación del porcentaje pendiente hasta una obligación de venta, incluso de las que ya hubiera liberado, por un precio cercano al de mercado o nominal, respectivamente, de calificarse la conducta como caso de "buena" o "mala" salida[540].

2. Opciones sobre acciones y participaciones —*"stock options"*—

Uno de los posibles mecanismos del plan de incentivos para la retribución de empleados clave, directivos y miembros del órgano de administración es a través de un programa de opciones sobre participaciones o acciones —*"stock options plan"*—.

A pesar de los términos empleados —"programa" o "plan"—, la naturaleza jurídica de la opción es contractual y tiene por objeto la concesión por parte de la sociedad a determinadas personas que prestan sus servicios en la *startup* de un derecho a la formalización de un contrato posterior de compra de acciones o participaciones en unas condiciones predeterminadas en el momento de la opción. Por consiguiente, pueden advertirse dos negocios jurídicos relevantes: en primer lugar, un contrato de opción con base en unas condiciones, en muchos casos, generales, expresadas en el plan de incentivos y sobre las que dichos sujetos formalizan su adhesión —sin perjuicio de que, en

---

539 Como señalan BHARGAVA, R. y HERMAN, W., *"The Startup Playbook..." Op. Cit.* pág. 186 el *vesting* existe para la protección del resto de fundadores, inversores y la propia *startup*. De modo que si el emprendedor abandona el proyecto o es despedido, el *equity* de la compañía no se va con él.

540 En este sentido, afirma SAPHIRO, D., "Founders Should Give Their Stock Back: Why Vesting is in Your Startup's Best Interest" 2012 disponible en https://pando.com/2012/04/26/founders-should-give-their-stock-back-why-vesting-is-in-your-startups-best-interest/ que el *vesting* mantiene los intereses alineados, porque, de un lado, el fundador recibe las participaciones al principio —"de golpe" pero, de otro, la compañía tiene el derecho a recomprarlas por una cantidad insignificante.

función de la relevancia de la persona exista cierta flexibilidad y tenga lugar una negociación más individualizada—; en segundo, el contrato por el cual el beneficiario u optante, acaecidas las circunstancias que le conceden el derecho —piénsese, por ejemplo, en la consolidación tras un periodo de *vesting*—, decide ejecutarlo mediante la formalización de un contrato de compraventa de las acciones o participaciones que tuviera reservadas en el *"option pool"*.

A diferencia de una transmisión común de acciones o participaciones, la finalidad o causa no consiste en su mero intercambio por un precio, sino que la función económico-social que cumple tiene carácter retributivo[541]. Concretamente, la compra se produce por un precio determinado con anterioridad, favorable a los intereses del beneficiario —por ejemplo, el valor nominal— toda vez que se espera su revalorización durante el lapso que media entre el momento de su concreción y el de la ejecución de la opción. Tal condición ventajosa encuentra su fundamento en la compensación al optante por la actividad que ha desarrollado en la compañía que, por lo general y en función del cargo desempeñado, complementa la parte retributiva fija[542].

Dicho sistema retributivo implica una alineación de los respectivos intereses de la sociedad y del profesional. Para la *startup*, un plan de incentivos basado en *stock options* permite la contratación de determinadas personas por un precio inferior al de mercado, por lo que es positivo especialmente en fases iniciales en las que son normales las tensiones de caja o tesorería. La vinculación del plan al cumplimiento de determinados hitos es un factor que incide notablemente tanto en la retención del talento, como en su dedicación y ello porque el interés del beneficiario no queda circunscrito a la permanencia para el ejercicio de la opción, sino que también tiene incentivos para esforzarse con el fin de que la sociedad maximice su valor. En este sentido, la diferencia entre el precio de las acciones o participaciones fijado en el momento de la opción y el que tuviera en el correspondiente a la ejecución será la ganancia que obtenga el beneficiario, de modo que tanto la sociedad como tales sujetos comparten un mismo objetivo, a mayor valor de la compañía, mayor será la retribución que recibirán en tal concepto.

541 Vid. MONTERO GARCÍA-NOBLEJAS, P., *Las opciones sobre acciones como sistema de retribución de administradores de sociedades anónimas cotizadas*, Madrid, La Ley, 2009 pág. 29

542 A diferencia de otro de otro tipo de empresas, en las *startup* no predomina el interés de las *stock options* como medio de capitalización de la compañía en la que se ofrecen acciones o participaciones a la plantilla a un precio más próximo de mercado para la ejecución de un aumento, sino que está más presente su función retributiva para la captación y retención de talento.

Desde el punto de vista del administrador o trabajador clave vinculado al plan, además de motivos de otra índole[543], la retribución parcialmente variable de su labor puede que, a largo plazo, implique una mayor remuneración que si hubiera optado por un sistema fijo acorde con el valor de mercado —lo que ha quedado de manifiesto, especialmente, en sociedades cotizadas que es donde tradicionalmente ha sido utilizado dicho sistema— [544]. Ello no obstante, con el mismo fundamento, su asunción también supone un riesgo, más acentuado en las fases iniciales de la *startup,* donde pese a la permanencia y dedicación, por un lado, no está ni mucho menos garantizado el éxito de la compañía ni, por consiguiente, la revalorización de las participaciones[545] y, por otro, pero en relación con lo anterior, a diferencia de fases más avanzadas, por la dificultad que tendrá para su venta ante la ausencia de mercado efectivo.

A pesar de las posibles ventajas del sistema de opciones, en el anverso de la moneda, también puede advertirse inconvenientes. Como consecuencia de la reserva de un determinado porcentaje de acciones o participaciones, la ejecución de las *stock options* implicará una dilución de los socios restantes[546] de manera equitativa o, en su caso, con afectación exclusiva al que corresponda a los socios emprendedores si los inversores incluyeron en la negociación el plan de incentivos *fully diluted*. Igualmente, a diferencia de otros mecanismos retributivos, las opciones sobre acciones o participaciones conlleva la posibilidad de que el optante adquiera la condición de socio en la sociedad, con la

543 En el ámbito de las *startup* suele hacerse referencia al atractivo del proyecto, el ambiente de trabajo, la flexibilidad como contraposición a otras compañías.

544 En el caso de los administradores es paradigmático el caso norteamericano de los consejeros delegados que, de forma simbólica, asumen un dólar en concepto de retribución fija por la importancia que dan a la negociación de la variable a través de opciones sobre acciones. Vid. BRIGHAM, E. F. y HOUSTON, J. F., *Fundamentals of Financial Management,* Ohio, Cengage Learning, 2012 pág. 14; también LOUREIRO, G. R., MAKHIJA, A. K. y ZHANG, D., "The Ruse of a One-Dollar CEO Salary" *Fisher College of Business Working Paper No. 2011-03-007* disponible en https://papers.ssrn.com/sol3/papers.cfm?abstract_id=1571823

545 Como medio de protección frente a la pérdida de valor puede pactarse una cláusula *"repricing"* por la que el optante ejerce la opción a un precio inferior al inicialmente acordado en consonancia con la bajada de cotización. Ello no obstante, es una cláusula poco frecuente en *startups*, donde es posible que los inversores se nieguen en tanto que no tienen esa facultad con respecto a sus acciones o participaciones. En Estados Unidos sí ha sido un mecanismo muy utilizado para la remuneración de administradores y trabajadores durante la primera década de este siglo. En este sentido, véase REDA, J. F., REIFLER, S. y THATCHER, L. G., *The Compensation Committee Handbook*, Nueva Jersey, Wiley, 2008 pág. 340

546 GALLEGO SÁNCHEZ, E., "Remuneración mediante entrega de acciones (art. 219)" en ROJO-BELTRÁN (Dirs.) *Comentario de la Ley de Sociedades de Capital* vol. I, Madrid, Aranzadi, 2011 pág. 1564

consiguiente atribución de derechos no solo económicos sino, sobre todo, políticos, lo que permitirá su participación en la junta general con el riesgo de atomización del accionariado por la entrada de los diversos beneficiarios. Aunque puede emitirse acciones o participaciones sin voto, como es habitual en Derecho comparado, en España no resulta tan sencilla tal posibilidad para la emisión de *stock options* con base en lo establecido en el art. 99.3 LSC[547]. En su virtud, en tanto la sociedad no reparta dividendos —lo que es común en las *startups*—, los titulares de dichas acciones o participaciones tendrán el derecho de voto en igualdad de condiciones que las ordinarias.

Otro de los posibles inconvenientes o efectos nocivos de la retribución mediante opciones a los administradores —aunque probablemente menor en este caso, en comparación con otras grandes sociedades como, especialmente, cotizadas— es la posibilidad de manipulación contable o adopción de decisiones empresariales —ad. ex. no reparto de beneficios— guiado por el interés personal en el aumento de la cotización. Sin embargo, dicho riesgo es, quizás, residual en las *startups* en tanto que el consejo de administración está formado, en su gran mayoría, por socios fundadores e inversores de manera que, en principio, no existen problemas de agencia por la alineación de sus intereses.

En cualquier caso, por la importancia para la *startup* de las consecuencias que lleva aparejada la previsión de un plan de incentivos basado en opciones sobre acciones o participaciones, es común que tanto su adopción inicial como cualquier modificación de su contenido tenga la calificación de materia reservada y, por tanto, sea necesario el consentimiento de los inversores[548].

Por lo que a su regulación hace referencia, el art. 219 LSC únicamente alude al sistema de opciones en relación con las sociedades anónimas. Concretamente, establece la necesaria previsión estatutaria de dicho medio retributivo y de un acuerdo de la junta general para su aplicación que incluya el número máximo de acciones asignables, el precio de ejercicio o el sistema para su cálculo, el valor de las acciones que se tome como referencia así como el plazo de duración del plan. Por el contrario, no existe mención alguna sobre la posibilidad de que la sociedad de responsabilidad limitada cuente con un plan de opciones sobre participaciones.

Ello no obstante, como demuestra la práctica, no impide que los socios de sociedades de responsabilidad limitada, en general, y *startups*, en par-

547 ERLÁIZ COTELO, I., "Las adquisiciones..." *Op. Cit.* pág. 402
548 SOLANS CHAMORRO, L., "Contratos entre socios..." *Op. Cit.* pág. 40

ticular, con base en la autonomía de su voluntad, prevean un sistema de concesión de opciones sobre participaciones con el mismo fundamento retributivo mencionado con anterioridad, tendente a la fidelización de empleados clave, directivos o administradores. El problema es que por las limitaciones propias de la Ley de Sociedades de Capital, no puede configurarse el plan con la flexibilidad existente para las sociedades anónimas, lo que pone de manifiesto, nuevamente, la necesaria revisión de su régimen legal que tienda a una mayor armonización y homogeneidad en las normas aplicables a ambos tipos de sociedad cerrada. La regulación de la autocartera es una muestra evidente de ello. Mientras que la sociedad anónima puede que adquiera sus acciones en un aumento de capital social y mantenga hasta un veinte por ciento de ellas para un plan de *stock options,* la sociedad de responsabilidad limitada tiene vetada tal posibilidad de conformidad con lo dispuesto en el art. 140.2 LSC[549]. Ello, unido a la prohibición de asistencia financiera que el art. 143.2 LSC establece para la adquisición de sus propias participaciones o de las participaciones creadas por una sociedad del grupo al que la sociedad pertenezca dificulta, notablemente, la opción por estos sistemas retributivos en la sociedad limitada[550]. Por tanto, a diferencia de las posibilidades existentes para la sociedad anónima, en el caso de la sociedad limitada el sistema de opciones sobre participaciones debe articularse de forma muy poco operativa, con sucesivos aumentos de capital social que ejecuten los beneficiarios del plan, paulatinamente, conforme al cumplimiento de los hitos o los plazos propios del *vesting period*. Otra opción, que no implica un aumento del capital social, es la reserva de las participaciones del *"option pool"* entre las propias de los socios —todos o únicamente los fundadores, según lo pactado—, de modo que, una vez consolidadas, sean transmitidas a sus beneficiarios. Sin embargo, además de la complejidad técnica y los riesgos de la operación —piénsese, por ejemplo, en el hipotético caso de alguien ajeno al pacto de socios que ejercite un derecho de preferencia—, cuestiones de índole fiscal desincentivan el uso de esta fórmula para la previsión de un plan de opciones[551].

Pese a la insistencia, cada vez mayor, en la reforma del régimen actual que facilite la captación y retención del talento mediante las opciones sobre par-

549 MORALEJO MENÉNDEZ, I., "Adquisiciones derivativas permitidas (art. 140)" en ROJO-BELTRÁN (Dirs.) *Comentario de la Ley de Sociedades de Capital* vol. I, Madrid, Aranzadi, 2011 pág. 1086

550 LEÓN SANZ, F. J., "Remuneración..." *Op. Cit.* consultado en www.proview.thomsonreuters.com

551 LEÓN SANZ, F. J., "Remuneración..." *Op. Cit.* consultado en www.proview.thomsonreuters.com

ticipaciones[552], el Anteproyecto de Ley de Código Mercantil mantiene en su art. 231-89 el mismo texto que el actualmente previsto en el citado art. 219 LSC, sin ninguna referencia expresa —como sería deseable— a su extensión a las sociedades de responsabilidad limitada.

Ello no obstante, como notable excepción debe citarse la posible retribución mediante opciones sobre participaciones prevista en el art. 10 LFEEE para las empresas emergentes que sean sociedades limitadas. Con la presente reforma se asimilan, notablemente, ambos regímenes, el de la sociedad anónima y el de la sociedad de responsabilidad limitada inscrita como empresa emergente. En este sentido, corresponderá a la junta general la autorización de la adquisición de participaciones propias hasta un máximo del 20% del capital social con fines retributivos. Será necesario, para ello, que dicho sistema esté previsto en los estatutos y que el acuerdo de la junta general que lo apruebe incluya el número máximo de participaciones asignadas en cada ejercicio a tal sistema de remuneración, el valor de las participaciones y el plazo de duración del plan. Igualmente, con base en lo previsto en el art. 10.3 —que copia el modelo de las anónimas—, la creación de autocartera para tal fin solo podrá producirse de darse las siguientes condiciones: que las participaciones estén íntegramente desembolsadas —lo que ya era evidente según las reglas generales sobre desembolso ex. art. 78 LSC[553]—, que el patrimonio neto resultante tras la adquisición no sea inferior al importe del capital social más las reservas indisponibles y que la adquisición tenga lugar en período máximo de cinco años desde el acuerdo de autorización del plan retributivo.

Aunque la presente medida tendrá un impacto positivo en las sociedades limitadas que califiquen como empresas emergentes, no termina de entenderse que quede circunscrita, únicamente, a quienes cumplan con los requisitos de esta ley. En este sentido, en tanto que el concepto de empresa

552 Entre otros, el despacho de abogados Cuatrecasas en un documento elaborado en respuesta a la consulta pública del Ministerio de Economía que plantea treinta respuestas jurídicas para fomentar el ecosistema *startup* (2019) disponible en https://blog.cuatrecasas.com/propuestas-juridicas-startups-cuatrecasas/señala la necesidad de "establecer para la SL la misma regulación que existe hoy para la SA no cotizada, ya que no existe justificación para que se mantenga un régimen diferenciado en este ámbito para las sociedades cerradas de capital. Las diferencias en la regulación que existen hoy dificultan enormemente la implementación de herramientas retributivas competitivas para captar el mejor talento, como, por ejemplo, planes de stock options en las SL. En concreto, sugerimos: unificar el régimen de la autocartera extendiendo el régimen de la SA a la SL. Esto permitirá mantener una autocartera estable de participaciones propias en la SL para usarla en planes de stock options".

553 Nótese el error en la Exposición de Motivos de la norma que, confunde las acciones de la sociedad anónima con las participaciones de la sociedad de responsabilidad limitada.

emergente adoptado es sumamente restrictivo, otras sociedades de responsabilidad limitada que, en un sentido económico, podrían considerarse como *startup* no tendrán a su alcance una medida tan positiva para la atracción y retención de profesionales cualificados. Resulta, cuanto menos, controvertido, que una sociedad limitada que no cumpla alguna de las condiciones previstas en la LFEEE —por ejemplo, que sea resultado de una transformación o haya repartido alguna vez dividendos— quede fuera de tamaña ventaja. Cada vez tiene menos sentido, más allá incluso del ámbito de las *startups,* que exista un tratamiento diferenciado de la cuestión entre sociedades cerradas[554].

Con el mismo fundamento, la limitación temporal de tal medida, vinculada a la condición de empresa emergente —y, en algunos casos, al plazo[555]—, implicará que cuando pierda dicho estatus queden, *de facto,* obligados a la transformación a sociedad anónima para el mantenimiento del sistema de *stock options*. Precisamente por ello, de forma similar a lo que ha ocurrido en otros países de nuestro entorno[556], no son pocos los comentarios que abogan por una extensión de la autocartera de participaciones con fines retributivos.[557]

A diferencia de lo que ocurre en otros países con una legislación más favorable, en el caso de que los socios de la *startup* decidan que el sistema de incentivos comprenda un plan de opciones sobre acciones o participaciones, lo normal es que el porcentaje oscile entre el diez y el quince por ciento[558].

En definitiva, pese a la trascendencia que ha tenido, especialmente, para la retribución en las sociedades cotizadas, en el ámbito de las *startup* la deficien-

554 Quizás hubiera sido recomendable, a través del Proyecto de Creación y Crecimiento de Empresas que contiene modificaciones significativas de la LSC, hacer extensiva la autocartera de participaciones a todas las sociedades de responsabilidad limitadas con independencia de su objeto.

555 Pues los cinco años es el máximo, con carácter general, de las empresas emergentes.

556 Este es el caso de Italia, que extiende tal medida a la *PMI Innovative* (PYME innovadora) introducida por el art. 4 del Decreto-legge 24 gennaio 2015, n. 3. En Francia, por el contrario, Les bons de souscription de parts de créateur d'entreprise (BSPCE) solo está permitido para sociedades anónimas según el art. 163 bis G du Code général des impôts tras su modificación por la *La Loi Macron du 6 août 2015*

557 En este sentido se pronuncia ASEBIO, que aboga por su desarrollo bajo un sello de empresa emergente (SEE) que permita la continuación y el mantenimiento de la autocartera más allá del periodo previsto en el presente Proyecto de Ley. Disponible enhttps://asebio.com/propuesta-anteproyecto pág. 8

558 A modo de ejemplo, GONZÁLEZ ASTURIANO, A. G., "¿Qué es el *option pool* en una *startup?"* en http://www.gonzalezasturiano.com/que-es-el-option-pool-en-una-startup/ señala un porcentaje de un quince por ciento. En el extranjero, ROOKSBY, J. H., *Research Handbook on Intellectual Property and Technology Transfer*, Reino Unido, Elgar, 2020 pág. 186 indica un veinte por ciento

te regulación y la existencia de otros mecanismos retributivos más favorables son factores que determinan la escasa incidencia que tienen, actualmente, las *stock options* en los planes de incentivos. En cualquier caso, en relación con las empresas emergentes que sean sociedades limitadas, todavía es pronto para que quepan conclusiones sobre el éxito de tal medida.

3. Acciones fantasma —*"phantom shares"*—

Dentro de los planes de incentivos a administradores, directivos y demás empleados en las *startup*, el modelo que goza de mayor predicamento en la práctica es la previsión de acciones "fantasma", más conocidas, por su denominación anglosajona, como *phantom shares* o *phantom stock*. La compensación al beneficiario mediante acciones o participaciones "fantasma" ha desplazado otras posibles fórmulas de retribución variable, como el tradicional sistema de opciones, por las múltiples ventajas que presenta tanto desde el punto de vista societario como desde el Derecho tributario.

En relación con su concepto, las *phantom shares* pueden definirse como el derecho económico que, transcurrido un determinado plazo desde la vinculación al plan de incentivos, ostenta su beneficiario a la obtención de una retribución variable en caso de producirse un evento de liquidez entre los socios con base en el precio que tengan las acciones o participaciones de la sociedad en dicho momento.

Aunque el beneficiario no abona cantidad alguna por las acciones o participaciones fantasma, su suscripción o asunción también tiene una naturaleza contractual y una finalidad retributiva.

Con respecto a lo primero, la ejecución del plan de incentivos requiere de la emisión de una oferta a través de una carta de invitación para que el profesional, si así lo desea, pueda adherirse al plan y, por tanto, adquiera la condición de beneficiario de las *phantom shares* de cumplirse los requisitos contenidos en el mismo[559]. En caso afirmativo, manifestará la aceptación del clausulado cuyas condiciones están, por lo general, estandarizadas, mediante el envío de la carta firmada a la *startup*[560]. Por consiguiente, el objeto del contrato consiste en la concesión de un derecho económico —un *bonus*— por

559 KOESTER, E., *What Every Engineer Should Know About Starting a High-Tech Business Venture*, Estados Unidos, CRC Press 2009 pág. 323

560 MARQUÉS TRIAY, B., "Las acciones fantasma o phantom shares: un breve estudio jurídico sobre la participación virtual en el capital social" *La Ley Mercantil* n.º 56, 2019 consultado en www.smarteca.es pág. 12/22

la sociedad al beneficiario que dependerá del cumplimiento de un requisito subjetivo consistente en su permanencia y dedicación y otro objetivo como es la existencia de un evento liquidativo.

En cuanto a su finalidad, las *phantom shares* favorecen la contratación de personal en la sociedad a un coste inicial inferior al de mercado en la medida en que difiere parte de la retribución a un momento futuro vinculado al éxito de la compañía. Así, tiene lugar una alineación de los intereses de los beneficiarios del plan (administradores, directivos, empleados clave...) con el de los socios que consistirá en la maximización de valor de la *startup*.

Pero además de que permite la captación de talento a un precio menor —lo que es importante en fases iniciales en las que es posible que existan problemas de caja—, también promueve su permanencia y dedicación durante un periodo determinado. En este sentido, de forma similar a los planes de opciones, es común que el incentivo propio de las *phantom shares* comience transcurrido un lapso, por lo general, de un año —*cliff period*— y adquiera una consolidación progresiva desde entonces hasta la finalización del periodo de *vesting* que, normalmente, oscila entre los tres y cinco años. Por tanto, en relación con la consolidación prevista en el plan de incentivos —por ejemplo, trimestral, semestral o anual—, el beneficiario tendrá derecho a la obtención de un número determinado de acciones o participaciones "fantasma" o "virtuales"[561] que, llegado el evento liquidativo, implicará una concreta compensación económica.

El evento liquidativo hace referencia a la circunstancia o suceso que determina la materialización de su derecho económico. Puede vincularse dicho evento al cumplimiento de un objetivo por el individuo o por la propia sociedad[562], al reparto de dividendos o a la venta de la compañía. El reparto de dividendos —*phantom dividends*— tendrá lugar con base en el número de acciones o participaciones fantasma que tuviera consolidadas en el momento del reparto y el valor de las equivalentes reales de la sociedad que, a su vez, dotará las reservas correspondientes para su abono. En caso de venta de la *startup* la retribución que recibirá el beneficiario también dependerá del número de acciones o participaciones fantasma consolidadas y del precio que

561 Utiliza tal término para referirse a ellas, SÁNCHEZ ANDRÉS, A., "Las llamadas Stock Options y las fórmulas mágicas de la Ciencia Jurídica" en *Derecho de sociedades: libro homenaje al profesor Fernando Sánchez Calero*, Madrid, McGraw Hill, 2002 consultado en https://proview.thomsonreuters.com/ También, GALLEGO SÁNCHEZ, E., "Remuneración mediante..." *Op. Cit.* pág. 1565

562 MARQUÉS TRIAY, B., "Las acciones fantasma..." *Op. Cit.* pág. 7/12

hubiera pagado el adquirente por cada una de las acciones o participaciones reales.

La existencia de un plan de incentivos que comprenda *phantom shares* será una cuestión que tenga relevancia en la oferta del comprador que las abonará a los beneficiarios tras la formalización de la transmisión de la compraventa en escritura pública. En tanto que es una obligación contraída por la sociedad con ciertos empleados, el pago de las *phantom shares* será objeto de negociación en la determinación del precio, de modo es posible que el adquirente deduzca de la cantidad final la cuantía correspondiente en concepto de tal retribución[563]. Ello también tendrá incidencia desde la perspectiva del socio inversor pues, aunque a diferencia de las *stock options* no implique una dilución del capital social, afectará al valor que recibirá por sus acciones o participaciones, por lo que es algo que tomará en consideración con anterioridad a su entrada en la *startup*.

La producción del evento liquidativo consistente en la venta de la compañía interrumpe el periodo de *vesting*, de modo que solo las participaciones o acciones fantasma consolidadas hasta tal fecha será las que sirvan de base para el cálculo de la retribución que corresponde al beneficiario.

En este sentido, la retribución económica que recibirá el beneficiario en concepto de *phantom shares* dependerá, por tanto, de tres factores: el número de acciones o participaciones fantasma que hubiera consolidado, el valor de referencia previsto en la carta de invitación al plan y el precio propio del evento liquidativo. De este modo, en el caso de reparto de dividendos, la sociedad abonará al titular de las *phantom shares* los beneficios con base en el número de acciones o participaciones fantasma que tuviera consolidadas, el valor asignado a cada una de ellas y la cantidad atribuible a las acciones o participaciones reales con motivo de la distribución. Si tiene lugar la venta de la compañía, el *bonus* que reciba el beneficiario dependerá del número de *phantom shares* consolidadas, su valor en el momento de su concesión y el precio por acción o participación de la sociedad abonado por el adquirente. La cuantía de la retribución variable estará vinculada a la revalorización experimentada entre la adhesión al plan y la operación de compraventa[564].

563 Se apunta tal posibilidad en "Phantom shares: la forma de captar, retener y retribuir el talento en la start-up española", 2018 disponible en https://www.osborneclarke.com/es/insights/phantom-shares-la-forma-de-captar-retener-y-retribuir-el-talento-en-la-start-up-espanola/

564 Por todos, MARQUÉS TRIAY, B., "Las acciones fantasma..." *Op. Cit.* págs. 12-13/22, que señala dos posibles sistemas retributivos. El modelo estricto, por el que el titular de las *phantom shares* en caso de venta, recibe el precio derivado de sus acciones o participa-

Igualmente, en la medida en que tal sistema de incentivos pretende la fidelización del empleado mediante su permanencia y dedicación —de hecho, incluso, no es infrecuente que imponga una obligación expresa de no competencia—, su salida durante la vigencia del plan tendrá efectos en relación con la consolidación de las acciones o participaciones fantasma. En el supuesto de que el administrador, directivo o empleado clave incumpla sus obligaciones o termine voluntariamente su relación laboral —*bad leaver*—, perderá todos los derechos previstos en el plan e incluso la retribución pendiente sobre las acciones o participaciones fantasma que hubiera consolidado. Si, por el contrario, la terminación es por causa involuntaria —incapacidad, fallecimiento, sentencia de despido improcedente o nulo...— tendrá derecho al incentivo de las *phantom shares* consolidadas hasta la fecha.

Por lo que a su regulación hace referencia el art. 219 LSC alude a la necesaria previsión estatutaria y acuerdo de la junta general de accionistas para la aplicación de un sistema retributivo referenciado al valor de las acciones, lo que alcanzaría a las *phantom shares* en el ámbito de las sociedades anónimas si el beneficiario tuviera la condición de administrador. En caso contrario, si el beneficiario fuera un profesional o empleado clave ajeno al órgano, parece que circunstancias tales como el número de acciones o participaciones fantasma, su valor asignado, las condiciones para su consolidación, la determinación de los eventos liquidativos, son cuestiones que quedarían reflejadas, únicamente, en el plan de incentivos cuya concreción y aprobación correspondería, únicamente, al consejo de administración —sin perjuicio de que, a efectos de responsabilidad, sería recomendable, al menos, la aprobación del sistema retributivo por la junta general—[565].

ciones virtuales más la revalorización (cita como ejemplo, que si el titular tiene mil participaciones fantasma de un euro cada una y el adquirente paga dos euros y medio por participación, el beneficiario recibiría dos mil quinientos euros). Otro modelo por el que el beneficiario únicamente recibiría la cuantía de la revalorización multiplicado por el número de *phantom shares* que tuviera (con base en el ejemplo anterior, mil quinientos euros). Vid. También, en el mismo sentido, ÁVILA LAFUENTE, G., "¿"Phantom Shares"? Cómo retener el talento sin perder dinero en el intento" 2016 disponible en https://hayderecho.expansion.com/

565 Concretamente, se comparte aquí la posición sostenida por SOLANS CHAMORRO, L., "Contratos entre socios..." *Op. Cit.* pág. 46 que señala lo siguiente "siguiendo la práctica más extendida en las *startups*, es recomendable, aunque no estricta— mente necesario, que el plan de *phantom shares* se apruebe por la junta como medio para evitar impugnaciones de los socios, y que sea desarrollado posteriormente por el órgano de administración. Sin embargo, sería posible que el plan sea aprobado únicamente por el órgano de administración de la *startup*".

En cuanto a las sociedades de responsabilidad limitada, ante la falta de mención expresa, cabe plantearse cuál es el régimen aplicable para la adopción de un plan de incentivos que contenga *phantom shares.* De forma similar a lo señalado en torno a las sociedades anónimas, la respuesta será diferente en función de un criterio subjetivo como es el cargo que ocupe el beneficiario. En la medida en que el artículo 217 LSC, aplicable tanto a anónimas como limitadas, exige la determinación estatutaria del concepto o conceptos retributivos propios del sistema de remuneración de administradores, parece lógica su inclusión en los mismos, sin que su falta de especificación en los supuestos mencionados sea obstáculo para ello toda vez que no es un listado *numerus clausus*[566]. Por lo que a su concreción hace referencia, las sociedades limitadas no están sujetas a los requisitos del artículo 219 LSC —previsto, exclusivamente, para las anónimas—, sino a los límites generales del artículo 217 LSC, consistentes en el importe máximo de la remuneración fijado por la junta general y el criterio de la proporcionalidad. Si el destinatario de las *phantom stock* son profesionales o empleados clave de la compañía no parece necesario que la aprobación del plan dependa de la junta general, si bien la práctica muestra que, al menos, la previsión de un sistema retributivo como el presente entra dentro de las materias reservadas que requieren mayorías reforzadas. En algunos pactos de socios es una materia reservada dentro del propio consejo de administración[567] mientras que en otros su aprobación requiere de una mayoría reforzada de la junta general[568]. En cualquier caso, ambos supuestos, por la composición de dichos órganos en la práctica, requieren el consentimiento de socios fundadores e inversores.

En virtud de lo expuesto, parecen obvias las ventajas que presenta el sistema de incentivos basado en *phantom stock* con respecto al modelo de opciones o *stock options*. Las dificultades desde un punto de vista legal y operativo para la previsión de un sistema de opciones sobre participaciones son, sin duda, uno de los motivos que más influyen en la preferencia de las *startups* por las participaciones fantasma.

Pero, además, en un plano organizativo, impide la entrada de terceros en el capital social y evita con ello tanto la dilución de los socios presentes como la atomización del accionariado con la irrupción en la junta general de tantos

566 GALLEGO SÁNCHEZ, E., "Remuneración..." *Op. Cit.* pág. 1512. JUSTE MENCÍA, J., "Art. 217 Retribución de administradores" *Comentario a la Ley de Sociedades de Capital* (Dirs.) García-Cruces y Sancho Gargallo, Tirant lo Blanch, Valencia, 2021 pág. 3028

567 DE ULLOA LAPETRA, G., "El pacto de socios..." *Op. Cit.*pág. 321

568 SOLANS CHAMORRO, L., "Contratos entre socios..." *Op. Cit.* pág. 46

socios como profesionales que ejecuten sus opciones[569]. En el anverso de la moneda, el beneficiario no abona cantidad alguna por las acciones o participaciones virtuales, a diferencia de lo que ocurre en las *stock options.*

También el sistema de *phantom shares* ofrece una forma retributiva con una logística mucho más sencilla para la sociedad. En este sentido, acaecido el evento liquidativo, no es necesaria la previsión de un número de acciones o participaciones determinadas —con el coste del procedimiento y las dificultades legales ya comentadas, especialmente, en el caso de la sociedad limitadas que no califiquen como empresas emergentes— para que el beneficiario, si lo considera, las ejecute, sino que basta con la entrega en metálico de la cantidad correspondiente en atención al *phantom stock* consolidado. E, igualmente, ofrece una solución más satisfactoria para los intereses de la sociedad si tiene lugar un evento desencadenante —*trigger event"*— toda vez que, en caso de venta de la compañía, no hay una consolidación automática —aceleración—,ya que la retribución al beneficiario queda circunscrita al porcentaje que hubiera consolidado en el momento del evento liquidativo[570]. Ello sin perjuicio de que, si así lo han previsto, en caso de modificación estructural mantengan su vigencia la continuación del plan de incentivos y el ajuste de las *phantom shares* de conformidad y en proporción al canje que corresponda de las acciones o participaciones de los socios en la sociedad resultante[571].

Otra de las ventajas más significativas para los beneficiarios es el tratamiento notablemente más atractivo que presenta a efectos fiscales[572]. La tributación de las acciones o participaciones fantasma será en concepto de IRPF como rendimiento de trabajo en el momento en que efectivamente la perciba, por lo que ya tiene la propia liquidez de la retribución para su pago, sin que

---

569 Señala dicha ventaja del *phantom equity*, DEEB, G., *101 Startup Lessons: An Entrepreneur's Handbook* Estados Unidos, BlogIntoBook.com 2013 pág. 55

570 MARQUÉS TRIAY, B., "Las acciones fantasma..." *Op. Cit.* págs. 12-13/22 señala como en la práctica "el plan puede optar entre tomar como derecho devengado el porcentaje equivalente al día del año en que se haya producido el evento desencadenante, o, por el contrario, que el devengo se realice a fecha cierta (por ejemplo, el 31 de diciembre de cada año), perdiéndose el porcentaje teóricamente devengado en ese año en caso de que el evento desencadenante del derecho a percibir *phantom shares* tenga lugar antes de esa fecha cierta".

571 ÁVILA LAFUENTE, G., "¿Phantom Shares? Como retener el talento..." *Op. Cit.* consultado en https://hayderecho.expansion.com/ señala un ejemplo concreto en caso de fusión, si bien recuerda la necesidad de que el pacto contemple los diversos escenarios como eventos liquidativos.

572 Existen firmas especializadas que van más allá y proponen la equiparación de la tributación de las participaciones fantasma a la de la venta de las acciones o participaciones sociales. Véase, en este sentido, la propuesta octava para el Anteproyecto de Ley de fomento del ecosistema de Startups de EJASO Global. Disponible en https://www.ejaso.es/wp-content/uploads/2019/05/EJASO_MQ-Canvas_STARTUPS-8-20-3.pdf

exista obligación fiscal alguna con anterioridad, como ocurre en el caso de las *stock options* que debe declararlas en el momento de su concesión —además del momento de su ejecución y en el caso de transmisión—.

Precisamente, tanto por el régimen fiscal más favorable como por su flexibilidad, tampoco tienen mucho éxito en nuestro país otras fórmulas híbridas o intermedias entre las *stock options* y las *phantom shares* como los bonus diferenciales[573], más comúnmente conocidos, por su denominación anglosajona *stock appreciation rights* —SARs—. Dicho sistema retributivo recompensa al beneficiario con la diferencia existente entre el valor de la acción o participación en el momento de su adhesión y el que alcance en el futuro en relación con una fecha o evento determinado. Sin embargo, la particularidad de tal incentivo es la opción de que la recompensa sea en metálico, en acciones o participaciones de la sociedad o que comprenda, parcialmente, ambas posibilidades[574]. Pero en cualquiera de las tres fórmulas retributivas, tras la debida comparación, resulta más atractiva la opción por las participaciones fantasma. En el caso de que el beneficiario opte por el bonus diferencial en metálico[575], solo experimentará la diferencia de valor y si opta por las acciones o participaciones, amén de las dificultades existentes conforme a la normativa societaria —especialmente acentuadas, como se ha comentado, en las limitadas—, aunque, a diferencia de las opciones sobre acciones, no tribute en el momento de la concesión de los *SARs*, sí las declarará cuando las reciba como bonus y por su transmisión posterior. Todo ello contribuye a que en España el modo más utilizado de remuneración de los empleados sea el de las acciones o participaciones fantasma[576].

4. La distribución de dividendos y el artículo 348 bis LSC

En las *startup*, a diferencia de otros modelos de negocio, el interés de los fundadores y de muchos de los inversores no está centrado en el reparto periódico de dividendos. En tanto que su finalidad es un crecimiento elevado en poco tiempo mediante el desarrollo de una idea innovadora y escalable, los beneficios obtenidos por el ejercicio de la actividad social no van destinados,

573 MARQUÉS TRIAY, B., "Las acciones fantasma..." *Op. Cit.* pág. 7/22

574 GALLEGO SÁNCHEZ, E., "Remuneración mediante..." *Op. Cit.* pág. 1565

575 Tal retribución las califica SÁNCHEZ ANDRÉS, A., "Las llamadas Stock Options y las fórmulas mágicas..."*Op. Cit.* consultado en https://proview.thomsonreuters.com/ como *SARs* "desnudos" —*naked SARs.*

576 En otros países con una regulación más favorable sí que se valora la opción de los SARs para las *startup*. Véase, en este sentido, en Holanda, VOS, P. y HUIZENGA, M., "Incentivising employees in start-ups through SARs" 2017, disponible en https://www.twobirds.com/en/news/articles/2017/netherlands/incentivising-employees-in-startups-through-sarsm

por lo general, al reparto entre sus socios, sino que son reinvertidos en la propia sociedad para su expansión.

En este sentido, ni los emprendedores con la constitución de la sociedad ni los inversores de capital riesgo formal e informal que entran al capital social de forma sobrevenida tienen por objetivo la recuperación de la inversión a través del reparto de dividendos. Solo en caso de que la sociedad tenga una madurez suficiente como para que salga a bolsa o, excepcionalmente, aun sin financiarse en los mercados, esté plenamente consolidada, tendrá lugar el reparto de dividendos entre sus miembros[577]. Pero en la gran mayoría de *startups* el retorno de la inversión se produce mediante la transmisión de las acciones o participaciones llegada la fase de *exit* con la venta de la compañía. Por tanto, la plusvalía esperada por la diferencia de precio entre el valor inicial y el de la desinversión es la motivación económica del socio, sin que tengan especial interés en el reparto periódico de beneficios.

Además, durante diversas fases de la *startup* la entrega de beneficios a los socios no es siquiera una opción e, incluso, puede que resulte contrario al fin social de la propia compañía tendente a la obtención de recursos económicos o a su capitalización para un mayor desarrollo. En este sentido, en las primeras fases —fase pre-semilla, semilla o *early stage*— lo normal es la ausencia de beneficios y la dedicación de todos los recursos al desarrollo de un producto mínimo viable. Posteriormente, la inyección de capital por parte de inversores tiene por objeto la citada escalabilidad, esto es, que la compañía aumente su valor y así rentabilicen su inversión con la venta de sus acciones o participaciones. Por ello, hasta que tenga lugar su desinversión de la sociedad, cualquier salida de caja que no tenga por finalidad el crecimiento o expansión de la *startup* no estará alineada con sus intereses.

Tales circunstancias motivan la regulación en el pacto de socios del reparto de dividendos. Aunque todo socio tiene el derecho abstracto a su participación en las ganancias sociales y así lo reconoce el art. 93 a) LSC, su concreción y su exigibilidad depende del correspondiente acuerdo de la junta general ordinaria que declare la distribución de beneficios en relación con la aplicación del resultado[578].

577 A modo de ejemplo, fue llamativo el reparto de diviendos que la *startup* Kickstarter realizó entre sus socios ocho años después de su creación. Más información en "¿Por qué Kickstarter reparte dividendos (y otras startups no lo hacen)?" 2017 Disponible en https://startupxplore.com/es/blog/kickstarter-dividendos/

578 Vid. ALCALÁ DÍAZ, M.A., "El derecho al dividendo y sus institutos de protección" *RdS* n.º 57, 2019 Pág. 89

De hecho, es habitual que el acuerdo por el que la junta general reparta beneficios entre los socios sea una de las materias calificadas como reservadas. En su virtud, el socio inversor exige como condición para su entrada en el capital social que determinados acuerdos requieran, necesariamente, de su consentimiento. De este modo, solo con una mayoría reforzada por su voto favorable podrá acordarse la entrega de beneficios a los socios. E, incluso, es posible que si la sociedad, en búsqueda de liquidez, celebra un contrato con una entidad financiera, condicionen la financiación a que prohíban la entrega de beneficios en tanto no amortice las cantidades debidas[579].

Por consiguiente, a través del pacto de socios y, en su caso, mediante su reflejo en los estatutos sociales, modulan las mayorías legalmente exigidas con base en el principio de la autonomía de su voluntad para que el beneficio económico que experimente todo socio de la *startup* sea, principalmente, el derivado de la plusvalía obtenida entre la inversión inicial y la cantidad obtenida con la venta de sus acciones o participaciones en el momento de la desinversión.

Ello no obstante, pese a la previsión de mecanismos, como el de la mayoría reforzada, que hacen extremadamente difícil la existencia de un acuerdo favorable de la junta general, la posición de que la sociedad no reparta dividendos, en determinadas circunstancias, paradójicamente, sirve de presupuesto para la producción de un efecto indeseado como es la descapitalización parcial de la sociedad con motivo del ejercicio del derecho de separación por alguno de sus socios.

La materialización de tal amenaza sobre la voluntad mayoritaria de reinversión de los beneficios en la propia compañía encuentra como fundamento legal el relativamente novedoso y ampliamente discutido art. 348 bis LSC. En su virtud, el socio disconforme con tal aplicación del resultado que hubiera manifestado su oposición en la junta general tiene reconocido un derecho

579 En este sentido, aunque en el ámbito de operaciones apalancadas, señalan LARDIES NOGALES, S. y VEGAS VICENTE, L., "El artículo 348 bis de la ley de sociedades de capital en las estructuras de inversión de capital riesgo" en *Actualidad Mercantil 2018* Ortega Burgos Dir.), Valencia, Tirant lo Blanch, 2018, pág. 69 lo siguiente "la prohibición de distribución de dividendos que los financiadores impondrán al comprador, a la entidad de capital riesgo y a los fundadores/gestores, éstos, en el pacto de socios que suscribirán, normalmente acordarán que la distribución de dividendos requerirá el voto favorable de ambos socios, reunidos en junta general, y que únicamente podrá aprobarse cuando ello no suponga un incumplimiento de los contratos suscritos por la sociedad o los socios. Esto, en ningún caso significará que los socios estén limitando su liquidez sino que éstos, de mutuo acuerdo, aceptan supeditarla a que se devuelvan todas las cantidades debidas a las entiendes financiadoras y, normalmente, a que la desinversión se ejecute de manera satisfactoria".

de separación si, transcurridos cinco años desde la inscripción de la sociedad en el Registro Mercantil, la junta general no hubiese acordado la distribución como dividendo de, al menos, el veinticinco por ciento de los beneficios obtenidos durante el ejercicio anterior que sean legalmente distribuibles siempre que se hayan obtenido beneficios durante los tres ejercicios anteriores.

Dicha facultad que asiste al socio minoritario hace necesario que la mayoría social, en atención a las concretas circunstancias concurrentes —cuantía mínima exigida de los beneficios legalmente distribuibles, número y valor de las acciones o participaciones-valore cuál de las dos opciones es menos perjudicial para sus intereses[580].

En cualquier caso, de forma acertada, la redacción vigente del art. 348 bis prevé la posibilidad de que la sociedad, si tienen lugar las circunstancias señaladas en el propio precepto, evite tal situación dicotómica[581]. En este sentido, la expresión "salvo disposición contraria de los estatutos" con la que comienza el art. 348 bis pone fin al debate suscitado en torno al carácter dispositivo o imperativo de su texto, lo que ha tenido lugar tras la reforma operada por el art. 2.6 de la Ley 11/2018, de 28 de diciembre, por la que se modifica el Código de Comercio, el texto refundido de la Ley de Sociedades de Capital aprobado por el Real Decreto Legislativo 1/2010, de 2 de julio, y la Ley 22/2015, de 20 de julio, de Auditoría de Cuentas, en materia de información no financiera y diversidad[582]. Aunque con anterioridad a tal modificación podía sostenerse su naturaleza dispositiva[583], la literalidad actual termina con

580 ALCALÁ DÍAZ, M.A., "El derecho al dividendo..." *Op. Cit.* Pág. 107

581 IRÁCULIS ARREGUI, N., "Alcance de la supresión o modificación estatutaria del derecho de separación por falta de distribución de beneficios como dividendo y reconocimiento del derecho de separación a favor del socio discrepante" *RdS* n.º60, 2020 Pág. 195

582 Vid. EMPARANZA SOBEJANO, A., "El carácter dispositivo del nuevo artículo 348 bis de la Ley de Sociedades de Capital: principales consecuencias" *RdM,* n.º315, 2020 pág. 11; En contra ALONSO LEDESMA, C., "La autonomía de la voluntad en la exclusión y separación de socios" en *RdM* n.º287, 2013 pág. 93, ZARZALEJOS TOLEDANO, I., "Derecho de separación en caso de falta de distribución de dividendos" en *La Ley Mercantil* n.º16, 2015 pág. 3/13. También partidaria de la imperatividad BRENES CORTÉS, J., "El derecho de separación en caso de falta de distribución de dividendos: la entrada en vigor del controvertido artículo 348 bis de la Ley de Sociedades de Capital" en *RdM* n.º 305, 2017 consultado en https://proview.thomsonreuters.com/ quien señala que "una norma jurídica, por principio, es siempre imperativa (es decir, de obligado cumplimiento) salvo que se establezca su carácter dispositivo. Por ende, el carácter facultativo de la norma sería una excepción frente a la imperatividad"

583 GALLEGO SÁNCHEZ, E., "La configuración estatutaria del derecho de separación por insuficiente reparto de dividendos" *RdS* n.º56, 2019 pág.64. ÁLVAREZ ROYO-VILLANOVA, S. y FERNÁNDEZ DEL POZO, L.,"Una propuesta de redacción alternativa del artículo 348 bis LSC", *La Ley mercantil,* n.º 33, 2017, pág. 5 consultado en www.smarteca.es

cualquier duda posible en torno a la facultad de que los socios, si así lo desean, modifiquen o supriman el derecho de separación en caso de falta de distribución de dividendos[584].

En el ámbito de las *startup*, habida cuenta de las motivaciones iniciales en relación al retorno de su inversión —anteriormente mencionadas— tanto para su constitución como la entrada posterior de nuevos miembros en el capital social, es altamente recomendable que los socios reglamenten su relación con la sociedad y reconfiguren su derecho legal al dividendo. En consonancia con la necesidad de que la compañía destine todos sus recursos a su propio crecimiento y ante el riesgo de una descapitalización parcial no deseada, tiene sentido que hagan uso de la facultad que concede el primer inciso del art. 348 bis y supriman en la escritura fundacional el derecho de separación por falta de dividendos mediante la previsión expresa de una disposición contraria en los estatutos.

En caso de que los socios pretendan la eliminación expresa de su derecho de separación de manera sobrevenida —lo cual no es descartable si se repara en los avatares del precepto— es necesario, como señala el citado artículo, "el consentimiento de todos los socios, salvo que se reconozca el derecho a separarse de la sociedad al socio que no hubiera votado a favor de tal acuerdo". De hecho, igual que los socios inversores de la *startup* exigen la modificación de las mayorías para la aprobación del reparto de dividendos y su consideración como materia reservada, es posible que, junto a tal pretensión, soliciten la renuncia de los socios restantes al ejercicio de su derecho de separación por falta de distribución de dividendos.

Ante la falta de especificidad del cauce para la expresión de dicho consentimiento, en la *startup,* por la concentración del capital en pocos socios en las fases iniciales, lo normal será que manifiesten su voluntad mediante acuerdo celebrado en junta general, aunque, de conformidad con el art. 204.2 RRM nada obsta a que algún socio lo aporte en un momento posterior en la misma escritura pública del acta de la citada reunión o en otra independiente[585].

Ello no obstante, aun cuando no conste el consentimiento expreso de todos los socios, tanto por omisión como por voto en contra, es posible la derogación del derecho de salida por insuficiencia de reparto de dividendos siempre que la sociedad reconozca al socio disidente o, en puridad, "al socio

584 IRÁCULIS ARREGUI, N., "Alcance de la supresión o modificación..." *Op. Cit.* pág. 195
585 GALLEGO SÁNCHEZ, E., "La configuración estatutaria..." *Op. Cit.* pág.69 ROJO ÁLVAREZ-MANZANEDA, R., *El derecho de separación por falta de distribución de dividendos*, Madrid, Marcial Pons, 2020 pág.73

que no hubiera votado a favor de tal acuerdo" la facultad de separarse. Por tanto, la renuncia expresa del socio al derecho de separación ante tales circunstancias no es requisito *sine qua non* para la modificación estatutaria. Con ello el legislador opta, con acierto, por el principio mayoritario[586] y excluye la unanimidad o el consentimiento individual de cada uno de los afectados —lo que equivaldría a un derecho de veto— que prevé el artículo 347 LSC para la supresión o modificación de cualquier causa de separación diferente a las previstas en la propia norma —piénsese, por ejemplo, en la previsión en estatutos de un derecho de separación *ad nutum*—. Transcurrido el plazo para que el socio que no votó a favor del acuerdo ejercite su derecho, desaparece, obviamente, dicha facultad tanto para él como para cualquier tercero que adquiera la condición de socio en el futuro. Tampoco parece problemática la supresión del derecho solo para alguno de los socios, en consonancia con la admisibilidad de acciones o participaciones con derechos diferentes ex. art. 94 LSC[587], lo que tendría cierto sentido en el ámbito de las *startup* y la división entre fundadores e inversores, de modo que, por ejemplo, como presupuesto de entrada al capital social el inversor exija la derogación del derecho para los socios presentes.

Además de la recomendable supresión en los estatutos, es posible la modificación de su contenido de forma que los socios, según sus intereses, aumenten o reduzcan las exigencias para que el socio ejercite su derecho de separación en caso de no reparto de dividendos. Los requisitos para ello son los mismos que los mencionados en caso de derogación del citado derecho, si bien el alcance de la modificación no es omnímodo, sino que queda circunscrito a las circunstancias contenidas de modo expreso en el propio precepto. En este sentido, sería en cierta medida incoherente que los socios renuncien al derecho de separación, pero no tengan facultad de disposición sobre el plazo que debe contarse para la activación del derecho —es indiferente que el transcurso sea de tres, cinco u ocho años— o el umbral de beneficios a partir del cual sea exigible su reparto. Lo mismo parece igualmente predicable con respecto al plazo para el ejercicio del derecho de separación con base en tal

586 Para la supresión del derecho de separación ante el no reparto de dividendos bastará acuerdo de la junta general con la mayoría legal o, en caso de *startups*, en tanto que la modificación estatutaria suele preverse como una materia reservada o sometida a mayoría reforzada, con los porcentajes estatutariamente requeridos ex. arts. 200 LSC y 201 LSC, para la sociedad de responsabilidad limitada y la sociedad anónima, respectivamente.

587 GALLEGO SÁNCHEZ, E., "El derecho de separación por reparto insuficiente de dividendos: la supresión o modificación del derecho por pacto estatutario" *Derecho de Sociedades: los derechos del socio* (Dirs.) González Fernandez y Cohen Benchetrit, Valencia, Tirant lo Blanch, 2020 pág. 861. EMPARANZA SOBEJANO, A., "El carácter dispositivo...." *Op. Cit.* pág. 29

causa, tanto, en beneficio del socio disidente, para ampliarlo, como, por el contrario, para reducirlo —si bien, obviamente, en este caso, siempre que no sea tan exiguo que impida el ejercicio del derecho, lo que supondría una conducta abusiva de la mayoría—. Si el art. 347 LSC permite la autorregulación de la forma y el plazo para su ejercicio poco sentido tendría negarlo para un supuesto de separación derogable por la voluntad mayoritaria. En caso de que no establezcan modificación alguna, sí será de aplicación el art. 348.bis LSC que fija un mes de plazo para el ejercicio del derecho de separación desde que se hubiera celebrado la junta general de socios que aprobó la previsión estatutaria en contra, sin que sea necesario un segundo punto en el orden del día que arbitre la salida efectiva del socio disidente[588].

Sin embargo, no parece que la facultad de disposición del art. 348 bis LSC permita la modificación de aquello que van más allá de la propia causa o del plazo del ejercicio de separación, esto es, de aspectos no previstos en el citado artículo[589]. Así, ante la falta de mención expresa en su contenido, cuestiones como el precio de las acciones o participaciones del socio saliente, la intervención del experto independiente para su cálculo en caso de falta de acuerdo o las condiciones de reembolso, no son disponibles desde el derecho que concede el art. 348 bis[590]. El cauce adecuado y los requisitos necesarios serían los correspondientes a la modificación del régimen general que establece las normas comunes a la separación y a la exclusión de socio para que, por ejemplo, fijen un sistema alternativo para la valoración de las acciones o participaciones del socio en función de las diversas causas de separación o exclusión o, para que con base en la autonomía de su voluntad, prevean una fórmula distinta de reembolso más beneficiosa en relación con el riesgo de descapitalización que la contemplada en el art. 358 LSC como sería la adquisición de las acciones o participaciones por alguno de los socios restantes[591].

588 Aunque parece algo obvio, resolvió tal cuestión la RDGRN de 24 de octubre de 2019 que revocó la decisión del registrador que negó la inscripción estatutaria de una cláusula que establecía la derogación como causa de separación de los accionistas por falta de distribución de dividendos. El motivo fue que el acuerdo no contenía como punto en el orden del día la forma y plazo del ejercicio del derecho de separación. Como, acertadamente, señala la citada DGRN, dicho requisito no es necesario en tanto que ya está contenido en la norma, por lo que basta con la notificación personal al socio que votó en contra del acuerdo adoptado para que ejercite su derecho.

589 En este sentido FRASQUET GARCÍA, A., "La nueva propuesta de regulación del derecho de separación" *Actualidad mercantil 2020* (Dir.) Ortega Burgos, Valencia, Tirant lo Blanch, 2020 pág. 239

590 EMPARANZA SOBEJANO, A., "El carácter dispositivo..." *Op. Cit.* pág. 29

591 Por todos, vid. GALLEGO SÁNCHEZ, E., "La configuración estatutaria..." *Op. Cit.* pág. 78

Como antecedente a la previsión estatutaria que deroga el derecho de separación del socio en caso de falta de distribución de dividendos, es común que la renuncia de tal facultad conste también, expresamente, en el pacto de socios[592]. Aunque tras la última reforma no existe discusión en torno al carácter dispositivo del art. 348 bis LSC[593] y es altamente recomendable que los socios reflejen el compromiso del pacto en los estatutos, cabe plantearse la eficacia de dicha renuncia si no trasciende del pacto parasocial.

La declaración expresa del carácter dispositivo de la norma refuerza la tesis sobre la validez de la renuncia en el pacto de socios. Aunque con anterioridad a la última reforma era una opinión mantenida por parte de la doctrina que señalaba su naturaleza imperativa[594], en la medida en que no afecta a los principios configuradores del tipo ni pone en riesgo los intereses de terceros no parece que fuera acertada la consideración de su supresión o modificación extraestatutaria como un pacto ilícito.

A mayor abundamiento, resulta difícil la advertencia de cualquier opresión a la minoría en el ámbito de las *startups,* donde el conjunto de socios asume en el momento de su vinculación tanto en el acto fundacional como de manera sobrevenida en caso de aumento de capital que lo normal en tales sociedades es el no reparto de dividendos durante un tiempo concreto y la reinversión de los beneficios en la propia sociedad y en la misión de su crecimiento. Pero, además, es probable que el pacto establezca determinadas contraprestaciones por la permanencia del socio y la ausencia de reparto de dividendos, tales como retribuciones al socio industrial o las compensaciones fijadas en el propio plan de incentivos.

Por consiguiente, en las *startups,* el ejercicio del derecho de separación por tal causa, más que una consecuencia lógica del minoritario ante un compor-

592 Sirva como ejemplo el modelo de cláusula en DE ULLOA LAPETRA, G., "El pacto de socios..." *Op. Cit.* pág. 90 que señala lo siguiente "Los Socios se comprometen de forma irrevocable a no ejercitar cualesquiera derechos que pudieran tener bajo el art. 348 bis la Ley de Sociedades de Capital, si resultase de aplicación, o cualquier otra previsión legal que permita a los Socios exigir el pago de dividendos o les de cualesquiera derechos para el caso de que no se acuerde la distribución de dividendos".

593 Apuntaba la validez de la renuncia a este derecho de separación, entre otros, JUSTE MENCÍA, J., "La empresa familiar ante el nuevo derecho de separación por falta de reparto de dividendos" 2011, disponible en https://www.ga-p.com/wp-content/uploads/2018/03/la_empresa_familiar_ante_el_nuevo_derecho_de_separacion_por_falta_de_reparto_de_dividendos.pdf

594 Por ejemplo, a favor de la imperatividad de la norma y la ilicitud del pacto de socios MARINA TUÑÓN, A., "«Los derechos al dividendo y de separación a la luz del art. 348 bis de la Ley de Sociedades de Capital: una revisión general»" en *RdS* n.º 49, 2017 pág. 42

tamiento abusivo y obstruccionista de la mayoría, en no pocos casos, estará basado en una conducta contraria a las exigencias de la buena fe[595]. En este sentido, si la STS 103/2016 de 25 de febrero declaró contraria a la *bona fides* la conducta del socio que impugnó un acuerdo social que daba cumplimiento al contenido del pacto de socios que él había firmado, mayor deslealtad supone el ejercicio del derecho de separación en las *startups,* donde, entre sus notas caracterizadoras, como ha quedado de manifiesto, está la no distribución de dividendos y la búsqueda de la rentabilidad de la inversión tras la venta de las acciones o participaciones. Por consiguiente, el hecho de que el socio, en abierta contradicción con la renuncia suscrita en el pacto de socios —que puede, incluso, que sea consecuencia de una condición de un contrato de financiación que él mismo haya aceptado—, pretenda separarse de la sociedad con base en el art. 348 bis LSC supondrá un ejercicio manifiestamente antisocial y abusivo de tal derecho[596]. E, incluso, en muchos casos, la salida del socio por no reparto de dividendos implicará no solo el incumplimiento de la renuncia a dicho derecho en el pacto parasocial, sino también otras obligaciones de conducta como el compromiso de permanencia.

Ello no obstante, la oponibilidad del pacto omnilateral a la sociedad no es, ni mucho menos, una cuestión pacífica. Del mismo modo que el Alto Tribunal consideró abusiva y contraria a la buena fe la impugnación del acuerdo social que daba cumplimiento al pacto de socios, podría plantearse una solución idéntica cuando el socio pretenda separarse de la sociedad con base en el art. 348 bis LSC después de la renuncia a dicho derecho en un contrato firmado con todos los socios[597]. Toda vez que existe identidad subjetiva plena entre

595 Si, por el contrario, el pacto de socios no suprime el derecho de separación sino que lo modifica con una ampliación de sus umbrales y la sociedad tiene beneficios que los superan y aun así no reparten dividendos el ejercicio del art. 348 bis LSC no seria contrario a las exigencias de la buena fe.

596 Vid. GUERRERO LEBRÓN, M. J., "El art. 348 bis LSC como mecanismo de protección del socio externo ante una gestión desleal del grupo" *RdS* n.º54, 2018 pág. 81 señala que tal conducta por parte del socio "sería un caso claro de actuación fuera de la buena fe exigible a los socios".

597 A favor de la eficacia societaria de tales pactos omnilaterales SÁNCHEZ ÁLVAREZ, M. M., "Primer comentario del artículo 348 bis.4 LSC (Dividendos y derecho de separación del socio de la sociedad dominante) en *La Ley Mercantil* n.º 55, 2019 pág. 10/18. ALFARO ÁGUILA-REAL, J., "Separación ex art. 348 bis LSC y política de dividendos acordada por todos los socios: el carácter modificativo o interpretativo de la reforma de 2018" disponible en https://derechomercantilespana.blogspot.com/2019/08/separacion-ex-art-348-bis-lsc-y.html señala que "no debería caber ninguna duda, antes y después de la reforma de 2018 que los socios pueden desviarse de la regulación legal — y, por tanto, suprimir el derecho de separación — si lo hacen por unanimidad, esto es, con el consentimiento de todos los socios".

los firmantes del pacto y los socios, no tiene sentido la consideración de la sociedad como un tercero ajeno e independiente a la voluntad de todos sus miembros[598] que sea impermeable a la reglamentación que han dispuesto sobre el derecho de separación por insuficiencia de dividendos con base en la literalidad del art. 29 LSC[599]. En este sentido también jurisprudencia menor, como la acertada SAP de Valladolid, sección 3.ª, 272/2019 de 25 de junio reconoce la validez y eficacia de un protocolo familiar con una regulación propia del reparto de dividendos, diferente a lo previsto en el art. 348 bis LSC y, por lo que aquí interesa, oponible a la socia que, en el caso de autos, invocó el derecho de separación reconocido en el citado precepto[600]. Sin embargo, la

LARDIES NOGALES, S. y VEGAS VICENTE, L., "El artículo 348 bis de la Ley de Sociedades de Capital en las estructuras de inversión de capital riesgo" *Actualidad jurídica,* Valencia, 2018 pág. 80, pág. SILVA SANCHEZ, M.J. y SAMBEAT SASTRE, J. M., "Análisis y crítica del artículo 348 bis de la Ley de Sociedades de Capital" *Diario La Ley* n.º7844,2012 5/16 señalan que además de un atentado contra la lealtad societaria es una actuación contradictoria contra sus propios actos. En un sentido similar, quienes afirman que "suscrito un pacto de esta naturaleza, el ejercicio del derecho de separación por falta de distribución de dividendos sería contrario a derecho por los siguientes motivos: i) incumplimiento contractual;,ii) por ir en contra de los actos propios y ser contrario a la buena fe; y (iii) por constituir un abuso de derecho". También GARCÍA MORALES, E. y JIMÉNEZ LÓPEZ, L., "¿Es compatible el artículo 348 bis LSC con las restricciones al reparto de dividendos previstas en determinados contratos de financiación?" en *Diario La Ley* n.º9150, 2018 pág. 4/13

598 En este sentido, gráficamente señala PERDICES HUETOS, A., "Pactos parasociales omnilaterales y los grandes expresos europeos" en *Almacén Del Derecho,* 2016 disponible en https://almacendederecho.org/pactos-parasociales-omnilaterales-y-los-grandes-expresos-europeos "lo siguiente: "es que la sociedad con personalidad jurídica no es un muñeco de barro al que han dado vida los socios y que desde ese momento campa a sus anchas, con su propio proyecto vital. Es una pura ficción que se usa para que los socios actúen en el tráfico, y como tal creación artificial tiene sus límites. Aquí tenemos uno de ellos"

599 Como señala NOVAL PATO, J., *Los pactos ominalterales... Op. Cit.* págs. 136-137 "la aplicación de esa norma alcanza pleno sentido cuando se pretenda oponer a la sociedad un pacto celebrado entre alguno de sus socios al margen de los estatutos. En cambio, esa inoponibilidad frente a la sociedad pierde su razón de ser cuando el pacto haya sido convenido por la totalidad de los socios. En estos supuestos, la sociedad no representa un tercero con respecto a los pactos omnilaterales y, por tanto, estos integran el ordenamiento de la persona jurídica"

600 Sin embargo, aunque la sentencia señala la validez del pacto a la socia que pretendía separarse, no le niega el ejercicio de dicho derecho, porque en el acuerdo suscrito no constaba una renuncia al derecho al dividendo, "sino el sometimiento o subordinación a un criterio identificado como superior o de interés social, como era realizar inversiones sin financiación o endeudamiento con terceros". Y la sentencia considera que se daban los presupuestos del protocolo familiar para el reparto de beneficios —también por la inconcreción del propio pacto—, de modo que el acuerdo de la junta de negarlos suponía un abuso de la mayoría. Concluye, por tanto, que "si bien el pacto de socios era aplicable en el presente supuesto por tratarse de una materia perfectamente disponible por los socios, tanto en estatutos, como por pacto de socios, el ejercicio de este derecho por la actora en modo alguno supone una

última jurisprudencia, como queda de manifiesto en otra parte de la presente obra —véase, la STS de 4 de julio de 2022— mantiene una posición diferente.

La inoponibilidad, por el contrario, no admite dudas cuando los firmantes del pacto parasocial y los miembros de la sociedad no coinciden[601], en cuyo supuesto tendrá preferencia, lógicamente, el régimen legal[602]. El problema que plantea tal situación es el coste de la aplicación de las consecuencias jurídicas previstas en el pacto al socio infractor. En tanto que, de conformidad con el art. 29 LSC, el acuerdo es inoponible, la sociedad estará obligada al reembolso de las acciones o participaciones en los términos legalmente previstos, por lo que, con anterioridad al remedio contractual que hubieran pactado, tendrá lugar la descapitalización parcial. Además, las sanciones habitualmente previstas por incumplimientos graves del pacto son difícilmente aplicables en este caso, toda vez que el socio ya se ha separado de la sociedad y ha recibido el precio de sus acciones/participaciones[603]. Por ello, debería redactarse unos remedios contractuales específicos que eviten la situación anterior y mantengan la doble finalidad disuasoria y de reparación de las cláusulas penales frente a la transgresión de la buena fe que supondría el ejercicio del art. 348 bis LSC[604] que, además, no solo afectará al incumplimiento del compromiso de renuncia al derecho al dividendo y a la separación ante su ausencia, sino también, probablemente, a determinadas obligaciones en otras esferas, como la permanencia, dedicación, o exclusividad con la *startup*.

Tal escenario, sin embargo, no será muy común por la posibilidad de que los socios, a través de otros pactos, establezcan mecanismos que dificulten

vulneración del acuerdo suscrito por ella" Un comentario de la sentencia en ALFARO ÁGUILA-REAL, J., "Separación ex art. 348 bis LSC y política de dividendos... " *Op. Cit.* consultado en https://derechomercantilespana.blogspot.com

601 Por todos, PAZ-ARES, C., "El enforcement de los pactos..." *Op. Cit.* pág. 32 quien afirma que una tesis distinta iría en contra del principio de relatividad de los contratos consagrado por el art. 1257 CC.

602 Así, SÁNCHEZ ÁLVAREZ, M. M., "Primer comentario del artículo 348 bis.4 LSC..." *Op. Cit.* pág. 10/18

603 Sobre tal cuestión afirman LARDIES NOGALES, S. y VEGAS VICENTE, L."El artículo 348 bis..." *Op. Cit.* pág. 72 lo siguiente: "El ejercicio del derecho de separación al amparo del artículo 348bis de la LSC por el socio minoritario podría suponer, además de un incumplimiento contractual por su parte, dejar sin efecto todas o parte de las penalidades previstas en el pacto de socios en caso de incumplimiento de sus obligaciones. Imaginemos lo compelido que se sentirá el socio minoritario a cumplir con sus obligaciones bajo el pacto de socios si puede evitar tener que transmitir sus participaciones a un precio penalizador mediante la aplicación del artículo 348bis de la LSC".

604 Recuerdan la incidencia de la buena fe GARCÍA MORALES, E. y JIMÉNEZ LÓPEZ, L., "¿Es compatible el artículo 348 bis LSC..." *Op. Cit.* pág. 9

en extremo la virtualidad del art. 348 bis. En este sentido, puede señalarse, el aumento de la reserva estatutaria con una cifra elevada que haga, en la práctica, improbable que en la sociedad existan las circunstancias para el pago de dividendos porque los beneficios no serían legalmente repartibles[605].

Por último, en relación con la distribución de dividendos debe tenerse en cuenta la incidencia que tiene la LFEEE. Si anteriormente se ha puesto de manifiesto que no repartirlos es una práctica común —y lógica— en las *startups* que tiene reflejo en el pacto de socios, la presente norma lo considera como un requisito legal, una condición *sine qua non* para que la sociedad mercantil opte a la calificación de empresa emergente y pueda beneficiarse de las ventajas en ella previstas[606]. Aunque quizás sea excesiva la prohibición de que no haya distribuido beneficios con anterioridad, lo cierto es que sería, cuanto menos, controvertido que el Estado, por un lado, establezca una serie de medidas fiscales para que la sociedad disponga de mayor capital para su crecimiento, pero, por otro, los socios reduzcan el patrimonio social por medio de la entrega de dividendos[607]. El reparto de beneficios mientras la sociedad tenga la condición de empresa emergente implica la pérdida de dicho estatus, por lo que la falta de distribución está justificada, con más motivo si cabe, en el presente caso.

Igualmente, en la medida en que el derecho de separación por el no reparto de dividendos también supone la descapitalización de la sociedad, habida cuenta de su carácter dispositivo, es recomendable, para las sociedades que pretendan acogerse al régimen de las empresas emergentes, que incluyan una previsión estatutaria que lo suprima. Además, con motivo del mandato previsto en la Disposición final duodécima de la citada norma de aprobación de unos estatutos tipo[608], sería oportuno que su contenido prevea, expresa-

605 Como señala VILATA MENADAS, S., "A vueltas con el derecho al dividendo" en *La Ley Mercantil* n.º 40, 2017 pág. 9/12 "se podrán no repartir beneficios cuando se justifique en una limitación legal como por ejemplo, en la necesidad de compensar pérdidas o de dotar reservas legales o estatutarias". Planteaban la elevación estatutaria de reservas como medio que dificulte el reparto de beneficios, si bien en el marco de un contrato de financiación, GARCÍA MORALES, E. y JIMÉNEZ LÓPEZ, L., "¿Es compatible el artículo 348 bis LSC..." *Op. Cit.* pág 3 Otra opción, quizás, como solución más práctica, en particular, la disposición del derecho de voto en los términos ya citados en el presente trabajo como medio para que el sindicato se pronuncie en contra de la distribución de dividendos, Vid. ROJO ÁLVAREZ-MANZANEDA, R., *El derecho de separación... Op. Cit.* pág. 77

606 El artículo 3.1 c) LFEEE señala como condición "no distribuir ni haber distribuido dividendos".

607 Como excepción, en la India fijan el límite en cien rupias durante los ejercicios anteriores a la solicitud como empresa emergente.

608 Señala la Disposición final Duodécima que "el Gobierno aprobará por real decreto, en el plazo de tres meses desde la entrada en vigor de esta ley, diferentes modelos de estatutos

mente, la exclusión del derecho de separación por no reparto de dividendos en las empresas emergentes constituidas como sociedades de responsabilidad limitada.

5. Retribución como administradores

Además de las posibles fórmulas retributivas e incentivos señalados anteriormente, en tanto que las *startup* son, en su mayoría, sociedades de capital, es necesaria la referencia, desde un punto de vista subjetivo, a los miembros del órgano de administración como posibles beneficiarios. Y ello, principalmente, por dos motivos: de un lado, porque a través del cargo de administrador suele retribuirse a determinados socios de las *startup*; de otro, por la incidencia que tiene el régimen legal en el sistema de remuneración pues, aunque la compañía utilice instrumentos similares a los previstos en los planes de incentivos a trabajadores, en relación con los administradores cobra relevancia la ordenación de la remuneración establecida en la Ley de Sociedades de Capital.

En este sentido, el artículo 217 LSC, aunque mantiene la gratuidad del cargo de administrador, establece la necesaria determinación estatutaria del sistema de remuneración en el caso de que los socios opten por retribuirlo, lo que es habitual en el ámbito de las empresas emergentes —al menos para los socios fundadores que formen parte del órgano[609]—.

En relación con el aspecto objetivo y la dimensión cualitativa[610], por lo que a los conceptos retributivos hace referencia, el art. 217.2 LSC prevé la posibilidad de que reciban una asignación fija, que perciban dietas de asistencia, que participen de los beneficios, que tengan una retribución variable con indicadores o parámetros generales de referencia, que su remuneración sea en acciones o vinculada a su evolución, que reciban una indemnización por cese cuando no derive del incumplimiento de sus funciones o su inclusión en

tipo, que se incorporarán a las escrituras públicas de constitución, adaptados ambos, a las necesidades de las empresas emergentes reguladas por esta ley". En cualquier caso, más de seis meses después de la entrada en vigor de la ley todavía no han sido aprobados los diferentes modelos de estatutos tipo.

609 De manera muy rotunda se pronuncian FELD, B., BLUMBERG, M. y RAMSINGHANI, M., *Startup Boards,* United States, Wiley, 2022 pág. 77que insisten en que no debe remunerarse al miembro del consejo designado por los inversores, salvo en caso de salida a bolsa.

610 Se sigue aquí la distinción de GALLEGO SÁNCHEZ, E., "Remuneración de los administradores (art. 217)" en ROJO-BELTRÁN (Dirs.) *Comentario de la Ley de Sociedades de Capital* vol. I, Madrid, 2011 pág. 1546

sistemas de ahorro o previsión que se consideren oportunos. Dicha enumeración no es exhaustiva y puede retribuirse a los administradores con base en otros conceptos.

En las *startup,* entre los citados conceptos retributivos, es común la previsión de un sistema mixto que comprenda la asignación de una cantidad fija que conceda cierta estabilidad a los socios fundadores —especialmente en fases iniciales—[611] junto a fórmulas variables para que, de modo similar a otros trabajadores, vinculen su remuneración al cumplimiento de objetivos. Ello no obstante, a diferencia de personal clave o directivos, es necesario que los estatutos señalen los indicadores de referencia y que la junta general o el propio órgano de administración concreten el parámetro aplicable (ad. ex. EBITDA)[612].En el caso de que la retribución, total o parcial, consista en la participación en beneficios o en la entrega de acciones u opciones sobre acciones, será de aplicación lo dispuesto, respectivamente, en los artículos 218 y 219 LSC.

Si optan por la participación en las ganancias, con base en lo previsto en el artículo 218 LSC, los estatutos determinarán la concreta participación o un límite porcentual máximo, en cuyo caso será la junta general quien fije el porcentaje aplicable dentro de tal umbral. Y las condiciones difieren en función del tipo social elegido: en las limitadas el porcentaje máximo no superará el diez por ciento de los beneficios repartibles entre los socios; en las anónimas el reparto se lleva a cabo en consideración a los beneficios líquidos una vez cubiertas la reserva legal y estatutarias y tras el reconocimiento a los accionistas de un dividendo del cuatro por ciento del valor nominal de las acciones o el tipo más alto que los estatutos hayan establecido[613].

Si la retribución está vinculada a las acciones de la sociedad, deberá producirse conforme a los requisitos establecidos en el artículo 219 LSC, aplicable, exclusivamente, a las sociedades anónimas que exige, en primer lugar, previsión estatutaria y, en segundo, acuerdo de la junta general. En su virtud, el acuerdo de la junta de accionistas fijará el número máximo de acciones que podrá asignarse en cada ejercicio a este sistema de remuneración, el precio de ejercicio o el sistema de su cálculo en el caso de las opciones sobre accio-

611 PARKER, D., "Startup board compensation (what should you pay? equity or cash?)" 2021 disponible en https://www.dkparker.com/startup-board-compensation/

612 JUSTE MENCÍA, J., "Art. 217 Retribución..." *Op. Cit.* pág 3029; LEÓN SANZ, F. J., "Remuneración..." *Op. Cit.* consultado en www.proview.thomsonreuters.com

613 Ello con la finalidad de que los socios perciban un beneficio mínimo con anterioridad a los administradores, LEÓN SANZ, F. J., "Remuneración..." *Op. Cit.* consultado en www.proview.thomsonreuters.com

nes o el valor de las acciones que, en su caso, se tome como referencia junto con el plazo de duración del plan retributivo basado en la presente fórmula. Precisamente, la referencia al valor de las acciones cobra relevancia en las startups en atención a un instrumento habitual en la política de remuneración como son las acciones fantasma —*"phantom shares"*—. En este sentido, la flexibilidad del plan de incentivos para los trabajadores y personal clave no es tal cuando los destinatarios son los miembros del órgano de administración en tanto que la competencia para su aprobación es diferente. Mientras los perceptores no tengan la condición de administradores, salvo disposición estatutaria en contra, el plan puede elaborarlo y aprobarlo el citado órgano. En caso contrario, si los beneficiarios son administradores de una sociedad anónima corresponde a la junta general su aprobación a la luz de lo establecido en el presente artículo 219 LSC[614].

Cuestión distinta es que dicho sistema retributivo referenciado al valor de las cuotas de socio lo utilicen para la remuneración de administradores de una sociedad de responsabilidad limitada. Ante la falta de regulación expresa cabe plantearse si es necesaria, de un lado, su previsión estatutaria y, de otro, si su aplicación requiere de acuerdo de la junta general. En la medida en que el artículo 217 LSC, aplicable tanto a anónimas como limitadas, exige la determinación estatutaria del concepto o conceptos retributivos propios del sistema de remuneración de administradores, parece lógica su inclusión en los mismos, sin que su falta de especificación en los supuestos mencionados sea obstáculo para ello toda vez que no es un listado *numerus clausus*[615]. Por lo que a su concreción hace referencia, las sociedades limitadas no están sujetas a los requisitos del artículo 219 LSC —previsto, exclusivamente, para las anónimas—, sino a los límites generales del artículo 217 LSC, consistentes en el importe máximo de la remuneración fijado por la junta general y el criterio de la proporcionalidad. Sobre si la aplicación de un plan de *phantom shares* para administradores requiere de acuerdo de la junta general, la ausencia de mención expresa —al contrario que las sociedades anónimas— conduce, en principio, a una respuesta negativa. Sin embargo, en tanto que el art. 217.3

614 En este sentido, MARQUÉS TRIAY, B., "Las acciones fantasma..." *Op. Cit.* pág. 9/12 que, aunque expone los argumentos de terceros en contra de la competencia del órgano de administración, concluye, con base en la literalidad del precepto que la competencia de la junta solo está prevista para sociedades anónimas y sus administradores. Resulta, igualmente, de interés la opinión de SOLANS CHAMORRO, L., "Contratos entre socios..." *Op. Cit* pág. 45 que comparte la tesis de la competencia del órgano de administración, pero recomienda su aprobación en junta como medio de protección ante posibles impugnaciones de socios minoritarios.

615 GALLEGO SÁNCHEZ, E., "Remuneración..." *Op. Cit.* pág.1547. JUSTE MENCÍA, J., "Art. 217 Retribución..." *Op. Cit.* pág. 3028

LSC contempla la posibilidad de que la junta de socios decida sobre la distribución de la remuneración entre los administradores no puede afirmarse, a diferencia de lo que ocurre si los beneficiarios son directivos y empleados, que la competencia sobre un plan de *phantom shares* para los administradores de la sociedad de responsabilidad limitada recaiga sobre el propio órgano de administración. Y ello porque, conforme al citado precepto, la distribución de la retribución entre los distintos administradores se establecerá por acuerdo de éstos y, en el caso del consejo de administración, por decisión del mismo "salvo que la junta general determine otra cosa".

Aunque no está previsto en la Ley de Sociedades de Capital y su regulación no afecta a todas las *startups* constituidas como sociedades de responsabilidad limitada, resulta imprescindible la mención a la novedad introducida en la Ley de fomento del ecosistema de las Empresas emergentes de 27 de diciembre de 2021 que, por vez primera, prevé la creación de la autocartera de participaciones con fines retributivos. Concretamente, el artículo 10 LFEEE, como manifestación de una medida ampliamente demandada[616], reconoce la posibilidad de que las sociedades de responsabilidad limitada que tengan la condición de empresa emergente utilicen dicha fórmula retributiva para la entrega de participaciones a los empleados y, por lo que aquí interesa, a los administradores. Más allá de las normas previstas para la creación de la autocartera, los requisitos establecidos para la remuneración con participaciones son similares a los presentes en el art. 219 LSC para las sociedades anónimas: incorporación a los estatutos y aprobación por la junta general mediante acuerdo que incluya el número máximo de participaciones que puedan asignarse en cada ejercicio a este sistema de remuneración, el valor de las participaciones que se tome como referencia y el plazo de duración del plan.

En cuanto al resto de conceptos retributivos del art. 217 LSC, es habitual que abonen las dietas de asistencia una vez tenga lugar la sesión[617] y también es posible que prevean indemnizaciones por cese, aunque a diferencia de so-

616 En este sentido, así lo sostuve en GIMENO BEVIÁ, V., "Las causas contractuales..." *Op. Cit.* págs. 333-334. En la práctica, entre otros, el despacho de abogados Cuatrecasas en un documento elaborado en 2019 respuesta a la consulta pública del Ministerio de Economía que plantea treinta respuestas jurídicas para fomentar el ecosistema *startup* ya sugería la unificación del régimen de autocartera extendiendo el de la anónima a la limitada. Documento disponible en https://blog.cuatrecasas.com/propuestas-juridicas-startups-cuatrecasas/

617 FELD, B., BLUMBERG, M. y RAMSINGHANI, M., *Startup Boards...Op. Cit.* pág. 78 señalan que en la práctica norteamericana es importante fijar de antemano el alcance de una compensación razonable por tales gastos de modo que estén claros los límites, en su caso, de transporte y alojamiento. Si bien en nuestro país dichas dietas más que un reembolso de gastos se ha convertido en un concepto retributivo propio del consejo de administración con motivo de sus

ciedades más consolidades no son frecuentes los "blindajes". Sin embargo, con respecto a lo anterior, debe tenerse en cuenta, por un lado, que el hecho de que los socios fundadores sean, generalmente, los mayoritarios, dificulta su remoción del órgano. Y, por otro, si el administrador tiene la condición de socio y su actividad está vinculada a las funciones propias del cargo es posible que la compensación económica que perciba no sea por el cese como miembro del consejo, sino por su salida de la sociedad con la transmisión de acciones o participaciones por su valor de mercado en ejercicio de la cláusula de buena salida —*"good leaver"*—.

Por lo que respecta al segundo de los aspectos objetivos de la retribución, la dimensión cuantitativa, el art. 217.3 LSC señala el modo en que debe concretarse el límite máximo de la remuneración anual del conjunto de los administradores. Dicho precepto deja fuera de la reserva estatutaria tal extremo y atribuye a la junta general su aprobación que permanecerá vigente en tanto no se acuerde su modificación[618]. En el caso de la remuneración por participación en beneficios y la vinculada a las acciones de la sociedad, los arts. 218 y 219 LSC, contienen un régimen especial, mencionado anteriormente. En cualquiera de los tres supuestos es muy probable que, sino todos, la mayoría de los miembros del órgano de administración tengan también la condición de socios, lo que plantea ciertas cuestiones en relación con los posibles conflictos de interés. Como la remuneración de los administradores no está prevista como una de las causas de abstención del art. 190.1 LSC —que debe interpretarse de manera restrictiva—[619], todos los socios están legitimados para la determinación de la remuneración de los administradores, aun cuando coincidan en la misma persona[620].

Sin embargo, aunque no estén privados del derecho de voto, en tanto que existe un evidente conflicto de interés, cobra relevancia la regla relativa a

sesiones presenciales u online. En este sentido, JUSTE MENCÍA, J., "Art. 217 Retribución..." *Op. Cit,* pág. 3029

618 Vid. GUERRERO TREVIJANO, C., "Viejos y nuevos problemas en la regulación de la retribución de los consejeros en sociedades cerradas" *RdBB* n.º146, 2017 págs. 155-159

619 Sobre si la retribución de los administradores podía equipararse a la concesión de un derecho de los previstos en el art. 190.1c), con acierto se pronuncia el Alto Tribunal en la sentencia 310/2021, de 13 de mayo que afirma lo siguiente "la concesión de derechos o la extinción de obligaciones han de someterse al deber de abstención cuando se sitúen en el puro ámbito del contrato de sociedad y, fuera de este, sólo si su origen está en un acto unilateral de la sociedad". En la doctrina, de forma expresa, niega que la retribución sea un derecho, JUSTE MENCÍA, J., "Art. 217 Retribución..." *Op. Cit,* pág. 3032

620 En relación con la flexibilidad de la norma RUIZ MUÑOZ, M., "Nuevo régimen jurídico de la retribución de los administradores de las sociedades de capital" *RdS* n.º46, 2016 págs. 88-89

la carga probatoria en caso de impugnación del acuerdo adoptado cuando contravenga el interés social. En este sentido, acreditado el conflicto de interés por el socio o socios afectados, el art.190.3 LSC establece la inversión de la carga de la prueba, como excepción al régimen general del art. 217 LEC, cuando el voto del socio o socios incursos en conflicto haya sido decisivo para la adopción del acuerdo[621], si bien exceptúa de dicha regla los acuerdos relativos al nombramiento, al cese, la revocación y la exigencia de responsabilidad de los administradores y cualesquiera otros de análogo significado en los que el conflicto de interés se refiera exclusivamente a la posición que ostenta el socio en la sociedad. Ante la falta de mención expresa, aunque la doctrina científica no es pacífica sobre la idoneidad de la norma, la retribución de los administradores no parece un supuesto análogo a los que señala el art. 190.3 LSC que atribuye la carga probatoria al demandante[622], por lo que resulta más acertado, de conformidad con la STS 310/2021, de 13 de mayo, considerarlo como un acuerdo de los propios de la regla general que traslada la carga probatoria a la sociedad y, en su caso, al socio afectado[623].

621 Como señala RECALDE CASTELLS, A., "Asistencia, representación y voto..." *Op. Cit.* consultado en https://proview.thomsonreuters.com por voto decisivo debe entenderse los del socio cuya potencia de voto, individual o en acuerdo con otros socios influya en la aprobación del acuerdo o determine su rechazo.

622 Y ello porque, de un lado, los demás acuerdos no afectan tanto al patrimonio social y, de otro, porque resulta más fácil la prueba de la idoneidad de la retribución de los administradores a ellos mismos que a los minoritarios o a los terceros.

623 En este sentido, LEÓN SANZ, F. J., "Remuneración..." *Op. Cit.* consultado en https://proview.thomsonreuters.com En contra, RECALDE CASTELLS, A., "Asistencia, representación y voto..." *Op. Cit.* consultado en https://proview.thomsonreuters.com que lo considera como un conflicto posicional que tiene cabida en la excepción a la regla general de inversión de la carga de la prueba del art. 190.3 LSC. También en contra JUSTE MENCÍA, J., "Art. 217 Retribución..." *Op. Cit,* pág. 3033 quien considera que en dicho supuesto debiera prevalecer el carácter posicional sobre el transaccional, si bien, aun cuando sea la sociedad la que tenga la carga probatoria debiera exigirse, al menos, que el demandante alegue un indicio de que la retribución es contraria al interés social. Ello recuerda al principio de prueba, planteado por la doctrina procesalista, que, como señala ARRABAL PLATERO, P., *La prueba tecnológica: aportación, práctica y valoración,* Valencia, Tirant lo Blanch, 2020 pág. 347 "puede entenderse como la necesidad de que concurra algún elemento externo, indicio o argumento que haga mínimamente creíble la impugnación de la autenticidad e integridad de una prueba aportada de contrario, sin llegar al extremo de exigir a la parte impugnante prueba cierta. Así, no se trata de que la parte aporte y practique verdadera prueba que acredite la falsedad o la manipulación de la prueba que impugna, sino que sostenga argumentos sólidos que pongan en duda la autenticidad o integridad de la prueba impugnada. En este sentido, por "principio de prueba" no cabe entender "prueba", sino tan sólo la presentación de algún elemento externo, indicio o argumento que la dote de una mínima credibilidad o sostenibilidad." Vid. También, FUENTES SORIANO, O., "La impugnación de la prueba digital" *Tenden-*

En cualquier caso, la retribución del órgano de administración, aun cuando medie la voluntad de sus socios, deberá adecuarse a la importancia de la sociedad, su situación económica y los estándares de mercado de empresas comparables tal y como establece el art. 217.4 LSC que alude al criterio de la proporcionalidad de su cuantía. Dicha norma sirve como límite a la discrecionalidad de la junta general en la determinación de la cuantía y tiene una finalidad protectora de los socios minoritarios frente a posibles abusos de la mayoría. Ello no obstante, la difícil concreción de los parámetros indicados para la valoración sobre la proporcionalidad de la cuantía en sociedades cerradas y la heterogeneidad existente entre las mismas complica, en la práctica, la determinación de retribuciones excesivas[624].

En relación con el aspecto subjetivo de la retribución, el artículo 217 LSC circunscribe su aplicación a los administradores "en su condición de tales". Dicha expresión traza una distinción entre, de un lado, la remuneración del administrador único, administradores solidarios, mancomunados y consejeros no ejecutivos en el caso de consejo de administración y, de otro, los consejeros que desarrollen funciones ejecutivas cuyo nombramiento corresponde al consejo de administración como una competencia indelegable ex. art. 249 bis, g) LSC. Por consiguiente, existen dos sistemas retributivos: el del artículo 217 LSC para los administradores cuando el órgano no tenga la configuración de consejo de administración y para los meros consejeros cuando esté organizado como tal y el del artículo 249 LSC para los consejeros delegados. En virtud de este último precepto, la competencia sobre retribución de quienes de-

cias actuales del derecho procesal (VVAA), Granada, Comares, 2019, pág. 524; DELGADO MARTÍN, J., *Investigación tecnológica y prueba digital,* Madrid, La Ley, 2018 págs. 85-86

624 Como señala CURTO POLO, M., "Exigencias formales y modos de retribución de los administradores de las sociedades de capital" *Retribución y prestación de servicios de los* administradores, (Dir.) García-Cruces, Valencia, Tirant lo Blanch, 2018 pág. 53 es una norma "de incierta aplicación práctica". También cabe destacar la valoración de GARCÍA VICENTE, J. R., "Competencia para acordar la remuneración y límites materiales y modales" *Retribución y prestación de servicios de los* administradores, (Dir.) García-Cruces, Valencia, Tirant lo Blanch, 2018 pág. 77 quien afirma que "posiblemente el precepto poco añada a las reglas construidas para combatir las retribuciones excesivas y sea otra pieza más de las normas simbólicas que nos inundan". Aunque no se trata de una *startup*, sino de una empresa familiar, es de interés la SAP de Barcelona, sección 15, 219/2021 de 4 de febrero, que se pronuncia en relación con una retribución superior al límite estatutario pero que fue tolerada por todos los socios durante varios años, coincidiendo con el matrimonio de dos de ellos. Señala la Sala que dicha retribución excesiva temporal no equivale a un pacto parasocial omnilaterial porque no queda constancia de que los socios quisieran vincularse en el futuro, sino que se trata de prácticas reiteradas en una situación determinada, sin que se aplique a tal particular la doctrina de los actos propios ya que con posterioridad a ello modificaron el sistema de retribución de los administradores sociales.

sarrollen funciones ejecutivas reside en el consejo de administración siempre que concurra el voto favorable de las dos terceras partes de sus miembros, no asista en la deliberación ni participe en la votación el consejero afectado y el contrato sea conforme con la política de retribuciones aprobada, en su caso, por la junta general. De darse los requisitos, la sociedad y el consejero delegado celebrarán un contrato en el que se detallarán los conceptos retributivos por el desempeño de funciones ejecutivas — ad. ex. asignación fija, *phantom shares*...— con la prohibición de que perciba cualquier otra remuneración de sus funciones ejecutivas que no figure en dicho contrato.

Sin embargo, aunque parece claro que el artículo 249 LSC es una norma especial en relación con el régimen general del 217 LSC —y así lo entiende gran parte de la doctrina[625]—, la STS de 26 de octubre de 2018 consideró que también la remuneración de los consejeros ejecutivos de las sociedades

625 En este sentido, PAZ-ARES, C., "*Perseverare diabolicum* (A propósito de la STS 26-II-2018 y la retribución de los consejeros" *InDret* 2/2018 pág. 12, y "*Ad imposibilia nemo tenetur* (o por qué recelar de la novísima jurisprudencia sobre retribución de administradores)" *InDret* 2/2009 pág. 10; ARROYO APARICIO, A., "retribución de los administradores de las sociedades no cotizadas en los supuestos de delegación o con funciones ejecutivas" *Retribución y prestación de servicios de los administradores de sociedades* (Dir.) García-Cruces, Valencia, Tirant lo Blanch, 2018 pág. 224; CURTO POLO, M., "Exigencias formales y modos de retribución..." *Op. Cit.* pág. 43; LEÓN SANZ, F. J., "Remuneración..." *Op. Cit.* pág. Consultado en www.proview.thomsonreuters.com JUSTE MENCÍA, J., "Art. 217 Retribución..." *Op. Cit,* pág. 3022; RONCERO SÁNCHEZ, A., "Retribución de los consejeros ejecutivos. Adecuación de la retribución y deberes de actuación de los administradores" en *Derecho de Sociedades. Revisando el derecho de sociedades de capital* (Dirs.) González Fernández y Cohen Benchetrit, Valencia, Tirant lo Blanch, 2018 págs. 1070 y 1071 ALFARO ÁGUILA-REAL, J., "La retribución de los consejeros ejecutivos y los estatutos sociales", *Almacén del Derecho* 2018 disponible en https://almacendederecho.org/la-retribucion-los-consejeros-ejecutivos-los-estatutos-sociales; CAMPINS VARGAS, A., "Dudas interpretativas del nuevo régimen de remuneración de administradores en la Ley 31/2014", 2015 disponible en https://derechomercantilespana.blogspot.com/2015/03/dudas-interpretativas-del-nuevo-regimen.html Por el contrario, se muestran a favor de la reserva estatutaria para la remuneración de todos los administradores, VICENT CHULIÁ, F. *Introducción... Op. Cit.* págs. 170-171; GUERRERO TREVIJANO, C., "De nuevo sobre la retribución de los consejeros ejecutivos: comentario a las resoluciones de la DGRN de 31 de octubre (RJ 2018, 4846), 8 de noviembre (RJ 2018, 4863) y 12 de diciembre de 2018 (RJ 2018, 5624)" *RdS* n.º 56, 2019 pág. 331; FERNÁNDEZ DEL POZO, L., "Acerca de la supuesta autonomía del contrato remuneratorio de los consejeros ejecutivos en relación con los estatutos y con el acuerdo de junta del ART. 217 LSC" en *La Ley Mercantil,* n.º 18, 2015 pág. 14; BRENES CORTÉS, J., "El nuevo régimen de retribución de los consejeros ejecutivos tras la reforma operada por la Ley 31/2014, de 3 de diciembre, por la que se modifica la Ley de Sociedades de Capital para la mejora del Gobierno Corporativo" en *Revista Lex Mercatoria* n.º 1, 2015 pág. 6; IRÁCULIS ARREGUI, N., "La remuneración del consejero ejecutivo: una lectura integradora de los artículos 217 y 249 de la Ley de Sociedades de Capital" *RdM* n.º 311, 2019 págs. 334 y ss.

no cotizadas quedaba sometida al principio de reserva estatutaria porque la expresión "en su condición de tales" comprende las funciones ejecutivas —en materia de cotizadas es más nítida, si cabe, la distinción entre consejeros delegados y no delegados[626]—. Con base en dicha controvertida sentencia solo las funciones extrañas al órgano de administración desempeñadas por sus miembros pueden abstraerse del artículo 217 LSC y, por el momento, pese a que técnicamente tal doctrina no crea jurisprudencia, debe tenerse en cuenta en la redacción de los estatutos sociales[627] y preverse los posibles conceptos retributivos del consejero delegado[628]. En el caso concreto de las empresas emergentes —aunque, también, muchas otras—, sin embargo, era preferible la práctica consolidada con anterioridad a la citada sentencia que entendía innecesaria la cobertura estatutaria y ello por la mayor flexibilidad y agilidad en la toma de decisiones que requieren este tipo de compañías. Además, por la forma de relación entre fundadores e inversores y la particular reglamentación de sus intereses en los pactos de socios, tampoco es válido en este caso el argumento que justifica su necesaria previsión en los estatutos de las sociedades cerradas con base en la revitalización de la junta y las políticas de buen gobierno corporativo pues no se advierte aquí un interés de los socios que requiera de especial protección[629].

Cuestión distinta es la retribución a los administradores, con independencia de su condición de delegados, si llevan a cabo funciones que no son propias del órgano de administración, algo frecuente en el ámbito de las *startups*. En este sentido, la compensación de la participación, por ejemplo, de algún socio fundador que, además, es administrador, en el desarrollo del producto mínimo viable —*MVP*— queda fuera del ámbito de aplicación del artículo 217 LSC y lo mismo es predicable con respecto a otras funciones extrañas al órgano de administración. La regulación de tal prestación de servicios para los

626 Concretamente el art. 529-*septdecies* alude a la "remuneración de los consejeros por su condición de tales" y el art. 529-*octodecies* a "la remuneración de los consejeros por el desempeño de sus funciones ejecutivas".

627 Por todos, JUSTE MENCÍA, J., "Art. 217 Retribución..." *Op. Cit,* pág. 3024

628 Como muestra de la problemática registral que surge tras la STS de 26 de octubre de 2018 en torno a la reserva estatutaria sobre la retribución de consejeros delegados véase ALFARO ÁGUILA-REAL, J. y SOTO-YARRITU, M., "Op. Ed. La retribución de los consejeros delegados o con funciones ejecutivas en la reforma de la LSC" en *Almacén del Derecho,* 2021 disponible en https://almacendederecho.org/op-ed-la-retribucion-de-los-consejeros-delegados-o-con-funciones-ejecutivas-en-la-reforma-de-la-lsc

629 Sobre el control de las retribuciones por los socios con base en la mejora del gobierno corporativo en relación con la citada sentencia véase MARÍN DE LA BÁRCENA, F., "La retribución de los consejeros ejecutivos (Comentario de la Sentencia del Tribunal Supremo de 26 de febrero de 2018)" *RdM* n.º309, 2018 págs.786-788

administradores de la sociedad de responsabilidad limitada está prevista en el artículo 220 LSC y —de manera algo reiterativa[630]— en el 230.2 LSC en tanto que se trata de una situación de conflicto de interés que plantea problemas evidentes en relación con los deberes de lealtad. Precisamente por ello ambos preceptos supeditan cualquier clase de relación de prestación de servicios o de obra entre la sociedad y los administradores a la previa autorización de la junta general. En el caso de sociedades anónimas, donde probablemente exista un mayor número de socios y un accionariado más disperso, la celebración de un contrato de arrendamiento de servicios u obra entre la sociedad y los administradores se rige por lo dispuesto en el art. 230.2 LSC que contempla un procedimiento más ágil. En este caso, a diferencia de las sociedades limitadas, permiten que sea el consejo de administración quien autorice la relación contractual siempre que quede garantizada la independencia de los miembros que la conceden respecto del administrador dispensado y la operación tenga lugar en condiciones de mercado y tras un proceso transparente donde medie la debida información sobre la idoneidad de la operación. En el supuesto de que el órgano no esté configurado como consejo, la falta de cumplimiento de tales requisitos obliga a que sea la junta general quien apruebe la celebración del contrato. Y si bien en ocasiones no es sencilla la frontera entre las funciones propias de los administradores y las ajenas al órgano, en el ámbito de las *startup* la diferencia puede advertirse desde su relación con el objeto social que, en muchos casos, vendrá delimitado por el elemento tecnológico: si la prestación consiste en una concreta actividad que persigue un resultado determinado y está alineado con ello, parece posible su adscripción a las relaciones del art. 220 LSC o 230.2LSC —piénsese, por ejemplo, la dedicación de uno de los administradores al diseño de un programa de *software* o una aplicación para móviles—[631]; por el contrario, si la naturaleza de las actividades que conforman el objeto social son más cercanas a las funciones propias de gestión y representación, resulta más difícil deslindarlo de las retribuidas —en su caso— con base al art. 217 y 249 LSC[632].

630 Si bien en este caso se aborda desde la dispensa de las prohibiciones del deber de lealtad.

631 Por todos, MARTÍN ARESTI, P., *Prestación de servicios o de obra del administrador y deber de lealtad (art. 220 LSC)* Valencia, Tirant lo Blanch, 2019 págs. 92-93señala las relaciones jurídicas que respondan a una tipología más o menos consolidada en la práctica mercantil (contratos de ingeniería, publicitarios, de investigación…) También, PAZ-ARES, C., *"Perseverare diabolicum…" Op. Cit.* pág. 13

632 En este sentido, JUSTE MENCÍA, J. "Art. 220. Prestación de servicios de los administradores" *Comentario a la Ley de Sociedades de Capital* (Dirs.) García-Cruces y Sancho Gargallo, Tirant lo Blanch, Valencia, 2021, pág. 3061 quien añade, además, la amplitud de las tareas ejecutivas que afronta el beneficiario de una delegación por título distinto al del nombramiento de consejeros delegados. También, GARCÍA-CRUCES, J., A., "La prestación de otros servicios

Como se ha avanzado anteriormente, es posible que la retribución de la *startup* no alcance a todos los administradores, sino únicamente a los designados por los socios fundadores. Ello, aparentemente, no plantea problema alguno por el principio de gratuidad del cargo y la licitud del tratamiento diferenciado entre los mismos por lo que a su remuneración hace referencia. Sin embargo, la práctica común en el ámbito de las *startup* consistente en que los inversores, al margen de ella, retribuyan a sus consejeros dominicales es una cuestión que, en nuestro país, requiere de un cauce procedimental específico por la rigidez de la normativa societaria que, *a priori*, lo considera como una conducta contraria al deber de lealtad de los administradores[633]. A diferencia modelos más flexibles como el anglosajón o de países como Alemania[634], los administradores remunerados directamente por los inversores quedan en la situación de conflicto de interés prevista en el art. 229.1 e) LSC. No obstante lo anterior, la prohibición de dicha conducta puede dispensarse por la junta general, lo que, en sede de empresas emergentes —y en muchos otros casos— es plenamente lógico por la alineación de intereses entre fundadores e inversores en la maximización del valor de la compañía, de modo que no se advierte conflicto alguno, más bien al contrario. Precisamente por ello, en tanto que en no pocas ocasiones la retribución externa no compromete el interés social, cabe plantearse, como apunta parte de la doctrina, la idoneidad de la norma prohibitiva y su posible reforma para que quede circunscrita únicamente a los supuestos de conflicto[635].

por los administradores sociales y su remuneración" *Retribución y prestación de servicios de los administradores de sociedades* (Dir.) García-Cruces, Valencia, Tirant lo Blanch, 2018 págs. 246-253 que alude a los criterios de jerarquía, dimensión empresarial y cualificación técnica para valorar la posible delimitación entre las funciones del administrador y el contrato de obra y servicios.

633 Sobre el fundamento de dicha prohibición, BOQUERA MATARREDONA, J., "La dispensa de conflicto de interés a los administradores en sociedades cerradas" *Estudio de Derecho de Sociedades* (Dirs.) Embid Irujo y Nieto Carol, Valencia, Tirant lo Blanch, 2019 pág. 251

634 Vid. SÁEZ LACAVE, M. I., "*Barbari ad portas:* la prohibición de la retribución externa como arma defensiva" *InDret* 2/2022 pág. 67

635 En este sentido, NAVARRO FRÍAS, I., "Conflicto de interés y retribuciones externas" *Almacen del Derecho,* 2022 disponible en https://almacendederecho.org/conflicto-de-interes-y-retribuciones-externas apunta la posibilidad de incluir una cláusula similar a lo previsto en el Reino Unido, concretamente, la Section 176 Companies Act 2006, que señala, expresamente, que el deber de no aceptar retribuciones de terceras partes no será infringido si no hay riesgo de conflicto de interés. Anteriormente, con referencia a la norma inglesa, analizaba el acomodo de las retribuciones externas con anterioridad a la reforma de 2014 PAZ-ARES, C., "La anomalía de la retribución externa de los administradores" *InDret* 1/2014 pág. 16. También, SÁEZ LACAVE, M. I., "*Barbari ad portas...*" *Op. Cit.* pág. 70;

En cualquier caso, si bien es cierto que es necesaria la adecuación de la retribución de los administradores al procedimiento legalmente previsto, no lo es menos que, en el ámbito de las *startup* tanto el nombramiento de los consejeros como la política retributiva está establecida *ex ante* en el pacto de socios. Es posible que el propio pacto prevea la remuneración únicamente a consejeros ejecutivos, la compensación a los fundadores mediante un contrato de prestación de servicios o determine la proporción entre fijo y variable de cada uno de ellos. De hecho, tales cuestiones, en la mayoría de los casos, están dentro de las materias calificadas como reservadas que requieren del consenso de fundadores e inversores de forma previa a su posterior materialización en la junta general o en el consejo de administración, en función de cada caso y del modo de organización del órgano[636].

IV. PROTECCIÓN ANTE LA DILUCIÓN DEL SOCIO

La finalidad propia del pacto de socios, como ha quedado de manifiesto, consiste en la regulación de los intereses de los socios fundadores e inversores. Aunque, en ocasiones, es posible que estén alineados, es fundamental que mantengan un porcentaje determinado en el capital social para que decisiones trascendentes no queden fuera de su control ni pierdan influencia en los órganos societarios.

Ello no obstante, si se repara en el hecho de que el establecimiento de las mayorías y los derechos de veto dependen de umbrales calculados en atención a la participación de cada uno de ellos en el capital social en el momento de suscripción del pacto, es necesario que los socios prevean mecanismos que protejan su posición y eviten la dilución de su participación ante posteriores rondas de financiación. En este sentido, dos son los medios para tal finalidad: el derecho de asunción o suscripción preferente y concretas cláusulas antidilutivas habituales en las *startup* que, sin el desembolso propio del derecho anterior, evite la dilución de su beneficiario.

En cualquier caso, el ejercicio de uno u otro depende de una multiplicidad de factores en función de caso concreto. Sin afán de exhaustividad, circunstancias tales como la fuerza negociadora de las partes, la necesaria entrada de un inversor estratégico o la diferencia de valor entre una ronda u otra,

636 Como ejemplo el "hecho relevante" comunicado por Holaluz al MAB en 2019. Disponible en https://www.bolsasymercados.es/mab/documentos/HechosRelev/2019/11/05456_HRelev_20191129_1.pdf

determinan, en la práctica, no solo el concreto momento de su ejercicio sino también, en ciertos casos, la renuncia de todos los beneficiarios o solo alguno de ellos.

1. La prima de emisión como medio de protección del socio fundador

En orden cronológico, en atención a las diversas etapas de la *startup*, el primer mecanismo de protección de la participación del socio en el capital social y, por ende, de su influencia en la sociedad, es la previsión de una prima de emisión en el aumento de capital social que dé entrada a los socios inversores.

Constituida la sociedad con un capital social modesto, perfectamente asumible por el socio o grupo de fundadores, necesitan de inversores que financien su proyecto empresarial. Ante la expectativa que tienen de crecimiento por el presumible éxito de su idea, realizan una estimación elevada del valor de la compañía —valoración *pre-money*— y ofrecen, a través de una ampliación de capital, un número determinado de acciones o participaciones que supone un porcentaje minoritario del capital social, pero cuya adquisición tiene lugar por un precio muy superior al de las acciones o participaciones originarias en tanto en cuanto la gran parte del desembolso sirve para la satisfacción de la prima[637]. Así, de manera algo paradójica, aunque el socio o grupo fundador es, por lo general, el mayoritario y quien ostenta el control de la sociedad, es el socio inversor el que realiza la aportación económica más significativa, pero su reflejo en el capital social no va más allá del valor nominal de las acciones o participaciones que, respectivamente, suscriban o asuman y que porcentualmente conceden la condición de socio minoritario.

La aquiescencia con tal posición por parte de los inversores es posible por dos factores: de un lado, porque consideran que el negocio es escalable, con un gran potencial de crecimiento y, por tanto, obtendrán una alta rentabilidad; de otro, porque habida cuenta de la dependencia del fundador con el desarrollo del objeto social o, lo que es lo mismo, por la vinculación de la idea con el emprendedor y la capacidad que tiene para llevarla a cabo, protegen su posición y la totalidad de su inversión —con independencia de su reflejo en el capital social— con la suscripción de un pacto de socios. Dicho contrato, aumenta sobremanera las obligaciones de los socios originarios a través de diversas cláusulas —bloqueo o *lock up*, sistema de *vesting*— y protege la posi-

637 Sobre la naturaleza jurídica de la prima y sus notas caracterizadoras, ver FERNÁNDEZ DEL POZO, L., *Las reservas atípicas. Las reservas de capital y de técnica contable en las sociedades mercantiles,* Marcial Pons, Madrid, 1999 pp. 117-120

ción del socio inversor con otras que le permite el control sobre determinadas materias —mayorías reforzadas, derecho de veto...— o le garantiza una mejor posición ante posteriores rondas de financiación —cláusulas antidilución—.

Aunque es un medio de protección generalmente pensado para el socio fundador en fases iniciales, nada impide en posteriores rondas de financiación la emisión de acciones o participaciones con prima diversa o, incluso, algunas a valor nominal[638]. Y ello no solo con una finalidad anti-dilutiva, sino en atención a las particulares características de los adquirentes. De este modo, sería lógico que un tercero que adquiera la condición de socio para la prestación de servicios en la *startup* entre en la compañía a un precio distinto que al que correspondería a un mero inversor[639].

2. Derecho de asunción y suscripción preferente

El derecho de asunción preferente en la creación de nuevas participaciones o el de suscripción preferente en la emisión de nuevas acciones es la fórmula legalmente prevista para que, por medio de su ejercicio, el socio mantenga su posición en el capital social ante los acuerdos de aumento de capital social —en el ámbito de las *startup,* coloquialmente, rondas de financiación—. Mediante la asunción o suscripción, de conformidad con lo previsto en el art. 304 LSC, el socio acrece de forma proporcional al valor nominal de sus participaciones o acciones, de modo que no varía su porcentaje en el capital social y, por ende, no ve menoscabada su posición en el ámbito político y económico[640].

638 Si bien, como recuerda ERLÁIZ COTELO, I., "Las adquisiciones..." *Op. Cit.* pág. 389 "para asegurar *ab initio* la plena protección del socio no inversor con este sistema, habría que anticipar ya en el contrato las cantidades que se recabarán en las distintas rondas de financiación y la parte de ellas que se destinará en cada caso a nominal y a prima de emisión, lo que introduce demasiada rigidez y puede que no siempre se ajuste a los ritmos y necesidades de financiación de la compañía".

639 En cuanto a la operativa del aumento de capital social con diferentes primas de emisión para diferentes inversores y la posibilidad de preverlo en un mismo aumento, véase CAZORLA GONZÁLEZ-SERRANO, L. "¿Aumento de capital social con diferentes primas de emisión para diferentes inversores?" disponible en http://luiscazorla.com/2017/03/aumento-de-capital-social-con-diferentes-primas-de-emision-para-diferentes-inversores/

640 Como recuerdan IGLESIAS PRADA, J. L. y GARCÍA DE ENTERRÍA, J., "Lección 24. La modificación de los estatutos sociales. Aumento y reducción del capital social. Separación y exclusión de socios" en Menéndez-Rojo (Dirs.) *Lecciones de Derecho Mercantil* vol. I, Cizur Menor, Aranzadi, 2014 consultado en www.proview.thomsonreuters.com "los derechos latentes o indirectos de los socios sobre el patrimonio y las reservas sociales —el valor real o razonable de su participación— podrían verse perjudicados si las nuevas acciones o participaciones son

Previsto en el artículo 93 LSC como uno de los derechos mínimos del socio es, por naturaleza, inderogable, pero ello no impide que de forma puntual pueda excluirse por la junta general cuando así lo exija el interés social y el acuerdo cumpla con los requisitos establecidos en el art. 308.2 LSC.

En cualquier caso, para una mayor agilidad y flexibilidad en la adopción y ejecución de acuerdos de aumento de capital, en tanto que la asunción o suscripción preferente es un derecho potestativo, es común que los socios obvien el rígido procedimiento de exclusión del art. 308.2 LSC y en su lugar prevean en el pacto la renuncia individual a su ejercicio ante determinadas circunstancias. En este sentido, los firmantes del pacto asumen la obligación previa por la que, advertido el hecho señalado en el pacto de socios —por ejemplo, la posible entrada de un inversor estratégico—, renuncien a su derecho para que otro socio acrezca en mayor proporción o, lo que es más habitual, un tercero entre en el capital social[641]. Es importante, en este punto, la concreta redacción del pacto y la distinción entre el no ejercicio del derecho y la renuncia toda vez que lo primero implica el necesario transcurso del plazo mínimo de un mes para ello (art. 305.2 LSC) mientras que lo segundo requiere de una declaración de voluntad. Por ello, es recomendable que el pacto por el que el socio abdique de su derecho en determinadas rondas de financiación prevea la manifestación expresa de su voluntad de renuncia de forma inequívoca, mediante escritura pública[642], lo cual también cobra relevancia ante el riesgo de denegación de la inscripción en el Registro Mercantil.

emitidas o creadas a un precio que no se corresponda con el verdadero valor económico o patrimonial de las antiguas CAMPUZANO LAGUNILLO, A. B., "Los derechos del socio (art. 93)" en ROJO-BELTRÁN (Dirs.) *Comentario de la Ley de Sociedades de Capital* vol. I, Madrid, Aranzadi, 2011 pág. 790 y ss. Como indica BLANCO SARALEGUI, J. M., "Art. 304 Derecho de preferencia" *Comentario a la Ley de Sociedades de Capital* (Dirs.) García-Cruces y Sancho Gargallo, Valencia, Tirant lo Blanch, 2021 pág 4227 dicho derecho es un mecanismo que equilibra la entrada de nuevo capital con la posición originaria de los socios.

641 Vid. FELIU REY, J., *Los pactos parasociales... Op. Cit.*, pág. 216 que define los pactos de exclusión individual del derecho de suscripción preferente como un supuesto de obligación condicional.

642 Señala la RDGRN de 5 de julio de 2001 la necesidad de que conste la renuncia por escrito en un caso en el que la ejecución del aumento de capital es anterior a la finalización del plazo establecido para la suscripción. Más recientemente, la Resolución de 5 de mayo de 2021, de la Dirección General de Seguridad Jurídica y Fe Pública, no alude expresamente a la escritura pública pero niega la validez del informe del órgano de administración que manifestaba la asistencia de todos los socios a la junta general y la falta de oposición a la privación del derecho de preferencia. Según la citada resolución "circunstancias aducidas por la recurrente carecen de la aptitud expresiva suficiente para otorgar a la inacción de los socios la trascendencia simbolizadora de una declaración abdicativa inequívoca".

Igualmente, en la medida en que es un derecho de carácter transmisible, es aconsejable que en el pacto de socios disciplinen tal aspecto con el fin de que no se vean alteradas las citadas mayorías ante la donación o venta del derecho y su posterior ejercicio por el adquirente. Aunque el art. 306 LSC establece, por defecto, un régimen restrictivo de transmisión del derecho de preferencia en paralelo al régimen de transmisión de las acciones/participaciones, es importante que los socios mantengan dicha correspondencia[643].

Más allá de la importancia del citado derecho en el ámbito administrativo del socio, desde un punto de vista económico la preferencia reviste gran utilidad para los inversores si se repara en el nivel de riesgo que tiene la inversión en las *startup*. La existencia del citado derecho posibilita el aumento de su participación en la compañía con preferencia a terceros una vez que en la *startup* se aventura cierto éxito en el desarrollo del producto o modelo de negocio —piénsese, por ejemplo, en *tickets* pequeños adquiridos a través de plataformas de financiación participativa—. Además, el hecho de que quienes asuman las nuevas participaciones o suscriban las nuevas acciones sean los propios socios facilita el desarrollo y la ejecución del aumento toda vez que ya conocen la sociedad y no existe una asimetría informativa que requiera de una *due diligence* por parte de un potencial inversor.

3. Cláusula anti-dilución

Una de las cláusulas más características de los pactos de socios redactada en interés y por exigencia del inversor son las cláusulas antidilución. La dilución o aguamiento tiene lugar cuando, tras un aumento del capital social, la entrada de nuevos socios altera la posición de quienes ya permanecían en la sociedad mediante la reducción de su porcentaje en el capital —lo que afectaría a la importancia de sus derechos políticos— y, además, puede que suponga una disminución del valor real de sus cuotas de socio si las acciones o participaciones se emiten por un precio inferior. Ante tal escenario, como ha quedado de manifiesto en el epígrafe anterior, el artículo 304 LSC reconoce el

643 En este sentido, de forma acertada, el legislador solo permite la ampliación de los posibles adquirentes del derecho de asunción preferente de participaciones si los estatutos lo reconocen expresamente. Como recuerda el profesor LARA GONZÁLEZ, R., "La transmisión del derecho de preferencia (art. 306)" en ROJO-BELTRÁN (Dirs.) *Comentario de la Ley de Sociedades de Capital* vol. I, Madrid, Aranzadi, 2011 pág. 2265 "la ley pretende que el sistema de transmisión libre de las participaciones se aplique a los derechos de preferencia, de ahí la expresión adverbial de modo «en todo caso» con la que se da inicio al precepto objeto de comentario".

derecho de suscripción preferente que permite a los socios la asunción de un número de participaciones sociales o la suscripción de un número de acciones proporcional al valor nominal de las que ya posea[644].

Sin embargo, para la tutela del socio inversor, el reconocimiento de tal derecho cuyo ejercicio implica una nueva aportación, no es suficiente en el ámbito de las *startup* por la particular valoración de la compañía y las concretas condiciones en las que acceden a ella. En este sentido, es posible que vinculen su inversión en la sociedad al hecho de que su participación permanezca inmutable durante un determinado plazo ante la entrada de nuevos socios o, lo que es más probable, que se reserven condiciones más ventajosas que el resto —acciones ordinarias— en posteriores rondas de financiación en las que la emisión de acciones o participaciones tenga lugar a un precio inferior al desembolsado inicialmente. Concretamente, puede pactarse el mantenimiento de su participación en el capital social sin necesidad de más aportaciones mediante la entrega de acciones/participaciones gratuitas o solo con base al valor nominal de las que sean objeto de la ampliación[645].

Tales aumentos de capital, conocidos como rondas dilutivas —"*down round*"— suponen un perjuicio para los primeros inversores que pagaron un precio mayor de entrada en la *startup* que los inversores sucesivos. Así, cuando la valoración *pre money*[646] de una nueva ronda de financiación sea más baja que la *post money*[647] de la anterior tendrá lugar una pérdida del valor de las acciones/participaciones antiguas. Ello también puede producirse en caso de ampliación de capital para la entrega de acciones o participaciones[648] a los trabajadores en el marco de un *ESOP* que contenga opciones de compra[649], si bien lo habitual es que la cláusula únicamente esté prevista ante la

644 De forma muy gráfica, LEÓN TOVAR, S. H., *Pactos de socios de la sociedad anónima... Op. Cit.* pág. 166 son cláusulas "en contra de la pulverización de la tenencia accionaria"

645 Como señala ERLÁIZ COTELO, I., "Las adquisiciones..." *Op. Cit.* págs. 389-390 el inversor tiene que controlar la dilución que puede suponer en su porcentaje de capital social las futuras rondas de financiación para asegurarse que va a mantener su cuota de poder político y para que su inversión le rinda el retorno esperado. Para ello es conveniente que incluya los mecanismos antidilución.

646 La valoración *pre money* atiende al valor dado a la compañía con anterioridad a la entrada de los inversores.

647 La valoración *post money* es la que refleja el valor de la sociedad tras el aumento del capital social.

648 En este caso, en las empresas emergentes que sean sociedades limitadas ex. art. 10 de la LFEEE.

649 La dilución, por el contrario, no tendrá lugar en el caso de que el plan contenga *phantom shares*, sin perjuicio de los efectos económicos que dicho sistema retributivo lleva aparejado. Sobre tal cuestión, COMPANY REYNA, E., "Una visión práctica sobre las phantom shares" *Revista Española de Capital Riesgo,* n.º4/2019 pág. 55

entrada de nuevos inversores en el marco de una ronda de financiación[650]. En cualquiera de los casos, la finalidad de tal pacto consiste en la protección del valor teórico de la inversión del socio cuando, con posterioridad, ha quedado de manifiesto, por el valor en rondas sucesivas, que pagó un precio demasiado alto[651]. Sin embargo, en función de las negociaciones entre las partes, el concreto mecanismo anti-dilutivo previsto en la cláusula será más o menos favorable a los intereses de los inversores. Desde un punto de vista jurídico, tales cláusulas confieren un derecho atribuido a los titulares de participaciones preferentes —antiguos inversores— frente a las ordinarias.

La primera de las fórmulas de ajuste y la más beneficiosa para los antiguos inversores es el mecanismo "*full ratchet*"[652]. Por su intermedio, el beneficiario recibirá las acciones o participaciones necesarias para que mantenga el porcentaje que ostentaba en la sociedad con anterioridad a la ronda de financiación, sin que sea necesario que desembolse cantidad alguna. En este caso el inversor antiguo ostentará el mismo porcentaje en el capital social que con anterioridad a la operación, pero aumentará su número de acciones o participaciones en la medida en que ha disminuido su valor. Sin embargo, en tanto que es posible que dicho beneficio disuada a posteriores inversores, aunque no es habitual, puede pactarse su limitación a un número máximo de rondas[653]. Desde el punto de vista de los socios fundadores dicho mecanismo, que implica la entrega de acciones o participaciones gratuitas a los antiguos inversores, es el que tiene un mayor efecto dilutivo[654].

La segunda fórmula anti-dilución y la más frecuente en el pacto de socios es la cláusula de precio medio ponderado o "*weighted average price*". Como su propio nombre indica, implica la adquisición a un precio más bajo que el que corresponde al nuevo inversor y que es resultado de una ponderación entre el que asumió en su momento el beneficiario de la presente cláusula y el previsto en la nueva ronda de financiación. Para su cálculo debe distin-

650 Vid. ANTÓN SANZ, S., "Cláusulas antidilución en operaciones de Venture Capital" *Análisis GA&P* Febrero, 2013 pág. 1 disponible en https://www.ga-p.com/wp-content/uploads/2018/03/clausulas-antidilucion-en-operaciones-de-venture-capital.pdf

651 DA RIN, M. y HELLMANN, T., *Fundamentals of Entrepreneurial Finance,* United States, Oxford University Press, 2020.

652 Como señala SOLANS CHAMORRO, L., "Contratos entre socios..." *Op. Cit.* pág. 49 se trata del mecanismo más agresivo.

653 BARRETT, J. W., BARRETT, R. y BUTLER, M., *Advanced Private Equity Term Sheets and Series A Documents*, New York, Law Journal Press 2003 §4.01(1) 4-8

654 MIRANDA, D.,"Los derechos antidilución en rondas de financiación dilutivas o down-rounds", 2019 disponible en https://www.osborneclarke.com/es/insights/los-derechos-de-anti-dilucion-en-rondas-de-financiacion-dilutivas-o-rounds

guirse entre dos modalidades en función de las acciones o participaciones que tomen en consideración, el método de ajuste *"narrow-based weighted average"* y *"broad-based weighted average"*. Mientras el primero comprende, únicamente, las acciones o participaciones del capital legal, la operación del segundo se calcula con referencia a todas las acciones o participaciones, incluidas las opciones sobre acciones y otros derechos de conversión si llegaran a ejecutarse —capital *fully diluted*—.

Para el cálculo del precio medio ponderado es necesaria la realización de las siguientes operaciones matemáticas: 1) la multiplicación de las acciones/participaciones anteriores a la ronda de financiación (capital legal o *fully diluted* en función de la modalidad elegida) por el precio pagado por el beneficiario de la cláusula; 2) la suma al resultado de la operación anterior del resultado de la multiplicación del número de acciones/participaciones de la nueva ronda por su precio; 3) la división del resultado de la operación anterior entre el resultado de la suma de las acciones/participaciones con anterioridad a la ronda (variante restringida o amplia en función de lo pactado) más las acciones/participaciones de la nueva ronda dilutiva[655]. En tanto que en el método *"narrow-based"* se toma en consideración un número menor de acciones/participaciones, el importe será inferior y, con ello, también el precio medio, por lo que recibirá un mayor número de acciones/participaciones.

En combinación con ambos mecanismos anti-dilutivos, también puede pactarse, en este caso en interés de los fundadores, la cláusula *"pay to play"*[656], aunque no es muy común en nuestro país[657]. A diferencia de las anteriores, como su propio nombre avanza, la presente estipulación prevé, en todo caso, un desembolso del socio inversor si quiere que se mantenga su derecho antidilución o, en un sentido más amplio, en función de las negociaciones, otros derechos económicos y políticos anudados a sus acciones/participaciones preferentes (por ejemplo, una disminución de la cuantía que le correspondería en virtud de la cláusula de liquidación preferente) e, incluso, la total conversión de sus acciones/participaciones en ordinarias. Para evitarlo, en aplicación de la citada estipulación, los inversores participarán, generalmente, a prorrata en la ronda dilutiva y en siguientes rondas de financiación.

655 Para ejemplos numéricos de dichas fórmulas puede consultarse ANTÓN SANZ, S., "Cláusulas antidilución..." *Op. Cit.* pág. 1; MIRANDA, D.,"Los derechos antidilución..." *Op. Cit.*

656 SOODEK, C., *Birth to buyout: Law for the Life Cycle of your Business* Chicago, Profit and Law, 2013 pág. 97

657 PLANA PALUZIE, A., "Cláusula pay to play en venture capital y su uso para el alineamiento de los intereses", 2021 disponible en http://www.leyesyjurisprudencia.com/2021/01/clausula-pay-to-play-en-venture-capital.html

Dicha previsión resulta gravosa para los antiguos inversores, pero en ocasiones son exigidas por posteriores inversores en subsecuentes ampliaciones de capital con la finalidad de que no tenga lugar una conducta parasitaria —"*free riding*"— ante su negativa a la aportación de más capital[658]. Precisamente por ello no es habitual incluirla en pactos con *business angels*, sino que suele negociarse en etapas posteriores con inversores institucionales[659].

En la medida en que, con base en el artículo 96.2 y 96.3 LSC, no caben privilegios que alteren la proporcionalidad entre el valor nominal y el derecho de preferencia, no es posible la previsión estatutaria de los mecanismos anti-dilución que conceden a su beneficiario la atribución de acciones o participaciones en ampliaciones de capital en condiciones económicas más ventajosas que a sus consocios[660]. Por consiguiente, la referencia al valor nominal como parámetro para el derecho de preferencia y la pérdida del valor teórico de su inversión que implicaría un *down-round* es el motivo que determina el necesario ajuste o corrección mediante la previsión de pactos contractuales que eviten la dilución política y económica de su participación en la sociedad.

De este modo, como en los aumentos de capital social con cargo a aportaciones dinerarias el artículo 304.1 LSC reconoce a cada socio el derecho de preferencia con una intensidad directamente vinculada al valor nominal de las acciones o participaciones que posea si quieren que la dilución derivada de la entrada de nuevos inversores afecte a los existentes de manera diferente o solo diluya a alguno de ellos —ad. ex. fundadores—, es necesario que determinados socios no ejerciten su derecho de suscripción preferente. Aunque cabe la supresión total o parcial del derecho de suscripción preferente cuando el interés social así lo exija y previo cumplimiento de los requisitos del art. 308 LSC, lo habitual es que, para evitar la dilución de los inversores antiguos, otros socios renuncien individualmente a ello mediante acuerdo de la junta

658 NIJS, L., *Mezzanine Financing: Tools, Applications and Total Performance*, United Kingdom, Wiley, 2014 pág. 399;

659 TAULLI, T., *How to Create the Next Facebook: Seeing Your Startup Through, from Idea to IPO* New York, Apress, 2012, pág. 89

660 No es posible la previsión estatutaria de una cláusula que rompa tal correlación. Lo que sí cabe, como señala SARAZÁ JIMENA, R., "Art. 96. Prohibiciones en materia de privilegio" *Comentario a la Ley de Sociedades de Capital* (Dirs.) García-Cruces y Sancho Gargallo, Tirant lo Blanch, Valencia, 2021 pág. 1377 es la concesión del ejercicio del derecho de preferencia con carácter prioritario a una clase de acciones o participaciones con respecto a acciones o participaciones de la misma clase. Por ejemplo, cuando el aumento se base en la creación de participaciones sociales sin voto que el ejercicio del derecho de preferencia de los socios de las demás categorías quede supeditado al ejercicio de dicho derecho por los titulares de participaciones sin voto.

general en el que conste, expresamente, tal extremo (arts. 166.2.2 RRM y 198.2.2 RRM)[661].

En el caso de que el socio beneficiario del derecho anti-dilución no tenga obligación de aportación económica alguna en posteriores rondas dilutivas y reciba las nuevas acciones/participaciones de manera gratuita, será necesario que tenga lugar un acuerdo de aumento de capital social con cargo a reservas disponibles previstas para ello, de modo que la operación requeriría de dos acuerdos de aumento de capital social, uno contable y otro efectivo. E, igualmente, como medio de protección ante el aguamiento, también es posible, con base en el art. 306 LSC, que pacten la cesión del derecho de suscripción preferente de determinados socios a favor de los beneficiarios de las cláusulas anti-dilución[662].

V. MECANISMOS DE SALIDA

Por la influencia anglosajona que domina la práctica de las *startup* es común en los pactos de socios el uso de la voz "salida" —"*exit*"— para referirse a las diversas maneras que tienen los firmantes de desvincularse de la sociedad. Es un vocablo ambivalente que resulta de utilidad tanto en el lenguaje económico como sinónimo de desinversión, como en el jurídico pues, por su amplitud, reúne los modos existentes para que los socios pierdan su condición de tales.

Sin embargo, dicho término, ausente en la normativa societaria[663], pese a que refleja de manera muy clara un efecto —la propia salida—, resulta vago e

661 Como afirma SOLANS CHAMORRO, L., "Contratos entre socios..." *Op. Cit.* pág. 49 lo habitual es la renuncia en la proporción que resulte necesaria para que el socio que tenga derecho a no diluirse retenga su participación en el capital social.
En relación con la renuncia al derecho de suscripción, en el ámbito tributario es reseñable la polémica Sentencia de la Audiencia Nacional 1/2019 de 28 de marzo sobre una renuncia a tal derecho llevada a cabo por un socio persona jurídica de una mercantil utilizada como vehículo de inversión. La Sala, de conformidad con los criterios de la AEAT, señaló que dicha renuncia a título gratuito, de naturaleza traslativa y no abdicativa, de un derecho de contenido patrimonial como es el de suscripción preferente, debe integrarse en la base imponible del impuesto de sociedades. En el caso de socios personas físicas, si la adquisición de los derechos es gratuita, tendrá la consideración de donación y que deba gravarse por el impuesto correspondiente.

662 ANTÓN SANZ, S., "Cláusulas antidilución..." *Op. Cit.* págs. 3-4 alude a que la exigencia de la transmisión del derecho de opción de compra alcanza a los fundadores y a otros socios de referencia que entraron en la sociedad a valoraciones muy inferiores.

663 El Real Decreto Legislativo 1/2010, de 2 de julio, por el que se aprueba el texto refundido de la Ley de Sociedades de Capital, no menciona ni una sola vez la palabra "salida".

impreciso en relación con las causas que la motivan. Lo cierto es que no revela información sobre si es fruto del ejercicio de un derecho o consecuencia de una sanción, si implica un cambio en la titularidad de las acciones o participaciones, si conlleva un reembolso por parte de la sociedad o si sucede de manera voluntaria o involuntaria por parte del socio "saliente".

Por ello, la redacción de las cláusulas de salida requiere, a su vez, de una clasificación entre las diversas modalidades existentes que atiendan, precisamente, a la causa. En este sentido, la distinción más habitual viene referida en atención a la voluntariedad o no de la operación y su particular contenido difiere, por lo general, en función de la condición del socio como fundador o como inversor —bien expresamente o en atención a la concreta clase de acciones o participaciones que detentan—. Ello es lógico habida cuenta de las diferentes aportaciones que cada uno de ellos realiza a la sociedad, pero, especialmente, por la dependencia de los socios originarios con el desarrollo del objeto social. De hecho, por la vinculación del emprendedor con la idea y la capacidad que tiene para llevarla a cabo, los socios inversores, como medio de protección de su inversión, exigen la inclusión en el pacto de socios de una serie de previsiones que, por un lado, dificulten o disuadan la salida de los fundadores durante un periodo determinado y, por otro, faciliten su desinversión si las métricas de la *startup* difieren notablemente de lo esperado o si se advierte una situación de bloqueo con el resto de socios. En el anverso de la moneda, aunque no es lo habitual, también es posible que los fundadores requieran una permanencia mínima de los inversores con la finalidad de que exista una cierta estabilidad en el capital social, bien en fases iniciales o con motivo de la salida a mercados financieros —ad. ex. BME Growth[664]—.

De lo anterior queda claro que la regulación contractual de la salida de los socios no puede analizarse de forma abstracta, sino que es necesario hacerlo en relación con determinadas cláusulas que velan por la permanencia de los socios y la estabilidad en el capital social. Así ocurre, por ejemplo, con la citada cláusula de bloqueo —*"lock up"*— por la que los socios asumen el compromiso de que no abandonarán la sociedad durante un periodo determinado o

664 A modo de ejemplo, como medio para evitar fluctuaciones y mantener cierta estabilidad en los precios sirva el contrato entre accionistas de HolaLuz publicado como hecho relevante el 29 de noviembre de 2019 en cuyo clausulado disponen que "los accionistas financieros se comprometen a no disponer, enajenar o constituir ningún tipo de carga o gravamen durante un plazo de 18 meses a contar desde la fecha de incorporación de las acciones de Holaluz al MAB, sus acciones en Holaluz". En un sentido similar, el acuerdo entre accionistas de AB-Biotics publicado como hecho relevante el 20 de marzo de 2019 disponible en https://www.bmegrowth.es/docs/documentos/HechosRelev/2019/03/09659_HRelev_20190320.pdf

el *vesting* de acciones/participaciones que incentiva la continuidad del socio en la sociedad en tanto que la consolidación de derechos es progresiva en función de los objetivos alcanzados.

Una salida exitosa en las empresas emergentes es el objetivo principal de sus socios y, de hecho, en un sentido económico, da nombre a la última de las etapas del ciclo de vida de la *startup*. Ello no obstante, pese a la alineación inicial entre los intereses de fundadores e inversores, si la compañía no experimenta el crecimiento deseado es posible que varíe el plazo inicialmente previsto en la estrategia de salida y ello genere tensiones entre ambos socios. Mientras que los fundadores tendrán interés en su ampliación el tiempo necesario, cabe la posibilidad de que determinados inversores, especialmente de capital riesgo formal, si la desinversión no tiene lugar en el término previsto —*"exit horizon"*—, activen mecanismos de salida por los compromisos adquiridos previamente con sus propios inversores que puede que incluya una fecha límite de la inversión, aun cuando el retorno sea inferior al esperado[665].

1. Transmisiones permitidas

De conformidad con lo anterior, es posible que determinados socios pretendan la transmisión de sus acciones/participaciones con antelación al momento inicialmente previsto de desinversión —*exit stage*—, donde tenga lugar, por ejemplo, la venta conjunta de la compañía o una oferta pública de venta en el BME Growth o en mercados extranjeros.

En tal caso, habida cuenta de la citada importancia del mantenimiento del equipo fundador y la necesaria estabilidad durante las fases iniciales, es común que los firmantes del pacto de socios restrinjan la transmisión de acciones/participaciones. Y, asimismo, precisamente por el valor que tiene la permanencia de los fundadores en el desarrollo del proyecto, también es probable que exista un régimen diferente en función de la clase de acciones/participaciones en atención a la condición como socio originario o inversor. De hecho, el clausulado del pacto de socios en relación con el régimen de transmisibilidad de acciones o participaciones sociales comienza con una declara-

665 Así ocurre, por ejemplo, en la práctica anglosajona con los *redemption rights* que obligan a la compañía a la recompra de las acciones o participaciones del inversor a cambio de un retorno inferior al inicialmente previsto. En este sentido, vid. FABOZZI, F. J., *Handbook of Finance, Financial Markets and Instruments* vol. I, New Jersey, Wiley, 2008 pág. 567 también alude a las opciones de venta del socio inversor a los socios fundadores a un precio predeterminado SOLANS CHAMORRO, L., "Contratos entre socios..." *Op. Cit.* págs. 42-43

ción de su sometimiento, en primer lugar, a lo previsto en el propio contrato y, subsidiariamente, a lo dispuesto en los estatutos y en la LSC.

La transmisión por actos inter vivos en la que existe libertad en la elección del adquirente solo está contemplada para casos excepcionales en que no se advierten los riesgos anteriormente descritos y tienen la consideración de inocuas, por lo que no es frecuente la coincidencia plena de su contenido con lo señalado en el artículo 107.1 LSC[666]. Aunque dependerá de cada caso concreto, los supuestos de transmisiones permitidas —"*permitted transfers*"—, referidos también en relación con el adquirente —cesionario autorizado— suele limitarse a la transmisión entre sociedades pertenecientes al mismo grupo del fundador o, especialmente, del inversor. Concretamente, para una mayor flexibilidad de las operaciones de las entidades de capital riesgo, permiten la transmisión tanto a filiales como a sus fondos o, incluso, a terceros vinculados[667].

Ello no obstante, no debe confundirse dicho supuesto con un caso de los de libre transmisión inter vivos previsto, por defecto, en el régimen legal. Y ello porque los socios, para el mantenimiento de la reglamentación convencional que protege sus intereses, lo normal es que reflejen en el pacto de socios la dependencia de la inscripción del adquirente en el libro de socios o de acciones nominativas a su previa adhesión a dicho pacto parasocial a través de una carta debidamente cumplimentada. Por consiguiente, el hecho de que la libertad sea predicable, únicamente, con respecto al destinatario, pero no en cuanto a las condiciones de la transmisión implica que no puedan equipararse las expresiones comunes en la *praxis* de las *startup* de "cesionario autorizado" o "transmisiones permitidas" como supuestos de libre transmisibilidad en el sentido del artículo 107.1 LSC puesto que la subordinación al pacto de socios es en sí misma una restricción a la libre transmisión.

Además, la vinculación existente entre transmitente y adquirente impide su consideración como tercero de buena fe —en no pocas ocasiones la trans-

666 Alude a la "presunción de inocuidad", entre otros, SARAZÁ JIMENA, R., "Art. 107. Régimen de la transmisión voluntaria por actos inter vivos" *Comentario a la Ley de Sociedades de Capital* (Dirs.) García-Cruces y Sancho Gargallo, Tirant lo Blanch, Valencia, 2021 pág. 1486

667 vid. FELD, B. y MENDELSON, F., *Venture deals*, New Jersey, Wiley, 2016 pág. 101. Sirva también como ejemplo la cláusula 8.2 "Transmisiones permitidas" del pacto parasocial de AB Biotics publicada como hecho relevante el 20 de marzo de 2019 que contempla la libre transmisión a entidades en las que los accionistas relevantes posean el cincuenta y uno porciento de las acciones y de derechos de voto.

misión responde a una cuestión de organización interna del inversor—[668]. Sin embargo, tampoco hay inconveniente en la inclusión en los estatutos de la *startup* de una cláusula restrictiva para las transmisiones voluntarias que consista en la adhesión al pacto de socios de modo similar a lo previsto en estatutos de empresas familiares que exigen la suscripción del protocolo familiar[669]. U otra opción posible para que los adquirentes queden vinculados por el contrato parasocial, también procedente del ámbito de la empresa familiar y que ha tenido una especial relevancia a partir de la RDGSJFP de 26 de junio de 2018, sería la incorporación en los estatutos de la prestación accesoria consistente en la suscripción del pacto de socios[670].

En cuanto a los fundadores, pese a que no es tan frecuente, es posible que prevean la libre transmisión voluntaria en favor de sociedades vinculadas, de su cónyuge, ascendiente o descendiente de conformidad con lo previsto, por defecto, en el régimen legal. En dicho escenario, por la importancia del fundador en el desarrollo del objeto social, es fundamental que el pacto de socios esté redactado de tal forma que la pérdida de la condición de socio no favorezca la terminación de las funciones que lleva a cabo en la *startup*. En este sentido, es necesario que mantenga contractualmente el compromiso de permanencia o, en su caso, también de exclusividad y no competencia y prevea cláusulas penales en caso de incumplimiento de su contrato de prestación de servicios. Y ello porque si la sanción únicamente está redactada desde la esfera societaria, en la medida en que el transmitente ha perdido la condición de socio, la consecuencia propia del *bad leaver* que implica la venta forzosa de las participaciones a valor nominal no alcanzaría al incumplidor.

En cualquiera de los casos de transmisión voluntaria a un cesionario autorizado, como dicha posibilidad está basada en el efecto inocuo de la operación, de advertirse riesgos sobrevenidos, es importante que el pacto de socios prevea medidas protectoras. Si, por ejemplo, el transmitente pierde el control sobre el adquirente o tiene lugar un divorcio o separación de su cónyuge, es recomendable la previsión de una obligación de venta a favor del transmitente[671].

---

668 Apunta la relevancia de las restricciones extraestatutarias en pactos universales cuando no existen terceros de buena fe, IRIBARREN BLANCO, M., “Pactos parasociales y cambios de socios. (Una visión dinámica de los pactos parasociales)” *RdS* n.º 53, 2018 pág. 91

669 Sobre la utilidad de tal restricción en la empresa familiar, VALMAÑA CABANES, A., *El régimen jurídico del protocolo... Op. Cit.* Pág. 233.

670 SOLANS CHAMORRO, L., “Contratos entre socios...” *Op. Cit.* pág. 50.

671 HARROCH, R.D., GLOVER, S. I., LOW, L. B., *Counseling Start-up and Emerging Companies*, Law Journal Seminars, 2001 pág. 162 hacen referencia, precisamente, a la “divorced spouse

2. Restricciones a la libre transmisión

En el ámbito de las *startup* son habituales las restricciones a la libre transmisión de acciones o participaciones, si bien su concreta configuración dependerá de las particulares circunstancias de la compañía y la fuerza negociadora de las partes. Precisamente, la distinción entre socios fundadores e inversores, presente en varias previsiones del pacto de socios, también es apreciable en cuanto a la redacción de las limitaciones a la transmisibilidad en tanto que las consecuencias derivadas de la salida de unos u otros son diferentes.

Como muestra de la importancia de las restricciones, en el epígrafe anterior ha quedado de manifiesto que la libertad del socio en relación con las transmisiones voluntarias queda reducida, prácticamente, a determinados adquirentes sobre los que existe una situación de dominio o una vinculación muy estrecha —sociedades del grupo o, en ocasiones, el cónyuge o determinados familiares del fundador—. E, incluso, en tales supuestos se advierte las limitaciones a la transmisibilidad en la obligación de que el adquirente suscriba el pacto de socios.

El fundamento de tales restricciones en las *startup* es, si cabe, más intenso que en otro tipo de sociedades pues atiende a diversos intereses. En primer lugar, el clásico de la propia sociedad cerrada en el mantenimiento de parte del círculo social[672], especialmente por lo que a los fundadores, como aportantes del capital intelectual, hace referencia. La importancia del carácter *intuitu personae* está presente en no pocas cláusulas del pacto de socios que en algunos casos obliga y en otras desincentiva la salida prematura de los socios originarios —prohibición temporal de transmisión, cláusula de permanencia, *vesting* de acciones/participaciones, supuestos de *bad leaver*, entre otros—. En este sentido, por la doble condición, en muchos casos, de socio y trabajador en la *startup,* las restricciones a la libre transmisión preservan el núcleo social que los firmantes del pacto consideran necesario para el desarrollo del objeto social.

En segundo lugar, el interés de los socios y especialmente el de los inversores en la conservación de su posición en el capital social. Junto a los mecanis-

---

option" en el ámbito de las compañías emergentes. En relación con las transmisiones intragrupo y la condición a la adhesión al pacto de socios, CAZORLA GONZÁLEZ-SERRANO, L. y NEIRA FERNÁNDEZ, P., Pactos parasociales: una aproximación..." *Op. Cit.* pág. 42

672 Como señala el maestro GARRIGUES, J., *Curso de Derecho mercantil.* Tomo I, Madrid, 1955 pág. 468 la transmisión de la cualidad de socio en las sociedades limitadas trata de impedir el acceso a personas extrañas "que pueden provocar la discordia o, al menos, la falta de compenetración entre ellos".

mos de protección mencionados en otra parte de esta obra ante rondas dilutivas, el derecho de adquisición preferente como cláusula restrictiva resulta fundamental en relación con el voto. Si la previsión de las materias sujetas a mayoría reforzada y los concretos umbrales para cualquier decisión sobre ellas está configurada en atención a un concreto porcentaje que implique la aprobación de los inversores, la entrada de terceros o —menos frecuente— el crecimiento de los mayoritarios afectará a su capacidad de control sobre ciertas materias en la junta general[673].

Por último, en el caso de que los firmantes del pacto no coincidan con todos los socios de la sociedad, las restricciones a la transmisibilidad también son de utilidad para los miembros de la sociedad interna —quienes suscribieron el pacto de socios—, de forma similar a lo que ocurre en las empresas familiares con el protocolo familiar. Ante la entrada de nuevos socios en las últimas fases del ciclo de vida de la *startup*, las limitaciones a la transmisibilidad en el ámbito estricto del derecho de obligaciones protege también el interés de los fundadores e inversores que suscribieron el pacto parasocial. Así, por ejemplo, ocurre con prohibiciones de disposición o derechos de opción entre los firmantes[674] para que, pese a la llegada de terceros inversores en posteriores rondas de financiación, el grupo mantenga la cohesión para la consecución de los objetivos propuestos en el pacto.

2.1. Prohibición temporal de transmisión

El interés anteriormente mencionado en el mantenimiento de la base subjetiva, especialmente, en relación con los socios fundadores, encuentra su máxima expresión en las cláusulas de intransmisibilidad de acciones o participaciones durante un tiempo determinado. Además de las medidas retributivas que estimulan la permanencia de los trabajadores y de los socios —ad. ex. *vesting*—, es posible que las partes pacten otras coercitivas que impidan la transmisión temporal de las cuotas de socio. El sentido es lógico: si la finali-

673 Para evitarlo, es recomendable que la redacción del pacto y en la medida de lo posible de los estatutos, prevea para determinadas materias la aprobación no solo en relación con el capital social sino, especialmente, de las participaciones de la clase determinada que correspondan al inversor o la sumisión de las materias a la aprobación del consejero designado por el inversor cuando el asunto por su naturaleza o cuantía pueda tratarse en el consejo de administración.

674 RECALDE CASTELLS, A. y ARIAS VARONA, J., Art. 123. Restricciones a la transmisibilidad" *Comentario a la Ley de Sociedades de Capital* (Dirs.) García-Cruces y Sancho Gargallo, Tirant lo Blanch, Valencia, 2021 pág. 1721

dad de la *startup* es el desarrollo de un producto o servicio innovador dentro de un modelo de negocio escalable es fundamental la retención de quienes están en condiciones de llevarlo a cabo.

Dicha prohibición en el pacto de socios puede, dentro de ciertas condiciones, trasladarse a los estatutos sociales[675]. Especialmente previsto para las sociedades de responsabilidad limitada, el artículo 108.4 LSC permite la intransmisibilidad temporal de las participaciones por un periodo de tiempo no superior a cinco años desde la constitución de la sociedad o, en relación con las participaciones procedentes de una ampliación de capital, idéntico plazo desde el otorgamiento de la escritura pública de su ejecución. La estabilidad en la dirección y en el círculo de los socios que apunta la doctrina como *ratio* de la presente norma[676], es imprescindible desde un punto de vista estratégico en el ámbito de las *startup*. Por ello, la prohibición temporal, presente en la mayoría de los pactos de socios, suele reflejarse en los estatutos en virtud de la cláusula que conmina a la inclusión estatutaria de su contenido en la medida que sea posible, como sucede en este caso[677]. Por el contrario, si la restricción temporal a la transmisibilidad excede del lapso anteriormente señalado, solo será posible su previsión estatutaria si media el consentimiento de todos los socios y reconocen el derecho a separarse de la sociedad en cualquier momento al socio que así lo desee (art. 108.3 LSC). Ello no obstante, esta última previsión no es común en relación con las *startups* en la medida en que fundadores e inversores arbitran otras fórmulas convencionales de salida de la sociedad que difieren notablemente del derecho legal de separación, principalmente por lo que al precio de las participaciones hace referencia[678].

En el supuesto de que la *startup* sea una sociedad anónima también es posible la traslación de la prohibición temporal de transmisión de acciones a los estatutos pero con unas condiciones más restrictivas. Concretamente, con base en lo previsto en el artículo 123.4 RRM, podrán inscribirse en el Registro Mercantil las cláusulas estatutarias que prohíban la transmisión voluntaria de

675 Recomienda trasponerlo en la misma fecha de suscripción del pacto SOLANS CHAMORRO, L., "Contratos entre socios..." *Op. Cit.* pág. 51

676 Como afirma PERDICES HUETOS, A., "Cláusulas estatutarias prohibidas (art. 108)" en ROJO-BELTRÁN (Dirs.) *Comentario de la Ley de Sociedades de Capital* vol. I, Madrid, 2011 pág. 899 se trata de un periodo de consolidación de la cohesión social.

677 Apunta esta posibilidad DE ULLOA LAPETRA, G., "El pacto de socios..." *Op. Cit.* pág. 281. También, como ejemplo, la cláusula 1.3 del modelo de contrato entre socios fundadores para la aceleradora "Lazarus" pág. 11 disponible en http://www.vicentemunoz.com/wp-content/uploads/Pacto-de-socios-fundadores-modelo-Lazarus.docx

678 Véase el epígrafe dedicado a las cláusulas de salida.

las acciones durante un período de tiempo no superior a dos años desde la fecha de constitución de la sociedad[679].

Aunque la regulación de la intransmisibilidad temporal es discutible y cabe plantearse la idoneidad de los plazos señalados como límites a la libertad estatutaria[680], nada impide que los socios prevean una duración mayor de la presente prohibición en el pacto parasocial. El periodo de dos años en las sociedades anónimas, únicamente en relación con la fecha de constitución, es un término insuficiente para la protección de los intereses de los socios inversores y así se deduce de los pactos de accionistas. En este sentido, no es infrecuente que prohíban la transmisión de las acciones de los fundadores durante un plazo de cinco años como lapso temporal en el que sí es posible que la compañía haya desarrollado sus productos o servicios y cumpla los objetivos de crecimiento.

La no incorporación a los estatutos de prohibiciones temporales que sobrepasen los plazos perentorios de la normativa societaria y registral no priva de validez a tales cláusulas. La fijación de una duración determinada en los términos señalados no puede entenderse, en ningún caso, como contraria a la prohibición de las vinculaciones perpetuas o excesivas, inexistente, además, en la propia naturaleza efímera de las *startup* donde los socios tienen un horizonte de salida. Y tampoco procede una solución distinta cuando al presente pacto de relación, consistente en la prohibición temporal de transmisión, le acompañe, como generalmente ocurre, un pacto de atribución como el de prestación de servicios a favor de la sociedad siempre que la relación laboral tuviera, igualmente, un plazo determinado[681].

679 En este sentido, resulta más acertada la regulación italiana que en el art2 355 bis del *Codice Civile* establece un plazo de cinco años para las sociedades anónimas.

680 Apunta la rigidez de nuestra normativa ALFARO ÁGUILA-REAL, J., "La duración de los pactos parasociales de relación" *Almacén del Derecho*, 2018 disponible en https://almacendederecho.org/la-duracion-los-pactos-parasociales-relacion

681 A modo de ejemplo, el pacto de accionistas de AB-Biotics en el que constaba el compromiso de los accionistas fundadores a no transmitir sus acciones durante los cinco años siguientes a la firma del contrato —salvo consentimiento expreso de los demás— y a no extinguir ni suspender ni de modo alguno interrumpir su relación laboral con la Compañía durante, al menos, 5 años a contar desde la fecha del Contrato. Publicado como "hecho relevante" disponible aquí https://www.ab-biotics.com/ftp/HR/ABB_HR061.pdf Cuestión distinta sería el supuesto (impensable en la práctica de las *startup*) en el que el pacto estableciera la intransmisibilidad plena de las acciones/participaciones del socio fundador que trabaja en la sociedad y que la vigencia del acuerdo de socios no estuviera sujeta a término. En tal circunstancia, *a priori*, le asistiría un derecho de denuncia *ad nutum* que solo podría excluirse de arbitrarse otros mecanismos de salida como el derecho de separación. Sobre tal cuestión, véase MIQUEL GONZÁLEZ DE AUDICANA, J.M., *La duración de los pactos parasociales,*

2.2. Cláusula de autorización o consentimiento

a) Autorización como dispensa de las restricciones a la transmisibilidad

Otra de las cláusulas presentes en el pacto de socios es la que vincula cualquier operación de transmisión de acciones o participaciones a la previa autorización o consentimiento del transmitente. Sin embargo, en el ámbito de las *startup,* su redacción presenta ciertas diferencias con respecto al régimen legal supletorio previsto en el artículo 107.2 LSC para las sociedades de responsabilidad limitada o con la facultad de restricción estatutaria a la libre transmisibilidad de las acciones contemplada en el artículo 123.3 LSC para las sociedades anónimas.

En primer lugar, la cláusula de autorización o consentimiento no está prevista, por lo general, de forma autónoma, sino que acompaña a otras restricciones a la transmisión de acciones o participaciones. De hecho, paradójicamente a lo habitual en este tipo de cláusulas, la autorización no opera tanto como restricción a la transmisión sino como excepción al cumplimiento de otras limitaciones o prohibiciones. Así, por ejemplo, en la redacción de la cláusula de intransmisibilidad temporal suele establecerse la posible exoneración del fundador si el beneficiario consiente la transmisión, en cuyo caso también es común la previsión a su favor de un derecho de preferencia.

En segundo lugar, el presente pacto también difiere en relación con la condición de beneficiario. Mientras la Ley de Sociedades de capital alude a la junta general en las sociedades de responsabilidad limitada y, a los administradores en el caso de la anónima (salvo disposición contraria de los estatutos) como órganos encargados del *placet,* en el pacto de socios la autorización corresponde a los socios inversores con independencia de su participación en el capital social. Si a ellos les interesa la permanencia del fundador como condición necesaria para la inversión en la compañía, es lógico que su salida extemporánea con respecto a los plazos inicialmente previstos requiera de su autorización previa.

Tirant lo Blanch, Valencia, 2022; O en relación con las *joint* ventures, PAZ-ARES, C., "La denuncia ad nutum de los contratos de duración indeterminada: entre el derecho dispositivo y el derecho imperativo" *Liber Amicorum Juan Luis Iglesias,* Cizur Menor, Aranzadi, 2014 págs. 839-867; ALFARO ÁGUILA-REAL, J., "La terminación por denuncia ordinaria de los contratos de 'joint venture' de duración indeterminada", en AA. VV., *Realidades y tendencias del derecho en el siglo XXI*, vol. I, Bogotá, 2009 págs. 687-712

b) Autorización como restricción a la transmisibilidad

En cualquier caso, aunque pueda preverse el consentimiento del inversor como dispensa de la intransmisibilidad temporal, nada impide que el pacto de socios contenga una cláusula de autorización que opere en su concepción originaria como pacto de *non cedendo*, de forma autónoma, como restricción a la libre transmisibilidad. En este sentido, debe entenderse válida la cláusula que supedite cualquier transmisión del fundador a la aquiescencia del inversor, sin necesidad de que expresen las causas de denegación. Si se repara en el horizonte temporal de las *startup* que, en un sentido fáctico, comprende una fase de salida, es posible que el inversor, *ad nutum*, decida si consiente o no la venta de acciones o participaciones del fundador con anterioridad al momento de su desinversión[682].

La cláusula de autorización o consentimiento pueden incorporarse a los estatutos sociales sin que la falta de mención de los motivos que nieguen la salida sea un obstáculo para ello, pese a lo que pueda inferirse de la lectura del 123.3 LSC. Como apunta la doctrina, basta una previsión genérica que refleje la discrecionalidad de la sociedad en la autorización o no de la transmisión proyectada[683]. Ello no obstante, sería difícil su inscripción si junto a la previsión de la denegación discrecional no constan mecanismos que permitan que el socio transmita sus acciones o participaciones, como la posibilidad de que ejercite el derecho de separación o que la sociedad ofrezca un adquirente

682 Sirva como ejemplo la cláusula prevista en el acuerdo de accionistas de Clever Global SA publicado el 14 de enero de 2020 como hecho relevante por su cotización en el MAB que prevé que el presidente del consejo de administración no podrá transmitir acciones sin el consentimiento previo del inversor hasta que este último venda las suyas. Disponible en https://www.clever-global.com/wp-content/uploads/2020/10/comunicacin-pactos-parasociales.pdf

683 A modo de ejemplo, sirva la cláusula contenida en el Acuerdo de Accionistas de Clever Global SA, publicado como Hecho Relevante el 14 de enero de 2020 que, en protección del socio inversor, señala lo siguiente: "Por su parte, D. Fernando Gutiérrez Huerta no podrá transmitir acciones de Fuentierrez sin el consentimiento previo de DCC 2015 hasta que se produzca la desinversión del mismo" disponible en https://www.bmegrowth.es/docs/documentos/HechosRelev/2020/01/05152_HRelev_20200114.pdf

En la doctirna, PERDICES HUETOS, A.,*Cláusulas restrictivas de la transmisión de acciones y participaciones,* Cizur Menor, 1997 pág. 68 quien sostiene que "resulta imprescindible suavizar al máximo estas exigencias apriorísticas si se desea mantener la utilidad y la existencia misma de este tipo de restricciones". Dicha tesis recuerda a la prevista en la legislación italiana que en el art. 2469 de *Codice Civile* establece la *"clausola di mero gradimento"* que deja a la discrecionalidad de los sujetos designados la aprobación o denegación de la enajenación de las participaciones. Sobre el uso de dicha cláusula en las *startup* en Italia, véase, CARUSO, M., *L´impresa innovativa. Startup e Venture Capital tra diritto e finanza*, New York, CreateSpace Independent Publishing Platform, 2019 pág. 414

alternativo[684] lo que debe armonizarse con el derecho de adquisición preferente.

Igualmente, la previsión estatutaria en las empresas emergentes requiere de la alineación del beneficiario del pacto de socios con quienes, legalmente, otorgan el consentimiento. En este sentido, en la sociedad de responsabilidad limitada no existe inconveniente para que prevean en la cláusula que el autorizante sea algún socio o, incluso, un tercero[685]. Por el contrario, en las sociedades anónimas, de forma poco comprensible, el art. 123.2 RRM impide que un tercero consienta o autorice la transmisión. Salvo que los estatutos sociales dispongan otra cosa, será competencia del órgano de administración su autorización o denegación[686].

Por lo que a la adopción del acuerdo de transmisión en los órganos sociales hace referencia, en el caso de que el *placet* dependa de la junta general de socios el artículo 190.1 a) LSC establece que el socio no podrá ejercitar el derecho de voto correspondiente a sus acciones o participaciones cuando se trate de adoptar un acuerdo que tenga por objeto autorizarle a transmitir acciones o participaciones sujetas a una restricción legal o estatutaria. En las sociedades anónimas dicha prohibición solo solo será de aplicación cuando esté expresamente prevista en las correspondientes cláusulas estatutarias reguladoras de la restricción a la libre transmisión. Si la autorización recae en el órgano de administración, si el socio ostentara, además, el cargo de administrador, deberá abstenerse tanto en la deliberación como en la votación del acuerdo sobre la transmisión de acciones o participaciones en la que él o una persona vinculada tenga conflicto de intereses ex. art. 228 LSC. Sin embargo, en ambos supuestos cabe la posibilidad de que los socios amplíen la mayoría legal de modo que pueda condicionarse a un porcentaje tal que requiera de la aquiescencia de determinados socios o miembros del consejo con el límite de la unanimidad, en paralelo a las materias que consideren como sujetas a mayoría reforzadas.

684 En este sentido, como recuerda la RDGRN de 20 de mayo de 2016 una cláusula en tales términos es válida porque "precisamente por su carácter de régimen supletorio, deja margen a la autonomía de la voluntad de los propios socios para disciplinar otras alternativas en la limitación de la transmisión de las participaciones siempre que aseguren al socio la razonable posibilidad de transmitir sus participaciones".

685 PERDICES HUETOS, A.,*Cláusulas... Op. Cit.* pág. 58

686 Como recuerdan RECALDE CASTELLS, A. y ARIAS VARONA, J. Art. 123. Restricciones..." *Op. Cit.* pág. 1732 la concesión de la autorización es un acto de organización de la sociedad por lo que es competencia del órgano de administración.

El sistema del consentimiento o autorización también está previsto en relación con las acciones o participaciones que lleven aparejadas prestaciones accesorias. Y en el ámbito de las *startup* cobra cada vez más relevancia el recurso a este mecanismo como vía que refuerce la eficacia del pacto de socios[687]. De hecho, en la reciente Ley de fomento del ecosistema de las empresas emergentes, por vez primera, el legislador alude a la inscripción en el Registro de las cláusulas estatutarias que incluyan una prestación accesoria consistente en la suscripción de las disposiciones de los pactos de socios en las sociedades de responsabilidad limitada que califiquen como empresas emergentes[688].

La opción por el establecimiento de prestaciones accesorias en tal sentido, amén de cuestiones relativas a la publicidad y oponibilidad del pacto de socios, implica que el régimen de transmisión de participaciones o acciones no sea el previsto en los arts. 107.2 LSC y 123.1LSC, respectivamente, sino el del artículo 88 LSC que alude al necesario consentimiento de la transmisión proyectada. El citado precepto contempla el procedimiento de autorización tanto el supuesto en el que la prestación accesoria está vinculada al sujeto, —esto es, al socio transmitente— como a las concretas participaciones o acciones que contengan la referida obligación. La diferencia, no obstante, se advierte nuevamente en atención al tipo social puesto que, salvo disposición contraria de los estatutos, en las sociedades de responsabilidad limitada la autorización será competencia de la junta general, mientras que en las sociedades anónimas corresponde a los administradores.

Cabe plantearse si el carácter dispositivo del precepto permite que los socios concedan la competencia a un tercero en lugar de cualquiera de los órganos sociales. En relación con las sociedades anónimas la respuesta es claramente negativa en virtud de lo previsto en el art. 123.2 RRM que lo prohíbe expresamente. En cuanto a las sociedades de responsabilidad limitada, a falta de una previsión en contrario y por la libertad estatutaria que otorga el art. 88 LSC no parece que deba seguirse un criterio diferente al que rige para las par-

687 Véase la resolución de la Dirección General de los Registros y del Notariado de 26 de junio de 2018.

688 Dispone el art. 11.2 lo siguiente: "Los pactos de socios en las empresas emergentes en forma de sociedad limitada serán inscribibles y gozarán de publicidad registral si no contienen cláusulas contrarias a la Ley. Igualmente, serán inscribibles las cláusulas estatutarias que incluyan una prestación accesoria de suscribir las disposiciones de los pactos de socios en las empresas emergentes, siempre que el contenido del pacto esté identificado de forma que lo puedan conocer no solo los socios que lo hayan suscrito sino también los futuros socios".

ticipaciones sociales que no llevan aparejadas prestaciones accesorias[689]. De este modo, en el ámbito de las *startup* no se advierte obstáculo alguno para la validez de una cláusula estatutaria que supedite la transmisión de participaciones con prestaciones accesorias a la autorización del socio inversor[690].

Igual que en el régimen general de restricciones a la libre transmisibilidad, no es necesario que los estatutos contengan un listado exhaustivo con las causas que motiven el rechazo a la transmisión proyectada. En este sentido, la libertad decisoria únicamente encuentra como límite que la negativa a la transmisión no sea abusiva[691]. En caso de prestaciones accesorias personalísimas —por ejemplo, en relación con el socio fundador—, sería recomendable la armonización del presente régimen con la regulación de la intransmisibilidad temporal de acciones/participaciones y el compromiso de permanencia. Y ello porque, a pesar del carácter temporal de la *startup*, ante reiteradas respuestas negativas de la sociedad a la transmisión podría plantearse el reconocimiento de un derecho de separación con base en la prohibición de vinculaciones perpetuas[692].

Una vez que el socio solicita la autorización, con independencia del órgano autorizante, la sociedad tiene un plazo máximo de dos meses para su contestación. La falta de respuesta en dicho lapso produce los mismos efectos que una respuesta afirmativa. Ello debe tenerse en cuenta en el caso de que sea la junta general quien otorga el consentimiento. La brevedad de los plazos y los requisitos necesarios para su convocatoria son motivos que aconsejan que, salvo sociedades pequeñas y con pocos socios, opten por fórmulas más ágiles para la autorización o denegación de la transmisión proyectada.

689 PEÑAS MOYANO, M. J., "Transmisión de participaciones o acciones con prestaciones accesorias (art. 88)" en ROJO-BELTRÁN (Dirs.) *Comentario de la Ley de Sociedades de Capital* vol. I, Madrid, Aranzadi, 2011 pág. 753 considera, por el contrario, que la precisión del art. 123.2 RRM debe alcanzar también a la sociedad de responsabilidad limitada.

690 A favor de esta posibilidad ALFARO ÁGUILA-REAL, J. "Lecciones: las prestaciones accesorias" en *Almacén del Derecho,* 2015 disponible en https://almacendederecho.org/lecciones-las-prestaciones-accesoria

691 En este sentido, EMPARANZA SOBEJANO, A., "Art. 88 Transmisión de participaciones o de acciones con prestaciones accesorias" *Comentario a la Ley de Sociedades de Capital* (Dirs.) García-Cruces y Sancho Gargallo, Valencia, Tirant lo Blanch, 2021 pág. 1240. También, RECALDE CASTELLS, A., "Transmisión de participaciones con prestación accesoria (art. 24), en *Comentarios a la Ley de sociedades de responsabilidad limitada* (coords). Arroyo Martínez, Embid Irujo y Górriz López Madrid, Tecnos, 2009, pág. 363.

692 PERDICES HUETOS, A.,*Cláusulas... Op. Cit.* pág. 99; ALFARO ÁGUILA-REAL, J., "Lecciones: las prestaciones..." *Op. Cit.*

2.3. *Derecho de adquisición preferente*

Una de las cláusulas restrictivas de la transmisión de acciones o participaciones más frecuentes en las *startup* es la que prevé el derecho de adquisición preferente. Por su intermedio, su beneficiario tendrá un derecho preferente sobre las acciones o participaciones de su consocio en los términos y condiciones de la oferta establecida con un tercero —*denuntiatio*—.

La finalidad de la presente restricción es doble: de un lado, satisface el interés del socio beneficiario en la adquisición de las acciones o participaciones por lo que aumenta su cuota en la sociedad; de otro, en un sentido negativo, evita la entrada de extraños o de terceros ajenos al vínculo social[693].

En el ámbito de las *startup*, no obstante, la concesión del derecho viene generalmente delimitada en atención a las distintas clases de acciones o participaciones. Por la normal división entre socios fundadores e inversores y por el reflejo de los bloques en el cálculo de las mayorías, es común que el presente derecho quede circunscrito a las acciones o participaciones pertenecientes a la misma clase. Igualmente, ante la posible existencia de varias clases, puede establecerse un régimen de subordinación entre las restantes de modo que prevean un orden de adquisición subsidiario en el caso de que el beneficiario del derecho —el titular de las acciones o participaciones de la misma clase— no haga uso de tal facultad[694].

Por lo que a la posible incorporación de la presente cláusula a los estatutos hace referencia, no solo nada lo impide, sino que es altamente recomendable por su eficacia frente a terceros. Los artículos 123.3 RRM y 188.2 RRM reconocen expresamente tal posibilidad siempre que señalen de forma precisa las transmisiones en las que exista preferencia, las condiciones de ejercicio de aquel derecho y el plazo máximo para realizarlo. Y habida cuenta de la compleja interpretación y aplicación de esta cláusula en la práctica, es im-

693 PERDICES HUETOS, A.,*Cláusulas... Op. Cit.* págs. 157-158

694 Como señala ERLÁIZ COTELO, I., "Las adquisiciones..." *Op. Cit.* pág. 395 si existen varios inversores, cada uno de ellos tiene preferencia sobre los fundadores, gestores o incluso sobre otros inversores, si se crea un orden de subordinación entre ellos (normalmente por razón de la fase en que cada uno de ellos ha llevado a cabo su inversión en las operaciones de capital desarrollo), para adquirir acciones que pretenda transmitir otro inversor titular de acciones o participaciones de su misma clase". También desde la firma Cuatrecasas aluden a la habitual configuración del derecho de adquisición preferente entre clases de participaciones sociales "Diez claves en la negociación de las operaciones de venture capital", 2022 pág. 18 disponible en https://www.cuatrecasas.com/resources/diez-claves-en-la-negociacion-de-las-operaciones-de-venture-capital-63a03391b41bd697714667.pdf?v1.37.1.1.20230110

portante que los socios reflejen con precisión extremos controvertidos como que la comunicación del socio transmitente tenga la consideración de oferta irrevocable[695] o, especialmente, la determinación del precio. En este sentido, ante el riesgo de que la oferta contenga un precio artificioso con respecto al valor de mercado y que encierre una venta ficticia para que tenga lugar la entrada de un tercero, es importante que, como mecanismo de protección *ex ante*, los estatutos reflejen de forma clara y precisa el sistema de fijación del precio en las transmisiones voluntarias. Así, en caso de que el titular del derecho de adquisición preferente acepte la oferta de transmisión, pero esté en desacuerdo con el precio señalado los estatutos remitirán al valor razonable de las acciones o participaciones[696]. Aunque tradicionalmente la referencia a la determinación del precio dependía de un tercero objetivo e imparcial —generalmente, un auditor[697]—, la doctrina registral[698] ha admitido, acertadamente, que sean los propios socios quienes, en virtud de la autonomía de su voluntad, fijen un criterio de valoración que no dependa necesariamente del arbitrio de un tercero. Por consiguiente, siempre que la determinación del precio no presente un carácter objetivamente expropiatorio, puede prescindirse de la intervención de un tercero en la fijación del precio e incluso que

695 Si bien, como recuerda VICENT CHULIÁ, F., *Introducción...Op. Cit.* pág. 955 la doctrina mayoritaria tanto científica como jurisprudencial ya interpreta que la *denuntiatio* tiene carácter de oferta contractual.

696 La indeterminación de la cantidad por discrepancia en el precio no es óbice para la existencia del contrato en tanto que las acciones o participaciones están determinadas y que el precio estará determinado con referencia a la cláusula estatutaria.

697 En caso de que la sociedad no venga obligada a la auditoría de cuentas anuales, el auditor era, normalmente, el designado por el Registrador Mercantil del domicilio social, ALONSO UREBA, A. y RONCERO SÁNCHEZ, A., "Aplicación a la transmisión de derechos de suscripción preferente del régimen de restricción a la libre transmisibilidad de las acciones" *RdS* n.º45, 2015 pág. 440

Sobre la importancia de tales notas en el tercero designado, véase la controvertida RDGRN de 28 de enero de 2012 que con una interpretación excesivamente rígida y restrictiva denegó la inscripción de una cláusula que señalaba como tercero "un asesor externo elegido por la junta general con el voto favorable del ochenta por ciento". Sirva como crítica acertada a dicha resolución, MIQUEL RODRÍGUEZ, J., "RDGRyN 28-1-2012: el siempre interesante tema de la valoración de las participaciones" *Mercantilistas sin ánimo de lucro*, 2012 disponible en https://merchantadventurer.wordpress.com/2012/02/20/rdgryn-28-1-2012-el-siempre-interesante-tema-de-la-valoracion-de-las-participaciones/

698 El cambio de criterio nace con la RDGRN de 15 de noviembre de 2016. En la doctrina, vid. CAMPINS VARGAS, A., "La DGRN abre la puerta a la libre fijación estatutaria del precio de las participaciones" en *Almacén del Derecho*, 2016 disponible en https://almacendederecho.org/la-dgrn-abre-la-puerta-la-libre-fijacion-estatutaria-del-precio-las-participaciones

remitan al valor neto contable[699]. Como indican las RDGSJFP de 9 de mayo de 2019 y de 17 de mayo de 2021, entre las limitaciones legales del régimen de transmisión voluntaria "no existe ninguna que prohíba pactar como precio o valor de las participaciones objeto del derecho de adquisición preferente el valor contable que resulte del último balance aprobado por la junta general".

Sin embargo, la referencia al valor contable en el ámbito de las *startup* no será la más apropiada, especialmente desde la posición del transmitente, en tanto que ignora el potencial y las expectativas de crecimiento de la compañía, por lo que el precio suele vincularse al valor de mercado. En este sentido, en defecto de acuerdo por las partes, para su determinación, en la práctica, puede remitirse al precio pagado por las acciones/participaciones del último aumento de capital social, incluida la prima de emisión. Y aunque la referencia al tercero sea legalmente prescindible, en relación con las *startup* por la difícil fijación del precio, de forma subsidiaria a la anterior, es posible el recurso a un tercero independiente[700]o, incluso, fórmulas que encuentren una posición intermedia entre las valoraciones del transmitente y el socio adquirente[701].

El derecho de adquisición preferente también cabe en el caso de transmisiones forzosas, si bien su régimen difiere en función del tipo social. En las sociedades de responsabilidad limitada es posible su ejercicio con base en lo previsto en el artículo 109 LSC que reconoce tal derecho a los socios y en su defecto y siempre que conste así en los estatutos, a la sociedad. Con respecto al precio por las participaciones en las transmisiones forzosas, puede que los socios pacten un concreto sistema de determinación de

699 Como señala PERDICES HUETOS, A., "Comentario a la RDGRN de 15 de noviembre de 2016 sobre determinación estatutaria del valor de participaciones (RJ 2016, 6056)" *RdS* n.º 49, 2017 pág. 234
dos son los requisitos para que los socios fijen el precio: el consentimiento del socio afectado y que el precio pactado "no suponga en la práctica un impedimento insuperable para que el socio adopte la decisión de transmitir"

700 ERLÁIZ COTELO, I., "Las adquisiciones..." *Op. Cit.* pág. 395 valoraba la introducción de factores de corrección sobre el precio fijado por el auditor "normalmente, un retorno mínimo para la inversión para asegurar que estas cláusulas, que también cumplen una función anti-especulación, no perjudican operaciones reales y no fraudulentas de venta que constituyen una buena oportunidad de salida para el inversor"

701 Aunque quizás este sistema sea poco eficiente y más costoso, véase la fórmula prevista en el pacto de socios de Lazarus que, como segunda opción, propone como valor razonable la media aritmética de las valoraciones del experto designado por el vendedor y el designado por el comprador siempre y cuando la proporción entre ambos no excedan de un 10%. En el caso de que supere dicho umbral, prevé la designación de un tercer experto de común acuerdo entre los otros dos para que determine un nuevo valor razonable. http://www.vicentemunoz.com/wp-content/uploads/Pacto-de-socios-fundadores-modelo-Lazarus.docx

forma similar a lo previsto para las transmisiones voluntarias. Aunque no es una cuestión pacífica en la doctrina[702], la DGSJFP ha admitido en sus últimas resoluciones la previsión de cláusulas estatutarias en tal sentido junto con la consideración del inicio del procedimiento de embargo como una causa de exclusión[703]. Así, ante un posible embargo de participaciones, los socios y la sociedad tienen un el derecho de adquisición por el precio calculado conforme a la previsión estatutaria y el precio de la transmisión o la cuota de liquidación en caso de exclusión sustituye la adjudicación de las cuotas de socio. Como argumento favorable a tal posibilidad, cabe la referencia al artículo 635.2 LEC que señala que la realización tendrá en consideración el régimen legal y estatutario sobre la enajenación de acciones o participaciones con especial referencia a los derechos de adquisición preferente. Y de hecho el Centro Directivo, con base en el principio de autonomía de la voluntad de los socios y su interés en la protección del vínculo social, admite su ejercicio desde el inicio del procedimiento de embargo. Sin embargo, en la práctica, la admisibilidad de dicha cláusula depende de su compatibilidad con la tutela de los intereses del tercero acreedor. Dicho límite no se ha considerado vulnerado por la referencia al valor contable como valor razonable en caso de derecho de adquisición preferente ante transmisiones forzosas[704]. Pero la DGSJFP sí que advirtió en su Resolución de 17 de mayo de 2021 el posible perjuicio a los acreedores en el caso de que dicho sistema de valoración solo lo prevean para tal supuesto y cuenten con otro distinto para las transmisiones voluntarias. Por tanto, es recomendable en la redacción de la cláusula para que prospere su inscripción que el método de determinación del precio para el ejercicio del derecho de adquisición preferente no difiera en función del régimen de transmisión.

En relación con las sociedades anónimas también cabe el ejercicio del derecho de adquisición preferente ante transmisiones forzosas pero, a diferencia de las sociedades de responsabilidad limitada, debe preverse expresamente en los estatutos. La parca y mejorable regulación sobre dichas transmisiones

---

702 Plantea las dudas sobre la cuestión SÁNCHEZ RUIZ, M., "Estatutos sociales y pactos parasociales en sociedades familiares" *Régimen jurídico de la empresa familiar* (Coord.) Sánchez Ruiz, Cizur Menor, Aranzadi, 2010 pág. 59

703 Véase la RDGSJFP de 27 de febrero de 2020 o las de 9 de mayo de 2019 y 23 de mayo de 2019.

704 La referencia al valor contable en caso de transmisiones forzosas puede ser discutible cuando su valor sea inferior al real toda vez que por una causa ajena al tercero acreedor como es la determinación del precio por la sociedad, recibe una cantidad que en el mercado sería inferior al valor de las acciones o participaciones que hubiera obtenido de no haberse ejercitado el derecho de adquisición preferente.

del artículo 125 LSC que remite al régimen de las transmisiones forzosas previsto en el artículo 124 LSC, obliga a una adaptación de su contenido ante el supuesto de un procedimiento judicial o administrativo de ejecución[705]. En este sentido, el precio de las acciones vendrá determinado por un experto independiente distinto al auditor de la sociedad que prevalecerá sobre el precio del remate o el valor de la adjudicación.

De forma similar a lo anterior, el derecho de adquisición preferente también puede incorporarse a los estatutos como medio de protección ante la entrada de terceros con motivo del fallecimiento del socio, circunstancia que, en el ámbito de las *startup* suele considerarse como un supuesto de *"good leaver"*[706]. Con base en lo previsto en los artículos 110.2 LSC y 124 LSC para las sociedades de responsabilidad limitada y anónimas, respectivamente, es posible que los estatutos concedan dicho derecho al resto de socios o a la propia sociedad o, incluso, que esta última presente a un tercero como adquirente[707]. El precio de las acciones o participaciones será el valor razonable alcanzado de común acuerdo entre el posible adquirente y el heredero o legatario y, en su defecto, un experto independiente que difiere en función del tipo social: mientras que en la sociedad limitada, el experto será designado por el registrador mercantil, en las anónimas el nombramiento corresponderá a los administradores de la sociedad sin que sea posible la designación de su auditor para tal cometido. Y por lo que al ejercicio del plazo hace referencia, en las sociedades limitadas el derecho decae transcurridos tres meses desde la comunicación a la sociedad de la adquisición hereditaria. En la sociedad anónima, sin embargo, dicho plazo será el previsto estatutariamente.

Igualmente, el derecho de adquisición preferente también puede pactarse en el caso de ventas indirectas de acciones o participaciones. Así, ante el riesgo de que varíe la composición subjetiva de la sociedad que tenga la condición de socio de la *startup* con la entrada de terceros, es posible que el pacto

705 Una acertada crítica sobre la compleja labor interpretativa a la que obliga el art. 125 LSC por su remisión al 124 LSC y los problemas que ello plantea, en SARAZÁ JIMENA, R., "Art. 125. Transmisiones forzosas" *Comentario a la Ley de Sociedades de Capital* (Dirs.) García-Cruces y Sancho Gargallo, Tirant lo Blanch, Valencia, 2021 págs. 1768-1770

706 Que no establece ninguna penalización en el precio por las acciones o participaciones —como sería la obligación de venta a valor nominal—.

707 Así lo reconoce expresamente el artículo 124 LSC para las sociedades anónimas. Aunque en las sociedades de responsabilidad limitada el artículo 110 LSC no señale nada al respecto, debe entenderse admisible especialmente si se repara en su carácter cerrado y sus principios configuradores. Vid. PERDICES HUETOS, A., "Régimen de la transmisión mortis causa (artículo 110)" en ROJO-BELTRÁN (Dirs.) *Comentario de la Ley de Sociedades de Capital* vol. I, Madrid, Aranzadi, 2011 pág. 908

de socios extienda el derecho de adquisición preferente a los socios frente a la venta de acciones o participaciones de las sociedades socias de la *startup* cuando la transmisión implique un cambio de control[708]. Nada impide, además, su previsión estatutaria en caso de sociedades de responsabilidad limitada, cuestión que resulta discutible en las sociedades anónimas desde que Tribunal Supremo en su sentencia 889/2010 de 10 enero negara tal posibilidad con base en la cuestionable referencia a las diferencias tipológicas[709].

Por último, el derecho de adquisición preferente en el ámbito de las *startup* no es un derecho omnímodo que pueda ejercitarse en todo caso. En este sentido, por la necesaria articulación de los mecanismos de salida y la finalidad de que los socios obtengan el mayor precio con motivo de la desinversión de la sociedad, lo normal es que el pacto de socios establezca la renuncia de los firmantes a su ejercicio en caso de venta de la compañía, para que sea compatible con el derecho de arrastre[710].

3. Pactos de venta conjunta

Junto a las restricciones comunes que limitan la libre transmisión de acciones o participaciones, existen otras cláusulas contractuales que condicionan de forma específica los negocios proyectados sobre la venta de paquetes de control y protegen a los socios de la *startup* ante comportamientos oportunistas. Así, dichos pactos pretenden el establecimiento de una serie de normas que armonicen las relaciones entre los socios fundadores e inver-

708 Como señala FELIU REY, J., *Los pactos parasociales... Op. Cit.* Pág. 224 la cláusula está relacionada con el cambio de identidad de quien ejerce el control sobre la sociedad. Sirva de ejemplo la cláusula del pacto de socios de Biotics que entiende aplicable las restricciones a la libre transmisibilidad "a la venta indirecta de las acciones de la Compañía, como consecuencia de la transmisión de la mayoría del capital social de sociedades "holding" o interpuestas". Disponible en https://www.ab-biotics.com/ftp/HR/ABB_HR061.pdf

709 Aunque la sentencia no resuelve sobre un derecho de adquisición preferente, sino sobre una cláusula de rescate, parece aplicable al caso por los argumentos utilizados en relación con los principios configuradores del tipo social. Una crítica acertada a la citada sentencia en VIERA GONZÁLEZ, A. J., "Modificaciones estructurales y restricciones a la transmisión de acciones y participaciones de una sociedad de capital cerrada integrada por personas jurídicas" *La Ley Mercantil* n.º 38, 2017 consultado en https://www.smarteca.es/ quien califica las supuestas especialidades entre las SAs con acciones de circulación restringida y las SRL como disfuncionalidades del sistema español de sociedades de capital que, en ocasiones, puede conllevar un auténtico déficit de justicia material. Otra acertada crítica a la citada sentencia en REDONDO TRIGO, F., "Las restricciones a la libre transmisibilidad de acciones en las adquisiciones indirectas", en *Revista Crítica de Derecho Inmobiliario,* n.º 726, julio 2011 págs. 2371-2397

710 DE ULLOA LAPETRA, G., "El pacto de socios..." *Op. Cit.* pág. 308

sores a través de la protección de sus respectivos intereses. En consecuencia, persiguen, de un lado, una distribución equitativa entre todos los socios del beneficio generado por la "prima de control"[711], en función de sus respectivas acciones o participaciones; y, de otro, la desvinculación del socio de la sociedad ante situaciones de conflicto o bloqueo[712].

Tales pactos, denominados en la práctica de "venta conjunta" o de "salida"[713] facilitan la enajenación de las cuotas de los socios en tanto que la comercialización de la totalidad posee un mayor atractivo en el mercado y, además, permite la obtención de un sobreprecio adicional generado por la cesión del control de la *startup* que tal operación de venta concede al adquirente[714].

En cuanto a su operatividad, el recurso a dichas cláusulas adquiere especial relevancia en el ámbito de las *startup* donde los socios prevén un horizonte de salida, aunque también son comunes en compañías que tienen por objeto la realización de la actividad empresarial por un tiempo determinado, como es el caso de las entidades de capital riesgo[715] y las sociedades conjuntas (*Joint venture)*[716] e, incluso, resulta de interés para las sociedades familiares[717]. En este sentido, los pactos de salida facilitan y protegen la desinversión de los so-

711 VICENT CHULIÁ, F., Compendio crítico de Derecho mercantil. Vol. I Barcelona, Bosch, 1991 pág. 874

712 ESPEJO Y VALDELOMAR, J. y GRAÑÉN GARCÍA-IBARROLA, M., "Los pactos de salida, una solución a los conflictos societarios" en *Aranzadi Doctrinal* n.º5 2012. Pág.5. Alerta del peligro que generan las situaciones de bloqueo societarias MARTÍNEZ LIZÁN, C., "Cómo evitar y remediar las situaciones de bloqueo societarias" en publicaciones Garrigues http://www.garrigues.com/es/publicaciones/articulos/Paginas/articulos_13983.aspx. 2010.

713 Sirva también la definición como "cláusulas de salida colectiva" de VÁZQUEZ LEPINETTE, T., *Aspectos contractuales... Op. Cit.* pág. 142

714 Afirma D´ALESSANDRO, C., "Patti di co-vendita (tag along e drag along)" en Revista di Diritto Civile n.º 4 2010 que este tipo de venta permite a los respectivos titulares la obtención de un precio notablemente más alto que el que recibirían de realizar el negocio de forma autónoma frente a diversos adquirentes. Dicho sobreprecio encuentra su causa en el propio valor que tiene el control societario en el mercado; de forma detallada lo expresan DYCK, A. y ZINGALES, L., "Private Benefits of Control: An internacional Comparison" *The Journal of Finance* vol. 59, 2004 págs. 537 y ss.

715 La temporalidad de esta clase de sociedades se deduce de su propio objeto social en la medida en que consiste en la toma temporal de participaciones en el capital de empresas no financieras, no inmobiliarias y que no coticen en bolsa. Vid. ESPÍN GUTIÉRREZ, C., "Sociedades de capital riesgo" en Diccionario de Derecho de Sociedades VVAA ALONSO LEDESMA, C., (Dir.) Madrid, Iustel, 2006 Pág 1212.

716 SHALMAN, W.A., "Structure of Venture-Capital organizations" en *Journal of Financial Economics* n.º27, 1990 pág. 512 afirma que tales inversiones generalmente no superan los cinco años.

717 Ver SÁNCHEZ RUIZ, M., "Estatutos sociales..." *Op. Cit.* Pág. 68.

cios en el momento económicamente propicio para ello, con el fin de que obtengan la máxima rentabilidad posible por sus acciones o participaciones[718].

La manifestación de los pactos de salida se produce, habitualmente, de forma bifronte[719], esto es, bien mediante un derecho de arrastre, o bien a través de un derecho de acompañamiento, también conocidas en la práctica como cláusulas de *"drag along"* y *"tag along"*, respectivamente. Aunque, por el momento, carecen de tipicidad legal[720], son previsiones que están presentes en la inmensa mayoría de los pactos de socios.

3.1. Derecho de acompañamiento —"tag along"—

La cláusula de acompañamiento o *"tag along"* comprende, derechos y obligaciones íntimamente ligados. Así, aunque la mayor parte de la doctrina únicamente identifique el *"tag along"* como un "derecho de acompañamiento"[721], su ejercicio resulta posible en tanto que, en el anverso de la moneda, existe una "obligación de ser acompañado". En su virtud, la cláusula de acompañamiento permite que un socio adhiera sus acciones o participaciones a una operación de venta concertada entre otro socio y un tercero en idénticas condiciones. Por tanto, para la aplicabilidad de dicha cláusula es necesario la concurrencia de dos requisitos: de un lado, la existencia de una oferta de compra de acciones o participaciones que supere un determinado umbral entre uno o varios socios y un tercero y, de otro, una conducta activa por parte de otro u otros socios que, como beneficiarios del derecho de acompañamiento, manifiesten su intención de sumarse a la operación.

718 En este sentido SÁEZ LACAVE, M. I., y BERMEJO GUTIÉRREZ, N., "Inversiones específicas, oportunismo y contrato de sociedad (a vueltas con los pactos de tag– y de drag-lalong)" en *RdS* n.º 28, 2007 pág. 137 se refieren a ellas como "sociedades sujetas a un horizonte temporal concreto" en atención al momento en que el valor de su cooperación alcanza el máximo.

719 Utiliza idéntico término D´ALESSANDRO, C., "Patti di co-vendita (tag along e drag along)" Op. Cit, Pág. 379

720 El legislador del Anteproyecto de Ley de Código Mercantil las incluye en los artículos 232-11 y 233-19 del citado texto junto a la cláusula de rescate. Aunque a día de hoy no hay necesidad de ello porque están comúnmente aceptadas en la práctica, quizás en el momento de redacción del texto sí tuvo sentido por una mayor seguridad jurídica ante las posibles dudas sobre su admisibilidad en los estatutos.

721 Esta identificación encuentra su causa en una mimética traducción del concepto anglosajón *"co-sale Rights"*. Así ESPEJO Y VALDELOMAR, J. y GRAÑÉN GARCÍA-IBARROLA, M., "Los pactos de salida..." *Op. Cit.* Pág. 6; D´ALESSANDRO, C., "Patti di co-vendita (tag along e drag along)" Op. Cit. Pág. 394 se refiere a tal cláusula como "diritto di co-vendita"

En atención a su finalidad, los pactos de acompañamiento tienen por objeto la protección de los intereses de los socios minoritarios ante los efectos negativos que provocaría la venta por uno o varios consocios —generalmente el socio mayoritario en exclusiva— de sus acciones o participaciones cuando, por sí mismas, conformen un paquete de control de la sociedad[722]. Consecuentemente, el establecimiento de dicha cláusula pretende, en primer lugar, que los socios minoritarios participen del beneficio que les correspondería en la prima de control y, en segundo, que sea posible la salida de la compañía ante la aparición de un nuevo socio con capacidad suficiente para la modificación del proyecto social[723].

En el ámbito de las *startup* la previsión de la citada cláusula tiene lugar, generalmente, en interés del socio inversor ante la circunstancia de que los fundadores quieran desvincularse de la compañía[724]. En la medida en que uno de los motivos determinantes de su inversión es la presencia de los fundadores como personal clave para el desarrollo del objeto social, llegado el momento en que terminen las restricciones u obligaciones temporales de permanencia, quedarían expuestos a la continuidad de la sociedad sin la garantía de que los fundadores sigan en ella. Por tanto, por medio de la presente cláusula pueden garantizarse la posibilidad de que su inversión quede vinculada a la de los socios fundadores[725].

Respecto a las clases de pactos de *"tag along"* son varias las posibilidades que su libertad de configuración ofrece en defensa de los intereses de los socios beneficiarios del derecho de acompañamiento[726]. Puede pactarse un derecho

722 A diferencia de la indeterminación propia de las sociedades no cotizadas donde los umbrales que permitan la activación de los mecanismos de salida quedan fijados estatutariamente, en las sociedades cotizadas el Derecho positiva los requisitos cuantitativos que permiten el acompañamiento. Así, el art. 983 de la Companies Act 2006 del Reino Unido permite sumarse a la venta cuando la oferta alcance el 90%. De forma similar, en nuestro Derecho, el art. 47 del Real Decreto 1066/2007, de 27 de julio, sobre el régimen de las ofertas públicas de adquisición de valores establece idéntico porcentaje.

723 Ambas circunstancias están estrechamente relacionadas puesto que la imposibilidad de obtener la prima de control supone una devaluación significativa de las acciones o participaciones lo que, a su vez, supone un desincentivo para futuros adquirentes. En este sentido SÁEZ LACAVE, M. I., y BERMEJO GUTIÉRREZ, N., "Inversiones específicas..." *Op. Cit.* Pág. 139 afirman que el socio minoritario difícilmente podrá salirse de la sociedad a menos que rebaje notablemente el precio de sus acciones o participaciones.

724 CARUSO, M., *L´impresa innovativa... Op. Cit.* Pág.147

725 SOLANS CHAMORRO, L., "Contratos entre socios..." *Op. Cit.* pág. 42 DE ULLOA LAPETRA, G., "El pacto de socios..." *Op. Cit.* pág. 274

726 Por ejemplo, puede verse la clasificación de D´ALESSANDRO, C. "Patti di co-vendita (tag along e drag along)" *Op. Cit,* Pág. 395

de acompañamiento cuantitativamente ilimitado que supedite la venta del socio a que consiga que el tercero acepte un cambio en los términos de su oferta para que incluya la totalidad del capital social. O también cabe —lo que es más común— la previsión de un derecho de acompañamiento cuantitativamente limitado en el que la modificación de la oferta del tercero no afecta al número de acciones o participaciones sino a su titularidad en tanto que comprende las cuotas no solo del socio con el que negoció sino también de los "acompañantes"[727]. Igualmente, con base en la configuración clásica de este derecho, puede pactarse la adhesión proporcional en función de las cuotas de socio, de modo que ante una oferta que no alcance la totalidad del capital social, quienes activen la cláusula de *"tag along"* participen de la prima de control a prorrata con el socio mayoritario[728]. Ello no obstante, en el ámbito de las *startups*, cuando el socio inversor sea minoritario en el capital social puede que pretenda la inclusión de un derecho de adhesión total de modo que incorpore todas sus acciones o participaciones ante la oferta de un tercero presentada por su consocio en el caso de que implique un cambio de control[729]. De hecho, en consideración a la habitual división de acciones o participaciones por clases, es posible que la cláusula exija la incorporación de las acciones o participaciones de los socios inversores a la oferta con preferencia a la de los fundadores[730]. Y ello con la doble finalidad de, por un lado, la disuasión a los fundadores de desvincularse plenamente sin la autorización de los inversores y, por otro, que cuenten con la opción de salirse totalmente de la sociedad en el caso de que los fundadores también lo pretendan. E, incluso, en función de la fuerza negociadora de las partes y de las circunstancias de la oferta, cabe también que pacten un acompañamiento que combine ambas posibilidades de adhesión[731].

727 Sobre el derecho de acompañamiento cuantitativamente ilimitado (*"en dehors")* o limitado (*"en dedans"*), por todos PERDICES HUETOS, A., "Llévame contigo..." *Op. Cit.* consultado en http://almacendederecho.org/lecciones-tag-along

728 Ello no obstante, en el ámbito de las *startup* plantea el problema del "efecto cerrojo" pues, aunque se produzca una desinversión parcial, socios inversores y fundadores todavía continúan en la sociedad junto al tercero adquirente. Sobre el citado efecto en los pactos de *tag along,* ver SÁEZ LACAVE, M. I., y BERMEJO GUTIÉRREZ, N., "Inversiones específicas,..." *Op. Cit.* Pág. 26 La adhesión proporcional, no obstante, es la que consta en el pacto de accionistas de AB-Biotics, publicado como "hecho relevante", disponible aquí https://www.ab-biotics.com/ftp/HR/ABB_HR061.pdf

729 En relación con las características de la adhesión total o parcial, véase CAMPINS VARGAS, A., "Articulación contractual y régimen jurídico de los pactos de acompañamiento (cláusulas de «tag along»)" *Revista de Derecho de Sociedades,* n.º 48, 2016 consultado en https://proview.thomsonreuters.com/

730 Vid. DE ULLOA LAPETRA, G., "El pacto de socios..." *Op. Cit.* pág. 307

731 CAMPINS VARGAS, A., Articulación contractual y régimen jurídico... *Op. Cit.* consultado en https://proview.thomsonreuters.com/

Por lo que al contenido de la cláusula hace referencia, debe señalarse quienes son los beneficiarios del derecho de acompañamiento de modo que se extienda a todos o solo a alguno de ellos —inversores—. También, cuándo nace el citado derecho si ante toda venta de acciones o participaciones o, como es habitual, en los casos en los que la oferta supere determinado umbral y/o comprometa el control de la compañía[732], el plazo para su ejercicio, así como su compatibilidad con otras obligaciones y derechos. Con relación a lo último, el fundador no venderá las acciones o participaciones mientras siga vigente el compromiso de permanencia. Y tampoco procede la venta conjunta si el inversor ejercita su derecho de adquisición preferente. En este sentido, a diferencia de lo previsto en el derecho de arrastre, el inversor tendrá interés en el mantenimiento del derecho de adquisición preferente para, llegado el caso, la compra de las acciones o participaciones del socio fundador de forma prioritaria[733].

Comprenderá, igualmente, el cauce procedimental del citado derecho que comenzará con la notificación de la identidad del adquirente y los términos de la oferta, la obligación de comunicarlo a todos los socios o, lo que es más operativo, al órgano de administración. Deberá preverse la información al potencial adquirente de la existencia del derecho de acompañamiento, el plazo para el ejercicio del derecho, la posible propuesta de modificación de su oferta como requisito para la venta en función de lo previsto en el pacto —por ejemplo, en caso de acompañamiento cuantitativamente ilimitado[734]—, así como las condiciones y la forma de pago.

En cuanto a la incorporación a los estatutos del derecho de arrastre, actualmente ya no se discute su admisibilidad. La resistencia que planteaba una posible infracción de los artículos 108.2 LSC y 123.5 RRM que protegen al socio frente a la obligación de que transmita un número de participaciones o acciones diferente al de las ofrecidas a la venta puede superarse, como afirma

732 DE ULLOA LAPETRA, G., "El pacto de socios..." *Op. Cit.* pág. 274 señala que lo habitual es que oscile entre el 5% y el 30% aunque dependerá del porcentaje que tengan los fundadores. En Estados Unidos BARRON, E. S. y REED S, F., *Entrepreneurship law. Cases and Materials*, Nueva York, 2021 pág. 122 fijan en un 20%

733 Ello no obstante, puede darse el caso de que tenga lugar con posterioridad a la oferta del tercero en función de lo que hubieran convenido en el pacto de socios.

734 Como señala PERDICES HUETOS, A., "Llévame contigo..." *Op. Cit.* consultado en http://almacendederecho.org/lecciones-tag-along
el tercero no tiene obligación de aceptarlo y el socio vendedor se abstendrá de la venta si no consigue convencerle. Para ERLÁIZ COTELO, I., "Las adquisiciones..." *Op. Cit.* págs. 411-412 la admisibilidad de su inscripción en estatutos pasaba por obligar al tercero a adquirir un número de acciones mayor al que inicialmente contemplaba-

la doctrina, con el reconocimiento de un derecho de desistimiento frente a la operación proyectada[735]. En la medida en que la naturaleza de la cláusula es de autorización, no es incompatible con los artículos citados puesto que en el caso de que la transmisión no satisfaga al socio por la afectación al número de acciones o participaciones, puede no realizarla[736]. Y la validez de tales cláusulas ha sido ratificada por la DGSJFP[737], incluso sin mención expresa al citado desistimiento del socio[738], lo que también ha contribuido, en la práctica forense, a que tal derecho previsto en el pacto de socios también encuentre reflejo en los estatutos y goce de la pretendida eficacia *erga omnes*[739].

3.2. Derecho de arrastre —"drag along"—

La cláusula de "*drag along*" comprende, de un lado, un derecho de arrastre y, de otro, una obligación de acompañamiento. En este sentido, se presenta como un mecanismo que permite que el socio beneficiario del derecho obligue a los restantes a que adhieran sus acciones o participaciones a una oferta realizada por un tercero que pretende la adquisición, en la mayoría de los casos[740], de la totalidad del capital social. En consecuencia, los firmantes de dicho pacto establecen un compromiso de venta conjunta siempre que el socio reciba una oferta admisible en los términos previstos en el propio pacto de socios[741] y proceda al ejercicio de su derecho de arrastre.

Tradicionalmente la función del derecho de arrastre ha sido la protección del socio mayoritario ante la negativa del minoritario a la venta de sus accio-

735 PERDICES HUETOS, A., "Llévame contigo..." *Op. Cit* consultado en http://almacendederecho.org/lecciones-tag-along
También, FELIU REY, J., *Los pactos parasociales... Op. Cit.* Pág. 228 que se refiere a ello como la posibilidad de arrepentimiento.

736 CAZORLA GONZÁLEZ-SERRANO, L., "Sobre la inscripción registral de cláusulas estatutarias de acompañamiento o «tag alone» en sociedades de responsabilidad limitada" en *RdS,* n.°47 2016 pág. 334

737 A modo de ejemplo, véase las RDGSJFP de 20 de mayo de 2016.

738 Tal es el caso del derecho de acompañamiento previsto en la RDGSJFP de 30 de julio de 2018.

739 Alude a tal migración de lo parasocial a lo social con respecto a las cláusulas de venta conjunta GARCÍA MARTÍNEZ, A., "Las cláusulas de arrastre en la doctrina de la dirección general..." *Op. Cit.* consultado en www.proview.thomsonreuters.com

740 SÁEZ LACAVE, M. I., y BERMEJO GUTIÉRREZ, N., "Inversiones específicas,..." *Op. Cit.* Pág. 142 afirman que dicha cláusula también despliega su eficacia en aquellas ventas de acciones o participaciones que exijan la cooperación de varios socios para que pueda materializarse, aunque no alcance el 100% del capital social.

741 En este sentido, ESPEJO Y VALDELOMAR, J. y GRAÑÉN GARCÍA-IBARROLA, M., "Los pactos de salida..." *Op. Cit.* Pág. 6.

nes/participaciones en el caso de una oferta por la totalidad de ellas. Sin embargo, en el ámbito de las *startup* la previsión del citado derecho no responde tanto a tal distinción cuanto a la que cabe entre fundadores e inversores. Precisamente, en esta sede la incorporación de esta cláusula en los pactos de socios tiene lugar por exigencia del inversor como requisito previo a la entrada en el capital social de la compañía, de modo que supedita la inversión a que los socios restantes, aun cuando sean mayoría, no impidan una futura venta de la *startup*. De este modo, el derecho de arrastre opera como una garantía del beneficiario para el retorno de su inversión y le protege en el caso de divergencia con los socios restantes sobre la estrategia de salida[742].

Además, la citada cláusula garantiza un reparto justo y equitativo del sobreprecio inherente a toda venta sobre el cien por cien del capital, en tanto que confiere un control exclusivo sobre la sociedad[743]. Así, si algún socio con una conducta oportunista pretende, mediante su negativa a la venta, el bloqueo de la operación proyectada entre un tercero y el socio mayoritario con la finalidad de que le paguen una cantidad que supere el valor real de sus acciones o participaciones, gracias al ejercicio del derecho de arrastre, quedará obligado por el plan de venta[744].

Para que la operación pueda llevarse a cabo es necesario, además, que las condiciones y términos de la venta queden extendidas de forma mimética a los socios restantes, a fin de que todos obtengan el mismo precio en el mismo plazo por sus acciones o participaciones. Dicho extremo, la determinación del precio, es sin género de duda una de las cuestiones más complejas y conflictivas para la articulación del derecho de salida[745]. En el ámbito de las

742 Alude a la irrelevancia de la voluntad de los "arrastrados", FELD, B. y MENDELSON, F., *Venture deals Op. Cit.* Pág. 75

743 Sobre el aumento del precio D´ALESSANDRO, C., "Patti di co-vendita (tag along e drag along)" Op. Cit. Pág. 414 lo justifica en atención a la incorporación de la *"prima di maggioranza"*.

744 Así, SÁEZ LACAVE, M. I., y BERMEJO GUTIÉRREZ, N., "Inversiones específicas, ..." *Op. Cit.* Pág. 141 sostienen que el socio minoritario (al que se refieren como "oportunista") puede, de un lado, quedarse dentro de la sociedad al objeto de participar del excedente que la entrada de un nuevo inversor genera y, de otro, extorsionar al socio mayoritario con la finalidad de obtener un mayor beneficio sobre la venta del que le correspondería en atención a su participación en el capital social.

745 Véase GALLEGO SÁNCHEZ, E., El derecho estatutario de salida del inversor en las sociedades de capital cerrada" en Estudios de Derecho Mercantil. Liber Amicorum Profesor Dr. Francisco Vicent Chulià. Valencia, Tirant lo Blanch, 2013 pág. 329; También, MOYA BALLESTER, J., "El derecho de salida *ad nutum* y la valoración de las participaciones" en Estudios de Derecho Mercantil. Liber Amicorum Profesor Dr. Francisco Vicent Chulià. Valencia, Tirant lo Blanch, 2013 pág. 447

startup, suele fijarse un precio mínimo que permita la activación del derecho. Puede señalarse una cuantía concreta, determinarla con base en una fórmula o remitirse a la valoración de la compañía en la última ronda de financiación si hubiera tenido lugar en un periodo de tiempo razonable[746].

Además del precio, habida cuenta de que la escalabilidad es una nota característica de la *startup* es posible que, en interés especialmente de los socios fundadores, la cláusula señale que no procederá el ejercicio del citado derecho en tanto no transcurra un plazo determinado[747]. Si la finalidad de la sociedad es la explotación de un producto o servicio innovador la venta de la compañía en una fase temprana frustraría las expectativas iniciales por lo que es frecuente que supediten el inicio del derecho al transcurso de un plazo razonable para el crecimiento de la *startup*[748]. Otra opción intermedia es la previsión del derecho de arrastre antes del periodo fijado siempre y cuando esté de acuerdo un elevado porcentaje del capital social. Con ello puede evitarse conductas oportunistas de socios ante ofertas razonables por la falta de vigencia del derecho de arrastre.

Igualmente, también puede indicarse expresamente en la regulación del derecho de arrastre la inaplicabilidad del derecho de adquisición preferente o de tanteo ante una oferta por la totalidad de las acciones/participaciones[749].

Por lo que se refiere a la incorporación de la cláusula de arrastre en los estatutos, es perfectamente válida al amparo de lo previsto en el artículo 188.3 RRM que hace referencia a tal posibilidad en las sociedades de responsabilidad limitada, si bien tampoco hay dudas sobre su inclusión en los estatutos de las sociedades anónimas[750]. Ello no obstante, en el caso de que los socios

746 SOLANS CHAMORRO, L., "Contratos entre socios..." *Op. Cit.* pág. 42 considera que lo más operativo es la referencia a un precio mínimo, si bien plantea también el riesgo de que el tercer comprador conozca dicho valor y lo utilice en la posterior negociación.

747 Alude a la necesidad de protegerse ante ventas en momentos en los que la sociedad no ha generado valor suficiente DE ULLOA LAPETRA, G., "El pacto de socios..." *Op. Cit.* pág. 274

748 A modo de ejemplo la cláusula prevista en la RDGSJFP de 30 de julio de 2018 prevé el nacimiento del derecho "transcurridos cinco años desde la constitución de la sociedad".

749 Si bien es posible su previsión en la cláusula relativa al derecho de adquisición preferente. De todas formas, rara vez tendrán los fundadores capacidad económica para asumir el alto coste de la operación. Ello es importante porque como ESPEJO Y VALDELOMAR, J. y GRAÑÉN GARCÍA-IBARROLA, M., "Los pactos de salida..." *Op. Cit.* Pág 6 deberá señalarse cuál de ellos tiene una aplicación preferente en caso de ejercitarse a la vez con la finalidad de que el tercero tenga la seguridad de que, iniciados los gastos previos que toda operación de compraventa de empresa comporta (asesores, *due diligence...*) ningún socio ejercite su derecho de preferencia.

750 SÁEZ LACAVE, M. I., y BERMEJO GUTIÉRREZ, N., "Inversiones específicas, ..." *Op. Cit.* Pág. 141; CAZORLA GONZÁLEZ-SERRANO, L. y NEIRA FERNÁNDEZ, P., "Pactos parasociales:

pretendan la inscripción estatutaria de la cláusula en un momento posterior a la constitución de la *startup*, será necesario, con base en el criterio seguido en la RDGSJFP de 4 de febrero de 2017[751], el consentimiento unánime de los socios por la consideración del derecho de arrastre como una causa de exclusión[752].

Una vez producida la *denuntiatio* o la comunicación de la oferta de compra en los términos previstos para el ejercicio de la venta conjunta, los socios estarán obligados a la transmisión de sus acciones o participaciones en las mismas condiciones que el beneficiario del arrastre. En cualquier caso, como apremio para el cumplimiento de dicha obligación cabe la previsión de indemnizaciones por retrasos o penalizaciones sobre el precio de compra —por ejemplo, la pena de descuento sobre el precio de reembolso[753]—. Otra opción, quizás más eficiente por la importancia del factor tiempo en las *startup*, es la concesión de un poder irrevocable al titular del derecho de arrastre para que venda las acciones/participaciones al tercero en el caso de darse las circunstancias previstas en la cláusula[754].

4. Cláusulas antibloqueo

En el ámbito de las *startup* los mecanismos antibloqueo que tienen mayor presencia en los pactos de socios son los propios de los pactos de organización, señalados en otra parte del presente trabajo, que evitan la paralización de los órganos sociales y alejan el fatal desenlace previsto en el artículo 361.1

una aproximación..." *Op. Cit.* Pág. 41

751 Un completo análisis de la citada resolución en GARCÍA MARTÍNEZ, A., "Las cláusulas de arrastre en la doctrina de la dirección general de los registros y el notariado. (A propósito de la resolución de la DGRN de 4 de diciembre de 2017)" en *Revista de Derecho de Sociedades* núm. 53, 2018 pp. 253-254. Igualmente, sobre el debate en torno a la unanimidad y a favor de su incorporación con un acuerdo mayoritario, *in extenso,* SOTILLO MARTÍ, A., "Unanimidad o mayoría para la incorporación a los estatutos sociales de cláusulas de acompañamiento y de arrastre en la transmisión de acciones o participaciones" en *Revista Española de Capital Riesgo,* n.º1, 2021 págs. 5-23

752 Sobre la naturaleza como causa de exclusión, por todos, PERDICES HUETOS, A., "Llévame contigo (Las cláusulas de venta conjunta de acciones y participaciones)" en *Almacén del Derecho*, 2016 disponible en http://almacendederecho.org/lecciones-tag-along

753 Sobre la inscripción estatutaria de tales cláusulas que incentivan el cumplimiento, FERNÁNDEZ DEL POZO, L., «Las cláusulas estatutarias de "arrastre" ("Drag-Along") o de "venta conjunta" a tercero como remedio contractual de las situaciones de bloqueo societario», La Ley Mercantil, N.o 38, 2017 consultado en https://www.smarteca.es/

754 FELIU REY, J., *Los pactos parasociales... Op. Cit.* Pág. 226. Un ejemplo de una cláusula sobre el apoderamiento como forma de protección ante el incumplimiento en DE ULLOA LAPETRA, G., "El pacto de socios..." *Op. Cit.* pág. 309

d) LSC. La previsión de diversos mecanismos como la concesión de votos dirimentes en función de las materias reservadas o el recurso a soluciones heterocompositivas son, *a priori*, suficientes frente a la posible parálisis de la junta general o el consejo de administración. Además, en este tipo de compañías, salvo en fases iniciales previas a la entrada de inversores —por ejemplo, en un pacto entre fundadores—, no es común que exista una situación paritaria entre los socios en relación con su participación en el capital social de modo que es complicado que tenga lugar un bloqueo de sus órganos[755].

En cualquier caso, por la posible variación en la composición subjetiva y porcentual en el capital social tras diversas rondas de financiación o por sucesivas transmisiones, nada obsta a que, junto a los citados mecanismos de desempate prevean, como último recurso, otros propios de los pactos de relación que conlleven la compraventa de acciones o participaciones y que fuerzan la salida de una de los bloques enfrentados. El bloqueo no tiene por qué producirse con participaciones por mitades del capital social, bastaría con la cuantía necesaria que impida el normal funcionamiento de los órganos e, igualmente, aunque lo normal es que tenga lugar entre dos socios —piénsese en el caso de una *joint venture* formada por dos compañías—, es posible que exista una pluralidad de ellos agrupados en dos bloques[756].

La articulación de las cláusulas antibloqueo —"*deadlock provisions*"— parte del establecimiento de una opción de venta o una opción de compra forzosa. En primer lugar, debe expresarse de forma clara y precisa cuáles son las situaciones en las que puede activarse el mecanismo antibloqueo así como si es necesario que agoten otras vías para la solución de tal parálisis como forma previa a su ejecución. Posteriormente, cualquiera de las partes como beneficiaria de la cláusula, enviará a la otra una notificación cuyo contenido dependerá de la concreta variante que hubieran pactado.

El supuesto más habitual es la opción de compra o venta —"*buy-sell procedure*[757]"— por la que el oferente envía la notificación a la otra para que

755 Como señala FLEISCHER, H. y SCHNEIDER, S., "Shoot-Out Clauses in Partnerships and Close Corporations – An Approach from Comparative Law and Economic Theory" en *European Company and Financial Law Review* vol. 9, 2012, pág. 37 los bloqueos son el "talón de Aquiles" de las compañías al 50% y circunscribe tales cláusulas en compañías cerradas con dos socios o, en caso de más socios, divididos en dos bloques.

756 Vid. FERÁNDEZ DEL POZO, L., "Las llamadas cláusulas de duelo (shoot-out clauses) y las de subasta como mecanismos estatutarios para remediar las situaciones de bloqueo societario" en *Revista de Derecho Mercantil* n.º 305, 2017 consultado en https://proview.thomsonreuters.com/

757 FLEISCHER, H. y SCHNEIDER, S., "Shoot-Out Clauses..."*Op Cit.* Pág. 38

compre sus acciones o participaciones y así desvincularse de la sociedad o, en otro caso, le venda las suyas de modo que sea el otro socio quien abandone la compañía. En ambos casos el precio, por lo general, será el que hubiera fijado quien activa el mecanismo y el destinatario de la comunicación tendrá un plazo de tiempo fijado en la cláusula[758] en el que optará por la compra de las participaciones del oferente o por la venta de las propias[759]. Una correcta previsión de dicha cláusula determinará, también, los efectos en caso de falta de respuesta o silencio por el destinatario de la notificación[760]. Por lo que a su denominación hace referencia, en ocasiones es común la previsión de dicha cláusula con nombres más extravagantes como "ruleta rusa", "pacto andorrano" o "cláusula china"[761].

Existen otras cláusulas como variantes del supuesto anterior. De todas formas, son mecanismos diseñados para conflictos que tengan lugar entre dos bloques homogéneos donde los integrantes comparten la misma posición, sin que sea posible su aplicación cuando la parálisis implica a más de dos grupos[762]. Un ejemplo de ello que tiene interés en el caso de que ambas partes quieran mantenerse en la sociedad es el tiro tejano —"*Texas shoot out*"— por la que cada uno de los socios realiza una oferta por las acciones o participaciones del otro en sobre cerrado. El destinatario de la oferta tiene dos posibilidades: bien acepta la oferta de compra o responde con una oferta superior por las acciones y participaciones del oferente y la relación de ofertas/contraofertas termina con la cuantía más elevada[763]. Otra opción es el tiro

758 CAZORLA GONZÁLEZ-SERRANO, L. y NEIRA FERNÁNDEZ, P., "Pactos parasociales: una aproximación..." *Op. Cit.* pág. Señalan como plazo razonable diez días desde la recepción de la comunicación.

759 Como señala SLEE, R. T., *Private Capital Markets*, Nueva Jersey, Wiley, 2011 pág. 498 es una cláusula ventajosa para quien tiene más recursos económicos y que en ocasiones puede activarse sin ninguna necesidad de venta, aprovechándose de la situación económica desfavorable en la que pueda encontrarse la otra parte. Las diferencias existentes entre socios en las *startup* desaconsejan este tipo de cláusulas.

760 Vid. FERÁNDEZ DEL POZO, L., "Las llamadas cláusulas de duelo..." *Op. Cit.* consultado en https://proview.thomsonreuters.com/ quien alude a la necesaria atribución del silencio como la aceptación de la compra o la venta y la posible previsión de una cláusula penal.

761 En la práctica, no obstante, hay cierta confusión en cuanto al contenido de tales cláusulas. En algunos casos es posible que identifiquen como "ruleta rusa" lo que en otros contratos está identificado como "tiro tejano" o que diferencien la "ruleta rusa" de la opción de compra o venta porque comprenda que tenga lugar una posible contraoferta, lo que en algunos contratos lo identifican con otra figura como la "subasta holandesa".

762 FELIU REY, J., *Los pactos parasociales... Op. Cit.* Pág. 247

763 PFEIFFER, C., *Game Theory. Succesful negotiation in purchaising*, Wiesbaden, Springer, 2023 Pág. 29; FLEISCHER, H. y SCHNEIDER, S., "Shoot-Out Clauses..."*Op Cit.* Pág. 39 señalan las diversas variantes de la cláusula.

mejicano *"mexican shoot out"* o subasta holandesa *"Dutch auction"* donde las partes realizan ofertas en sobre cerrado ante notario con indicación del precio mínimo al que venderían sus acciones o participaciones de modo que quien hubiera realizado la oferta al menor precio estará obligado a la venta en dicha cuantía[764].

No se advierte inconveniente alguno en cuanto a la incorporación en los estatutos de las citadas cláusulas antibloqueo como supuestos de venta o compra forzosa con base en el principio de la autonomía de la voluntad previsto en el art. 28 LSC[765], si bien, como se ha expuesto, no es práctica habitual en las *startups* la regulación de las soluciones de desempate propias de los pactos de relación. A diferencia de lo que ocurre en compañías, en este caso predominan las soluciones *ex ante* frente a situaciones de parálisis. La permanencia de los fundadores en la compañía como personal clave para el desarrollo del objeto social, la asimetría en el capital social entre los diversos grupos o las notables diferencias en la capacidad económica entre unos y otros —piénsese en las ofertas en sobre cerrado—, son circunstancias que inciden en la escasa virtualidad de los mecanismos antibloqueo *ex post* en las *startup*.

5. Las cláusulas de salida —"leaver clauses"—

A pesar de la relevancia del fundador en la *startup* y de su permanencia en la compañía, es preciso que los firmantes del pacto regulen también el escenario de su posible salida. En este sentido, por influencia del sistema del *Common Law* en el capital riesgo formal e informal, los pactos de socios contienen unas cláusulas que prevén la pérdida de la condición de socio del fundador en unos términos favorables o desfavorables en función de su conducta, en algunos casos en interés del propio fundador y, en otros, en aras a la protección de los intereses de los inversores. Conocidas como cláusulas de salida —*leaver clauses*—, el contrato distingue entre la "buena" y la "mala" salida —*good leaver* y *bad leaver*—.

Por lo que a su naturaleza hace referencia, las cláusulas de salida están configuradas como transmisiones forzosas, de modo similar a otras más po-

764 Sobre la "subasta holandesa" véase RAMÍREZ, J., *Handbook of Corporate Equity Derivates and Equity Capital Markets,* Reino Unido, Wiley, 2011 Pág. 85 que explica su origen, vinculado a la venta de tulipanes en el siglo XVII, y su empleo en una IPO de Google.

765 Sobre la previsión estatutaria de tales cláusulas FERÁNDEZ DEL POZO, L., "Las llamadas cláusulas de duelo..." *Op. Cit.* consultado en https://proview.thomsonreuters.com/ También, COBO BERBERANA, C. y RODRÍGUEZ DE LA RÚA PUIG, C., "La sociedad inoperante" en *Economist & Jurist* vol. 22, 2014 pág. 15

pulares previstas en el ***ámbito de las fusiones y adquisiciones, como son las que reconocen el derecho de acompañamiento y de arrastre. De la misma forma que una vez advertida la circunstancia que activa el*** *tag* o el *drag along*—, el mayoritario no puede oponerse a que el minoritario ejercite su derecho y viceversa, en las *leaver clauses* el inversor pierde el derecho a la retención del fundador de darse los supuestos de la "buena" salida, pero puede exigirle la venta de sus acciones o participaciones si su conducta es alguna de las previstas en la "mala" salida.

Ello no obstante, ambas cláusulas presentan una diferencia sustancial en relación a su posible incorporación a los estatutos pues si bien no cabe duda sobre la viabilidad con respecto al derecho de arrastre y de acompañamiento, en el caso de las cláusulas de salida solo resultaría admisible la inclusión de las circunstancias generalmente previstas en el "*good leaver*". Por el contrario, tal y como están redactadas las cláusulas de "mala" salida, aun con el consenso requerido para las cláusulas de arrastre con base en lo dispuesto en el art. 188.3 RRM, parece del todo punto inviable su reflejo en los estatutos sociales en la medida en que supera los límites establecidos en el art. 28 LSC a la autonomía de la voluntad[766], concretamente por su incompatibilidad con el procedimiento de valoración de las acciones o participaciones regulado en el art. 357 LSC ya que el pacto de socios fija un precio muy a la baja, lejos del valor razonable[767].

Otra diferencia significativa entre ambos tipos de transmisiones forzosas *inter vivos* es la vinculación entre los socios tras el ejercicio de la cláusula. Así, mientras en el *tag* y *drag along* socios mayoritarios y minoritarios comprometen conjuntamente sus acciones o participaciones en el "acompañamiento"[768] en el "arrastre", respectivamente, en las de salida quien ejercita el derecho no comparte el mismo destino que su consocio, sino el contrario. En las *leaver*

766 Como señala PAZ-ARES, C., "El enforcement de los pactos..." *Op. Cit.* pág. 42 ello solo sería posible "en la medida en que cupiesen dentro de los más angostos márgenes que ofrece la legislación societaria".

767 En este sentido, las cláusulas de arrastre discutidas en la RDGSJFP de 30 de julio de 2018 (TOL6.778.051) y la RDGSJFP de 4 de diciembre de 2017 (TOL6.462.486) velan por que el socio minoritario reciba el valor razonable de sus participaciones. En la primera de las resoluciones, la cláusula establece que si el socio no está de acuerdo con el valor alcanzado entre el mayoritario y el tercero, cabe su impugnación y la valoración posterior por un auditor que "confirme que dicho precio puede considerarse, conforme a criterios de valoración de empresa generalmente aceptados, un valor razonable para las participaciones". En la segunda de ellas, señala que el precio será el mayor de entre tres de los medios de valoración propuestos.

768 Obviamente, en este caso, de forma proporcional.

clauses solo el fundador es el beneficiado o perjudicado con motivo de la compraventa forzosa de sus cuotas de socio, sin que afecte a los restantes. En particular, en la mayoría de supuestos de "buena" salida con una finalidad similar al derecho de separación el socio abandona la sociedad y en los casos de "mala" salida, constatada la causa, es objeto de exclusión por la sociedad o los socios restantes a través de la adquisición de sus acciones o participaciones.

Dichas cláusulas, sin embargo, desde un punto de vista teórico no agotan las posibilidades de salida que tiene el fundador, puesto que mantiene la opción de una transmisión voluntaria. Pero, en la práctica, tal negocio jurídico resulta poco operativo, al menos durante un periodo determinado, tanto por el compromiso que asume de permanencia y dedicación exclusiva como por las restricciones a la transmisibilidad e, incluso, por la prohibición temporal de enajenación de sus acciones o participaciones[769]. Además, la consolidación progresiva de sus derechos económicos a través de la cláusula de *vesting,* por la que cuanto más tiempo esté en la compañía, mejor será su posición, desincentiva notablemente la salida en una fase inicial.

5.1. *La "buena" salida —"good leaver"—*

El *good leaver* o cláusula de "buena" salida comprende una serie de supuestos cuya característica común es la observancia por el fundador de sus deberes y obligaciones con la sociedad y con los socios inversores, especialmente en relación con la prestación de sus servicios profesionales para el desarrollo de la idea innovadora. Por consiguiente, ante la falta de incumplimiento, la desvinculación del socio con la transmisión forzosa de sus acciones o participaciones tiene lugar en unas condiciones más ventajosas que en el caso de la "mala" salida.

Resulta llamativo, desde nuestra tradición jurídica, la previsión de causas tan heterogéneas en una misma cláusula y el hecho de que el ejercicio del derecho corresponda al socio afectado o a la sociedad y los socios restantes según el caso concreto. En este sentido, cabe una doble clasificación de tales supuestos en atención a sus notas características.

En primer lugar, el pacto de socios normalmente comprende el fallecimiento y la incapacidad permanente del fundador. Con una conceptualiza-

769 Sobre tal particular mantiene DE ULLOA LAPETRA, G., "El pacto de socios..." *Op. Cit.* pág. 281 que incluso puede incorporarse dicha prohibición en los estatutos de forma temporal con base en el art. 108.4 LSC.

ción discutible —y algo macabra— los firmantes reconocen como caso de "buena" salida la muerte del transmitente, de forma parecida a lo establecido en el art. 110.2 LSC que permite la inclusión en los estatutos de un derecho de adquisición preferente a favor de los socios sobrevivientes en detrimento del heredero o legatario del fundador. Dicho supuesto no es sino una traslación a la esfera parasocial de la excepción al régimen legal de la transmisión *mortis causa* para el mantenimiento del carácter cerrado de las sociedades. Ocurre algo similar en el caso de incapacidad permanente donde los socios restantes pueden obligarle a la venta de sus acciones o participaciones, por la imposibilidad de que continúe con el cumplimiento de sus funciones. Aunque en la medida en que la declaración de tal situación civil no conlleva la transmisión automática de sus cuotas de socio a terceros es posible que ni la sociedad ni los consocios ejerciten dicho derecho y el fundador incapacitado mantenga su participación en el capital social.

En segundo lugar, las causas restantes del *good leaver* están redactadas en interés del fundador quien, de darse las circunstancias previstas, si así lo desea, obligará a la sociedad a la compra forzosa de sus acciones o participaciones, aunque es frecuente que el pacto prevea derechos de adquisición preferente a los demás socios. La mayoría de los supuestos guarda relación directa con la prestación de sus servicios, como, por ejemplo, la terminación de su contrato laboral o mercantil sin haberlo incumplido, la extinción del contrato por voluntad del trabajador con base en el art. 50 del Estatuto de los Trabajadores, la finalización del periodo de permanencia o que alcance la edad de jubilación[770], entre otros. También es significativa, por cuanto recuerda a una de las causas de separación legalmente previstas, la inclusión de la modificación de la actividad de la *startup* o de su cultura corporativa como supuesto de "buena salida" y ello por la vinculación existente entre la compañía y la figura del fundador, de modo que si tiene lugar un cambio sustancial de la misión empresarial tenga el derecho a desvincularse de la sociedad. En cualquiera de los supuestos anteriores, advertida la causa que activa el derecho, el socio fundador podrá obligar a la sociedad a la adquisición forzosa de sus acciones o participaciones, si bien cabe el ejercicio del citado derecho de preferencia.

La mayoría de tales causas, si estuvieran configuradas como supuestos de separación, tendrían virtualidad como causas estatutarias. Entre las que sí coinciden con las legalmente previstas, de conformidad con la doctrina anglosajona, por la procedencia de dichos contratos, las causas propias de la buena salida

770 Vid. PAGAMICI, B., *Start-Up Innovativa,* Milano, Ipsoa, 2018 P. 131

no tienen como fundamento la protección del socio minoritario ante conflictos con el mayoritario, como por ejemplo el art. 348 bis LSC en relación al derecho de separación ante la falta de distribución de dividendos —lo que en el *Common Law* tendría la consideración de *oppresion remedies*—, sino que quedarían incardinadas dentro de los *appraisal rights*. En su virtud, es posible la salida del socio ante la producción de determinadas modificaciones de calado del contrato social aun cuando no le perjudiquen[771] —ad. ex., cambio de objeto social, fusión de la socidad[772], entre otros—[773].

El precio que recibirá el fundador con motivo de la transmisión está fijado en el pacto de socios que, en tanto en cuanto no ha existido incumplimiento de sus obligaciones, vendrá determinado por su valor razonable o valor de mercado. Así, es frecuente que prevean, en primer lugar, que el precio sea el comúnmente alcanzado y, en su defecto, fórmulas adicionales de valoración, como la referencia a transmisiones anteriores —próximas en el tiempo y equiparables en el porcentaje— o la intervención de un experto independiente.

5.2. La "mala" salida —"bad leaver"—

El *bad leaver* o cláusula de "mala" salida, a diferencia del anterior, contiene determinadas conductas en las que sí existe un incumplimiento por parte del socio fundador. En este sentido, es posible que la infracción afecte tanto a la prestación de servicios como a sus deberes fiduciarios en el caso de que ostente el cargo de administrador o a la vulneración de los compromisos asumidos en el propio pacto de socios. En tanto que la dedicación del fundador resulta fundamental para la consecución del fin social y la maximización de la aportación del inversor, es imprescindible que el pacto de socios establezca mecanismos correctores que sancionen y disuadan cualquier comportamiento obstruccionista y desleal.

En cierta medida tal previsión comprende supuestos cercanos a las causas legales de exclusión establecidas en el art. 350 LSC. Concretamente, de un lado, el

771 De forma muy gráfica las definen GORDON, J. N y RINGE, W., *The Oxford Handbook of Corporate Law and Governance* Oxford University Press, Reino Unido, 2018 p. 703 como "no fault situations".

772 Vid. KRAAKMAN, R. et.al. *The Anatomy of Corporate Law. A Comparative and Functional Approach*. Oxford University Press, Reino Unido, 2017 p. 187.

773 Sobre el origen del *appraisal right* vinculado a las decisiones que modifican el contrato social, su significado relativo al derecho a que valores sus títulos, su evolución en Estados Unidos y su relación con nuestro derecho de separación, por todos PERALES VISCASILLAS, M. P., *El Derecho de separación del socio en las sociedades de capital* La Ley, Madrid, 2001 pp. 16-22.

incumplimiento voluntario de la realización de prestaciones accesorias —principalmente, de *facere*— tendría relación con la vulneración del contrato de trabajo o mercantil para el desarrollo del proyecto tecnológico; y de otro, la transgresión de los deberes de lealtad y diligencia materializados, respectivamente, en la infracción de la prohibición de competencia y en la existencia de una condena por sentencia firme a la indemnización a la sociedad por los daños y perjuicios causados imputables a sus acciones u omisiones.

Además de dichas conductas, también activan el mecanismo de salida las derivadas del incumplimiento de determinadas cláusulas del pacto de socios tales como la obligación de confidencialidad, de dedicación exclusiva, de competencia —en caso de que no sea administrador—, entre otras. Igualmente, es tal la importancia del fundador en la compañía y la vinculación de su imagen a ella que, de forma similar a lo previsto en los contratos de patrocinio, es posible incluso que regulen como causa de *bad leaver* los comportamientos poco éticos o indecorosos que afecten a su reputación y con ello a la de la sociedad, aunque no guarden relación con las funciones que tiene asignadas.

Una vez constatada por la mayoría la existencia de un supuesto de "mala" salida, la sociedad o los socios firmantes del pacto parasocial requerirán por escrito al fundador para que, si es posible, subsane dicha causa en un plazo que oscila, generalmente, entre quince y treinta días. Como la cláusula está presente en el pacto de socios, la mayoría no será la que corresponda con base en el capital social, sino la que señale el propio contrato para determinadas materias reservadas, como son los casos de *bad leaver* donde, obviamente, quedará excluido de la votación el presunto incumplidor.

Ante la ausencia de subsanación en el plazo previsto, el socio fundador estará obligado a la venta de sus acciones o participaciones. Para ello el pacto de socios prevé la concesión por los firmantes de una opción de compra en la que tiene la condición de optante tanto la propia sociedad como, en ocasiones, los socios restantes. Esta última posibilidad evita que la transmisión forzosa quede sujeta al régimen legal de las adquisiciones derivativas establecida en los arts. 140 a 143 LSC para las sociedades de responsabilidad limitada y 144 a 148 LSC para las sociedades anónimas.

A diferencia de lo previsto en los casos de "buena" salida, la ejecución del *bad leaver* presenta una doble penalización: la venta forzosa y el precio que recibirá el fundador. La primera de ellas consiste en la expropiación de las acciones o participaciones y su fundamento es idéntico a la exclusión del socio prevista en el art. 350 LSC, esto es, la pérdida de tal condición como consecuencia jurídica anudada a determinados incumplimientos legales o, en su caso, estatutarios con base en el art. 351 LSC. La segunda supone una modificación sustancial con respecto al régimen legal y es abiertamente contraria a su contenido pues la sanción reside en el procedimiento establecido para la valoración de las cuotas de socio. En particular, el pacto de socios prevé un sistema punitivo, muy alejado del propuesto por el art. 353 LSC pues para nada persigue el valor razonable de las acciones o participaciones, sino que alude a un parámetro desfavorable en las *startup* como es el valor nominal. Por tamaña contradicción con el Derecho imperativo parece difícil que los socios incorporen dicha cláusula a los estatutos sociales[774]. Cuestión distinta es aquella causa de *bad leaver* en la que el fundamento no es la exclusión sino la salida del fundador anticipadamente, de manera unilateral y sin que exista causa alguna. En el caso hipotético de que los socios contemplen dicho escenario, las cautelas del art. 353 LSC no tienen el mismo sentido y sería aconsejable que primara la autonomía de la voluntad sobre la protección del socio saliente si, como es el caso, no están amenazados los principios configuradores del tipo social. Así, de la misma forma que la RDGSJFP de 2 de noviembre de 2010 declaró la licitud de una disposición estatutaria que señalaba un método de valoración alternativo, podría admitirse una cláusula que permita la salida *ad nutum* del socio fundador, generalmente mayoritario, que reciba un precio diferente, pues en tal caso, la finalidad no es la protección de un derecho individual a la obtención del valor razonable, sino la concesión de un derecho adicional, una facultad potestativa de abandono de la sociedad en la que el socio, voluntariamente, asume un coste por su ejercicio[775].

Por tanto, a diferencia de lo previsto en el régimen legal que comprende un sistema común a la separación y exclusión, sin que tenga incidencia en su cálculo el desvalor de la conducta, en el pacto de socios el criterio de valoración sí que distingue entre la "buena" y la "mala" salida.

774 En el régimen legal la penalidad no va más allá de la exclusión, y la confiscación al socio de parte del precio que recibe por sus cuotas no es una posibilidad, ni siquiera cuando quede constancia de que su conducta, especialmente en los casos en los que además es administrador, hubiera consistido en una malversación del patrimonio social al personal. En tal escenario, amén de otras soluciones previstas en el Código Penal, la legislación mercantil ofrece la acción social e individual de responsabilidad contra los administradores para que respondan del daño causado. Vid. QUIJANO GONZÁLEZ, J., "La acción social de responsabilidad (art. 238 LSC) *Comentario de la Ley de Sociedades de Capital*, ROJO-BELTRÁN (dirs.) Aranzadi, Madrid, 2011 págs. 1708-1715 sobre la idoneidad de dicho instrumento para la exigencia de responsabilidad a los administradores.

775 Por todos, ver GALLEGO SÁNCHEZ, E., "El derecho estatutario de salida..." *Op. Cit.* pág. 333

5.3. *Las cláusulas de salida como causas contractuales de separación y exclusión*

La previsión de tales pactos de salida que establecen las causas y el procedimiento para su ejecución son esenciales en el ámbito de las *startup* que, como sociedades en expansión, requieren de una solución para la desvinculación del socio lo más flexible y rápida posible[776].

Aunque tales previsiones establecen una compraventa forzosa de las acciones o participaciones del emprendedor, por su función, como puede deducirse de los epígrafes precedentes sirven, respectivamente, para la separación y exclusión del socio de la sociedad. Pero a diferencia de ellas su interés no es tanto en atención a la relación entre socios mayoritarios y minoritarios como entre fundadores e inversores.

Ello no obstante, tales causas forman parte del pacto parasocial de socios y por su intermedio los fundadores e inversores encuentran una protección de sus intereses en torno a la permanencia o salida del socio que, en unas ocasiones, no puede articularse en el régimen legal ni en el estatutario y, en otras, quizás por la rigidez de la norma, no resulta conveniente. Por consiguiente, aun con ciertos matices, es posible su calificación como causas contractuales de separación y exclusión.

5.3.1. La "buena" salida y el derecho de separación

El "*good leaver*" y el derecho de separación presentan similitudes en su común naturaleza de derecho individual[777], por razón de su contenido y por el precio que obtiene el socio saliente, pero no son exactamente idénticos.

La "buena" salida tiene un alcance más amplio, pues además del derecho del socio a separarse, comprende causas ajenas a su voluntad como son el fallecimiento o la incapacidad, donde la transmisión forzosa no es únicamente en interés del fundador. En el primer caso, por el carácter cerrado de la sociedad, los socios restantes pretenden protegerse de la entrada en el capital social de los herederos y legatarios. En el segundo, aunque puede que no efectúen la transmisión, la compraventa puede darse en interés de ambos, del propio socio fundador si necesita liquidez, como de la sociedad y los de-

776 De hecho, en caso de conflicto es habitual que los pactos de socios prevean mecanismos alternativos de resolución como la mediación y el arbitraje.

777 En nuestra literatura, entre otros trabajos, ver GALLEGO SÁNCHEZ, E., "La configuración estatutaria..." *Op. Cit.* págs.60-62 sobre la caracterización del derecho de separación.

más socios si consideran que la permanencia del socio incapacitado, aunque ejercite sus derechos por medio de un representante, dificulta el desarrollo del objeto social. Por tanto, la "buena" salida prevé supuestos que van más allá del derecho de separación y que quedarían circunscritos en un derecho de adquisición preferente en casos de transmisión *mortis causa* o forzosa por su declaración de incapacidad absoluta.

Al margen de tales circunstancias, en las demás causas el *"good leaver"* **sí** que reúne las notas propias del derecho de separación tal y como está previsto en los arts. 346 y 347 LSC, pues queda concebido como un derecho subjetivo atribuible al socio fundador que obliga a la sociedad a la compra de sus acciones o participaciones[778]. Pero a diferencia de lo previsto para el derecho de separación, la buena "salida" no es un instrumento de tutela de la minoría[779], sino que el interés que protege en la mayoría de sus causas es el del fundador, con independencia de su participación en el capital social.

En cuanto al motivo que subyace en el ejercicio de ambos derechos, solo el art. 346.1 a) LSC relativo a la modificación del objeto social tendría cierto reflejo en algún pacto de socios[780], mientras que los supuestos restantes responden a exigencias derivadas de las especiales características de los socios en las *startup*. Así, en consonancia con el citado valor que tiene la continuidad del fundador durante un determinado plazo en la compañía y que pretenden garantizarla contractualmente con medidas positivas (retribuciones, mayor presencia en la administración) como negativas (cláusula de permanencia y exclusividad), transcurrido el período fijado —en el que además habrá consolidado sus acciones o participaciones—, el pacto de socios concede, a modo de premio, la facultad unilateral de separarse de la sociedad por medio de la transmisión de sus cuotas. Igualmente, también asiste al fundador dicho derecho en aquellos casos en los que la sociedad no le retribuya su labor profesional ora como trabajador ex. art. 50 ET, ora como prestador de servicios con base en un contrato mercantil, o incumpla otras obligaciones en su condición de empleador, si bien ello solo será posible en casos en los que el socio saliente no tenga la influencia necesaria en el órgano de administración —por

778 Aunque, como ha quedado de manifiesto anteriormente, cabe la posibilidad de que los socios restantes ejerciten un derecho de preferencia y adquieran las acciones o participaciones del socio saliente.

779 En este sentido, VIERA GONZÁLEZ, J. A., "Derecho de separación (SA y SRL)" *Diccionario de Derecho de Sociedades* Alonso Ledesma (Dir.) Iustel, Madrid, 2006 p. 491 quien alude a su finalidad tuitiva del socio disidente.

780 Sobre el derecho de separación por sustitución del objeto social, MOYA BALLESTER, J., "El derecho de separación por sustitución del objeto social" *RdS*, n.º38, 2012 págs. 411 y ss.

ejemplo, cuando ostente una posición minoritaria porque existan una pluralidad de socios fundadores—. Tales causas, habida cuenta de su naturaleza, serían perfectamente inscribibles en los estatutos con base en lo previsto en el art. 347 LSC.

Ello no obstante, la regulación en el pacto de socios presenta ciertas divergencias en atención al sistema legalmente establecido, precisamente, por lo que a la forma y al plazo hace referencia. Con respecto a la forma, la flexibilidad del contrato parasocial permite que los firmantes prevean un régimen jurídico de la separación diferente al legalmente establecido. En este sentido, articulada como una compraventa forzosa no es necesario que las partes queden sometidas al plazo fatal de un mes desde la publicación del acuerdo tal y como señala el art. 348 LSC, es más, la mayoría de las causas, por su naturaleza, no requieren de un acuerdo social. Igualmente, con el mismo fundamento, tampoco están sujetos al art. 356 LSC que regula el reembolso al socio separado ni al régimen de responsabilidad por deudas sociales previsto en el art. 357 LSC para las sociedades limitadas.

En cuanto al precio de las acciones o participaciones del socio saliente, el derecho de separación y el *good leaver* comparten la referencia al valor razonable como precio por la devolución o la venta. La regulación contractual de la "buena" salida permite que los firmantes arbitren modos alternativos para el cálculo de dicho valor que difieren del subsidiariamente establecido en el art. 353 LSC. Ante la falta de consentimiento sobre el precio, el pacto de socios es posible que remita como criterio al valor de compraventas anteriores en el tiempo y similares en el porcentaje, al de las acciones o participaciones de la última ampliación de capital social-prima inclusive—, que fijen varios métodos de valoración —teórico contable o de mercado— y declaren aplicable el mayor de ellos o que indiquen la sumisión a un tercero diferente del experto independiente designado por el registrador mercantil.

Los límites aplicables en el *good leaver* serán los propios de la autocartera prevista para la sociedad de responsabilidad limitada en los arts. 140 a 143 LSC y en la sociedad anónima en los arts. 144 a 148 LSC, sin que termine de entenderse cuáles son los motivos de la distinta regulación entre unas y otras[781]. En el caso de las sociedades de responsabilidad limitada, aunque la adquisición de las participaciones del fundador fallecido no plantea problema

781 Sobre la escasa justificación de dicho trato diferenciado entre sociedades anónimas y sociedades de responsabilidad limitada, ver GARCÍA DE ENTERRÍA, J. e IGLESIAS PRADA, J., "Las sociedades de capital. Las acciones y participaciones sociales. Las obligaciones (II) *Lecciones de Derecho mercantil* Uría R. y Rojo. A., Cizur Menor, Aranzadi, 2015 p. 452

porque es uno de los supuestos legalmente previstos, en el caso de otras salidas como la voluntaria transcurrido el periodo de permanencia, pese a que se advierte la misma finalidad, como no es un ejercicio del derecho de separación en los términos del art. 348 LSC tampoco será una adquisición derivativa permitida con base en el art. 140.1 d) que tiene por objeto "participaciones de un socio separado o excluido de la sociedad" sino el ejercicio de una obligación de compra.

En supuestos como el citado solo será posible la transmisión si le acompaña la correspondiente reducción del capital social, lo que implica que los socios restantes acuerden dicha operación en junta y renuncien al derecho que les concede el art. 338 LSC. En caso contrario, la citada compraventa forzosa de participaciones ejecutada por la sociedad tendría la consideración de "nula de pleno derecho" ex. art. 140.2 LSC. Por tanto, salvo que los socios restantes, firmantes del pacto, en el ejercicio de su derecho de adquisición preferente adquieran tales participaciones, el coste que implica la ejecución de la transmisión forzosa por la *startup*, pone de manifiesto la necesaria modificación de *lege ferenda* del régimen de autocartera para tales sociedades limitadas[782]. La reforma de la autocartera llevada a cabo por la LFEEE, además de que solo es aplicable a aquellas compañías que reúnan las notas previstas en la norma, únicamente prevé la adquisición de acciones propias para la ejecución de un plan de retribución, por lo que tampoco facilita la salida del socio con base en una "*leaver clause*".

5.3.2. La "mala" salida y el derecho de exclusión

El *bad leaver* o cláusula de "mala" salida, a diferencia del anterior, contiene determinadas conductas en las que sí existe un incumplimiento por parte del socio fundador. En este sentido, es posible que la infracción afecte tanto a la prestación de servicios como a sus deberes fiduciarios en el caso de que ostente el cargo de administrador o a la vulneración de los compromisos asumidos en el propio pacto de socios. En tanto que la dedicación del fundador resulta fundamental para la consecución del fin social y la maximización de la aportación del inversor, es imprescindible que el pacto de socios establezca mecanismos correctores que sancionen y disuadan cualquier comportamiento obstruccionista y desleal.

782 La reforma proyectada en el ALCM es más favorable que el régimen vigente pues comprende, por ejemplo, en su art. 232-24 la posible adquisición de participaciones propias por el personal de una sociedad de responsabilidad limitada, si bien no lo prevé como adquisiciones permitidas expresamente, sino como excepción a los negocios prohibidos.

La finalidad también es muy parecida ya que en los dos casos tiene por objeto la salida del socio que incumpla sus obligaciones. Por su intermedio la sociedad o el resto de socios establecen como consecuencia jurídica anudada a la infracción del fundador la obligación de venta forzosa de sus acciones/participaciones a favor de la sociedad o de los socios restantes que, en su caso, ejerciten el derecho de preferencia que tengan reconocido.

En cuanto a su contenido, ambas alcanzan tanto al socio trabajador como al socio-administrador. Las causas legales de exclusión del socio previstas en el art. 350 LSC para las sociedades de responsabilidad limitada son, de un lado, el incumplimiento voluntario de las obligaciones propias de las prestaciones accesorias y, de otro, en el caso de que el socio ostente el cargo de administrador, la prohibición de competencia o la existencia de una sentencia condenatoria al pago a la sociedad en concepto de daños y perjuicios. Para las sociedades anónimas el único motivo de exclusión legal es el derivado de la falta de realización de los desembolsos pendientes[783]. Por su parte, el pacto de socios, señala con mayor detalle los supuestos determinantes y establece otras adicionales que versan sobre el respeto a su concreto contenido. En este sentido, puede distinguirse entre las causas vinculadas a su actividad profesional que no necesariamente encuentran reflejo en las prestaciones accesorias, a sus deberes fiduciarios en caso de que sea administrador, o las contractuales derivadas del propio pacto, como son el compromiso de dedicación mínima, exclusividad, no competencia, entre otros. Si bien, en otras ocasiones las partes prescinden de una redacción exhaustiva de los supuestos de *bad leaver* y optan por considerarla como cualquier otra causa distinta de las expresamente previstas en el *good leaver*[784]. En cualquier caso, no existe ningún impedimento para la incorporación de dichas causas a los estatutos sociales con base en lo dispuesto en el art. 351 LSC siempre que los socios respeten los requisitos para ello, esto es, que medie su consentimiento unánime y las determinen de forma concreta y precisa —art. 207.1 RRM—.

Ello no obstante, la previsión estatutaria de la "mala" salida no es una opción posible como causa de exclusión. A diferencia de lo que ocurre en la "buena" salida con respecto a la separación, en el ámbito de las *startup* el régimen legal de exclusión no es operativo porque la dinámica entre socios

783 GALLEGO SÁNCHEZ, E. y FERNÁNDEZ PÉREZ, N., *Derecho mercantil. Parte Primera.* Tirant lo Blanch, Valencia, 2019 p. 372

784 En este sentido, YATES, G. y HINCHLIFFE, M., *A practical guide to private equity transacions* Cambridge University Press, Reino Unido, 2010 pág. 153

mayoritarios y minoritarios no es la relevante, sino que prima el interés en atención a la condición de fundadores e inversores. Como el procedimiento de exclusión previsto en el art. 352 LSC está fundamentado en la protección de la mayoría ante abusos de la minoría, es evidente que resulta inútil si la disyuntiva queda planteada en otros términos —fundador e inversor—, salvo que, por casualidad, exista una alineación entre ambas posiciones. Como tal circunstancia no es frecuente, el socio inversor, en muchas ocasiones minoritario, carece en la práctica de medios reales para la exclusión del mayoritario si se repara en la trascendencia de la junta general para su materialización y el hecho de que el control lo ostentan los fundadores.

Aunque vinculen la aportación de trabajo a las prestaciones accesorias, difícilmente la junta general refrendaría cualquier acusación de incumplimiento que permita su exclusión con base en el art. 350 LSC. Además de dicho acuerdo de la junta general, si el socio fundador, cuya exclusión pretenden sus consocios inversores —o, incluso, otros fundadores—, tiene una participación igual o superior al veinticinco por ciento, será necesaria una resolución judicial firme que acredite la concurrencia de la causa. Por tanto, el régimen legal establecido es manifiestamente inservible para la exclusión del socio cuando el incumplidor es el mayoritario, que coincide habitualmente con el fundador en el ámbito de las *startup*, habida cuenta de la imposible formación de un consenso suficiente.

Pero la exclusión legalmente establecida también debe descartarse, no solo por una cuestión práctica, sino también porque resulta abiertamente incompatible con otra característica fundamental de la "mala" salida, concretamente, el precio que recibirá el socio por sus acciones o participaciones. Tal y como ha quedado de manifiesto, la sanción al socio incumplidor no se agota con su exclusión, sino que, como medida disuasoria del incumplimiento y a modo de una cláusula penal, la sociedad o los socios que ejerciten su derecho de preferencia se apropian del valor de las acciones o participaciones comprendido entre el nominal y el razonable o de mercado. Dicha posibilidad únicamente es viable en sede parasocial, pues la obtención del valor razonable es un derecho individual del socio, previsto en el citado art. 353 LSC, con un contenido mínimo que no puede reducirse por medio de una cláusula estatutaria[785]. Es más, incluso en un ámbito estrictamente contractual, en otras jurisdicciones, ha sido objeto de discusión la posible nulidad de dicha cláusula

785 Sobre la modificación estatutaria de los derechos del socio, en particular los de la minoría, vid. JUSTE MENCÍA, J. *Los Derechos de Minoría en la Sociedad Anónima*, Aranzadi, Cizur Menor, 1995 p. 180

penal por abusiva cuando, en atención a las cantidades, la detracción resulte desproporcionada o exorbitante[786].

Por consiguiente, el *bad leaver* solo es posible a través del procedimiento de transmisión de acciones o participaciones y encuentra como límites los citados anteriormente en relación con las adquisiciones derivativas. Aunque la crítica a la regulación vigente de la autocartera es igualmente válida, en el caso de la "mala" salida resulta menos problemática en la práctica por la ventaja que supone la compra de las cuotas de socio a un precio muy inferior. En este sentido, la posibilidad de compra por el valor nominal aumenta notablemente el interés de los socios restantes en el ejercicio de su derecho de preferencia, por lo que en muchas ocasiones no será necesario que la *startup* adquiera sus propias acciones o participaciones ni, por ende, que proceda a la correspondiente amortización o enajenación, de conformidad con el régimen legal establecido.

6. La opción de venta del inversor

Mientras que las cláusulas de salida —"*leaver clauses*"— tienen por objeto la separación o la exclusión del socio fundador o, en un sentido amplio, trabajadores con acciones o participaciones de la sociedad, el pacto de socios también contiene previsiones que facilitan la salida del socio inversor.

Aunque los concretos términos dependerán de cada caso particular y de la fuerza negociadora de las partes, lo normal es que la salida anticipada del inversor tenga lugar por medio de una opción de venta —"*put option*"—.

786 Sobre tal particular resulta de interés la sentencia del *Court of Session Escocés* (equivalente al Tribunal Supremo) en el asunto *Gray & Others, Re Braid Group (Holdings) Limited* [2016] que declaró ajustada a derecho la compensación por "mala" salida ante la exclusión de un socio administrador que fue condenado por un delito de soborno a altos funcionarios (*bribery offence).* Aunque sus acciones tenían un valor de mercado cercano a los veinte millones de libras, el socio saliente recibió por ellas su valor nominal, cercano a la décima parte del de mercado (£.2,4 m), por lo que interpuso una demanda para que los tribunales declarasen inaplicable la cláusula penal por desproporcionada. El tribunal, no obstante, aplicó el estándar fijado en el caso *Cavendish Square Holdings BV v Talal El Makdessi and ParkingEye Limited v Beavis* [2015] y declaró válida dicha penalidad en tanto en cuanto cumplía con los requisitos jurisprudencialmente señalados: que la pena procede del incumplimiento de una obligación contractual, en relación con el carácter accesorio de la cláusula penal y que no sea exorbitante. En atención a la gravedad del caso el tribunal escocés consideró la cuantía ajustada a derecho. Sentencia disponible en https://www.scotcourts.gov.uk/search-judgments/judgment?id=6c6e1ca7-8980-69d2-b500-ff0000d74aa7 (último acceso 18 de diciembre de 2020)

En el ámbito de las *startup* la opción de venta en interés del socio inversor obligará a los demás socios firmantes del pacto —generalmente, los fundadores— a la compra de sus acciones o participaciones por un precio determinado[787]. Su ejercicio puede vincularse con la producción de algún evento desencadenante —"*trigger event*"— previsto en el contrato, si bien nada impide que prevean la ejecución de la opción a la sola voluntad del inversor. La aquiescencia del fundador con su ejercicio *ad nutum* vendrá determinado por el precio de la compra forzosa, pues por lo general está referenciado con el valor nominal o, incluso, un valor simbólico. En la práctica, dicha cláusula tiene por objeto una rápida desvinculación del inversor de la *startup* ante escenarios no deseados que tengan un cierto coste reputacional[788].

Otra variante del citado derecho, menos común en la práctica y poco frecuente en las primeras etapas las *startup,* es el "derecho de redención —"*redemption right*"—[789]. A diferencia del supuesto anterior, en este caso el precio de recompra es más próximo al inicialmente pagado y tiene por finalidad la reducción del riesgo del inversor. Por su intermedio, supedita la inversión en la compañía a que le garanticen una salida con un retorno previamente pactado en el caso de que transcurrido un plazo determinado la compañía no hubiera alcanzado los objetivos previstos —ad. ex. una venta o salida a bolsa[790]—. Desde el punto de vista del fundador, la aceptación de tales cláusulas puede verse como un mal menor a la financiación bancaria, sin embargo, en

787 VINICIOS CRUZ, L., *Assimetria de Informaçoes em Investimentos Para Startups: Um estudo segundo a análise económica do Direito*, Brasil, Expert, 2023 págs. 203-204; Previsto para situaciones de desbloqueo, LUCEÑO OLIVA, J. L. y GUERRERO CAMACHO, E., "Los mecanismos contractuales para evitar las situaciones de bloqueo en las *joint ventures* o sociedades conjuntas. Un análisis de posibles cláusulas-tipo" en *Diario La Ley* n.º8610, 2015 pág. 6/11 consultado en www.smarteca.es

788 Como señala SOLANS CHAMORRO, L., "Contratos entre socios..." *Op. Cit.* pág. 41 tal sería el supuesto de escándalos mediáticos o imputación en procesos penales. También desde la firma de abogados Cuatrecasas reconocen tal opción como forma de desvincularse rápidamente ante situaciones de insolvencia por un precio simbólico. Véase, "Diez claves en la negociación de las operaciones de venture capital", 2022 pág. 18 disponible en https://www.cuatrecasas.com/resources/diez-claves-en-la-negociacion-de-las-operaciones-de-venture-capital-63a03391b41bd697714667.pdf?v1.37.1.1.20230110

789 FELD, B. y MENDELSON, F., *Venture deals... Op. Cit.* Pág. 83 Señalan lo poco habitual de estas cláusulas en las *startup*; Para mayor detalle sobre los "*redemption rights*" en los Estados Unidos véase SMITH, G. C. *Start-up & Emerging Companies. Planning, Financing and Operating the Successful Business,* Nueva York, Wiley, 2003 pág. 8-46 §8.04

790 FABOZZI, F. J., *Handbook of Finance..., Op. cit.* Pág. 567 señala que es la última opción cuando no hay otra alternativa viable porque el retorno siempre será menor que una IPO o una venta. Tambien, NADKARNI, S., *From Startup to Exit,* Estados Unidos, Harper Collins, 2021 Pág. 117

la medida en que su ejercicio tiene lugar cuando las métricas de la compañía o sus expectativas no son las esperadas, la salida del inversor generará evidentes tensiones de tesorería, en algunos casos difícilmente reversibles[791]. Precisamente por ello, cuando el inversor solicita la inclusión en el contrato de una opción de venta, pretenderá también el establecimiento de derechos sobre activos de la compañía o avales de terceros —piénsese en caso de un grupo de empresas—. Igualmente, por el horizonte temporal que tienen las entidades de *venture capital* y los compromisos que hubieran adquirido, la previsión de un *put option* es de utilidad como garantía de liquidez.

7. Derecho de liquidación preferente —"liquidation preference"—

Otra de las cláusulas previstas en interés de los inversores profesionales y que está presente en la gran mayoría de los pactos de socios es el derecho de liquidación preferente *"liquidation preference"*[792]. A pesar de su denominación, la citada cláusula no queda circunscrita únicamente a la fase de liquidación de la compañía, sino que comprende supuestos de liquidez en un sentido amplio, por lo que alcanza también a la venta de la *startup*. Y a diferencia de los pactos de relación señalados en los epígrafes anteriores la liquidación preferente no alude tanto a la decisión sobre la transmisión cuanto a la prelación en el cobro y la determinación de la cuantía.

El derecho de liquidación preferente podría definirse como aquel por el que su beneficiario, en caso de acontezca un evento liquidativo, tendrá preferencia frente al resto de los socios en la obtención de un retorno de su inversión. La cuantía dependerá del supuesto de liquidez, de la armonización con otros derechos pactados con el resto de inversores y de la propia redacción de la cláusula[793].

---

791 Sobre los efectos negativos de tales pactos desde la perspectiva del socio industrial, ERLÁIZ COTELO, I., "Las adquisiciones..." *Op. Cit.* pág 415 quien alude a que tales pactos pueden resultar contraproducentes porque no solo afectan desde un punto de vista económico sino que tienen incidencia directa en la convivencia entre los socios, con reflejo en los órganos de gobierno y, en suma, afectará a la gestión de la sociedad.

792 Destacan su presencia en la mayoría de pactos MANYÁ, R. y PERALTA, I., "Los derechos de liquidación preferente en start-ups" en *Mon jurídic. Revista del l´llustre Col.legi de l´Advocacia de Barcelona* n.º 341, 2022 pág. 56

793 Un ejemplo de cláusula de liquidación preferente, en España, DE ULLOA LAPETRA, G., "El pacto de socios..." *Op. Cit.* pág. 310; en Estados Unidos, FELD, B. y MENDELSON, F., *Venture deals Op. Cit.*. Pág. 45; También, en Italia, CARUSO, M., *L´impresa innovativa... Op. Cit.* Pág.168; En Alemania SCHNEIDER, J. *Startup Recht, Op. Cit.* pág. 236

Por lo que a su finalidad hace referencia, dicha cláusula tiene por objeto la protección de la inversión que tiene lugar en una ronda de financiación[794]. En este sentido, el derecho de liquidación preferente, de un lado, tutela los intereses del socio inversor en el caso de que la valoración *premoney* fuera muy elevada y, de otro, disuade a los fundadores de una venta apresurada de la compañía por un precio bajo, toda vez que la presente cláusula antepone su derecho de cobro con respecto a los demás socios[795]. Por consiguiente, esta cláusula, en el caso de producirse un evento de liquidez de la *startup,* si el escenario es positivo permite que el socio recupere como mínimo el capital invertido y, si por el contrario, es negativo, aunque en el peor de los casos reciba una cuantía menor a la aportada, lo hará con preferencia a los titulares de acciones o participaciones ordinarias.

Como presupuesto para la activación del derecho es necesario que tenga lugar el evento de liquidez conforme a lo previsto en el pacto de socios que, por lo general, comprenderá tanto la liquidación *stricto sensu* como la venta de la compañía —en un sentido amplio, con inclusión de determinadas modificaciones estructurales y de forma indirecta o directa con la enajenación de activos (*share* o *asset deal)*—[796]. Una vez advertido el evento desencadenante —*trigger event*—, el socio inversor como titular de acciones o participaciones preferentes tendrá un derecho al cobro cuya cuantía dependerá del tipo concreto de cláusula que hubieran pactado en el acuerdo de inversión. Los términos serán más o menos favorables a los intereses del inversor en función de circunstancias tales como el nivel de riesgo, la industria o el sector, la demanda de las acciones o participaciones de la *startup* o la valoración *premoney.*

En relación con el contenido de la cláusula, su concreta redacción atenderá a dos variables: el multiplicador y la posible participación en el reparto posterior. En este sentido, a modo de ejemplo, con respecto al multiplicador, si las acciones o participaciones preferentes fueran 2x, el socio inversor tendría derecho al doble de su inversión. En la práctica, no obstante, predominan las cláusulas que reconocen el derecho al cobro de lo inicialmente aportado (1x) y desde la perspectiva del fundador suele desaconsejarse la negociación de

---

794 SMITH, G. C., *Start-up & Emerging Companies... Op. Cit.* pág. 8-15

795 DE ULLOA LAPETRA, G., "El pacto de socios..." *Op. Cit.* pág. 271; SOLANS CHAMORRO, L., "Contratos entre socios..." *Op. Cit.* pág. 41

796 MIRANDA, D.,"La cláusula de *liquidation preference* en las operaciones de venture capital" 2018 disponible en https://www.osborneclarke.com/es/insights/la-clausula-de-liquidation-preference-en-las-operaciones-de-venture-capital

múltiplos superiores, aunque, a veces, sea necesario por las circunstancias concurrentes [797].

En cuanto a la segunda de las variables, si la liquidación fuera no participativa —*"straight preference"*— el inversor tendrá derecho al precio más alto de entre las dos opciones: la cuota de liquidación preferente o el importe que le correspondería a prorrata con el resto de socios si sus acciones o participaciones fueran ordinarias. Si, por el contrario, la liquidación fuera participativa, obtenido el retorno de la inversión —multiplicado o no en función de lo pactado—, participará además del importe del evento liquidativo como si sus acciones o participaciones preferentes fueran ordinarias[798]. Esta última cláusula, en la práctica, es conocida como —*"double dip preferred"*— porque como de manera gráfica se deduce de la traducción del término, el inversor "moja" dos veces, una por la cuota de la *liquidation preference* y otra por su participación en el reparto posterior[799]. Igualmente, existen fórmulas intermedias que limiten la participación del inversor a un máximo de retorno prefijado en el acuerdo —*"capped liquidation preference"*— de modo que alcanzado, por ejemplo, una cifra equivalente al doble de lo aportado —en función de lo pactado—, terminará su participación en el reparto[800].

Otra circunstancia relevante en relación con la liquidación preferente es la regulación de la concesión del mismo derecho a otros inversores en posteriores rondas de financiación. En la medida en que la *startup* recurra a las ampliaciones de capital para financiarse tendrá que pactarse cuál es la jerarquía en cuanto a la preferencia del cobro o cómo puede armonizarse el derecho de los titulares de acciones o participaciones preferentes que resulten de las diversas rondas. En consonancia con el dinamismo propio de los pactos de

797 SMITH, G. C., *Start-up & Emerging Companies... Op. Cit.* pág. 8-15; SOLANS CHAMORRO, L., "Contratos entre socios..." *Op. Cit.* pág. 41; FELD, B. y MENDELSON, F., *Venture deals, Op. Cit.* Pág. 53 consideran cualquier desvío de la modalidad *straight participating* como codiciosa y por tanto como una bandera roja frente al posible inversor; En cuanto a la opinión de expertos en el sector, véase VELASCO, J. J., "¿Qué son las cláusulas de liquidación preferente?" 2018 disponible en https://www.kewlona.es/2018/08/liquidacion-preferente-que-es/ o VENTURA, P., "Nos inventamos un nuevo tipo de Liquidation Preference: el Kolchon" 2017 disponible en www.blog.kfund.vc señala que el *liquidation preference* 1x podría considerarse el estándar.

798 ANDHOV, A. *Startup Law*, Estados Unidos, Elgar, 2020 pág. 258

799 Advierte sobre los riesgos del tándem entre el múltiplo y la participación SHELTERS, D., *Start-up guide for the technopreneur financial planning, decision making, and negotiating from incubation to exit,* Singapore, Wiley, 2013 capítulo 6, e-book consultado en https://learning.oreilly.com/

800 Véase FELD, B. y MENDELSON, F., *Venture deals, Op. Cit.* Pág. 83; Un ejemplo de cada una de las cláusulas, también en NADKARNI, S., *From Startup to Exit, Op. Cit.* Págs. 116-117

socios y su adecuación en lo posible con los estatutos, la entrada de nuevos inversores para la obtención de una mayor financiación implicará la novación del marco aplicable a las relaciones entre ellos y determinará que deba recalcularse cuestiones tales como la preferencia en el cobro. Además, el hecho de que el acuerdo de una ampliación de capital sea, generalmente, una materia reservada que requiera de la aceptación de los socios inversores, implicara que en la negociación de los términos de la ronda tengan en cuenta el privilegio de sus acciones o participaciones con respecto a las nuevas.

En relación con lo anterior, es posible que las partes arbitren su derecho de diversa forma[801]. Puede que la preferencia tenga lugar de modo que reciba un mejor derecho aquel inversor que entró en la *startup* en la ronda de financiación más próxima al evento de liquidez —"*standard seniority*—, de forma que, a modo de ejemplo los inversores de la serie C, tengan prioridad sobre los de la serie B. Otra posibilidad es que los inversores, con independencia de la serie de sus acciones o participaciones tengan un trato homogéneo en el ejercicio de la cláusula —"*pari passu seniority*— y si la venta o liquidación no permite la plena satisfacción de su derecho el retorno se hará a prorrata en proporción a lo que hubieran aportado[802]. Como fórmula híbrida entre las anteriores puede pactarse una prioridad escalonada —"*tiered seniority*"— en la que se agrupan en diversos niveles a inversores de rondas distintas para que cobren con preferencia a otros inversores, si bien el pago en cada nivel se lleva a cabo con base en el modelo de "*pari passu seniority*"[803].

Por lo que a la previsión estatutaria del derecho de liquidación preferente hace referencia, el reparto inequitativo está previsto en la liquidación *stricto sensu* por el artículo 392 LSC en la medida en que admite disposición contraria en los estatutos a una cuota proporcional a la participación de los socios en el capital social. En este sentido, cabe tanto la previsión de un privilegio cuantitativo que otorgue una cuantía superior a la que correspondería en función de la aportación como temporal que prevea el reembolso con preferencia a los socios ordinarios, de forma similar a la que *ex lege* tienen reconocidos los socios sin voto (art. 101 LSC).

---

801 SEIFERT, R. W., LELEUX, B.F. y TUCCI, C. L., *Nurturing Science-based Ventures,* Suiza, Springer, 2008 Pág. 281

802 Un ejemplo del modelo "pari passu" con varias series de acciones en PUCA, A., *Early stage valuation,* Estados Unidos, Wiley, 2020. pág. 124

803 Apunta el sistema de cobro escalonado en las adquisiciones de capital riesgo ERLÁIZ COTELO, I., "Las adquisiciones..." *Op. Cit.* Pág 409

Con respecto a la posible incorporación a los estatutos en el caso de que el evento liquidativo sea la venta de la compañía, no parece que debiera negarse dicha posibilidad —que, de hecho, está admitida en países vecinos[804]— siempre y cuando tenga lugar con base al procedimiento legalmente establecido. En este sentido, el artículo 94.2 LSC permite la creación de participaciones sociales y la emisión de acciones que confieran privilegios frente a las ordinarias —como ocurre en el presente caso—, pero requiere de las formalidades prescritas para la modificación de estatutos[805]. Por consiguiente, ante cada ronda de financiación, para que el contenido del pacto de socios sobre la presente cuestión pudiera reflejarse en los estatutos sociales, sería necesaria, en primer lugar, la mayoría legal reforzada prevista en el art. 199 LSC para las sociedades de responsabilidad limitada y el quórum de constitución reforzado y las mayorías según lo dispuesto, respectivamente, en los artículos 194 LSC y 201 LSC para las sociedades anónimas. Pero, además, en tanto que la presente medida afecta a los derechos individuales de los socios anteriores porque modifica el alcance de su posición en cuanto al reparto tras el evento liquidativo, sería preciso, también, que concurra el consentimiento individual de los afectados en el caso de que la *startup* sea una sociedad de responsabilidad limitada ex. art. 292 LSC y el de la mayoría de las acciones pertenecientes a la clase afectada si se tratara de una sociedad anónima. Además de la mención en los estatutos de las acciones o participaciones privilegiadas, junto a su emisión/creación sería necesario que especificasen su contenido de forma que quede clara la diversidad de derechos existentes entre los socios (art. 184 RRM)[806].

El límite a la autonomía privada y a la libre determinación de las reglas de reparto para su inclusión estatutaria podría advertirse en relación con los pactos "leoninos"[807]. Sin embargo, en el concreto ámbito de las *startup* no

---

804 En Italia, véase GIUDICI, P., AGSTNER, P. y CAPIZZI, A., "The Corporate Design of Investments in Startups: A European Experience" *ECGI Working Paper Series in Law* Working Paper N° 662/2022, 2022 disponible en https://papers.ssrn.com/sol3/papers.cfm?abstract_id=4256344 pág. 19

805 Aluden a la creación de clases de acciones y participaciones SOLANS CHAMORRO, L., "Contratos entre socios..." *Op. Cit.* pág.43; DE ULLOA LAPETRA, G., "El pacto de socios..." *Op. Cit.* pág. 271

806 SARAZÁ JIMENA, R., "Art. 94. Diversidad de Derechos" *Comentario a la Ley de Sociedades de Capital* (Dirs.) García-Cruces y Sancho Gargallo, Tirant lo Blanch, Valencia, 2021 pág. 1355; CAMPUZANO LAGUNILLO, A. B. "Diversidad de derechos (art. 94)" en ROJO-BELTRÁN (Dirs.) *Comentario de la Ley de Sociedades de Capital* vol. I, Madrid, 2011 pág. 801

807 Sobre los pactos leoninos como límite en el estricto ámbito de la liquidación societaria MUÑOZ PÉREZ, A. F., *El Proceso de Liquidación en la Sociedad Anónima*, Cizur Menor, Aranzadi, 2002 pág. 491

debiera considerarse como tal la habitual previsión del presente derecho de liquidación preferente —que, además, suele preverse en la variante 1x—. La incorporación de dicha cláusula en los estatutos no supone una derogación del derecho del socio a las ganancias con base en lo previsto en el art. 1691 CC —que, además, en el caso de tales compañías puede arbitrarse de muy diversas formas—, ni tampoco que el beneficiario perciba un interés como prohíbe el artículo 96.1 LSC, sino una postergación temporal y/o cuantitativa en el cobro. La renuncia a un sistema que vincule la participación en el capital social con el reparto de la cuota tras cualquier evento liquidativo o, incluso, la desviación de la proporcionalidad que, por defecto, establece el art. 392 LSC en la liquidación del haber social, viene amparada por la autonomía privada, no se opone a las leyes ni contradice los principios configuradores del tipo social elegido[808]. La reglamentación voluntaria encuentra justificación en la necesaria previsión de acciones o participaciones con derechos diferentes como la *liquidation preference* como presupuesto para la captación de capital[809], de modo que se advierten intereses jurídicamente relevantes que descartan cualquier posición abusiva de una de las partes —en este caso, los inversores que asumen un riesgo elevado— en la renuncia que llevan a cabo determinados socios. Por todo lo anterior, aun cuando no es una cuestión pacífica, parece que debiera admitirse su inclusión estatutaria[810].

En cualquier caso, la práctica muestra que, a pesar de la regulación de la cláusula, en no pocas ocasiones los socios de acciones o participaciones ordinarias también reciben parte de la liquidación aun cuando el evento liquidativo está por debajo del *liquidation preference*[811].

---

808 Sobre la modificación estatutaria que empeore o incluso excluya el derecho al reparto de la cuota, vid. GANDÍA PÉREZ, E. y MARTÍNEZ FLOREZ, A., "Art. 392. El derecho a la cuota de liquidación" *Comentario a la Ley de Sociedades de Capital* (Dirs.) García-Cruces y Sancho Gargallo, Tirant lo Blanch, Valencia, 2021 pág. 5403

809 SARAZÁ JIMENA, R., "Art. 94. Diversidad de Derechos..." *Op. Cit.* Pág. 1347

810 Un ejemplo de estatutos de una sociedad limitada con una cláusula de esta índole en el ámbito de una *spin-off* universitaria disponible en https://www.uam.es/BOUAM/I.1.05.-Acuerdo-5/Pleno-308-de-16-12-19-/1446795754686.htm?language=es&pid=1234892145844

811 FELD, B. y MENDELSON, F., *Venture deals*, *Op. Cit.* Pág. 53 consideran que es algo habitual entre los inversores reputados. En España, como ejemplo, sirva la medida anunciada por el fondo KFUND que, de forma gráfica, han denominado "Kolchón" y que prevén compartir su *liquidation preference* con fundadores y el capital riesgo informal de las primeras etapas (*BA y FFF*). Más información sobre las reglas de reparto en https://blog.kfund.vc/nos-inventamos-un-nuevo-tipo-de-liquidation-preference-el-kolch%C3%B3n-58e459b388ef

8. Derecho de mejor fortuna —cláusula "anti-embarassment"—

A diferencia de lo que ocurre en otras compañías, la participación en las *startup* tiene lugar, generalmente, de manera temporal, con un horizonte de salida determinado. De hecho, como se deduce de las cláusulas anteriores, los socios incorporan al pacto de socios mecanismos que faciliten la desinversión y, en su caso, por un precio que, *a priori*, consideran razonable —a modo de ejemplo, los casos de "buena" salida o la regulación de la preferencia en la liquidación—.

Sin embargo, la compleja valoración de las *startup,* de un lado, y la posible asimetría informativa entre socios fundadores e inversores, de otro —piénsese, en minoritarios que no tengan representación en órganos de gestión—, dificulta la obtención de un precio idóneo en el caso de que los segundos vendan sus acciones o participaciones.

Precisamente, como medio de protección frente al riesgo o la incertidumbre de que la venta haya tenido lugar a un precio notablemente inferior al de mercado, aunque no es muy habitual, es posible que, en interés del socio inversor, pacten un derecho de mejor fortuna, también conocido por su traducción del término anglosajón como cláusula anti vergüenza —"*anti-embarrassment clause*"—[812]. En virtud de la presente cláusula el vendedor tendrá derecho a parte de la plusvalía que el comprador de las acciones o participaciones hubiera obtenido en una venta posterior[813]. Y el comprador, de darse las circunstancias previstas en la cláusula, estará obligado al reparto de la plusvalía. En el ámbito de las *startup,* suele aludirse a la venta entre socios como protección frente a la asimetría informativa y el posible oportunismo del socio gestor, sin embargo, nada impide la incorporación del derecho en la transmisión con terceros —lo cual sería de utilidad ante operaciones con personas interpuestas—.

Se trata, por tanto, de una disposición accesoria vinculada a un contrato de compraventa cuya ejecución requiere de una segunda transmisión. Su ámbito de aplicación no queda circunscrito únicamente a las *startup,* sino que es común incluso en transmisión de acciones de otras compañías e, incluso, en el caso de venta de activos[814].

812 Vid. VÁZQUEZ LEPINETTE, T., *Aspectos contractuales... Op. Cit.* págs. 150-152

813 SOLANS CHAMORRO, L., "Contratos entre socios..." *Op. Cit.* pág.44

814 Como ejemplo reciente de dicha cláusula, véase la prevista en la venta de las torres de telefonía de Telefónica a la compañía norteamericana Américan Tower Inc, estructurada a través de una venta de acciones en 2021. Disponible en https://www.sec.gov/Archives/edgar/data/1053507/000105350721000026/exhibit1042.htm De manera similar, por la

Por lo que al contenido de la cláusula hace referencia, es necesario que regulen las circunstancias en las que el socio inversor beneficiario ejercite su derecho. En este sentido, es preciso que determinen el plazo durante el cual es posible que tenga lugar el reintegro al socio de parte del precio de la segunda venta. Habida cuenta del rápido crecimiento de la *startup*, el lapso temporal será inferior al de otras compañías con un modelo de negocio menos volátil[815]. Deberá, igualmente, señalarse cuál es el umbral a partir del cual procede el reparto con el beneficiario del derecho de la diferencia existente entre el precio de la primera y de la segunda transmisión. Y, en conexión con lo anterior, establecerán el porcentaje de participación en la plusvalía obtenida en la segunda venta, si debe repartirse de forma paritaria o, incluso, si es variable en función del momento en que tenga lugar la segunda transmisión de modo que cuanto más próximas en el tiempo fueran las operaciones, mayor sea la plusvalía que corresponda al inversor transmitente como titular del derecho[816]. Igualmente, es necesario que determinen en la cláusula el procedimiento de notificación al transmitente de la segunda venta de acciones o participaciones que activa su derecho a mejor fortuna[817].

La previsión de la presente cláusula tendrá lugar en el propio contrato de compraventa de acciones o participaciones entre el socio inversor saliente y el adquirente[818]. Además, es habitual que incluya penalizaciones que disuadan de posibles incumplimientos y, en su caso, sancionen comportamientos desleales como la ocultación de la venta o fijación de precios ficticios para que no resulte aplicable el derecho del beneficiario. Como refuerzo de la obligación de cumplimiento, nada impide su incorporación al pacto de socios de manera que quede constancia entre todos los firmantes que la venta de determinadas acciones o participaciones están sujetas a dicha cláusula e, incluso, puede establecerse

incertidumbre y la volatilidad en el norte de África y Oriente medio, también se plantea en la venta de activos en los países de tales regiones. Véase la nota del despacho de abogados Gibsonn Dunn "Investments in MENA-based assets: please proceed to the exit in an orderly fashion", 2019 https://www.gibsondunn.com/wp-content/uploads/2019/04/investments-in-mena-based-assets-please-proceed-to-exit-in-orderly-fashion.pdf

815 Según GARDOT, C. y PIERSON, C., "How to Save a Deal: Trends in Negotiating M&A Deal Financials in a World Ever More Full of Uncertainty" en *International In-house Counsel Journal* vol.14 n.º 55, 2021pág. 7 como mucho doce meses. Coinciden con dicho plazo, BEAUSANG, G. y EARLY, L., "How to bridge the valuation gap in Ireland´s thriving PE market", 2023 disponible en https://www.pinsentmasons.com/out-law/analysis/bridge-valuation-gap-in-ireland-thriving-pe-market

816 Apunta dicha posibilidad PLANA PALUZIE, A., "Cláusula de rescate o enriquecimiento injusto o de mejor fortuna en pactos de socios", 2016 disponible en http://www.leyesyjurisprudencia.com/

817 En este sentido, FELIU REY, J., *Los pactos parasociales... Op. Cit.* Pág. 231

818 SOLANS CHAMORRO, L., "Contratos entre socios..." *Op. Cit.* pág.44

la obligación de que la sociedad informe al beneficiario del derecho a mejor fortuna de que se ha producido la segunda venta[819]. En la medida en que, generalmente, está condicionada la entrada de nuevos inversores a la adhesión al pacto de socios, la inobservancia de la cláusula implicará, por consiguiente, un doble incumplimiento: el derivado del contrato de compraventa de acciones o participaciones y el propio del pacto parasocial, con la consiguiente aplicación de los mecanismos correctores contractuales y, en su caso, societarios.

9. La salida a bolsa

Uno de los escenarios deseados en el momento de constitución de una *startup* tanto por fundadores como inversores es la admisión de sus valores en el mercado bursátil. Aunque estadísticamente no es lo habitual en el ámbito de las *startup*[820], es necesario que aquellas que se hubieran consolidado y hubieran crecido lo suficiente para encontrarse, en términos económicos, frente a la última de las fases de su ciclo de vida, cuenten con una regulación que prevea las modificaciones que requiere la adaptación a tal situación tanto en un plano normativo como de negocio.

Pese a que en la práctica es común la referencia a la oferta pública de venta —OPV— como una posibilidad o un desenlace exitoso en las fases de *exit* o desinversión, no debe confundirse el presente escenario con otros que comprenden la salida del socio. A diferencia de la liquidación en sentido estricto o de la transmisión en sentido amplio (venta directa o indirecta —"*asset and share deal*"— y modificaciones estructurales) la salida a bolsa no tiene la consideración de un evento liquidativo que active la *liquidation preference* en interés del inversor, sino que su naturaleza es, en su caso, un evento de financiación[821].

819 Como ejemplo de dicha cláusula para la protección de universidades públicas españolas en caso de ventas posteriores de las EBTs o *Spin-Offs* en las que participaron, véase el Reglamento para el fomento de la creación de empresas spin-off de la Universidad de Salamanca, pág. 9 https://empleo.usal.es/docs/emprende/Reglamento_de_Creacion_de_Empresas_Ligadas_a_la_USAL.pdf o el contrato de socios entre la Universidad de Málaga y quienes formen parte de la EBT-UMA, pág. 7 https://www.uma.es/secretariageneral/normativa/propia/consejo/junio_2017/Anexo16.pdf

820 Como botón de muestra, véase las que cotizan en el BME Growth. Precisamente, con la finalidad de que las *startup* tengan conocimiento de esta vía de financiación y, en su caso, asesorarles en ello, el BME Growth cuenta con un programa llamado "Entorno Pre Mercado". Más información en https://www.entornopremercado.es/esp/Home

821 Aluden a la confusión en torno a su consideración como evento liquidativo y remarcan su condición como evento de financiación —*"funding event"*— FELD, B. y MENDELSON, F., *Venture deals, Op. Cit.* Pág. 48

En cualquier caso, la decisión por financiarse por medio de una oferta pública de venta tiene notables implicaciones legales que afectarán al *statu quo* del pacto de socios y obligará a la modificación de alguna de sus cláusulas como presupuesto necesario para la admisión a cotización de los valores de la compañía ad. ex. restricciones a la transmisibilidad y, por conveniencia, en su caso, modificaciones de *quórums* y mayorías[822]—.

Por consiguiente, la cláusula que regula la salida a bolsa puede definirse como aquella que disciplina los cambios necesarios para que la *startup* —en puridad, en muchos casos, *scaleup*[823]— cotice en el mercado bursátil. En la medida en que la OPV implica la adopción de medidas con reflejo directo en los pactos de organización y de relación entre socios, la presente cláusula tiene por objeto una readaptación de las posiciones entre fundadores e inversores medio de pactos tendentes, principalmente, a la protección de los segundos ante la pérdida de los mecanismos de protección con los que contaba cuando la *startup* era una sociedad cerrada.

Por lo que a su contenido hace referencia, la trasformación del tipo social de sociedad limitada a sociedad anónima obliga al canje de las participaciones por acciones. Pero, además, como paso previo a la oferta pública de venta, normalmente tendrá lugar la conversión de acciones preferentes-*"preferred stock"* en acciones comunes u ordinarias —*"common stock"*—. La conversión que, en otras circunstancias, podría considerarse voluntaria[824], en caso de una OPV la pactan como automática —*"mandatory conversion"*—, toda vez que es fundamental que las acciones sean ordinarias para que la compañía despierte el interés del mercado, las entidades colocadoras encuentren nuevos inversores[825] y con ello determinados socios lleven a cabo su salida. Por tanto, es necesario que quienes entraron en sucesivas rondas de financiación

822 Ante un capital más atomizado es lógico la adaptación de los umbrales al nuevo escenario. En este sentido, ERLÁIZ COTELO, I., "Las adquisiciones..." *Op. Cit.* Pág 419. También, REGGIARDO DENEGRI, A., "Los mecanismos de salida de las inversiones en el mercado de capital privado (private equity) y la experiencia peruana" en *Advocatus* n.º 125 pág. 190

823 VINICIOS CRUZ, L., *Assimetria de Informaçoes*...págs.. 174-175

824 MIRANDA, D.,"International series A round", 2018 pag. 8 disponible en https://www.accio.gencat.cat/web/.content/bancconeixement/documents/altres-publicacions/series-a-finance-rounds.pdf señala como los dos casos habituales de conversion voluntaria la liquidación preferente cuando el retorno sea mayor si optaran por las participaciones ordinarias, lo que puede dares en caso de derecho no participativo o con participación restringida —*"capped participating LP"*—. También, NADKARNI, S., *From Startup... Op. Cit.* Pág. 118

825 Como afirma NESHEIM, J. L., *High tech startup. The complete handbook for creating succesful new high tech companies* Nueva York, Free Press, 2000 pág. 123 las entidades colocadoras —*"underwriters"*— cuentan con la conversión de todas las aciones preferentes en comunes. También alude a la conversión como exigencia de las entidades colocadoras HILL, C. A. y

con derechos preferentes y los socios ordinarios prevean los términos de la conversión. Precisamente, una de las cuestiones más complejas en la práctica es la negociación de los umbrales que se aplicarán para la determinación del número de acciones que recibirán —"*conversion ratio*"— y de su precio —"*conversion price*"—[826].

Además de los términos de la conversión, otra de las cuestiones relevantes es la regulación de la preferencia en la venta de las acciones —"*registration right*"—. Por medio de la oferta pública de venta la compañía ofrecerá al mercado un número determinado de acciones de uno o varios accionistas y la presente cláusula establecerá los porcentajes o el sistema para que, a través de la operación, los socios procedan con la desinversión o salida. En puridad, dentro de los acuerdos sobre los "*registration rights*", de la práctica norteamericana, pueden advertirse dos variantes: "*demand rights*" y "*piggyback rights*"[827]. La primera de ellas, más agresiva y, por tanto, cuya negociación es más conflictiva, permite que el inversor exija a la sociedad que, transcurrido un determinado plazo desde que su inversión tuvo lugar, de darse las circunstancias, ofrezca sus acciones en una oferta pública de venta con independencia de que esa sea la estrategia de la compañía. La segunda, por el contrario, mucho más común en los pactos de socios, prevén que los socios inversores y, en ocasiones, fundadores, una vez acordada la salida a bolsa, ofrezcan una parte de sus acciones a la venta. Normalmente el socio inversor se reservará un derecho de preferencia en caso de salida a bolsa con un límite máximo de acciones registradas, pero no es infrecuente que pacten desinversiones parciales de ambos, de modo que los fundadores participen también del éxito de la compañía y obtengan cierta liquidez.[828]

En cualquier caso, la materialización de la oferta pública de venta dependerá en la práctica de las decisiones del banco de inversión en relación con

SOLOMON, S. D., *Research Handbook on Mergers and Acquisitions*, Estados Unidos, Elgar, 2016 pág. 136.

826 Como señalan FELD, B. y MENDELSON, F., *Venture deals, Op. Cit.* págs. 78 y 79 el emprendedor pretendrá un precio bajo para tener mayor flexibilidad mientras que el inversor querrá un precio elevado para tener un mayor control sobre los tiempos y los términos de la oferta pública de venta.

827 Vid. MILLER, E. L., *Lifecycle of a Technology Company. Step by step legal background and practical guide from startup to scale* Nueva Jersey, Wiley, 2008 Pág. 88; También, el blog del professor GORDON, J., "What is Piggyback Registration", 2022 disponible en https://thebusinessprofessor.com/en_US/business-transactions/piggyback-registration-definition

828 Aunque la cláusula, generalmente, se pacta en interés del inversor, como señala NESHEIM, J. L., *High tech startup... Op. Cit.* pág. 123 es habitual que con la salida estén todos en el mismo barco y registren sus acciones de forma conjunta.

la forma y el momento adecuado para que la operación tenga lugar al mejor precio[829]. En este sentido, los acuerdos que regulan las preferencias en la salida a bolsa y establecen límites cuantitativos y temporales, prevén que la ejecución de su derecho quede supeditado a la aprobación por el banco de inversión en función de su oportunidad con base en criterios de mercado —*"underwriters cut back provision"*[830]—.

De hecho, ante el riesgo de que la compañía pierda valor por una venta apresurada de las acciones es frecuente que pacten un periodo de bloqueo —*"lock-up period"*—. Desde un punto de vista económico, que los fundadores o un inversor significativo, desinviertan de la compañía inmediatamente después de su admisión a cotización probablemente genere una situación de incertidumbre que afectaría al valor de las acciones y dificulte la labor del banco de inversión. Por ello, suele fijarse un plazo inicial de bloqueo entre noventa y ciento ochenta días desde la salida a bolsa[831]. E, incluso, como muestra del compromiso de los *insiders* con la compañía a largo plazo puede que pacten su permanencia en la sociedad durante un tiempo superior, también por la importancia del mantenimiento de los fundadores y determinados socios como personal clave. En cualquier caso, en dicho supuesto normalmente permiten que lleven a cabo desinversiones parciales[832].

829 En este sentido, ERLÁIZ COTELO, I., "Las adquisiciones..." *Op. Cit.* pág 417 quien además señala que no es infrecuente que a la oferta pública de venta le acompañe una oferta pública de suscripción para que la compañía obtenga financiación adicional. Aluden también al asesoramiento del banco de inversión en las operaciones de venta BOTELLA-CARRUBI, D., MAQUED-LLONGO, A. y VALERO-MOYA, A. "Financing rounds with private capital" *Financing startups. Understanding strategic risks, funding sources, and the impacto f emerging technologies,* (Eds.) Lassala y Ribeiro Navarrete, Suiza, Springer, 2022 pág. 20

830 MILLER, E. L., *Lifecycle of a Technology Company... Op. Cit.* pág. 88

831 Vid. IANNOTA, G., *Investment banking. A guide to underwriting and advisory services* Heidelberg, Springer, 2010 Pág. 68; Sobre la incidencia del period de bloqueo en las OPV en España, ver RUIPEREZ, R., "Hablemos de las OPV, ¿grandes oportunidades? 2019 disponible en https://www.fellowfunders.es/blog/2019/11/21/opv-grandes-oportunidades/

832 A modo de ejemplo, los socios de la compañía tecnológica Indexa pactaron un bloqueo de tres años con su salida al BME Growth en 2022. Más información en https://www.lainformacion.com/emprendedores/indexa-capital-recluta-fellow-funders-renta-4-para-salida-a-bolsa-2023/2874767/

Capítulo VI
PACTOS DE ATRIBUCIÓN

I. CARACTERIZACIÓN

De conformidad con la clasificación aquí seguida, el tercer grupo de pactos parasociales comprende los pactos de atribución que son aquellos por los que los firmantes procuran determinadas ventajas a la sociedad[833].

A diferencia de los pactos de relación en los que en algunas cláusulas podía advertirse de forma indirecta efectos positivos a favor de la sociedad, en este caso la sociedad es destinataria directa de la prestación de dar, de hacer o de no hacer que hubieran pactado. En este sentido, es posible que prevean, entre otras cláusulas, la prestación de servicios de los fundadores a favor de la sociedad, su dedicación exclusiva, una obligación de no competencia o, por lo que a los inversores respecta, un compromiso de financiación adicional en caso de que requieran más fondos para el desarrollo del objeto social. Precisamente, por el contenido de tales pactos, aunque estén previstos en la esfera parasocial[834], nada impide que las partes si lo consideran oportuno instrumentalicen dichas conductas, además, como prestaciones accesorias de modo que cuenten, ante el incumplimiento, con las sanciones previstas en la legislación societaria[835].

Igualmente, en la medida en que la sociedad es beneficiaria de las obligaciones asumidas por los firmantes, los pactos de atribución reúnen estipulaciones a favor de tercero por lo que los administradores, como representantes orgánicos exigirán su cumplimiento en caso de que los obligados inobserven su contenido. Así, frente al principio de relatividad de los contratos que declara el pacto como *res inter alios acta* para la sociedad, el párrafo segundo del artículo 1257 CC permite que el pacto de atribución alcance una eficacia que va más allá de las partes y faculta al beneficiario a que reclame el cumpli-

833 PAZ-ARES, C., "El enforcement de los pactos..." *Op. Cit.* pág. 20; MARTÍNEZ ROSADO J., *Los pactos parasociales, Op. Cit.* pág. 49

834 OPPO, G., *I contratti parasociali... Op. Cit.* pág. 9 señala entre los motivos que subyacen a su previsión parasocial, la ausencia de publicidad a diferencia del contrato de sociedad o una modificación más ágil y flexible de su contenido.

835 SOLANS CHAMORRO, L., "Contratos entre socios..." *Op. Cit.* Pág. 50

miento de la prestación "siempre que hubiese hecho saber su aceptación al obligado antes de que haya sido aquella revocada"[836].

II. PRESTACIÓN DE SERVICIOS A FAVOR DE LA SOCIEDAD

Dentro de los pactos de atribución los firmantes regulan, en primer lugar, la dedicación de cada uno de ellos en la propia sociedad. En la medida en que en el ámbito de las *startup*, como suele decirse metafóricamente "es más importante el jinete que el caballo" los socios inversores exigirán una conducta determinada a los fundadores para que participen activamente en el desarrollo de la compañía[837]. De este modo, aunque el beneficiario directo de la cláusula de prestación de servicios es la propia sociedad —y de ahí su inclusión en los pactos de atribución—, la exigencia de su previsión en el pacto de socios procede de los socios inversores quienes, como medio de protección de su aportación, condicionan su entrada en el capital social a que los fundadores asuman determinados compromisos de *facere,* toda vez que es precisamente su cualificación, experiencia y su idea de negocio lo que ha determinado su inversión[838].

El presente pacto puede definirse como aquel por el que los firmantes acuerdan la vinculación de los fundadores y otros socios relevantes en el desarrollo del negocio —*"personal clave"*— con el proyecto de la *startup* y regulan las condiciones y los términos de los servicios que prestarán en la compañía. Aunque generalmente suele especificarse en un anexo al pacto de socios, indicarán, en atención a su *expertise*, el área funcional de cada uno de ellos con mención de las tareas que les corresponden —por ejemplo, la condición como responsable de la parte tecnológica que corresponde al *CTO,* o la financiera propia del *CFO*—, si dicha prestación será retribuida, el número de horas, entre otras cuestiones. Igualmente, el desarrollo de la presente obligación asumida en el pacto de socios estará reflejado en el contrato laboral o de prestación de servicios que vincule al socio con la sociedad.

836 *In extenso,* sobre los pactos parasociales a favor de la sociedad, FLORES SEGURA, M., "Los pactos parasociales a favor de la sociedad" *Estudios jurídicos en memoria del profesor Emilio Beltrán. Liber Amicorum.* (Coords.) Ángel Rojo y Ana Belén Campuzano, Valencia, Tirant lo Blanch, 2015 págs. 241-263. También, MARTÍNEZ ROSADO J., *Los pactos parasociales, Op. Cit.* pág. 169

837 BLAKE, T., *Successful startup. A recession-proof guide to starting, surviving & thriving in your own venture* California, New World,2020 pág. 115

838 Como afirma, de forma rotunda, FELIU REY, J., *Los pactos parasociales... Op. Cit.* Pág. 236 "se invierte por el equipo gestor".

En cualquier caso, la previsión de la cláusula de prestación de servicios nunca tiene lugar de forma aislada pues, para una mayor efectividad, suele pactarse junto a otras obligaciones conexas como la cláusula de permanencia —"*lock-up*"—, exclusividad o no competencia.

En cuanto a la delimitación subjetiva de la cláusula es importante la distinción entre los fundadores que forman parte del consejo de administración y quienes no están presentes en dicho órgano. Y ello porque, en el caso de que el fundador sea, a su vez, administrador de la sociedad, la previsión de su prestación de servicios a favor de la *startup* requerirá del cumplimiento de los requisitos establecidos en la Ley de Sociedades de Capital. En este sentido, desde un punto de vista material, el contrato de prestación de servicios no tendrá por objeto las funciones propias de gestión y representación de la sociedad en tanto que ello ya forma parte del contenido propio del contrato de administración. La prestación de servicios, por tanto, vendrá referida a otras distintas a las inherentes al órgano que suelen vincularse a su cualificación técnica para el desarrollo del producto o servicio que ofrece la compañía[839].

Ello no obstante, aunque no se advierta confusión de funciones entre las propias del contrato de administración y el de prestación de servicios, en la medida en que la sociedad celebra un contrato con el administrador, resulta necesaria la obtención de la preceptiva autorización por la advertencia de una posible situación de conflicto de interés. Con base en lo previsto en los artículos 220 LSC y 230.2 LSC es lícito que la sociedad lleve a cabo dicha transacción con su administrador siempre y cuando cuente con el beneplácito de la junta general —salvo en el caso de sociedades anónimas cuando el contrato de obra no exceda del diez por ciento de los activos sociales, en cuyo caso la autorización puede concederla el órgano de administración—[840]. En cuanto al *quorum* y la mayoría necesaria para la autorización, según el régimen legal bastaría, en principio, una mayoría ordinaria, sin embargo, en el ámbito de las *startup* no es infrecuente la consideración de las decisiones que afecten al órgano de administración como materia reservada que requiere de una mayoría reforzada de la junta general o del órgano de administración,

839 Ello no obstante, la delimitación material entre las funciones de los dos contratos no es una cuestión sencilla. Como advierte GARCÍA-CRUCES, J. A., "La prestación de otros servicios por los administradores sociales y su remuneración" en *RdM*, n.º309, 2018 pág. 167 la delimitación debe ser objeto de una cuidada valoración en función de cada caso concreto y tras el análisis de los criterios de jerarquía, dimensión empresarial y cualificación técnica.

840 Vid. JUSTE MENCÍA, J., "Régimen de imperatividad y dispensa" en *Comentario de la reforma del régimen de las sociedades de capital en materia de gobierno corporativo* (Coord.) Juste Mencía, Madrid, Aranzadi, 2015 consultado en www.proview.thomsonreuters.com

según el caso. Para el resto de fundadores o socios que presten sus servicios en la sociedad, pero no forman parte del órgano de administración, no será preceptivo el citado procedimiento, sin perjuicio de que si la remuneración del personal clave excediera de determinada cantidad también es posible su previsión como materia reservada que requiera de la aquiescencia de socios fundadores e inversores para su contratación[841].

Para una vinculación de la dimensión laboral con la esfera societaria no solo de los fundadores, sino también del personal clave, es común el recurso a dos instrumentos que, en relación con la prestación de servicios, podría asimilarse de forma gráfica a la política de la "zanahoria y el palo": la cláusula de consolidación de acciones/participaciones y el establecimiento de prestaciones accesorias.

El primero de ellos, característico de las *startup* condiciona parte de la retribución —el componente variable— a la permanencia del socio/trabajador en la compañía y al cumplimiento de determinados objetivos, de modo que incentiva su dedicación en ella. Así, por medio de la cláusula de *vesting* —objeto de análisis en otra parte del trabajo— el socio consolidará progresivamente los derechos de sus acciones o participaciones, por lo que cuanto más tiempo permanezca en la sociedad, mayor será la contraprestación que reciba derivada de su participación en el capital social. Y si, por el contrario, abandona la *startup* antes del primer año, no tendrá derecho a compensación alguna vinculada a las acciones o participaciones —en el caso de que, como es práctica habitual, hubieran pactado un periodo de carencia (*"cliff"*) de un año—.

El segundo, con una finalidad más disuasoria, implica la vinculación de la actividad de los fundadores a su condición de socio por medio de las prestaciones accesorias, de modo que los inversores aumenten el contenido obligatorio de sus consocios más allá de la obligación básica de aportación al capital social[842]. El establecimiento de prestaciones accesorias puede que sea de utilidad como complemento del instrumento anterior —el *vesting*—, toda vez que desincentiva cualquier comportamiento diferente al normal desarrollo de las funciones asumidas en el contrato laboral o mercantil de prestación de servicios, so pena de una consecuencia jurídica notablemente más

841 DE CACHAVERA, J. L., "Un pacto de socios "justo" para startups (cap. 2)" disponible en https://startupxplore.com/es/blog/como-hacer-un-pacto-de-socios-clausulas-generales-y-funcionamiento-de-la-sociedad/

842 Sobre esta práctica en las sociedades familiares, vid. SÁNCHEZ RUIZ, M., "Estatutos sociales..." *Op. Cit.* Págs. 53-54

gravosa. En este sentido, mientras que la inobservancia de los compromisos adquiridos en el caso anterior únicamente conllevaría la no obtención de los beneficios de las acciones o participaciones pendientes de consolidación, el incumplimiento de las prestaciones accesorias afecta a su esfera societaria, es posible que incluya una cláusula penal disuasoria[843] e, incluso, en casos graves podría considerarse como causa de exclusión[844]. La instrumentalización de la conducta del socio trabajador con las prestaciones accesorias puede llevarse a cabo, de manera directa, mediante la vinculación *ad hominem* o circunscrita a las acciones o participaciones y con determinación clara y precisa del contenido de la obligación de hacer en los estatutos sociales[845]. Otra opción, que ha adquirido relevancia en los últimos tiempos y que resulta especialmente idónea por su flexibilidad para las compañías emergentes ante la posible entrada de personal clave en el capital social es la vinculación indirecta del compromiso de prestación de servicios con las prestaciones accesorias por medio de la obligación de todo socio de adherirse al pacto de socios, de suerte que el incumplimiento de las conductas asumidas en el pacto permita la exclusión del socio incumplidor. Tal posibilidad ha sido admitida por la doctrina registral en el ámbito de la empresa familiar como muestra la RDGSJFP de 26 de junio de 2018[846]. Y en los mismos términos el artículo 11 de la LFEEE, admite la inscripción de las cláusulas estatutarias que incluyan una prestación accesoria sin más límite que el señalado por el Centro Directivo, esto es, que el contenido del pacto esté identificado de forma perfectamente cognoscible por todos los socios[847]. En cualquier caso, frente a posibles resistencias en la práctica en torno a la validez de esta segunda opción, nada impide, la inclu-

843 Sobre el alcance de la cláusula penal, véase PEÑAS MOYANO, M. J., *Las prestaciones accesorias en la sociedad anónima,* Cizur Menor, Aranzadi, 1996 págs. 361-364

844 Como señala RECALDE CASTELLS, A., "Artículo 25. "Modificación de la obligación de realizar prestaciones accesorias" *Comentario a la Ley de Sociedades* Anónimas (Coords.) Ignacio Arroyo, José Miguel Embid y Carlos Górriz, Madrid, Tecnos2009 pág. 377 para la excusión de socio debe atenderse a la entidad cuantitativa y cualitativa

845 PEÑAS MOYANO, M. J., "Carácter estatutario (art. 86)" en ROJO-BELTRÁN (Dirs.) *Comentario de la Ley de Sociedades de Capital* vol. I, Madrid, Aranzadi, 2011 pág. 738

846 Para un análisis en profundidad de la citada resolución, véase PÉREZ MILLÁN, D., "La inscripción de la prestación accesoria de cumplimiento de un protocolo familiar" Comentario de la Resolución de la Dirección General de los Registros y del Notariado de 26 de junio de 2018 (RJ 2018, 3648)" en *RdM* n.º311, 2019 págs. 482 y ss. En contra del sentido de la resolución, EMPARANZA SOBEJANO, A., "Art. 86. Carácter estatutario", *Comentario a la Ley de Sociedades de Capital* (Dirs.) García-Cruces y Sancho Gargallo, Valencia, Tirant lo Blanch,2021 pág 1228

847 En el ámbito de las *startup* en un sentido amplio —no solo circunscrito a la calificación de empresa emergente conforme a la norma referida—, donde predomina, además, el carácter multilateral del pacto, no tendría sentido un tratamiento diferenciado con respecto a las sociedades familiares

sión de ambas como prestaciones accesorias de modo que la obligación de hacer de los fundadores quede específicamente prevista como tal[848].

La vinculación de contratos de prestación de servicio con el capital social y la condición de socio, sin embargo, no es únicamente una medida favorable a los intereses de los inversores en relación con el compromiso de los fundadores. En este sentido, es posible que por falta de liquidez la *startup* pacte como contraprestación por la realización de determinada obra o servicio la entrega de acciones o participaciones. A través de la fórmula *"equity for services"*, los profesionales contratados —ad. ex. consultores, programadores, expertos en marketing...— recibirán las acciones o participaciones sociales tras un aumento de capital social por compensación de créditos. E, igualmente, para la adquisición de las acciones o participaciones será necesario su adhesión al pacto de socios[849]. De todas formas, por las dificultades existentes en la negociación de los términos y el problema que implica la entrada de terceros con un perfil distinto al de los inversores profesionales, en la práctica se aconseja que los miembros de la *startup* no hagan uso de esta fórmula más allá de lo estrictamente necesario[850].

Por lo que al incumplimiento de la prestación de servicios hace referencia, debe distinguirse en función de si media o no la voluntad del obligado[851]. Así, en caso de interrupción de la prestación de servicios por causa involuntaria —por ejemplo, incapacidad o fallecimiento—, lo normal es su previsión como supuesto de buena salida —*"good leaver"*— que arbitra la desinversión del socio o, en su caso, sus causahabientes por el valor razonable de sus acciones o participaciones. Por el contrario, la inobservancia voluntaria del compromiso de prestación de servicios está considerado como un caso de mala salida

848 En este sentido se pronuncia SOLANS CHAMORRO, L., "Contratos entre socios..." *Op. Cit.* Págs. 50-51 que como medio para evitar problemas prácticos con la inscripción registral aboga por incluir también como prestación accesoria aquellas obligaciones que sean particularmente relevantes para la *startup*.

849 SOLANS CHAMORRO, L., "Contratos entre socios..." *Op. Cit.* Pág. 47; También, MESTRE, R., "El valor del services for equity para las startups", 2022 consultado en https://www.aktion-legal.com/el-valor-del-services-for-equity-para-las-startups/

850 En este sentido, DEEB, G., *Startup Lessons. #102 —#202 An Entrepreneur´s Handbook*, 2015 e-book Lesson#115 quien lo limitaría a aquellos proveedores de servicios que puedan ser útiles en el largo plazo como, por ejemplo, programadores o informáticos en lugar de compañías que presten servicios puntuales.

851 Ello también es extensible a la regulación de la rescisión parcial en las compañías colectivas, donde se hace necesaria la precisión de la causa de la ausencia del socio. Sobre la exclusión del socio por ausentarse de su obligación de prestar oficios en la sociedad, véase la obra del profesor GARCÍAVILLAVERDE, R., *La exclusión de socios. Causas legales*. Madrid, RDU, 1977 págs. 125-129

—"*bad leaver*"— que, a diferencia del supuesto anterior, lleva aparejado un precio punitivo.

Igualmente, las consecuencias derivadas del incumplimiento de la presente obligación también dependerán en función de la opción por el régimen legal de exclusión o el habitual en el pacto de socios. En este sentido, como ha quedado de manifiesto en otra parte de esta obra, debe repararse también en la falta de alineación de la salida prevista en el pacto de socios con respecto al procedimiento de separación y exclusión de la Ley de Sociedades de Capital, especialmente en relación con los casos de mala salida[852]. Por consiguiente, la opción por la instrumentalización de la dedicación del socio directa o indirectamente como prestación accesoria implicará que su exclusión deba adecuarse a lo previsto en los artículos 350 LSC y siguientes, de conformidad con lo establecido en la citada RDGSJFP de 26 de junio de 2018 que no admiten un precio diferente al valor razonable y sujeta el procedimiento a los requisitos legalmente establecidos. Por el contrario, la previsión como "*bad leaver*" en el pacto de socios establece, como consecuencia jurídica anudada a la infracción del obligado, la venta forzosa de sus acciones/participaciones a favor de la sociedad o de los socios restantes que, en su caso, ejerciten el derecho de preferencia que tengan reconocido. Además, en este caso, lo harán por un precio muy inferior en comparación con los supuestos de buena salida pues, como mecanismo punitivo, la venta forzosa expropia al socio infractor del valor de sus acciones o participaciones que media entre el valor nominal y el de mercado.

III. CLÁUSULA DE NO COMPETENCIA

Junto a la cláusula que regula la prestación de servicios por parte de los socios fundadores y del personal clave, es práctica habitual que prevean también un compromiso de no competencia en relación con la actividad que llevan a cabo en la compañía.

En la medida en que la rentabilidad de la inversión está inexorablemente vinculada al capital humano que desarrolla el modelo de negocio, la partici-

852 En cuanto a la buena salida, al margen del supuesto de fallecimiento que seguiría otro cauce, es posible la exclusión del socio por causa involuntaria siempre y cuando así se hubiera pactado expresamente en los estatutos, ex. art. 89.2 LSC. Sobre tal particular, EMPARANZA SOBEJANO, A., "Art. 89. Modificación de la obligación de realizar prestaciones accesorias" *Comentario a la Ley de Sociedades de Capital* (Dirs.) García-Cruces y Sancho Gargallo, Valencia, Tirant lo Blanch, 2021 pág. 1255

pación de fundadores y personal clave en compañías competidoras resultaría notablemente perjudicial para la *startup*. En este sentido, el hecho de que otras mercantiles ofrezcan los mismos productos o servicios que la *startup* tendrá incidencia tanto en el precio como en la cuota de mercado. Y las consecuencias serán todavía más graves en el caso de que la actividad termine con la concesión de un derecho de propiedad intelectual que confiera la exclusiva a su titular en detrimento de los competidores —piénsese en el monopolio de explotación de una patente—.

Con la intención de evitarlo, los socios inversores no solo tendrán interés en el mantenimiento del trabajo de los fundadores en la *startup* mediante el compromiso de prestación de servicios, sino también en el hecho de que no trabajen para compañías competidoras[853].

Por tanto, la cláusula de no competencia puede definirse como aquella por la que los firmantes asumen una obligación de no hacer consistente en la no prestación de servicios en sociedades que compitan con la *startup* mientras estén ligados a ella e, incluso, una vez finalizada su relación contractual de trabajo y su vínculo societario tras la venta de las acciones o participaciones.

Desde un punto de vista subjetivo, en el caso de que los fundadores estén en el consejo de administración, dicha obligación formaría parte del contenido básico de su deber de lealtad ex. arts. 228 y 229 LSC. Sin embargo, es práctica habitual su previsión en todo pacto de socios con independencia de su condición como miembros del órgano, así como su extensión al personal clave aun cuando no sean socios de la sociedad con la incorporación de tal cláusula en el contrato laboral o mercantil de prestación de servicios.

Igualmente, con un fundamento similar a lo previsto en el epígrafe anterior, vigente la relación contractual con la *startup* nada impide que las partes aumenten las obligaciones de los firmantes que tengan la condición de socio por medio del establecimiento de una prestación accesoria de no hacer consistente en la prohibición de competencia[854]. Ello implicará, también, el necesario reflejo de la obligación en los estatutos de la sociedad con una deter-

853 En relación con las causas que justificarían la dispensa de administradores competidores, véase GONZÁLEZ FERNÁNDEZ, M. B., "El socio administrador que compite con su sociedad. Una propuesta de interpretación finalista de las prohibiciones de voto" *RdS* n.º 56, 2019 consultado en https://proview.thomsonreuters.com/

854 De hecho, es la obligación de no hacer más característica y como señala ALFARO ÁGUILA-REAL, J., "Las prestaciones accesorias" en *Almacén del Derecho,* 2015 disponible en https://almacendederecho.org/lecciones-las-prestaciones-accesorias permite la aproximación de las relaciones internas de la sociedad limitada con las de una sociedad colectiva.

minación clara y precisa de su contenido —véase la RDGSJFP de 24 de enero de 2018 que denegó la validez de la prestación accesoria por tal motivo—, si bien, a diferencia de la obligación de hacer consistente en la vinculación del trabajo en la sociedad, en relación con el presente compromiso de no competencia, no suele preverse remuneración alguna [855].

En cualquier caso, si bien es sencillo que los firmantes mantengan tal conducta omisiva vigente la relación laboral y constante la condición de socio, mayores problemas plantea su extensión una vez termina el vínculo con la sociedad. En la medida en que persistan los riesgos anteriormente señalados, parece razonable que los socios inversores quieran protegerse ante una salida anticipada de los fundadores o de trabajadores clave que, por su conocimiento o cualificación, entren en el capital social o en nómina de una compañía competidora o, incluso, funden su propia sociedad.

Para la validez del pacto de no competencia post-contractual, no obstante, es necesario que su contenido no contravenga los límites legalmente establecidos que dependerán de la naturaleza del contrato que vinculó al obligado con la *startup*. En el caso de un contrato laboral, en consonancia con lo previsto en el art. 21.2 del Estatuto de los Trabajadores, es necesaria la concurrencia de tres requisitos: i) que la duración de la obligación no exceda de dos años para los técnicos —lo que comprendería empleados clave de las *startup* como personal cualificado—; ii) que exista un efectivo interés industrial o comercial por parte del empresario; iii) que compensen económicamente al trabajador de forma adecuada[856]. Las mismas exigencias están previstas para los contratos suscritos con el personal de alta dirección —así, por ejemplo, parte del personal identificable con acrónimos que, a diferencia

855 En cierta medida es lógico porque la no competencia de los fundadores podría considerarse como parte de la buena fe contractual.

856 En este sentido, la STS, Sala de lo Social, 20 de junio 2012 (Rec. 614/2011)que, en relación con un posible incumplimiento de la obligación de no competencia post-contractual resolvió que el contrato debía considerarse nulo en tanto que la retribución mensual era manifiestamente insuficiente en comparación con el sacrificio soportado. Igualmente, como señaló también en la STS, Sala de lo Social, 893/2016 de 26 de octubre, la compensación adecuada también se proyecta sobre la cantidad que debería abonar el trabajador a la empresa en caso de incumplimiento, de modo que debe existir una proporción entre la remuneración que recibe y la penalidad que abonaría en caso de infracción de la obligación de no competencia postcontractual. Como ejemplo en Dinamarca, ANDHOV, A., *Startup... Op. Cit.* pág 107 indica como compensación mensual adecuada un 60% del salario mensual. En España, DE ULLOA LAPETRA, G., "El pacto de socios..." *Op. Cit.*pág. 282 señala como una fórmula poco explorada y beneficiosa "acordar con el socio emprendedor que una parte de la retribución anual que se acuerde entre las partes se abone en concepto de competencia post-contractual".

del consejero delegado, no formen parte del órgano de administración[857]— con base en los dispuesto en el artículo 8.3 del Real Decreto 1382/1985, de 1 de agosto, por el que se regula la relación laboral de carácter especial del personal de alta dirección[858]. En relación con contratos mercantiles de prestación de servicios celebrados con los administradores ante la falta de regulación, por analogía, es normal que fijen condiciones similares que concilien el interés del inversor con los derechos constitucionales del afectado —libertad de empresa y derecho al trabajo—. Por consiguiente, los pactos de no competencia post-contractual de los administradores podrán impedirle que ocupe cargo en compañías mercantiles dedicadas al mismo sector o que pudiera considerarse competidoras, pero debe circunscribirse a una duración y un ámbito territorial y material razonable. Igualmente, aunque no afecta a la validez de la cláusula, es necesario que fijen adecuadamente el umbral de la cláusula penal, especialmente en los contratos sujetos a la normativa laboral toda vez que, según la jurisprudencia reciente del Alto Tribunal, es posible su moderación cuando la cifra resulte desproporcionada y abusiva[859].

El pacto de no competencia post-contractual también suele extenderse a los socios aun cuando no tengan relación contractual laboral o de prestación de servicios, en el caso de que la venta de sus acciones o participaciones pueda considerarse como una transmisión del paquete de control[860]. Tal

857 Así, por ejemplo, entre otros, el *CTO* o *chief technology officer* es el responsable de tecnología de la compañía, mientras que el *CFO* o *chief financial officer* es el director financiero, el COO o *chief operating officer* es el director de operaciones que supervisa la creación y distribución de productos. Aunque en ocasiones no es sencilla la línea entre el contrato de naturaleza común y el de alta dirección, para más información del contenido de las siglas de cargos en estas compañías, ver MORE, M., "CEO, CFO, CIO, COO y otras siglas de altos cargos" 2022 disponible en https://www.iebschool.com/blog/ceo-cfo-cio-cto-digital-business/

858 De conformidad con la jurisprudencia del Tribunal Supremo, los requisitos esenciales de validez del pacto de no competencia post-contractual son básicamente los mismos en el ámbito laboral como en el ámbito civil de los contratos de servicios de consejero ejecutivo. Un análisis de los principios jurisprudenciales en ESQUERRA RESA, L., "La contraprestación del pacto de no competencia post-contractual en la regulación sobre remuneraciones de las entidades de crédito" en *Revista de Derecho Bancario y Bursátil*, n.º158, 2020 págs. 114 y ss.

859 En este sentido, véase la STS, Sala de lo Social, 1178/2021 de 1 de diciembre que consideró abusivo que se obligara al trabajador a devolver el doble de la cantidad percibida. Si bien, matiza la sentencia, que "sería distinto el caso en el que el empleado obligado por el pacto de no competencia post-contractual constituyó una sociedad que ofrecía los mismos servicios que su antigua empleadora respecto de sus clientes y contactos. Como distinto puede ser igualmente, entre otros posibles supuestos, que el incumplimiento del pacto de no competencia post-contractual suponga la paralela vulneración del secreto empresarial protegido por la Ley 1/2019, de 20 de febrero, de Secretos Empresariales".

860 Sirva como ejemplo la STS de 27 de mayo de 2016 que, de manera muy ilustrativa y con referencias al Derecho comparado, explica las obligaciones básicas del transmitente en un

compromiso que suscriben en el pacto de socios por exigencia del inversor también lo demanda el comprador de las acciones o participaciones del socio vendedor como una cláusula habitual en los contratos de compraventa de empresas[861]. Dicha conducta por parte del vendedor, no obstante, podría considerarse como contraria a la buena fe contractual con base en lo previsto en el art. 1258CC[862], pues afectaría a las expectativas del comprador con respecto a la capacidad de negocio de la compañía que presumiblemente quedaría mermada si el vendedor concurre desde otra sociedad en el mercado territorial y sectorial de la compañía trasmitida[863]. Precisamente, una actuación contraria a tal conducta, en determinados casos en los que la competencia conlleve una imitación sistemática de las prestaciones o un aprovechamiento indebido de la reputación ajena por parte de los socios vendedores, podría considerarse como una práctica reprobable a la luz de la normativa represora de la competencia desleal[864].

Desde el prisma del Derecho de la competencia, la obligación de no competencia post-contractual, como restricción accesoria, tiene un efecto pro-competitivo y un impacto positivo para el mercado siempre y cuando su contenido material, geográfico y temporal sea razonable para que el compra-

contrato de compraventa de empresa. Un comentario de la sentencia en ALFARO ÁGUILA-REAL, J., "Casos: transmisión de empresa y prohibición de compraventa del vendedor" en *Almacén del Derecho*, 2016 disponible en https://almacendederecho.org/casos-transmision-empresa-prohibicion-competencia-del-vendedor

861 FELD, B. y MENDELSON, F., *Venture deals, Op. Cit.* Pág. 225 aluden al compromiso adquirido con el comprador y con la compañía.

862 Aunque en ocasiones, de forma reiterativa e innecesaria se alude también al principio general de la buena fe del artículo 7 CC. En relación a la normal confusión entre el art. 7 y el art. 1258 CC, ver CARRASCO PERERA, A., *Derecho de Contratos,* Cizur Menor, Aranzadi, 2010 pág. 522

863 La competencia por el vendedor tendría incidencia directa probablemente tanto en contratos con proveedores como, de forma especial, en la clientela con el correspondiente reflejo en el volumen de ventas. En este sentido, vid. GIMENO BEVIÁ, V. *Las condiciones en el contrato de compraventa de* empresa Cizur Menor, 2017 pág. 264. Igualmente, el Anteproyecto de Ley de Código Mercantil, en su artículo 132-11 reconoce, de forma expresa, tal obligación por parte del vendedor. Un análisis de tal obligación legal del vendedor en FLORES SEGURA, M., "La empresa en el Anteproyecto de Código Mercantil" en *RdM* n.º297, 2015 págs. 290-291

864 Sobre supuestos de deslealtad reconducibles a conflictos en las sociedades, con mención de jurisprudencia en relación con actos de imitación, inducción a la infracción contractual y otras condutas, véase SÁNCHEZ-CALERO GUILARTE, J., "Notas en relación a las situaciones de competencia entre la sociedad y sus directivos" en *Actas del primer Congreso argentino-español, 2003* disponible en https://eprints.ucm.es/id/eprint/5997/1/Notas_competencia.pdf págs. 27-37

dor obtenga el valor íntegro de los activos transferidos[865]. En este sentido, la Comunicación de la Comisión sobre las restricciones directamente vinculadas a la realización de una concentración y necesarias a tal fin[866] señala que las cláusulas inhibitorias de la competencia están justificadas cuando no vayan más allá de lo razonablemente necesario para su objetivo[867]. En particular, durante un máximo de dos años cuando únicamente incluye el fondo de comercio y tres años si la transferencia comprende la clientela fidelizada como fondo de comercio y conocimientos técnicos. En cuanto al ámbito geográfico no serán contrarias a la libre competencia cuando quede circunscrito a la zona en la que el vendedor ofrecía los productos o servicios o aquella en la que hubiera realizado inversiones para ello. Y en relación con el ámbito objetivo, la prohibición debe limitarse a los productos y servicios que constituyan la actividad económica de la empresa adquirida o los que estuvieran en una fase avanzada de desarrollo en el momento de la transacción o, aquellos productos desarrollados pero que todavía no han sido comercializados —tal nivel de concreción resulta de indudable utilidad en el caso de *startups* o compañías de base tecnológica—.

Con una finalidad similar a la cláusula de no competencia post-contractual, es posible que el pacto de socios o los contratos de prestación de servicios contengan una cláusula que prohíba, de forma expresa, la contratación del personal de la *startup* así como el contacto con la clientela —"*non-solicitation clause*"[868]—. La previsión de tal obligación sería redundante en el caso de que ya existiera un compromiso de no competencia por el socio o por el trabajador, toda vez que quedaría subsumida en su contenido[869]. Sin embargo,

865 Por todos, ALFARO ÁGUILA-REAL, J., "La prohibición de los acuerdos restrictivos de la competencia" en *InDret Revista para el análisis del Derecho,* n.º 253, 2004 págs. 18-19 disponible en https://indret.com/wp-content/themes/indret/pdf/253_es.pdf

866 "Comunicación 2005/C56/03 de la Comisión sobre las restricciones directamente vinculadas a la realización de una concentración y necesarias a tal fin" 2005/C56/03 (DOUE n.º C56 de 5 de marzo de 2005

867 Alude a la necesidad de un especial cuidado en la redacción de tales cláusulas para que no vulneren los límites impuestos en materia de competencia, TORTUERO ORTIZ, J., "El contrato de compraventa de acciones" *Manual de fusiones y adquisiciones de empresas* (Dir.) Rafael Sebastián Quetglás, Madrid, Wolters Kluwer, 2016 pág. 374

868 SONI, N., *The startup gold mine. How to tap the hidden innovation agendas of large companies to fund and grow your business*, Estados Unidos, McGraw Hill, 2018 Pág. 156; En Estados Unidos no es extraña la referencia conjunta a ambas cláusulas como "*noncompete and non-solicitation agreements*". A modo de ejemplo, CREMADES, A., *Selling your startup,* Nueva Jersey, Wiley, 2021 pág. 195

869 No es extraño que la cláusula de no competencia haga referencia a la obligación de forma "directa o indirecta". En este sentido, CAZORLA GONZÁLEZ-SERRANO, L.y NEIRA FERNÁNDEZ, P., "Pactos parasociales: una aproximación..." *Op. Cit.* Pág. 50

puede darse el caso de que la compañía sí asuma la salida y la competencia del socio vendedor o, aunque no tenga tal condición, del personal clave —por ejemplo, un perfil técnico que pueda reemplazarlo— pero quiera protegerse frente al riesgo de que dicha persona persuada a otros trabajadores o a la clientela. O también es posible que pacte tal cláusula porque no tenga una situación económica que permita la compensación adecuada al prestador de servicios que la normativa exige por la no competencia post-contractual, de modo que, al menos, se proteja frente a parte de los riesgos derivados de la salida de socios con una participación significativa o la desvinculación del personal clave. Dicha conducta, ante la falta de tal previsión, en el caso de la venta de una participación relevante, podría considerarse contraria a la buena fe contractual ex. art. 1258 CC. En relación con otros socios o la salida de personal clave, no obstante, parece difícil que la *startup* encuentre protección frente a tal práctica, salvo en los casos, obviamente, subsumibles en el artículo 14 de la Ley de Competencia Desleal por inducción a la infracción contractual[870].

IV. CLÁUSULA DE EXCLUSIVIDAD

Los acuerdos de exclusividad en el ámbito de las *startup* tienen un doble significado en función de su inclusión en un acuerdo de inversión[871] o, por lo que aquí interesa, como pacto de atribución que incide en las obligaciones de los firmantes en favor de la compañía.

De forma similar a lo previsto en las cláusulas anteriores, es posible que los inversores exijan de los fundadores y otros socios que trabajen para la sociedad una dedicación exclusiva en el desarrollo de cada una de sus funciones respectivas. La exclusividad, por tanto, completa la tríada de obligaciones

870 En relación con la venta de paquetes minoritarios, es interesante la opción que plantea SOLANS CHAMORRO, L., "Contratos entre socios..." *Op. Cit.* Pág. 49 pues, en la medida en que no proceden las restricciones de competencia, para evitar que el socio vendedor obtenga beneficios más allá de la venta de sus acciones o participaciones, es oportuno que pacten una obligación de confidencialidad con respecto a la información a la que hubiera tenido acceso en la *startup* por su condición de socio.

871 También conocidos como *"no-shop/ no-talks agreements"* el compromiso de exclusividad en el caso de una negociación con motivo de una ronda de financiación, alude al pacto por el que los fundadores adquieren un compromiso frente a los inversores de que, mientras negocian y hasta que no transcurra el plazo fijado para que lleven a cabo la *due diligence,* no mantendrán de forma paralela, negociación alguna con terceros. Sobre tales cláusulas en la práctica en procesos *M&A*, ver GIMENO BEVIÁ, V., "Los acuerdos de exclusividad en los procesos de adquisición de empresas" en *RdM* n.º304, 2017 págs. 269-294

contractuales junto a la prestación de servicios y la no competencia por la que los inversores protegen su aportación con la vinculación del capital humano con la *startup*. Además, también es posible la extensión de la obligación al personal clave que no tenga la condición de socio mediante la incorporación de tal cláusula en el contrato laboral o de prestación de servicios[872].

El acuerdo de exclusividad puede, por tanto, definirse como el compromiso que asumen algunos socios —generalmente, fundadores y socios trabajadores— por un plazo determinado, de que prestarán sus servicios únicamente en la sociedad. A diferencia de lo previsto en el epígrafe anterior, la finalidad de la exclusividad no es protegerse ante el hecho de que el obligado trabaje para otras compañías que puedan beneficiarse de su *know how*, sino que tiene por objeto su dedicación plena en la *startup*.

Mientras que en los momentos iniciales del negocio tal compromiso es difícilmente asumible en el pacto de socios fundadores por la falta de ingresos que permita una retribución razonable[873], en la etapa de crecimiento tras las rondas de financiación sí es posible la novación del pacto de socios para la inclusión de la exclusividad como forma de garantizarse los mejores esfuerzos de los obligados. De igual forma, también es relevante la conexión de dicha obligación que afecta a la esfera laboral del firmante con el compromiso de permanencia que incide en su condición de socio mediante la intransmisibilidad temporal o las restricciones a la venta de las acciones o participaciones. En este sentido, no es infrecuente la referencia a ambas de forma conjunta, como obligación de "permanencia y exclusividad". Además, tal y como sucede en relación con la cláusula de prestación de servicios y de no competencia, nada impide que la exclusividad forme parte del contenido de las obligaciones del socio mediante su previsión como prestación accesoria[874].

En cuanto a su alcance, la obligación de exclusividad puede pactarse con carácter absoluto o relativo. La primera de ellas no admite prestación laboral o de servicios de ningún tipo mientras esté vigente la obligación contraída con la *startup*. La segunda, por el contrario, permite la realización de otros trabajos siempre que no afecte a los intereses de la *startup*, de modo que, en este caso, en cierta medida, quedan difuminados los límites de la presente obligación con

872 Ello no obstante, con respecto al contrato laboral, debe repararse en lo dispuesto en el art. 21.3 del Estatuto de los Trabajadores en relación con la compensación económica.

873 La regulación hará referencia al número de horas que se compromete a trabajar cada uno de ellos en la sociedad y comprenderá, igualmente, la obligación de no competencia.

874 ALFARO ÁGUILA-REAL, J., "Las prestaciones..." *Op. Cit.*

los de no competencia[875]. En la práctica, no obstante, podría considerarse como una exclusividad atenuada que permita la realización de otras actividades si no superan un determinado número de horas y no comprometan la dedicación exigida —así, por ejemplo, algún contrato de obra que celebre un socio cualificado en áreas STEM con una compañía no competidora—. Igualmente, puede supeditarse la realización de actividades de tal índole a la obtención de la debida autorización por los socios inversores[876]. Y por el impacto positivo que tiene también para la *startup*, suele excluirse la participación en actividades docentes, de formación o en eventos[877].

V. ACUERDOS DE FINANCIACIÓN

Las *startup* son compañías intensivas en capital que requieren de financiación para el desarrollo del producto o servicio innovador y para su escalabilidad. Ello implica que no es infrecuente que tengan tensiones de tesorería y que dediquen parte de su actividad, especialmente en las fases iniciales, a la búsqueda de financiación. De hecho, precisamente por la situación económica que afrontan en sus primeros años, la LFEEE, ha incluido medidas fiscales y mercantiles que alivien su carga financiera[878].

Con la finalidad de que la sociedad cuente con los recursos necesarios para su crecimiento, el presente pacto de atribución pretende que los firmantes asuman un compromiso de financiación. Tales acuerdos están pensados para la obtención de capital, generalmente, en el lapso temporal que media entre dos rondas de financiación, motivo por el cual también son conocidos como rondas puente —*"bridge financing round" o "bridge round"*—. Su ejecución tiene lugar por falta de caja o por la necesidad de una inyección de capital para que

875 Alude a esta doble clasificación y al solapamiento con la prohibición de competencia, SOLANS CHAMORRO, L., "Contratos entre socios..." *Op. Cit.* Pág. 49

876 DE ULLOA LAPETRA, G., "El pacto de socios..." *Op. Cit.* pág. 297

877 DE CACHAVERA, J. L., "Como hacer un pacto de socios justo para startups (Cap. 4)" disponible en https://startupxplore.com/es/blog/pacto-de-socios-justo-startup-compromisos-equipo-fundador/

878 En relación con los incentivos fiscales el artículo 8 prevé el aplazamiento del pago de la deuda tributaria correspondiente a los dos primeros periodos impositivos en los que base imponible del impuesto de sociedades sea positiva. En cuanto a las medidas de naturaleza mercantil, el artículo 13 establece una excepción con respecto al régimen general de la Ley de Sociedades de Capital, cuando señala que "las empresas emergentes no incurrirán en causa de disolución por pérdidas que dejen reducido el patrimonio neto a una cantidad inferior a la mitad del capital social, siempre que no sea procedente solicitar la declaración de concurso, hasta que no hayan transcurrido tres años desde su constitución".

la compañía alcance determinados hitos —ad. ex. los gastos correspondientes a la preparación de una oferta pública de venta—. Y a diferencia de los otros pactos de atribución, el presente está dirigido a los inversores para que, llegado el momento, realicen nuevas aportaciones[879].

En virtud de lo expuesto, los acuerdos de financiación pueden definirse como pactos de atribución por los que los socios inversores o, incluso, terceros que no tienen tal condición aportan dinero a la sociedad de manera progresiva ante la falta de liquidez o la advertencia de un evento predeterminado en el pacto de socios y, en su caso, en el contrato de inversión o de financiación a cambio de una contraprestación que dependerá de la naturaleza del concreto instrumento que hubieran previsto. Por consiguiente, con base en tal concepto, debe atenderse a dos circunstancias fundamentales en relación con los acuerdos de financiación: el elemento subjetivo, esto es, si quien financia tiene o no la condición de socio; y, en conexión con lo anterior, el elemento objetivo, la contraprestación pactada a cambio de la aportación, si implica la devolución del dinero —lo que llevaría a la consideración del contrato como de préstamo— o la entrega de acciones o participaciones en futuras rondas de financiación de modo que el inversor adquiera la condición de socio de forma sobrevenida.

En cuanto a la relación de estos acuerdos con el pacto de socios, si el inversor formara parte del capital social, lo recomendable sería que fundadores e inversores prevean los términos de la financiación y los hitos que determinen la aportación adicional en el mismo momento en que lo suscriben[880], de manera que eviten el problema que supondría una nueva negociación con la correspondiente modificación del pacto[881]. Si los inversores, por el contrario, no tuvieran tal condición, en el caso de que la contraprestación consista en acciones o participaciones, tendrá que preverse, también, la adhesión al pacto de socios[882].

879 En este sentido, como señala DE TORO, J., "Auge de rondas puente" disponible en https://elreferente.es/opinion/auge-de-rondas-puente/ que "el objetivo es cerrar de manera ágil la cantidad necesaria, para poder cubrir los próximos 6-12 meses de runway y así poder alcanzar las métricas necesarias con la intención de levantar la ronda de manera profesional en la siguiente etapa".

880 Como indica SOLANS CHAMORRO, L., "Contratos entre socios..." *Op. Cit.* Pág. 47 es recomendable que definan de forma precisa los concretos hitos que den lugar a la aportación adicional.

881 Advierte sobre la importancia de anticiparse a tal situación ERLÁIZ COTELO, I., "Las adquisiciones en el sector..." *Op. Cit* pág. 397 quien señala que, en el caso de no preverlo, el conflicto está prácticamente asegurado.

882 Resulta de interés, en este punto, la propuesta de SOLANS CHAMORRO, L., "Contratos entre socios..." *Op. Cit.* Pág. 47 de que la sociedad suscriba también tales contratos para que

Por lo que a los concretos mecanismos de financiación hace referencia, son habituales las notas y préstamos participativos convertibles —entre los no convertibles, en España, debe destacarse la financiación de ENISA[883]—. Tales instrumentos son préstamos a corto plazo que conceden al inversor el derecho a la devolución de la cantidad o, lo que es más frecuente en el ámbito de las *startup*, su capitalización mediante la entrega de acciones o participaciones en la próxima ronda de financiación. El contenido del acuerdo especificará la cantidad invertida, los intereses —fijo/variable o si dependen de la evolución de la empresa, que se incluyen en la cuantía de la conversión—[884], el plazo o vencimiento —generalmente en torno a un año— y los términos de la conversión. En relación con lo último, en función de la fuerza negociadora de las partes, suele pactarse un descuento y un máximo de valoración en la posterior ronda de financiación, de modo que el inversor en "rondas puente" tenga mejores condiciones en el momento de la conversión que compensen el riesgo asumido desde que realizan su aportación hasta que tiene lugar la ampliación de capital[885]. En este sentido, es normal la previsión de un descuento que oscila entre un 10% y un 30% sobre el precio de las acciones o participaciones de la siguiente ronda de financiación[886], si bien es posible que pacten que el porcentaje dependa del momento de la ronda de modo que cuanto más tiempo pase mayor sea el descuento[887]. En relación con el máxi-

tengan acción directa frente a los inversores en caso de incumplimiento de su obligación de pago en tiempo y forma.

883 Tales préstamos son fuentes de financiación habituales en las *startup* españolas con cuantías que oscilan entre los veinticinco mil y el millón y medio de euros y un plazo de devolución que generalmente está previsto entre los siete y nueve años, sin necesidad de aval y que contiene un interés variable según la rentabilidad de la compañía. Más información sobre las líneas de financiación a disposición de PYMES y startups en https://www.enisa.es/

884 Si los intereses están ligados a la marcha de la compañía, el préstamo tendrá la consideración de préstamo participativo con base en lo previsto en el artículo 20 del Real Decreto-ley 7/1996, de 7 de junio, sobre medidas urgentes de carácter fiscal y de fomento y liberalización de la actividad económica.

885 Como ALONSO RODRIGUEZ, C., "Restricción del crédito bancario y operaciones de LBO: Hacia un cambio de modelo de financiación en España" en *Revista de Derecho del Mercado de Valores* n.º17, 2015 consultado en www.smarteca.es pág. 12/26 señala los proveedores de préstamos convertibles muestran una mayor predisposición a asumir riesgos. También FELD, B. y MENDELSON, F., *Venture deals, Op. Cit.* Pág. 110

886 En este sentido, ROSE, D. S., *The startup checklist... Op. Cit.* pág.219. En España los porcentajes son similares como afirma VELASCO, J. J., "¿Qué es una nota convertible y por qué es interesante para una startup", 2020 disponible en https://www.kewlona.es/2020/04/nota-convertible-que-es-y-como-funciona/#Aspectos_basicos_de_una_nota_convertible

887 Hace referencia a la previsión de tal variable CABALLERO, L., "Notas convertibles: así funciona la herramienta de inversión más popular del momento" disponible en https://startupxplore.com/es/blog/notas-convertibles/

mo de valoración —*"valuation cap"*—, consiste en la predeterminación de una cantidad con anterioridad a la ronda —valoración *pre money*— que opera como límite en cuanto al precio por acción o participación y evita una dilución excesiva, pues permite que el inversor realice la conversión al precio más bajo entre el inicialmente fijado y el de la ronda de financiación. E igualmente, de preverse un descuento y un máximo de valoración, ambas cláusulas no son cumulativas, de modo que el inversor convertirá por la fórmula cuyo resultado ofrezca el menor valor entre los dos posibles.

Como alternativa a los préstamos convertibles, cada vez son más comunes en el ámbito de las *startup*, por influencia de la práctica norteamericana, para su financiación en etapas iniciales —principalmente, fase "semilla"[888]—, la celebración de contratos atípicos por los que la sociedad, como contraprestación a la aportación del inversor, le concederá un número determinado de acciones o participaciones en la próxima ronda de financiación[889]. A diferencia de los instrumentos anteriores, en este caso la aportación no tiene la consideración de deuda y el contrato tampoco especifica una fecha de vencimiento, sino la obligación de entrega de acciones o participaciones en el futuro, ante la advertencia de una ronda de financiación o, en su caso, un evento liquidativo —ad. ex. la venta de la compañía o su salida a bolsa—[890]. El más popular de todos ellos, conocido como *SAFE —"Simple Agreement for Future Equity"*—, es un contrato estandarizado, que utilizó por primera vez la aceleradora estadounidense Y Combinator[891], que facilita la inversión en la *startup* y que resulta especialmente favorable a los intereses de los fundadores en tanto que evitan el endeudamiento de la compañía y postergan la entrada de los inversores en el capital social[892]. El contenido del acuerdo comprenderá la cantidad invertida, el evento que dé lugar a la conversión y los concretos términos para ello, aunque también puede preverse, de forma adicional, un derecho de adquisición preferente o un

888 ANDHOV, A., *Startup... Op. Cit.* pág 59

889 Sobre el origen de tales instrumentos en Silicon Valley como respuesta a los inconvenientes de las notas convertibles véase, en la literatura estadounidense, COYLE, J. F. y GREEN, J. M., "The SAFE, the KISS, and the Note: A Survey of Startup Seed Financing" en *Minnesota Law Review* n.º 103 págs. 44-45 disponible en https://www.minnesotalawreview.org/wp-content/uploads/2019/02/Coyle_Final.pdf

890 En relación con el uso de estos instrumentos en Italia, vid. GIUDICI, P., AGSTNER, P. y CAPIZZI, A., "The Corporate Design of Investments..." *Op. cit.* Pág. 13

891 Hace referencia al presente mecanismo y su relación con Y Combinator VÁZQUEZ LEPINETTE, T., *Aspectos contractuales... Op. Cit.* pág. 100

892 Los modelos que utiliza la aceleradora Y Combinator están disponibles y pueden descargarse en su página web: https://www.ycombinator.com/documents La autoría material del contrato se atribuye a la abogada y socia de la compañía Carolynn Levy.

"liquidation preference"[893]. En este sentido, en función de la fuerza negociadora de las partes, puede pactarse el *SAFE* con descuento y máximo de valoración —*"cap"*—, con descuento sin máximo de valoración, con máximo de valoración sin descuento o con la cláusula *MFN* —*"most favoured nation"*— por la que garantizan las mismas condiciones que puedan otorgarse a otros inversores en futuras rondas[894]. Además, mientras la conversión en el caso de los préstamos era a valoración *pre money*, el modelo actual de SAFE que la aceleradora ofrece desde 2018 opta por la valoración *post money*, de modo que el inversor ya sabe de antemano qué porcentaje de acciones o participaciones le corresponde y el fundador conoce el alcance de su dilución[895]. Junto al presente instrumento existen otros similares como el *KISS* —*"Keep It Simple Security"*— creado por el fondo de inversión Startup 500 que, a diferencia del anterior, incluye una fecha de vencimiento, que puede que contenga un interés —la compañía recomienda un interés del 4% y un vencimiento de dieciocho meses—, que incorpora la cláusula *MFN* —*"most favoured nation"*— y que admite la posibilidad de que pacten un múltiplo de forma similar a lo previsto para los casos de *"liquidation preferece"* —generalmente 2x—[896]. Ello no obstante, también cuentan con una segunda versión del contrato KISS más próxima al modelo SAFE[897].

VI. TRANSFERENCIA DE IP & IT

La diferencia fundamental entre las *startup* y otras compañías reside, principalmente, en el objeto del contrato de sociedad en un sentido amplio, esto es, en las aportaciones que realizan los socios y, en particular, la que llevan a cabo los fundadores. En este sentido, en consonancia con la manida frase en

893 Alude a la posibilidad de que el inversor incluya tales cláusulas en tales contratos, ROBINETT, J., *Crack the Funding Code. How Investors Think and What They Need to Hear to Fund your Startup*, Estados Unidos, Amacom, 2019 Pág. 165

894 Sobre el funcionamiento de las SAFE en España, por todos, MIRANDA, D.,"Especial YC: El uso de SAFEs en España", 2021 disponible en https://www.kfund.vc/post/especial-yc-el-uso-de-safes-en-espana

895 En este sentido, NADKARNI, S., *From Startup... Op. Cit.* págs. 105-106 La compañía justifica el cambio de modelo a la valoración *post money* porque en el momento inicial —2013— las *startup* recaudaban cantidades muy inferiores en la fase "semilla" en comparación con las inversiones que canalizan actualmente por medio del SAFE. Más información en https://www.ycombinator.com/documents

896 Más información en relación con el citado instrumento disponible en la web de Startup 500 https://500startups.app.box.com/s/bqhdzjvx8x8fsn8s4zlt

897 Sobre ello, con mayor detalle, ver COYLE, J. F. y GREEN, J. M., "The SAFE, the KISS..." *Op. Cit.* págs. 47-48

las *startup* de que "es más importante el jinete que el caballo"[898], la aportación del capital humano o, más concretamente, la idea de negocio y el *know how* o la experiencia del equipo fundador, es lo que determina su privilegiada posición en el capital social de la sociedad en relación con los otros socios y la posible captación de los recursos necesarios para el desarrollo del producto o del servicio innovador[899]. Aunque en un sentido estricto la expresión "transferencia de tecnología" comprenda, según la doctrina científica, las creaciones técnico-industriales, los derechos de autor relacionados con los programas de ordenador y el *know-how* relativo a tales creaciones[900], en acuerdos como el presente es común el recurso a un concepto amplio que incluya todos los derechos de propiedad intelectual y secretos comerciales relacionados con el modelo de negocio[901].

Por tanto, en la medida en que el objeto de la *startup* está centrado, principalmente, en activos intangibles y ello es lo que determina la entrada de terceros en el capital social, es de gran relevancia la previsión de pactos tendentes a la vinculación de los derechos que subyacen a tales activos con la propia sociedad[902]. Para ello, es imprescindible que los titulares de derechos anteriores de propiedad intelectual y sobre secretos empresariales o quienes puedan generarlos con motivo de su contratación en la compañía reconozcan su trasferencia a favor de la sociedad.

En virtud de lo anterior, el presente acuerdo puede definirse como todo aquel por el que los firmantes transfieren a la sociedad determinados derechos de propiedad intelectual y otros activos intangibles y la reconocen como titular de cuantos derechos de tal índole surjan con motivo de la actividad que en ella desarrollan en el marco de la relación laboral o mercantil que les

898 BLAKE, T., *Successful startup... Op. Cit.* pág. 215

899 En este sentido, ANDHOV, A., *Startup... Op. Cit.* pág 253; También, ERLÁIZ COTELO, I., "Las adquisiciones en el sector..." *Op. Cit* pág. 377 cuando afirma que se trata de poner cifras a la aportación intangible consistente en su capacidad para generar valor.

900 Así, GARCÍA VIDAL, A., "La transferencia de tecnología en el marco de la transmisión de empresa" en *Adquisiciones de empresas.* Carrasco Perera y Álvarez Arjona (Dirs.) Cizur Menor, Aranzadi, 2013 págs. 462-466

901 Se sigue aquí la acepción amplia de propiedad intelectual reconocida internacionalmente, en consonancia con el sentido del Convenio de la OMPI de 1967 o el Acuerdo sobre los aspectos de los derechos de propiedad intelectual relacionados con el comercio —Acuerdo sobre los ADPIC— y asumida, también a nivel comunitario. En la doctrina científica, por todos, GALLEGO SÁNCHEZ, E. y FERNÁNDEZ PÉREZ, N., Derecho mercantil. Parte primera, Valencia, 2019 págs. 209-211

902 SCHNEIDER, J. *Startup Recht... Op Cit.* pág. 81

vincula[903]. Aunque tal exigencia en la práctica es un requisito de los terceros como presupuesto previo a su inversión, el hecho de que su beneficiario inmediato sea la propia *startup* es lo que justifica que su calificación como un pacto de atribución.

En ocasiones, incluso, no basta con la suscripción del pacto y es posible que los inversores, para una mayor seguridad sobre la realidad de los activos intangibles, realicen una *due diligence* previa en la que identifiquen cada uno de ellos (signos distintivos, invenciones, diseños, obras protegidas por derechos de autor, secretos empresariales...), y se aseguren de su estado y/o de su titularidad. En relación con lo anterior, deberá valorarse si están inscritos o no en el registro, su ámbito territorial, la duración del derecho, si existen contratos de licencia o han sido objeto de gravamen —ad. ex. hipoteca mobiliaria o usufructo—, si están debidamente protegidos en el caso de secretos empresariales, etc. Y en el supuesto de que no pueda llevarse a cabo una completa revisión legal de los activos intangibles del negocio, también es posible que soliciten la inclusión de manifestaciones y garantías sobre la titularidad y el estado de cada uno de los títulos de propiedad intelectual o secretos empresariales[904].

La previsión de dichos acuerdos tendrá lugar en el pacto de socios que suscriban fundadores e inversores. En relación con los trabajadores, aun cuando la legislación española reconoce ciertos derechos del empresario con respecto a los activos intangibles en el marco de la relación de empleo o de servicios[905], es recomendable la estipulación de una cláusula que, de forma expresa, atribuya su titularidad a la sociedad y que, en ocasiones, también se vincula con la obligación de confidencialidad sobre el IP& IT de la compañía[906]. Ello es espe-

903 Como muestra del alcance de este tipo de cláusulas, sirva el modelo propuesto en DE ULLOA LAPETRA, G., "El pacto de socios..." *Op. Cit.* pág. 300 que señala lo siguiente "los Socios Fundadores reconocen a la Sociedad como titular de todos los derechos de propiedad y de explotación de la propiedad industrial e intelectual relativa a su objeto de negocio y que pudiera haber sido desarrollada por los mismos hasta la fecha en el marco de su relación laboral y/o mercantil o de socio con la Sociedad; y en consecuencia declaran cedidos a la Sociedad con carácter exclusivo, en los más amplios términos todos sus derechos de explotación sobre dicha propiedad intelectual e industrial"

904 Hace referencia a la inclusión de las declaraciones y garantías SOLANS CHAMORRO, L., "Contratos entre socios..." *Op. Cit.* Pág. 47

905 Así, por ejemplo, el artículo 15 de la Ley de Patentes señala que las invenciones realizadas por un empleado o prestador de servicios durante la vigencia de su contrato o relación de empleo pertenecen al empresario. Y en términos similares, el artículo 51 del Texto Refundido de la Ley de Propiedad Intelectual en relación con los derechos de explotación de una obra protegida por derechos de autor.

906 En materia de patentes es importante la precisión en la redacción de los términos en tanto que el artículo 19 LP declara la nulidad de la renuncia anticipada del empleado a los derechos que

cialmente relevante en los contratos de prestación de servicios que tienen por objeto el desarrollo de *software* toda vez que el artículo 97 LPI solo hace referencia al trabajador asalariado y no alcanza otros supuestos muy comunes en el ámbito de las *startup* como son los trabajadores independientes o *"freelance"*. En cualquier caso, con independencia de su incorporación al pacto de socios o a otros documentos, el presente acuerdo, obviamente, solo alcanzará a los derechos de contenido patrimonial[907].

Tal es la importancia que dan los inversores a los activos intangibles de la compañía que cualquier negocio jurídico sobre ellos requerirá de su aprobación en tanto en cuanto tiene la consideración de materia sujeta a mayoría reforzada.

VII. ENTRADA DE NUEVOS SOCIOS

La organización de la *startup* y la regulación de los diversos intereses de sus miembros dependen, básicamente, del pacto de socios. Por su intermedio, fundadores e inversores prevén un régimen convencional adecuado para la protección de sus aportaciones y el normal funcionamiento de la compa-

la ley le reconoce en materia de invenciones realizadas en el marco de una relación de empleo o de servicio. Sin embargo, en un contexto tecnológico como el de las *startup* con horarios flexibles y una dedicación que, en muchas ocasiones, no requiere de la presencia física del trabajador, es recomendable adoptar las medidas necesarias que eviten futuros litigios con pruebas complicadas en torno a lo previsto en el artículo 15.2 LP que prevé una remuneración suplementaria en algunos casos o el artículo 17 LP en relación con las invenciones asumibles por el empresario. Ello, además, también debiera armonizarse con la prohibición de no competencia. En la práctica anglosajona es común la referencia tales acuerdos con los empleados, con independencia de la relación laboral o de prestación de servicios —*"inventions assignment agreement"*—. Vid. HALT Jr. G. B., DONCH Jr. J. C., STILES, A. R., FRESNAK, R., *Intellectual Property and Financing Strategies for Technology Startups,* (e-book), 2017 págs. 189 y ss. También, con un modelo de PIIA —*"Proprietary Information and Inventiosn Assignment Agreement"*—, LINDBERG, V., *Intellectual Property and Open* Source, Estados Unidos, O´Reily, 2008 pág. 271. En relación con los deberes contractual en el marco habitual de un PIIA en California, BARRON, E. S. y REED S, F., *Entrepreneurship law... Op. Cit.* Pág. 57

907 Como señala el artículo 14 del TRLPI en el ámbito de los derechos de autor, los derechos morales son irrenunciables e inalienables. En cuanto a las patentes, aunque la LP no menciona expresamente que el inventor deba ser una persona física, la vertiente moral pertenece al inventor persona física aun en el caso de las invenciones pertenecientes al empresario. En este sentido, MAROÑO GARGALLO, M.ª, "El concepto de inventor en el derecho de patentes y los sistemas de inteligencia artificial" *Cuadernos de Derecho Trasnacional* vol.12, N.º 2, 2020 pág. 517. También, ARROYO APARICIO, A., "Invenciones realizadas en el marco de una relación de empleo o de servicios ("invenciones laborales")", en: Bercovitz Rodríguez-Cano (Dir.), La nueva Ley de patentes, Pamplona, 2015, pág. 129

ñía. Es evidente que, en función de su fuerza negociadora, la regulación de las cláusulas les será más o menos favorable, pero, en cualquier caso, el pacto refleja un equilibrio basado también en la renuncia de los socios a determinados derechos y la asunción de ciertas obligaciones en relación con el régimen que, por defecto, establece la Ley de Sociedades de Capital. Por tanto, de forma similar a lo que ocurre en la empresa familiar en relación con el protocolo[908], la entrada de un tercero al capital social que adquiera la condición de socio en los términos previstos en el régimen legal y, en su caso, estatutario, tendría una incidencia directa en la arquitectura del pacto de socios. La distinción en la misma compañía de socios firmantes y no firmantes del pacto, tornaría la citada reglamentación ineficaz para los fines que motivaron su negociación y suscripción. Precisamente, por ello, la mayoría de los pactos en el ámbito de las *startup* son pactos omnilaterales[909].

Ello no obstante, el hecho de que el pacto de socios esté suscrito por la totalidad de ellos puede que se trate de una cuestión circunstancial, relativa a un momento determinado, pero no garantiza el mantenimiento de dicha situación en el futuro ante la transmisión voluntaria o involuntaria de acciones o participaciones o con motivo de una ampliación de capital social. En este sentido, como mecanismo de protección de sus intereses y por la dependencia existente entre éstos y el pacto, prevén una cláusula por la que obligan a los terceros a firmarlo como requisito necesario para la adquisición de la condición de socio.

La adhesión al pacto de socios por los adquirentes garantiza la igualdad de derechos y obligaciones de los socios en función de la clase de sus acciones o participaciones, sin perjuicio de que, en ocasiones, por el dinamismo del capital social de las *startup* y las exigencias de futuros inversores con motivo de una ronda de financiación sea necesaria una negociación conjunta que derive en una novación de su contenido.

En virtud de lo anterior, la presente cláusula puede definirse como el compromiso que asumen los firmantes por el que requerirán a los potenciales adquirentes de sus acciones o participaciones a que se adhieran al pacto de socios. Para ello, es común que, junto al contrato de compraventa de acciones o participaciones o como requisito previo a la suscripción o asunción tras una ampliación de capital, entreguen un documento de adhesión al pacto de

908 En relación con la empresa familar, véase VALMAÑA CABANES, A., *El régimen jurídico del protocolo... Op. Cit.* Pág. 148

909 Vid. GIMENO BEVIÁ, V., "Los pactos de organización en los acuerdos sociales de las *startup*" en *Los acuerdos sociales* (Dir.) Belén González, Valencia, 2023, pág. 850

socios[910]. De hecho, en la práctica, lo habitual es que dicho documento figure como anexo al pacto de socios[911].

Por lo que a su naturaleza hace referencia, la cláusula que regula la entrada de terceros forma parte de los pactos de atribución en tanto que, con la adhesión, los adquirentes asumen determinadas obligaciones que se traducen en ventajas para la propia sociedad como son, por ejemplo, las aportaciones adicionales en el caso de inversores o las prestaciones de hacer y no hacer en relación con los socios trabajadores —prestación de servicios, exclusividad, no competencia...—.

De todas formas, es tal la importancia que los socios otorgan al pacto y a la necesaria adhesión de los adquirentes que no es raro que introduzcan la obligación de suscribirlo como una cláusula restrictiva que subordine la transmisión de acciones o participaciones al *placet* de la sociedad y establezca como motivo de denegación la no adhesión al pacto[912]. Ello, se advierte, especialmente, en relación con las transmisiones permitidas en relación con los cesionarios autorizados[913]. O, incluso, de conformidad con lo admitido por la RDGSJFP de 26 de junio de 2018, de darse los requisitos, podría valorarse la obligación de suscripción del pacto como una prestación accesoria[914].

910 CAZORLA GONZÁLEZ-SERRANO, L. y NEIRA FERNÁNDEZ, P., "Acuerdos y pactos parasociales..." *Op. Cit.* pág. 43

911 En este sentido, SERRANO ACITORES, A., "El contrato de socios y su relación con los estatutos sociales en el contexto de una compraventa de empresa" *Anuario Jurídico Villanueva,* n.º9, 2015 pág. 63. Un ejemplo de documento de adhesión en DE ULLOA LAPETRA, G., "El pacto de socios..." *Op. Cit.* págs. 319-320

912 Vid. IRIBARREN BLANCO, M., "Pactos parasociales..." *Op. Cit.* págs. 93-94. En relación con su previsión en empresas familiares, ver VALMAÑA CABANES, A., *El régimen jurídico del protocolo... Op. Cit.* Pág. 234

913 En Italia, en relación con las *joint venture,* véase PROVERBIO, D., I patti parasociali. *Disciplina, prassi e modelli contrattualli,* Milán, Ipsoa, 2010 pág. 223

914 Se muestra favorable a ello SOLANS CHAMORRO, L., "Contratos entre socios..." *Op. Cit.* Pág. 47

Capítulo VII

EL "ENFORCEMENT" DEL PACTO DE SOCIOS

I. INTRODUCCIÓN

Una de las cuestiones más controvertidas de los pactos de socios es, sin género de duda, la relativa a su eficacia. Mientras que la discusión en torno a la licitud del pacto contrario a los principios configuradores del tipo parece, afortunadamente, superada[915], la eficacia de los pactos parasociales es un tema recurrente en la doctrina jurisprudencial y, por ende, científica, sin que exista una posición pacífica entre ambas. En particular, recibe especial atención la societaria y el debate en torno a la oponibilidad de los pactos omnilaterales, que niega los tribunales nacionales a diferencia de lo que ocurre en otros países y en contra de la doctrina académica mayoritaria[916].

En cualquier caso, al margen de tal cuestión que es objeto de un análisis específico en el presente trabajo, la regulación convencional de las cláusulas pactadas por fundadores e inversores y la concreta configuración de las consecuencias derivadas de su incumplimiento resulta fundamental, de un lado,

---

915 En este sentido, véase la STS de 23 de octubre de 2022. De forma expresa recuerda MARTÍNEZ ROSADO, J., *Los pactos parasociales, Op. Cit.* pág. 112 que el contrato es válido, aunque contravenga los principios configuradores del tipo. PAZ-ARES, C., "La cuestión de validez..." *Op. Cit.* pág. 254 sitúa los límites en la imperatividad sustantiva. FELIU REY, J., *Los pactos parasociales... Op. Cit.* Pág. 189, por el contrario, alude al respeto a los principios configuradores no como un parámetro de validez sino como una medida de eficacia. Apunta SERRA CALLEJO, J., "Validez y eficacia de los pactos parasociales..." *Op. Cit.* págs. 13-19 una tesis intermedia entre las que denomina como rigoristas y liberales. También, FERNÁNDEZ PÉREZ, N., "La licitud de cesión de derechos políticos de acciones como pacto parasocial (a propósito de la STS de 23 de octubre de 2012)" *RdS*, n.º 41, 2013 pág. 490 quien sostiene que los principios configuradores "no es una categoría que deba aplicarse alegremente para restringir la autonomía de la voluntad".

916 En relación con la doctrina del Tribunal Supremo sobre pactos parasociales omnilaterales, véase la STS 300/2022 de 7 de abril. Como ejemplo de Derecho comparado que admite su oponibilidad, más allá del sistema anglosajón, véase el caso de Alemania. En nuestra doctrina, a favor de la oponibilidad de los pactos unilaterales, entre otros, PAZ-ARES, C., "El enforcement de los pactos..." *Op. Cit.* pág. 21, NOVAL PATO, J., *Los pactos omnilaterales...Op. Cit.* pág. 114; SAEZ LACAVE, M. I., "Los pactos parasociales..." *Op. Cit.* pág. 9; ALONSO ESPINOSA, F. J., "El pacto parasocial como pacto social" *La Ley Mercantil n.º102*, 2023 consultado en https://www.smarteca.es/ o DÍEZ ESTELLA, F., "El enforcement de los pactos parasociales: su oponibilidad frente a la sociedad" en *Acuerdos y pactos parasociales: una visión práctica de su contenido*, Cazorla González-Serrano (Coord.) Cizur Menor, Aranzadi, 2018 pág. 86

para la disuasión de cualquier conducta contraria a su observancia y, de otro, para la aplicación de los remedios previstos ante su posible infracción[917]. En este sentido, por la amplitud del significado del término y la falta de un equivalente en castellano, es comúnmente aceptada la referencia al anglicismo *"enforcement"* que alude a la efectividad y cumplimiento del contenido del contrato y la ejecución de los mecanismos allí previstos[918].

Ello no obstante, no cabe un tratamiento unitario del *"enforcement"* de los pactos de socios, toda vez que su concreción dependerá de múltiples circunstancias. Así, en relación con su contenido, debe atenderse a la posible inclusión o no de determinadas cláusulas en los estatutos sociales o los mecanismos de tutela que hubieran señalado los firmantes[919]. Pero, probablemente, en el ámbito de las *startup*, el factor de mayor relevancia sea la omnilateralidad o no del pacto de socios. De hecho, aun cuando el Alto Tribunal muestra su resistencia a la oponibilidad frente a la sociedad, la identidad plena entre los firmantes del pacto y los socios es presupuesto para la admisibilidad de acciones tendentes a su eficacia con base, por ejemplo, en el incumplimiento del deber de buena fe o la existencia de abuso de derecho, máxime si se repara en que la infracción de un acuerdo suscrito por todos los miembros contraviene el interés social[920].

917 PAZ-ARES, C., "El enforcement de los pactos..." *Op. Cit.* pág. 19; FELIU REY, J., *Los pactos parasociales... Op. Cit.* Pág.257

918 En la doctrina mercantilista, sin afán de exhaustividad, PAZ-ARES, C., "El enforcement de los pactos..." *Op. Cit.* págs. 19 y ss., PÉREZ MILLÁN, D., "Pactos parasociales con terceros" *Documentos de Trabajo del Departamento de Derecho Mercantil,* 2011. Disponible en https://eprints.ucm.es/ pág. 11; FERNÁNDEZ DE LA GÁNDARA, L., *Derecho de sociedades,* Valencia, Tirant lo Blanch, 2011 págs. 1055 y ss. Merece especial atención el trabajo de FERNÁNDEZ DEL POZO, L.,. *El protocolo familiar... Op. Cit.* págs. 206-207 en tanto que explica con detalle las razones que justifican el uso de dicho término procedente de los estudiosos del análisis económico del derecho y, además, aporta la siguiente definición: "cualquier técnica, sistema o instrumento, público o privado, idóneos para asegurar la efectividad o cumplimiento de cualquier mandato, traiga éste causa de una Ley o de un contrato".

919 En este sentido, es muy gráfica la frase de SEQUEIRA, M., "Acordos Parassociais e mecanismos indiretos de controlo" en *Accionistas e Governaçao das Sociedades* (Coord.) Paulo Câmara, Coimbra, Almedina, 2019 pág. 170 que considera la labor de redacción de un pacto de socios como algo semejante a la resolución del cubo de Rubik.

920 A modo de ejemplo, la STS 103/2016 de 25 de febrero. La sentencia en cuestión no estima la impugnación de un acuerdo social que da cumplimiento a lo previsto en el pacto omnilateral. Considera que la conducta del demandante que, inicialmente, suscribió el pacto, es contraria a la buena fe y vulnera la doctrina de los actos propios. Un análisis de la sentencia y de la cuestión en PÉREZ MORIONES, A., "Una vez más sobre la eficacia de los pactos parasociales tras la STS de 25 de febrero de 2016" *Revista Doctrinal Aranzadi Civil-Mercantil n.º5*, 2016 consultado en https://proview.thomsonreuters.com/

Precisamente, en relación con lo anterior, no solo la posición del Tribunal Supremo afecta al *"enforcement"* de los pactos parasociales. Existen otras variables externas que también contribuyen a que haya cierta inseguridad jurídica en cuanto a la eficacia de los pactos de socios. La disparidad de criterios en la inscripción de cláusulas de procedencia anglosajona por los registradores mercantiles —por ejemplo, la cláusula de liquidación preferente— o las dudas en torno a la posible previsión del sometimiento al pacto como prestación accesoria, especialmente, por lo que a la determinación de su contenido hace referencia[921], son cuestiones que preocupan en la práctica por la falta de claridad al respecto. Y lo mismo es predicable en relación con la labor del legislador, en particular por la deficiente regulación de la inscripción de los pactos de socios de aquellas *startup* sociedades de responsabilidad limitada que califiquen como empresas emergentes en el sentido del artículo 11.2 de la Ley 28/2022 de fomento del ecosistema de las empresas emergentes, que no aporta nada más que confusión[922].

De todos modos, la celebración del pacto de socios presupone la voluntad de los firmantes de que su contenido se inserte en el plano de la realidad, produzca los efectos previstos y que las partes ajusten su conducta con dicha reglamentación, en consonancia con el principio *pacta sunt servanda*[923]. Sin embargo, es posible que vigente el pacto parasocial tenga lugar una desviación de los firmantes en relación con sus deberes y obligaciones y en tal caso el contrato desplegará los efectos voluntarios y necesarios que le son propios. Habida cuenta de su naturaleza obligacional y el principio de relatividad de los contratos, el pacto de socios regula las relaciones internas entre sus firmantes y les concede, por consiguiente, los medios de tutela previstos por el derecho común en caso de incumplimiento de alguno de ellos.

Pero, aunque en virtud del citado principio tal acuerdo quede al margen del ordenamiento de la persona jurídica, es posible que, en determinadas circuns-

921 Tal posibilidad es admitida en la citada RDGSJFP de 26 de junio de 2018. A favor, véase PÉREZ MILLÁN, D., "La inscripción de la prestación accesoria..." *Op. Cit.* pág. 498. En contra del sentido de la resolución, EMPARANZA SOBEJANO, A., "Art. 86. Carácter estatutario..." *Op. Cit.* pág. 1228

922 En este sentido, resulta redundante y no añade nada nuevo la primera frase que alude a la posible inscripción de los pactos cuyas cláusulas no se opongan a la ley. Y lo mismo cabe en relación con la segunda que alude a la prestación accesoria del cumplimiento del pacto, que ya admitió la RDGSJFP de 26 de junio de 2018. Sobre tal cuestión, por todos, ALFARO ÁGUILA-REAL, J., "La Ley *Pinta y Colorea...*" *Op. Cit.* consultado en https://derechomercantilespana.blogspot.com/ Ver también, ÁLVAREZ ROYO-VILLANOVA, S., La Ley 28/2022, de 21 de diciembre..." *Op. Cit.* pág. 237

923 Como señala DÍEZ-PICAZO, L., *Fundamentos del Derecho Civil Patrimonial. Tomo I.* Madrid, Civitas, 2007, consultado en https://proview.thomsonreuters.com/ "La eficacia de todo contrato es algo así como una inserción de lo querido en el plano de la realidad"

tancias, despliegue efectos también en la dimensión societaria, lo que ocurrirá, por ejemplo, cuando las partes hubieran reflejado parcialmente su contenido en los estatutos de la sociedad —ad. ex. previsión de un derecho de arrastre estatutario—, o hubieran configurado el cumplimiento del pacto de socios como prestación accesoria, pues en tal caso la eficacia societaria deviene del traslado de lo parasocial al contrato de sociedad. Pero, además, la vía de "*enforcement*" del Derecho de sociedades también se abre, en ocasiones, en caso de identidad plena entre los firmantes del pacto y los socios, si bien no con el fundamento que sostiene la doctrina mayoritaria en relación con la oponibilidad de los pactos omnilaterales, sino con base en la impugnación de acuerdos sociales[924].

II. EFICACIA OBLIGACIONAL

El pacto de socios, como contrato, siempre que sea válido, es fuente de obligaciones y tiene fuerza de ley entre las partes —arts. 1089 CC y 1091 CC—. Por consiguiente, el incumplimiento de su contenido activa los mecanismos tuitivos para la protección del interés contractual de los acreedores[925]. Las acciones y remedios encuentran cobertura en el Código Civil y en la Ley de Enjuiciamiento Civil y presentan una tipología diversa cuyo "*enforcement*" dependerá de factores tales como la regulación convencional del incumplimiento y los mecanismos de tutela, la naturaleza de la cláusula infringida y/o los límites legales u operativos que reduzcan la opción que el acreedor, *a priori*, tiene sobre ellas —que, por ejemplo, impidan el cumplimiento *in natura*—. En cualquier caso, aquí se hará referencia a los siguientes remedios resarcitorios que concede nuestro Derecho de obligaciones: la acción de cumplimiento, la acción de remoción, la acción indemnizatoria y el remedio resolutorio. Y posteriormente, se abordarán otros de naturaleza contractual que, con base en la autonomía de la voluntad, favorecen el cumplimiento del pacto de socios.

924 En este sentido, el Tribunal Supremo mantiene una rígida separación entre el derecho de obligaciones y el de sociedades y considera a la sociedad un sujeto totalmente ajeno a los socios que la conforman. Como señala muy gráficamente SÁEZ LACAVE, M. I., "Los pactos parasociales..." *Op. Cit.* pág. 12 "se teme, en efecto, que desde fuera torpedeen la coraza metálica del Derecho de sociedades". En un sentido similar, ALONSO ESPINOSA, F. J., "El pacto parasocial..." *Op. Cit.* pág. 3/24 consultado en https://www.smarteca.es/ afirma que es una "con una concepción de la personalidad jurídica de la sociedad como especie de barrera jurídica insuperable por la que tiene lugar la compartimentación estanca y sin interconexión entre la sociedad de capital y sus socios"

925 CARRASCO PERERA, A., *Derecho de contratos... Op. Cit.* consultado en www.proview.thomsonreuters.com

1. Acción de cumplimiento

La consecuencia inmediata, tras la celebración del contrato, es que las partes ajusten su conducta con su contenido y observen la reglamentación que voluntariamente han acordado para la protección de sus intereses. Como señala el artículo 1091 CC las obligaciones que nacen del contrato son *lex inter partes* y "deben cumplirse a tenor de los mismos", máxima que, de forma similar, también indica el artículo 1258 CC[926], sin que sea necesario que el incumplimiento sea subjetivamente imputable al deudor ni la acreditación del daño por el acreedor. Por consiguiente, ante el incumplimiento de una de las partes de las obligaciones debidas, es lógico que las otras insistan en que el contrato despliegue los efectos queridos aun cuando sea por medio de la autoridad judicial, si bien, por cuestiones legales, o especialmente, de pragmatismo, en ocasiones no llega a ejercitarse toda vez que los acreedores recurren a otros remedios más eficientes.

La pretensión de cumplimiento específico está regulada en los artículos 1096, 1098, 1099 y 1124.2 CC, así como en los artículos 701 a 711 de la Ley de Enjuiciamiento Civil. En caso de sentencia judicial estimatoria, es posible que el deudor cumpla de conformidad con el sentido del fallo —en cuyo caso tendrá lugar una ejecución voluntaria—, o que persista en el incumplimiento, lo que implicará la intervención judicial para la ejecución forzosa[927]. Sin embargo, es preciso que el cumplimiento *in natura* sea todavía material y jurídicamente posible ex. arts. 1184 CC y 1272 CC —en caso contrario, solo cabe el cumplimiento por equivalente— y que el ejercicio del derecho se ejercite de conformidad con el principio de buena fe y la prohibición del abuso de derecho con base en lo dispuesto en el artículo 7 CC[928].

Debe, no obstante, distinguirse la acción de cumplimiento específico en atención a la diversa naturaleza de las obligaciones. Al hilo del orden legal-

926 Si bien, que prevé otras consecuencias con base en la buena fe, el uso y la ley y sirve de amparo para la aplicación de la *rebus sic stantibus*.

927 Alude a la necesaria distinción entre pretensión o acción de cumplimiento y ejecución forzosa, FELIU REY, J., *Los pactos parasociales... Op. Cit.* Pág.261

928 En Francia, después de la reforma de 2016, el artículo 1221 du Code Civil señala de manera expresa la posibilidad de cumplimiento *in natura* siempre que sea posible y no exista una desproporción manifiesta entre el deudor de buena fe y el interés del acreedor. Apunta la reparación in natura en relación con los derechos de preferencia y cita jurisprudencia al respecto, GERMAIN, M. Y MAGNIER, V., *Traité de droit des affaires. Vol. II Les societés commerciales,* París, 2022, pág. 453 PAZ-ARES, C., "El enforcement de los pactos..." *Op. Cit.* págs. 22-23 señala como contrario a la buena fe "quien, al amparo de su derecho contractual a designar un administrador, pretende que sus consocios voten a favor del nombramiento de persona manifiestamente incompetente"

mente establecido, las obligaciones de dar pueden satisfacerse en vía judicial mediante la entrega de la cosa cuando fuera cierta y determinada o en caso de cosas genéricas o indeterminadas mediante su adquisición a costa del ejecutado (arts. 1096 CC y 701 y 702 LEC). En el primer supuesto, podría pensarse en la transmisión forzosa de las acciones del socio fundador que hubiera incurrido en un *"bad leaver"*[929] o la transferencia en favor de la sociedad de determinados activos intangibles y, en el segundo, por ejemplo, la compra de equipos informáticos. Si la obligación de dar, por el contrario, fuera dineraria —piénsese, el incumplimiento del acuerdo de financiación—, será de aplicación lo dispuesto en los arts. 571 LEC y ss. Igualmente, en el marco de las prestaciones de dar que incidan en la transmisión de acciones o participaciones, debe insistirse en el principio de relatividad de los contratos y en el límite que suponen los derechos de terceros. Si las restricciones no tienen reflejo estatutario, el cumplimiento específico de la obligación de transmisión conforme al pacto parasocial —derecho de adquisición preferente, derecho de tanteo...— no es oponible a la sociedad ex. art. 29 LSC ni al tercero adquirente de buena fe (art. 1257 CC)[930].

En cuanto a las obligaciones de hacer, debe diferenciarse entre las que no son *intuitu personae* y las que, por el contrario, son personalísimas (arts. 1098 CC y 706 y 709 LEC). Ante el incumplimiento por el deudor de una prestación no personalísima tras el plazo señalado por el Letrado de la Administración de Justicia con base en el título ejecutivo, el acreedor podrá encargarlo a un tercero, a costa del ejecutado, lo que podría darse, por ejemplo, en caso de profesionales contratados para servicios específicos pero reemplazables que reciban parte del pago en acciones/participaciones y suscriban el pacto de socios —el diseño de una página web o servicios de marketing o consultoría—, aunque resultaría complejo por las particularidades del *"equity for services"*[931]. Si la obligación es personalísima, advertida

929 Si bien, en estos casos, para que sea más fácil la ejecución es común la concesión de opciones de compra y venta como mecanismo contractual de autotutela. Como cumplimiento específico de la obligación de entregar participaciones sirva la STS de 16 de junio de 2014 que ratifica "la condena de los codemandados Alfonso y Aquilino a transmitir a sus dos hermanas, María Milagros y Ángeles, las participaciones sociales que representan el 3% más del capital social de Sánchez Cano, S.A. que a cada una de ellas le corresponde según el acuerdo de 2001".

930 En Portugal, el art. 17 del *Codigo das Sociedades Comerciais* cseñala expresamente este principio de eficacia inter partes en sede societaria de modo que los pactos "solo tengan eficacia entre los intervinientes". En relación con la eficacia frente a terceros, ver FELIU REY, J., *Los pactos parasociales... Op. Cit.* Pág.294

931 En la medida en que el prestador de servicios o *freelance* reciba acciones o participaciones como contraprestación, será necesaria su exclusión de la sociedad. Además, también será complejo en la práctica el pago al tercero encargado de la ejecución a costa del deudor,

la resistencia del deudor a su cumplimiento pese a la notificación del título ejecutivo, el acreedor solicitará el equivalente pecuniario o instará que se apremie al ejecutado con multas mensuales hasta que transcurra un año del primer requerimiento, momento en el que Tribunal acordará el equivalente pecuniario u otra medida idónea para la satisfacción del ejecutante. En tanto que la condena de hacer personalísima refiere a la cualidad subjetiva del deudor, en el ámbito de las *startup* podría pensarse en el caso del socio fundador como persona con los conocimientos técnicos para el desarrollo de la idea de negocio, si bien, en consonancia con la frase popular o maldición "*pleitos tengas y los ganes*", la dilación y complejidad que supondría la satisfacción de tal obligación de *facere* es motivo suficiente para la opción por otros remedios más eficientes.

Y tal dificultad práctica es, igualmente, predicable con respecto a una forma específica de prestación de hacer regulada expresamente en el artículo 708 LEC que consiste en la condena a la emisión de una declaración de voluntad y que cobra especial relevancia en los pactos de organización y en particular en el ejercicio del derecho de voto. En este sentido, cuando el objeto de la obligación consista en un *volere*[932], ante el incumplimiento del socio cabe la posibilidad de que la autoridad judicial supla la inactividad o ejerza el voto de conformidad con lo prometido en el pacto parasocial. Se trata de una condena de hacer de carácter personalísimo que, por determinación legal, se convierte en no personalísimo[933] y, por consiguiente, sustituible por el tribunal[934]o, lo que es lo mismo, ejecutable en especie[935].

porque la jurisprudencia señala que el obligado no puede asumir las consecuencias de un coste notablemente superior y la valoración de su prestación tenía un componente variable vinculado a acciones o participaciones que dificultaría la pericial. Sobre la necesidad de que el tercero encargado de la ejecución se ajuste al coste designado judicialmente, ver SAP Baleares de 29 de abril de 2020.

932 En estos términos PAZ-ARES, C., "El enforcement de los pactos..." *Op. Cit.* pág. 22 con quien se comparte aquí sus postulados.

933 Así lo expresa ROBLES GARZÓN, J. A., "La ejecución *in natura*", 2015 disponible en https://riuma.uma.es/

934 En este sentido, resulta muy clarificadora la SAP de Barcelona, sección 15.ª, 210/2008 de 2 de junio que señala lo siguiente: "la alegación de la apelante al respecto de que votar es emitir una declaración de voluntad no fungible, no sustituible y por lo tanto personalísima, no resulta acertada pues al permitir la legislación que el voto del accionista pueda ser emitido por el mismo o por un representante en su nombre ya desnaturaliza el carácter de obligación personalísima".

935 VICENT CHULIÁ, F., *Introducción...Op. Cit.* pág. 892

La viabilidad de la presente medida, si bien fue objeto de discusión doctrinal[936] parece, actualmente, superada y únicamente Italia muestra una resistencia frontal al reconocimiento del cumplimiento específico de los acuerdos de voto[937]. Dicha ejecución no supone un menoscabo a la libertad de voto del socio toda vez que es, precisamente, desde dicha libertad donde nace la voluntad del socio a vincularse porque encuentra un interés en ello y porque la predeterminación del derecho de voto en determinadas materias —ad. ex. el nombramiento por el inversor de un miembro del consejo de administración al margen de su participación en el capital social— es, en ocasiones, *conditio sine qua non* para la entrada de terceros en la compañía, sin que tenga sentido que pueda privarse a las partes de la acción que el Derecho común prevé en caso de incumplimiento —que es de aplicación preferente— y el Derecho procesal contempla de forma expresa en el art. 708 LEC[938]. Tampoco es sólido el argumento que aún mantiene la doctrina italiana con base en la privación de la *"volontà deliberativa"* pues son varios los ejemplos en los que el socio renuncia voluntariamente al ejercicio personal del voto y a la deliberación previa. Tan legítimo es el interés personal en el voto asíncrono que prescinda del debate de la junta o el voto por medio de representante como abstenerse de cualquier proceso deliberativo por la cesión contractual del voto, máxime cuando existe medios de protección del socio ante una conducta antijurídica del sindicato[939]. Y en relación con el impacto de la medida con respecto a la sociedad debe recordarse que el cumplimiento *in natura* no incide directamente en su voluntad, sino que lo hace de forma refleja, a través de la declara-

936 Considera inviable la presente medida ejecutiva en los acuerdos de voto FELIU REY, J., *Los pactos parasociales... Op. Cit.* Pág.319

937 PROVERBIO, D., I patti parasociali... *Op. Cit.* págs. 138-139; TUCCI, A., "Contratti parasociali e trust nel mercato finanziario" *Tratatto dei contratti* (Dirs) Pietro Rescigno y Enrico Gabrielli, Torino, Utet, 2011 pág. 1091 Véase un completo recorrido de la evolución de la admisibilidad del cumplimiento específico en Derecho comparado en MARTÍNEZ ROSADO, J., *Los pactos parasociales... Op. Cit.* pág. 135 Por el contrario, países como Estados Unidos lo reconocen expresamente en su §7.31 *Model Business Corporation Act* que ha sido adoptada por treinta y seis Estados.

938 Por todos, PAZ-ARES, C., "El enforcement de los pactos..." *Op. Cit.* pág. 23 cuando afirma que "Es inconsecuente aceptar la validez del pacto y negar su cumplimiento forzoso; y más aún, es inconsecuente protegerlo con la acción de daños —y, en su caso, con una cláusula penal— y desprotegerlo negándole la pretensión de cumplimiento"

939 El hecho de que en algunos casos el socio que prescinde voluntariamente del proceso deliberativo pueda revocar el voto no justifica *per se* que deba impedirse el cumplimiento específico en este caso pues, en primer lugar, poco tiene que ver la causa del negocio jurídico del sindicato de voto con la de la representación y, en segundo lugar, porque cabe incluso la previsión estatutaria que establezca que la asistencia personal del representado no tenga valor de revocación (art. 186.5 RRM).

ción que emite el firmante del pacto —o no emite, cuando tuviera obligación de hacerlo— mediante la sustitución judicial sin que ello determine, necesariamente, su eficacia[940]. Cuestión distinta es que el pacto parasocial incida en un acuerdo ya adoptado, pero, incluso en ese caso, si quien ha incumplido el acuerdo de voto posee, al menos el cinco por ciento del capital social, es posible condenarle a que solicite la convocatoria de la junta general ex. art. 168 LSC y vote de forma tal que, de conformidad con la llamada acción de remoción "deshaga lo mal hecho" (art. 1098 CC) siempre que, lógicamente, no exista una imposibilidad material —piénsese, por ejemplo, si el motivo de la junta era la autorización de la venta de participaciones a un tercero ajeno al pacto con base en el art. 107.1 b) LSC—. Todo ello, sin perjuicio de que, en el caso de que el pacto sea omnilateral, tenga más sentido la impugnación del acuerdo alcanzado en contravención de su contenido por la lesión del interés social[941].

De todas formas, como señala la doctrina, el presente debate es más teórico que práctico por una cuestión temporal[942]. El hecho de que el incumplimiento se advierta con posterioridad a la junta y que después comience el procedimiento judicial o arbitral que termine con el cumplimiento específico revelan tal acción como poco operativa y costosa en comparación con otros remedios[943].

940 Como señala PAZ-ARES, C., "El enforcement de los pactos..." *Op. Cit.* pág. 25 no hay extensión indebida de la cosa juzgada y tanto la sociedad como los socios cuentan con medios de protección si el voto fuese abusivo o contrario a derecho. De forma similar, JUAN GÓMEZ, M. C., "Eficacia ad extra de los pactos parasociales. ¿Realidad o ficción?" *Diario La Ley*, No 8578, Julio de 2015 pág.9/21

941 Entre otros, CERVERA MARTÍNEZ, M., "El ejercicio del derecho de voto..." *Op. Cit.* págs. 402-406; VICENT CHULIÁ, F., *Introducción...Op. Cit.* pág. 892; PÉREZ MORIONES, A., "Impugnación de acuerdos sociales y pactos parasociales omnilaterales" *Estudios de Derecho mercantil. Liber Amicorum Profesor Dr. Francisco Vicent Chulià* (Dirs.) Cuñat Edo, Massaguer, Alonso Espinosa y Gallego Sánchez, Valencia, Tirant lo Blanch,2013 pág. 598

942 En Alemania, también sobre tal cuestión, apuntando alguna excepción en la jurisprudencia, MOCK, S., "Germany" *International Handbook on Shareholders' Agreements* (eds.) Mock, Csach and Havel, Berlín, DeGruyter,2018 pág. 312 y ss.

943 Reflejan el carácter más teórico o ideal del debate, NIETO DELGADO, C., "Medidas cautelares en el ámbito societario" Medidas cautelares y diligencias preliminares en el ámbito civil (Coord.) García Marrero, Cizur Menor, Aranzadi, 2021 consultado en https://proview.thomsonreuters.com/ pág. 31/44 quien además, recuerda la posibilidad de que haya caducado cualquier pretensión de nulidad de los acuerdos aprobados NOVAL PATO, J., "Los pactos parasociales" *Estudios de Derecho de Sociedades* (Dirs.) Embid Irujo y Nieto Carol, Valencia, Tirant lo Blanch, 2019 pág. 120 señala que puede suponer un "empeño vano"; PAZ-ARES, C., "El enforcement de los pactos..." *Op. Cit.* pág. 26; MARTÍNEZ ROSADO, J., *Los pactos parasociales... Op. Cit.* pág. 137; FELIU REY, J., *Los pactos parasociales... Op. Cit.* Págs. 317-318

En relación con las obligaciones de no hacer como, por ejemplo, ocurre con el pacto de no competencia, exclusividad o confidencialidad que exigen una abstención de cualquier comportamiento contrario, la acción de cumplimiento derivada de su infracción implica el requerimiento para que, en la medida de lo posible, deshaga lo mal hecho —cuestión, en este caso, compleja, aunque podría pensarse en la prohibición de que constituya derechos reales sobre las participaciones—[944], indemnice los daños y perjuicios causados y se abstenga de cualquier infracción en el futuro. Para conminarle a dicho comportamiento el art. 710 LEC prevé también la imposición de multas mensuales y el apercibimiento de que la insistencia en la conducta activa contraria a la obligación conlleve un delito de desobediencia a la autoridad judicial. Si la remoción no es personalísima podrá realizarla un tercero a costa del deudor, con base en una aplicación analógica de los artículos 706.1 y 709.1 LEC —véase la el Auto de la AP de Pontevedra, sección 1.ª, 00200/2006 de 9 de noviembre —. En el caso de que el comportamiento no sea susceptible de reiteración o no pueda deshacerse lo mal hecho —por ejemplo, la revelación de información confidencial—, la ejecución procederá para el resarcimiento de los daños y perjuicios causados.

De conformidad con lo anterior, no se discute la viabilidad de la acción de cumplimiento específico en el ámbito de los pactos de socios. Y lo mismo cabe en relación con la acción de remoción —que aquí se ha incluido en la categoría amplia de cumplimiento forzoso—[945].

Además, cuando las obligaciones procuren un beneficio o determinadas ventajas a la sociedad, el órgano de administración estará legitimado para la interposición de una acción tendente al cumplimiento de la prestación debida, toda vez que el pacto en tales casos sería una modalidad de contrato a favor de terceros ex. art. 1257 CC[946].

Ello no obstante, como ha quedado de manifiesto, la secuencia temporal entre el incumplimiento y la acción de cumplimiento específico —en aquellos casos en los que sea materialmente posible— y el coste que lleva aparejado son factores que determinan la opción por otros mecanismos resarcitorios.

944 Ello parece razonable en relación con otro tipo de obligaciones (piénsese, por ejemplo, reponer las condiciones de un camino como señala la SAP de Tenerife, sección 4.ª, 229/2009 de 18 de noviembre) pero resulta imposible materialmente que incumplida la obligación de confidencialidad con la filtración de un secreto empresarial a un tercero pueda "deshacerse lo mal hecho".

945 Se sigue aquí la opción por la inclusión de ambos en uno de los tres grandes tipos de remedios frente al incumplimiento, Véase GÓMEZ POMAR, F., "El incumplimiento contractual en Derecho español" *InDret Revista para el análisis del Derecho* 3/2007 pág. 13

946 ALONSO LEDESMA, C., "Pactos parasociales..." *Op. Cit.* págs. 856-857

Sin embargo, cabe plantearse si la presente acción es aplicable con antelación a un incumplimiento definitivo, pero en previsión de ello, cuando de la conducta del obligado existan serios indicios de que infringirá el pacto de socios o para la interrupción de una infracción continuada. En este sentido, la adopción de medidas cautelares requiere del cumplimiento de los estrictos requisitos del art. 728 LEC: *periculum in mora, fumus boni iuris* y caución[947]. Pueden solicitarla ante el tribunal competente o, en el marco de un convenio arbitral[948], al propio árbitro[949], pero su ejecución dependerá siempre del Juzgado competente[950] ya que los árbitros carecen de tal facultad[951].

Así, por ejemplo, en el caso de un sindicato de bloqueo cuando existan indicios, tales como la noticia de ofertas de venta a terceros ajenos al pacto sin previo ofrecimiento a los demás firmantes, podría plantearse la adopción de medidas conservativas como el embargo de las participaciones —aunque, a efectos prácticos, por su efectividad, lo normal será la previsión estatutaria de tales restricciones a la transmisibilidad—[952]. En cuanto a obligaciones de

---

947 En relación con los presupuestos, véase, GIMENO SENDRA, V., *Derecho Procesal Civil I. El proceso de declaración. Parte General.* Madrid, Castillo de Luna, 2015 págs. 265-268 Sobre las excepciones a la caución, ORTELLS RAMOS, M., *Las medidas cautelares*, Madrid, Lay Ley, 2000 págs. 184-186.

948 Apunta la oportunidad de optar por cláusulas arbitrales de urgencia por los problemas que plantea la secuencia temporal de la acción de cumplimiento específico, PAZ-ARES, C., "El enforcement de los pactos..." *Op. Cit.* pág. 26

949 Artículo 23 Ley 60/2003, de 23 de diciembre, de Arbitraje.

950 Art. 85.5 Ley Orgánica 6/1985, de 1 de julio, del Poder Judicial: *"Los Juzgados de Primera Instancia conocerán en el orden civil: De las solicitudes de reconocimiento y ejecución de sentencias y demás resoluciones judiciales extranjeras y de la ejecución de laudos o resoluciones arbitrales extranjeros, a no ser que, con arreglo a lo acordado en los tratados y otras normas internacionales, corresponda su conocimiento a otro Juzgado o Tribunal".* En este sentido, FORTEA GORBE, J. L., "El marco procesal de la tutela judicial cautelar en los procesos arbitrales. Novedades introducidas por la Ley 11/2011, de reforma de la Ley 60/2003, de Arbitraje, y de la Ley de Enjuiciamiento Civil" en *Práctica de Tribunales,* n.º 100, 2013 pág. 8 de 12 consultado en http://laleydigital.laley.es/

951 Sobre las medidas cautelares en arbitrajes internacionales, por todos, CALVO CARAVACA, L. A., "Medidas cautelares y Arbitraje Privado Internacional" en *Diario La Ley* n.º6128, 2004 consultado en http://laleydigital.laley.es/ Afirma el citado autor, sobre la judicialización de las medidas cautelares que el hecho de que el arbitraje privado internacional sea un procedimiento contradictorio impide congelar por sorpresa los bienes del demandado, lo que corresponde a los tribunales estatales, igual que ocurre con las cuentas corrientes que sólo pueden congelarse por la autoridad judicial pertinente. Mantiene también, a mayor abundamiento, en la página 9 de 21 que "Los árbitros no son tribunales estatales, por lo que no disponen de un aparato coactivo para realizar fácticamente las medidas cautelares por ellos adoptadas. Necesitan de la colaboración judicial al efecto".

952 Plantea tal posibilidad para el caso de que existan datos fiables sobre una previsible transmisión de acciones MORENO UTRILLA, D., *La sindicación de bloqueo en las sociedades* anóni-

no hacer, piénsese en la transgresión del pacto de no competencia o el posible desvío de parte del negocio con la transmisión de trabajadores o clientela a un competidor —"*non soliciation clause*"—. En estos casos, acreditada la existencia del peligro por la mora procesal[953], es del todo punto razonable la adopción de la medida cautelar prevista en el artículo 727.7 LEC consistente en "*la orden judicial de cesar provisionalmente en una actividad; la de abstenerse temporalmente de llevar a cabo una conducta; o la prohibición temporal de interrumpir o de cesar en la realización de una prestación que viniera llevándose a cabo*"[954].

Más compleja parece la adopción de medidas cautelares que tengan por objeto la emisión de una declaración de voluntad. En contra se ha señalado la

---

mas, Valencia, Tirant lo Blanch, 2015 pág. 428; En un sentido similar, en Italia, PROVERBIO, D., I patti parasociali... *Op. Cit.* pág. 138

953 Afirma GIMENO SENDRA, V., *Derecho procesal civil II. Los procesos especiales,* Madrid, Colex,2012 pág. 42 que dicho presupuesto es "el presupuesto primordial, en tanto que fundamento primero de toda medida cautelar, ya que atañe a la necesidad real de la medida aseguradora solicitada que limita el derecho del demandado a la disposición de sus bienes o intereses".

954 Sirvan como ejemplo el Auto 334/2013 de 2 de septiembre de 2013 y el Auto 396/2013 de 25 de octubre de 2013, ambos dictados por el Juzgado de Primera Instancia n.º39 de Madrid. El supuesto en cuestión hace referencia al incumplimiento de las obligaciones asumidas en la fase de tratos preliminares celebrada por las partes con motivo de la realización de una *due diligence* de una sociedad del sector bancario por otra competidora. Frustrado el proceso de venta de un paquete accionarial del socio mayoritario con un tercero por el ejercicio de la acción preferente a cargo del minoritario se discute si el potencial adquirente con posterioridad infringió alguno de los compromisos de no hacer asumidos en el acuerdo de confidencialidad que extendía su vigencia por un periodo de dos años. Concretamente, la compañía *target* decidió la interposición de acciones cautelares tras la comunicación de cuatro de sus empleados en la que afirmaban que dejaban su trabajo para incorporarse a la organización del fallido adquirente. Tales medidas fueron adoptadas *inaudita parte* y matizadas sólo parcialmente tras el segundo auto. El Juzgado considera acreditados los dos presupuestos necesarios para la adopción de la medida cautelar. Por una parte, identifica la existencia del peligro por la mora procesal con los perjuicios derivados de la pérdida de clientela de la sociedad objetivo en favor de la primera candidata a la compra, así como la contratación de los empleados con contacto directo con tales clientes. Igualmente, la acreditación de la apariencia de buen derecho también la considera cumplida el primer Auto tras la revelación de la cláusula contractual de "prohibición de contratación con el personal clave de la sociedad" junto con la demostración de la pérdida de tales trabajadores en favor de la demandada, si bien el Auto posterior levanta parcialmente las medidas cautelares porque no considera demostrado que algunos de los trabajadores contratados tuvieran la condición de "clave" en atención a su importancia en la sociedad en proceso de venta. Un acertado comentario doctrinal al respecto en MÁLAGA DIÉGUEZ, F. y MORALES MATA, E., "Medidas cautelares inaudita parte. Incumplimiento de un acuerdo confidencial de un proceso de *due diligence*" en *2014 Práctica contenciosa para abogados.* AAVV Madrid, 2014 consultado en http://laleydigital.laley.es/

dificultad probatoria, si bien, no parece un argumento sólido toda vez que es necesario que el solicitante de la medida aporte información suficiente para que el tribunal señale un juicio favorable al fundamento de su pretensión, esto es, no basta con meras conjeturas o suposiciones del incumplimiento para la sustitución judicial del voto a través de ella[955]. Mejor fundado parece el razonamiento que niega tal posibilidad por el hecho de que la adopción de la medida cautelar conduce a un estado de las cosas irreversible que resulta difícilmente compatible con su carácter instrumental y su naturaleza intrínseca y ontológicamente temporal[956]. Sin embargo, precisamente con base en la irreversibilidad, es posible la argumentación contraria por la que la no adopción de la medida cautelar que sustituya la declaración de voluntad implique que el fallo futuro del pleito principal quede desprovisto de eficacia, lo que cohonesta mal con la finalidad conservativa o de aseguramiento que le es propia[957]. Además, para el caso concreto, de conformidad con lo previsto en el artículo 726.2.ª LEC que hace referencia al principio de proporcionalidad o menor onerosidad, tal medida no es susceptible de sustitución por otra igualmente eficaz pero menos gravosa, por lo que cobra sentido la tutela anticipada por medio de la admisibilidad de las medidas cautelares anticipatorias[958]. Si como señaló el Tribunal Constitucional, en su sentencia 218/1994 de 18 de julio, la finalidad de las medidas cautelares es "evitar que un posible fallo favorable a la pretensión deducida quede (contra lo dispuesto en el artículo

955 Cita tres ejemplos muy claros el profesor PAZ-ARES, C., "El enforcement de los pactos..." *Op. Cit.* pág. 26: "(i) cuando el deudor se niegue a celebrar una Junta con el fin de adoptar un determinado acuerdo; (ii) cuando mediando una trayectoria de reiterados incumplimientos, quiera obtenerse tempestivamente y de cara a una Junta general futura una condena anticipada del socio incumplidor; (iii) cuando el incumplimiento o el peligro cierto de incumplimiento se haga manifiesto inmediatamente antes de la Junta General —normalmente entre su convocatoria y su celebración—, aunque en ese caso el recurso a los Tribunales sólo tiene sentido si es posible obtener las correspondientes medidas cautelares. También, JUAN GÓMEZ, M. C., "Eficacia ad extra de los pactos parasociales..." *Op. Cit.* pág.10/21 que señala, que si hay prueba de que el socio haya exteriorizado con anterioridad a la junta su voluntad de apartarse del sentido del voto sindicato, podrá plantearse la solicitud de medidas cautelares,

956 En estos términos, DÍAZ MARTÍNEZ, M., "Artículo 726. Características de las medidas cautelares" *Comentario a la Ley de Enjuiciamiento Civil.* (Dir.) Díaz Martínez, Vol. III, Valencia, Tirant lo Blanch, 2023 pág. 3627

957 Como señala NIETO DELGADO, C., "Medidas cautelares..." Op. Cit. pág. 31/44 "en definitiva, se impone una delicada elección entre el interés más tutelable. Alude también a resultados irreversibles por la no aplicación de las medidas cautelares, GALEOTE MUÑOZ, P., *Sindicatos de voto. Op. Cit.* pág. 230

958 Vid. VALLESPÍN PÉREZ, D., "La conveniencia de incorporar nuevas formas de tutela judicial en orden a conseguir un proceso civil más eficaz" actas del IV Congreso Gallego de Derecho Procesal (I Internacional). 2012, Disponible en https://ruc.udc.es/ págs. 696-697

24.1 CE) desprovisto de eficacia", habrá casos en los que deba atenuarse o flexibilizarse su instrumentalidad en favor de una tutela judicial urgente aun cuando su adopción afecte sustancialmente al estado de las cosas[959], como ocurre en relación con la sustitución por medio de auto de la voluntad del firmante del pacto parasocial en el ejercicio del derecho de voto en la junta general —aunque la jurisprudencia sobre tal cuestión es escasa, sirva como ejemplo reciente el Auto del Juzgado Mercantil n.º3 de Sevilla de 20 de octubre de 2020[960]—.

2. Acción indemnizatoria

La segunda de las acciones frente al incumplimiento es el remedio monetario consistente en la indemnización de daños y perjuicios. Con base en lo mencionado en el epígrafe anterior, la imposibilidad legal y, sobre todo, material del cumplimiento *in natura* abre la vía al resarcimiento por medio

959 Apunta VALLESPÍN PÉREZ, D., "La conveniencia de incorporar..." *Op. Cit.* pág. 697 que puede incluso que, concedida la medida cautelar que implique una tutela definitiva puede que ni el actor ni el demandado tengan interés en la incoación del procedimiento principal. En este sentido, señala como ejemplo, el siguiente "pensemos, por ejemplo, en una junta de una sociedad que el juez ordenó convocar en contra del acuerdo de los administradores sociales y que, cuando se convoca y celebra, para el actor ya no existe situación conflictiva alguna). Pero es que, a su vez, el demandado puede carecer también de interés en el pleito principal. Si se ha opuesto a la medida con todos sus argumentos y, pese a ello, la medida ha sido concedida, puede suceder que no tenga el más mínimo interés en proseguir la lucha en el proceso principal, porque ya agotó todos sus argumentos y todas sus pruebas. De ese modo, evitará una condena en las costas del proceso principal, que pueden ser de elevado contenido económico".

960 La resolución resuelve sobre la solicitud de adopción de una medida cautelar ante el previsible incumplimiento del acuerdo de derecho de voto previsto en un pacto parasocial que tenía por objeto el cumplimiento de un sistema de presidencia rotativa del Sevilla FC SAD. En particular, señala lo siguiente: "si bien es cierto, que el art. 728 define el periculum in mora en lineal conexión con la exclusiva generación de situaciones que objetivamente podrían impedir o dificultar la efectividad de una eventual sentencia estimatoria, ello no debe ser insalvable óbice para la adopción de una medida cautelar 'anticipatoria' como la que aquí, en realidad nos ocupa dadas las concretas circunstancias del caso antes expuestas. Téngase presente, que lo que se pretende cautelarmente es como se insiste preservar, en tanto se solvente la efectividad y vigencia controvertida del pacto, el status quo de codirección prudencialmente alcanzado entre partes y a modo de 'pax augusta', que superaba, al parecer, el periodo convulso anterior. No se trata por ello de obligar concretamente al demandado a votar v.gr, lo que diga el hijo aisladamente o sin más, sino de meramente impedirle actuar por libre o de modo independiente y al margen de lo que fuera válidamente asumido por el mismo en el pacto de autos" Menciona tal resolución y otras similares dentro de la escasa casuística sobre la adopción de medidas cautelares en relación con el ejercicio del derecho de voto, NIETO DELGADO, C., "Medidas cautelares..." *Op. Cit.* págs. 31-33/44.

del equivalente pecuniario —*id quod interest*—. Igualmente, aun cuando sea viable, el coste temporal y económico que ello implica determina que en ocasiones el cumplimiento específico sea poco operativo en el ámbito de las *startup*. Además, producido el incumplimiento del pacto de socios, el menoscabo de la confianza entre los firmantes puede que implique la preferencia del perjudicado por la indemnización frente al cumplimiento específico —piénsese, por ejemplo, en el caso de la obligación de hacer personalísima del fundador de prestación de servicios—, como remedio que acompañe la terminación de la relación contractual por otras vías —obligación de compra/venta—[961]. Ello, sin perjuicio de su complementariedad y acumulación con la acción de cumplimiento *in natura* cuando el incumplimiento no sea definitivo —ad. ex. cesación del trabajo en otra compañía en contravención del pacto de exclusividad—[962]. De todas formas, en la práctica, por los motivos que se expondrán a continuación, la presente acción no es especialmente útil en cuanto al incumplimiento de los pactos parasociales en general, y de los pactos de socios en particular, por cuanto requieren de remedios de una aplicación más rápida y sencilla.

Por lo que a su definición hace referencia, la indemnización de daños y perjuicios consiste en el pago por el deudor de una cantidad de dinero para el resarcimiento de la parte perjudicada por el incumplimiento[963]. Previsto en el artículo 1101 CC, su finalidad es que el acreedor quede en la situación más parecida posible a la que correspondería de haberse cumplido la obligación, esto es, tiene una vocación restaurativa que sujeta a la indemnización de los daños y perjuicios causados a quienes "en el cumplimiento de sus obligaciones incurrieren en dolo, negligencia o morosidad, y los que de cualquier modo contravinieren al tenor de aquéllas".

En cuanto a los presupuestos de la acción indemnizatoria se requiere, en todo caso, la existencia de un daño resarcible, un incumplimiento imputable al deudor y un nexo causal entre ambos. En primer lugar, con respecto al daño, en nuestro Derecho la regla general es la indemnización por interés contractual positivo —"*expectation damages*"— por lo que, de conformidad con el art. 1106 CC, comprende tanto el daño emergente como el lucro ce-

961 Alude a la pérdida de confianza como factor determinante por la acción indemnizatoria, JUAN GÓMEZ, M. C., "Eficacia ad extra de los pactos parasociales..." *Op. Cit.* pág. 7/21

962 DÍEZ-PICAZO, L., *Fundamentos del Derecho Civil Patrimonial. Tomo II. Las relaciones obligatorias* Madrid, Civitas, 2007, consultado en https://proview.thomsonreuters.com/ recuerda que el deber de indemnizar surge ante cualquier contravención de la obligación y señala la complementariedad con la prestación de cumplimiento que es todavía posible y viable.

963 GÓMEZ POMAR, F., "El incumplimiento..." *Op. Cit.* pág. 19

sante[964]. En segundo, a diferencia del cumplimiento específico, el deudor responderá de los daños causados, salvo que exista una causa de exoneración a tenor de lo previsto en el artículo 1105 CC. Sin embargo, es posible que la respuesta difiera en función de la concurrencia de dolo o negligencia del deudor, toda vez que el art. 1103 CC faculta a los Tribunales, según los casos, a la moderación de la pena y el artículo 1107 CC limita los daños y perjuicios de los que responde el deudor de buena fe a los previstos o que hubieran podido preverse al tiempo de la obligación, mientras que de advertirse mala fe responderá de todos aquellos derivados del incumplimiento. En tercer lugar, debe advertirse una relación causal entre la conducta del deudor y el daño indemnizable que surge como consecuencia de ella[965].

Así, por ejemplo, ante el incumplimiento de la obligación de confidencialidad, de la prestación prometida en el caso de *"equity for services"* o del voto en el sentido acordado en el pacto de socios, nada impide que los perjudicados demanden al socio infractor por los daños y perjuicios derivados de tal conducta —que, en la mayoría de los casos, será dolosa—. Sin embargo, aunque en teoría la tutela a través de la presente acción parezca sencilla, lo cierto es que, en la práctica, en relación con la eficacia de los pactos de socios, es muy poco operativo por las dificultades que plantea la prueba del daño y, especialmente, su cuantificación[966].

Con respecto a la prueba, señala el artículo 217 LEC que corresponde al actor la carga probatoria de los hechos de los que ordinariamente se desprenda el efecto jurídico correspondiente a las pretensiones de la demanda. El incumplimiento de la obligación no es suficiente para la obtención de la indemnización, es necesario que acredite la relación de causalidad entre tal incumplimiento y el daño. Así, por ejemplo, ante un cumplimiento defectuo-

---

964 En la doctrina española prevalece la modalidad de interés contractual positivo frente al negativo —*"reliance damages"*— Entre otros, DÍEZ-PICAZO, L., *Fundamentos del Derecho Civil... Op. Cit.* consultado en www.proview.thomsonreuters.com
CARRASCO PERERA, A., *Derecho de contratos.. Op. Cit.* consultado en www.proview.thomsonreuters.com
GÓMEZ POMAR, F., "El incumplimiento..." *Op. Cit.* pág. 20

965 A pesar del desafortunado tenor del art. 1107 CC no puede concluirse que existan dos sistemas de causalidad diferentes en función de la mala fe del obligado. Critican tal redacción, DÍEZ-PICAZO, L., *Fundamentos del Derecho Civil... Op. Cit.* consultado en https://proview.thomsonreuters.com/; CARRASCO PERERA, A. *Derecho de contratos.. Op. Cit.* consultado en www.proview.thomsonreuters.com

966 Vid. MORALES BARCELÓ, J., "Pactos parasociales vs. Estatutos sociales: eficacia jurídica e impugnación de acuerdos sociales por su infracción" *RdS* n.º 42, 2014 pág. 180; También PAZ-ARES, C., "El enforcement de los pactos..." *Op. Cit.* pág. 21

so en el desarrollo de un programa de *software* por uno de los socios trabajadores, la acción de cumplimiento específico procede independientemente de la imputabilidad del incumplimiento al deudor[967], pero en la acción indemnizatoria sí que es necesaria la atribución de responsabilidad al obligado[968]. En cualquier caso, mayor problema enfrenta el acreedor en el segundo paso, en la cuantificación del daño. El pacto de socios prevé conductas heterogéneas cuya infracción si bien causa un daño, en la práctica resulta de muy difícil concreción pecuniaria. Salvo casos puntuales —por ejemplo, la infracción del compromiso de financiación—, resulta harto complicado la determinación del daño causado por el incumplimiento de obligaciones de no hacer —¿Qué perjuicio económico supone la competencia en otra *startup* del personal clave?, ¿cuánto vale la revelación de información sensible?— u obligaciones de *facere* o de *volere*[969]. Con respecto a lo último, la gravedad de la conducta que supone la transgresión, por ejemplo, del compromiso de voto[970], además del complejo problema de la cuantificación, tendrá una sanción diferente en función o no de su incidencia en el acuerdo de la junta general[971] pues la finalidad es resarcitoria, no punitiva, de modo que no desincentiva la reiteración futura de incumplimientos por el obligado. Todo ello determina que la doctrina, acertadamente, considere la acción indemnizatoria como inútil e ineficaz en comparación como otros mecanismos de tutela *ex ante*, en particular, la previsión de cláusulas penales[972].

967 Recuerda que tal acción procede independientemente de la gravedad del incumplimiento y de la imputabilidad, SOLER PRESAS, A., "La pretensión de cumplimiento específico" *Almacén del Derecho,* 2022 disponible en https://almacendederecho.org/la-pretension-de-cumplimiento-especifico

968 Que responderá siempre que no concurra una especial causa de exoneración al amparo del artículo 1105 CC DÍEZ-PICAZO, L., *Fundamentos del Derecho Civil... Op. Cit.* consultado en https://proview.thomsonreuters.com/

969 Como señala PAZ-ARES, C., "El enforcement de los pactos..." *Op. Cit.* pág. 21 "¿cómo valorar, por ejemplo, los daños que experimenta un socio al que no se le permite acceder, en contra de lo estipulado, al consejo de administración de la sociedad?"

970 En cuanto las dificultades de la acción indemnizatoria con respecto al incumplimiento de un sindicato de bloqueo, véase MORENO UTRILLA, D., *La sindicación de bloqueo... Op. Cit.* pág. 410 quien recoge la opinión de TRIMARCHI que denomina estas situaciones como la "impracticabilidad" de la tutela resarcitoria.

971 JUAN GÓMEZ, M. C., "Eficacia ad extra de los pactos parasociales..." *Op. Cit.* pág. 8/21

972 " Manifiesta la insatisfacción de este remedio, FELIU REY, J., *Los pactos parasociales... Op. Cit.* Pág. 335; PAZ-ARES, C., "El enforcement de los pactos..." *Op. Cit.* pág. 21 que plantea la cláusula penal como alternativa eficaz. MARTÍNEZ ROSADO, J., *Los pactos parasociales... Op. Cit.* pág. 130

3. Resolución del contrato

El Derecho común también ofrece a los firmantes del pacto de socios un remedio resolutorio con el que pongan fin a su relación contractual. En la medida en que, por regla general, los pactos parasociales son sociedades internas[973], la disciplina aplicable será la prevista para las sociedades civiles —arts. 1700 CC y ss.—[974]. El ejercicio de la acción resolutoria del art. 1124 CC en relación con los pactos de socios en el ámbito de las *startup* —o, incluso, en sociedades familiares—[975] no resulta posible toda vez que la pluralidad de obligaciones que contienen no responde a un sinalagma contractual, sino que regulan sus relaciones en la sociedad y están previstas para la consecución de un fin común[976].

La denuncia de la relación obligatoria depende de circunstancias tales como la duración del contrato o la advertencia de justa causa.

En relación con lo primero, cuando no esté sujeto a término o no resulta éste de la naturaleza del negocio cabría la resolución *ad nutum* con base en lo previsto en el art. 1705 CC. El fundamento reside en la prohibición de las vinculaciones perpetuas o excesivas[977]. Sin embargo, tal facultad unilateral, no debiera admitirse en el presente pacto de socios en el que, por lo general, establecen su duración *per relationem*, esto es, la condicionan a la vigencia de la sociedad con la que mantienen un vínculo funcional[978] —lo mismo sería

973 PERDICES HUETOS, A., "Lecciones: validez, eficacia..." *Op. Cit.* consultado en en https://almacendederecho.org/lecciones-validez-eficacia-y-oponibilidad-de-los-pactos-parasociales-en-una-cascara-de-nuez

974 ALONSO LEDESMA, C., "Pactos parasociales..."*Op. Cit.* pág. 856; CERVERA MARTÍNEZ, M., "El ejercicio del derecho de voto..." *Op. Cit.* pág. 394; SERRA CALLEJO, J., "Validez y eficacia de los pactos parasociales..." *Op. Cit.* pág. 15

975 Sobre la calificación del protocolo familiar como sociedad interna, FERNÁNDEZ DEL POZO, L., *El protocolo familiar... Op. Cit.* págs. 62-63

976 En este caso debe descartarse la sinalagmaticidad que, como recuerda, CLEMENTE MEORO, M. E., Comentario al artículo 1124" *Comentarios al Código Civil* (Dir.) Cañizares Laso, Vol. III, Valencia, Tirant lo Blanch, 2023 pág. 5166 "es una cualidad del hecho de que las obligaciones nacen como recíprocas la una de la otra". Niega, acertadamente, la posibilidad de aplicar el 1124 CC a los pactos parasociales, precisamente, por la ausencia de sinalagmaticidad entre las obligaciones, PASTOR I VICENT, M., "Los pactos parasociales...." *Op. Cit.* pág. 13/38

977 Como señala la STS de 16 de noviembre de 2016 la prohibición se justifica en "aras, en última instancia, de la necesaria protección de la libertad individual"

978 Como recuerda FERNÁNDEZ DE LA GÁNDARA, L., "Pacto parasocial" *Enciclopedia Jurídica Básica*, Vol. ·, Madrid, Civitas, 1995 pág. 4713"nos encontramos, pues, ante una figura dotada de autonomía formal y con una identidad funcional análoga a la del contrato fundacional de sociedad —ambos instrumentos sirven a una misma realidad económica— pero unida a este último, desde un punto de vista estructural, por un vínculo de subordinación".

predicable aun cuando no hubieran dispuesto término alguno—. Si, como señala la mejor doctrina, la denuncia unilateral solo tiene sentido en pactos de duración indefinida en el que las partes asumen obligaciones de prestación continuada[979], en el ámbito de las *startup,* donde el pacto está coligado a la compañía[980], la normal fijación de un horizonte temporal de dichas conductas —piénsese en la dedicación del fundador[981]— y, sobre todo, la previsión de una serie de cláusulas de salida o *"leaver clauses"* junto con eventos de liquidez que activen la venta de acciones o participaciones[982], evidencian que, en ningún caso, los socios asumen una vinculación perpetua o excesiva contraria a tal prohibición de orden público. Igualmente, podría incluso plantearse si, por las características temporales de las *startup,* de conformidad con el lenguaje habitual de "su ciclo de vida", que termina con la fase de salida o *"exit"* —generalmente, por venta u OPV— podría inferirse un plazo de duración que impidiera la activación de la denuncia "ad nutum" con base en lo dispuesto en el artículo 1705 CC cuando alude a la duración que resulta "de la naturaleza del negocio". Ello no obstante, de forma poco comprensible, a diferencia de lo que ocurre en otros países[983], nuestra jurisprudencia[984], por

979 PAZ-ARES, C.,, "La denuncia ad nutum..." *Op. Cit.* consultado en https://proview.thomsonreuters.com/ alude a la necesaria aproximación al régimen de las sociedades profesionales.

980 El vínculo funcional también lo admite alguna resolución, como la SAP de Madrid, sección 11.ª, 214/2019 de 29 de mayo.

981 El compromiso de dedicación y permanencia de fundadores no suele superar los cinco años y lo mismo es predicable con respecto a socios trabajadores que tienen un plan de consolidación de acciones/participaciones —*"vesting"*—.

982 En este sentido, reconoce MIQUEL GONZÁLEZ DE AUDICANA, J.M., *La duración de los pactos parasociales... Op. Cit.* pág. 133 la vinculación de los pactos parasociales con la titularidad de la acción o participación y niega cualquier vinculación perpetua "cuando el obligado puede salir voluntariamente de la situación a la que se anuda la obligación, aunque sea con algún sacrificio". En el mismo sentido, PAZ-ARES, C., "La denuncia ad nutum..." *Op. Cit.* consultado en https://proview.thomsonreuters.com/ que plantea la eliminación contractual ante mecanismos como opciones de venta o derechos de separación o, incluso, cuando haya mercado suficiente para la transmisión de la condición de socio.

983 Recientemente, en Francia, es de interés la sentencia de *la Cour de Cassation de 25 de enero de 2023* que consideró que la prohibición de vinculaciones perpetuas no es obstáculo para la celebración de un pacto parasocial vinculado a la vida de la sociedad que no pueda ser denunciado por las partes. Un comentario a tal pronunciamiento en IRIBARREN BLANCO, M., "Pactos parasociales para toda la vida (de la sociedad) y denuncia ad nutum" *Almacén del Derecho,* 2023 disponible en https://almacendederecho.org/pactos-parasociales-para-toda-la-vida-de-la-sociedad-y-denuncia-ad-nutum

984 A modo de ejemplo, la SAP de Málaga, sección 6.ª, 24/2017de 17 de enero en relación con un sindicato de accionistas señaló que "de conformidad con los artículos 1700.4.º en relación a los artículos 1705 y 1707 CC, los pactos parasociales objeto de litis pueden extinguirse por la sola voluntad de cualquiera de los socios, toda vez que no se ha señalado término para su duración".,

el momento, parece reticente a la admisión de pactos que no tengan una duración determinada[985].

En cuanto a lo segundo, la advertencia de justa causa o denuncia extraordinaria permite la resolución contractual ante el incumplimiento de una de las partes. Para ello, es necesario que el contrato tenga una duración determinada que no pueda considerarse excesiva pues, en ese caso, el escenario sería el propio de la denuncia ordinaria del art. 1705 CC. Por consiguiente, el derecho potestativo cancelatorio del art. 1707 CC[986] permite que una de las partes ponga fin a la relación obligatoria ante la advertencia de "justo motivo" como "el de faltar uno de los compañeros a sus obligaciones, el de inhabilitarse para los negocios sociales, u otro semejante, a juicio de los Tribunales". Las conductas señaladas en el citado precepto son enunciativas de modo que en la expresión "justos motivos", de forma contraria a la taxatividad de los estatutos sociales, cabe aquellos incumplimientos —intencionales o no— que tengan una entidad tal que implique una pérdida de interés del socio en la continuación del pacto parasocial, si bien, para su advertencia, la jurisprudencia en ocasiones recurre al criterio de aplicación del art. 1124 CC[987]. Aunque el tenor del art. 1107CC sea algo confuso, la determinación de la justa causa no requiere de intervención judicial salvo que exista disputa entre las partes sobre su concurrencia en el caso concreto.

De todas formas, la facultad de denuncia en relación con los pactos de socios, igual que los remedios legales previstos en el Código Civil, resulta poco prometedora en la práctica. El hecho de que el pacto esté coligado funcionalmente con la sociedad implica la necesidad de que los firmantes lleven a cabo una doble terminación simultánea: de un lado, la del pacto parasocial, de otro, la salida de la *startup*. Ello implica que los socios opten por la pervivencia del pacto mientras dure la sociedad, sin perjuicio de que, en atención, a las circunstancias del incumplimiento, tenga lugar la separación o exclusión del socio con la correspondiente obligación de compra/venta de sus acciones o participaciones. Sería poco comprensible que si uno de los requisitos para

---

985 Por ello, como señala ALFARO ÁGUILA-REAL, J., "La terminación por denuncia ordinaria..." *Op. Cit.* pág. 710 "resulta muy recomendable fijar una duración determinada en los contratos base y, en general, en los pactos de accionistas (pactos parasociales), ya que, en otro caso, se corre el riesgo de que cualquiera de los socios de la sociedad —corporación— a la que se refieren pueda denunciarlos unilateralmente".

986 En estos términos, la STS de 17 de febrero de 1993.

987 Critica esta situación CRESPO ALLUÉ, F., "Comentario al artículo 1707" *Comentarios al Código Civil* (Dir.) Cañizares Laso, Vol. V, Valencia, Tirant lo Blanch, 2023 pág. 7654 y cita como jurisprudencia en tal sentido, entre otras, la STS de 9 de octubre de 1995.

la entrada en el capital social de la compañía es la adhesión al pacto de socios, las partes hagan uso del presente remedio resolutorio, sin más, ante el incumplimiento de uno de sus firmantes[988]. Por consiguiente, es normal que las partes opten por otros mecanismos más adecuados para la tutela de sus intereses[989].

4. Mecanismos que favorecen el cumplimiento del pacto de socios

Como ha quedado de manifiesto en los epígrafes anteriores, los remedios generales que el Derecho común prevé frente al incumplimiento contractual no son suficientes para la tutela de los firmantes del pacto de socios. Las dificultades para el cumplimiento del contrato en sus propios términos —ora por el lapso temporal entre el incumplimiento y la reparación, ora por su impracticabilidad—, la problemática en la adopción de medidas cautelares, las cuestiones relativas a la prueba del incumplimiento o la compleja cuantificación del daño son circunstancias que determinan que las partes refuercen el contenido del pacto con otros remedios contractuales que facilitan su *"enforcement"*. En este sentido, son destacables, la cláusula penal —mecanismo convencional por antonomasia—, las opciones de compra o venta forzosa a precio punitivo, determinados actos que dificultan la infracción de su contenido —ad. ex. poderes irrevocables o contratos de garantía sobre las acciones o participaciones—, o la redacción de manifestaciones y garantías a favor del socio inversor.

4.1. La cláusula penal

La cláusula penal es, probablemente, el remedio convencional por excelencia de los pactos parasociales[990]. El artículo 1152 CC, permite a las partes separarse del régimen general del incumplimiento de los contratos y que disciplinen, dentro de los límites legales y con base en su autonomía privada, las consecuencias de la contravención del contenido pactado.

---

988 Por ello, alude PAZ-ARES, C., "El enforcement de los pactos..." *Op. Cit.* pág. 29 a la previsión en tales casos de un "put" y un "call".

989 En este sentido, VALMAÑA CABANES, A., *El régimen jurídico del protocolo... Op. Cit.* Pág. 438

990 MARTÍNEZ ROSADO, J., *Los pactos parasociales... Op. Cit.* pág. 146. También VALMAÑA CABANES, A., *El régimen jurídico del protocolo... Op. Cit.* Pág. 421 Alude a las cláusulas penales como medio de autotutela para garantizar el cumplimiento del pacto la STS 300/2022 de 7 de abril.

Como es sabido, el presente mecanismo consiste, por lo general, en una indemnización de daños y perjuicios cuya cuantía está determinada en previsión de un incumplimiento del contrato. Sin embargo, en el concreto ámbito de los pactos de socios, la pena no siempre comprende su modalidad habitual, la prestación pecuniaria, sino que es común la detracción de parte de la cantidad que le correspondería al socio con motivo de una venta obligatoria de sus acciones o participaciones a modo de exclusión contractual[991].

La preferencia por la previsión de una pena contractualmente establecida es lógica si se repara en las ventajas que ofrece a ambas partes con respecto al sistema clásico de daños y perjuicios: en primer lugar, por la predeterminación de la compensación *ex ante* como una apreciación anticipada de los perjuicios que ocasionaría el incumplimiento[992], lo que sirve no sólo a una función punitiva e indemnizatoria sino, especialmente, preventiva o disuasoria, porque refuerza el vínculo obligacional en tanto que muestra al vendedor el coste de su infracción[993]. La segunda ventaja del pacto de una pena convencional con respecto al régimen ordinario, a diferencia de la anterior, tiene un marcado carácter procesal. Y ello porque la parte perjudicada por el incumplimiento tendrá derecho al pago de la cantidad pactada sin necesidad de que pruebe el daño. En este sentido, mientras que para el cobro de una indemnización por daños y perjuicios a la parte que no incumplió el contrato se le exige, conforme al artículo 217.2 LEC, la prueba de los requisitos necesarios, esto es, el incumplimiento, los daños y perjuicios sufridos y el nexo causal entre tal conducta y resultado, para la ejecución de una cláusula penal basta con la acreditación del incumplimiento o, lo que es lo mismo, la demostración de la transgresión de la conducta contractualmente protegida[994].

La cláusula penal tiene naturaleza accesoria de una obligación principal, depende necesariamente de ella[995], por lo que solo puede activarse ante tan con-

991 Recuerda, expresamente, esta modalidad de cláusula penal GÓMEZ POMAR, F., "El incumplimiento..." Op. Cit. pág. 27

992 SAP Málaga de 23 de julio de 2013.

993 Como afirma RODRÍGUEZ TAPIA, J. M., "Comentario al artículo 1153" *Código Civil Comentado.* (Dirs.) Cañizares Laso, De Pablo Contreras, Orduña Moreno y Vapuesta Fernández, Cizur Menor, Aranzadi, 2013 consultado en https://proview.thomsonreuters.com/ al deudor no puede resultarle más ventajoso incumplir que cumplir.

994 PAREDES GALEGO, C., "Sobre la admisibilidad en Derecho español de las cláusulas de indemnización por terminación ("break-up fees") en supuestos de ofertas públicas de adquisición", *RdM* n.º 249, 2003.Pág. 1113

995 FELIU REY, J., *Los pactos parasociales... Op. Cit.* Pág. 370 quien apunta que, precisamente, del carácter accesorio se desprende la especificidad y subsidiariedad.

creto incumplimiento y no otro[996]. Su aplicación es exigible tanto en el caso de incumplimiento definitivo como ante cumplimientos parciales o defectuosos. Aunque, con base en la naturaleza de las obligaciones del pacto de socios, salvo casos puntuales —piénsese en el retraso en la entrega de financiación— lo cierto es que la mayoría de ellas no admiten un cumplimiento parcial —ad. ex. acuerdos sobre el voto o no competencia[997]— y casi todas las desviaciones del programa contractual[998] se producirán necesariamente por un comportamiento doloso que la contraríe. Ello tiene trascendencia toda vez que el art. 1154 CC permite que el juez modifique equitativamente la pena "cuando la obligación principal hubiera sido en parte o irregularmente cumplida por el deudor", si bien, como recuerda la jurisprudencia del Tribunal Supremo[999], no cabe dicha moderación cuando la cláusula penal está expresamente prevista para el incumplimiento parcial o para el cumplimiento deficiente o retardado, por lo que es importante una correcta delimitación del incumplimiento de cada una de las obligaciones[1000]. Además, a diferencia de lo que ocurre en otros países de nuestro entorno[1001], la doctrina jurisprudencial[1002], con base en una acertada interpretación literal de la norma, es reticente a la moderación equitativa de la cláusula penal ante cuantías excesivas o desproporcionadas, facultad que solo cabría en situaciones de ruptura del equilibrio contractual por aplicación de la regla *rebus sic stantibus*[1003]. En el ámbito de pactos parasociales como el pre-

996 En este sentido, es llamativa la STS 678/2010 de 26 de octubre que niega la indemnización al demandante de tres millones de euros porque la cláusula penal operaba sobre un sindicato de voto y el incumplimiento no guardaba relación con el ejercicio del voto, sino que la conducta en cuestión fue la venta de las acciones. Recuerda DÍEZ-PICAZO, L., *Fundamentos del Derecho Civil... Op. Cit.* consultado en https://proview.thomsonreuters.com/ "que la función de liquidación de daños debe relacionarse con el tipo de lesión del derecho de crédito para el que la cláusula esté prevista".

997 JUAN GÓMEZ, M. C., "Eficacia ad extra de los pactos parasociales..." *Op. Cit.* pág. 8/21

998 En estos términos Pantaleón, F., "Las nuevas bases de la responsabilidad contractual", *Anuario de Derecho civil*, 1993. Pág. 170.

999 Vid. STS de 25 de enero de 2017, STS de 13 de septiembre de 2016 o STS de 17 de abril de 2015.

1000 Recuerda GÓMEZ POMAR, F., "El incumplimiento..." *Op. Cit.* pág. 29 que "si concurre el supuesto de hecho previsto en toda su extensión, no cabría la intervención judicial moderadora".

1001 Véase, por ejemplo, en Alemania, el § 341.1. BGB; en Francia el art. 1152 Code Civil; o en Italia el art. 1384 del Codice Civile. Sobre la reducción de la pena en Italia cuando resulta excesiva, PROVERBIO, D., I patti parasociali... *Op. Cit.* pág. 123 CARUSO, M., *L´impresa innovativa... Op. Cit.* Pág. 332

1002 Así, la STS 281/2022 de 4 de abril o la STS 853/2021 de 10 de diciembre.

1003 O en el ámbito de contratación con consumidores y usuarios o si concurriesen los supuestos normativos para la aplicación de la Ley de Usura ante contratos de préstamo o equivalentes. De todas formas, en relación con la *rebus* son dos los casos en los que se ha utilizado para la moderación de la pena, la STS 317/2020 de 17 de junio y la STS 530/2016 de 13 septiem-

sente el respeto al principio *pacta sunt servanda* tiene gran trascendencia en tan concreta cuestión pues una doctrina jurisprudencial oscilante en torno a la reducción judicial de la pena afectaría a la finalidad disuasoria o preventiva de la cláusula y, por ende, al propio cumplimiento del contrato, amén de la inseguridad jurídica que afrontarían los contratantes —en términos económicos, inversores— en el cálculo de una indemnización *ex ante*. Igualmente, aunque se ha planteado tímidamente, no cabe la renuncia contractual a la cláusula penal[1004], por lo que la consistencia del Alto Tribunal en la no moderación ante incumplimientos totales o ante otros incumplimientos cuando hubiera sido previsto por los firmantes resulta fundamental para la eficacia del presente remedio convencional y el cumplimiento del pacto de socios en sus propios términos.

Con respecto a su acumulabilidad con el sistema resarcitorio legalmente previsto, según el artículo 1153 CC la obligación con cláusula penal no excluye la indemnización de daños y perjuicios, por lo que para esta doble satisfacción es preciso que las partes lo prevean expresamente. En su defecto, se entenderá que el carácter de la compensación prevista es puramente sustitutivo por el que el acreedor optará por el cumplimiento de la obligación o por la satisfacción de la pena. Dicha elección corresponde solo al acreedor ya que, como señala el citado precepto, la pena no está estipulada como *favor debitoris,* pues salvo pacto en contrario, no libera al deudor del cumplimiento[1005].

4.2. Opción de compra y venta de acciones o participaciones a precio punitivo

El presente mecanismo, habitual en los pactos de socios, añade un remedio adicional a la prestación pecuniaria, como es la obligación de venta o, en

---

bre. En relación con este último pronunciamiento, véase el acertado comentario crítico de GOMÁ LIZÓN, I., "Comentario de la sentencia del Tribunal Supremo de 13 de septiembre de 2016 (530/2016) Moderación judicial de la pena en caso de desproporción. Actos propios" 2016, disponible en https://www.boe.es/biblioteca_juridica/comentarios_sentencias_unificacion_doctrina_civil_y_mercantil/abrir_pdf.php?id=COM-D-2016-4 quien consideró la doctrina de la moderación planteada en la sentencia como innecesaria y peligrosa (pág. 81)

1004 En este sentido, véase las conclusiones del trabajo coordinado por FUENTES-LOJO RIUS, A., "La renuncia a la moderación de la cláusula penal" Actualidad Civil, N.º 1, Sección Derecho de los contratos / Debate jurídico, Enero-Enero 2022 consultado en www.smarteca.es Un ejemplo de cláusula que incluía tal previsión puede encontrarse en STS 678/2010 de 26 de octubre.

1005 Si bien, como señala RODRÍGUEZ TAPIA, J. M., "Comentario al artículo 1153" *Op. Cit.* consultado en https://proview.thomsonreuters.com/ "si la cláusula penal debe quedar claramente establecida como tal, la facultad liberatoria del deudor, con más razón, debe quedar estipulada de forma expresa e indubitada"

su caso, la obligación de compra del deudor en caso de que los acreedores ejerciten su opción.

Como ha quedado de manifiesto en otra parte de este trabajo[1006], las *start-up* regulan el escenario de la posible salida o desinversión de sus socios en condiciones más o menos favorables según las circunstancias. Así, por ejemplo, el caso de "buena salida" o *good leaver* del socio fundador que alcanza la edad de jubilación, o la opción de venta del inversor ante circunstancias sobrevenidas que no impliquen un incumplimiento contractual —*"redemption right"*— la transmisión tendrá lugar a precio de mercado o, en el segundo caso, quizás a precio inferior si la salida es *ad nutum*. Sin embargo, la opción de compra o venta aquí prevista nace, precisamente, ante el incumplimiento de alguna de las obligaciones previstas en el pacto de socios, motivo por el cual guarda relación con la "mala salida" o *bad leaver* como medio de exclusión o separación contractual a precio punitivo.

Este remedio, a diferencia de la cláusula penal "clásica", presenta una doble penalización: de un lado, la afectación a la condición de socio; de otro, el precio de las acciones o participaciones[1007]. En cuanto a su naturaleza, se trata de una modalidad de cláusula penal que se regirá conforme a lo previsto en los arts. 1152 CC y ss. y que tiene un contenido reforzado porque la determinación *ex ante* del incumplimiento comprende una prestación dineraria y otra no dineraria que, por supuesto, también aumenta su esencial función disuasoria.

La afectación de la condición de socio también comprende dos modalidades. En el caso de que el acreedor ejercite la opción de compra —*"call option"*—, el deudor estará obligado a la venta de sus acciones o participaciones, por lo que perderá la condición de socio. Si, por el contrario, el derecho ejercitado es una opción de venta —*"put option"*—, aumentará, en contra de su voluntad, su presencia en el capital social.

En relación con el precio punitivo, si el deudor queda obligado a la venta de sus acciones o participaciones, la transmisión tendrá lugar por un precio muy inferior al valor de mercado, normalmente al valor nominal o, incluso, también puede preverse un precio simbólico[1008]. En el supuesto de la opción

---

1006 En este sentido, véase el epígrafe relativo a las "cláusulas de salida" y el epígrafe "la opción de venta del inversor"

1007 Alude a la frecuencia de tan concreta modalidad de cláusula penal en pactos parasociales GÓMEZ POMAR, F., "El incumplimiento..." *Op. Cit.* pág. 27

1008 PROVERBIO, D., I patti parasociali... *Op. Cit.* pág. 126 alude al precio "vil" en el caso de una opción de compra.

de venta el precio disuasorio se traduce en una cantidad superior al valor de mercado[1009]. En la práctica, no obstante, predomina la primera de las fórmulas que concede a los socios no incumplidores o a la sociedad una opción de compra a modo de exclusión contractual.

A diferencia de otras ventas forzosas como la cláusula de arrastre o de acompañamiento que puede incluirse en los estatutos, el ejercicio del presente remedio en los términos previstos únicamente cabe en sede parasocial. La exclusión del socio de conformidad con el procedimiento establecido en la Ley de Sociedades de Capital, aun cuando sea posible la incorporación de las causas del pacto de socios en los estatutos, no permite ex. art. 353 LSC la determinación de un precio punitivo —ni siquiera que se aparte sustancialmente del valor razonable[1010], como sí ocurre en la exclusión de un socio profesional según el artículo 16.1 LSP[1011]— y el cauce procedimental para que tenga lugar la salida del socio complica notablemente su materialización[1012]. Así, por ejemplo, mientras que la vía societaria de expulsión de un socio/administrador malversador, más allá de las acciones penales, implicaría una

1009 PAZ-ARES, C., "El enforcement de los pactos..." *Op. Cit.* pág. 29. También, JUAN GÓMEZ, M. C., "Eficacia ad extra de los pactos parasociales..." *Op. Cit.* pág. 8/21

1010 Se admite, no obstante, acertadamente, las cláusulas que entiendan por valor razonable el valor neto contable del último balance. En este sentido, la RDGSJFP de 17 de mayo de 2021 o la SAP de Madrid, sección 28.ª, 216/2015 de 24 de julio declaró la validez de una cláusula que consideraba como valor razonable de las participaciones sociales el valor neto contable. Se comparte aquí la tesis defendida en el comentario a la citada sentencia en CAMPINS VARGAS, A., "El criterio del valor razonable de las participaciones no es imperativo" *Almacén del Derecho*, 2015 disponible en https://almacendederecho.org/el-criterio-del-valor-razonable-de-las-participaciones-no-es-imperativo La RDGSJFP de 15 de noviembre de 2016 admitió la posibilidad de que los socios aprobaran por unanimidad la inclusión en los estatutos sociales criterios de valoración de las participaciones que permitan la obtención "de un valor más o menos próximo" al valor razonable.

1011 En este sentido, es destacable la STS de 20 de diciembre de 2022 que declaró la validez de un acuerdo que excluía a varios socios por infracciones graves de sus deberes y la amortización de sus respectivas participaciones cuyo valor razonable se estimaba a valor nominal. Sobre los criterios de valoración o cálculo de la cuota de liquidación del socio separado o excluído, vid. YANES YANES, P., *Comentario a la Ley de Sociedades Profesionales,* Valencia, Tirant lo Blanch, 2007 págs. 188-198

1012 En la medida en que el procedimiento de exclusión del art. 352 LSC está diseñado para la protección mayoría ante abusos de la minoría, resulta poco útil si el socio inversor tiene la condición de minoritario habida cuenta de la trascendencia de la junta general para la adopción del acuerdo y el hecho de que el control lo ostentan generalmente los fundadores. Además de dicho acuerdo de la junta general, si el socio fundador, cuya exclusión pretenden sus consocios inversores —o, incluso, otros fundadores—, tiene una participación igual o superior al veinticinco por ciento, en el caso de que no esté conforme con el acuerdo de la junta general será necesaria, además, una resolución judicial firme.

doble actuación —el procedimiento de exclusión y la acción de responsabilidad—, el remedio contractual opera de una forma teóricamente más sencilla pues dicho incumplimiento activaría la cláusula penal que permite la compra de las acciones o participaciones y la expropiación por los acreedores al socio/administrador deudor del precio que media entre el valor de mercado y el valor nominal [1013].

Dicho mecanismo está pensado especialmente para la protección de los socios ante incumplimientos graves como, por ejemplo, las que afecten a los acuerdos de voto o determinados pactos de atribución —piénsese en la dedicación del fundador a la sociedad o la transgresión del deber de confidencialidad o no competencia—. La cláusula contendrá el procedimiento de notificación al socio deudor del incumplimiento, la advertencia de que cese en la conducta en el caso de que la situación fuera reversible, así como las condiciones para el ejercicio de la opción[1014].

4.3. Otros actos que dificultan la infracción del pacto de socios

Junto a las cláusulas penales, también es común que los socios completen los remedios contractuales con determinados mecanismos que dificultan la infracción del contenido del pacto. En este sentido, celebran negocios jurídicos tendentes a la armonización u homogeneización del ejercicio de sus derechos de modo que, de un lado, reducen el riesgo de que lleven a cabo una conducta contraria a las prestaciones prometidas —por ejemplo, un voto discrepante con lo previsto en los pactos de organización— y, de otro, facilitan el *enforecement* del pacto de socios ante su incumplimiento —piénsese en la concesión de una opción de compra irrevocable[1015]—. La nota común es la atribución de los derechos a uno o varios terceros que, por lo general, tienen la condición de socios y firmantes del pacto.

Es posible que otorguen un poder de representación a un socio que garantice la adopción de los acuerdos de conformidad con lo previsto en el pacto de socios para la aprobación de materias reservadas. Así, por ejemplo,

1013 Recuérdese, además, la no moderación de la pena ante un incumplimiento definitivo como el presente, a diferencia de lo que ocurre en otros ordenamientos. Como ejemplo de este mecanismo, véase la sentencia del *Court of Session Escocés* en el asunto *Gray & Others, Re Braid Group (Holdings) Limited* [2016]

1014 Como muestra de una opción de compra a precio punitivo, DE ULLOA LAPETRA, G., "El pacto de socios..." *Op. Cit.* pág. 312

1015 Sirva como ejemplo el modelo de pacto DE ULLOA LAPETRA, G., "El pacto de socios..." *Op. Cit.* pág. 312

en el caso de que los socios acuerden en sede parasocial el nombramiento de un administrador en interés de los inversores, podría otorgarse la representación al socio designado por ellos con base en lo previsto en los arts. 183 y 184 LSC para sociedad limitada y sociedad anónima, respectivamente. Igualmente, cabe el pacto estatutario que restrinja la condición de representante a determinados sujetos designados por cada uno de los bloques, de modo reduzcan el riesgo de que una fisura en cualquiera de ellos permita el voto divergente por medio de un nuevo representante que impida la adopción del acuerdo[1016]. E, incluso, aunque no es una cuestión pacífica, de conformidad con lo previsto en el artículo 186.5 RRM, cabe la inscripción en los estatutos de una cláusula que declare que "la asistencia personal a la junta del representado no tendrá valor de revocación de la total representación conferida"[1017], esto es, puede excluirse estatutariamente la revocación tácita del poder que implicaría la asistencia del representado a la junta general. En el ámbito de sociedades de responsabilidad limitada el poder otorgado en documento público puede concederse por un periodo determinado de tiempo —por ejemplo, un ejercicio económico—[1018], sin embargo, la necesaria formalización en las limitadas del apoderamiento para cada una de las juntas si tiene lugar en documento privado y en todo caso en las sociedades anónimas —sin que termine de entenderse el diferente trato en caso de sociedades cerradas— hace que esta fórmula sea poco operativa en comparación con otras[1019].

El problema anterior, no obstante, puede salvarse mediante la transmisión de una parte mínima de las acciones o participaciones de los socios firmantes del pacto de socios a quien actúe como representante[1020]. La copropiedad de las acciones o participaciones sindicadas exige, según el art. 126 LSC, que los copropietarios designen a una sola persona para que ejercite de manera

---

1016 Apuntan la utilidad de esta restricción estatutaria ALFARO ÁGUILA-REAL, J. y CAMPINS VARGAS, A., "Artículo 183. Representación en la junta general de la sociedad de responsabilidad limitada" *La junta general de las sociedades de capital. Comentario de los artículos 159 a 208* (Coords.) Juste Mencía y Recalde Castells, Cizur Menor, Aranzadi, 2022 consultado en https://proview.thomsonreuters.com/

1017 Fue admitida la validez de dicha cláusula en la RDGSJFP de 5 de febrero de 2015

1018 Vid. SANCHO GARGALLO, I., "Art. 183. Representación voluntaria en la junta general de la sociedad de responsabilidad limitada" *Comentario a la Ley de Sociedades de Capital* (Dirs.) García-Cruces y Sancho Gargallo, Tirant lo Blanch, Valencia, 2021 pág. 2610

1019 Como señala MARTÍNEZ ROSADO, J., *Los pactos parasociales... Op. Cit.* pág. 154 supone un obstáculo muy grande.

1020 GALEOTE MUÑOZ, M. P., *Sindicatos de voto...Op. Cit.* pág. 244 pone como ejemplo "una millonésima parte". Similar, MORENO UTRILLA, D., *La sindicación de bloqueo... Op. Cit.* pág. 317

continuada los derechos de socio[1021] lo que, además, también dificulta la revocación del representante en la medida en que será necesario que concurra la voluntad conjunta de los mandantes[1022].

Otra opción posible pero más compleja, en tanto que conlleva la transmisión plena de las acciones o participaciones al representante, sería la celebración de un negocio fiduciario. En este caso, el representante tendría plena legitimación para el ejercicio de los derechos políticos toda vez que ostentaría la condición de socio y en atención a la naturaleza del acuerdo como sociedad interna quedaría sometido a las instrucciones que hubiera recibido en el pacto de fiducia[1023]. Aunque la transmisión fiduciaria no está regulada en nuestro Código Civil[1024] no cabe duda de su admisibilidad de conformidad con el principio de autonomía de la voluntad ex. art. 1255 CC y el Tribunal Supremo ya ha reconocido su validez en diversas sentencias en relación con el derecho de voto, como la STS 353/2016, de 30 de mayo[1025]. Y con un sentido similar pero un grado mayor de sofisticación cabe la constitución de una sociedad *holding* que, como tenedora de las acciones o participaciones de la *startup*, también actúe como una "sociedad de mando" de modo que el órgano de administración sea quien ejercite el derecho de voto, sin ninguna limitación externa[1026]. De todas formas, por cuestiones de pragmatismo, habida cuenta de la agilidad y flexibilidad que demandan este tipo de compañías, la burocratización y la complejidad que implica la

1021 En este punto, MUÑOZ DELGADO, C., *Copropiedad de participaciones... Op. Cit.* pág. 97 distingue entre la toma de decisiones ordinarias, para las que tendrá plena facultad la persona designada de conformidad con el art. 126 LSC de las decisiones sobre acuerdos que impliquen nievas obligaciones o el ejercicio del derecho de rescate o separación que requieren de la unanimidad de los copropietarios.

1022 A favor de esta fórmula PÉREZ MORIONES, A., *Los sindicatos de voto para la junta general de la sociedad anónima*, Valencia, Tirant lo Blanch, 1996 pág. 540

1023 Por todos, GARRIGUES, J., "Sindicatos de accionistas" Conferencia pronunciada en la Academia Matritense del Notariado el día 16 de enero de 1951 Consultado en: http://www.cnotarial-madrid.org/ págs. 79-80

1024 El artículo 231-36 del Anteproyecto de Ley de Código Mercantil sí que regula la transmisión fiduciaria de participaciones y acciones a la que aplica las reglas previstas para el usufructo.

1025 Si bien la citada sentencia declara la ilicitud de la *causa fiduciae* que tenía por objeto la elusión de bienes ante un posible proceso de divorcio del fiduciante. GONZÁLEZ DE GREGORIO MOLINA, J. I., *La sindicación... Op. Cit.* pág. 111 apunta, no obstante, como riesgos de la transmisión fiduciaria la extralimitación del síndico en las instrucciones recibidas, la declaración del concurso sobre el fiduciario o la venta de las acciones o participaciones a un tercero de buena fe.

1026 GONZÁLEZ DE GREGORIO MOLINA, J. I., *La sindicación... Op. Cit.* pág. 112

constitución de una nueva sociedad, son circunstancias que determinan que no sea una solución preferente[1027].

Más sencilla resulta la constitución de un usufructo sobre las acciones o participaciones de los socios firmantes del pacto de modo que concedan el ejercicio del derecho de voto a la persona designada en su condición de usufructuario. En la medida en que el art. 127.1 LSC permite la atribución de los derechos de voto al usufructuario cuando así lo hubieran previsto expresamente en los estatutos, bastaría la constitución de un derecho real de usufructo y la incorporación de una cláusula estatutaria en tal sentido para la consecución del fin deseado[1028]. Además, en tanto que los derechos del socio deben ejercitarse con base en el interés común del nudo propietario y el usufructuario, la detallada reglamentación para la aprobación de acuerdos y el cálculo de las materias reservadas en las *startup* en el propio pacto de socios evitaría, en la mayoría de los casos, cualquier discrepancia en las relaciones internas que fundamente una acción de indemnización por los daños y perjuicios conforme el artículo 1101 CC[1029].

Y lo mismo es predicable con respecto a la constitución de un derecho de prenda sobre las acciones o participaciones, probablemente, la fórmula más habitual en relación con los pactos parasociales[1030]. De forma similar a lo previsto en el usufructo, el art. 132 LSC permite la atribución de los derechos de socio al acreedor pignoraticio que hubieran designado en el título constitutivo[1031] siempre que así constara en los estatutos[1032]. La flexibilidad

1027 En cuanto a la constitución de una sociedad cartera para el voto en el ámbito de una *joint venture* GALEOTE MUÑOZ, M. P., *Sindicatos de voto...Op. Cit.* pág. 244 apunta que es una solución muy aparatosa.

1028 MORENO UTRILLA, D., *La sindicación de bloqueo... Op. Cit.* pág. 320

1029 Salvo casos puntuales en los que el ejercicio del derecho por el representante sea contrario a la buena fe, en cuyo caso también cabría la impugnación de acuerdos sociales.

1030 FELIU REY, J., *Los pactos parasociales... Op. Cit.* Pág. 394

1031 Por lo general, en los sindicatos de accionistas, la doctrina alude a la designación como acreedor pignoraticio a cada uno de los accionistas frente a los restantes, salvo que el sindicato tenga personalidad jurídica. Vid. PAZ-ARES, C., "El enforcement de los pactos..." *Op. Cit.* pág. 30; GALEOTE MUÑOZ, M. P., *Sindicatos de voto...Op. Cit.* pág. 499; MORENO UTRILLA, D., *La sindicación de bloqueo... Op. Cit.* pág. 251

1032 No es necesario, por tanto, la inscripción de la prenda en el libro registro, sin perjuicio del valor legitimador. En este sentido, resulta sorprendente la SAP de Madrid, sección 28, 391/2021 de 29 de octubre que declaró que debe tener lugar la inscripción en el libro registro de acciones nominativas para la válida constitución de un derecho de prenda sobre acciones nominativas no impresas. Literalmente, establece que "la constitución del derecho real de prenda sobre acciones no impresas exige la inscripción en el libro registro como sustitutivo de la necesaria entrega" Un acertado comentario crítico a la cuestionable sentencia en BARRERO RODRÍGUEZ, E., "Constitución de la prenda de acciones nominativas no imde la norma admite, además, que los estatutos restrinjan el voto del acreedor pignoraticio a la deliberación sobre determinados asuntos, de modo que podría preverse este mecanismo a medida de las *startup*, para la protección de los inversores en relación con las materias reservadas. Este sistema desde el punto de vista externo tampoco plantea problema alguno en relación con la legitimación ni en cuanto a la revocabilidad y, en relación con la dimensión interna, no es necesario que el acreedor recabe el consentimiento o siga instrucciones del socio pignorante[1033]. Pese a su naturaleza como contrato de garantía, la finalidad propia en este caso es la gestión de las acciones o participaciones a efectos del mantenimiento de la disciplina de voto de conformidad con lo acordado en el pacto de organización[1034]. La exclusión del socio incumplidor a través de la ejecución de la prenda no sería tan útil para el acreedor como otros remedios existentes ante el incumplimiento de las obligaciones contraídas[1035], toda vez que implicaría la aplicación de las reglas previstas en el art. 109 LSC que pasa por el procedimiento extrajudicial del art. 1872 CC o el judicial regulado en los arts. 681 y ss., 694 y 635 LEC.

4.4. *Manifestaciones y garantías en interés del inversor*

El presente remedio es otra muestra más de la interferencia de la cultura anglosajona en la práctica mercantil continental y, especialmente, en los procesos de adquisición de empresas y operaciones de capital riesgo. En este sentido, ante una ronda de financiación en la que el inversor no hubiera podido documentarse de forma exhaustiva sobre el estado de la compañía y

presas ni entregadas. Comentario de la Sentencia de la Audiencia Provincial de Madrid [Sec. 28.ª] número 391/2021, de 29 de octubre" *RdM*, n.º324, 2022 pág. 353 que concluye de la siguiente manera: "La atribución de cualquier otra eficacia constitutiva a los libros registros supone, por tanto, una alteración importante de una consideración unánime que no parece que tenga en la presente Sentencia de la Audiencia la explicación lo suficientemente clara y detallada que requeriría la mutación estructural de un planteamiento y una metodología tan unánimemente aceptadas".

1033 LEÓN SANZ, F., "Artículo 179. Derecho de asistencia" *La junta general de las sociedades de capital. Comentario de los artículos 159 a 208* (Coords.) Juste Mencía y Recalde Castells, Cizur Menor, Aranzadi, 2022 consultado en https://proview.thomsonreuters.com/ quien alude a la constitución de la prenda de acciones o participaciones para asegurar los compromisos de los pactos parasociales.

1034 Alude a la utilidad de la prenda para la consecución de fines societarios específicos PARRA LUCÁN, M. A., "Art. 132 Prenda de participaciones o de acciones" *Comentario a la Ley de Sociedades de Capital* (Dirs.) García-Cruces y Sancho Gargallo, Tirant lo Blanch, Valencia, 2021 pág. 1081

1035 Por ejemplo, la citada opción de compra a precio punitivo.

los administradores de la sociedad o los fundadores no le hubieran proporcionado toda la información pertinente, cobra sentido que condicione la adquisición de acciones o participaciones con el otorgamiento de determinadas manifestaciones y garantías en el acuerdo de inversión —"*term sheet*"— y/o en el pacto de socios[1036], si bien no es frecuente en relación con las *startup* que los inversores reclamen con base en ello[1037].

Por lo que a su concepto hace referencia, pueden definirse las manifestaciones y garantías como afirmaciones efectuadas por una parte a la otra sobre determinados hechos u opiniones[1038] que se incorporan al contrato y sobre los que existe una declaración de veracidad que, en caso de inexactitud o falsedad —"*misrepresentation*"[1039]—, llevan aparejado un compromiso de indemnización[1040]. Pueden referirse a muy variadas cuestiones, como, por

1036 ANDHOV, A., *Startup... Op. Cit.* pág. 90 apunta que dicha cláusula forma parte del contenido habitual de los pactos de socios.

1037 En este sentido FELD, B. y MENDELSON, F., *Venture deals, Op. Cit.*. Pág. 197

1038 STILTON, A., *Sale of Shares and Businesses. Law, Practice and Agreements*, London, Sweet & Maxwell, 2011 Pág. 162 hace referencia a las declaraciones de hechos y, en menor medida, de opiniones —"*statements of facts but sometimes including statements of opinion as well*"—.

1039 En un sentido literal, el término "*misrepresentation*" hace referencia a una mala representación de algo, si bien, desde un prisma jurídico, dicha palabra implica una declaración efectuada por una de las partes a la otra que resulta ser falsa y que ha inducido a la celebración del contrato. Con respecto a los tipos de "*misrepresentation*", pueden distinguirse tres clases: en primer lugar, la fraudulenta, que hace referencia a toda declaración efectuada a sabiendas de su falsedad; en segundo, la negligente, que existe sobre aquellas declaraciones que finalmente no coindicen con la realidad por la inobservancia de una adecuada diligencia en su formulación o por imprudencia del emisor; en tercero, la inocente, que es aquella no asimilable en ninguno de los dos casos anteriores.. En Reino Unido, ver TREITEL, G. H., *The Law of Contract*, London, Sweet & Maxwell 1995 págs. 307-372; CARTWRIGHT, J. *Misrepresentation, Mistake and Non-disclosure*, London, Sweet & Maxwell, 2012. En Estados Unidos, KLASS, G., *Contract Law in the USA*, New York, Wolters Kluwer, 2010 págs. 107-111; MILLER, R. L. y JENTZ, G., *Fundamentals of Business Law: Excerpted Cases* Ohio, Southwestern College, 2010, págs. 217 y ss.

1040 Por todos, AGUAYO, J., *Las manifestaciones y garantías en el Derecho de contratos español*, Cizur Menor, 2011 pág. 37; También han sido objeto de estudio en España por CARRASCO PERERA, A., "Manifestaciones y garantías y responsabilidad por incumplimiento" en *Adquisiciones de empresas*, Álvarez Arjona, J. M. – Carrasco Perera, A. (Dirs.) Pamplona, Aranzadi, 2013 pág. 279 y ss. GÓMEZ POMAR, F. "El incumplimiento..." *Op. Cit.*págs. 32-39, GILI SALDAÑA, M. A., "Compraventa de acciones: causa del contrato y remedios frente al incumplimiento de las manifestaciones y garantías" en *Indret* n.º 2, 2010 págs. 7-8; GIMENO RIBES, M. "Garantías y responsabilidades en las transmisiones de PYMES" *en La compraventa y otras formas de transmisión de pequeñas y medianas empresas,* Hernando Cebrià (Coord.) Barcelona, 2014 págs. 240-243. También aporta claves en la redacción de las *R&W*, DAROCA VÁZQUEZ, C., "Estándares habituales en operaciones de M&A y capital riesgo. Lagunas y aspectos a profundizar" en *Diario La Ley n.º 8615,* 2015.

ejemplo —sin afán de exhaustividad— que el firmante está al corriente de todas sus obligaciones, que no existen otros pactos entre socios, que es titular de los derechos de propiedad intelectual o cuenta con las correspondientes licencias o que no está sujeto a ningún procedimiento judicial[1041].

En atención a su función, las manifestaciones y garantías sirven a un doble cometido: de un lado, proporcionan información sobre determinados extremos que son de interés para los inversores y que no ha podido obtenerse a través del cauce de la *"due diligence"*[1042]; de otro, la atribución de riesgos mediante la asunción de responsabilidad por parte de sus emisores, generalmente la sociedad y los socios fundadores, de modo que tales sujetos responderán económicamente en caso de daños con base en la citada discordancia[1043]. El contenido de las declaraciones y garantías debe ponerse en relación con la oportunidad o posibilidad de que el inversor hubiera llevado a cabo una una *due diligence* o revisión del negocio, pues, en caso de hacerla, la sociedad y los fundadores serán reticentes a la emisión de manifestaciones y garantías que, si tiene lugar, será solo por aquellas cuestiones relevantes que no hubiera contrastado[1044].

1041 Apuntan alguno de estos ejemplos, AMERSON, D. y ARMITAGE, A., "The United States", *Startup Law*, (Dir.) Andhov, Reino Unido, Edgar Elgar 2020 págs. 276-277

1042 GÓMEZ POMAR, F. y GILI SALDAÑA, M., "Las manifestaciones y garantías en los contratos de compraventa de empresas" en *Manual de Fusiones y Adquisiciones de empresas.* Sebastián Quetglás, R. (Dir.) Madrid, La Ley, 2016 pág. 427 señalan, entre las funciones principales, precisamente, la de complementar la información obtenida en el procedimiento de due diligence.

1043 Sin embargo, su alcance no es ilimitado, ya que en el Derecho anglosajón no generan responsabilidad por falta de veracidad aquellas opiniones que resulten infundadas salvo que pudiera demostrarse mala fe o una conducta abiertamente negligente por parte del emisor, ni las que contengan meras declaraciones de intención sobre ciertos aspectos. En España, GÓMEZ POMAR, F., "El incumplimiento..." *Op. Cit.* tras la reproducción de la clasificación de condiciones efectuada por CARRASCO PERERA, A., "Manifestaciones y garantías..." *Op. Cit.* págs.303-312 señala que existirá incumplimiento de contrato cuando el vendedor incumpla promesas de conducta futura o no se produzcan los hechos prometidos y que será directamente imputable —salvo fuerza mayor o caso fortuito—, por lo que la aplicación del remedio contractual sería plena. Con respecto a las declaraciones sobre la existencia de hechos pasados o presente, tendría que probar el comprador su falsedad o discordancia —al margen de la prueba de la intención—, pero, una vez acreditada, al vendedor le correspondería el abono de los daños y perjuicios derivados de la inexactitud — STS 27/2001 de 19 de enero—. En cuanto a las declaraciones de creencia, igual que ocurre con el Derecho anglosajón, únicamente procede si la representación se hizo de mala fe o con una ausencia notable de la debida diligencia. Y, por último, en el caso de las llamadas metamanifestaciones —que son declaraciones sobre las propias declaraciones—, tendrá que atenderse al contenido de cada caso.

1044 Tal y como afirma el CARRASCO PERERA, A., "Manifestaciones y garantías..." *Op. Cit.* págs. 281, si la contingencia cuya garantía se pretende tiene una especial trascendencia para el destinatario, puede pactarse una promesa específica de indemnidad —*"indemnity clause"*—

Ello no obstante, a diferencia de lo que ocurre en los contratos de adquisición de empresa, en el ámbito de las *startup* el emisor no recibe una contraprestación que determina su salida de la sociedad, sino que el objetivo es la obtención de financiación para el desarrollo del negocio y, en su caso, si el negocio es escalable, que tenga lugar una salida conjunta con posterioridad. Tal circunstancia explica, también, la aversión o reticencia de los socios fundadores como emisores de las manifestaciones y garantías ante el riesgo de que, personalmente, afronten una indemnización si la información no fue del todo exacta o completa. Por ello, negociarán que sea la sociedad quien otorgue las manifestaciones y garantías sobre el negocio o arbitrarán otras fórmulas diferentes a la indemnización pecuniaria que compensen el daño causado por la falta de veracidad de las declaraciones —por ejemplo, la entrega de acciones o participaciones—[1045]. Igualmente, también negociarán la fijación de límites temporales[1046] y, sobre todo, cuantitativos que señalen la cifra máxima —"*caps*"— por la que indemnizarán al inversor. Si bien, otra opción, es que las manifestaciones y garantías operen únicamente por encima de determinado umbral, de modo que los emisores no responden de las contingencias —que afectarán a la sociedad y, por ende, a la inversión del socio— salvo que la cuantía derivada de uno o varios incumplimientos, según lo pactado, supere una concreta cifra[1047].

III. EFICACIA SOCIETARIA

Con la celebración del pacto de socios los firmantes asumen una serie de obligaciones de diversa índole para que la reglamentación voluntaria que han acordado —y que consideran eficaz para la protección de sus intereses— se proyecte y despliegue sus efectos en la esfera societaria. Si media la volun-

---

Sobre las ventajas de la "*indemnity*" en relación a la "*warranty*", ver STILTON, A., "Sale of shares..." *Op. Cit.* págs. 168-169

1045 Sobre tal cuestión, véase el documento de la firma Cuatrecasas "Diez claves en la negociación de las operaciones de venture capital", 2022 pág. 18 disponible en https://www.cuatrecasas.com/resources/diez-claves-en-la-negociacion-de-las-operaciones-de-venture-capital-63a03391b41bd697714667.pdf?v1.37.1.1.20230110

1046 En la práctica anglosajona, AMERSON, D. y ARMITAGE, A., "The United States", *Op. Cit.* pág. 277 distinguen entre manifestaciones generales y manifestaciones fundamentales. Mientras que las primeras suelen durar un año, las segundas lo hacen por un tiempo mayor o, incluso, sin término.

1047 A modo de ejemplo, la cláusula en DE ULLOA LAPETRA, G., "El pacto de socios..." *Op. Cit.* pág. 313 establece la responsabilidad de los fundadores frente aquellas contingencias que superen, individual o conjuntamente, los veinticinco mil euros.

tad de los contratantes y cumplen con las prestaciones prometidas no habrá problema para que el contenido del pacto tenga eficacia societaria siempre y cuando no contravenga una norma imperativa tendente a la protección de terceros o del interés social[1048]. Así, por ejemplo, aunque el socio inversor tenga un porcentaje mínimo en el capital social, insuficiente para el nombramiento de un miembro del consejo de administración, si el fundador vota de conformidad con lo previsto en el pacto de organización, habrán llevado al plano de la realidad y habrán dotado de eficacia societaria, lo convenido en el estricto ámbito del Derecho de obligaciones. Y lo mismo es predicable si únicamente en el pacto de relación prevén la obligación de venta conjunta ante una oferta de compra de la compañía —*"drag along"*— y, con base en ello, tiene lugar la transmisión voluntaria de acciones o participaciones.

El problema, no obstante, surge cuando alguna de las partes del pacto parasocial incumple sus compromisos si se repara en el principio de relatividad de los contratos y la eficacia limitada frente a la sociedad ex. art. 29 LSC. En el caso de pactos de atribución, su consideración como contrato a favor de tercero permite que el órgano de administración, en representación de la sociedad beneficiaria, exija al socio promitente que cumpla con la prestación prometida —financiación suplementaria, concesión de licencias sobre determinados activos intangibles...— con base en el art. 1257.2 CC "siempre que hubiese hecho saber su aceptación al obligado antes de que haya sido aquélla revocada"[1049]. En este supuesto, el pacto parasocial produce efectos en la sociedad no porque su naturaleza de *res inter alios acta* quede en duda, sino por la facultad que el artículo 1257.2 CC concede a cualquier tercero beneficiario de la prestación, de modo que la sociedad, con la cobertura del citado precepto, persigue que el contrato despliegue los efectos obligacionales que le favorecen.

En los demás supuestos, la separación entre el contrato de sociedad y el pacto parasocial—*"Trennungsprinzip"*—, impide, como regla general, que su eficacia alcance a terceros que no lo hubieran firmado y, en particular, a la sociedad[1050]. Si determinadas cláusulas del pacto superan los límites previstos en el art. 28 LSC gozarán de eficacia societaria porque las partes han queri-

1048 En este sentido, PÉREZ MILLÁN, D., "Sobre los pactos parasociales. Comentario a la STS 1.ª de 19 de diciembre de 2007 (RJ 2007, 9043)" *RdS* n.º31, 2008 pág. 390. También, la imperatividad sustantiva según PAZ-ARES, C., "La cuestión de validez..." *Op. Cit.* pág. 254

1049 FLORES SEGURA, M., "Los pactos parasociales a favor de la sociedad..." *Op. Cit.* págs. 245-246

1050 JUAN GÓMEZ, M. C., "Eficacia ad extra de los pactos parasociales..." *Op. Cit.* pág. 10/21 señala que para el legislador el Derecho de sociedades y el de obligaciones "son vasos incomunicados".

do —y han podido— insertarlas en los estatutos[1051]. También se advierte la eficacia corporativa cuando determinadas obligaciones de dar, de hacer o de no hacer hubieran sido previstas, además, como prestaciones accesorias toda vez que, ante su incumplimiento, cabe el recurso a los remedios que contiene la legislación societaria.

Más allá de tales casos, debe mencionarse aquí, en relación con el pacto de socios de las *startup,* una cuestión que no se circunscribe, ni mucho menos, a tan concreto ámbito, sino a la generalidad de los pactos parasociales suscritos por todos los socios. Concretamente, es objeto de debate si cabe el recurso a los instrumentos societarios en el supuesto de que exista una identidad plena entre los firmantes del pacto y todos los socios de la sociedad, esto es, en el caso de pactos parasociales omnilaterales o universales. Aunque en la práctica, la doctrina jurisprudencial ha reconocido que los perjudicados por el incumplimiento de pactos de organización impugnen el acuerdo social, lo cierto es que el éxito de tal acción no está vinculado a la argumentación que sostiene, con acierto, la doctrina científica mayoritaria —la falta de ajenidad implicaría la quiebra de la regla de la inoponibilidad[1052]—, sino que depende, además, que el acuerdo adoptado, sea contrario a la ley, a los estatutos o, como generalmente se aduce, al interés social (art. 204 LSC)[1053].

1051 Como recuerda PAZ-ARES, C., "El enforcement de los pactos..." *Op. Cit.* pág. 42 "en la medida en que cupiesen dentro de los más angostos márgenes que ofrece la legislación societaria".

1052 De forma muy gráfica PERDICES HUETOS, A., "Lecciones: validez, eficacia..." *Op. Cit.* consultado en https://almacendederecho.org/lecciones-validez-eficacia-y-oponibilidad-de-los-pactos-parasociales-en-una-cascara-de-nuez "si todos los socios son partes del pacto no se puede decir sin elevar la sociedad a la categoría de un golem autista que ese pacto sea reservado frente a ella". Entre otros, PAZ-ARES, C., "El enforcement de los pactos..." *Op. Cit.* pág. 36; ALONSO ESPINOSA, F. J., "El pacto parasocial..." *Op. Cit.* pág. 19/24 Como señala SÁEZ LACAVE, M. I., "Los pactos parasociales..." *Op. Cit.* pág. 24 "la regla de la inoponibilidad no puede sustentar el formalismo de que los pactos parasociales de todos los socios no pueden oponerse a la sociedad por ser, por obra y gracia de la inscripción, un sujeto con personalidad jurídica ajeno a las personas de los socios..."; También, PÉREZ MORIONES, A., "La necesaria revisión de la eficacia de los pactos parasociales omnilaterales o de todos los socios" *Estudios de Deusto,*vol. 61/2, 2013 pág. 35;, NOVAL PATO, J., *Los pactos omnilaterales...Op. Cit.* pág. 114; FERNÁNDEZ DEL POZO, L., *El protocolo familiar... Op. Cit.* pág. 217; MIRANDA RIBERA, E., "La validez y oponibilidad de los pactos parasociales en las cooperativas" *CIRIEC-España, Revista Jurídica de Economía Social y Cooperativa,* no 38, 2021 pág. 282

1053 Así, la STS 300/2022 de 7 de abril o la STS 1136/2008 de 10 de diciembre. Como afirma MORALES BARCELÓ, J., "Pactos parasociales..." *Op. Cit.* pág. 189 la doctrina y la jurisprudencia "siguen líneas claramente opuestas"

1. La inscripción estatutaria del contenido del pacto de socios

La fórmula más sencilla para que las cláusulas del pacto de socios tengan eficacia societaria y sea, por tanto, oponible a la sociedad y a los terceros es, sin duda, su incorporación a los estatutos sociales. En la medida en que el contrato, desde una concepción voluntarista, pretende la conversión en realidad del propósito o de la voluntad de las partes[1054], el reflejo de su contenido en los estatutos es la vía más eficaz para su cumplimiento. Si las partes truecan lo parasocial en estatutario no es necesario ningún ejercicio de asimilación del pacto omnilaterial como parte del ordenamiento de la persona jurídica, con el riesgo evidente de que los tribunales, a la luz de la jurisprudencia dominante, nieguen, como es habitual, tal argumento[1055].

Los estatutos, a diferencia de los pactos parasociales que no encuentran más límites que los generales del derecho, están constreñidos por las limitaciones del artículo 28 LSC y el rigor de la calificación registral[1056] en su interpretación, que dificultan sobremanera la inscripción de cláusulas que, en tanto no comprometan normas imperativas de protección de terceros ni derechos individuales, no debieran rechazarse de plano[1057]. Todo ello lleva, necesariamente, a un modelo en el que predominan estatutos estandarizados y a que las partes regulen normas complementarias allende sus fronteras, a través de los pactos parasociales[1058]. A modo de ejemplo, la imposibilidad

1054 En estos términos, DÍEZ-PICAZO, L., *Fundamentos del Derecho Civil... Op. Cit.* consultado en https://proview.thomsonreuters.com/

1055 Como señala la STS 300/2022 de 7 de abril "se trata de un contrato asociativo distinto del contrato social, que no se integra en el ordenamiento de la persona jurídica".

1056 Plantea el mismo problema en el ámbito de las empresas familiares DÍEZ SOTO, C. M., "El protocolo familiar: naturaleza y eficacia jurídica" *Régimen jurídico de la empresa familiar* (Coord.) Sánchez Ruiz, Cizur Menor, Aranzadi 2010 Pág. 195

1057 En este sentido GALLEGO SÁNCHEZ, E., "El derecho estatutario de salida del inversor en las sociedades de capital cerradas" *Estudios de Derecho mercantil. Liber amicorum profesor dr. Francisco Vicent Chuliá* (Dirs.) Cuñat Edo, Massaguer Fuentes, Alonso Espinosa y Gallego Sánchez, Valencia, 2013 pág. 323 fija como límite la protección de terceros y la aceptación de aquellos socios que pudieran verse perjudicados. Igualmente, PASTOR I VICENT, M., "Los pactos parasociales..." Op. Cit. pág. 7/38 quien desgrana tanto la rigidez del sistema legal como el rigor de la calificación registral. También, ALFARO ÁGUILA-REAL, J., "Los principios configuradores del tipo societario" *Almacén del Derecho*, 2017 disponible en https://almacendederecho.org/los-principios-configuradores-del-tipo-societario quien, de forma contundente señala que la referencia del art. 28 LSC a los principios configuradores del tipo "vale tanto como si no estuviera".

1058 Como afirma EMBID IRUJO, J. M., "La técnica como condición de posibilidad del derecho de sociedades contemporáneo" *Estudios jurídicos en memoria del profesor Emilio Beltrán. Liber Amicorum.* (Coords.) Ángel Rojo y Ana Belén Campuzano, Valencia, Tirant lo Blanch, 2015 pág. 97 "los estatutos sociales no reflejan, en nuestros días, la constitución real de la sociede que los socios, aun cuando medie la voluntad de todos, recurran a otros parámetros de valoración de las acciones o participaciones que se aparte del valor neto contable en caso de advertencia de una causa exclusión[1059]. Que, con el mismo consenso, incorporen una cláusula por la que determinadas materias reservadas requieran de unanimidad o que opten por un plazo máximo de intransmisibilidad de participaciones o, sobre todo, acciones —"*lock up*"— más amplio que aquel que prevé de forma poco comprensible la normativa societaria.

Además, en el ámbito de las *startup,* el recurso a novedosas cláusulas que comienzan a utilizarse en la práctica española procedente de modelos más liberales, en ocasiones, directamente, termina en lo parasocial por la citada rigidez de nuestro Derecho de sociedades o las dificultades de una calificación positiva[1060]. A modo de ejemplo, existen dudas en torno a la inscripción estatutaria de un derecho de liquidación preferente —"*LP*"— en caso de venta de la compañía, esto es, un reparto inequitativo entre fundadores e inversores que se justifica en atención al riesgo asumido y al desembolso de los segundos. Aunque, como ha quedado de manifiesto en otra parte del presente trabajo, no debiera negarse la inscripción siempre y cuando tenga lugar con base en el procedimiento legalmente establecido. Un modelo más flexible que permita la inscripción de cláusulas como la señalada que, además, no comprometen los intereses de terceros, cuentan con el consentimiento de los socios y no entran en el terreno de los pactos leoninos, favorecería, sin duda, las inversiones de terceros, máxime si se repara en la resistencia de los tribunales con respecto a la concesión de eficacia societaria a los pactos de socios omnilaterales[1061].

dad, bien porque son documentos clónicos, sin apenas diferencias entre sí, bien porque, no obstante su originalidad, necesitan de lo establecido en los pactos parasociales". Alude también a unos estatutos cada vez más estandarizados y "adelgazados" FERNÁNDEZ DEL POZO, L., *El protocolo familiar... Op. Cit.* págs. 13-14; GARCÍA DE ENTERRÍA, J., "La mezcla de las especies: el cumplimiento de un acuerdo de socios como obligación estatutaria" *Almacén del Derecho,* 2018 disponible en https://almacendederecho.org/la-mezcla-las-especies-cumplimiento-acuerdo-socios-obligacion-estatutaria los define como "modelos «prêt-à-porter», en los que el operador no tiene más opción que escoger entre dos o tres tallas predefinidas".

1059 Afortunadamente, en caso de separación *ad nutum* la situación cambió con la RDGRN de 2 de noviembre de 2010.

1060 Alude a los pactos parasociales para superar el rigor de la legislación mercantil GARCÍA VIDAL, A., "Consecuencias societarias del incumplimiento de pactos parasociales" *El Derecho de sociedades y de cooperativas: nuevos retos en su configuración y en la gestión de los administradores* (Dir.) Emparanza Sobejano, Madrid, Marcial Pons, 2019 pág. 86

1061 En un sentido similar, SÁEZ LACAVE, M. I., "Los pactos parasociales..." *Op. Cit.* pág. 24

Por todo lo anterior, habida cuenta de la eficacia societaria de lo pactado estatutariamente, es habitual la previsión en el pacto de socios de una cláusula que ordena la trasposición, en la medida de lo posible, de su contenido a los estatutos sociales[1062]. Y por una cuestión no tanto de eficacia como de eficiencia, es recomendable que el reflejo estatutario tenga lugar en el mismo momento de suscripción del pacto de socios[1063].

2. El cumplimiento del pacto de socios como prestación accesoria

Una opción viable para que los firmantes recurran al *enforcement* societario ante el incumplimiento del pacto de socios es la vinculación de su contenido por medio de prestaciones accesorias. De hecho, es una práctica cada vez más común tanto en el ámbito de la empresa familiar como, por lo que aquí interesa, en relación con las *startup*.

Como es sabido, las prestaciones accesorias son obligaciones asumidas por los socios de una sociedad de capital, diferentes de las aportaciones sociales que integran el capital social, que tienen por objeto prestaciones complementarias, susceptibles de retribución y cuya regulación esencial consta en los estatutos sociales[1064]. Por su intermedio los socios aumentan su contenido obligacional con la sociedad más allá de la necesaria aportación al capital social y quedan comprometidos a determinadas prestaciones de dar, hacer o no hacer. En cuanto a su regulación, están previstas en los artículos 86 a 89 LSC y tienen carácter facultativo en la medida en que los socios deciden si las incorporan o no a los estatutos, si la vinculación es *ad hominem* o a todas o algunas acciones o participaciones, pero una vez impuestas son de obligado cumplimiento para el socio[1065]. Igualmente, la modificación de las prestaciones accesorias requerirá, también, la de los estatutos y el consentimiento de los socios obligados.

1062 Así consta en el citado modelo de pacto de socios de la *startup* "Lazarus" pág. 6disponible en http://www.vicentemunoz.com/wp-content/uploads/Pacto-de-socios-fundadores-modelo-Lazarus.docx
que señala lo siguiente: "Es deseo de las Partes alinear el contenido del presente Contrato entre Socios Fundadores a los Estatutos Sociales de la Compañía, en la medida de lo posible y en el mismo sentido, alinear los futuros Pactos de Socios a este Contrato entre Socios Fundadores, protegiendo en la medida de lo posible el espíritu del mismo"

1063 Llama a no procrastinar la trasposición a un momento posterior, SOLANS CHAMORRO, L., "Contratos entre socios..." *Op. Cit.* pág. 51

1064 PEÑAS MOYANO, M. J., "Prestaciones accesorias" en *Diccionario de Derecho de Sociedades*, (Dir.) Alonso-Ledesma, Madrid, Iustel, 2006 pág. 920

1065 EMPARANZA SOBEJANO, A., "Art. 86. Carácter estatutario" *Op. Cit.* pág. 1222

Por consiguiente, a través de las prestaciones accesorias los socios incorporan al ámbito societario determinadas prestaciones que, por su naturaleza, forman parte de los pactos de atribución. En este sentido, son habituales como prestaciones accesorias las prohibiciones de no competencia[1066], la prestación de servicios a favor de la sociedad o la licencia necesaria para la explotación de un derecho de propiedad intelectual. Sobre ellas no hay inconveniente alguno en que los socios decidan reproducirlas, además de en el pacto parasocial, en los estatutos y servirse de los remedios societarios en caso de incumplimiento. La cláusula penal, como fórmula disuasoria, también tiene cabida en sede estatutaria, de modo semejante a la que pueda preverse en el pacto parasocial, como sustitutiva de la indemnización de daños y perjuicios.

Otra posibilidad que, sin embargo, ha sido objeto de discusión en los últimos años es la determinación como prestación accesoria de la obligatoriedad de que los socios suscriban y cumplan el pacto parasocial[1067]. Ello no implica que el contenido previsto en el pacto de socios adquiera naturaleza estatutaria y tenga, por ende, eficacia societaria —una cláusula de *bad leaver* contraviene normas imperativas—, sino que apliquen consecuencias propias del Derecho societario ante su incumplimiento.

La previsión de tal opción como mecanismo de autotutela ha sido una cuestión debatida entre la doctrina científica por las dudas que plantea su admisibilidad habida cuenta de la exigencia del artículo 86 LSC de que los estatutos expresen el contenido "concreto y determinado" de las prestaciones accesorias. La división, por tanto, surge en relación con la pregunta de si la mera referencia a un documento extraestatutario es suficiente para que los socios conozcan el objeto de la prestación accesoria, el conjunto de obligaciones que dimanan del pacto de socios. En el caso de pactos omnilaterales —los más comunes en *startups*— el conocimiento por todos los socios haría innecesaria su publicidad, amén de que la transmisión de acciones o participaciones llevará aparejada, como restricción, la adhesión al pacto de los futuros

1066 En este sentido, tiene relevancia la RDGRN de 5 de junio de 2015 que rechazó la inscripción de una cláusula de no competencia porque no habían especificado en ella su carácter retribuido o gratuito.

1067 Sobre la necesidad de que la prestación accesoria no haga, únicamente, referencia a la suscripción, sino que incluya el cumplimiento, entre otros, PÉREZ MILLÁN, D., "Pactos parasociales y prestaciones accesorias" *Estudios de Derecho mercantil y derecho tributario: Derechos de los socios en las sociedades de capital, consumidores y productos financieros y financiación de empresas en el nuevo marco tecnológico* (Coords.) Hernández González-Barreda y Muñoz Martínez, Cizur Menor, Aranzadi, 2019 pág. 118; También, MARTÍNEZ ROSADO, J., *Los pactos parasociales... Op. Cit.* pág. 148; GARCÍA VIDAL, A., "Consecuencias societarias..." *Op. Cit.* pág. 129; PAZ-ARES, C., "El enforcement de los pactos..." *Op. Cit.* pág. 42

socios de modo que, necesariamente, los terceros tendrán constancia de su contenido y lo ratificarán como requisito *sine qua non* para la adquisición de la condición de socio[1068]. Por el contrario, si el pacto no lo hubieran suscrito todos ellos el depósito sí resulta imprescindible para que los terceros tengan conocimiento de las concretas obligaciones asumidas por determinados socios[1069].

La posible aplicación de efectos societarios ante el incumplimiento de un pacto parasocial ya fue admitida por el Real Decreto 171/2007, de 9 de febrero, por el que se regula la publicidad de los protocolos familiares que modificó el art. 114.2 y 175.2 RRM. Por vez primera y ante una práctica cada vez más común en las sociedades cerradas de corte familiar, reconoció el *enforcement* societario de lo parasocial a través de la inscripción de cláusulas penales en garantía de obligaciones contenidas en un protocolo familiar[1070]. Y si todavía existía dudas sobre la extensión de los efectos derivados del incumplimiento de las prestaciones accesorias ante la inobservancia de un pacto parasocial, la RDGSJFP de 26 de junio de 2018 ha decantado, acertadamente, la balanza a favor de quienes consideraban el presente mecanismo de autotutela perfectamente válido[1071]. Concretamente, en relación con la incorporación como prestación accesoria del cumplimiento de un pacto omnilateral, concluyó que "la obligación en que consiste la prestación accesoria está perfectamente identificada mediante su formalización en la escritura pública que se reseña, de suerte que su íntegro contenido está determinado extraestatutariamente de manera perfectamente cognoscible no solo por los socios actuales que lo han aprobado unánimemente sino por los futuros socios que, al adquirir las acciones quedan obligados por la prestación accesoria cuyo contenido es

1068 En caso de transmisión de acciones o participaciones vinculadas con la citada prestación accesoria o ante un aumento de capital es recomendable que la escritura pública que documente la suscripción o asunción mencione que el adquirente conoce el contenido del pacto que ya fue documentado en escritura pública.

1069 Obviamente, no como publicidad registral sino como publicidad noticia. NOVAL PATO, J., "Los pactos parasociales" *Op. Cit.* pág. 116, por el contrario, considera cuestionable el cumplimiento del requisito de la cognoscibilidad, pues afirma que "la DGRN no ha estimado necesario que la lectura de los estatutos represente para los socios una vía directa de acceso al contenido de la prestación accesoria".

1070 Se comparte aquí la opinión de FERNÁNDEZ DEL POZO, L., *El protocolo familiar... Op. Cit.* págs. 238-239 de que hubiera sido deseable una mayor claridad del legislador que reconozca expresamente la licitud de una prestación accesoria consistente en el cumplimiento de un protocolo familiar, aunque, del tenor literal, sea más que razonable la interpretación de que es el efecto querido por la reforma.

1071 La citada resolución se hace eco de la admisibilidad de tal posibilidad que defendía parte de la doctrina.

estatutariamente determinable —ex artículo 1273 del Código Civil— en la forma prevista". Por tanto, con base en el citado pronunciamiento, la previsión del pacto de socios en escritura pública cuando existe coincidencia subjetiva plena entre sus firmantes y los socios de la sociedad no contraviene lo dispuesto en el artículo 86 LSC pues el Centro Directivo considera que, en tal supuesto, el contenido de la prestación accesoria queda expresado de forma concreta y determinada[1072].

A mayor abundamiento, el artículo 11 de la LFEEE, sigue la línea prevista en la citada resolución en cuanto a las sociedades de responsabilidad limitada que califiquen como tales. En este sentido, señala expresamente la posibilidad de que los socios inscriban "las cláusulas estatutarias que incluyan una prestación accesoria de suscribir las disposiciones de los pactos de socios en las empresas emergentes, siempre que el contenido del pacto esté identificado de forma que lo puedan conocer no solo los socios que lo hayan suscrito sino también los futuros socios". Dicho precepto, por tanto, reproduce, quizás de forma innecesaria, lo que ya era una opción en las sociedades de capital con base en lo dispuesto en el artículo 28 LSC cuya admisibilidad ha

1072 Saluda la citada resolución y considera defendible la conclusión alcanzada en la resolución, PÉREZ MILLÁN, D., "La inscripción de la prestación accesoria..." *Op. Cit.* pág. 478; También, MUÑOZ CERVERA, M., "La exclusión de socios por incumplimiento de prestaciones accesorias y los pactos parasociales" *El derecho de separación y la exclusión de socios en las sociedades de* capital (Dir.) González Fernández, Tirant lo Blanch, Valencia, 2021 pág. 1441 quien recuerda que queda identificado en los estatutos, en la cláusula correspondiente a la prestación, el documento público donde fueron formalizados esos pactos, convertidos en prestación accesorias"; VALMAÑA CABANES, A., "Prestación accesoria y protocolo familiar: cuando se entrelaza lo social con lo parasocial" *Cont4bl3,* n.º LXX, 2019 pág. 41 En contra del sentido de la resolución, EMPARANZA SOBEJANO, A., "Art. 86. Carácter estatutario..." *Op. Cit.* pág. 1228 para quien el hecho de que lo hayan suscrito todos los socios no es suficiente para que la sociedad conozca su alcance. Para NOVAL PATO, J., "Pactos parasociales" *Op. Cit.* pág. 116 uno de los problemas mayores a raíz de la resolución es la falta de coordinación entre el procedimiento de modificación del pacto parasocial y la modificación estatutaria de las prestaciones accesorias.
Consideran que no cumple con el requisito de la determinación de su contenido VINTANEL CORZÁN, L. y SÁNCHEZ SÁNCHEZ, J., "Herramientas para el cumplimiento de los pactos parasociales. Especial referencia a las prestaciones accesorias y a la resolución de la Dirección General de los Registros y del Notariado de 26 de junio de 2018" *Actualidad Mercantil 2020* (Dir.) Ortega Burgos, Valencia, 2021 pág. 510 También en contra de la citada resolución, si bien por lo que considera una fundamentación somera o parca en atención a su trascendencia, GARCÍA DE ENTERRÍA, J. "La mezcla de las especies.." *Op. Cit.*
Consultado en https://almacendederecho.org/la-mezcla-las-especies-cumplimiento-acuerdo-socios-obligacion-estatutaria

sido ratificada por la citada RDGSJFP de 26 de junio de 2018[1073]. Además, parece que desconoce la precisión que la doctrina ha realizado de forma reiterada sobre el hecho de que la prestación deba extenderse no solo sobre la suscripción como, especialmente, su cumplimento[1074]. E, igualmente, resulta criticable, en la medida en que no aporta nada, la fórmula que plantea en cuanto al criterio del conocimiento del contenido del pacto. De conformidad con el criterio de la DGSJFP, el contenido de la prestación accesoria, cuando el pacto lo han suscrito todos los socios[1075], está perfectamente identificado mediante su formalización en escritura pública y es cognoscible tanto por los socios actuales como futuros adquirentes que firmarán el pacto como requisito necesario para la transmisión de las acciones o participaciones[1076]. Una interpretación diferente, en el caso de sociedades de responsabilidad limitada que califiquen como empresa emergente, conduciría a su necesaria inscripción, lo que implicaría en la práctica que sea de peor condición la empresa emergente en el sentido de la norma que cualquier otra *startup* o, más ampliamente, sociedad cerrada, pues asumiría un coste adicional.

Por lo que a los efectos hace referencia, el establecimiento de una prestación accesoria consistente en la observancia del pacto de socios implica, como ha quedado de manifiesto en otra parte del presente trabajo, que el régimen de transmisión sea el previsto en el artículo 88 LSC que alude al necesario consentimiento de la transmisión proyectada. Nada impide que la sociedad, a

1073 No parece que la seguridad jurídica de lo que resulta o no inscribible en cuanto a prestaciones accesorias que remitan al contenido de pactos de socios deba inferirse —ni mucho menos— solo del citado artículo, pues su ámbito de aplicación es tan reducido material y temporalmente que ello conduciría a resultados absurdos. Califica dicho artículo como "peor que inútil" ÁLVAREZ ROYO-VILLANOVA, S., "La Ley 28/2022, de 21 de diciembre..." *Op. Cit.* pág. 357. Igualmente crítico se muestra ALFARO ÁGUILA-REAL, J., "La Ley *Pinta y Colorea* y los pactos parasociales: no se les ocurra convertir su compañía en una empresa emergente", 2022 disponible en https://derechomercantilespana.blogspot.com/

1074 *Supra.*

1075 La citada resolución, no obstante, parece que se contradice en su conclusión cuando señala que, para argumentarla, "deja al margen el hecho de que el protocolo familiar es aprobado por unanimidad de todos los accionistas en la misma junta general" y, posteriormente, señala que el contenido está determinado de manera perfectamente cognoscible... "por los socios actuales que no han aprobado unánimemente", por lo que se deduce que la presencia de todos los socios sí que es un criterio determinante en el sentido de la resolución.

1076 Como señala PÉREZ MILLÁN, D., "La inscripción de la prestación accesoria..." *Op. Cit.* pág. 492 "la seguridad jurídica y los principios de la publicidad registral constituyen argumentos demasiado genéricos como para exigir la publicación íntegra del pacto aunque sea mediante su depósito".

través de la junta o, en su caso, el órgano de administración[1077], condicione la autorización a la suscripción y cumplimiento del pacto. Sin embargo, la consecuencia más relevante de la inscripción de una prestación accesoria como la señalada es el recurso a los remedios societarios ante el incumplimiento del pacto de socios y, en particular, la exclusión del socio al amparo de lo establecido en el artículo 350 LSC.

Al hilo de lo anterior, debe insistirse que no se trata de que el contenido del pacto parasocial tenga eficacia societaria, sino que los socios recurran al mayor remedio que ofrece la Ley de Sociedades de Capital ante el incumplimiento de determinadas conductas que consideran esenciales para la consecución del proyecto común por el que se asocian[1078]. La exclusión del socio ante el incumplimiento de las prestaciones accesorias difiere, no obstante, según el tipo social elegido, sin que termine de entenderse la existencia de dos cauces diversos para sociedades tipológicamente muy similares —sociedades cerradas—[1079]. Mientras en las sociedades anónimas es necesaria una previsión estatutaria expresa cuya incorporación requiere del consentimiento de todos los socios ex. art. 351 LSC, en la sociedad de responsabilidad limitada dicho supuesto constituye la primera de las causas legales de exclusión establecidas en el artículo 350 LSC. En cualquier caso, si quieren que todo incumplimiento de la prestación accesoria, con independencia del *animus* del socio, lleve anudado la aplicación de dicho remedio, es necesario que lo especifiquen en los estatutos pues, en caso contrario, únicamente tendrá cobertura legal la exclusión por causas voluntarias[1080].

1077 Como norma dispositiva, los socios de la sociedad limitada pueden atribuir la competencia a los administradores para que resulte más ágil la concesión o no del *placet*; y lo mismo, pero a la inversa, aunque no tiene mucho sentido, cabe en las sociedades anónimas, la atribución estatutaria a la junta general.

1078 A favor de tal posibilidad en relación con el incumplimiento de un pacto de sindicación elevado a prestación accesoria, MORENO UTRILLA, D., *La sindicación de bloqueo... Op. Cit.* pág. 420

1079 Critican, entre otros, que el artículo 350 LSC no haga referencia a las sociedades anónimas, EMPARANZA SOBEJANO, A., "Causas legales de exclusión de los socios (art. 350)" en ROJO-BELTRÁN (Dirs.) *Comentario de la Ley de Sociedades de Capital* vol. I, Madrid, Aranzadi, 2011 pág. 2493 VICENT CHULIÁ, F. *Introducción...Op. Cit.* pág. 917. *In extenso,* sobre el prejuicio tipológico en el que hunde las raíces el derecho de exclusión, PÉREZ RODRÍGUEZ, A. M., *La exclusión de socios en sociedades de responsabilidad limitada,* Cizur Menor, Aranzadi, 2013 consultado en https://proview.thomsonreuters.com/ quien recorre los orígenes desde su previsión para las sociedades de personas.

1080 Alude a la necesidad de poner en relación la regla imperativa del artículo 350 LSC con la dispositiva del art. 89.2 LSC CERDÁ ALBERO, F., "Artículo 350. Causas legales de exclusión de los socios" *Comentario a la Ley de Sociedades de Capital* (Dirs.) García-Cruces y Sancho Gargallo, Valencia, Tirant lo Blanch, 2021 pág. 4772

Sin embargo, pese al carácter extremo de la exclusión como mecanismo societario, dicho remedio no es apropiado ni suficiente para las *startup* por los inconvenientes que plantea el procedimiento legalmente establecido y, sobre todo, el criterio de valoración y reembolso de las acciones o participaciones del socio excluido.

En la medida en que el procedimiento de exclusión del art. 352 LSC está fundamentado en la protección de la mayoría ante abusos de la minoría, resulta poco operativo en los términos fundadores/inversores donde los segundos carecen, por lo general, de un porcentaje de control. Si el socio minoritario cuenta con un cinco por ciento del capital social está legitimado para la convocatoria de una junta sobre tal particular y, como es lógico, el socio incumplidor de la prestación accesoria no tendrá derecho a voto por tratarse de un conflicto de interés —art. 190.1b) LSC—, pero sin la aquiescencia de otros fundadores, difícilmente reunirá los apoyos necesarios para la exclusión[1081]. Además, si el fundador tiene una participación igual o superior al veinticinco por ciento y no estuviera conforme con la exclusión acordada será necesaria una resolución judicial firme. Es cierto que si el incumplimiento del pacto es por la infracción de la prohibición de no competencia y el socio ostenta el cargo de administrador, aunque esté duplicada la obligación como prestación accesoria no procede la judicialización de la exclusión, pero si no es miembro del órgano o si las transgresiones difieren de la citada conducta —ruptura de la exclusividad, incumplimiento de la prestación de servicios, no renovación de licencias sobre intangibles...— no podría obviarse la intervención judicial, lo que dificultaría y dilataría aún más la ejecución del remedio. Por consiguiente, el régimen legal establecido es poco útil para la exclusión del socio cuando el incumplidor es el mayoritario, que coincide habitualmente con el fundador en el ámbito de las *startup*.

El segundo de los motivos por los que no es satisfactorio el presente remedio es por el precio que recibe el socio excluido por sus acciones o participaciones cuya cuantía no está determinada en atención al interés de la sociedad, sino el del socio. En este sentido, la norma de valoración de las participaciones o acciones del socio es común a la separación —piénsese en casos de *good leaver*— y exclusión del socio por infracción de la prestación accesoria y contiene una liquidación tan favorable para quien sale de la sociedad

1081 En la sociedad de responsabilidad limitada el art. 199 b) LSC exige una mayoría cualificada de dos tercios que, incluso, puede reforzarse. En las anónimas el porcentaje será el previsto en la cláusula estatutaria de exclusión, si bien nada impide que sea por mayoría simple ex. art. 201 LSC.

que al mismo tiempo dificulta la aplicación de un remedio como la exclusión que, en última instancia, sirve a la continuidad y al buen funcionamiento de la compañía[1082]. La falta de liquidez de muchas sociedades y que es habitual en las *startup* implica que, en la práctica, probablemente no cuenten con los fondos suficientes para el reembolso de las acciones o participaciones. Además, habida cuenta de la compleja valoración en la que tienen en cuenta criterios intangibles, en no pocas ocasiones el socio fundador excluido recibiría un precio muy superior al capital desembolsado. Y aunque el régimen legal de valoración y reembolso de las acciones o participaciones no es imperativo y son ya varias las resoluciones que han flexibilizado el rigor en la interpretación del valor razonable[1083], la libertad contractual no permite la superación de unos límites que en las *startup* no son asumibles, motivo por el cual optan por una regulación convencional en el pacto de socios[1084]. Concretamente, no solo como remedio, sino por su incidencia *ex ante* como medida disuasoria, arbitran la desvinculación del socio por medio de la obligación de venta a precio punitivo. De este modo, mediante la calificación de determinadas conductas como causas de "mala" salida —"*bad leaver*"— el resto de los socios o, en su caso, la sociedad, tendrán un derecho de compra sobre las acciones o participaciones del incumplidor por un precio muy inferior al valor razonable, generalmente fijado con base en el valor nominal[1085].

382 En cualquier caso, nada impide que las partes prevean ambos mecanismos y con ello amplíen las opciones de *enforcement* en caso de incumplimiento. Así, en función de las circunstancias y la gravedad de la conducta puede que en algunos casos sea suficiente con el recurso a la cláusula penal estatutaria y en otros hagan uso del *"call"* previsto contractualmente. Y aunque no ejecuten tales remedios la sola posibilidad de hacerlo tendrá incidencia en una posible solución pactada en caso de conflicto.

1082 Como señala PÉREZ RODRÍGUEZ, A. M., *La exclusión de socios... Op. Cit.* consultado en https://proview.thomsonreuters.com/ "en la exclusión por el contrario también debería tenerse en cuenta la tutela del interés de la sociedad en desvincularse de un socio perjudicial o problemático sin que el pago del reembolso ponga en riesgo su continuidad o subsistencia futura. De no ser así, se estaría desvirtuando la esencia y fundamento último de la exclusión: como ya hemos visto, su configuración legal como mecanismo que responde a una exigencia organizativa de tutela de la sociedad para preservar la continuidad y subsistencia futura de la empresa".

1083 Así, las RDGSJFP de 6 de febrero y 27 de febrero de 2020, o la RDGSJFP de 23 de mayo de 2019 que remite al valor contable.

1084 Tal circunstancia ya estaba apuntada en GIMENO BEVIÁ, V., "Análisis del marco jurídico de las startup tras el Proyecto de Ley de fomento del ecosistema de las empresas emergentes" *Anuario de Capital Riesgo* 2021, pág. 169

1085 *Supra.*

3. La oponibilidad del pacto de socios

La oponibilidad del pacto de socios es una cuestión que no se circunscribe únicamente al concreto ámbito de las *startup,* sino que afecta a la totalidad de los pactos parasociales. Mientras que los problemas en cuanto a la licitud y validez parecen superados[1086], el tema más controvertido, sobre el que se advierte una diferencia significativa entre los postulados de la doctrina científica mayoritaria y la jurisprudencia es, sin género de duda, el relativo a su eficacia. Existe consenso en cuanto a la inoponibilidad de los pactos parasociales que establece el artículo 29 LSC cuando no hubiera una coincidencia plena entre los firmantes y los socios de la sociedad y ello con base en el principio de relatividad de los contratos, pues es evidente que no pueden extenderse los efectos del acuerdo a quienes no lo hubieran suscrito, de modo que su contenido únicamente es vinculante "inter-partes". Sin embargo, no hay una respuesta comúnmente admitida cuando existe una identidad total entre los firmantes del pacto parasocial y las partes del contrato de sociedad, esto es, en el caso de pactos omnilaterales o universales. Ante tal circunstancia hay quienes mantienen la tesis tradicional partidaria de la estricta separación entre lo previsto en el acuerdo parasocial y los estatutos y niega cualquier *"enforcement"* societario a quien pactó fuera de ella[1087]. Por el contrario, otra corriente advierte de la necesaria revisión de la postura anterior si existe una alineación subjetiva de las dos esferas pues, en tal supuesto, la sociedad no puede considerarse un tercero ajeno e independiente y el pacto perdería su condición de *res inter alios acta.*

La primera de las posiciones es la que sigue la doctrina jurisprudencial del Tribunal Supremo desde principios de siglo[1088]. La última sentencia sobre tal particular, la STS 300/2022 de 7 de abril reitera la regla general de la inopo-

1086 Como señala la STS 616/2012 de 23 de octubre "los pactos parasociales (...) no están constreñidos por los límites que a los acuerdos sociales y a los estatutos imponen las reglas societarias, de ahí su utilidad, sino a los límites previstos en el art. 1255 Cc". Véase una muestra de la evolución jurisprudencial al respecto en PÉREZ MORIONES, A., "La necesaria revisión de la eficacia..." *Op. Cit.* pág. 261

1087 Entre otros, OPPO, G., *I contratti parasociali,, Op. Cit.* págs. 103-104; GARRIGUES, J., *Comentario a la ley de sociedades anónimas*, vol. I, Madrid, 1976, pág 169

1088 Como señalan las STS de 6 de marzo de 2009 o la STS 1136/2008 de 10 de diciembre "la mera infracción del convenio parasocial de que se trata no basta, por sí sola, para la anulación del acuerdo impugnado". El profesor PAZ-ARES, C., "Violación de pactos, impugnación de acuerdos y principio de no contradicción" *RdM* n.º325, 2022 pág. 13 sitúa el punto de inflexión en el caso *Kurt Conrad*, precisamente en las sentencias citadas, donde el Alto Tribunal se aparta de la jurisprudencia anterior en la que, según el autor, con un metodología y unos argumentos mejorables como el recurso a la junta universal o al levantamiento del velo, prosperaban los actos de impugnación en defensa de los previsto en pactos omnilaterales.

nibilidad de los pactos parasociales omnilaterales y remite a otras vías para la defensa de su eficacia por los contratantes[1089]. Lleva a cabo, además, una interpretación del artículo 29 LSC que no se aparta de la tesis tradicional de la separación entre la sociedad y sus socios—"*trennungsprinzip*"—[1090] lo que, además, se evidencia de las reiteradas referencias al hecho de que la sociedad sea o no parte firmante del pacto parasocial[1091]. E, igualmente, el Alto Tribunal tampoco va más allá en la lectura del artículo 204 LSC pues la falta de mención expresa en su redacción a los pactos parasociales parece argumento suficiente que impida la impugnación de acuerdos sociales por infracción de su contenido, ante la consideración de tales causas como un caso de *numerus clausus*[1092]. A lo anterior se suma la resistencia a la asimilación de la voluntad

1089 Reproduce lo dispuesto en la STS 120/2020 de 20 de febrero "la eficacia del pacto parasocial, perfectamente lícito, no puede defenderse atacando la validez de los acuerdos sociales que resulten contradictorios con los mismos, sino que debe articularse tal defensa a través de una reclamación entre los contratantes basada en la vinculación negocial existente entre los firmantes del pacto, pues este no tiene efectos frente a la sociedad ni, por tanto, en un litigio de naturaleza societaria como es el de la impugnación de acuerdos sociales".

1090 Ello se deduce en la medida en que, para la defensa de su tesis, acoge las siguientes palabras del Consejo de Estado en su dictamen al Anteproyecto de Ley de Código Mercantil que parece que identifica dos voluntades separadas, la de la totalidad de los socios y la sociedad por la mera creación de la segunda. Señala que "aun cuando los sujetos que han suscrito el contrato de sociedad y el pacto parasocial sean los mismos —que en puridad no lo son, dado que la sociedad resultante del contrato de sociedad es un sujeto distinto de los socios que han convenido el pacto parasocial—, no pueda exigirse en el ámbito societario lo que se ha pactado en la esfera contractual". En la doctrina alemana, recientemente, SCHÖN, A., *Schuldrechtliche Gesellschaftervereinbarungen in der Gesellschaft mit beschränkter Haftung unter besonderer Berücksichtigung der Rechtsnachfolge*, e-book, Nomos, 2018 págs. 142 y ss. Entre la doctrina clásica, critica el pretexto de la separación como argumento para negar la conexión de un pacto omnilateral NOACK, U., *Gesellschaftervereinbarungen bei Kapitalgesellschaften*, Tübingen, Verlag, 1994, pág. 164. Un detallado análisis de la incidencia de la *"Trennungstheorie"* en la tesis contraria a la oponibilidad de los pactos omnilaterales, NOVAL PATO, J., *Los pactos omnilaterales...Op. Cit.* págs. 80-89

1091 Así la STS 296/2016 de 5 de mayo que, tras un análisis de las excepciones a la regla de la inoponibilidad, concluye "(a lo que deben sumarse los supuestos en los que la sociedad sea firmante del pacto)" o la STS de 3 de noviembre de 2014 "(...) sin que sirva de justificación que se contemple en un pacto parasocial del que no fue parte la sociedad demandada". La relevancia de la firma también es un argumento que resalta la jurisprudencia menor. Recientemente la sentencia del Juzgado de lo Mercantil de Barcelona, sección 12.ª, 22/2023 de 18 de abril, señala lo siguiente "Este documento fue, además, firmado por la propia sociedad. Se trata, por tanto, de un pacto omnicomprensivo que comprometería no solo a los dos socios, sino también a la propia sociedad"

1092 Establece la STS 120/2020 de 20 de febrero que "cuando se ha pretendido impugnar un acuerdo social, adoptado por la junta de socios o por el consejo de administración, por la exclusiva razón de que es contrario a lo establecido en un pacto parasocial, esta Sala ha desestimado la impugnación".

expresada en el pacto parasocial con el interés social que, con motivo de su posible lesión, permitiría la impugnación del acuerdo social[1093].

Este criterio, además, es el que sigue, en el plano legislativo, la propuesta que tuvo lugar en 2014 de Anteproyecto de Ley de Código Mercantil que, de forma similar al modelo portugués[1094], en su artículo 213-27 niega cualquier posibilidad de apartarse de la tesis tradicional toda vez que no solo alude, explícitamente, a la inoponibilidad de los pactos celebrados entre "todos o algunos socios" sino que también declara, expresamente, la validez de los acuerdos adoptados "en contra de lo previsto en los pactos"[1095]. En cualquier caso, más allá de lo que señala una norma *non nata,* la barrera de la literalidad también es el argumento aducido por una parte de la doctrina que no contempla otras interpretaciones más favorables a la producción de efectos societarios de los pactos suscritos por la totalidad de los socios[1096].

1093 La citada STS 300/2022 de 7 de abril parece presumir un interés estático en el pacto de socios que no sirve para comprender cuál es el interés social de la sociedad por el mero hecho del transcurso del tiempo entre la celebración del contrato y el acto de impugnación. Señala, incluso, que la voluntad expresada en el pacto omnilateral quedó "congelada".

1094 Así, el artículo 17.1 do Código das Sociedades Comerciais. Un análisis de la cuestión, en Portugal en SILVA MORAIS, S. C., *Acordos Parassociais: restrições em matéria de administração das sociedades,* Coimbra, Almedina, 2014 págs. 15-25

1095 Concretamente, señala lo siguiente: "1. Los pactos celebrados entre todos o algunos socios, o entre uno o varios socios y uno o varios administradores al margen de la escritura social o de los estatutos, estén o no depositados en el Registro mercantil, no serán oponibles a la sociedad. Los acuerdos sociales adoptados en contra de lo previsto en los pactos serán válidos. 2. Son nulos aquellos pactos parasociales por los que uno o varios administradores de la sociedad se obliguen a seguir las instrucciones de socios o de terceros en el ejercicio de su cargo. 3. Quien hubiere incumplido un pacto parasocial deberá indemnizar los daños y perjuicios causados y asumir las demás consecuencias previstas en el pacto. 4. Lo dispuesto en este artículo será de aplicación a los protocolos familiares, haya o no constancia registral de su existencia o contenido".

1096 Afirma GARCÍA VIDAL, A., "Consecuencias societarias..." *Op. Cit.* pág. 125 "se debe distinguir entre lo que la Ley dice en la actualidad y lo que a un sector de la doctrina (cada vez más numeroso) le gustaría que dijeses. La dicción legal es clara: los pactos reservados no son oponibles a la sociedad". En el mismo sentido, MARTÍNEZ ROSADO, J., *Los pactos parasociales... Op. Cit.* págs. 188 "De *lege data,* la oponibilidad del pacto parasocial omnilateral no puede predicarse *per se* y, para que así fuera, requeriría de una específica mención legislativa. De forma similar, FELIU REY, J., *Los pactos parasociales... Op. Cit.* Pág. 363 Manifiesta, también, el acierto de la STS 300/2022 de 7 de abril. EMBID IRUJO, J. M., "Lo contractual y lo organizativo en los pactos parasociales", 2022 disponible en https://www.commenda.es/rincon-de-commenda/lo-contractual-y-lo-organizativo-en-los-pactos-parasociales/ También, MADRIDEJOS FERNÁNDEZ, A., "La inoponibilidad de los pactos parasociales frente a la sociedad: comentario a la sentencia del Tribunal Supremo de 6 de marzo de 2009", *Cuadernos de derecho y comercio,* n.º 53, 2010, pág. 271.

Frente a tal posición, un sector doctrinal —probablemente mayoritario— defiende una tesis opuesta que, en paralelo a las citadas sentencias del Tribunal Supremo, ha mostrado sus argumentos en contra de la línea jurisprudencial vigente y a favor de la oponibilidad de los pactos de socios omnilaterales. Con diversos matices —dada la pluralidad de opiniones— rebaten los motivos por los que los tribunales niegan la eficacia de tales pactos[1097].

En primer lugar, en cuanto al presunto límite del artículo 29 LSC, niegan la mayor: no es de aplicación la regla de la inoponibilidad en tanto que el pacto parasocial omnilateral no puede considerarse reservado. A diferencia de la desafortunada propuesta de *lege ferenda* que no admite otras interpretaciones, la redacción actual no debiera extenderse a los pactos omnilaterales ya que, por la identidad subjetiva plena, el pacto no permanece oculto y, por tanto, no puede invocarse el principio de relatividad de los contratos como argumento que subyace en la inoponibilidad[1098]. Tampoco es acertada la interpretación de "reservado" con todo aquello no incluido en los estatutos, más bien debiera extenderse a todo lo que no forme parte del ordenamiento de la persona jurídica[1099] pues, si la cuestión de fondo es la oponibilidad frente

1097 A modo de ejemplo, dentro de los partidarios de la oponibilidad podría distinguirse, con base en le clasificación del profesor ALFARO entre la tesis "analítica" y la "sintética" ALFARO ÁGUILA-REAL, J., "El fundamento de la impugnabilidad ex. art. 204 LSC de los acuerdos sociales que infringen un pacto parasocial omnilateral" *Almacén del Derecho,*2023 disponible en https://almacendederecho.org/el-fundamento-de-la-impugnabilidad-ex-art-204-lsc-los-acuerdos-sociales-que-infringen-un-pacto-parasocial-omnilateral Por un lado, la primera de ellas mantiene la separación entre los estatutos y el pacto omnilateral pero reconoce la oponibilidad de tales pactos. Así, PAZ-ARES, C.,, "Violación de pactos..." *Op. Cit.* pág. 20*;* NOVAL PATO, J. *Los pactos omnilaterales...Op. Cit.* págs. 80-89; PERDICES HUETOS, A.,y GANDÍA PÉREZ, E., "Pactos de socios reservados, ocultos y relativos" *Almacén del Derecho*, 2015 disponible en https://almacendederecho.org/pactos-de-socios-reservados-ocultos-y-relativos La tesis "sintética", por otro lado, parte de una consideración unitaria de los pactos parasociales y de los estatutos. Así, ALFARO ÁGUILA-REAL, J., "El fundamento de la impugnabilidad... " *Op. Cit;* o ALONSO ESPINOSA, F. J., "El pacto parasocial..." *Op. Cit.* pág. 20/24

1098 En este sentido, PÉREZ MORIONES, A., "La necesaria revisión de la eficacia..." *Op. Cit.* pág. 275 señala que el citado precepto "no contiene una definición de qué debe entenderse por pacto reservado". Como señala ALONSO ESPINOSA, F. J., "El pacto parasocial..." *Op. Cit.* pág. 19/24 "el pacto parasocial omnilateral no es un pacto parasocial ni reservado en el sentido típico objeto de regulación por el art. 29 LSC al estar otorgado por todos los socios en régimen de unanimidad".

1099 Como afirma NOVAL PATO, J., "Pactos parasociales" *Op. Cit.* pág. 95 "se defiende que los pactos parasociales omnilaterales integran el ordenamiento de la persona jurídica: lo corporativo se conforma tanto por lo estatutario como por lo parasocial omnilateral". De forma similar, ALFARO ÁGUILA-REAL, J., "El fundamento de la impugnabilidad... " *Op. Cit.* alude al contrato social en sentido amplio.

a la sociedad hay pactos, allende los estatutos, que son oponibles[1100]. Y así de hecho lo admitió el Tribunal Supremo en sentencias anteriores al "viraje" que llevó a cabo a partir del caso *Conrad*[1101].

El segundo de los obstáculos consiste en que las partes afectadas por el incumplimiento de un pacto omnilateral salven la literalidad del artículo 204 LSC en cuanto a las causas de impugnación de los acuerdos sociales. Y ello plantea, a su vez dos cuestiones relacionadas: en primer lugar, si la lista supuestos de acuerdos impugnables es cerrada; en segundo, si los pactos omnilaterales son subsumibles en alguno de ellos. La respuesta más razonable —y más útil en cuanto al objeto de estudio del presente trabajo— es la consideración del listado de acuerdos como *numerus apertus* y su aplicación por analogía, de modo que si se admite la inaplicabilidad de la regla del 29 LSC a los pactos omnilaterales no haya inconveniente en la impugnación de los acuerdos sociales que contravengan su contenido[1102]. Sin embargo, tal argumento —"la vía recta"[1103]— no parece, en la práctica, que tenga visos de éxito a la luz de la jurisprudencia reciente. Otra posibilidad es la asimilación de los pactos omnilaterales en alguna de las causas listadas. Hay quien considera que los acuerdos adoptados en violación de tales son contrarios a la ley toda vez que contravienen el artículo 7.2 CC porque constituyen un abuso de derecho[1104]. Otros sugieren que la solución pasa por la equiparación de los pactos universales con los estatutos sociales mediante una interpretación amplia de los segundos que extienda su alcance a cualquier norma del ordenamiento jurídico de la sociedad[1105] o, directamente, por la consideración unitaria de

1100 FERNÁNDEZ DEL POZO, L., *El protocolo familiar... Op. Cit.* págs. 216-217

1101 Así la STS de 24 de septiembre de 1987 (ECLI:ES:TS:1987:8684) 16reconoce eficacia societaria de un pacto omnilateral calificado como "la particular ley de los contratantes"; También la STS 97/1992 de 10 de febrero o, en el ámbito de la empresa familiar, la STS 926/2007 de 21 de septiembre.

1102 Afirman ALFARO ÁGUILA-REAL, J. y MASSAGUER FUENTES, J., "Artículo 204. La impugnación de acuerdos" *Comentario de la reforma del régimen de las sociedades de capital en materia De gobierno corporativo (Ley 31/2014)*. Juste Mencía, J. (Coord.) Pamplona, 2015 consultado en https://proview.thomsonreuters.com/ que "no debe haber obstáculo para entender que pueda impugnarse cualquier acuerdo que infrinja el contrato social entendido en el sentido más amplio, esto es, incluyendo el Derecho aplicable, esto es, la Ley de Sociedades de Capital y el resto del ordenamiento societario y cualquier regla autónomo-privada (reglamentos internos, pactos parasociales omnilaterales)

1103 En estos términos, PAZ-ARES, C., "Violación de pactos..." *Op. Cit.* págs.. 22-23

1104 Así VICENT CHULIÁ, F., *Introducción...Op. Cit.* pág. 892; En contra, PAZ-ARES, C., "Violación de pactos..." *Op. Cit.* pág. 24 y SÁEZ LACAVE, M. I., "Los pactos parasociales..." *Op. Cit.* pág. 21.

1105 Así, NOVAL PATO, J., *Los pactos omnilaterales...Op. Cit.* pág116 para quien "esa concepción amplia del ordenamiento de la persona jurídica es el resultado de la conjunción de dos fuentes reguladoras: la contratación estatutaria y la contratación extraestatutaria". Partidarios,

ambos, esto es, por la calificación de dichos pactos como norma estatutaria[1106]. Y un tercer grupo parte de la idea de que la infracción de un pacto omnilateral lesiona el interés social por lo que es la última de las causas la que brindaría cobertura para una acción de impugnación de acuerdos sociales[1107]. En este sentido, el voto en junta general contrario a lo convenido en el pacto de socios implicaría, en principio, una infracción del deber de fidelidad del socio en beneficio de uno o varios de ellos o de terceros que quebraría la confianza con la que emprendieron el proyecto común cuyas reglas de organización interna, en muchos casos, incluyeron en el ámbito extraestatutario por las limitaciones de nuestra legislación societaria[1108]. Además, tras la reforma operada por la Ley 31/2014 de 3 de diciembre que considera lesionado el interés social aun cuando no haya un perjuicio patrimonial, es difícil imaginarse un supuesto en el que un acuerdo contrario al pacto omnilateral no sea, de facto, un abuso de la mayoría sobre la minoría —piénsese, en el derecho del pacto de socios que faculta al inversor, aunque no tenga un porcentaje suficiente, al nombramiento de un administrador—[1109]. Pero, aun en el caso de darse dicho supuesto, la norma brinda protección ante un ejercicio antisocial de los derechos conferidos por el pacto omnilateral pues, en tal escenario, el acuerdo adoptado en junta general no tendría la consideración de abusivo porque respondería a "una necesidad razonable de la sociedad"[1110].

también de la interpretación amplia, PERDICES HUETOS, A.,y GANDÍA PÉREZ, E., "Pactos de socios reservados..." *Op. Cit.* consultado en https://almacendederecho.org/pactos-de-socios-reservados-ocultos-y-relativos

1106 Esta es la posición de ALFARO ÁGUILA-REAL, J., "El fundamento de la impugnabilidad... " *Op. Cit;* o ALONSO ESPINOSA, F. J., "El pacto parasocial..." *Op. Cit.* pág. 20/24

1107 Conecta la adopción de un acuerdo social en infracción de un pacto omnilateral con la contravención del deber de fidelidad y, por tanto, lesivo del interés social PÉREZ MILLÁN, D., "Presupuestos y fundamento jurídico de la impugnación de acuerdos sociales por incumplimiento de pactos parasociales" *RdBB* n.º117, 2010 págs. 254-255; También, SÁEZ LACAVE, M. I., "Los pactos parasociales..." *Op. Cit.* pág. 21 quien afirma que "lo contrario al interés social es sencillamente lo contrario al deber de lealtad".

1108 GALACHO ABOLAFIO, A., "Derechos de socios procedentes de pactos parasociales y su oponibilidad frente a la sociedad" *Derecho de sociedades. Los derechos del socio,* (Dirs.) González Fernández y Cohen Benchetrit, Valencia, Tirant lo Blanch, 2020 pág. 89

1109 Salvo casos de laboratorio como el que apuntaba el profesor PAZ-ARES C., "El enforcement de los pactos..." *Op. Cit.* pág. 42 de que el inversor quiera nombrar a una persona manifiestamente incompetente, como norma general la desviación del mayoritario en la junta general encaja en el segundo párrafo del art. 204.1 LSC.

1110 Como señalan ALFARO ÁGUILA-REAL, J. y MASSAGUER FUENTES, J., "Artículo 204. La impugnación..." *Op. Cit.* consultado en https://proview.thomsonreuters.com/ "el sacrificio del interés de la minoría solo es legítimo en el altar del interés social, pero no en el altar del interés de la mayoría"

Por lo anterior, no termina de entenderse la resistencia del Alto Tribunal a una interpretación más flexible que en ningún momento exige ejercicios argumentativos rocambolescos. La "vía oblicua"[1111] de los estatutos y, especialmente, la infracción del interés social no es, ni mucho menos, *contra legem* y podría aplicarse sin necesidad de una nueva redacción. Ello no obstante, la jurisprudencia citada sigue anclada en el criterio de la separación, se resiste a cualquier tipo de asimilación —"la mera infracción de un convenio parasocial no basta, por sí sola, para la anulación de un acuerdo social"— y opta por un criterio cumulativo que comprende junto al incumplimiento del pacto la concurrencia de alguna de las causas del artículo 204.1 LSC en una interpretación de una literalidad asfixiante para la contratación actual que, particularmente en el ámbito de las *startup,* por influencia de la práctica anglosajona, acostumbra a una mayor flexibilidad[1112].

De todas formas, no solo los sistemas de *Common Law* otorgan eficacia en el plano societario a determinados pactos suscritos por todos los socios[1113]. Aunque en el Derecho continental existe una clara división, por países, entre las dos tesis señaladas[1114], los tribunales de Alemania o Austria, han optado por la teoría de la unidad —"*Einheitsthese*"[1115]— en casos de impugnación de acuerdos sociales por infracción de pactos omnilaterales —véase como ejemplo reciente sobre la oponibilidad de pactos omnilaterales, en Austria, la sentencia del *Oberster Gerichtshof* de 18 de febrero de 2021—[1116].

1111 Expresión acuñada por PAZ-ARES, C., "Violación de pactos..." *Op. Cit.* pág. 22

1112 O, como señalan PERDICES HUETOS, A.,y GANDÍA PÉREZ, E., "Pactos de socios reservados..." *Op. Cit.* consultado en https://almacendederecho.org/pactos-de-socios-reservados-ocultos-y-relativos. una "literalidad rotunda".

1113 En Estados Unidos, la sección 7.32 (a) *Model Business Corporation Act* dispone que un acuerdo entre los accionistas de una corporación que cumpla con esta sección es válido entre los accionistas y la sociedad aunque sea contraria con otras disposiciones de dicha ley.

1114 Un breve repaso sobre la situación desde el Derecho comparado en FLEISCHER, H., "The law of close corporations" *General Reports of the XIXth Congress of the International Academy of Comparative Law* (Eds.) Schauer & Verschraegen, Springer, pág. 334

1115 Véase NOACK, U., *Gesellschaftervereinbarungen ... Op. Cit.* pág. 97 y ss.

1116 La sentencia del OGH 18.02.2021, 6 ob 140/20m señala que el voto contrario en junta general a lo previsto en el sindicato de voto omnilateral —*omnilateralen Syndikatsvertrag*—, supone una infracción del deber de fidelidad que justifica la impugnación del acuerdo. Con anterioridad a dicha resolución, en Alemania, véase la doctrina jurisprudencial que sigue a la conocida sentencia del *Bundesgerichtshof* de 20 de enero de 1983 ZR 243/81 (*Kerbnägel-Entscheidung*). Como afirman ARNOLD, M, GEHRLAIN, M., HENZE, H. NOTZ, R. L. y STEFFEK, F., *Aktiengesetz.Grosskommentar* Band 3/1 §§ 53a-66. Berlin, Boston: De Gruyter, 2021. pág. 16 la posibilidad de que la jurisprudencia acogiera tal tesis debe atribuirse a las teorías presentadas por la doctrina cientifica, en particular a Mülbert, Noack y, conectadas con aquellas, con anterioridad, l ejercicio de habilitación de Zöllner (ZÖLLNER, W., *Die*

En cualquier caso, el hecho de que los tribunales españoles no hayan adoptado una posición más flexible hacia los pactos universales dificulta la impugnación de acuerdos sociales ante su incumplimiento y con ello, su eficacia societaria, pero no lo hace imposible. En este sentido, aunque la causa argumentativa sea distinta, la jurisprudencia ha admitido tal impugnación cuando ha advertido que la conducta llevada a cabo superaba las limitaciones propias de las exigencias de la buena fe y de la prohibición de abuso de derecho[1117]. Así, por ejemplo, la STS 103/2016 de 25 de febrero aunque el caso sea el contrario —la impugnación de un acuerdo social adoptado en cumplimiento de un pacto parasocial pero en contravención de los estatutos—, no estimó la impugnación del acuerdo porque la conducta del recurrente, que había firmado el pacto con anterioridad, es contraria a la buena fe y vulnera la doctrina de los actos propios[1118]. También la SAP de Barcelona, sección 15.ª, 76/2016 de 31 de marzo admitió la acción de impugnación porque consideró probado por el demandante que el acuerdo aprobado en contravención del pacto omnilateral generaba un "daño potencial a los intereses sociales, entendidos como aquellos que respetan razonablemente los de la minoría, en especial cuando esa minoría constituye una parte importante del capital social", de modo que el segundo párrafo del artículo 204.1 LSC, en la práctica, facilitaría la defensa ante acuerdos abusivos por la ampliación expresa del concepto interés social[1119]. Más recientemente y a riesgo de posteriores recursos, la

Schranken mitgliedschaftlicher Stimmrechtsmacht bei den privatrechtlichen Personenverbänden, München, Beck, 1963).

Vid. NOVAL PATO, J., *Los pactos omnilaterales... Op. Cit.* Págs. 60 y ss; MARTÍNEZ ROSADO, J., *Los pactos parasociales... Op. Cit.* págs. 175-178

1117 Se comparte aquí la posición de NOVAL PATO, J., "La jurisprudencia del Tribunal Supremo en materia de pactos omnilaterales. Comentario a la sentencia 300/2022 de 7 de abril" *RdS* n.º66, 2022 pág. 160 en relación con la posición actual del Alto Tribunal tras su sentencia de 7 de abril de 2022: "De entre las dos opciones existentes, rechazar o aceptar la oponibilidad de tales pactos, el Tribunal Supremo ha preferido seguir un camino intermedio: posicionarse con rotundidad en contra de su eficacia societaria, para luego acabar reconociéndola indirectamente en un buen número de casos con base en criterios variados y amplios y sin excluir cierta arbitrariedad en su aplicación (...) Esa indefinición final, pese a ir precedida de unas premisas claras, es fuente de incertidumbre".

1118 Un análisis de la sentencia y de la cuestión en PÉREZ MORIONES, A., "Una vez más sobre la eficacia..." *Op. Cit.* consultado en https://proview.thomsonreuters.com/

1119 Un comentario crítico a la incidencia de la nueva causa de impugnación introducida por la reforma de la LS de 31/2014, de 3 de diciembre en GALLEGO CÓRCOLES, A., "Impugnación de acuerdos sociales por abuso de mayoría e infracción de pactos parasociales omnilaterales tras la Ley 31/2014, de 3 de diciembre" *Derecho de sociedades. Revisando el derecho de sociedades de capital* (Dirs.) González Fernandez y Cohen Benchetrit, Valencia, Tirant lo Blanch, 2018 pág. pág. 1428 que lo define como una "subcategoría de acuerdos lesivos para el interés social"

sentencia del Juzgado de lo Mercantil de Barcelona, sección 12.ª, 22/2023 de 18 de abril, también consideró lesionado en el interés social "y el marco de protección del minoritario" por la adopción de un acuerdo social de la compañía sin el respeto a la mayoría prevista en el pacto omnilateral[1120] que requería de las tres cuartas partes del capital social.

Precisamente, la última de las sentencias en la argumentación del sentido del fallo concede una significación especial a un motivo esgrimido por la doctrina del Tribunal Supremo que resulta, a todas luces, criticable pero que, si lo valoran positivamente, llevará a su generalización en la práctica[1121]. Concretamente otorga relevancia al hecho de que la sociedad quede vinculada por el pacto no porque lo hayan suscrito todos los socios, sino porque lo ratifica su órgano de administración. La STS 300/2022 de 7 de abril abrió una novedosa puerta a la posible eficacia de los pactos omnilaterales firmados por la sociedad y parece que la jurisprudencia menor no es indiferente a tal supuesta excepción a la regla de la inoponibilidad[1122]. Sin embargo, si la justificación a su admisibilidad es el efectivo conocimiento por la sociedad, no termina de entenderse su negativa cuando el pacto lo hubiera suscrito la totalidad de los socios[1123]. Es paradójico que permitan a la sociedad, dentro de ciertos límites, normarse contractualmente y desviarse de la ley y de los estatutos, pero nieguen tal posibilidad a los miembros que la conforman[1124].

1120 La citada sentencia, no obstante, se refiere al pacto como "omnicomprensivo".

1121 Apuntaba la dificultad de predecir el alcance de tal excepción MARÍN DE LA BÁRCENA, F., "Pactos parasociales omnilaterales (Comentario a la Sentencia del Tribunal Supremo, Sala Primera, de 7 de abril de 2022)" pág. 3 disponible en https://www.ga-p.com/wp-content/uploads/2022/07/Pactos_parasociales_omnilaterales.pdf

1122 También la SAP Barcelona, sección 15, 1412/2022 de 3 de octubrehace hincapié en tal cuestión cuando, en relación con la falta de legitimación pasiva de la sociedad señala que "ella no es parte en el contrato ni puede verse compelida a cumplir con lo pactado en el referido contrato, por cuanto los socios lo firmaron en nombre propio, tal y como reza en el mismo, invocando el principio de relatividad de los contratos".

1123 Como afirma PAZ-ARES C., "El enforcement de los pactos..." *Op. Cit.* pág. 32 "no se sabe muy bien a qué título pasa la sociedad a ser parte".

1124 De hecho, si el motivo que subyace en tal excepción es el principio de *pacta sunt servanda*, ante la entrada de nuevos socios cabría plantearse, si se lleva tal razonamiento al extremo, si el pacto suscrito por la sociedad puede considerarse oponible pese a la fuerza del contrato entre la sociedad y los demás socios pues, rectamente, el socio que no forma parte de dicho acuerdo solo queda vinculado por la ley y los estatutos. Ello no obstante, parece que se muestra en contra GALACHO ABOLAFIO, A. F., "Derechos de socios..." *Op. Cit.* pág. 85 cuando afirma lo siguiente: "cuando la sociedad forma parte de los pactos, serían estos oponibles a esta por los efectos inter-partes que como norma general e indiscutible tienen los pactos parasociales al igual que para el resto de obligaciones surgidas de los contratos como fuente de obligaciones ante el acuerdo de las partes participantes en el mismo".

Igualmente, también debe mencionarse si la publicación del pacto omnilateral tiene incidencia de cara a su posible eficacia societaria. Aunque la doctrina científica considera, con razón, que es irrelevante toda vez que lo conocen y lo consienten todos los socios[1125], la STS 120/2020 de 20 de febrero —en un párrafo que reproduce, también, la STS 300/2022 de 7 de abril parece que vincula, en relación con un protocolo familiar, la eficacia "ad extra" mediante su publicidad a través del registro mercantil[1126]. Ello supone una aparente contradicción con la tesis que mantiene en cuanto a la independencia de la sociedad con respecto a sus miembros y el principio de relatividad de los contratos, pero si es una circunstancia que toman en consideración para que el acuerdo tenga eficacia societaria, igual que ocurre con la firma por la sociedad, tendrán que valorarlo las partes contratantes. Y lo anterior es predicable con respecto a las sociedades de responsabilidad limitada que califiquen como empresas emergentes ante la posibilidad, igual que ocurre con la empresa familiar, de que inscriban los pactos de socios ex. art. 11.2 LFEEE.

1125 Por todos, PAZ-ARES C., "El enforcement de los pactos..." *Op. Cit.* pág. 42 o FERNÁNDEZ DEL POZO, L., *El protocolo familiar... Op. Cit.* pág. 218

1126 Véase el detallado comentario de NOVAL PATO, J., "La jurisprudencia del Tribunal Supremo..." *Op. Cit.* pág. 169quien apunta en las dos sentencias citadas como el Alto Tribunal parece olvidarse de la importancia del principio de relatividad de los contratos y "opta por señalar que la sociedad puede quedar obligada por un protocolo familiar que no ha firmado, siempre que éste conste en el registro mercantil".

BIBLIOGRAFÍA

AGUAYO, J., *Las manifestaciones y garantías en el Derecho de contratos español*, Cizur Menor,Aranzadi, 2011

ALCALÁ DÍAZ, M.A., "El derecho al dividendo y sus institutos de protección" *RdS* n.º 57, 2019 Págs. 83-120

ALFARO ÁGUILA-REAL, J., "Caracteres, regulación y funcionamiento del Consejo de Administración" en *Almacén Del Derecho,* 2019 disponible en https://almacendederecho.org/caracteres-regulacion-y-funcionamiento-del-consejo-de-administracion

— Casos: transmisión de empresa y prohibición de compraventa del vendedor" en *Almacén del Derecho*, 2016 disponible en https://almacendederecho.org/casos-transmision-empresa-prohibicion-competencia-del-vendedor

— "El fundamento de la impugnabilidad ex. art. 204 LSC de los acuerdos sociales que infringen un pacto parasocial omnilateral" *Almacén del Derecho,*2023 disponible en https://almacendederecho.org/el-fundamento-de-la-impugnabilidad-ex-art-204-lsc-los-acuerdos-sociales-que-infringen-un-pacto-parasocial-omnilateral

— "Empresas familiares" en https://derechomercantilespana.blogspot.com/2011/09/las-empresas-familiares.html, 2011

— "La duración de los pactos parasociales de relación" *Almacén del Derecho*, 2018 disponible en https://almacendederecho.org/la-duracion-los-pactos-parasociales-relacion

— "La Ley *Pinta y Colorea* y los pactos parasociales: no se les ocurra convertir su compañía en una empresa emergente", 2022 disponible en https://derechomercantilespana.blogspot.com/

— "La prohibición de la unanimidad en la adopción de acuerdos sociales" en *Almacén del Derecho*, 2016 disponible en https://almacendederecho.org/la-aparente-prohibicion-la-exigencia-unanimidad-la-adopcion-acuerdos-sociales

— "La prohibición de los acuerdos restrictivos de la competencia" en *InDret Revista para el análisis del Derecho,* n.º 253, 2004 págs. 1-32 disponible en https://indret.com/wp-content/themes/indret/pdf/253_es.pdf

— "La retribución de los consejeros ejecutivos y los estatutos sociales", *Almacén del Derecho* 2018 disponible en https://almacendederecho.org/la-retribucion-los-consejeros-ejecutivos-los-estatutos-sociales

— "Las prestaciones accesorias" en *Almacén del Derecho,* 2015 disponible en https://almacendederecho.org/lecciones-las-prestaciones-accesorias

— "Los principios configuradores del tipo societario" *Almacén del Derecho*, 2017 disponible en https://almacendederecho.org/los-principios-configuradores-del-tipo-societario

— "Más sobre el ejercicio de derechos de socio por parte del cónyuge del socio casado en régimen de gananciales" 2014 disponible en https://derechomercantilespana.blogspot.com

— "Pactos parasociales para el consejo de administración" en *Almacén del Derecho*, 2017 disponible en https://almacendederecho.org/pactos-parasociales-consejo-administracion;

— "Separación ex art. 348 bis LSC y política de dividendos acordada por todos los socios: el carácter modificativo o interpretativo de la reforma de 2018" disponible en https://derechomercantilespana.blogspot.com/2019/08/separacion-ex-art-348-bis-lsc-y.html

— "La terminación por denuncia ordinaria de los contratos de 'joint venture' de duración indeterminada", en AAVV., *Realidades y tendencias del derecho en el siglo XXI*, vol. I, Bogotá, 2009 págs. 687-712

ALFARO ÁGUILA-REAL, J. y CAMPINS VARGAS, A., "Artículo 183. Representación en la junta general de la sociedad de responsabilidad limitada" *La junta general de las sociedades de capital. Comentario de los artículos 159 a 208* (Coords.) Juste Mencía y Recalde Castells, Cizur Menor, Aranzadi, 2022 págs. 422-437

ALFARO ÁGUILA-REAL, J. y MASSAGUER FUENTES, J., "Artículo 204. La impugnación de acuerdos" *Comentario de la reforma del régimen de las sociedades de capital en materia de gobierno corporativo (Ley 31/2014)*. Juste Mencía, J. (Coord.) Pamplona, 2015 págs. 155-229

ALFARO ÁGUILA-REAL, J. y SOTO-YARRITU, M., "Op. Ed. La retribución de los consejeros delegados o con funciones ejecutivas en la reforma de la LSC" en *Almacén del Derecho*, 2021 disponible en https://almacendederecho.org/op-ed-la-retribucion-de-los-consejeros-delegados-o-con-funciones-ejecutivas-en-la-reforma-de-la-lsc

ALONSO ESPINOSA, F. J., "El pacto parasocial como pacto social" *La Ley Mercantil n.º102*, 2023 consultado pág. 1-24

ALONSO LEDESMA, C., "La autonomía de la voluntad en la exclusión y separación de socios" en *RdM* n.º287, 2013 págs. 89-128

-"Pactos parasociales" en *Diccionario de Derecho de sociedades*, (Dir) Alonso Ledesma, Madrid, Iustel 2006 pág. 853-863

ALONSO RODRIGUEZ, C., "Restricción del crédito bancario y operaciones de LBO: Hacia un cambio de modelo de financiación en España" en *Revista de Derecho del Mercado de Valores* n.º17, 2015 pág. 1-26

ALONSO UREBA, A. y RONCERO SÁNCHEZ, A., "Aplicación a la transmisión de derechos de suscripción preferente del régimen de restricción a la libre transmisibilidad de las acciones" *RdS* n.º45, 2015 págs. 435-443

ÁLVAREZ CAZENAVE, C. I., "Causas legales de disolución: estado de la jurisprudencia" *Derecho de sociedades. Revisando el derecho de sociedades de capital* (Dirs.) González Fernandez y Cohen Benchetrit, Valencia, Tirant lo Blanch 2018 págs. 1589-1610

ÁLVAREZ ROYO-VILLANOVA, S., "El equity crowdfunding o financiación en masa de inversión: importancia, problemas y opciones en su regulación" *Cuadernos de Derecho y Comercio*, n.º61, 2014 págs. 13-58

— "La Ley 28/2022, de 21 de diciembre, de fomento del ecosistema de las empresas emergentes y el derecho de sociedades" *Revista de Derecho de Sociedades*, n.º67, 2023 págs. 235-238

ÁLVAREZ ROYO-VILLANOVA, S. y FERNÁNDEZ DEL POZO, L., "Una propuesta de redacción alternativa del artículo 348 bis LSC", *La Ley Mercantil*, n.º 33, 2017, pág. 1-13

AMANTEGUI, J., AZZOUZI, S. Y GARCÍA, T. "Ley 22/2014: el nuevo marco normativo del capital riesgo español" en *Anuario de Capital Riesgo* (AAVV), Madrid, Instituto de capital Riesgo, 2014 págs. 67-82

AMERSON, D. y ARMITAGE, A., "The United States", *Startup Law*, (Dir.) Andhov, Reino Unido, Edgar Elgar 2020 págs. 245-301

ANDHOV, A., "Introduction and importance of Start-Ups" *Start-up Law* (Ed.) Andhov, Reino Unido, Elgar, 2020

ANTÓN SANZ, S., "Cláusulas antidilución en operaciones de Venture Capital" *Análisis GA&P* Febrero, 2013 págs. 1-4 disponible en https://www.ga-p.com/wp-content/uploads/2018/03/clausulas-antidilucion-en-operaciones-de-venture-capital.pdf

APARICIO GONZÁLEZ, M. L., "Pactos parasociales y protocolos familiares" en *Adquisiciones de Empresas* (Dirs.) Álvarez Arjona y Carrasco Perera, Cizur Menor, Aranzadi, 2013 págs. 609-627

ARANGUREN URRIZA, F. J., "Comentario al artículo 30 LSC" en Prendes Carril, Martínez-Echevarría y García-Dueñas y Cabanas Trejo (Dirs.) *Tratado de Sociedades de Capital*, Cizur Menor, Aranzadi, 2017 págs. 205-265

ARNOLD, M, GEHRLAIN, M., HENZE, H. NOTZ, R. L. y STEFFEK, F., *Aktiengesetz.Grosskommentar* Band 3/1 §§ 53a-66. Berlin, Boston: De Gruyter, 2021.

ARRABAL PLATERO, P., *La prueba tecnológica: aportación, práctica y valoración*, Valencia, Tirant lo Blanch, 2020

ARROYO APARICIO, A., "Invenciones realizadas en el marco de una relación de empleo o de servicios ("invenciones laborales")", en: Bercovitz Rodríguez-Cano (Dir.), La nueva Ley de patentes, Pamplona, Aranzadi, 2015

— "Retribución de los administradores de las sociedades no cotizadas en los supuestos de delegación o con funciones ejecutivas" *Retribución y prestación de servicios de los administradores de sociedades* (Dir.) García-Cruces, Valencia, Tirant lo Blanch, 2018 págs. 203-234

ARRUÑADA, B., "Comentario al proyecto de ley de startups", *Apuntes Fedea*, 2022/01 págs.1-9

ARUNDALE, K., *Raising Venture Capital Finance in Europe: A Practical Guide for Business Owners, Entrepreneurships and Investors*, London, Kogan Page, 2007

ASENSI MERÁS, A., "La convocatoria de la junta general a través de la página web corporativa en las sociedades no cotizadas" *Derecho de Sociedades: los derechos del so-*

cio (Dirs.) González Fernandez y Cohen Benchetrit, Valencia, Tirant lo Blanch, 2020 págs. 647-666

ÁVILA DE LA TORRE, A., "Transferencia de conocimiento (IV): La financiación de las empresas de base tecnológica" *Propiedad intelectual y transferencia de conocimiento en universidades y centros públicos de investigación* (dirs.) Carbajo Cascón y Curto Polo, Valencia, Tirant lo Blanch, 2018 pág. 617-644

ÁVILA LAFUENTE, G., "¿"Phantom Shares"? Cómo retener el talento sin perder dinero en el intento" 2016 disponible en https://hayderecho.expansion.com/

BANSAL, R., *Your First Startup,* India, BFC Publications, 2021

BARCOZY, S. y WILKINSON, T., *Incentivising Angels A Comparative Framework of Tax Incentives for Start-Up Investors*, Singapore, Springer, 2019

BARRERO RODRÍGUEZ, E., "Constitución de la prenda de acciones nominativas no impresas ni entregadas. Comentario de la Sentencia de la Audiencia Provincial de Madrid [Sec. 28.ª] número 391/2021, de 29 de octubre" *RdM,* n.º324, 2022 págs. 329-356

BARRETT, J. W., BARRETT, R. y BUTLER, M., *Advanced Private Equity Term Sheets and Series A Documents*, New York, Law Journal Press, 2003

BARRON, E. S. y REED S, F., *Entrepreneurship law. Cases and Materials*, Nueva York, 2021

BARTHEL, D. y ALFÉREZ, A., "El mercado del capital riesgo y *private equity* en España" *Capital Riesgo (Private Equity) Aspectos Regulatorios, Mercantiles, Financieros, Fiscales y Laborales* (Dirs.) Álvarez Arjona y Erláiz Cotelo. Cizur Menor, Aranzadi, 2006

BARTLETT, J. W. *Venture capital law, business strategies, and investment planning* New York, Wiley, 1988

BEAUSANG, G. y EARLY, L., "How to bridge the valuation gap in Ireland´s thriving PE market", 2023 disponible en https://www.pinsentmasons.com/out-law/analysis/bridge-valuation-gap-in-ireland-thriving-pe-market

BELTRÁN, E. y MARTÍNEZ-FLÓREZ, A., "Reforma del Código de Comercio" en ROJO-BELTRÁN (Dirs.) *Comentario de la Ley Concursal*, Cizur Menor, Aranzadi, 2004 págs. 3102-3114

BENAVIDES VELASCO, P., "El derecho de información de los socios en las sociedades de capital" *Revista de Derecho Mercantil* n.º302, 2016 pág. 207-254

BHARGAVA, R. y HERMAN, W., *The Startup Playbook: Founder-to-Founder Advice from Two Startup Veterans,* Nueva Jersey, 2-Speed Publishing, 2020

BLAKE, T., *Successful startup. A recession-proof guide to starting, surviving & thriving in your own venture* California, New World, 2020

BLANCO SÁNCHEZ, M. J., "Convocatoria de junta general y medios de comunicación electrónicos. Exigencia de denuncia previa de los defectos de forma para la impugnación de acuerdos" *Derecho de sociedades. Cuestiones sobre órganos sociales* (Dirs.) González Fernández y Cohen Benchetrit, Valencia, Tirant lo Blanch, 2019 págs. 99-116

BLANCO SARALEGUI, J. M., "Art. 304 Derecho de preferencia" Valencia, *Comentario a la Ley de Sociedades de Capital* (Dirs.) García-Cruces y Sancho Gargallo, Tirant lo Blanch, 2021 págs 4227-4238

BLANK, S., "What´s a Startup? First Principles" disponible en https://steveblank.com/2010/01/25/whats-a-startup-first-principles/

— "Why the Lean Start-Up Changes Everything" *Harvard Business Review,* May 2013 disponible en https://hbr.org/2013/05/why-the-lean-start-up-changes-everything

BOLTEN, R. y CAMPBELL, T., *Painting with numbers: Presenting Financials and Other Numbers So People Will Understand You* Estados Unidos, 2012 Pág. 236

BONARDELL LENZANO R. y CABANAS TREJO, R., "Aportaciones no dinerarias. informe pericial (artículo 38)" en Arroyo e Irujo (Dirs.) *Comentario a la Ley de Sociedades Anónimas,* Madrid, 2001

BOQUERA MATARREDONA, J., "La dispensa de conflicto de interés a los administradores en sociedades cerradas" *Estudio de Derecho de Sociedades* (Dirs.) Embid Irujo y Nieto Carol, Valencia, Tirant lo Blanch, 2019 págs. 245-278

BOTELLA-CARRUBI, D., MAQUED-LLONGO, A. y VALERO-MOYA, A., "Financing rounds with private capital" *Financing startups. Understanding strategic risks, funding sources, and the impact of emerging technologies,* (Eds.) Lassala y Ribeiro Navarrete, Suiza, Springer, 2022

BRENES CORTÉS, J., "El derecho de separación en caso de falta de distribución de dividendos: la entrada en vigor del controvertido artículo 348 bis de la Ley de Sociedades de Capital" en *RdM* n.º 305, 2018 págs. 37-79

— "El nuevo régimen de retribución de los consejeros ejecutivos tras la reforma operada por la Ley 31/2014, de 3 de diciembre, por la que se modifica la Ley de Sociedades de Capital para la mejora del Gobierno Corporativo" en *Revista Lex Mercatoria* n.º 1, 2015 págs. 1-6

BRIGHAM, E. F. y HOUSTON, J. F., *Fundamentals of Financial Management,* Ohio, Cengage Learning, 2012

BURNS, P., *Entrepreneurship and Small Business: Start-up. Growth and Maturity* London, Bloomsbury Academic, 2011

CABALLERO, L., "Notas convertibles: así funciona la herramienta de inversión más popular del momento" disponible en https://startupxplore.com/es/blog/notas-convertibles/

CABANAS TREJO, R. y BONARDELL LEZCANO, R., "Responsabilidad de los fundadores (artículo 18)" en Arroyo e Irujo (Dirs.) *Comentario a la Ley de Sociedades Anónimas,* Madrid, Tecnos, 2001

CALAVIA MOLINERO, J. M., "sociedad holding familiar: protocolo familiar y estatutos sociales", 2010 págs. 2-5 disponible en www.icab.cat

CALBACHO LOSADA, F. et. al. *Guía jurídica sobre la empresa familiar. Vías jurídicas de prevención y gestión del conflicto en las sociedades familiares.* Cizur Menor, Aranzadi, 2016

CALVO CARAVACA, L. A., "Medidas cautelares y Arbitraje Privado Internacional" en *Diario La Ley* n.º6128, 2004

CAMISÓN ZORNOZA, C. Y RÍOS NAVARRO, A., *El protocolo familiar: metodologías y recomendaciones para su desarrollo e implantación*, Valencia, Tirant lo Blanch, 2016

CAMPINS VARGAS, A., "Dudas interpretativas del nuevo régimen de remuneración de administradores en la Ley 31/2014", 2015 disponible en https://derechomercantilespana.blogspot.com/2015/03/dudas-interpretativas-del-nuevo-regimen.html

— "El criterio del valor razonable de las participaciones no es imperativo" *Almacén del Derecho*, 2015 disponible en https://almacendederecho.org/el-criterio-del-valor-razonable-de-las-participaciones-no-es-imperativo

— "La DGRN abre la puerta a la libre fijación estatutaria del precio de las participaciones" en *Almacén del Derecho*, 2016 disponible en https://almacendederecho.org/la-dgrn-abre-la-puerta-la-libre-fijacion-estatutaria-del-precio-las-participaciones

— "Articulación contractual y régimen jurídico de los pactos de acompañamiento (cláusulas de «tag along»)" *RdS*, n.º 48, 2016 págs. 65-98

CAMPUZANO LAGUNILLO, A., "Las clases de acciones. Tipología y limitaciones" *Estudios Jurídicos sobre la Acción*. Veiga Copo (Dir.) Cizur Menor, Aranzadi, 2014, págs. 19-88

— "Artículo 93 Los derechos del socio" en ROJO-BELTRÁN (Dirs.) *Comentario de la Ley de Sociedades de Capital* vol. I, Madrid, Aranzadi, 2011 págs. 789-799

CANTA DIAZ DE GUEREÑU, J., "Ley 22/2014, más sombras que luces para el Capital Riesgo Español" en *La Ley Mercantil* n.º8, 2014

CARLOCK, R. S. y WARD, J. L., *La excelencia en la empresa familiar: El proceso de planificación para la empresa y la familia*, Barcelona, Deusto, 2010

CARNLEY, W., *Corporate Finance: principles and practice*, Estados Unidos, Foundation Press, 2005

CARRASCO PERERA, A. "La start-up en el tráfico mercantil" en *Start-Ups, emprendimiento, economía social y colaborativa. Un nuevo modelo de relaciones laborales* (Dir.) López Cumbre, L. Cizur Menor, Aranzadi, 2018 págs. 109-122

— "Manifestaciones y garantías y responsabilidad por incumplimiento" en *Adquisiciones de empresas*, Álvarez Arjona, J. M. – Carrasco Perera, A. (Dirs.) Pamplona, Aranzadi, 2013 págs. 279-358

— *Derecho de Contratos*, Cizur Menor, Aranzadi, 2010

CARTWRIGHT, J. *Misrepresentation, Mistake and Non-disclosure*, London, Sweet & Maxwell, 2012

CARUSO, M., *L´impresa innovativa. Startup e Venture Capital tra diritto e finanza*, New York, CreateSpace Independent Publishing Platform, 2019

CASILLAS, J. C, DÍAZ, C., RUS, S., y VÁZQUEZ, A., *Empresa familiar, conceptos, casos y soluciones* Madrid, Paraninfo, 2014

CAZORLA GONZÁLEZ-SERRANO, L., "¿Aumento de capital social con diferentes primas de emisión para diferentes inversores?" disponible en http://luiscazorla.

com/2017/03/aumento-de-capital-social-con-diferentes-primas-de-emision-para-diferentes-inversores/

-"Sobre la inscripción registral de cláusulas estatutarias de acompañamiento o «tag alone» en sociedades de responsabilidad limitada" en *RdS,* n.º47 2016 págs. 327-335

CAZORLA GONZÁLEZ-SERRANO, L. y NEIRA FERNÁNDEZ, P., "Pactos parasociales: una aproximación a su naturaleza y contenido básico" *Acuerdos y pactos parasociales: una visión práctica de su contenido* (Coord.) Cazorla González-Serrano, Cizur Menor, Aranzadi, 2018 págs. 23-73

CERDÁ ALBERO, F., "Artículo 350. Causas legales de exclusión de los socios" *Comentario a la Ley de Sociedades de Capital* (Dirs.) García-Cruces y Sancho Gargallo, Tirant lo Blanch, Valencia, 2021 págs. 4683-4696

CERVERA MARTÍNEZ, M., "El ejercicio del derecho de voto con arreglo a pacto parasocial" *Derecho de sociedades. Los derechos del socio,* (Dirs.) González Fernández y Cohen Benchetrit, Valencia, Tirant lo Blanch, 2020 págs. 385-408

CHINGOS, T., *Paying for Performance: A Guide to Compensation Management,* Wiley, 2002

CLEMENTE MEORO, M. E., Comentario al artículo 1124" *Comentarios al Código Civil* (Dir.) Cañizares Laso, Vol. III, Valencia, Tirant lo Blanch, 2023

COBO BERBERANA, C. y RODRÍGUEZ DE LA RÚA PUIG, C., "La sociedad inoperante" *Economist & Jurist n.º* 22, 2014 págs. 14-19

COMPANY REYNA, E., "Una visión práctica sobre las phantom shares" *Revista Española de Capital Riesgo,* n.º4/2019 págs. 51-66

COOKE, D. J., *Private equity: Law and Practice*, London, Sweet & Maxwell, 2018

CORONA, J., *Manual de la empresa familiar,* Barcelona, Deusto, 2005

COYLE, J. F. y GREEN, J. M., "The SAFE, the KISS, and the Note: A Survey of Startup Seed Financing" en *Minnesota Law Review* n.º 103 págs. 42-66

CREMADES GARCÍA, P., *Sucesión mortis causa de la empresa familiar. La alternativa de los pactos sucesorios,* Madrid, Dykinson, 2014

CREMADES, A., *Selling your startup,* Nueva Jersey, Wiley 2021

CRESPO ALLUÉ, F., "Comentario al artículo 1707" *Comentarios al Código Civil* (Dir.) Cañizares Laso, Vol. V, Valencia, Tirant lo Blanch, 2023

CUADRADO CENZUAL, J., "Modificaciones estatutarias que afectan al derecho de voto: inscribibilidad" *Derecho de Sociedades: los derechos del socio* (Dirs.) González Fernandez y Cohen Benchetrit, Valencia, Tirant lo Blanch, 2020 pág. 457-482

CUCURRUL POBLET, T., *El protocolo familiar mortis causa,* Madrid, Dykinson 2015

CUENA CASAS, M., "La contratación de plataformas intermediarias en línea" *Cuadernos de Derecho Trasnacional* vol. 12, n.º2, 2020 págs. 283-348

CUNNINGHAM, J. y PROCTOR, V., "Drafting Limited Liability Company Operating Agreements" Nueva York, Wolters Kluwer, 2016

CURTO POLO, M., "Exigencias formales y modos de retribución de los administradores de las sociedades de capital" *Retribución y prestación de servicios de los* administradores, (Dir.) García-Cruces, Valencia, Tirant lo Blanch, 2018 págs. 17-56

— «La convocatoria de la Junta General de las sociedades capitalistas mediante correo electrónico (Comentario a la Resolución de la Dirección General de Registros y del Notariado de 13 de enero de 2015 (RJ 2015, 2565))», en *RdM*, n.º 297, 2015 Págs.. 537-553

D'ALESSANDRO, C., "Patti di co-vendita (tag along e drag along)" en Revista di Diritto Civile n.º 4 2010

DA RIN, M. y HELLMANN, T., *Fundamentals of Entrepreneurial Finance*, United States, *Oxford University Press*, 2020

DAROCA VÁZQUEZ, C., "Estándares habituales en operaciones de M&A y capital riesgo. Lagunas y aspectos a profundizar" en *Diario La Ley n.º 8615*, 2015.

DE CACHAVERA, J. L., "Como hacer un pacto de socios justo para startups (Cap. 4)" disponible en https://startupxplore.com/es/blog/pacto-de-socios-justo-startup-compromisos-equipo-fundador/

— "Un pacto de socios "justo" para startups (cap. 2)" disponible en https://startupxplore.com/es/blog/como-hacer-un-pacto-de-socios-clausulas-generales-y-funcionamiento-de-la-sociedad/

DE CARRIÓN GARCÍA DE PARADA, P., "Comentario al art. 73 LCS" en Prendes Carril, Martínez-Echevarría y García-Dueñas y Cabanas Trejo (Dirs.) *Tratado de Sociedades de Capital*, Cizur Menor, Aranzadi, 2017 págs. 459-490

DE CASTRO, O., JUSTO, J. y MAYDEU OLIVARES, R., *La naturaleza del proceso emprendedor en España en el contexto internacional* Bilbao, Fundación BBVA, 2008

DE ECHAGÜE, J. A., *Fiscalidad de la empresa y del empresario*, Madrid, EOI, 2003,

DE LAS HERAS BALLEL, T., "Las plataformas de financiación participativa (*crowdfunding*) en el Proyecto de Ley de Fomento de la Financiación Empresarial: Concepto y funciones" *Revista de Derecho del Mercado de Valores*, n.º15, 2014 págs. 1-18.

DE LOS RÍOS SASTRE, S., RODRÍGUEZ GARCÍA, I. y SÁENZ-DÍEZ ROJAS, R., "El sector de capital riesgo europeo y la intervención pública: introducción a las iniciativas estatales en España" en *Anuario de Capital Riesgo*, 2015 págs. 155-204

— "Emprendedores y capital riesgo en España: el caso de Fond-ICO Global" en *Icade. Revista cuatrimestral de las Facultades de Derecho y Ciencias Económicas y Empresariales* n.º 94, 2015 págs. 31-65

DE LUCAS ANCILLO, A., GAVRILA GAVRILA, S. y CAÑERO SERRANO, J., "Emerging technologies in Financing Startups" *Financing startups. Understanding Strategic Risks, Funding Sources, and the Impact of Emerging Technologies* (Eds.) Lassala y Ribeiro-Navarrete, Suiza, Springer, 2022

DE SCHRIJVER, S., "Belgium" *Global Venture Capital Transactions: A Practical Approach* (VVAA), The Netherlands, Kluwer Law, 2004

DE TORO, J., "Auge de rondas puente" disponible en https://elreferente.es/opinion/auge-de-rondas-puente/

DE ULLOA LAPETRA, G., "El pacto de socios y las startups" en *Acuerdos y pactos parasociales: una visión práctica de su contenido,* Cazorla González-Serrano (Coord.) Cizur Menor, Aranzadi, 2018 págs. 265-321

DEEB, G., *101 Startup Lessons: An Entrepreneur's Handbook* Estados Unidos, BlogIntoBook.com, 2013

— *Startup Lessons. #102 —#202 An Entrepreneur´s Handbook,* 2015 e-book Lesson#115

DELGADO MARTÍN, J., *Investigación tecnológica y prueba digital,* Madrid, La Ley, 2018

DELGADO, L. M., "La política de resolución extrajudicial de conflictos en España" *Las medidas alternativas de resolución de conflictos (ADR) en las distintas esferas del ordenamiento jurídico* (Dir.) Chico de la Cámara, Valencia, Tirant lo Blanch, 2019 págs. 65-94

DELGADO, M. L. y ALFARO ÁGUILA-REAL, J., "Prueba del desembolso de aportaciones dinerarias a una sociedad limitada", 2013 en https://derechomercantilespana.blogspot.com/

DI RESTA, R., FORREST, B., y VINYARD, R., *The hardware startup,* Estados Unidos, O´Reilly, 2015

DÍAZ MARTÍNEZ, M., "Artículo 726. Características de las medidas cautelares" *Comentario a la Ley de Enjuiciamiento Civil.* (Dir.) Díaz Martínez, Vol. III, Valencia, Tirant lo Blanch, 2023

DÍAZ MORENO, A., "Mayorías en la sociedad anónima" en *Comentario de la reforma del régimen de las sociedades de capital en materia de gobierno corporativo* (Coord.) Juste Mencía, Madrid, 2015 págs. 131-152

DÍEZ ESTELLA, F., "El enforcement de los pactos parasociales: su oponibilidad frente a la sociedad" en *Acuerdos y pactos parasociales: una visión práctica de su contenido,* Cazorla González-Serrano (Coord.) Cizur Menor, Aranzadi, 2018

DÍEZ SOTO, C. M., "El protocolo familiar: naturaleza y eficacia jurídica" *Régimen jurídico de la empresa familiar* (Coord.) Sánchez Ruiz, Cizur Menor, Aranzadi, 2010 Págs. 141-166

DÍEZ-PICAZO, L., *Fundamentos del Derecho Civil Patrimonial. Tomo I.* Madrid, Civitas, 2007

— *Fundamentos del Derecho Civil Patrimonial. Tomo II. Las relaciones obligatorias* Madrid, Civitas, 2007

DÍEZ-PICAZO, L. y GULLÓN, A., *Sistema de Derecho Civil* vol.I. Madrid, Civitas, 2005.

DOMÍNGUEZ GARCÍA, M. A,. "La fundación de la sociedad de responsabilidad limitada: escritura y estatutos" en Rodriguez Artigas, García Villaverde, Fernández de la Gándara, Alonso Ureba, Velasco San Pedro y Esteban Velasco (Coords.) *Derecho de sociedades de responsabilidad limitada* vol. I, Madrid, 1996 págs. 147-190

DYCK, A. y ZINGALES, L., "Private Benefits of Control: An internacional Comparison" *The Journal of Finance* vol. 59, 2004 págs. 537-600

EGEA FERNÁNDEZ, J., "Protocolo familiar y pactos sucesorios" en *Indret: Revista para el Análisis del Derecho,* n.º3, 2007 pág. 1-36

EMBID IRUJO, J. M., "La técnica como condición de posibilidad del derecho de sociedades contemporáneo" *Estudios jurídicos en memoria del profesor Emilio Beltrán. Liber Amicorum.* (Coords.) Ángel Rojo y Ana Belén Campuzano, Valencia, Tirant lo Blanch, 2015 págs. 133-155

— "Lo contractual y lo organizativo en los pactos parasociales", 2022 disponible en https://www.commenda.es/rincon-de-commenda/lo-contractual-y-lo-organizativo-en-los-pactos-parasociales/

— "Las sociedades y fondos de capital-riesgo" en *RDBB* n.º22, 1986 págs. 365-380

EMPARANZA SOBEJANO, A., "Art. 86. Carácter estatutario", *Comentario a la Ley de Sociedades de Capital* (Dirs.) García-Cruces y Sancho Gargallo, Valencia, Tirant lo Blanch,2021 págs. 1219-1230

— "Art. 88 Transmisión de participaciones o de acciones con prestaciones accesorias" *Comentario a la Ley de Sociedades de Capital* (Dirs.) García-Cruces y Sancho Gargallo, Valencia, Tirant lo Blanch,2021 pág. 1237-1246

— "Art. 89. Modificación de la obligación de realizar prestaciones accesorias" *Comentario a la Ley de Sociedades de Capital* (Dirs.) García-Cruces y Sancho Gargallo, Tirant lo Blanch, Valencia, 2021 pág. 1247-1256

— "Artículo 350. Causas legales de exclusión de los socios" en ROJO-BELTRÁN (Dirs.) *Comentario de la Ley de Sociedades de Capital* vol. I, Madrid, Aranzadi, 2011 págs. 2491-2497

— "El carácter dispositivo del nuevo artículo 348 bis de la Ley de Sociedades de Capital: principales consecuencias" *RdM,* n.º315, 2020 págs.9-42

ENCISO ALONSO-MUÑUMER, M., *La responsabilidad de los fundadores como gestores del proceso fundacional*, Cizur Menor, Aranzadi, 2005

ERLÁIZ COTELO, I., "Las adquisiciones en el sector del capital riesgo" en *Adquisiciones de empresas.* Carrasco Perera y Álvarez Arjona (Dirs.) Cizur Menor, 2013 págs. 359-421

ESENMANN, T., RIES, E. y DILLARD, S., "Hypothesis-Driven Entrepreneurship: The Lean Startup" (March 9, 2012). *Harvard Business School Entrepreneurial Management Case* No. 812-095,

ESPEJO Y VALDELOMAR, J. y GRAÑÉN GARCÍA-IBARROLA, M., "Los pactos de salida, una solución a los conflictos societarios" en *Aranzadi Doctrinal* n.º5, 2012. Págs. 181-194

ESPÍN GUTIÉRREZ, C., "Sociedades de capital riesgo" en Diccionario de Derecho de Sociedades VVAA ALONSO LEDESMA, C. (Dir.) Madrid, Iustel, 2006 Págs. 1211-1218

ESQUERRA RESA, L., "La contraprestación del pacto de no competencia post-contractual en la regulación sobre remuneraciones de las entidades de crédito" en *RdBB*, n.º158, 2020 págs. 87-116

FABOZZI, F. J., *Handbook of Finance, Financial Markets and Instruments* vol. I, New Jersey, Wiley, 2008

FELD, B. y MENDELSON, F., *Venture deals*, New Jersey, Wiley, 2016

FELD, B., BLUMBERG, M. y RAMSINGHANI, M., *Startup Boards*, United States, Wiley, 2022

FELIU REY, J., *Los pactos parasociales en las sociedades de capital no cotizadas,* Madrid, Marcial Pons, 2012

FELIU REY, J., "Los pactos parasociales en las empresas de base tecnológica académicas" *La Ley Mercantil,* n.º1, 2014 págs. 85-100

FERNÁNDEZ ALÉN, J., "La Ley 22/2014 de entidades de capital-riesgo, entidades de inversión colectiva de tipo cerrado y sus sociedades gestoras" en *RdBB* n.º136, 2014 págs. 345-353

FERNÁNDEZ DE LA GÁNDARA, L., *Derecho de sociedades,* Valencia, Tirant lo Blanch, 2011

— *Derecho de sociedades* vol II, Valencia, Tirant lo Blanch, 2010

— "Pacto parasocial" *Enciclopedia Jurídica Básica,* Vol. ·, Madrid, Civitas, 1995

FERNÁNDEZ DEL POZO, L., "Acerca de la licitud de los pactos parasociales para el Consejo. La mala regulación de la cuestión en el proyectado Código Mercantil" *La Ley mercantil* n.º3, 2014

— "Las llamadas cláusulas de duelo (shoot-out clauses) y las de subasta como mecanismos estatutarios para remediar las situaciones de bloqueo societario" en *RdM* n.º 305, 2017 págs. 219-254

— "Acerca de la supuesta autonomía del contrato remuneratorio de los consejeros ejecutivos en relación con los estatutos y con el acuerdo de junta del ART. 217 LSC" en *La Ley Mercantil,* n.º 18, 2015

— "Las cláusulas estatutarias de «arrastre» («Drag-Along») o de «venta conjunta» a tercero como remedio contractual de las situaciones de bloqueo societario" en *La Ley Mercantil n38,* 2017

— "Un apunte sobre los posibles mecanismos societarios previstos en estatutos para «romper el empate» («tie-break provisions»)" en *La Ley Mercantil n35,* 2015

— *El protocolo familiar empresa familiar y publicidad registral,* Cizur Menor, Aranzadi, 2008

-*La paralización de los órganos sociales en las sociedades de capital. Estudio de sus remedios societarios y una propuesta de reforma,* Madrid, Marcial Pons, 2018

-*Las reservas atípicas. Las reservas de capital y de técnica contable en las sociedades mercantiles,* Madrid, Marcial Pons, 1999

FERNÁNDEZ PÉREZ, N., "El acuerdo de socios en las empresas de base tecnológica: pactos sociales y parasociales" *Régimen jurídico de la transferencia de resultados de investigación: De la Ley Orgánica de Universidades a la Ley de la Ciencia, la Tecnología y la Innovación* (coord.) Vargas Vasserot, Madrid, Wolters Kluwer 2012 págs. 655-682

— "La inhabilitación de las personas afectadas por la calificación en los supuestos de concurso de sociedades mercantiles" en (AAVV) *Gobierno Corporativo y crisis empresariales. II seminario Harvard-Complutense de Derecho mercantil,* Madrid, Marcial Pons, 2006

— "La licitud de cesión de derechos políticos de acciones como pacto parasocial (a propósito de la STS de 23 de octubre de 2012)" *RdS,* n.º 41, 2013 págs. 473-494

FLEISCHER, H., "The law of close corporations" *General Reports of the XIXth Congress of the International Academy of Comparative Law* (Eds.) Schauer & Verschraegen, Springer, págs. 319-350

FLEISCHER, H. y SCHNEIDER, S., "Shoot-Out Clauses in Partnerships and Close Corporations – An Approach from Comparative Law and Economic Theory" en *European Company and Financial Law Review* vol. 9, 2012

FLORES SEGURA, M., "La empresa en el Anteproyecto de Código Mercantil" en *RdM* n.º297, 2015 págs. 57-97

— "La protección de los inversores en las operaciones de crowdlending" *Revista CEF Legal,* n.º202, 2019 págs. 5-46

— "Los pactos parasociales a favor de la sociedad" *Estudios jurídicos en memoria del profesor Emilio Beltrán. Liber Amicorum.* (Coords.) Ángel Rojo y Ana Belén Campuzano, Valencia, Tirant lo Blanch, 2015 págs. 241-263.

FONTICIELLA HERNÁNDEZ, B., "Aproximación a la figura del *nominee* y los derechos del socio. Un acercamiento a esta nueva forma de inversión en el *crowdfunding* desde la perspectiva de la primera PFP que la prevé" *Derecho de Sociedades: los derechos del socio* (Dirs.) González Fernandez y Cohen Benchetrit, Valencia, Tirant lo Blanch, 2020 pág. 1203-1224

FORREST, C., "Accelerators vs. incubators: What startups need to know" 2018, disponible en https://www.techrepublic.com/article/accelerators-vs-incubators-what-startups-need-to-know/

FORTEA GORBE, J. L., "El marco procesal de la tutela judicial cautelar en los procesos arbitrales. Novedades introducidas por la Ley 11/2011, de reforma de la Ley 60/2003, de Arbitraje, y de la Ley de Enjuiciamiento Civil" en *Práctica de Tribunales,* n.º 100, 2013

FRASQUET GARCÍA, A., "La nueva propuesta de regulación del derecho de separación" *Actualidad mercantil 2020* (Dir.) Ortega Burgos, Valencia, Tirant lo Blanch, 2020 pág. 239

FUENTES SORIANO, O., "La impugnación de la prueba digital" *Tendencias actuales del derecho procesal* (VVAA), Granada, Comares 2019, págs. 277-290

FUENTES-LOJO RIUS, A., "La renuncia a la moderación de la cláusula penal" Actualidad Civil, N.º 1, Sección Derecho de los contratos / Debate jurídico, Enero-Enero 2022

GALACHO ABOLAFIO, A., "Crowdfunding y shadow banking: plataformas de financiación participativa (PFPS) y la protección de los inversores" *RdBB* n.º145, 2017 págs. 173-205

— "Derechos de socios procedentes de pactos parasociales y su oponibilidad frente a la sociedad" *Derecho de sociedades. Los derechos del socio,* (Dirs.) González Fernández y Cohen Benchetrit, Valencia, Tirant lo Blanch, 2020 págs. 79-100

GALEOTE MUÑOZ, M. P., "Los sindicatos del voto" en *Estudios jurídicos en memoria del profesor Emilio Beltrán: liber amicorum* (Coord.) Rojo Fernández Río y Campuzano Laguillo, Vol.I Valencia, Tirant lo Blanch, 2015 págs. 315-333

— *Sindicatos de voto: el control de una sociedad conjunta,* Valencia, Tirant lo Blanch, 2008

GALLEGO CÓRCOLES, A., "Impugnación de acuerdos sociales por abuso de mayoría e infracción de pactos parasociales omnilaterales tras la Ley 31/2014, de 3 de diciembre" *Derecho de sociedades. Revisando el derecho de sociedades de capital* (Dirs.) González Fernandez y Cohen Benchetrit, Valencia, Tirant lo Blanch, 2018

GALLEGO SÁNCHEZ, E., "Cese de los administradores (art. 223)" en ROJO-BELTRÁN (Dirs.) *Comentario de la Ley de Sociedades de Capital* vol. I, Madrid, 2011 págs. 1584-1589

— "La configuración estatutaria del derecho de separación por insuficiente reparto de dividendos" *RdS* n.º56, 2019 págs. 53-87

— "El consejo de administración (art. 242)" en ROJO-BELTRÁN (Dirs.) *Comentario de la Ley de Sociedades de Capital* vol. I, Madrid, Aranzadi 2011 págs. 1737-1742

— "El derecho de separación por reparto insuficiente de dividendos: la supresión o modificación del derecho por pacto estatutario" *Derecho de Sociedades: los derechos del socio* (Dirs.) González Fernandez y Cohen Benchetrit, Valencia, Tirant lo Blanch,2020 págs. 841-870

— "El derecho estatutario de salida del inversor en las sociedades de capital cerradas" *Estudios de Derecho mercantil. Liber amicorum profesor dr. Francisco Vicent Chuliá* (Dirs.) Cuñat Edo, Massaguer Fuentes, Alonso Espinosa y Gallego Sánchez, Valencia, 2013 Págs. 301-324

— "Prohibiciones (art. 213) en ROJO-BELTRÁN (Dirs.) *Comentario de la Ley de Sociedades de Capital* vol. I, Madrid, Aranzadi, 2011 pág. 1512-1525

— "Remuneración de los administradores (art. 217)" en ROJO-BELTRÁN (Dirs.) *Comentario de la Ley de Sociedades de Capital* vol. I, Madrid, 2011 págs. 1545-1555

— "Remuneración mediante entrega de acciones (art. 219)" en ROJO-BELTRÁN (Dirs.) *Comentario de la Ley de Sociedades de Capital* vol. I, Madrid, Aranzadi, 2011 págs. 1561-1567

— *Las participaciones sociales en la Sociedad de Responsabilidad Limitada,* Madrid, McGraw Hill, 1996

GALLEGO SÁNCHEZ, E. y FERNÁNDEZ PÉREZ, N., *Derecho mercantil. Parte primera,* Valencia, Tirant lo Blanch, 2019

GANDÍA PÉREZ, E., "Acciones de voto plural y *loyalty shares" RdM* n.º300, 2016 págs. 61-112

GANDÍA PÉREZ, E. y MARTÍNEZ FLOREZ, A., "Art. 392. El derecho a la cuota de liquidación" *Comentario a la Ley de Sociedades de Capital* (Dirs.) García-Cruces y Sancho Gargallo, Valencia, Tirant lo Blanch 2021 pág. 5399-5417

GARCÍA DE ENTERRÍA, J., "La mezcla de las especies: el cumplimiento de un acuerdo de socios como obligación estatutaria" *Almacén del Derecho,* 2018 disponible en https://almacendederecho.org/la-mezcla-las-especies-cumplimiento-acuerdo-socios-obligacion-estatutaria

GARCÍA DE ENTERRÍA, J. e IGLESIAS PRADA, J., "Las sociedades de capital. Las acciones y participaciones sociales. Las obligaciones (II) *Lecciones de Derecho mercantil* Uría R. y Rojo. A. Cizur Menor, Aranzadi, 2015

GARCÍA MARTÍNEZ, A., "Las cláusulas de arrastre en la doctrina de la dirección general de los registros y el notariado. (A propósito de la resolución de la DGRN de 4 de diciembre de 2017)" en *Revista de Derecho de Sociedades* núm. 53, 2018

GARCÍA MORALES, E. y JIMÉNEZ LÓPEZ, L., "¿Es compatible el artículo 348 bis LSC con las restricciones al reparto de dividendos previstas en determinados contratos de financiación?" en *Diario La Ley* n.º9150, 2018 págs. 1-13

GARCÍA PITA LASTRES, J. L. *Plataformas de financiación participativa y financial crowdfunding,* Valencia, Tirant lo Blanch 2016

GARCÍA VICENTE, J. R., "Competencia para acordar la remuneración y límites materiales y modales" *Retribución y prestación de servicios de los* administradores, (Dir.) García-Cruces, Valencia, 2018 págs. 57-96

— "Inhabilitación" en BELTRÁN – GARCÍA-CRUCES (Dirs.) *Enciclopedia de Derecho Concursal,* Cizur Menor, Aranzadi, 2012

GARCÍA VIDAL, A., "Consecuencias societarias del incumplimiento de pactos parasociales" *El Derecho de sociedades y de cooperativas: nuevos retos en su configuración y en la gestión de los administradores* (Dir.) Emparanza Sobejano, Madrid, Marcial Pons, 2019 págs. 85-133

— "La transferencia de tecnología en el marco de la transmisión de empresa" en *Adquisiciones de empresas.* Carrasco Perera y Álvarez Arjona (Dirs.) Cizur Menor, 2013 págs. 461-522

GARCÍA-CRUCES, J. A., "La prestación de otros servicios por los administradores sociales y su remuneración" *Retribución y prestación de servicios de los administradores de sociedades* (Dir.) García-Cruces, Valencia, Tirant lo Blanch, 2018 págs. 237-282

— "Disposiciones generales sobre las sociedades mercantiles" en *Hacia un nuevo código mercantil* (Dir.) Bercovitz Rodríguez-Cano, Cizur Menor, 2014 págs. 139-169

— "La prestación de otros servicios por los administradores sociales y su remuneración" en *RdM* n.º309, 2018 págs.153-191

GARCÍA VILLAVERDE, R., *La exclusión de socios. Causas legales.* Madrid, RDU, 1977

GARDOT, C. y PIERSON, C., "How to Save a Deal: Trends in Negotiating M&A Deal Financials in a World Ever More Full of Uncertainty" *International In-house Counsel Journal* vol.14 n.º 55, 2021

GARRIDO DE PALMA, V., "La sociedad familiar. Etapas de su evolución y modificaciones estructurales" *Modificaciones estructurales y reestructuración empresarial* (Coord.) Garrido de Palma, Valencia, Tirant lo Blanch, 2011 págs. 157-183

GARRIGUES, J., "Sindicatos de accionistas" Conferencia pronunciada en la Academia Matritense del Notariado el día 16 de enero de 1951 Consultado en: http://www.cnotarial-madrid.org/

— *Comentario a la ley de sociedades anónimas*, vol. I, Madrid, 1976

— *Curso de Derecho mercantil.* Tomo I, Madrid, 1955

GAY QUINZÁ, I. y JIMÉNEZ MARTÍ, J., "Los pactos de socios y su oponibilidad" *Actualidad. Derecho mercantil* 2023, Valencia, Tirant lo Blanch, 2023 Págs. 89-103

GERMAIN, M. Y MAGNIER, V., *Traité de droit des affaires. Vol. II Les societés commerciales,* París, LGDJ, 2022

GIL, S., "Planes de compensación para startups", 2018 disponible en https://medium.com/jme-venture-capital/planes-de-compensaci%C3%B3n-para-startups-df8e234a889b

GILI SALDAÑA, M. A., "Compraventa de acciones: causa del contrato y remedios frente al incumplimiento de las manifestaciones y garantías" en *Indret* n.º 2, 2010 págs. 1-20

GIMENO BEVIÁ, V., "Análisis del marco jurídico de las startup tras el Proyecto de Ley de fomento del ecosistema de las empresas emergentes" *Anuario de Capital Riesgo* 2021, pág. 153-171

— El complemento a la convocatoria de la junta general y la doctrina de los actos propios (Comentario a la STS de 24 de noviembre de 2016)" en *RdS* n.º50 págs. 295-323

— "El régimen jurídico del socio fundador en las start-ups" *Derecho de Sociedades: los derechos del socio* (Dirs.) González Fernandez y Cohen Benchetrit, Valencia, Tirant lo Blanch, 2020 pág. 1267-1284

— "Las causas contractuales de separación y exclusión del socio en las startups. La "buena" y la "mala" salida" *El derecho de separación y la exclusión de socios en la sociedades de* capital (Dir.) González Fernández, Tirant lo Blanch, Valencia, 2021 pág. 308

— "Los acuerdos de exclusividad en los procesos de adquisición de empresas" en *RdM* n.º304, 2017 págs. 269-294

— "Los pactos de organización en los acuerdos sociales de las *startup"* en *Los acuerdos sociales* (Dir.) Belén González, Valencia, Tirant lo Blanch, 2023, pág. 849-878

— "Los programas de *compliance* como manifestación del deber de diligencia de los administradores" en *Revista de Derecho de Sociedades* n.º552, 2019

-Las condiciones en el contrato de compraventa de empresa Cizur Menor, Aranzadi, 2017

GIMENO RIBES, M., "Aproximación a la naturaleza jurídica del Crowdfunding" *RdM,* n.º310, 2014 págs. 451-489

— "Garantías y responsabilidades en las transmisiones de PYMES" *en La compraventa y otras formas de transmisión de pequeñas y medianas empresas,* Hernando Cebrià (Coord.) Barcelona, Bosch, 2014 págs. 207-248

GIMENO SENDRA, V., *Derecho Procesal Civil I. El proceso de declaración. Parte General.* Madrid, Castillo de Luna, 2015

— *Derecho procesal civil II. Los procesos especiales,* Madrid, Colex,2012

GIUDICI, P., AGSTNER, P. y CAPIZZI, A., "The Corporate Design of Investments in Startups: A European Experience" *ECGI Working Paper Series in Law* Working Paper N° 662/2022, 2022 págs. 1-38

GLOVER, S. I. y WASSERMAN C. M., *Partenrships, Joint Ventures & Strategic Alliances* Nueva York, Law Journal, 2003

GOMÁ LIZÓN, I., "Comentario de la sentencia del Tribunal Supremo de 13 de septiembre de 2016 (530/2016) Moderación judicial de la pena en caso de desproporción. Actos propios" Biblioteca BOE, 2016. Págs. 71-86

GÓMEZ MENDOZA, M., "Fundador (concepto y ventajas particulares)" en *Diccionario de Derecho de Sociedades*, (Dir.) Alonso-Ledesma, Madrid, Iustel, 2006 págs. 629-633

— "Derechos especiales de fundadores y promotores" en Alonso Ureba (Coord.) *Derecho de sociedades anónimas (en homenaje al profesor José Girón Tena)* vol. I Madrid, 1991 pág. 799-834

GÓMEZ POMAR, F., "El incumplimiento contractual en Derecho español" *InDret Revista para el análisis del Derecho* 3/2007 págs. 1-49

GÓMEZ POMAR, F. y GILI SALDAÑA, M., "Las manifestaciones y garantías en los contratos de compraventa de empresas" en *Manual de Fusiones y Adquisiciones de empresas.* Sebastián Quetglás, R. (Dir.) Madrid, La Ley, 2016 págs. 417-445

GONZÁLEZ ASTURIANO, A. G., "¿Qué es el *option pool* en una *startup?*" en http://www.gonzalezasturiano.com/que-es-el-option-pool-en-una-startup/

GONZÁLEZ CABRERA, I., "La relevancia de los pactos parasociales en el equity crowdfunding" *Derecho de Sociedades: los derechos del socio* (Dirs.) González Fernandez y Cohen Benchetrit, Valencia, Tirant lo Blanch, 2020 págs. 1181-1202

GONZÁLEZ CABRERA, I. y FONTICIELLA HERNÁNDEZ, B., "Crowdfunding y la protección del inversor no acreditado" *La Ley Mercantil* n.º49, 2018 págs. 1-18

GONZÁLEZ DE GREGORIO MOLINA, J. I., *La sindicación de acciones,* Valencia, Tirant lo Blanch, 2015

GONZÁLEZ FERNÁNDEZ, M. B., "El socio administrador que compite con su sociedad. Una propuesta de interpretación finalista de las prohibiciones de voto" *RdS* n.º 56, 2019

GORDON, J., "What is Piggyback Registration", 2022 disponible en https://thebusinessprofessor.com/en_US/business-transactions/piggyback-registration-definition

GORDON, J. N y RINGE, W. *The Oxford Handbook of Corporate Law and Governance* Oxford University Press, Reino Unido, 2018

GUERREIRO, L., "el marco fiscal del capital-riesgo español" en *Anuario de Capital Riesgo,* Madrid, 2015 págs. 51-68

GUERRERO LEBRÓN, M. J., "El art. 348 bis LSC como mecanismo de protección del socio externo ante una gestión desleal del grupo" *RdS* n.º54, 2018 págs. 69-97

GUERRERO TREVIJANO, C., "De nuevo sobre la retribución de los consejeros ejecutivos: comentario a las resoluciones de la DGRN de 31 de octubre (RJ 2018, 4846), 8 de noviembre (RJ 2018, 4863) y 12 de diciembre de 2018 (RJ 2018, 5624)" *RdS* n.º 56, 2019 págs. 321-331

GUERRERO TRVIJANO, C., "Viejos y nuevos problemas en la regulación de la retribución de los consejeros en sociedades cerradas" *RdBB* n.º146, 2017 págs. 143-176

GUERRERO, C., "Como redactar una cláusula lock-up en un pacto de socios" en www.emprenderalia.com

HALT Jr. G. B., DONCH Jr. J. C., STILES, A. R., FRESNAK, R., *Intellectual Property and Financing Strategies for Technology Startups,* (e-book), 2017

HARROCH, R.D., GLOVER, S. I., LOW, L. B., *Counseling Start-up and Emerging Companies,* Law Journal Seminars, 2001

HILL, C. A. y SOLOMON, S. D., *Research Handbook on Mergers and Acquisitions,* Estados Unidos, Elgar, 2016

IANNOTA, G., *Investment banking. A guide to underwriting and advisory services* Heidelberg, Springer, 2010

IGLESIAS HURTADO, S. y VALENZUELA PÁRRAGA M.J., "Comentario al art. 68 LSC" en Prendes Carril, Martínez-Echevarría y García-Dueñas y Cabanas Trejo (Dirs.) *Tratado de Sociedades de Capital,* Cizur Menor, Aranzadi 2017. Págs. 433-458

IGLESIAS PRADA, J. L y GARCÍA DE ENTERRÍA, J., "Los órganos de las sociedades de capital" en Menéndez-Rojo (Dirs.) *Lecciones de Derecho Mercantil* vol. I, Cizur Menor, Aranzadi, 2014

— "Lección 24. La modificación de los estatutos sociales. Aumento y reducción del capital social. Separación y exclusión de socios" en Menéndez-Rojo (Dirs.) *Lecciones de Derecho Mercantil* vol. I, Cizur Menor, Aranzadi, 2014

IRÁCULIS ARREGUI, N., "Alcance de la supresión o modificación estatutaria del derecho de separación por falta de distribución de beneficios como dividendo y reconocimiento del derecho de separación a favor del socio discrepante" *RdS* n.º60, 2020 Págs. 185-224

— "La remuneración del consejero ejecutivo: una lectura integradora de los artículos 217 y 249 de la Ley de Sociedades de Capital" *RdM* n.º 311, 2019 págs. 297-344

IRIBARREN BLANCO, M., "Casos: El marido desconfiado: Asignación mortis causa del ejercicio del voto en la junta a persona distinta del socio en una sociedad limitada" en *Almacén del Derecho,*2015 disponible en https://almacendederecho.org/caso-practico-el-marido-desconfiado-asignacion-mortis-causa-del-ejercicio-del-voto-en-la-junta-a-persona-distinta-del-socio-en-una-sociedad-limitada

— "Pactos parasociales para toda la vida (de la sociedad) y denuncia ad nutum" *Almacén del Derecho,* 2023 disponible en https://almacendederecho.org/pactos-parasociales-para-toda-la-vida-de-la-sociedad-y-denuncia-ad-nutum

— "Pactos parasociales y cambios de socios. (Una visión dinámica de los pactos parasociales)" *RdS* n.º 53, 2018 págs. 79-108

JENKS, L. H., "Railroads as an Economic Force in American Development" *The Journal of Economic History* Vol. 4 N.º 1, 1994 págs. 1-20

JESCH, T. A., *Private-Equity-Beteiligungen: wirtschaftliche, rechtliche und steuerliche Rahmenbedingungen aus Investorensicht* Berlin, Springer, 2004

JORQUERA GARCÍA, L., "Cláusula estatutaria para celebrar Juntas de socios por escrito y sin sesión" en *Diario la Ley* n.º 9398, 2019

— "La convocatoria de la junta de socios por medios electrónicos", 2020 disponible en https://www.notariosyregistradores.com/web/secciones/oficina-notarial/otros-temas/la-convocatoria-de-la-junta-de-socios-por-medios-electronicos/#_ftn3

JUAN GÓMEZ, M. C., "Eficacia ad extra de los pactos parasociales. ¿Realidad o ficción?" *Diario La Ley*, No 8578, Julio de 2015 págs. 1-21

JUSTE MENCÍA, J., "Mayorías en la sociedad de responsabilidad limitada (art. 198)" en ROJO-BELTRÁN (Dirs.) *Comentario de la Ley de Sociedades de Capital* vol. I, Madrid, Aranzadi, 2011 págs. 1389-1392

— "Mayorías en la sociedad anónima (art. 200) en ROJO-BELTRÁN (Dirs.) *Comentario de la Ley de Sociedades de Capital* vol. I, Madrid, 2011 págs. 1396-1398

— "Art. 217 Retribución de administradores" *Comentario a la Ley de Sociedades de Capital* (Dirs.) García-Cruces y Sancho Gargallo, Tirant lo Blanch, Valencia, 2021 págs. 3020-3040

— "Art. 220. Prestación de servicios de los administradores *Comentario a la Ley de Sociedades de Capital* (Dirs.) García-Cruces y Sancho Gargallo, Tirant lo Blanch, Valencia, 2021 págs. 3057-3062

— "La empresa familiar ante el nuevo derecho de separación por falta de reparto de dividendos" 2011, disponible en https://www.ga-p.com/wp-content/uploads/2018/03/la_empresa_familiar_ante_el_nuevo_derecho_de_separacion_por_falta_de_reparto_de_dividendos.pdf

— "Los vehículos de inversión y sus sociedades gestoras" *Capital Riesgo (Private Equity) Aspectos Regulatorios, Mercantiles, Financieros, Fiscales y Laborales* (Dirs.) Álvarez Arjona y Erláiz Cotelo. Cizur Menor, Aranzadi, 2006

— "Régimen de imperatividad y dispensa" en *Comentario de la reforma del régimen de las sociedades de capital en materia de gobierno corporativo* (Coord.) Juste Mencía, Madrid, Cizur Menor,2015 págs. 413-425

— *Los Derechos de Minoría en la Sociedad Anónima*, Aranzadi, Cizur Menor, 1995

KLASS, G., *Contract Law in the USA,* New York, Wolters Kluwer, 2010

KOESTER, E., *What Every Engineer Should Know About Starting a High-Tech Business Venture*, Estados Unidos, CRC Press 2009

KRAAKMAN, R. et.al. *The Anatomy of Corporate Law. A Comparative and Functional Approach.*, Reino Unido, Oxford University Press, 2017

LA CASA, R., "La responsabilidad solidaria (art. 73)" en ROJO-BELTRÁN (Dirs.) *Comentario de la Ley de Sociedades de Capital*, Madrid, Aranzadi, 2011 vol.I págs. 667-674

— "La responsabilidad por las aportaciones no dinerarias (art. 77)" en ROJO-BELTRÁN (Dirs.) *Comentario de la Ley de Sociedades de Capital*, Madrid, Aranzadi, 2011 vol.I págs. 691-696

LAGOS RODRIGUEZ B., *Responsabilidad por aportaciones no dinerarias en la sociedad limitada* Cizur Menor, Aranzadi, 2017

LANDSTROM H y.MASON C. M., *Handbook of Research on Business Angels* Reino Unido, Elgar, 2016

LARA GONZÁLEZ, R., "Aspectos societarios de la actividad de capital riesgo" en *Revista Jurídica de Navarra* n.º33, 2002 págs. 81-114

— "La transmisión del derecho de preferencia (art. 306)" en ROJO-BELTRÁN (Dirs.) *Comentario de la Ley de Sociedades de Capital* vol. I, Madrid, Aranzadi, 2011 págs. 2261-2265

LARDIES NOGALES, S. y VEGAS VICENTE, L., "El artículo 348 bis de la ley de sociedades de capital en las estructuras de inversión de capital riesgo" en *Actualidad Mercantil 2018* Ortega Burgos Dir.), Valencia, Tirant lo Blanch, 2018.

LARS, A., *Venture Capital in German and U.S Difference and the Influence of Culture* Hamburg, Diplom, 2009

LEÓN SANZ, F. J., "Remuneración de los administradores" en *Comentario de la reforma del régimen de las sociedades de capital en materia de gobierno corporativo* (Coord.) Juste Mencía, Madrid, Aranzadi, 2015 págs. 273-291

— "Remuneración vinculada a las acciones de la sociedad" en *Comentario de la reforma del régimen de las sociedades de capital en materia de gobierno corporativo* (Coord.) Juste Mencía, Madrid, Aranzadi, 2015 págs. 301-310

LEÓN TOVAR, S. H. ,*Pactos de socios de la sociedad anónima,* Méjico, Tirant lo Blanch, 2017

LEVIN, J. S., *Structuring Venture Capital, Private Equity, and Entrepreneurial Transactions* New York, Wolters Kluwer, 2003

LINDBERG, V., *Intellectual Property and Open* Source, Estados Unidos, O´Reily 2008

LIPPER, A. y RYAN, G., *Venture's Guide to Investing in Private Companies: A Financing Manual for the Entrepreneurial Investor*, Estados Unidos, Dow Jones-Irwin, 1984

LÖHER, J., "Motive del Zusammenarbeit zwischen etabliertem Mittelstand und Startups"*Corporate-Startup-Partnerschaften. Innovation durch Kollaboration* (Hrsg.) Weber und Elz, Alemania, Springer, 2022

LOUREIRO, G. R., MAKHIJA, A. K. y ZHANG, D., "The Ruse of a One-Dollar CEO Salary" *Fisher College of Business Working Paper No. 2011-03-007* págs. 1-52

LUCEÑO OLIVA, J. L. y GUERRERO CAMACHO, E., "Los mecanismos contractuales para evitar las situaciones de bloqueo en las *joint ventures* o sociedades conjuntas. Un análisis de posibles cláusulas-tipo" en *Diario La Ley* n.º8610, 2015 págs. 1-11

MACHADO, J. "Ventajas de los fundadores de las sociedades anónimas (27 LSC)" en ROJO-BELTRÁN (Dirs.) *Comentario de la Ley de Sociedades de Capital* vol. I, Madrid, 2011 págs. 381-386

MADRIDEJOS FERNÁNDEZ, A., "La inoponibilidad de los pactos parasociales frente a la sociedad: comentario a la sentencia del Tribunal Supremo de 6 de marzo de 2009", *Cuadernos de derecho y comercio,* n.º 53, 2010, págs. 291-303

MÁLAGA DIÉGUEZ, F. y MORALES MATA, E., "Medidas cautelares inaudita parte. Incumplimiento de un acuerdo confidencial de un proceso de *due diligence"* en *2014 Práctica contenciosa para abogados.* AAVV Madrid, 2014

MÄNTYSAARI, P., *The Law of Corporate Finance: General Principles and EU Law* vol. III Heidelberg, Springer, 2010

MANYÁ, R. y PERALTA, I., "Los derechos de liquidación preferente en start-ups" en *Mon jurídic. Revista del l´llustre Col.legi de l´Advocacia de Barcelona* n.º 341, 2022 págs. 56-57

MARÍN DE LA BÁRCENA, F., "La retribución de los consejeros ejecutivos (Comentario de la Sentencia del Tribunal Supremo de 26 de febrero de 2018)" *RdM* n.º309, 2018 págs.769-790

— "Pactos parasociales omnilaterales (Comentario a la Sentencia del Tribunal Supremo, Sala Primera, de 7 de abril de 2022)" 3 disponible en https://www.ga-p.com/wp-content/uploads/2022/07/Pactos_parasociales_omnilaterales.pdf

MARINA TUÑÓN, A., "«Los derechos al dividendo y de separación a la luz del art. 348 bis de la Ley de Sociedades de Capital: una revisión general»" en *RdS* n.º 49, 2017 págs. 27-60

MAROÑO GARGALLO, M.ª, "El concepto de inventor en el derecho de patentes y los sistemas de inteligencia artificial" *Cuadernos de Derecho Trasnacional* vol.12, N.º 2, 2020 págs. 510-526

MARQUÉS MOSQUERA, C., "Comentario al artículo 32 LSC" en Prendes Carril, Martínez-Echevarría y García-Dueñas y Cabanas Trejo (Dirs.) *Tratado de Sociedades de Capital,* Cizur Menor, 2017 págs. 267-321

— "Comentario al artículo 36 LSC" *en* Prendes Carril, Martínez-Echevarría y García-Dueñas y Cabanas Trejo (Dirs.) *Tratado de Sociedades de Capital,* Cizur Menor, Aranzadi,2017 págs. 267-321

— "Comentario al artículo 38 LSC" en Prendes Carril, Martínez-Echevarría y García-Dueñas y Cabanas Trejo (Dirs.) *Tratado de Sociedades de Capital,* Cizur Menor, Aranzadi,2017 págs. 267-321

MARQUÉS TRIAY, B., "Las acciones fantasma o phantom shares: un breve estudio jurídico sobre la participación virtual en el capital social" *La Ley Mercantil* n.º 56, 2019 págs. 1-22

MARROQUÍN MOCHALES, F. y DE DIEGO MISIEGO, I., "Cláusula estatutaria sobre restricciones a la transmisibilidad de participaciones sociales" en *RdS* n.º26, 2006 págs. 375-379

MARTÍN ARESTI, P., *Prestación de servicios o de obra del administrador y deber de lealtad (art. 220 LSC)* Valencia, Tirant lo Blanch, 2019

MARTÍNEZ ECHEZÁRRAGA, J., *Empresas familiares. Retos al destino,* Buenos Aires, Granica, 2010

MARTÍNEZ GARCÍA, P. y GARCÍA ORTEGA, J. G., *Business Angels* La Coruña, Netbiblio. 2010

MARTÍNEZ ROSADO, J., *Los pactos parasociales,* Madrid, Marcial Pons, 2017

MARTÍNEZ-ECHEVARRÍA GARCÍA DUEÑAS, A., "Las Sociedades Gestoras de Entidades de Capital-Riesgo: su ámbito operativo y sus funciones" *El Capital Riesgo: Su Operativa* (Dir.) Martínez-Echevarría Dueñas. Cizur Menor, Aranzadi, 2012.

MARTÍNEZ-ECHEVARRÍA GARCÍA DUEÑAS, A. y DEL CASTILLO IONOV, R. "Las plataformas de financiación participativa como operadores de capital-riesgo informal. Problemas causados por la información asimétrica en el análisis de riesgos y retribución del equipo gestor" en *Anuario de Capital Riesgo*, Madrid, 2017 págs. 279-299

McKASKILL, T., *An Introduction to Angel Investing* Australia, 2009

MENÉNDEZ MENÉNDEZ, A., "Los pactos de sindicación para el órgano administrativo de la sociedad anónima" en *Estudios de Derecho Mercantil en homenaje a Rodrigo Uría*, Madrid, Civitas, 1978 págs. 353-380

MENÉNDEZ MENÉNDEZ, G. "Conflictos de interés en el sector del capital riesgo en España y en el Reino Unido" *Revista Española de Capital Riesgo*, 2010 págs. 43-52

MESTRE, R., "El valor del services for equity para las startups", 2022 consultado en https://www.aktionlegal.com/el-valor-del-services-for-equity-para-las-startups/

METRIK, A. y YASUDA, A., *Venture Capital & The Finance of Innovation*, New Jersey, John Wiley & Sons, 2021

MILLER, E. L., *Lifecycle of a Technology Company. Step by step legal background and practical guide from startup to scale* Nueva Jersey, Wiley, 2008

MILLER, R. L. y JENTZ, G., *Fundamentals of Business Law: Excerpted Cases* Ohio, Southwestern College, 2010

MIQUEL GONZÁLEZ DE AUDICANA, J.M., *La duración de los pactos parasociales,* Tirant lo Blanch, Valencia, 2022

MIQUEL RODRÍGUEZ, J., "RDGRyN 28-1-2012: el siempre interesante tema de la valoración de las participaciones" *Mercantilistas sin ánimo de lucro*, 2012 disponible en https://merchantadventurer.wordpress.com/2012/02/20/rdgryn-28-1-2012-el-siempre-interesante-tema-de-la-valoracion-de-las-participaciones/

MIRANDA RIBERA, E., "La validez y oponibilidad de los pactos parasociales en las cooperativas" *CIRIEC-España, Revista Jurídica de Economía Social y Cooperativa*, no 38, 2021 págs. 261-289

MIRANDA, D., "Especial YC: El uso de SAFEs en España", 2021 disponible en https://www.kfund.vc/post/especial-yc-el-uso-de-safes-en-espana

— "International series A round", 2018 disponible en https://www.accio.gencat.cat/web/.content/bancconeixement/documents/altres-publicacions/series-a-finance-rounds.pdf

— "La cláusula de *liquidation preference* en las operaciones de venture capital" 2018 disponible en https://www.osborneclarke.com/es/insights/la-clausula-de-liquidation-preference-en-las-operaciones-de-venture-capital

— "Los derechos antidilución en rondas de financiación dilutivas o down-rounds", 2019 disponible en https://www.osborneclarke.com/es/insights/los-derechos-de-anti-dilucion-en-rondas-de-financiacion-dilutivas-o-rounds

MOCK, S., "Germany" *International Handbook on Shareholders' Agreements* (eds.) Mock, Csach and Havel, Berlín, DeGruyter, 2018 páfs. 289-317

MOCK, S., CSACH, K., Y HAVEL, B., "Shareholders agreement between Corporate and Contract Law" *International Handbook on Shareholders' Agreements* (eds.) Mock, Csach and Havel, Berlín, 2018 págs. 15-59

MONTERO GARCÍA-NOBLEJAS, P., *Las opciones sobre acciones como sistema de retribución de administradores de sociedades anónimas cotizadas*, Madrid, La Ley, 2009

MORALEJO MENÉNDEZ, I., "Adquisiciones derivativas permitidas (art. 140)" en ROJO-BELTRÁN (Dirs.) *Comentario de la Ley de Sociedades de Capital* vol. I, Madrid, Aranzadi, 2011 págs. 1081-1087

MORALES BARCELÓ, J., "Pactos parasociales vs. Estatutos sociales: eficacia jurídica e impugnación de acuerdos sociales por su infracción" *RdS* n.º 42, 2014 págs. 169-193

MORE, M., "CEO, CFO, CIO, COO y otras siglas de altos cargos" 2022 disponible en https://www.iebschool.com/blog/ceo-cfo-cio-cto-digital-business/

MORENO SERRANO, E., "Configuración jurídica del Crowdfunding como forma alternativa de financiación" *Crowdfunding: Aspectos legales* (Coords.) Moreno Serrano y Cazorla González-Serrano, Cizur Menor, Aranzadi, 2016

MORENO UTRILLA, D., *La sindicación de bloqueo en las sociedades* anónimas, Valencia, Tirant lo Blanch, 2015

MORO-VISCONTI, R., *Augmented Corporate Valuation. From Digital Networking to ESG Compliance,* Suiza, Springer, 2022

MORRAL SOLDEVILA, R., "Ventajas de los fundadores (artículo 11)" en Arroyo e Irujo (Dirs.) *Comentario a la Ley de Sociedades Anónimas*, Madrid, Tecnos, 2001

MOYA BALLESTER, J., "El derecho de salida *ad nutum* y la valoración de las participaciones" en Estudios de Derecho Mercantil. Liber Amicorum Profesor Dr. Francisco Vicent Chulià. Valencia, Tirant lo Blanch, 2013 págs. 439-451

— "El derecho de separación por sustitución del objeto social" *RdS*, n.º38, 2012 págs. 411-424.

MUÑOZ CERVERA, M., "La exclusión de socios por incumplimiento de prestaciones accesorias y los pactos parasociales" *El derecho de separación y la exclusión de socios en las sociedades de* capital (Dir.) González Fernández, Tirant lo Blanch, Valencia, 2021 págs. 1393-1444

MUÑOZ DELGADO, C., *Copropiedad de participaciones sociales y acciones. La comunidad hereditaria y la sociedad legal de gananciales,* Valencia, Tirant lo Blanch, 2018

MUÑOZ PÉREZ, A. F., "Crowdfunding en Europa; entre la fragmentación y la unidad de mercado" *Revista de Derecho del Mercado de Valores,* n.º22, 2018 págs. 1-25

— *El Proceso de Liquidación en la Sociedad Anónima*, Cizur Menor, Aranzadi, 2002

NADKARNI, S., *From Startup to Exit,* Estados Unidos, Harper Colllins, 2021

NAVARRO FAURE, A., "La transferencia de la investigación y el emprendimiento: la fiscalidad de las "startups" y las empresas de base tecnológica" *La fiscalidad del emprendimiento* (Dir.) Varona Alabern, Cizur Menor, Aranzadi, 2018 págs. 441-471

NAVARRO FRÍAS, I., "Conflicto de interés y retribuciones externas" *Almacen del Derecho,* 2022 disponible en https://almacendederecho.org/conflicto-de-interes-y-retribuciones-externas

NESHEIM, J. L., *High tech startup. The complete handbook for creating succesful new high tech companies* Nueva York, Free Press, 2000

NGUYEN-DUC, A., MÜNCH, J., PRIKLANDNICKI, R., WANG, X. Y ABRAHAMSSON, P., *Fundamentals of software startups,* Suiza, Springer, 2020

NIETO DELGADO, C., "Medidas cautelares en el ámbito societario" Medidas cautelares y diligencias preliminares en el ámbito civil (Coord.) García Marrero, Cizur Menor, Aranzadi, 2021 págs. 433-486

NIJS, L., *Mezzanine Financing: Tools, Applications and Total Performance*, United Kingdom, Wiley, 2014

NOACK, U., *Gesellschaftervereinbarungen bei Kapitalgesellschaften*, Tübingen, Verlag, 1994,

NOVAL PATO, J., "La jurisprudencia del Tribunal Supremo en materia de pactos omnilaterales. Comentario a la sentencia 300/2022 de 7 de abril" *RdS* n.º66, 2022 págs. 147-178

— "Los pactos parasociales" *Estudios de Derecho de Sociedades* (Dirs.) Embid Irujo y Nieto Carol, Valencia, Tirant lo Blanch, 2019 págs. 93-124

— "Principios básicos de la regulación del *equity crowdfunding*" *RdM* n.º310, 2018 págs.161-203

— *Los pactos omnilaterales: su oponibilidad a la sociedad* Cizur Menor, Aranzadi, 2012

O'REGAN, G., Introduction to the history of computing, Suiza, Springer, 2016

OLAVARRIA IGLESIA, J., "Las empresas de base tecnológica universitarias (EBTs): su marco jurídico universitario" en *Libro homenaje al profesor Ubaldo Nieto De Alba* (Dir.) Nieto Carol, vol II Valencia, Tirant lo Blanch, 2020 págs. 19-56

OLIVENCIA, M., "Quórum y mayorías en las sociedades de capital. A propósito del artículo 11.bis.2 de la Ley de Arbitraje" *Liber Amicorum Juan Luis Iglesias* (Coord.) García de Enterría, Cizur Menor, Aranzadi, 2014 págs. 799-817

ORTELLS RAMOS, M., *Las medidas cautelares*, Madrid, La Ley, 2000

ORTUÑO BAEZA, M., "La aprobación de cuentas (art. 272)" en ROJO-BELTRÁN (Dirs.), *Comentario de la Ley de Sociedades de Capital,* Madrid, Aranzadi,2011, II págs. 2021-2030

OTERO LASTRES, J.M., "Las ventajas particulares en la fundación de la Sociedad Anónima" en *Revista de Derecho Mercantil* n.º147,148, 1978 págs.7-50

PAGAMICI, B. *Start-Up Innovativa,* Milano, Ipsoa, 2018

PALÁ LAGUNA, R., "Nuevo régimen para las plataformas de financiación participativas no armonizadas" Octubre, 2022 disponible en https://www.ga-p.com/publicaciones/nuevo-regimen-para-las-plataformas-de-financiacion-participativas-no-armonizadas/

PANTALEÓN, F., "Las nuevas bases de la responsabilidad contractual", *Anuario de Derecho civil,* 1993. Págs. 1719-1746

PAPADOPOULOS, K. "Dual-Class Shares: Governance Risks and Company Performance" 2019, disponible en https://corpgov.law.harvard.edu/2019/06/28/dual-class-shares-governance-risks-and-company-performance/

PAREDES GALEGO, C., "Sobre la admisibilidad en Derecho español de las cláusulas de indemnización por terminación ("break-up fees") en supuestos de ofertas públicas de adquisición", *RdM* n.º 249, 2003.

PARKER, D., "Startup board compensation (what should you pay? equity or cash?)" 2021 disponible en https://www.dkparker.com/startup-board-compensation/

PARRA LUCÁN, M.ª A., "Art. 132 Prenda de participaciones o de acciones" *Comentario a la Ley de Sociedades de Capital* (Dirs.) García-Cruces y Sancho Gargallo, Tirant lo Blanch, Valencia, 2021 págs. 1849-1874

PASCUAL MALDONADO, J., "La junta de socios por escrito y sin sesión" en *Almacén del Derecho*, 2020 disponible en https://almacendederecho.org/la-junta-de-socios-por-escrito-y-sin-sesion

PASTOR I VICENT, M., "Los pactos parasociales. Eficacia inter partes y frente a la sociedad" *Revista Jurídica de la Comunidad Valenciana,* n.º47 págs. 29-74

PAZ-ARES, C., "Comentario al artículo 1681 del Código Civil" en *Comentario del Código Civil vol. II,* Ministerio de Justicia, Madrid, Ministerio de justicia, 1991.

— "El *enforcement* de los pactos parasociales" *Actualidad Jurídica Uría & Menéndez* n.º5, 2003 págs. 19-44

— "La anomalía de la retribución externa de los administradores" *InDret* 1/2014 págs. 1-53

— "La denuncia ad nutum de los contratos de duración indeterminada: entre el derecho dispositivo y el derecho imperativo" *Liber Amicorum Juan Luis Iglesias,* Cizur Menor, Aranzadi, 2014 págs. 839-867

— "*Perseverare diabolicum* (A propósito de la STS 26-II-2018 y la retribución de los consejeros" *InDret* 2/2018 págs. 1-52

— "Fundamento de la prohibición de los pactos de voto para el consejo" en *InDret* Revista para el análisis del Derecho, 2010 pág. 4

— "Identidad y diferencia del consejero dominical" *Estudios sobre órganos de las sociedades de capital: liber amicorum, Fernando Rodríguez Artigas, Gaudencio Esteban Velasco.* (Coords.) Juste Mencía y Espín Gutiérrez. Vol II, Cizur Menor, Aranzadi, 2017págs. 39-191

— "La cuestión de validez de los pactos parasociales" *Revista Actualidad Jurídica Número 30, Homenaje al profesor D. Juan Luis Iglesias Prada / Extraordinario-2011* págs. 252-256

— "Violación de pactos, impugnación de acuerdos y principio de no contradicción" *RdM* n.º325, 2022 págs. 9-86

PEINADO GRACIA, J. I., "Derecho de sociedades no analógico. Reflexiones sobre las medidas de excepción en materia de sociedades mercantiles" *La Ley Mercantil* n.º 69, 2020

PEÑAS MOYANO, M. J., "Modificación de la obligación de realizar prestaciones accesorias (art. 89)" en ROJO-BELTRÁN (Dirs.) *Comentario de la Ley de Sociedades de Capital* vol. I, Madrid, Aranzadi, 2011 págs. 756-762

— "Carácter estatutario (art. 86)" en ROJO-BELTRÁN (Dirs.) *Comentario de la Ley de Sociedades de Capital* vol. I, Madrid, 2011 págs. 735-741

— "La valoración de las aportaciones no dinerarias en la sociedad anónima (art. 70)" n en ROJO-BELTRÁN (Dirs.) *Comentario de la Ley de Sociedades de Capital*, Madrid, Aranzadi, 2011 vol.I págs. 650-653

— "Transmisión de participaciones o acciones con prestaciones accesorias (art. 88)" en ROJO-BELTRÁN (Dirs.) *Comentario de la Ley de Sociedades de Capital* vol. I, Madrid, Aranzadi, 2011 págs. 749-755

— *Las prestaciones accesorias en la sociedad anónima,* Cizur Menor, Aranzadi, 1996

— "Prestaciones accesorias" en *Diccionario de Derecho de Sociedades*, (Dir.) Alonso-Ledesma, Madrid, 2006 págs. 920-924

PERALES VISCASILLAS, M. P., *El Derecho de separación del socio en las sociedades de capital* La Ley, Madrid, 2001

PERDICES HUETOS, A. "Cláusulas estatutarias prohibidas (art. 108)" en ROJO-BELTRÁN (Dirs.) *Comentario de la Ley de Sociedades de Capital* vol. I, Madrid, Aranzadi,2011 págs. 893-899

— "Comentario a la RDGRN de 15 de noviembre de 2016 sobre determinación estatutaria del valor de participaciones (RJ 2016, 6056)" *RdS* n.º 49, 2017 págs. 227-238

— "Lecciones: validez, eficacia y oponibilidad de los pactos parasociales en una cáscara de nuez" *Almacén del Derecho,* 2016 disponible en https://almacendederecho.org/lecciones-validez-eficacia-y-oponibilidad-de-los-pactos-parasociales-en-una-cascara-de-nuez

— "Llévame contigo (Las cláusulas de venta conjunta de acciones y participaciones)" en *Almacén del Derecho*, 2016 disponible en http://almacendederecho.org/lecciones-tag-along

— "Pactos parasociales omnilaterales y los grandes expresos europeos" en *Almacén Del Derecho,* 2016 disponible en https://almacendederecho.org/pactos-parasociales-omnilaterales-y-los-grandes-expresos-europeos

— "Régimen de la transmisión mortis causa (artículo 110)" en ROJO-BELTRÁN (Dirs.) *Comentario de la Ley de Sociedades de Capital* vol. I, Madrid, Aranzadi, 2011 págs. 905-912

Cláusulas restrictivas de la transmisión de acciones y participaciones, Cizur Menor, Aranzadi, 1997

PERDICES HUETOS, A. y GANDÍA PÉREZ, E., "Pactos de socios reservados, ocultos y relativos" *Almacén del Derecho,* 2015 disponible en https://almacendederecho.org/pactos-de-socios-reservados-ocultos-y-relativos

PÉREZ CARRILLO, E., "Fondos de Capital Riesgo Europeos y Fondos de Emprendimiento Social Europeos. Reformas recientes y perspectivas de próximas modificaciones de su régimen jurídico en la Unión Europea" en *Revista Española de Capital Riesgo,* n.º 5 2017, págs. 51-68

PÉREZ DE LA CRUZ, A., "La fundación cualificada (ventajas de los fundadores o promotores y aportaciones "in natura")" en (AAVV) *La Reforma del Derecho Español de Sociedades de Capital,* Madrid, Civitas, 1987

-"Propiedad industrial e intelectual (II). Invenciones y creaciones técnicas. Creaciones intelectuales", *Curso de Derecho Mercantil vol. I,* Uría, R. y Menéndez, A. Civitas, Cizur Menor, 2006 págs. 439-465

PÉREZ MILLÁN, D., "La inscripción de la prestación accesoria de cumplimiento de un protocolo familiar" Comentario de la Resolución de la Dirección General de los Registros y del Notariado de 26 de junio de 2018 (RJ 2018, 3648)" en *RdM* n.º311, 2019 págs. 477-502

— "Pactos parasociales con terceros" *Documentos de Trabajo del Departamento de Derecho Mercantil,* n.º 42, 2011 págs. 1-21

— "Pactos parasociales y prestaciones accesorias" *Estudios de Derecho mercantil y derecho tributario: Derechos de los socios en las sociedades de capital, consumidores y productos financieros y financiación de empresas en el nuevo marco tecnológico* (Coords.) Hernández González-Barreda y Muñoz Martínez, Cizur Menor, Aranzadi, 2019 págs. 105-130

— "Presupuestos y fundamento jurídico de la impugnación de acuerdos sociales por incumplimiento de pactos parasociales" *RdBB* n.º117, 2010 págs. 231-260

— "Sobre los pactos parasociales. Comentario a la STS 1.ª de 19 de diciembre de 2007 (RJ 2007, 9043)" *RdS* n.º31, 2008 págs. 383-396

PÉREZ MORIONES, A., "Impugnación de acuerdos sociales y pactos parasociales omnilaterales" *Estudios de Derecho mercantil. Liber Amicorum Profesor Dr. Francisco Vicent Chulià* (Dirs.) Cuñat Edo, Massaguer, Alonso Espinosa y Gallego Sánchez, Valencia, Tirant lo Blanch, 2013 págs. 581-598

— "La necesaria revisión de la eficacia de los pactos parasociales omnilaterales o de todos los socios" *Estudios de Deusto,*vol. 61/2, 2013 págs. 261-293

— "Una vez más sobre la eficacia de los pactos parasociales tras la STS de 25 de febrero de 2016" *Revista Doctrinal Aranzadi Civil-Mercantil n.º*5, 2016 págs. 167-179

— *Los sindicatos de voto para la junta general de la sociedad anónima*, Valencia, Tirant lo Blanch, 1996

PÉREZ RODRÍGUEZ, A. M., *La exclusión de socios en sociedades de responsabilidad limitada,* Cizur Menor, Aranzadi, 2013

PFEIFFER, C., *Game Theory. Succesful negotiation in purchaising*, Wiesbaden, Springer, 2023

PLANA PALUZIE, A., "Cláusula de rescate o enriquecimiento injusto o de mejor fortuna en pactos de socios", 2016 disponible en http://www.leyesyjurisprudencia.com/

— "Cláusula pay to play en venture capital y su uso para el alineamiento de los intereses", 2021 disponible en http://www.leyesyjurisprudencia.com/2021/01/clausula-pay-to-play-en-venture-capital.html

POLAND, R. S. y BUCKI, L. A., *Founder's Pocket Guide: Stock Options and Equity Compensation,* Estados Unidos, 1x1, 2018

PORFIRIO CARPIO, L. J., "Convocatoria de junta general de socios por correo electrónico: a propósito de dos recientes Resoluciones de la Dirección General de los Registros y del Notariado" 2015 disponible en http://www.adalteabogados.com/convocatoria-de-junta-general-de-socios-por-correo-electronico-a-proposito-de-dos-recientes-resoluciones-de-la-direccion-general-de-los-registros-y-del-notariado/

PRIDE, J., *Unicorn Tears. Why startups fail and how to avoid it,* Australia, Wiley 2018

PROVERBIO, D., *I patti parasociali. Disciplina, prassi e modelli contrattualli,* Milán, Ipsoa, 2010

PUCA, A., *Early stage valuation,* Estados Unidos, Wiley 2020.

QUIJANO GONZÁEZ, J., "Responsabilidades derivadas del proceso fundacional" en *Derecho de sociedades anónimas. I La fundación* Alonso Ureba, Duque Domínguez, Esteban Velasco, García Villaverde y Sánchez Calero (Dirs.) Madrid, Civitas, 1991, págs. 413-456

— "La acción social de responsabilidad (art. 238 LSC) *Comentario de la Ley de Sociedades de Capital,* ROJO-BELTRÁN (dirs.) Aranzadi, Madrid, 2011 págs. 1708-1715

RAJAN, N., *Startup vs Business,* India, 2018

RAMÍREZ, J., *Handbook of Corporate Equity Derivates and Equity Capital Markets,* Reino Unido, Wiley, 2011

RECALDE CASTELLS, A., "Artículo 25. "Modificación de la obligación de realizar prestaciones accesorias" *Comentario a la Ley de Sociedades* Anónimas (Coords.) Ignacio Arroyo, José Miguel Embid y Carlos Górriz, Madrid, Tecnos, 2009

— "Asistencia, representación y voto (art. 190)" en *Comentario de la reforma del régimen de las sociedades de capital en materia De gobierno corporativo (Ley 31/2014).* Juste Mencía, J. (Coord.) Pamplona, 2015 págs. 67-88

— "Transmisión de participaciones con prestación accesoria (art. 24), en *Comentarios a la Ley de sociedades de responsabilidad limitada* (coords). Arroyo Martínez, Embid Irujo y Górriz López Madrid, Tecnos, 2009

RECALDE CASTELLS, A. y ARIAS VARONA, J., Art. 123. Restricciones a la transmisibilidad" *Comentario a la Ley de Sociedades de Capital* (Dirs.) García-Cruces y Sancho Gargallo, Tirant lo Blanch, Valencia, 2021 págs. 1717-1748

RECONDO PORRÚA, R., *Estructura y dinámica del mercado de capital riesgo,* Valencia, Tirant lo Blanch, 2023

— *Esquemas de iniciación al Capital Riesgo,* Valencia, Tirant lo Blanch, 2016

REDA, J. F., REIFLER, S. y STEVENS, M. J., *The Compensation Committee Handbook* Nueva Jersey, Wiley, 2014

REDONDO TRIGO, F., "Las restricciones a la libre transmisibilidad de acciones en las adquisiciones indirectas", en *Revista Crítica de Derecho Inmobiliario,* n.º 726, julio 2011 págs. 2371-2397

REGGIARDO DENEGRI, A., "Los mecanismos de salida de las inversiones en el mercado de capital privado (private equity) y la experiencia peruana" en *Advocatus* n.º 125 págs. 181-192

RIES, E., *The Lean Startup* New York, Crown Currency, 2011

ROBERTS, R., *Acceleration* Estados Unidos, Lioncrest 2019

ROBINETT, J., *Crack the Funding Code. How Investors Think and What They Need to Hear to Fund your Startup,* Estados Unidos, Amacom, 2019

ROBLES GARZÓN, J. A., "La ejecución *in natura*", 2015 disponible en https://riuma.uma.es/

RODRÍGUEZ ARTIGAS, F., "Instituciones de inversión colectiva (sociedades y fondos de inversión)" en *RdBB* n.º35, 1989 págs. 527-576

RODRÍGUEZ MARTÍNEZ, I., "El servicio de mediación electrónica de las plataformas de financiación participativas" *RdBB* n.º149, 2018 págs. 219-254

— "Las Sociedades de Capital-Riesgo y su operativa" *El Capital Riesgo: Su Operativa* (Dir.) Martínez-Echevarría Dueñas. Cizur Menor, Aranzadi, 2012

RODRÍGUEZ TAPIA, J. M., "Comentario al artículo 1153" *Código Civil Comentado.* (Dirs.) Cañizares Laso, De Pablo Contreras, Orduña Moreno y Vapuesta Fernández, Cizur Menor, Aranzadi, 2013 págs. 326-332

ROJÍ, J. M., FERRERAS, P., DONADEU, G., FRAU, M., PRADA, J. y VALENTÍN, A., "El uso de medios tecnológicos en las sociedades de capital no cotizadas. Mecanismos prácticos para la continuidad de la vida societaria durante el estado de alarma", 2020 disponible en https://cms.law/es/esp/publication/covid-19-guia-sobre-el-uso-de-medios-tecnologicos-en-sociedades-no-cotizadas-y-mecanismos-practicos-para-la-continuidad-de-la-vida-societaria

ROJO ÁLVAREZ-MANZANEDA, R., *El derecho de separación por falta de distribución de dividendos*, Madrid, Marcial Pons, 2020

ROJO, A., "La escritura de constitución (art. 21)" en ROJO-BELTRÁN (Dirs.) *Comentario de la Ley de Sociedades de Capital* vol. I, Madrid, 2011 pág. 333-342

RONCERO SÁNCHEZ, A., "Retribución de los consejeros ejecutivos. Adecuación de la retribución y deberes de actuación de los administradores" en *Derecho de Sociedades. Revisando el derecho de sociedades de capital* (Dirs.) González Fernández y Cohen Benchetrit, Valencia, Tirant lo Blanch, 2018 págs. 1061-1092

RONCERO SÁNCHEZ, A. Y PEINADO GRACIA, J. I., "Otro ejemplo de Derecho inútil: el emprendedor de responsabilidad limitada" en *La Ley Mercantil* n.º 22, febrero 2016

ROOKSBY, J. H., *Research Handbook on Intellectual Property and Technology Transfer*, Reino Unido, Elgar, 2020

ROSE, D. S., *The startup checklist. 25 steps to a Scalable, High-Growth Business* Nueva Jersey, Wiley, 2016

RUIPEREZ, R., "Hablemos de las OPV, ¿grandes oportunidades? 2019 disponible en https://www.fellowfunders.es/blog/2019/11/21/opv-grandes-oportunidades/

RUIZ MUÑOZ, M., "Nuevo régimen jurídico de la retribución de los administradores de las sociedades de capital" *RdS* n.º46, 2016 págs. 53-130

SACRISTÁN REPRESA, M., "Concepto y número mínimo de fundadores. La sociedad unipersonal" en *Derecho de sociedades anónimas. I La fundación* Alonso Ureba, Duque Domínguez, Esteban Velasco, García Villaverde y Sánchez Calero (Dirs.) Madrid, Civitas, 1991 pág. 457-518

SÁEZ LACAVE, M. I., "*Barbari ad portas:* la prohibición de la retribución externa como arma defensiva" *InDret* 2/2022 págs. 28-75

— "Deber legal de presentación a inscripción (art. 32)" en ROJO-BELTRÁN (Dirs.) *Comentario de la Ley de Sociedades de Capital* vol. I, Madrid, Aranzadi, 2011 págs. 417-420

— "Responsabilidad de la sociedad inscrita (art. 38)" en ROJO-BELTRÁN (Dirs.) *Comentario de la Ley de Sociedades de Capital* vol. I, Madrid, Aranzadi, 2011 págs. 445-451

— "Responsabilidad de quienes hubieran actuado (art. 36)" en ROJO-BELTRÁN (Dirs.) *Comentario de la Ley de Sociedades de Capital* vol. I, Madrid, Aranzadi, 2011 págs. 432-439

— "Los pactos parasociales de todos los socios en Derecho español: Una materia en manos de los jueces" *Indret: Revista para el Análisis del Derecho*, n.º3, 2009 págs. 1-31

SÁEZ LACAVE, M. I. y BERMEJO GUTIÉRREZ, N., "Inversiones específicas, oportunismo y contrato de sociedad (a vueltas con los pactos de tag– y de drag-lalong)" en *Revista de Derecho de Sociedades* n.º 28, 2007

SALELLES CLIMENT, J. R., "Adopción de acuerdos por el consejo de administración en la sociedad anónima (art. 248)"en ROJO-BELTRÁN (Dirs.) *Comentario de la Ley de Sociedades de Capital* vol. I, Madrid, Aranzadi, 2011 págs. 1787-1794

— "Organización y funcionamiento del consejo de administración (art. 245)" en ROJO-BELTRÁN (Dirs.) *Comentario de la Ley de Sociedades de Capital* vol. I, Madrid, Aranzadi, 2011 págs. 1765-1775

SÁNCHEZ ÁLVAREZ, M. M., "Primer comentario del artículo 348 bis.4 LSC (Dividendos y derecho de separación del socio de la sociedad dominante) en *La Ley Mercantil* n.º 55, 2019 págs. 1-18

SÁNCHEZ ANDRÉS, A., "Las llamadas Stock Options y las fórmulas mágicas de la Ciencia Jurídica" en *Derecho de sociedades: libro homenaje al profesor Fernando Sánchez Calero*, Madrid, McGraw Hill, 2002 págs. 1485-1540

— "Para un catálogo de problemas mayores en materia de protección de los partícipes de un fondo de inversión" *La protección de los partícipes de los fondos de inversión* (AAVV) Madrid, KPMG/Moreno-Luque, 1997

SÁNCHEZ CALERO, F., *La junta general en las sociedades de capital,* Cizur Menor, Aranzadi, 2007

— *Los administradores en las sociedades de capital,* Cizur Menor, Aranzadi, 2007

SÁNCHEZ MONJO, M., "FCRE: los fondos de inversión más eficientes para venture capital" 2019, disponible en https://www.elreferente.es/tecnologicos/fcre-opinion-33716

SÁNCHEZ PACHÓN, L. A., "Responsabilidad de los fundadores (art. 30)" en ROJO-BELTRÁN (Dirs.) *Comentario de la Ley de Sociedades de Capital* vol. I, Madrid, Aranzadi, 2011 págs. 405-413

SÁNCHEZ RUIZ, M., "Estatutos sociales y pactos parasociales en sociedades familiares" *Régimen jurídico de la empresa familiar* (Coord.) Sánchez Ruiz, Cizur Menor, Aranzadi. 2010 págs. 43-74

SÁNCHEZ-CALERO GUILARTE, J., "Notas en relación a las situaciones de competencia entre la sociedad y sus directivos" en *Actas del primer Congreso argentino-español,* 2003 disponible en https://eprints.ucm.es/id/eprint/5997/1/Notas_competencia.pdf págs. 27-37

SANCHO GARGALLO, I., "Art. 183. Representación voluntaria en la junta general de la sociedad de responsabilidad limitada" *Comentario a la Ley de Sociedades de Capital* (Dirs.) García-Cruces y Sancho Gargallo, Tirant lo Blanch, Valencia, 2021 pág. 2603-2612

SAPHIRO, D., "Founders Should Give Their Stock Back: Why Vesting is in Your Startup's Best Interest" 2012 disponible en https://pando.com/2012/04/26/founders-should-give-their-stock-back-why-vesting-is-in-your-startups-best-interest/

SARAZÁ JIMENA, R., Art. 107. Régimen de la transmisión voluntaria por actos inter vivos" *Comentario a la Ley de Sociedades de Capital* (Dirs.) García-Cruces y Sancho Gargallo, Tirant lo Blanch, Valencia, 2021 pág. 1483-1506

— "Art. 125. Transmisiones forzosas" *Comentario a la Ley de Sociedades de Capital* (Dirs.) García-Cruces y Sancho Gargallo, Tirant lo Blanch, Valencia, 2021 págs. 1767-1774

— "Art. 94. Diversidad de Derechos" *Comentario a la Ley de Sociedades de Capital* (Dirs.) García-Cruces y Sancho Gargallo, Tirant lo Blanch, Valencia, 2021 págs. 1343-1360

— "Art. 96. Prohibiciones en materia de privilegio" *Comentario a la Ley de Sociedades de Capital* (Dirs.) García-Cruces y Sancho Gargallo, Tirant lo Blanch, Valencia, 2021 pág. 1377

SAY, J. B., *A Treatise on Political Economy,* Philadelphia, 1880

SCHEELA, W., ISIDRO, E. JITTRAPANUN, I. y THI THU TRANG, N. "Formal and informal venture capital investing in emerging economies in Southeast Asia" *Asia Pacific Journal of Management* vol 32, 2015 págs. 597-617

SCHMIDT, D., *Entrepreneur's choice between Venture Capitalist and Business Angel for Start-Up Financing* Hamburg, Anchor Academic Publishing, 2014

SCHNEDLER, J., *Startup Recht,* Heidelberg, O´Reily, 2020

SCHÖN, A. *Schuldrechtliche Gesellschaftervereinbarungen in der Gesellschaft mit beschränkter Haftung unter besonderer Berücksichtigung der Rechtsnachfolge,* e-book, Nomos, 2018

SCHUMPETER, J. A., *The theory of economic development,* New Brunswick, 1934.

SECO BENEDICTO, M., *Capital riesgo y financiación de pymes,* EOI, 2008

MASON, M., "Informal Sources of Venture Finance", 2006 págs. 1-53 disponible en https://strathprints.strath.ac.uk/15925/1/Informal_Sources_of_Venture_Finance.doc.

SEIFERT, R. W., LELEUX, B.F. y TUCCI, C. L., *Nurturing Science-based Ventures,* Suiza, Springer, 2008

SEQUEIRA, M. "Acordos Parassociais e mecanismos indiretos de controlo" en *Accionistas e Governaçao das Sociedades* (Coord.) Paulo Câmara, Coimbra, Almedina, 2019 págs. 171-193

SERRA CALLEJO, J., "Validez y eficacia de los pactos parasociales: un enfoque sistemático" *Revista CEFLegal* n.º249, 2921 págs. 5-46

SERRANO ACITORES, A., «*Leveraged buyouts*»: el sistema contractual de las adquisiciones apalancadas de empresas por operadores de capital riesgo, Cizur Menor, Aranzadi, 2013

— "Mecanismos para solucionar un bloqueo societario en una sociedad de capital" *Revista Lex Mercatoria* n.º1, 2015 págs. 83-87

— "El contrato de socios y su relación con los estatutos sociales en el contexto de una compraventa de empresa" *Anuario Jurídico Villanueva,* n.º9, 2015 págs. 21-68

SHALMAN, W.A., "Structure of Venture-Capital organizations" en *Journal of Financial Economics* n.º27, 1990 págs. 473-521

SHELTERS, D., *Start-up guide for the technopreneur financial planning, decision making, and negotiating from incubation to exit,* Singapore, Wiley, 2013

SILVA MORAIS, S. C., *Acordos Parassociais: restrições em matéria de administração das sociedades,* Coimbra, Almedina, 2014

SILVA SANCHEZ, M.J. y SAMBEAT SASTRE, J. M. "Análisis y crítica del artículo 348 bis de la Ley de Sociedades de Capital" *Diario La Ley* n.º7844, 2012 págs. 1-16

SINGH, J., *The startup playbook*, India, 2023

SKALA, A., *Digital Startups in Transistion Economies,* Suiza, Springer, 2019

SLEE, R. T., *Private Capital Markets*, Nueva Jersey, Wiley, 2011

SMITH, G. C., *Start-up & Emerging Companies. Planning, Financing and Operating the Successful Business,* Nueva York, Law Journal Press, 2003

SOLANS CHAMORRO, L., "Contratos entre socios y *startups.* Aspectos prácticos", *Actualidad Jurídica Uría Menéndez*, 52, 2019 págs. 36-52

SOLER PRESAS, A., "La pretensión de cumplimiento específico" *Almacén del Derecho,* 2022 disponible en https://almacendederecho.org/la-pretension-de-cumplimiento-especifico

SONI, N., *The startup gold mine. How to tap the hidden innovation agendas of large companies to fund and grow your business,* Estados Unidos, McGraw Hill, 2018

SOODEK, C., *Birth to buyout: Law for the Life Cycle of your Business* Chicago, Profit and Laws, 2013

SOTILLO MARTÍ, A., "Unanimidad o mayoría para la incorporación a los estatutos sociales de cláusulas de acompañamiento y de arrastre en la transmisión de acciones o participaciones" en *Revista Española de Capital Riesgo,* n.º1, 2021 págs. 5-23

SPRAGUE, J., *Revitalizing US Electronics,* Stoneham, Butterworth-Heinemann, 1993

STILTON, A., *Sale of Shares and Businesses. Law, Practice and Agreements*, London, Sweet & Maxwell, 2011

TAPIA HERMIDA, A., "La gestión y custodia de los Hedge Funds" *Régimen Jurídico y Económico de los <<Hedge Funds>>* Rico Arévalo (Dir.) Cizur Menor, Aranzadi, 2008

TAULLI, T., *How to Create the Next Facebook: Seeing Your Startup Through, from Idea to IPO* New York, Apress, 2012

TECH, R. P. G., *Financing High-Tech Startups. Using Productive Signaling to Efficently Overcome the Liability of Complexity,* Suiza, Springer, 2018

TORTUERO ORTIZ, J., "El contrato de compraventa de acciones" *Manual de fusiones y adquisiciones de empresas* (Dir.) Rafael Sebastián Quetglás, Madrid, Wolters Kluwer, 2016 págs. 341-386

TREITEL, G. H., *The Law of Contract*, London, Sweet & Maxwell, 1995

TUCCI, A., "Contratti parasociali e trust nel mercato finanziario" *Tratatto dei contratti* (Dirs) Pietro Rescigno y Enrico Gabrielli, Torino, Utet, 2011 pág. 1061-1125

URÍA, R., *Derecho mercantil*, Madrid, Marcial Pons, 1996

URÍA, R., MENÉNDEZ, A. y GARCÍA DE ENTERRÍA, J., "La sociedad anónima: fundación" en Uría-Menéndez (Dirs.) *Curso de Derecho mercantil* vol I. Madrid, Civitas, 1999

VALLESPÍN PÉREZ, D., "La conveniencia de incorporar nuevas formas de tutela judicial en orden a conseguir un proceso civil más eficaz" actas del IV Congreso Gallego de Derecho Procesal (I Internacional). 2012, Disponible en https://ruc.udc.es/ págs. 691-701

VALMAÑA CABANES, A., "Prestación accesoria y protocolo familiar: cuando se entrelaza lo social con lo parasocial" *Cont4bl3,* n.º LXX, 2019 págs. 37-41

— *El régimen jurídico del protocolo* familiar, Granada, Comares, 2014

VÁZQUEZ CUETO, J. C., *Régimen Juridico de la autocartera,* Madrid, Marcial Pons, 1995

VÁZQUEZ LEPINETTE, T., *Aspectos contractuales de las startups,* Valencia, Tirant lo Blanch, 2023.

VEIGA COPO, A., "Sociedades de familia en el derecho comparado" (AAVV) en *Empresas de familia: estrategias de éxito y permanencia: cómo acrecentar y cuidar el patrimonio,* Bogotá, Editorial Universidad del Rosario, 2010 págs. 17-29

VELASCO, J. J., "¿Qué es una nota convertible y por qué es interesante para una startup", 2020 disponible en https://www.kewlona.es/2020/04/nota-convertible-que-es-y-como-funciona/#Aspectos_basicos_de_una_nota_convertible

— "¿Qué son las cláusulas de liquidación preferente?" 2018 disponible en https://www.kewlona.es/2018/08/liquidacion-preferente-que-es/;

— "Algunas reflexiones sobre el salario de los fundadores de una startup", 2018 disponible en https://www.kewlona.es/2018/11/salario-de-los-fundadores-startup/

VENTURA, P., "Nos inventamos un nuevo tipo de Liquidation Preference: el Kolchon" 2017 disponible en www.blog.kfund.vc

VENUVINOD, P. K., *Techonology, Innovation and Entrepreneurship,* createspace independent publishing platform, 2011

VERONA MARTEL, M. C., GARCÍA CARDONA, M. y DÉNIZ MAYOR, J. J., "¿Son los business angels la solución a los problemas de financiación de las empresas en las primeras etapas de su vida?" *Criterio Libre, 11* 2018, págs. 171-194

VICENT CHULIÁ, F., *Compendio crítico de Derecho mercantil.* Vol. I Barcelona, Bosch, 1991

— "El secretario del consejo como abogado externo" en *Estudios sobre órganos de las sociedades de capital. Liber Amicorum Fernando Rodríguez Artigas y Gaudencio Esteban Velasco.* (AAVV) vol. II, Cizur Menor, Aranzadi, 2019 págs. 193-212

— *Introducción al Derecho Mercantil,* Valencia, Tirant lo Blanch, 2022

VIERA GONZÁLEZ, A. J., *Las sociedades de capital cerradas. Un problema de relaciones entre los tipos SA y SRL*, Cizur Menor, Aranzadi, 2002

— "Las sociedades cerradas durante el estado de alarma" en *La Ley Mercantil* n.º 68, 2020

— "Modificaciones estructurales y restricciones a la transmisión de acciones y participaciones de una sociedad de capital cerrada integrada por personas jurídicas" *La Ley Mercantil* n.º 38, 2017

— "Derecho de separación (SA y SRL)" *Diccionario de Derecho de Sociedades* Alonso Ledesma, C. (Dir.) Iustel, Madrid, 2006 p. 490-504

VILATA MENADAS, S., "A vueltas con el derecho al dividendo" en *La Ley Mercantil* n.º 40, 2017 págs.1-12

VILLANUEVA GARCÍA-POMAREDA, B., "Las restricciones a la libre transmisibilidad de las acciones y su relación con los principios configuradores de la sociedad anónima" en *RDBB* n.º131, 2013 págs. 35-59

VINAGERAS P., "La protección jurídica de las *start-ups"* 2013 disponible en https://www.garrigues.com/sites/default/files/docs/La_proteccion_juridica_de_las_startups._P._Vinageras_0.pdf

VINICIOS CRUZ, L., *Assimetria de Informaçoes em Investimentos Para Startups: Um estudo segundo a análise económica do Direito*, Brasil, Expert, 2023

VINTANEL CORZÁN, L. y SÁNCHEZ SÁNCHEZ, J., "Herramientas para el cumplimiento de los pactos parasociales. Especial referencia a las prestaciones accesorias y a la resolución de la Dirección General de los Registros y del Notariado de 26 de junio de 2018" *Actualidad Mercantil 2020* (Dir.) Ortega Burgos, Valencia, Tirant lo Blanch, 2020

VOZIKIS, G. S., MESCON, T. S., FELDMAN, H. D. y LIGUORI, E. W., *Entrepreneurship: Venture Initiation, Management and Development,* New York, Routledge, 2014

WASSERMAN, N., *The Founder's Dilemmas: Anticipating and Avoiding the Pitfalls That Can Sink,* Nueva Jersey, Princeton University Press, 2012

WISE, S. y FELD, B., *Startup Opportunities,* New Jersey, Wiley, 2015

YANES YANES, P., *Comentario a la Ley de Sociedades Profesionales,* Valencia, Tirant lo Blanch, 2007

YATES, G. y HINCHLIFFE, M., *A practical guide to private equity transacions* Cambridge University Press, Reino Unido, 2010

ZARZALEJOS TOLEDANO, I., "Derecho de separación en caso de falta de distribución de dividendos" en *La Ley Mercantil* n.º16, 2015 págs. 1-13

ZHANG, Y., et. al. *Financing from masses, Crowdfunding in China,* Singapore, Springer, 2018

ZÖLLNER, W., *Die Schranken mitgliedschaftlicher Stimmrechtsmacht bei den privatrechtlichen Personenverbänden*, München, Beck, 1963

ZUBIRI DE SALINAS, M., *El representante del socio en las sociedades de capital*, Cizur Menor, Aranzadi, 2015